# 한국 내셔널리즘
## : 한국 국인주의, 민족주의

조 영정
지음

2025

사회사상연구원

# Korean Nationalism

By
**Yungjung Joh**

Social Idea Research Institute Press

Seoul, Republic of Korea

2025

## 머리말

　한국은 유구한 역사를 자랑하는 나라다. 수많은 역경과 고난을 이기고 이어온 그 역사는 결코 간단치 않았다. 주변 세력들으로부터의 수많은 침략을 받았을 뿐만 아니라 크고 작은 외세의 압력이 끊이지 않았다. 이러한 가운데서도 수천 년의 역사를 자주적이고 독립적인 나라로서의 기상과 기백을 지키면서 살아왔다는 것은 실로 대단한 일이고, 이는 한국인들의 내셔널리즘이 그만큼 강했음을 말해주는 것이다.

　그런데 이런 역사과정을 두고 한국사람들은 내셔널리즘이 강하다고만 하고 넘어가기에는 단순하지 않은 측면이 있다. 거시적으로 보면 질기고 강한 내셔널리즘이지만, 미시적으로 보면 긴 기간 마디마디마다 아픔이 있고 복잡하게 헝클어진 속내가 있다. 우선 그러한 역사 속에 한국인들이 국가를 두고 겪은 고초는 다른 국가에서 흔치 않을 만큼 특별하다. 멀지 않은 과거를 보더라도 지난 세기 초 꺼져가는 나라의 불꽃을 지키기 위하여 수많은 사람들이 목숨을 버리고 자기 삶을 포기하였으며, 나라를 잃은 뒤엔 자신의 언어를 빼앗기고 자신의 이름까지 빼앗기는 몹쓸 짓을 당하였으며, 해방 후에는 두 나라로 나뉘어 서로를 죽이는 사변을 겪었다. 그리고 지금도 조용할 날 없이 소란스럽고 기괴한 곳이 남한과 북한이다. 국가가 무엇이건대 이렇게 사람을 죽이고, 고통을 주며, 낙담케 하는가? 이런 삶 속에서 나라를 생각하며 살아가는 한국인의 내셔널리즘은 과연 어떤 것인가? 정말 그 속을 한번 들여다보고 싶지 않은가? 하지만 이것은 저자만의 생각인지, 한국의 내셔널리즘에 대한 연구는 드물다. 내셔널리즘 이름으로의 연구는 물론이고 민족주의라는 이름으로도 그 연구는 매우 적은 편이다. 그리고 그 내용에 있어서도 만족스럽지 못하다.

한국 내셔널리즘 연구에서 중요한 부분 중의 하나는 대부분의 연구가 근대주의 이론을 따르고 있다는 점이다. 근대주의 이론은 근대화 과정을 통해서 네이션, 내셔널리즘이 형성된다는 이론이다. 그래서 연구들은 근대화 시기인 일본강점기를 전후하여 한국에 네이션, 내셔널리즘이 생겨났다고 하고 있다. 즉, 지금까지 우리는 네이션, 내셔널리즘을 민족, 민족주의라고 하고 있으므로, 민족, 민족주의가 일본강점기를 전후하여 생겨났다고 한다. 이는 일본강점기 이전에는 이 땅에 독립된 나라나 나라사람이 존재하지 않았다는 것이며, 그 이유로서 한국은 주권이 없었다거나 중화문명하에 있었다거나, 신분제 사회였다는 것 등을 들고 있다.

이는 지난날에 있었던 일을 되돌아보게 한다. 1919년 2월 28일, 미국의 The New York Times는 다음과 같은 기사를 싣고 있다. 중국 베이징의 미국 대사관에 한국인이 찾아와 국제평화회의에서 미국이 한국사람들을 위해서 발언해 줄 것을 요청하였다. 그가 가져온 탄원서에는 일본의 한국지배에 대한 부당함이 조목조목 적혀 있었다. 신문에서는 그 내용의 요지를 9개 항목으로 싣고 있다. 첫째 항목은 한국은 4,000년 역사를 가진 독립국이었다는 것이었고, 둘째 항목은 비록 최근 몇백 년 동안 한국이 중국에 조공을 바치기는 했지만, 중국이 한국의 내정에 간섭한 적이 없는 상태로서의 완전한 독립국으로서 살아왔다는 것이었다.

이런 이전 사람들의 생각이 틀린 것이 아니고, 이러한 의지들이 가치 없는 것이 아닌데도 오늘의 사람들은 이를 외면하고 있다. 적어도 근대주의가 주류인 한국의 내셔널리즘 연구에서는 그렇다. 여기에는 일본의 영향이 크다. 지금까지 한국 내셔널리즘에 대한 연구는 일본인들이 오히려 더 많이 하고 있다. 한국에 대해서 굳이 근대주의 이론에 따라 한국의 내셔널리즘을 설명하려는 이유는 무엇인가? 여기에 오늘의 일본인의 내셔널리즘과 과거의 한국인들의 내셔널리즘이 서로 대치하고 있다. 그런데 오늘의 한국학자들은 과거 선열들의 피맺힌 절규를 아는지 모르는지 일본학자들이 하는 소리를 따라 하고 있는 것이다. 동시에 일본학자들은 이 순간에도 내셔널리즘 이론을 빌려 은근히 표시나지 않게 자신들의 선조, 일본제국주의자들을 변호하면서 지난날 한국인들의 외침을 묵살하고 그 후손들의 멍청함을 비웃고 있는 것이다.

다른 것도 아니고 한국에 대한 것인데 한국학자들이 일본학자들보다 더 많이 연구해야 할 것이 아닌가? 연구가 잘못되었으면 잘못되었다고 지적해야 할 것이 아닌가? 한국을 위해서 뿐만 아니라 진실을 위해서라도, 학문을 위해서라도 옳고 그름을 밝히기 위해 노력해야 하지 않는가? 그런데 이런 연구는 보이지 않는다. 오히려 오늘날 한국의 학자들 중에서는 힘들게 투쟁했던 선열들보다 일본학자들 편에 서서 부와 명예를 누리는 사람들이 많다. 일본사람들이 이미 연구해서 주장하고 있는 그런 내용들을 따라서 하는 주장이야 누군들 못할까? 더욱 가슴 아프게 하는 것은 우리 사회에서 이런 사람들의 주장을 대단한 지식인 양 받아들이고, 이런 사람들이 지은 책들이 베스트셀러로 팔리고 있다는 점이다. 저자가 말하고 싶은 것은 한국사람이니까 한국 편을 들라는 것이 아니다. 한국 편, 일본 편을 떠나서 왜 옳지 않은 주장을 따라서 주장하느냐는 것이다. 한국사람들이 한국에 대해 더 잘 알고 있으므로 더 정확한 연구를 할 수 있음에도 불구하고 왜 한국에 대한 것을 일본사람들에 맡겨 두고 한국사람들은 연구를 하지 않느냐는 것이다. 여기에 더 나아가서 이렇게 옳지 않은 주장이 한국에 해를 끼치고 있는 현실을 생각할 때 더욱 참을 수 없는 것이다.

본서는 한국 내셔널리즘 연구와 관련하여 이런 아쉬운 현실에 대한 안타까운 마음이 추동력은 되었지만 한국 내셔널리즘을 표출하기 위해서 쓰여진 것은 아니다. 한국 내셔널리즘의 문제를 진지하게 살펴보고 싶었다. 한국 내셔널리즘에 관련된 모든 문제를 다루려 하였으며, 가감 없이 논의하려고 노력하였다. 한국의 내셔널리즘에 대한 연구는 검토되어야 할 문제들이 많다. 앞에서 언급했듯이 한국 내셔널리즘에 있어서 그것이 언제부터 시작되었는지는 구명되어야 할 중요한 한 부분이다. 한국 내셔널리즘 연구에서 대다수 사람들이 주장하는 대로 근대주의 이론으로 한국 내셔널리즘을 설명하는 것이 타당한지에 대해서 면밀히 살펴보았다. 특히 전근대기 한국이 주권도 없었다는 주장이나 사회신분에 따른 차별의식과 같이 전근대기 한국 내셔널리즘의 존재를 부정하는 근거로 제기되는 문제들에 대해 많은 지면을 할애하지 않으면 안 되었다. 이런 문제는 내셔널리즘 자체의 문제는 아니지만 내셔널리즘에 대한 판단을 위해 명확하게 구명할 필요가 있었고, 또한 현재 이 문제들에 대한 연구가 많지 않은 점을 감안하여 본 연구에서라도 이 문제를 명확히 하기 위하여 그 논의에 지면을 아끼지 않았다.

또한 한국은 다른 나라에는 없는 문제로서 네이션, 내셔널리즘과 같기도 하고, 다르기도 한 민족, 민족주의의 문제가 있고, 여기에 남북한 분단상황이 어우러져 내용상으로도 혼란을 더하고 있다. 내셔널리즘과 민족주의가 때로는 같은 것이지만, 때로는 서로 배치된다. 민족주의는 남한사람과 북한사람 모두를 사랑하는 것이지만, 대한민국을 위한 내셔널리즘에서는 남한사람을 사랑하고 북한사람과는 싸워야 하는 것이다. 그리고 한국은 오랫동안 단일민족임을 자랑으로 여겨왔는데, 세계화로 한국도 이젠 단일민족국가라고 하기도 어렵게 되었다. 민족을 중심으로 하는 국가의식은 더 이상 의미를 갖지 못하게 되었고, 이에 따라 내셔널리즘도 과거와 다른 모습으로 바뀌어 가고 있다. 그런데다 국가의 권능은 약화되고 주변 국가들의 의도가 국내에서 작동하기 쉬운 환경으로 되었다. 북한과 주변 강국이 대한민국을 노리고 있는 상황에서 이런 방향으로의 환경적 변화는 국가의 정체성을 유지하고 국가의 안위를 지키는 데 적지 않은 위협요인이 되고 있다.

내셔널리즘은 국가의 정신에 대한 것으로서 국가에 있어서 무엇보다 중요한 부분이고, 그래서 내셔널리즘 연구는 그 어느 연구 못지않게 큰 가치를 지니고 있다. 한국은 약한 나라로 살아왔고 멀지 않은 지난 시기에 나라를 잃는 고난을 겪어왔기에 어떻게 하면 강한 나라가 되고, 그러기 위해서 내셔널리즘 측면에서 무엇이 필요한지에 대하여 역점을 두었다. 사람들 중에는 소위 국뽕이라 하여 자국을 과대망상으로 미화하기도 하며, 이와 반대로 자국을 비하하거나 냉소적으로 말하기도 한다. 사람은 누구나 자국에 대한 감정을 가지며, 그렇기 때문에 어느 한쪽으로 치우치기 쉽다. 이는 연구에서도 그대로 적용된다. 모든 연구가 다 그렇지만 특히 내셔널리즘 연구에서는 이성적이고 객관적인 판단을 유지하는 것이 필요하다. 그래서 본서에서는 감정에 치우치지 않고 이성적으로 판단하는 가운데 전체를 균형있게 살펴보려 하였다. 또한 본 연구범위의 영역을 넘거나, 함부로 추측하거나, 분명치 못한 것을 단언하는 것과 같은 우를 범하지 않으려 노력하였다.

그리고 본서의 특징 중의 하나는 네이션, 내셔널리즘에 대한 번역 용어로서 민족, 민족주의 대신에 국인, 국인주의를 사용하고 있다는 점이다. 저자가 내셔널리즘에 대하여 연구를 시작하면서 네이션, 내셔널리즘의 의미를 대신할 번역어의 필요성을 통감하고, 오랜 고심 끝에 국인, 국인주의라는 용어를 발굴하였다. 이 용어를 사용하여 연구서를 출간한 지도 어언 10여 년이 지났지만, 국인은 조금 사용되고 있는 듯 하지만, 국인주의에 대해서는 일반인은 물론이고 학계에서도 아무 반응이 없다. 내셔널리즘에 대하여 지식과 관심이 있는 분들은 이 용어에 대하여 깊이 있게 생각해 보고, 이 용어를 사용하거나 논의해 보기를 권한다. 언어는 그 사람들의 의식이다. 용어가 그렇게 되어 있으니 사람들의 생각이 그렇게 쏠리며, 그에 대한 용어가 없으니 그에 대한 가치의식도 계발되지 못한다. 잘못된 용어를 고치고 바로 세우는 것이 학문을 발전케 하고 우리 사회를 더 좋아지게 할 것임은 의심의 여지가 없다.

한국 내셔널리즘에 대한 연구가 많지 않고 자료도 흔치 않아 세상에 흩어져 있는 내셔널리즘의 조각들을 모아 나름대로 숙고하고 궁리하면서 적지 않은 시간을 들인 끝에 결과를 내게 되었다. 한국의 현실을 짚어 보면서 사람들이 살아가는 모습을 적시하지 않을 수 없어서 힘들었다. 나름대로 최선을 다하여 과학적 합리적으로 판단하려 하였으나 나라가 좌우로 나뉘어서 온

통 네 편 내 편 하는 터라 어느 한쪽에 치우친 것으로 오해받을 수도 있고, 남의 잘못을 지적하기는 쉽지만 이해하기는 쉽지 않은 것이어서 쓰기와 지우기를 반복하지 않으면 안 되었다. 사람마다 생각이 다르고 이해관계가 다르므로 행여 자신을 비난하는 것으로 여겨지거나 마음에 들지 않는 구절이 있을 수 있을 것이다. 그렇더라도 나라를 앞에 두고 하는 논의이니 넓은 마음으로 양해해 주기 바란다. 저자의 천학비재로 말미암아 부족한 점이 많을 줄 안다. 미흡하나마 이 분야 연구자나 관심 있는 분들에게 도움이 되기를 바라면서 독자 여러분의 기탄없는 충고와 질정을 기대한다.

지식의 발전에 이바지하기 위해서는 문헌의 내용적인 부분은 말할 것도 없고 형식 또한 중요하다. 본서는 그 형식으로서 APA(American Psychological Association) 방식을 따랐다. APA 방식은 사회과학분야에서 가장 일반적으로 사용되는 방식이다. APA 방식은 본문에 인용되는 서지사항을 간략하게 표기하고 그 구체적 서지사항은 참고문헌에서 그대로 확인할 수 있도록 하고 있다. 그래서 이 방식은 간명하고 편리하다.

그런데 APA 방식은 본문 속에 인용정보를 괄호 속에 넣고 있어서 가독성이 떨어지는 단점이 있다. 논문의 경우는 쪽수가 많지 않기 때문에 문제가 되지 않을 수 있지만, 쪽수가 많은 책의 경우에는 읽는데 부담을 주게 된다. 그런데다 한국문헌에서 이 형식을 사용할 때는 문제가 더 커진다. 한글서적에는 외국사람이나 지명이 나올 경우, 한글과 함께 괄호 속에 원어도 표기하기 때문에 너무 많은 괄호들로 인하여 가독성이 크게 떨어진다. 또 이 같은 괄호가 사용되는 경우 APA의 형식을 그대로 지키기도 어렵다. 이러한 문제를 해소하기 위하여 APA 방식을 약간 변형하여 본문 중 괄호 속 삽입 부분을 각주 형식으로 표기하였다. 간명한 APA의 장점을 살리면서도 가독성을 높일 수 있도록 한 것이다.

   아무쪼록 본서가 이 분야에 학문적 발전과 함께 우리나라가 더 좋은 나라, 강한 나라로 발전해 나가는 데 작으나마 도움이 되었으면 하는 마음 간절하다.

                                          2025년 10월 10일
                                          한강가에서
                                          조 영정 씀

# 목 차

| | |
|---|---|
| 머리말 | 3 |
| **제1장 한국 내셔널리즘의 현실** | **21** |
| 1. El Chemulpo | 23 |
| 2. 김동인과 붉은 산 | 25 |
| 3. 2002한일월드컵축구 | 33 |
| 4. 12.3 비상계엄사태 | 37 |
| **제2장 내셔널리즘이란 무엇인가?** | **57** |
| 1. 내셔널리즘의 정의 | 59 |
| 1] 네이션 | 59 |
| 2] 내셔널리즘 | 65 |
| [1] 학자들의 기존 정의들 | 65 |
| [2] 내셔널리즘의 정의 | 70 |
| 2. 네이션, 내셔널리즘의 출현 | 71 |
| 1] 네이션, 내셔널리즘 용어 | 71 |
| [1] 네이션 | 71 |
| [2] 내셔널리즘 | 73 |
| 2] 유럽에서의 국가와 네이션, 내셔널리즘 | 74 |
| 3. 민족, 민족주의 용어 도입 | 80 |
| 1] 동아시아의 네이션, 내셔널리즘 개념 도입 | 80 |

| | |
|---|---|
| 2] 한국의 민족, 민족주의 용어 사용 | 87 |
| 4. 네이션, 내셔널리즘의 번역 용어 | 92 |
| 1] 민족, 민족주의의 부적합성 | 92 |
| [1] 민족의 본래 의미 | 93 |
| [2] 번역어로서 민족, 민족주의의 부적합성 | 96 |
| 2] 네이션과 민족 | 98 |
| 3] 내셔널리즘과 민족주의 | 104 |
| 4] 네이션과 국민 | 106 |
| 5] 내셔널리즘과 국민주의 | 114 |
| 6] 기타 용어들 | 117 |
| 5. 네이션, 내셔널리즘 번역어의 문제점 | 118 |
| 6. 네이션, 내셔널리즘에 합당한 용어 | 132 |
| 1] 국인 | 133 |
| [1] 국인의 의미 | 133 |
| [2] 국인이라는 말이 적합한 이유 | 135 |
| 2] 국인주의 | 141 |
| 7. 한민족, 한국민, 한국인 | 147 |
| 8. 국인이라 해야 하는 이유 | 153 |
| 9. 본서에서의 용어 사용 | 160 |

## 제3장 국인주의 이론과 한국 국인주의 기존 연구 163

| | |
|---|---|
| 1. 내셔널리즘 이론 | 165 |
| 1] 원초주의 | 165 |

2] 영속주의　　　　　　　　　　　　　　　168
　　3] 근대주의　　　　　　　　　　　　　　　169
　　4] 민족상징주의　　　　　　　　　　　　　172

2. 한국 내셔널리즘에 대한 기존 연구　　　　　172
　　1] 한국 내셔널리즘 기존 연구　　　　　　　172
　　2] 한국에서의 근대주의 이론의 부적합성　　176
　　　[1] 상식을 거스르는 설명　　　　　　　　176
　　　[2] 앞뒤가 뒤바뀐 설명 체계　　　　　　　179
　　　[3] 이론과 반대되는 현실　　　　　　　　181
　　3] 근대주의 이론이 한국에 맞지 않는 이유　186
　　　[1] 역사적 차이　　　　　　　　　　　　186
　　　[2] 문화적 차이　　　　　　　　　　　　190

# 제4장 한국 국인과 국인주의의 형성　　　　195

1. 기준 설정　　　　　　　　　　　　　　　　197

2. 한국 국인 형성에 대한 검토　　　　　　　　198
　　1] 한국 국인의 시작　　　　　　　　　　　198
　　　[1] 국인의 줄기　　　　　　　　　　　　199
　　　[2] 국인의 시작　　　　　　　　　　　　200
　　　[3] 한국인의 시작　　　　　　　　　　　207
　　2] 국인 요소에 대한 검토　　　　　　　　　210

# 제5장 근대화 이전 한국 국인주의에 대한 주요 논점 221

1. 한국의 주권 문제　　　　　　　　　　　　　223

| | |
|---|---|
| 1] 한국에 주권이 없었다는 주장 | **223** |
| 2] 동아시아의 국제관계 | **229** |
| [1] 동아시아의 지정학적 환경 | 229 |
| [2] 중화사상 | 230 |
| [3] 유교문명 | 237 |
| 3] 조공책봉제도 | **244** |
| [1] 조공책봉제도 | 244 |
| [2] 조공책봉의 형식 | 248 |
| [3] 동북아의 조공관계 | 248 |
| [4] 국가 간의 이해관계 | 250 |
| [5] 한국의 조공책봉 | 253 |
| [6] 한국의 근대적 국제관계 도입과 주권 문제 | 255 |
| [7] 조공책봉체제의 현대적 의미 | 267 |
| 4] 기타 주권 의심 요인들에 대한 검토 | **274** |
| [1] 주권을 의심할 만한 표현들 | 274 |
| [2] 실질적 측면에서의 주권 | 279 |
| [3] 임진왜란과 명나라 원군 | 281 |
| 5] 과거 한국의 주권 여부에 대한 판단 | **283** |
| 6] 과거 한국의 주권 문제와 국인주의 | **284** |
| **2. 중화문명의 영향과 한국 국인주의** | **285** |
| 1] 문헌에서 나타난 한국인의 정체성 | **285** |
| 2] 중화의 의미 | **293** |
| 3] 일반 사람들의 국가에 대한 인식 | **296** |
| 4] 중화문명과 한국 국인주의 | **298** |
| **3. 사회신분체제와 국인주의** | **299** |

1] 신분제 사회여서 국인의식이 없었다는 주장　　299
　　2] 전근대기 한국의 사회신분체제　　307
　　　　[1] 노예제 사회 논란　　307
　　　　[2] 노예제 사회 주장에 대한 검토　　311
　　　　[3] 노예제 사회 주장의 문제점　　349
　　3] 전근대기 한국의 사회신분체제와 국인주의　　356
　4. 근대화 이전 한국 국인주의 논의에 대한 결론　　360

## 제6장 한국 국인주의 역사　　363

　1. 한국인의 시작　　365

　2. 삼국시대　　366

　3. 통일신라시대　　371

　4. 고려시대　　373

　5. 조선시대　　375

　6. 일본강점기　　378

## 제7장 현대 한국의 국인주의　　385

　1. 대한민국의 국인주의　　387

　　1] 정치적 이념적 측면　　387
　　　　[1] 신생 독립국 내셔널리즘　　387
　　　　[2] 국가주의 내셔널리즘　　388
　　　　[3] 반일 내셔널리즘　　389
　　　　[4] 배외 내셔널리즘　　390
　　　　[5] 반공 내셔널리즘　　391

2] 대외관계 측면　　　　　　　　　　　393
　　3] 경제 측면　　　　　　　　　　　　398
　　4] 문화 예술 체육 측면　　　　　　　399
　　5] 정체성 측면　　　　　　　　　　　403

　2. 한국의 내셔널리즘 체제　　　　　　　406
　　1] 국민주의와 민족주의　　　　　　　406
　　2] 국민주의와 민족주의의 갈등　　　 413

　3. 국내 외국인과 해외동포　　　　　　　416
　　1] 세계화 시대의 내셔널리즘　　　　 416
　　2] 재외동포　　　　　　　　　　　　419
　　3] 국내 거주 외국인, 귀화자, 국내 출생 외국인 자녀　　425
　　4] 의식의 변화　　　　　　　　　　　430

## 제8장 북한의 국인주의　　　　　　　　435

　1. 북한의 국인주의　　　　　　　　　　437
　　1] 북한의 체제　　　　　　　　　　　437
　　2] 건국 초기 사회주의적 애국주의　　442
　　3] 주체사상　　　　　　　　　　　　444
　　4] 영역별 내셔널리즘　　　　　　　　446
　　　　[1] 정치　　　　　　　　　　　 446
　　　　[2] 경제　　　　　　　　　　　 447
　　　　[3] 사회　　　　　　　　　　　 448
　　　　[4] 역사　　　　　　　　　　　 448

　　　　[5] 언어　　　　　　　　　　　　　　449
　　　　[6] 문화 예술　　　　　　　　　　　450

　　2. 북한의 민족주의　　　　　　　　　　**452**

　　　　1] 초기 반민족주의기　　　　　　　**452**

　　　　2] 민족주의 전환 과도기　　　　　　**454**

　　　　3] 1980년도 중반 이후 친민족주의기　**456**

　　　　4] 2020년 이후 반민족주의기　　　　**461**

　　3. 북한의 두 국가론과 내셔널리즘　　　**465**

　　4. 북한의 국인주의 문제　　　　　　　　**469**

## 제9장 한국, 한국인의 특성과 국인주의　　472

　　1. 지정학적 특성　　　　　　　　　　　474

　　2. 역사적 특성　　　　　　　　　　　　481

　　3. 남북한 대치상황　　　　　　　　　　483

　　4. 단일민족　　　　　　　　　　　　　　485

　　5. 전통적 충성의식　　　　　　　　　　486

　　6. 교육　　　　　　　　　　　　　　　　488

　　7. 감정적 성향　　　　　　　　　　　　489

　　8. 동조적 성향　　　　　　　　　　　　490

　　9. 연고주의　　　　　　　　　　　　　　492

　　10. 추종적 성향　　　　　　　　　　　　494

11. 분열과 대립 성향     496

## 제10장 한국 국인주의의 성격     499

    1. 반외세 내셔널리즘     501

    2. 민족 내셔널리즘     501

    3. 집단주의 내셔널리즘     502

    4. 관제 내셔널리즘     503

    5. 감정적 내셔널리즘     504

    6. 겉치레 내셔널리즘     504

    7. 통일 내셔널리즘     505

    8. 실지회복 내셔널리즘     506

    9. 방어적 내셔널리즘     506

## 제11장 한국 국인주의의 역할     509

    1. 독립과 자주 유지     512

    2. 경제발전     513

    3. 민주화     516

    4. 국난극복     517

    5. 통일의 동력     519

## 제12장 한국 국인주의의 문제     521

## 1. 외세와의 결탁　　　　　　　　　　　　523

### 1] 한국의 내셔널리즘과 외세　　　　　523
[1] 한국의 내셔널리즘　　　　　　　　523
[2] 한국의 외세　　　　　　　　　　　524
[3] 한국에서의 외세지배　　　　　　　526
[4] 외세와 내셔널리즘　　　　　　　　530

### 2] 외세와 내셔널리즘의 구도　　　　　532
[1] 외세의 지배　　　　　　　　　　　532
[2] 외세　　　　　　　　　　　　　　535
[3] 지도자　　　　　　　　　　　　　537
[4] 일반 국민　　　　　　　　　　　　542
[5] 국권의 회복　　　　　　　　　　　545

### 3] 대한민국 정부수립 이후의 현실　　　547
[1] 친미국가 대한민국　　　　　　　　547
[2] 친북, 친중 세력의 등장　　　　　　552
[3] 내셔널리즘의 동원　　　　　　　　556
[4] 국가 공동체의 와해　　　　　　　　562
[5] 국가 내 이익 투쟁　　　　　　　　565
[6] 위기의 대한민국　　　　　　　　　570

## 2. 민족주의　　　　　　　　　　　　　　573

### 1] 국가와 내셔널리즘　　　　　　　　　573
### 2] 민족이 빠진 민족주의　　　　　　　576
### 3] 민족주의의 대한민국 내셔널리즘 훼손　579
### 4] 민족주의의 국가 안녕과 발전 방해　　584

## 3. 이웃 국가들에 의한 내셔널리즘 침식　589

| | |
|---|---|
| 4. 약한 내셔널리즘 | **593** |
| 1] 한국 내셔널리즘 강약에 대한 판단 | 593 |
| 2] 한국의 내셔널리즘이 약한 근거 | 594 |

# 제13장 결론     611

# 참고문헌     649

# 색인     681

# 제 1 장
## 한국 내셔널리즘의 현실

1. El Chemulpo
2. 김동인과 붉은 산
3. 2002한일월드컵축구
4. 12.3 비상계엄사태

## 1. El Chemulpo

    1905년 4월 4일, 한인 1,033명은 영국 상선 일포드(Ilford)를 타고 제물포항을 떠났다. 언제 망하게 될지 모르는 위태로운 나라의 사회혼란과 굶주림에 못 이겨 이민의 길에 나선 사람들이었다. 이들은 배와 기차를 몇 번이나 갈아타며 간 끝에 5월 16일 멕시코 유카탄주 메리다시에 도착하였다.

    한국을 떠날 때는 일말의 기대와 꿈도 있었지만 그들 앞에 다가선 것은 차마 상상도 하기 어려운 가혹한 현실이었다. 그들이 멕시코에 도착한 곳은 에네켄(henequén)[1] 농장이었다. 한국인들은 이곳에 도착할 때까지 자신들이 농장노예로 팔렸다는 사실을 모르고 있었다. 농장에 인수된 후 그들은 강냉이 죽으로 연명하며 사막의 폭염 아래 온종일 에네켄 잎을 채취하지 않으면 안 되었다. 에네켄은 잎줄기와 가시가 억센 열대 선인장으로 그 당시 이 잎줄기는 로프 생산원료로 쓰였다. 일인당 1만 장을

---

[1] 에네켄은 키가 약 2미터에 이르고 잎 모양이 용의 혀와 같다 해서 용설란(龍舌蘭)이라고 부른다.

채취하여야만 하루의 작업이 끝났다. 그들은 가시에 찔려 피를 흘려야 했고, 열사병으로 쓰러지거나 방울뱀에 물려 죽는 사람들도 있었다. 농장관리인들은 일손이 더딘 노동자들에게 가차없이 채찍을 휘둘렀고, 도망가는 사람들은 붙들어 손과 발을 자르기도 하였다. 당시 중국인 허후이(河惠)가 멕시코에서 한인들이 착취당하는 실상을 보고 "이곳에 돼지값은 80전인데, 한인값은 30전이다. 이곳 토인이 지구상 5, 6등 노예란 소리를 듣는데, 한인은 그 밑에 7등 노예가 되어 우마(牛馬)와 같다"고 하였다.[2] 이렇게 멕시코에 이민을 온 한인들은 매우 힘든 삶을 살고 있었고, 이들 중 일부는 더 나은 일자리를 찾아서 쿠바로 떠났다.

　　1921년경 쿠바에 거주하는 한국인은 가족을 포함하여 모두 274명이었다고 한다. 한국인들이 쿠바에 거주하게 된 이후 아바나 주재 일본 영사관에서 이들에게 일본 재외국민으로 등록할 것을 강요하였지만, 한인들은 이를 거부하고 대한인국민회 쿠바 지방회를 조직하였다. 쿠바에 온 한인들은 쿠바에서도 사탕수수 노동자로서 일주일에 2-3달러를 받아 생계를 이어가는 매우 힘든 생활을 하였다. 이러한 가운데서도 그 작은 돈을 쪼개서 한국 독립운동자금으로 모아 보냈다. 이들이 상해 대한민국 임시정부로 독립운동자금을 지원한 액수는 1937년에서 1944년 사이에만 1천 499달러였다. 쿠바의 교민들뿐만 아니라 멕시코, 하와이, 미국 본토로 간 이민들도 마찬가지로 이렇게 어렵고도 힘든 삶 속에서 독립운동자금을 마련하여 지원하였다.

　　다시 돌아갈 기약도 없고 지금은 나라로서의 존재조차 사라져 버린 과거에 자신들이 살던 나라를 위하여 피같이 귀한 돈을

---

[2] 황성신문, 1905년 7월 29일

아끼지 않았던 것이다. 자신의 삶 한 부분을 내어주는 것과 같은 이러한 희생은 모국에 대하여 특별히 애틋한 마음 없이는 불가능한 것이었다.

이후 멕시코로 간 한국사람들은 대다수가 메리다 지역에 정착하게 되었다. 한인들은 시내 술집에서 술을 마시면서 향수를 달래기도 하였다. 술이 얼큰하게 취하면 고향 생각에 "제물포! 제물포! 제물포!" 하며 떠나온 고국 항구를 목 놓아 외치는 사람들이 있었다. 이런 모습에 한 술집상인이 상호를 제물포로 바꾸었다. 이것이 유래가 되어 그 거리 전체가 제물포(El Chemulpo) 거리로 이름하게 되었다. 한국인이 멕시코에 발을 내디딘 지 어언 백 년이 지나고 현지에는 이제 그때 사람들의 5세대 6세대가 살고 있고, 멕시코의 제물포 거리는 한국사람들이 즐겨 찾는 관광명소로 되었다.

노동으로 하루하루 살아가기도 벅찬 사람들이 무엇 때문에 떠나왔고 이제 자신과 상관도 없는 나라를 위하여 돈을 보내는 것인가? 무엇 때문에 지금의 한국사람들은 멕시코 메리다의 제물포 거리를 찾는가?

이런 한국사람들의 이야기는 어떤 부분에서는 다른 나라 사람들에도 있을 수 있는 것이고, 어떤 부분에서는 한국인이기 때문에 있을 수 있는 것이기도 하다.

## 2. 김동인과 붉은 산

붉은 산은 일인칭 관찰자 여(余)의 수기 형식으로 이야기를 전개한다. 의사인 여가 만주 전역을 의료조사를 위해 순회하던 중 한국인 마을에서 겪은 이야기를 기술하고 있다. 그 내용은 한국인 소작인들만 사는 촌에 익호라는 사람이 있었는데, 그는 투전, 싸움, 칼부림, 색시에 덤벼들기 등을 일삼으며 마을 사람들을 괴롭히는 존재였다. 그가 워낙 사납고 교활하고 독하기 때문에 삵이라고 불렀다. 사람들은 삵을 마을에서 쫓아내기로 합의했지만, 어느 누구도 나서지 못하여 실행에 옮기지 못했다. 이후 전개되는 내용을 보자.

<앞 부분 생략>
　　마치 그 동네의 모두가 자기의 집안인 것같이 '삵'은 마음대로 이집 저집을 드나들었다. ××촌에서는 사람이라도 죽으면 반드시 조상 대신으로, "삵이나 죽지 않고." 하는 한마디의 말을 잊지 않고 하였다. 누가 병이라도 나면, "에익! 이 놈의 병 '삵'한테로 가거라."고 하였다. 암종 – 누구나 '삵'을 동정하거나 사랑하는 사람이 없었다. '삵'도 남의 동정이나 사랑은 벌써 단념한 사람이었다. 누가 자기에게 아무런 대접을 하든 탓하지 않았다. 보이는 데서 보이는 푸대접을 하면 그 트집으로 반드시 칼부림까지 하는 그였지만, 뒤에서 아무런 말을 할지라도 – 그리고 그것이 '삵'의 귀에까지 갈지라도 탓하지 않았다.
　　"흥…" 이 한마디는 그의 가장 큰 처세 철학이었다.
　　흔히 곁 동네 만주국인들의 투전판에 가서 투전을 하였다. 때때로 두들겨 맞고 피투성이가 되어서 돌아오는 일도 있었다. 그러나 그는 그 하소연을 하는 일이 없었다. 한다 할지라도 들을 사람도 없거니와 – 아무리 무섭게 두들겨 맞은 뒤라도 하루만 샘물에 상처를 씻고 절룩절룩한 뒤에는 또 이튿날은 천연히 나다녔다.
　　여(余)가 ××촌을 떠나기 전날이었다. 송 첨지라는 노인이 그해 소출을 나귀에 실어 가지고 만주국인 지주가 있는 촌으로 갔다.

그러나 돌아올 때는 송장이 되었다. 소출이 좋지 못하다고 두들겨 맞아서 부러져 꺾어진 송 첨지는 나귀등에 몸이 결박되어서 겨우 ××촌으로 돌아왔다. 그리고 놀란 친척들이 나귀에서 몸을 내릴 때에 절명하였다. ××촌에서는 왁자하였다.

"원수를 갚자!"

명 아닌 목숨을 끊은 송 첨지를 위하여 동네의 젊은이는 모두 흥분하였다. 제각기 이제라도 들고 일어설 듯하였다. 그러나 그뿐 이었다. 누구든 앞장을 서려는 사람이 없었다. 만약 이때에 누구든 앞장을 서는 사람만 있었더면 그들은 곧 그 지주에게로 달려갔을 지 모른다. 그러나 제가 앞장을 서겠노라고 나서는 사람은 없었다. 제각기 곁사람을 돌아보았다. 발을 굴렀다. 부르짖었다. 학대받는 인종의 고통을 호소하며 울었다. 그러나 - 그뿐이었다. 남의 일로 지주에게 반항하여 제 밥자리까지 떼우기를 꺼림인지, 용감히 앞 서 나가는 사람은 없었다.

여는 의사라는 여의 직업상 송 첨지 시체를 검시를 하였다. 돌아오는 길에 여는 '삵'을 만났다. 키가 작은 '삵'을 여는 내려다보았다. '삵'은 여를 처다보았다.

'가련한 인생아. 인종의 거머리야. 가치 없는 인생아. 밥 버러지야. 기생충아!'

여는 '삵'에게 말하였다.

"송 첨지가 죽은 줄 아나?"

여의 말에 아직껏 여를 처다보고 있던 '삵'의 얼굴이 아래로 떨어졌다. 그리고 여가 발을 떼려는 순간 얼핏 '삵'의 얼굴에 나타난 비창한 표정을 여는 넘길 수가 없었다. 고향을 떠나 만리 밖에서 학대받는 인종의 가엾음을 생각하고 그 밤은 여도 잠을 못 이루었다. 그 억분함을 호소할 곳도 못 가진 우리의 처지를 생각하고, 여도 눈물을 금치를 못하였다.

이튿날 아침이었다. 여를 깨우러 오는 사람의 소리에 여는 반사적으로 일어났다. '삵'이 동구(洞口) 밖에서 피투성이가 되어 죽어 있다는 것이었다. 여는 '삵'이라는 말에 눈살을 찌푸렸다. 그러나 의사라는 직업상, 곧 가방을 수습하여 가지고 '삵'이 넘어진 데까지 달려갔다. 송 첨지의 장례식 때문에 모였던 사람 몇은 여의 뒤를 따라왔다. 여는 보았다. '삵'의 허리가 기역자로 뒤로 부러져서 밭고랑 위에 넘어져 있는 것을 여는 달려가 보았다. 아직 약간의 온기는 있었다.

"익호! 익호!"

그러나 그는 정신을 못 차렸다. 여는 응급수단을 취하였다. 그의 사지는 무섭게 경련되었다. 이윽고 그가 눈을 번쩍 떴다.

"익호! 정신드나?"

그는 여의 얼굴을 보았다. 끝이 없이 한참을 쳐다보았다. 그의 눈동자가 움직이었다. 겨우 처지를 깨달은 모양이었다.

"선생님, 저는 갔었습니다."

"어디를?"

"그 놈… 지주 놈의 집에…"

무얼? 여는 눈물 나오려는 눈을 힘 있게 닫았다. 그리고 덥석 그의 벌써 식어가는 손을 잡았다. 잠시의 침묵이 계속되었다. 그의 사지에서는 무서운 경련이 끊임없이 일었다. 그것은 죽음의 경련이었다. 듣기 힘든 그의 작은 소리가 또 그의 입에서 나왔다.

"선생님."

"왜?"

"보고 싶어요. 전 보구 시…"

"뭐이?"

그는 입을 움직였다. 그러나 말이 안 나왔다. 기운이 부족한 모양이었다. 잠시 뒤에 그는 또다시 입을 움직였다. 무슨 소리가 그의 입에서 나왔다.

"무얼?"

"보고 싶어요. 붉은 산이 - 그리고 흰 옷이!"

아아, 죽음에 임하여 그의 고국과 동포가 생각난 것이었다. 여는 힘 있게 감았던 눈을 고즈너기 떴다. 그때에 '삶'의 눈도 번쩍 뜨이었다. 그는 손을 들려고 하였다. 그러나 이미 부러진 그의 손은 들리지 않았다. 그는 머리를 돌이키려 하였다. 그러나 그런 힘이 없었다. 그의 마지막 힘을 혀끝에 모아가지고 입을 열었다…

"선생님!"

"왜?"

"저것… 저것…"

"무얼?"

"저기 붉은 산이… 그리고 흰 옷이… 선생님 저게 뭐예요!"

여는 돌아보았다. 그러나 거기는 황막한 만주의 벌판이 전개되어 있을 뿐이었다.

"선생님 노래를 불러주세요. 마지막 소원 - 노래를 해주세요. 동해물과 백두산이 마르고 닳도록…"

여는 머리를 끄덕이고 눈을 감았다. 그리고 입을 열었다. 여의 입에서는 창가가 흘러나왔다. 여는 고즈너기 불렀다.

"동해물과 백두산이…"

고즈너기 부르는 여의 창가 소리에 뒤에 둘러섰던 다른 사람의 입에서도 숭엄한 코러스는 울리어나왔다.

무궁화 삼천리 화려 강산…

광막한 겨울의 만주벌 한편 구석에서는 밥 버러지 익호의 죽음을 조상하는 숭엄한 노래가 차차 크게 엄숙하게 울리었다. 그 가운데 익호의 몸은 점점 식어갔다.  -끝-

이상은 김동인이 1932년에 발표한 붉은 산이다. 붉은 산은 나의 땅이요, 흰옷은 나의 사람들이니 내셔널리즘의 본질을 제대로 짚고 있다. 여기에 정든 땅, 정든 부모형제를 은근히 그리는 한국사람 특유의 심성을 잘 그려내고 있다. 인간이면 누구나 마음속 깊은 곳에 내셔널리즘이 있고, 이것은 자신과 같은 사람에게 향하는 순수하고 숭고한 인간애임을 보여주고 있다.

김동인과 붉은 산은 사람들을 두 번 울린다. 한 번은 그의 감동적인 소설에서, 또 한 번은 그의 안타까운 삶에서…. 그는 50의 나이에 죽었다. 그것도 아주 참담하게 살다가 6.25전쟁통에 아주 비참하게 죽었다.

김동인은 우리 문학에 자연주의를 도입하였고, 그의 단편소설들로 한국 단편소설문학의 초석을 놓았다. 하지만 그는 일제 말기에 친일행위를 하였다. 김동인뿐만 아니라 많은 문인들이 친일행위를 하였다. 그중 서정주는 일본이 망해도 한 백 년은 갈 줄 알았다고 나중에 말하였다. 서정주는 1915년생으로 그가 태어났을 때는 한반도는 이미 일본국이었다. 사람이 태어날 때 이마에 "조선인", "일본인" 적혀 나오는 것이 아니다. 개인에 있어서 국가는 마음대로 선택할 수 없는 것으로서 하나의 주어진 삶의 환경이다. 그에게 주어진 환경은 일본이라는 국가에 일본민족과 한국민족이 있었고, 여기서 한편으로는 일본국을 위하여 한편으로는 조선민족을 위하는 것이 잘 사는 것이라 생각했을 것이다.

내가 이렇게 하면 독립될 수 있는 나라가 독립이 되지 않는다거나, 독립이 지연된다거나 하는 의식이 있는 상태에서 그렇게 했다면 벌도 받고 비난도 받아야겠지만, 아무런 그런 의식이 없는 상태에서 단지 자신에게 주어진 국가에 대해서 좋을 일을 한다고 했을 뿐인 사람이라면 비난하기도 어려운 것이다. 그렇다면 그런 의식이 없는 것 또한 문제이다. 이런 의식이 없다는 것은 한국 지식인의 문제이기도 하다. 국가는 어떤 것이며 세상은 어떻게 돌아가는지 더 많이 알았어야 했고, 이 세상 이 상황에서 내가 어떻게 행동해야 하는지에 대하여 오판하지 말았어야 했다.

그런데 김동인은 탐미주의자였다. 문학과 미술을 사랑하며, 예술과 아름다움을 추구하는 삶을 살아간 그가 세상이 어떠해야 하며, 어떻게 돌아가고 있는지에 대해 제대로 잘 알기는 쉽지 않았을 것이다. 그는 예술적인 재능에다가 평양갑부의 아들로 태어났지만, 호사스런 생활과 경제관리능력 부족으로 경제적, 사회적으로 파탄에 가까운 삶을 살며 어려운 가운데 글을 쓰야만 했다. 그래서 그에 주어진 세계에서 권력자에 부역하며, 감투 쓰고 권세 부리는 현실적인 성공에 급급하며 살았는지 모른다. 그는 우리의 마음속에 있는 민족애를 그렇게 감동적으로 그려내 보여주었지만, 이를 직접 자신의 삶에서는 지혜롭게 적용해 내지는 못하였다. 그와 그의 작품을 통하여 한국사람들이 얼마나 섬세한 감성과 예술적 재능을 가졌으며, 이와 동시에 얼마나 세속적이며 깊은 성찰 없이 살아가는가를 볼 수 있다. 김동인은 한국인 중의 한 사람이고, 한국인들 중에는 김동인과 같은 사람들이 많다. 누구나 다 그러하듯이 그 또한 그 앞에 놓인 현실에서 최선을 다해 살았을 뿐이다. 당시 문인들 중에는 친일의 더러운 물에 손을 담그지 않은 사람들도 물론 많이 있었다. 하지만 친일하지 않았다고 해서 모두 한국에 대한 결연한 충성심이 있어서 그랬다고 할 수는 없다. 당시의 분위기를 보면 그런 훌륭한 작품을 내지 못했으므로 일제로부터의 유혹도 작아 그런

재수 없는 경우를 당하지 않은 사람들도 많은 것이다. 심지어 오늘날 친일청산을 외치는 유명인사들 중에서도 변절은 기본이고 갖가지 지탄받을 짓을 한 사람인 경우가 많다. 이 땅에 맑고 깨끗한 지도자가 드문 것이다.

　해방 후에 친일문학인에 대한 비판도 있었지만 그 시대를 같이 살아온 사람들로서 어느 정도 이해하는 부분이 있었든지, 이에 대해 눈감은 것은 아니었으나 친일한 사람의 글이라고 해서 특별히 가려내고 이념성의 딱지를 붙이지 않았다. 작품 그 자체에만 의미를 두었기 때문에 국민들은 많은 훌륭한 작품들을 편한 마음으로 향유할 수 있었던 것이다. 그런데 지난 세기 말, 반일 내셔널리즘으로 친일청산작업 열풍이 일어나면서 세상은 달라졌다. 친일문학인에 대해서 새로운 평가가 일어나서 이들의 친일행적을 비난하는 것이 아니면 이들의 작품에 찬사를 보내는 것은 물론이고 거론하는 것조차 회피하는 분위기로 되었다. 작품은 작품 그 자체를 보아야 하는 것이 옳지만 현실은 그렇게 되지 않았다. 일시적으로라도 일본에 부역한 잘못을 한 사람들은 아무리 훌륭한 일을 하여도 가치를 부여할 수 없다는 식으로 되었다. 이것은 나라를 위해서는 필요하고 좋은 일이지만 사람을 위하는 것은 아니다. 이는 사람을 희생시켜 나라를 위하는 것이 된다. 국가와 사람 간의 관계는 사람을 통하여 국가가 잘되는 것이 아니라, 국가를 통하여 사람이 잘되는 것이어야 한다. 그리하여 사람들이 모두가 잘될 때 국가 또한 잘되는 것이다.

　작가의 나중 행적으로 인하여 한국문학에서 최고의 작품들을 싫어하게 되어야만 하는 이 상황이 한국인들에게 좋은 일이 될 수 없다. 한국인들이 만들어낸 주옥같은 작품들, 그 한국의 문화자산을 버리는 것은 국가로서도 엄청난 손실이다. 그리고 그 인간적인 노력들이 국가의 이해에 따른 이념의 잣대에 의해서 이리저리 평가된다는 사실이 슬프다. 강대국에 태어났더라면 겪지 않아도 될 일을, 국가운명이 변화무상한 약소국가 한국에 태어났기 때문에 이런 일을 겪게 되는 것이 서럽다.

붉은 산은 반일 내셔널리즘이 일기 전까지는 사랑받는 애국소설이었으며, 1975년에서 1988년까지 중학교 2학년 교과서에 실렸었다. 이 소설은 한국사람들의 타고난 내셔널리즘을 알려줄 뿐만 아니라, 이를 통하여 한국사람들의 애국심이 단련되었을 것을 생각하면 한국의 내셔널리즘과 연이 깊다. 이와 동시에 작품의 운명을 재단하는 내셔널리즘의 존재에 대해서도 많은 것을 생각케 한다.

이렇게 김동인은 나라에 대한 마음에서 한국인에 남다른 일깨움을 주었다. 그의 작품은 교사로서, 그 자신은 반면교사로서…. 김동인을 기리는 문학비 옆에는 그의 잘못을 적어 놓은 안내판이 있다. 1977년에 그의 흉상과 문학비가 서울 인왕산 아래 사직공원에 제막되었으나, 1988에 서울 어린이대공원으로 이전되었고, 2021년에 그의 친일행적을 적어 놓은 안내판이 세워졌다. 공원을 찾는 아이들은 어른들에 묻는다. "나도 커서 김동인 같은 사람이 될까요? 말까요?"

## 3. 2002 한일월드컵축구

2002년 5월, 한일월드컵축구 경기가 있었다. 이 월드컵 경기는 한국 축구사에서 빼놓을 수 없는 사건이었다. 한국은 월드컵 본선 참가는 거의 매번 할 정도로 아시아에서는 축구강국이지만, 아시아 축구가 약한 편이어서 세계무대에서는 결코 강국이라고 할 수 있는 수준은 아니었다. 그래서 그때까지 한 번도 본선 16강까지도 진출해 본 적이 없었다. 그런데 이 한일월드컵에서 한국은 유럽의 강호 이탈리아, 스페인 등을 꺾고 4강까지 올랐다. 이는 정말 믿기 어려운 획기적인 사건이었다. 이런 일이 발생하기까지 복합적인 요인이 작용했지만 한국인의 내셔널리즘도 한몫한 것은 틀림없다.

월드컵 경기가 개막되자, 자국 팀에 대한 한국인의 성원은 대단하였다. 서울 시청광장을 비롯하여 전국의 거리, 공원, 운동장에 수백만 명의 인파가 모여 응원을 하였다. 당시의 응원인구 통계를 보면 전체 국민의 35%나 되는 사람이 길거리응원에 참여하였고, 응원복인 붉은 악마 티를 입었던 국민은 38%나 되었다. 중고생의 경우 거리응원 참가자가 전체 학생의 69%나 되었고, 붉은 악마 응원티를 입었던 학생은 74%나 되었다.

한국 팀의 경기가 있을 때마다 사람들은 거리로 나와서 열렬이 응원하였다. 구호를 외치고, 태극기를 흔들고, 노래를 부르며, 박수를 치고, 율동을 하였다. 워낙 열광적으로 응원을 하다 보니 몸이 아픈 줄도 모른 채 응원하다가 다친 사람도 많았다. 응원 중에 어깨가 빠진 사람이 있었고, 하도 박수를 많이 쳐서 손목통증을 앓게 되거나, 탈진, 찰과상, 고혈압 등의 증세로 병원에 실려가는 환자도 많았다.[3] 5월 22일, 8강전, 한국 대 스페인 전이 있던 날, 서울에서만 총 225만 명이 야외응원을 하였는데, 응원을 하던 시민 8명이 실신했고, 26명이 탈진하는 등 병원

---

[3] 거리응원 부상속출 ⋯ 78명 응급후송, 2002

으로 이송되거나 응급처치를 받은 사람이 202명이나 되었다.[4]

아스팔트의 열기 위에서 12시간 넘게 북을 두들기며, 용변 보기가 곤란하여 물을 아껴 마시느라 탈수증세를 보이거나, 용변 문제 때문에 기저귀를 차고 응원한 사람도 있었다.[5] 거리응원 말고도 사람들의 응원열기와 관련하여 수많은 진풍경을 연출하였다. 한국 대 스페인 전이 있던 날 경기도 과천의 어느 아파트에서는 승부차기에서 한국이 이기자 어느 한 집에서 트럼펫으로 애국가를 불기 시작하였다. 이 소리가 들리자 같은 아파트 주민들이 모두 베란다로 나와서 애국가를 합창하기도 하였다.[6]

불행한 일도 있었다. 5월 14일, 한국 대 포르투갈 전을 앞두고 부산 해운대해수욕장 백사장에서는 한 40대 남성이 분신자살하였다. 그는 "이승에 계신 붉은 악마 여러분께"란 유서를 남겼다. 유서의 내용에는 "거스 히딩크 감독님 이하 선수들의 땀, 눈물, 열광적인 함성, 첫승의 기쁨, 제 생애 가장 큰 생일선물이기도 했다. 그러나 이제부터 남미, 유럽의 높고도 높은 벽을 넘어야 하니, 또 언젠가는 기필코 넘어야 될 것이고 해서, 조급한 마음에 이 길을 택한다"며, "저는 영혼이 되어 열두 번째 선수가 되서 꼭 필승 코리아가 되도록 힘껏 뛰겠다"고 적혀있었다.[7]

이렇게 응원열기가 높아지면서 한국국민 스스로도 놀랄 정도로 온 나라에 분위기가 고조되었다. 열렬히 응원하는 모습에 서로가 반향을 일으키면서 분위기가 고조되어 갔던 것이다. 이

---

[4] 흥분한 여성들 탈진·실신 많아, 2002
[5] '대~한민국'의 승리, 조선일보, 2002
[6] 서로 껴안고 환호하고 … 월드컵이 연 '마음의 문', 2002
[7] "한국팀 16강 기원" 40대 분신자살 기도, 2002

렇게 응원열기가 높았던 것은 몇 가지 이유가 있었다. 먼저 1997년 IMF사태라는 외세에 의한 고통을 겪으면서 내셔널리즘이 고조된 상태였는데, 이 월드컵을 계기로 억눌린 기분을 발산하게 되었던 것이다. 그래서 그때 응원구호로 외쳤던 "대애에에 한민국"의 외침은 축제의 경쾌함이 아니라 다소 어둡고 무거운 절규와 같은 느낌을 담고 있었다. 그리고 이 월드컵이 한일공동으로 개최하게 되어 세계가 한국과 일본 두 나라를 함께 주시하는 상황에서 일본을 압도하는 한국을 보여주고 싶었던 것이다. 여기에다 한국 특유의 국가주도형 사회성향에 따라 국가에서 이러한 분위기를 유도한 것도 크게 작용하였다. 정부는 길거리 응원장을 마련하고 국민들의 응원참여를 독려하는 것을 포함하여 국가적인 분위기 고조를 위해 다각적인 노력을 하였던 것이다.

이 월드컵행사는 한국인들의 정체성을 강화하고 자부심을 향상시키는 데 크게 기여하였다. 한국갤럽의 조사에 따르면 "다시 태어나도 한국인이고 싶다"라고 한 국민은 월드컵이 있기 한 해 전인 2001년 11월에는 60%였으나, 월드컵이 진행 중이던 2002년 5월 19일 조사에서는 86%로서 무려 26%나 상승하였다. 또 "한국인으로서 자부심을 느낀다"라고 답한 국민은 2001년 11월 조사에서는 73%였지만, 월드컵 직후인 2002년 6월 19일 조사에서는 94%로 21%나 상승하였다.[8]

이 월드컵 경기는 한국인들에게 우리는 하나라는 공동체 의식을 불어넣어 주었다. 나 혼자만이 아닌 나와 같은 사람이 이렇게 많이 함께 살아간다는 것을 더 강하게 인식하게 된 것이다. 그리고 한국인으로서의 자부심이 커지면서 개인의 삶에 대한 만

---

[8] 우리 국민 '나라 사랑', 2002

족도가 높아지고 국가 또한 더 강건해지는 긍정적인 효과를 가져올 수 있었던 것이다.

## 4. 12.3 비상계엄사태

2025년 1월 15일, 경기도 과천시 정부청사 부근에서 한 사람이 분신하였다. 윤석열 대통령이 공수처에 의하여 체포된 것에 대하여 실의와 분노에 빠져 이를 참지 못하고 자신의 몸을 불태운 것이다. 그동안 윤석열 대통령의 체포를 막기 위해 한남동 대통령공관 앞에서 몇 날 며칠을 밤낮으로 지키다가, 결국 대통령이 체포되어 압송되자 공수처까지 따라와서 반대시위를 하다가 분신하게 된 것이다. 그 애타는 마음이 오죽하였으면 스스로 몸을 불태웠을까? 세상에 자기 생명보다 더한 가치가 없을진대, 이렇게 생명조차 휩쓸어버리는 이 마음은 무엇이란 말인가?

윤석열 대통령 탄핵을 반대하는 사람들의 외침은 절규와 같았다. 그들에게 윤석열 대통령을 지키는 것은 곧 나라를 지키는 것이었다. 거대 권력에 작은 몸 하나로 맞서는 그 투쟁은 처절했다. 엄동설한의 추운 날씨에 눈비를 맞으면서 낮이면 일어나 외치고, 밤이면 차디찬 길거리 땅바닥에 몸을 쉬며 시위를 이어갔다. 이기성에 바탕을 둔 계산이나 의도적으로 보여주기 같은 것과는 거리가 멀었고, 오히려 본능적이고 삶과 죽음의 한계선 상에서 무의식중에 나오는 몸부림 같은 것이었다. 혹독한 추위에도 그들을 그곳에 머물게 하고 그들을 살아있게 한 것은 내면으로 끓어오르는 뜨거운 마음이었다. 나라를 가슴에 안은 자의 뜨거운 열정이었다. 그곳에 모인 사람들은 탄핵을 저지해야 한다는 공동의 목표가 있었고, 모두 똑같이 나라를 위하는 우리들이라는 하나의식과 형제애가 있었다.

그들은 태극기를 들고 있었다. 그들이 부르는 노래는 애국가, 군가, 독립운동가, 등 대한민국의 위대함과 아름다움을 외치는 노래들이었다. 그리고 태극기와 함께 성조기를 든 사람도 많았다. 내 나라를 외치는 사람들이 다른 나라의 국기도 함께 든다는 것은 모순된 일이지만, 한국의 상황으로서 그럴 수밖에 없는 현실적 모순이기도 하다. 사람들 중에는 성조기를 드는 것에 못마땅해하는 사람들도 있고, 들지 않는 사람들도 있다. 그러나 사실 지금 이 상황에서 대다수 사람들의 마음에는 미국이 우리를 좀 도와줬으면 좋겠다는 간절함이 있었다. 싸우고는 있지만 북한과 중국에 대항하는 이 싸움이 만만치 않다고 생각하고 있는 것이다. 마침 지난 11월 5일, 미국 대선에서 트럼프(Donald Trump)가 당선된 터라 힘 있는 트럼프가 한국을 좀 도와주었으면 하는 의존심도 은근히 있었다. 1월에는 스카이데일리신문이 계엄을 발동했던 당일 경기도 수원의 선거관리연수원에서 중국인 선거조작요원 99명이 체포되어 오키나와 미군기지로 압송되었다는 기사가 나오자, 사람들은 그런 일이 일어날 가능성이 없다는 것을 알면서도 이것이 사실이기를 기대하는 모습이 역력하였다. 이 모든 것이 힘없는 백성들의 안타까운 모습이다. 약소국으로서 어떻게든 자신의 나라를 지켜야 한다는 절절한 마음에 지푸라기라도 잡고 싶은 이 순진한 사람들을 어떡하면 좋은가?

이렇게 온 나라가 동요하게 된 사태의 발단은 2024년 12월 3일, 비상계엄소동에서부터 시작되었다. 윤석열 대통령은 밤 10시 25분경 "북한 공산세력의 위협으로부터 자유대한민국을 수호하고 우리 국민의 자유와 행복을 약탈하고 있는 파렴치한 종북 반국가세력들을 일거에 척결하고 자유헌정질서를 지키기 위해 비상계엄을 선포한다"고 방송하였다. 그런데 어찌된 일인지 기다리고 있었다는 듯이 국회의원들이 대기하고 있다가 비상계엄선포 2시간여 만인 다음날 오전 1시경에 비상계엄해제안을 통과시켰고, 비상계엄을 발표한 지 6시간도 되지 않은 오전 4시 20분경, 국회의 계엄해제요구에 따라 계엄군을 철수시켰다고 발표하였다. 이후 비상계엄발표 다음날인 12월 4일 국회에서 윤석열 대통령에 대하여 내란혐의 등으로 탄핵소추안이 발의되고, 제2차 탄핵소추안이 12월 14일 통과되었으며, 12월 8일 윤석열 대통령은 내란죄로 검찰에 입건되고, 12월 18일 공수처로 이첩되어, 2025년 1월 15일 체포된 것이다.

국민들은 비상계엄이 발동된 것만 해도 아리송한데, 여기에 이를 순식간에 철회하고 자유대한민국을 수호하겠다고 선언한 대통령이 탄핵소추되고 내란죄로 기소되기까지 하니 어리둥절하지 않을 수 없었다. 그간 이런 일을 예견할 만한 사전적 정황이 있었던 것도 아니었다. 윤석열 대통령만 하더라도 지금 그를 공격하고 있는 더불어민주당의 문재인 전임대통령과 같이 국정을 담당했던 사람이었다. 그는 2016년 시작된 박근혜 대통령 탄핵 광풍 때 박영수 특별검사팀의 수사팀장으로서 박근혜 대통령을 감옥 보내고, 적폐청산의 기치하에 우파사람들을 권좌에서 내쫓고 처벌함으로써 좌파 문재인의 집권가도를 닦은 일등공신이었다. 그는 문재인 대통령시절에 다섯 단계를 건너뛰어 중앙지검장에 임명되었고, 또 일곱 단계를 건너뛰어 검찰총장이 되었다.[9]

---

[9] 홍준표 "윤석열의 적폐 수사, 대국민 사과라도 해야", 2021.8.25

그러던 그가 법무부장관과 갈등을 빚는가 하더니 검찰총장을 사퇴하고 야당인 국민의힘당에 입당하여[10] 다음 해 3월 치러진 선거에서 대통령에 당선되었다. 당시 선거는 집권당인 더불어민주당 후보와 야당인 국민의힘당 후보 간의 경쟁이었지만, 집권여당 후보와 집권행정부에 있던 사람이 대결하게 되었으니, 사실 국민들이 할 수 있는 선택은 집권세력의 두 사람 중 어느 하나로 한정되었다.

한국의 정치는 늘 이런 식이다. 한국의 정당은 정치적인 이념도 뚜렷하지 않아 보수정당, 진보정당이라고 해도 어떻게 해서 보수이며, 어떻게 해서 진보인지 알 수도 없다. 단지 권력자의 기분에 따라 정당을 만들고 없애며, 정치하는 사람들은 권력에 따라 이합집산을 거듭하며 몰려다닌다. 국민의힘당만 하더라도 2010년에서 2020년까지 10년 사이에 당명이 네 번이나 바뀌었다. 그러는 동안에 다른 당과 합당과 분당을 반복하고, 사람들도 왔다갔다 하면서 좌파적 성향을 보이는 사람들도 많아 우파정당이라고 할 수도 없으며, 정치이론으로 말하자면 정당이라고 하기도 어려운 정당이었다. 한국은 양당체제라고 하지만 좌파정당 더불어민주당과 위장된 보수정당 국민의힘당의 양당이어서 지난 대통령선거에서와 같은 구조다. 상황이 이렇다 보니 한국국민들은 정당을 통하여 그들의 정치적 의사표현을 제대로 하지도 못한다.

여기에다 더욱 심각한 것은 선거를 통한 정치적 권리를 행

---

[10] 법무부는 윤석열 검찰총장에 대해 2020년 12월 16일, 정직 2개월의 처분을 하였다. 윤석열은 2021년 3월 4일 검찰총장을 사퇴하였고, 동년 7월 30일 국민의힘에 입당하여, 2022년 3월 9일 대통령선거에서 당선되었다.

사하기 어렵다는 점이다. 특히 최근 몇 년간 한국에서는 선거가 오염되어서 많은 사람들이 선거의 공정성을 의심하고 있다. 2020년 총선에서 집권당인 더불어민주당이 거의 2/3에 육박하는 수준의 의석을 가져갔다. 전통적으로 한국의 정치구도는 대체적으로 여야 균형을 맞추는 속성이 있어서 어느 한 당이 일방적으로 이렇게 석권하는 경우는 잘 일어나지 않는다. 그리고 어느 한 당이 다수당으로서 정치를 하였으면 특별히 정치를 잘하지 않은 이상 다음 선거는 반대당에 의석을 더 주는 경향이 있다. 그런데 2024년에도 2020년 선거와 마찬가지로 더불어민주당이 거의 2/3에 육박하는 수준의 의석을 가져갔다. 중앙선거관리위원회에서 발표한 각 후보자들의 사전선거와 본선거의 득표수를 보면 통계학적으로 볼 때 조작하지 않고서는 나올 수 없는 수치들이었다.[11] 게다가 접은 자국이 없는 투표용지가 다발로 나오는가 하면, 특정후보를 투표한 사람은 있는데 개표결과에는 한 표도 득표 못한 것으로 나오는 등[12] 조작의 흔적이 수없이 나왔다. 당연히 선거소송이 많이 제기되었지만 대법원은 6개월 내로 판결하기로 되어 있는 규정을 어기고 몇 년을 지연하거나 제대로 된 심리도 하지 않고 원고 패소판결을 내렸다.

    한국에서는 구조적으로 선거를 조작하기 쉽도록 만들어 놓고 있다. 선거관리는 여론조사, 선거, 선거사후관리의 단계를 거치게 되는데, 이 모든 단계가 중앙선거관리위원회라는 한 집단에 의하여 통제되고 관리된다. 즉 여론조사는 중앙선거관리위원

---

[11] 이 문제에 통계분석에 익숙한 소수의 사람들을 제외하고는 일반인이 이를 알기도 어렵고, 이것이 잘못된 것이라고 설명을 해도 이해하기가 쉽지 않다.
[12] 자유통일당, 선거조작 의혹 본격 제기 … "당원 36명이 찍었는데 선관위 발표는 0표 … 이런 투표소 전국 371곳", 2024.7.3

회에 의하여 관리를 받고, 중앙선거관리위원회는 판사들에 의해서 관리되며, 선거사후관리로서의 선거소송 또한 판사가 판결하기 때문에, 판사집단이 모든 것을 다 관리 통제하는 것이다. 여기에 민주주의 기본 원칙이라고 할 수 있는 견제와 균형이 작동할 여지가 전혀 없다. 판사들이 전권을 쥐고 있고, 그것도 엄청난 권한을 쥐고 있는 것이다. 그런데다 중앙선거관리위원회는 독립된 기관이라 하여 감사원의 감사도 거부하면서 어떤 감독이나 견제도 받지 않는다. 견제받지 않는 권력은 필연적으로 부패하게 되어 있다. 게다가 대통령과 국회의원을 뽑는 것은 어마어마한 권력이다. 절대권력은 절대부패한다는 액턴경(Lord Acton)의 명언이 한국 선관위라고 해서 예외일 수는 없는 일이다.

한편 중국이 세계 각국의 선거에 개입한다는 것은 이미 널리 알려진 사실이다. 개방 이후에 중국이 국제사회에 적극 나서면서 세계 각국에서의 자국 영향력 확대에 나서게 되는데, 이의 한 방법으로 다른 나라의 선거에 비밀리에 개입하여 중국에 유리한 선거결과가 되도록 하는 것이다. 중국의 이런 활동으로 인하여 그동안 개발도상국이나 중국과 밀접한 관계가 있는 국가는 물론이고, 심지어 미국, 캐나다, 호주에 이르기까지 부정선거 시비가 끊임없이 일어났다.[13] 이렇게 중국이 세계 다른 나라 선거에 개입하려 한다면 여기 대상국가명단에 한국이 빠질 리 없다. 아마도 최우선 대상국이 될 것이다. 그동안 한국에서도 중국인에 의한 여론조작, 선거개표관리, 중국전자장비사용, 해킹 등 중국의 선거개입논란이 끊임없이 제기되어 왔지만, 이미 중국이 한국에서 큰 영향력을 행사하고 있어서 큰 소란없이 넘어갔다.

---

[13] "중국 총선개입 의혹 사실로 결론"...캐나다 조사보고서, 2024.4.10

한국은 선거장비기술이 앞선 나라다. 한국에서는 일찍이 전자산업이 발전하면서 선거에 전자개표기가 도입되고 이를 다른 국가에 수출하였다. 그런데 한국산 전자개표기를 사용한 이라크, 키르기스스탄, 콩고, 케냐 등 여러 나라에서 선거부정 문제가 불거지고, 이로 인한 유혈사태나 정치적 소요사태가 일어났다. 이런 선거부정과 관련하여 세계선거기관협의회(Association of World Election Bodies: A-WEB)가[14] 관련되어 있고, 국제카르텔의 형태로 세계적인 차원에서 조직적으로 자행되고 있는 것으로 알려졌는데, 이 세계선거기관협의회는 대한민국 중앙선거관리위원회의 제안으로 설립된 조직이다. 최근에 한국은 사전선거제도까지 도입되면서 선거를 조작하기에 매우 용이하게 되었다. 사전투표를 하고 난 후에 개표를 하기까지 5일 정도를 기다려야 하는데, 그동안 이 사전투표함에서 무슨 일이 일어나고 있는지 아무도 알 수가 없도록 해놓고 있다. 사전투표에서는 그 흔한 CCTV도 제대로 가동하지 않는다. 사전투표에서 나온 결과와 본투표에서 나온 결과가 완전히 다르다. 원래 투표 당일에 투표하기 어려운 사정이 있는 사람에게 투표할 기회를 주기 위하여 부득이하게 행하는 것이 사전선거제도인데, 정부에서 사전투표를 독려하면서 사전투표를 하는 인원과 본투표를 하는 인원이 거의 비슷하게 되었다. 사전투표의 선거결정능력을 획기적으로 높인 것이다.

한국에는 전통적으로 내려오는 병폐가 있는데 그것은 지도자들이 백성들을 속이려고 하는 습성이다. 부정직한 지도자들과 그들을 추종하는 백성들이 만들어내는 아주 나쁜 망국병이다.

---

[14] 세계선거기관협의회, 미상

대한민국이 시작된 제1공화국부터 부정선거로 인하여 정권을 마감하였다. 부정선거로 4.19의거의 엄청난 비극적인 사건이 일어났지만, 그 이후에도 부정선거의 망령은 떠나지 않았다. 그동안 크고 작은 부정선거시비가 있었지만 부정선거 문제가 크게 대두된 것은 선거부정으로 선거판도를 완전히 바꿀 수 있게 된 제도로서의 사전선거제도가 도입되면서부터다. 부정선거에 대한 소문이 확산되자 정치권과 언론이 합세하여 부정선거를 주장하는 사람들에 대해서 음모론자로 몰아세워 여론으로 비등하는 것을 잠재웠다. 부정선거라는 말도 꺼내지 못하게 하는 것은 승리한 더불어민주당만이 아니라 참패한 국민의힘당도 똑같다. 당의 세력은 줄었지만 자신은 당선되었기 때문에 부정선거라도 상관없다든가, 혹은 국회의원을 더 하고 싶거든 부정선거주장을 적극 잠재우는 노력을 하라는 엄포라도 들은 사람들처럼 행동한다. 선거에 대해서 의문을 제기하는 사람들에 의문을 해소해 주는 대신에 음모라 하고 무시하는 것 자체가 선거에 의해서 선출되지 않았다는 증거다. 민주주의에서는 투표하는 사람이 주인이고 선출되는 사람이 종인데, 그런 종은 있을 수 없기 때문이다.

2022년 대선에서는 윤석열 후보가 이재명 후보를 근소한 표차로 누르고 승리하였다. 윤석열이 대통령에 당선된 것은 통상적인 형태에서 상당히 벗어난 것이었다. 정치인으로서 경력이나 대중적인 지명도가 전무했던 사람이 어느 한순간 나타나서 대통령이 된 것이다. 검찰총장에서 사퇴하고 국민의힘당에 들어가 바로 대통령 후보가 되고 대통령이 된 것이다. 그가 등장하게 된 것은 더불어민주당의 이재명 후보가 문재인이 집권하기 전 야당후보로서 경쟁했고 서로 치열하게 다투는 과정에서 문재인계파와 이재명계파 간에 사이가 나빠 문재인이 이재명에게 권좌를 물려주기 싫었기 때문일 수도 있었다. 어쨌든 윤석열이 국민들로부터 많은 원성과 지탄을 받던 더불어민주당정부의 요직에 있던 사람으로서 그가 국민들의 환영을 받을 이유는 없었다. 단지 그가 요직을 떠날 때 정부에 반기를 들고 퇴출되는 모습을 보임으로써 국민들로부터 집권정부와 같은 편이 아니라 그와 대립하는 사람으로서의 모습을 보여주었을 뿐이었다. 좌파 문재인 정권의 행동대원이었던 그를 보수정당 국민의힘당 대통령 후보로 국민들 앞에 내어놓은 것은 마치 야바위꾼이 아이들 앞에 패를 이리저리 돌린 다음 내놓는 것과 같았다.[15]

윤석열이 대통령에 당선되자 문재인 좌파정권에서 힘들어했던 사람들은 윤석열에 대하여 기대하는 것이 많았다. 우선 선거부정을 바로잡고, 그동안 왼쪽으로 크게 기울어진 나라를 바로세울 뿐만 아니라, 문재인, 이재명이 명백한 범죄행위를 하고서도 아무 일 없이 넘어갔던 일들에 대하여 단죄할 것을 기대하였다. 사람들은 윤석열이 이제는 하겠지, 이제는 하겠지 하면서 기다리고 있었다. 하지만 윤석열은 아무 일도 하지 않았다. 윤석열은 문재인을 구속하는 것이 아니라 오히려 사람들이 문재인 사저 앞에서 시위하지 못하도록 경호구역을 확대 지정하고 시위단속을 강화하여 문재인이 평온히 지내도록 조치하였다. 시간이 가면서 사람들은 하나 둘 현실을 인정하기 시작하였다. 문재인의 충신 중의 충신이 윤석열이라는 것을 실토하는 김건희 여사의 대화녹음 같은 것이 유포되기도 하였다. 그래도 이전 정부에서 완전히 파괴한 일본과의 관계, 한미일 동맹관계, 원전산업 등

---

[15] 나중의 일이지만 계엄발동 조금 전인 24년 10월에 윤석열이 국민의힘 대통령후보로 선출되는 과정에서 여론조사 부정이 있었음이 폭로되어 윤석열을 괴롭히게 된다.

을 복원하려 노력하였고, 이전 정부에서 북한의 요구대로 추종하고도 욕만 실컷 얻어먹던 관계로부터의 탈피와 같은 한정된 범위에서의 변화는 있었다. 이렇게 세월은 흘러 어느덧 두 해 반이 지나갔다. 그러는 사이 윤석열 대통령의 지지율은 40%대에서 10%대까지 내려가게 된다.

2024년 총선으로 절대다수의 의석을 차지한 야당은 의회독재를 시작하였다. 수많은 법들을 만들어 내고, 행정부 요직에 있는 사람들을 탄핵시키고, 예산을 삭감하여 정부기능을 마비시켰다. 그리고 이와 함께 윤석열 대통령과 관련하여 대통령 영부인의 비리, 뇌물수수, 품위비하와 같은 폭로가 이어지고, 지난 국민의힘당 대통령 후보자 경선과정에서의 여론조사조작사건도 터져 나왔다. 김건희 여사에 대한 특검을 추진하고 윤석열 대통령에 대한 퇴진운동도 일어났다.

이런 상황에서 12월 3일 비상계엄사건이 일어난 것이다. 윤석열 대통령의 비상계엄소동 후 야당의 윤석열에 대한 탄핵과 내란죄 공격이 시작되고 탄핵시위가 일어났다. 대통령은 순식간에 코너에 몰렸다. 12월 8일, 한동훈 국민의힘당 대표와 한덕수 국무총리가 공동으로 담화를 발표하였다. 앞으로 국민의힘당과 국무총리가 긴밀히 협의하여 윤석열의 퇴진을 질서 있게 진행하여 국정혼란을 조기에 수습하겠다는 내용이었다. 야당은 물론이고 여당에서도 공격을 당하여 수세에 몰려서 곧 퇴진할 것만 같던 윤석열이 12월 12일, 자신이 비상계엄을 할 수밖에 없었던 이유를 소상히 밝히면서 국민을 뒷배로 하여 버티기에 나섰다. 자신은 계엄의 형식을 빌려 작금의 국가적 위기상황을 국민들께 알리고 호소하려 비상계엄조치를 하였으며, 피와 땀으로 지켜온 자유민주 대한민국을 지키기 위하여 국민과 함께 싸우겠다고 나섰다.

　이후 국민들의 여론은 돌아서기 시작하였다. 비상계엄사태 이후 맹렬히 계속된 탄핵시위에 맞서서 탄핵반대집회가 열리고 여기에 참가하는 인원은 점점 늘어갔다. 탄핵해야 한다는 사람들과 탄핵을 해서는 안 된다는 사람들이 모두 거리에 나오게 된 것이다. 탄핵해야 한다는 사람들은 윤석열 대통령이 반국가세력으로 지목했던 그 사람들 편에 선 사람들이고, 탄핵해서는 안 된다는 사람들은 윤석열 대통령 편에 선 사람들이다. 탄핵집회는 더불어민주당 지지자, 민주노총조합원을 중심으로 하여 사회주의, 민족주의적인 성향을 갖고 있었다. 특히 야당이 12월 4일 발의한 1차 탄핵소추안에는 윤석열 대통령이 북한과 중국, 러시아를 적대시하고 일본중심의 외교정책을 했다는 것이 탄핵사유로 포함되었을 정도로 친북, 친중의 성격을 갖고 있었다.[16] 반면에, 탄핵반대집회는 기독교도를 중심으로 하여 자유민주주의 대한민국을 향하는 애국주의적 성향, 친미의 성격을 갖고 있었다. 여기에 기독교도가 중심이 되고 있는 것은 한국 기독교가 미국 개신교에서 왔기 때문에 자유민주주의로서의 국가관을 갖고 있으며, 공산화로 종교의 자유를 잃게 되는 것을 두려워하기 때문이다. 탄핵집회에서는 더불어민주당 지지자, 민주노총조합원, 농민, 페미니스트, 성소수자, 동성연애자 등 그 사람들의 성격에 있어서 다양하였고, 중국에서 온 사람들도 많이 참여하여 심지어 중국국민이 앞에 나가 연설을 하기까지 하였다. 탄핵반대집회에서는 대부분 자유민주주의 대한민국에 애착을 갖는 사람들로서 대한민국에서의 내셔널리즘을 대표하는 사람들이다. 탄핵

---

[16] 윤석열 대통령 1차 탄핵소추안, 2024.12.4

반대집회의 사람들도 나라를 사랑하지 않는다고는 할 수는 없으나 순수하게 대한민국으로 향하는 마음 외의 요소들과 함께하고 있기 때문에 이를 내셔널리즘이라고 보기는 어려웠다.[17]

비상계엄사건 직후에는 여론조사에서 탄핵을 해야 한다는 사람이 거의 3/4을 넘었고,[18] 수많은 사람들이 탄핵집회에 참가하였다. 하지만 탄핵을 반대하는 사람들이 늘어나 탄핵반대집회가 찬성집회의 규모보다 훨씬 더 커지게 되면서 상황은 역전되었다.[19] 특히 탄핵집회에 중국인들이 대거 참여한다는 것이 알려지면서 반중감정이 확산되었고, 이에 주한중국대사관에서 한국 내 중국인들에게 정치에 참여하지 말라는 공지까지 하게 되면서,[20] 탄핵집회의 규모는 크게 줄어들게 된다.

윤석열 대통령은 반국가세력이 나라를 장악하여 대한민국이 위기에 있으며, 국정운영의 정상적인 방법으로는 이들을 제어할 수 없어서 비상계엄조치를 하게 되었다고 하였다. 여기서 반국가세력이란 친북 친중의 좌익세력을 말하고, 이들이 나라를 장악하여 대한민국이 위기에 있다는 것은 다음과 같은 사실에 기초한다. 현실적으로 대한민국은 보통의 국가와 다른 국가안녕에

---

[17] 탄핵촉구시위도 있고 탄핵반대시위도 있는 것처럼 많은 사람들이 다양한 정치적 의사를 표출한다. 여기서 어떤 것이 내셔널리즘이고 어떤 것이 내셔널리즘이 아닌지를 구분해야만 한다. 태극기집회는 내셔널리즘의 표출이라고 할 수 있지만, 민주노총의 시위, 중국인들의 시위, 동성애권리주장자의 시위를 내셔널리즘의 표출이라고 할 수는 없음은 명확하다. 그런데 한국에서의 민족주의는 내셔널리즘과 때로는 같은 것으로, 때로는 다른 것으로 역할을 하면서 혼란을 주기 때문에, 이 부분에 대해 기준을 세울 필요가 있다. 이에 대해서는 제7장에서 자세히 다루기로 한다.
[18] '탄핵 찬성 78%…보수층 43%도 동의, 2024.12.12
[19] 尹지지율 44.6%, 탄핵반대 45.6% 조사 결과 나왔다, 2015.1.13
[20] 주한중국대사관 "한국 정치집회에 참여 말라" 자국민 당부, 2025.1.5

서의 위협이 있는데, 그것은 분단국가로서 북한 공산주의의 위협이다. 북한은 대한민국을 적화통일하기 위하여 6.25를 일으켰으며, 전쟁도발이 실패한 이후에도 국지적인 도발이나 테러를 수시로 감행하는 등 수단방법을 가리지 않고 남한에 도발해 왔으며, 지금도 적화야욕을 버리지 않고 있다. 북한은 원래 북한이 사회주의 기지가 되어 그 영역을 확대해 나간다는 민주기지론의 혁명노선을 정해 놓고 있기 때문에 북한만의 사회주의에 머물지 않는다. 이러한 혁명노선에 따라 북한은 남한을 사회주의 체제로 변화시키기 위한 작업을 꾸준히 해오고 있다. 이러한 상황에서 남한은 항상 위험에 놓일 수밖에 없는데, 전쟁이 쉽지 않은 오늘날에 있어서 가장 현실적인 위협 중의 하나는 친북세력에 의한 국가정부 장악이다. 지난 1980년대 후반, 반공에 철저했던 권위주의정권이 권력과 함께 권위를 잃고 비판과 공격의 대상이 되면서 북한의 대남활동이 훨씬 더 용이하게 되었다. 이후 남한에는 민주화와 민족주의의 기치하에 기존의 가치가 허물어지고 가치전도가 일어나면서 용공친북세력이 크게 늘어나게 되었다. 정치권에서는 반미 친북을 외치던 운동권학생이나 반체제인사들이 대거 정치권에 들어가서 거물 정치인이 되는 등 친북세력의 영향력이 점차 커지더니 이제는 친북성향 정치세력이 주도권을 쥐게 되었다. 법조계 또한 친북성향의 인사들이 대거 진출하여 이들이 조직적으로 상부상조하여 핵심적인 자리를 차지함으로써 사법계를 장악하기에 이르렀다. 이런 식으로 친북세력이 중요한 위치마다 곳곳에 똬리를 틀고 있는 가운데, 엎친 데 덮친 격으로 중국 공산세력까지 침투해 들어오게 된다.

    1970년대 말 중국이 시장경제를 도입하고 개방한다고 했을 때, 세계는 중국이 평등과 평화를 추구하는 국가로서의 세계 국가 일원이 되려는 것으로 생각하였다. 그런데 중국은 개방할 때부터 다른 생각을 품고 있었다. 중국의 등소평이 문을 열면서 다짐한 것은 도광양회(韜光養晦)였으며, 이는 힘이 클 때까지 드러내지 않고 있다가 힘이 컸을 때 드러내겠다는 것이었다. 그리고 클 만큼 컸다고 생각하여 힘을 드러내기 시작한 것이 그로부터 40여 년이 지난 시진핑 집권기였다. 중국의 목표는 세계 패권국이 되는 것이었다. 중국(中國)은 그 이름에서 말하듯 동아시아에서 수천 년의 역사를 중심국으로서 살아왔으며, 중국의 수직적인 문화에서 수평적인 국가관계란 있을 수 없다. 중국은 지금도 한자문화권 국가들에 대하여 차이나라고 부르지 말고 중국이라고 부르라고 하며 스스로를 대국이라고 한다.

중국은 경제력이 커지게 되자 세계 각지에서 그 영향력을 확대해 나갔다. 경제에서 중국은 자국의 값싼 제품, 값싼 노동력, 축적된 외환, 큰 시장 등을 이용하여 다른 나라를 점점 더 자국에 의존하게 만들었다. 그리고 이를 경제외적으로도 확대하여 정치, 군사, 외교, 문화 등 다방면으로 중국의 영향력을 증대해 나갔다. 중국의 이 같은 세계전략에서 한국은 가장 먼저 시작해야 할 국가이자, 중요한 국가이자, 또한 쉬운 국가다. 그래서 가장 먼저, 그리고 가장 많은 수의 공자학원을 한국에 배치하였으며, 수많은 유학생과 노동자들을 한국에 보내고, 한국 곳곳에 부동산투자를 하고, 정계와 언론계를 비롯하여 각계각층에 친중인사들을 배치해 놓았다. 이러한 일들은 도광양회로 드러나지 않게 진척시켜 왔고, 그래서 한국인들이 모르는 사이에 한국에서의 중국의 영향력은 가늠하기 어려울 정도로 커졌다.

북한과 중국은 6.25동란으로 수많은 대한민국 국민을 살상했으며, 그 전쟁은 지금도 끝나지 않았다. 지금 이들은 동란 때와는 달리 보이지 않는 곳에서 긴 시간을 두고 조금씩 조금씩 한국을 허물어뜨리고 있다. 한국에 사회주의적인 이념이 들어오고, 국민의 자유를 제약하고 국가발전을 저해하는 정책들이 도입되면서, 자유민주주의 국가로서의 정체성은 물론이고, 국가로서의 기본적인 체제가 흔들리고, 풍속과 사회분위기가 피폐해져, 거의 국가가 유지되기 어려울 정도로 허물어져 가고 있다. 어제의 범죄자가 오늘의 영웅이 되며, 낯을 들고 다니기 어려워해야 할 사람이 지도자로 나서고, 판사가 법을 따르지 않고, 언론이 정보를 거짓 왜곡하며, 한국 땅에서 한국인이 중국인 집에 세 들어 살며, 한국의 주권행사는 중국인이 하는 세상으로 되었다. 나라가 완전히 거꾸로 뒤집혀 버린 것이다.

이런 혼란의 상황은 박근혜 정부때부터 시작되었다. 대통령 박근혜는 중국의 전승절 열병식에 참가하는 등 중국에 끌려가기도 하고, 한일위안부협상을 타결하는 등 미국에 끌려가기도 하면서 오락가락하더니, 사드사태로 중국과 갈등을 빚으며 탄핵되고 말았다. 이후 문재인 대통령이 집권하면서 자유민주주의 국가로서의 대한민국은 큰 혼란에 빠지게 된다. 문재인이 대통령이 되자, 행정, 입법, 사법의 모든 국가기관과 유관기관, 그리고 언론과 시민단체들까지 거의 모든 영역을 종북 종중의 좌파 세력이 장악하였다. 그리고 대통령으로서 문재인은 중국 북한에 대하여 독립국가 원수로서 할 수 없는 굴욕적인 모습을 보이게 된다. 중국에 가서는 중국을 큰 산, 대한민국을 큰 산 옆의 작은 산이라고 하였지만, 동행한 한국 기자가 중국 경호원들의 집단폭행으로 구둣발로 얼굴을 짓밟히고 안구출혈이 되도록 무참히 맞는가 하면, 국가원수로서 제대로 대접도 못받고 무시만 당하고 돌아왔다.[21] 그리고 북한에 대해서도 끊임없이 김정은의 비위를 맞추고 그를 위하는 정책과 조치를 취하였다. 북한에 가서는 자신을 남쪽 대통령이라고 하였으며, 북한에서 한국 공무원을 죽이고 불태웠는데도 항의하기는커녕 공무원이 월북했다고 날조하는가 하면, 북한에서 자유를 찾아 목숨을 걸고 남한으로 온 청년들을 잡아서 북한으로 돌려보내 처형당하게 하였다. 자기 하나 대통령 되겠다고 대한민국의 국격을 땅바닥에 처박고, 대한민국 국민의 얼굴을 구둣발로 땅바닥에 짓뭉갠 것이다.

이런 상황에서 국민들이 태극기를 들고 거리로 나서게 된다. 이에 문재인 정부는 청와대 앞에 차벽을 치고 수많은 경찰을 동원하여 시위를 차단했다. 이런 탄압 속에서 행해지는 시위는 처절하고 눈물겨웠다. 여름 무더위 뜨거운 아스팔트 위에서, 혹한 겨울의 얼어붙은 맨땅에서 잠을 자면서 시위를 멈추지 않았다. 이들의 나라를 위하는 마음은 뜨거웠다. 이들은 노년층이 많았다. 대부분 6.25사변 이후 나라가 어려운 시절에 어린 시절을 보내고, 한국의 발전에 기여해 온 사람들이었다. 현역 일선에서는 물러났지만 나라에 대한 걱정으로 뒤에 물러서 있을 수만 없었던 것이다. 이런 시간이 길어지면서 말년을 이렇게 나라를 위해 애쓰다 기력이 소진되어 생을 마감하는 사람들도 많았다. 심지어 자신의 몸을 바쳐서라도 나라가 바로되는 계기를 삼고자 단식으로 목숨을 바치기도 하였다.

2020년 4월, 서울 화곡2동성당 앞에서 나라를 위해 단식투쟁하던 한 천주교 신자가 죽었다. 그는 3월 30일부터 단식농성

---

[21] 중국 경호원들, 방중취재 靑 사진기자 집단폭행 전말, 2017.12.14

을 시작하여 결국 24일째인 4월 22일에 숨을 거두었다.[22] 그가 단식을 한 이유는 자신의 목숨을 바쳐서라도 조국의 공산화를 막겠다는 목적에서였다.[23] 기울어져 가는 나라를 보고 자신이 나라를 위해서 무엇이든 해야겠다는 생각으로 단식투쟁을 택한 것이다. 이런 그를 대하는 사람들의 마음은 차가웠다. 사제들이 성당 안에서 단식을 못하게 그를 성당 바깥으로 끌어내었고, 그래서 성당 앞 간이천막에서 단식하다가 죽었다. 한국 천주교는 사제들 또한 많이도 좌경화되고 세속화되어 힘 있는 자 편에 서므로, 고인의 행동에 동조하거나 연민의 정을 보이지 않았을 뿐만 아니라 오히려 적대시한 것이다. 행정기관뿐만 아니라 교회권력마저 그에게 동정을 주지 않았고, 신문이나 방송도 이를 보도하지 않았기 때문에 이런 사실이 있었는지조차 모르고 지나갔다. 이렇게 그는 희생적으로 나라를 위해 목숨을 바쳤지만 사회가 못본 체 외면함으로써 아무 영향도 못 주고 헛되이 목숨만 바친 것이다.

이런 일들을 두고 국가공동체로서의 한국이라는 나라와 그 안의 사람들의 의식을 생각해 볼 필요가 있다. 한국사람들은 오로지 자기 눈앞의 이익과 정파의 이익만 생각할 뿐 나라를 위하는 것에 대해서는 가치를 두지 않는 사람들이 많다. 정치지도자들은 자신들을 지지하지 않는 사람들에 대해서는 투표하러 나오면 안 된다느니, 빨리 죽어 없어져야 한다는 막말을 하기도 한다. 어떻게 나라를 위한다는 사람들이 나라안 다른 사람들에 대

---

[22] 전직 경찰관이었던 그는 향년 87세로 타계하였다.
[23] "좌경화된 나라와 천주교 구하는 데 이 몸 바치리"… 24일 단식 끝에 순교한 강남수 씨, 2020.4.24

해서 저렇게 적대적일 수가 있는가 하는 생각을 하게 된다. 여기에 엄청난 폭력성과 독재욕구가 잠재되어 있을 뿐, 같은 나라 사람으로서의 동포애와 같은 것은 찾을 수 없다. 그렇다면 서양의 이론가들이 말하는 내셔널리즘의 동인으로서의 동포애 같은 것은 한국에서는 큰 의미를 갖지 못하고 있는 것이다.

2024년 12월 3일 비상계엄으로 시작된 한국의 소요사태는 한국 내셔널리즘의 구조를 선명하게 보여주고 있다. 이 사건은 지금 재판과 함께 정치적 과정이 진행 중이어서 지금까지 사건 자체에 관련해서는 명확히 드러나지 않은 부분도 많다. 하지만 내셔널리즘과 관련해서는 이미 뚜렷하게 드러나고 있다. 외세, 지도자, 일반 국민, 이 세 주체의 움직임 속에서 한국 내셔널리즘은 전개되고 있는 것이다. 이 사례에서 그 구조를 간략히 살펴보면 다음과 같다.

첫째, 외세이다. 한국은 언제나 외부세력이 노리고 있다. 지금도 대통령이 비상계엄조치를 취했을 정도로, 그리고 나중에 대통령이 왜 비상계엄조치를 했는지를 호소했을 때 국민들이 대통령을 옹호하고 나섰을 정도로 외세가 대한민국에 위협이 되고 있는 것은 틀림없다. 그동안 북한과 중국이 한국을 공략해 왔다. 북한이나 중국이 원하는 대로 한국이 체제전복되거나 중국의 영향력하에 들어가게 된다면 이 땅의 사람들은 삶의 양식에 대한 변화를 강요받고, 자율성을 상실한 채 살아가게 되는 것이다. 한국에 있어서 이러한 위협은 오늘날뿐만 아니라 역사적으로 항상 있어 왔다.

둘째, 지도자들이다. 최근 한국에 일어난 일련의 정치적 혼란은 지도자들의 행동과 무관하지 않다. 외세와 관련해서는 이에 호응하고 이를 이용하려는 지도자들이 적지 않다. 윤석열 대통령의 2025년 1월 15일, "국민께 드리는 글"이라는 손편지는 다음과 같은 내용을 담고 있다.

> 국내 정치세력 가운데 외부의 주권침탈세력과 손을 잡으면 이들의 영향력 공작의 도움을 받아 정치권력을 획득하는 데 유리합니다. 그러나 공짜는 없습니다. 우리의 핵심 국익을 내줘야 합니다. 국가기밀정보, 산업기술정보뿐 아니라 원전과 같은 에너지안보와 산업경쟁력 등을 내주고 나아가 자유의 가치를 공유하는 국가들과의 연대를 붕괴시키고 스스로 외교고립화를 자초합니다. 국익에 명백히 반하는 반국가행위를 하는 것입니다.
>
> 이런 세력이 집권 여당으로 있을 때뿐만 아니라 국회의석을 대거 점유한 거대 야당이 되는 경우에도 국익에 반하는 반국가행위는 계속됩니다. 막강한 국회권력과 국회독재로 입법과 예산봉쇄를 통해 집권 여당의 국정운영을 철저히 틀어막고 국정마비를 시킵니다. 여야 간의 정치적 의견 차이나 견제와 균형 차원을 넘어서 반국가적인 국익포기 강요와 국정마비, 헌정질서 붕괴를 밀어붙입니다. 이건 남의 나라 이야기가 아닙니다. 바로 대한민국의 현실입니다. 어떤 정치세력이라도 유권자의 눈치를 보게 되어 있어 무도한 패악을 계속하기 어렵지만 선거조작으로 언제든 국회의석을 계획한 대로 차지할 수 있다든가 행정권을 접수할 수 있다고 자신한다면 못할 일이 뭐가 있겠습니까? 우리나라 선거에서 부정선거의 증거는 너무나 많습니다. 이를 가능하게 하는 선관위의 엉터리 시스템도 다 드러났습니다.[24]

이 같은 윤석열 대통령의 주장이 자신의 이익을 위해서 막연하게 터뜨리는 허위주장이라고 보기는 어렵다. 허위라면 거대

---

[24] 윤석열, 2025.1.15

야당이 그 내용에 대하여 반박을 해야 할 사인인데, 반박대신 우격다짐으로 이런 주장을 하는 대통령을 내란죄로 몰아붙이고 이에 동조하는 사람조차 내란죄로 처벌하겠다고 엄포를 놓으니, 이는 스스로 그 혐의를 인정하는 것이나 다름없다. 여기서 중요한 것은 지도자들이 외부세력과 결탁하거나 쉽게 넘어감으로써 이런 일이 일어나고 있다는 사실이다. 한편으로는 비상계엄사건만 보더라도 윤석열 대통령이 잘했으면 이런 일이 일어나지 않았을 것이며, 그의 잘못으로 인하여 수많은 국민들이 죽을 고생을 하고, 목숨까지 잃는 사태가 일어나고 있는 것이다. 이렇게 나라를 위기에 빠뜨리는 문제는 일반 국민들은 해당하려야 할 수 없는 것으로서 순전히 지도자들에게 해당되는 문제인 것이다.

셋째, 일반 국민들이다. 한국국민들의 나라를 위한 마음은 뜨겁다. 그래서 나라를 지키는 것은 이들의 몫이고, 여기서 내셔널리즘이 큰 역할을 하게 된다. 국민들은 윤석열이 좌파 선봉의 행동대원이었고, 그를 대통령으로 앉힌 이후에도 국민들의 기대를 저버렸음에도 불구하고 또다시 윤석열을 감싸고 나섰다. 국민들은 오로지 나라만 생각하는 것이다. 국민들은 윤석열의 비상계엄조치를 계몽령이라고 한다. 국민들에게 나라의 이런 어려운 사정을 알려서 사태의 심각성을 일깨워 준 것만 해도 고맙다는 것이다. 그리고 이것이 나라를 위하는 일이라고 생각하자 전후의 잘잘못을 따지지 않고 또다시 온몸을 던져 윤석열 구하기에 나섰고, 윤석열을 구심점으로 하여 나라 구하기에 나선 것이다. 국민들은 이순신이었다. 자신을 핍박하는 선조였지만 나라를 구하기 위하여 충성으로 왕을 모시고 목숨도 내놓았던 것이다.

# 제 2 장

# 내셔널리즘이란 무엇인가?

1. 내셔널리즘의 정의
2. 네이션, 내셔널리즘의 출현
3. 민족, 민족주의 용어 도입
4. 네이션, 내셔널리즘의 번역 용어
5. 네이션, 내셔널리즘 번역어의 문제점
6. 네이션, 내셔널리즘에 합당한 용어
7. 한민족, 한국민, 한국인
8. 국인이라 해야 하는 이유
9. 본서에서의 용어 사용

## 1. 내셔널리즘의 정의

### 1] 네이션

　　내셔널리즘(nationalism)은 네이션(nation)에서 나온 말로서 네이션에 대한 이념이다. 그렇다면 네이션은 무엇인가? 네이션(nation)이란 "일정한 지역에서 공통의 관습과 문화를 형성하며 살아왔고, 자신들을 다른 집단과 구분되는 하나의 집단으로 의식하고 있으면서, 하나의 국가로 구성되거나 구성될 수도 있는 사람들의 집단"이라고 정의할 수 있다.

　　네이션은 영어에서도 그 의미가 혼란스러운 용어로 유명하다.[25] 하지만 네이션과 내셔널리즘을 논하는 데 있어서 대다수 학자들이 말하는 일반적인 관점에서의 네이션을 정의하는 것은 그리 어려운 일이 아니다. 네이션의 정의에는 크게 두 가지 설로 나누어진다. 다수설은 네이션을 "특정한 땅에 살면서 역사와 문화를 공유하는 대규모 사람들의 집단이면서 자신들만의 정치

---

[25] 네이션(nation)이라는 말이 시간과 장소에 따라 의미가 다르게 사용되어 왔기 때문이다.

체제를 원하는 사람들"로 정의한다. 구체적으로 여기서의 집단은 역사, 언어, 조상, 종교, 정치적인 신념 등을 공유하는 사람들의 집단이라고 할 수 있으며, 이들 모든 요소를 다 공유해야 하는 것이 아니고, 하나 이상의 공유를 통해 하나의 집단으로 구분될 수 있으면 되는 것이다. 이에 반하여 소수설은 "역사와 문화를 공유하는 대규모 사람들의 집단"으로 정의한다. 여기서는 다수설과 달리 "정치체를 원하는 사람들"이라는 요건이 제외되며, 반드시 특정한 땅과 함께하는 것도 아니다.

두 설을 견주어 보면 소수설은 다수설에 비하여 극소수의 설에 불과하고, 정치적인 성격을 갖는 내셔널리즘을 감안해서라도 그 기초가 되는 네이션이 정치적인 요소가 있어야 하는 것이 타당하다. 그래서 다수설이 통설이며, 이에 기초하여 네이션을 세분하여 정의해 보면 다음과 같다.

i) 특정한 땅의 사람들이다.

ii) 이들 사람들은 대규모이다.

iii) 이들 사람들은 우리는 같은 사람들이라고 생각할 정도로 공통성을 갖는다.

iv) 이들 자신들만의 정치체를 원한다.

다음으로, 네이션의 개념에 대한 이해를 돕기 위하여 스탈린(Joseph Stalin)의 정의를 보기로 하자. 스탈린은 그의 『맑시즘과 네이션 문제(Marxism and the National Question)』라는 책에서 네이션을 다음과 같이 기술하고 있다.

> 네이션(nation)이란 무엇인가? 네이션은 하나의 한정된 사람들의 공동체이다. 이 공동체는 인종적인 것도 아니고 민족적인 것도 아니다. 근대 이탈리아 네이션은 로마인(Romans), 튜톤인

(Teutons), 에투르스칸인(Etruscans), 그리스인(Greeks), 아랍인(Arabs) 등으로 이루어져 있다. 또, 프랑스 네이션은 골인(Gauls), 로마인(Romans), 브리톤인(Britons), 튜톤인(Teut-ons) 등으로 이루어져 있다. 영국 네이션이나 독일 네이션을 비롯한 다른 많은 네이션에서도 다양한 인종과 민족으로 네이션을 이루고 있는 것은 마찬가지이다. 따라서 네이션은 인종도 아니고 민족도 아니며, 역사적으로 형성된 사람들의 공동체이다.

반면에 비록 여러 인종이나 민족들로 구성되고 역사적으로 형성되었다고 하더라도 알렉산더(Alexander)제국이나 싸이러스(Cyrus)제국을[26] 네이션이라고 하지 않는다. 그들은 네이션이 아니라 정복자의 승리와 패배에 따라 함께하기도 하고 나눠지기도 하는 우발적이고 느슨하게 연결된 사람 무리들의 집합체이다. 따라서 네이션은 우연이나 일시적으로 형성되는 사람들의 집합체가 아니라 사람들의 견고한 공동체이다.[27]

스탈린은 네이션을 사람들의 일시적인 운집이 아니라 세대에 세대를 이어 오랫동안 같이 살아오면서 역사적으로 형성된 견고한 집단이라고 하고 있다. 여기서 우리의 주의를 끄는 것은 네이션이 인종이나 민족을 의미하는 것이 아니라고 강조하고 있는 부분이다. 당시 유럽이나 러시아사람들에게 있어서도 그렇게 생각될 소지가 있었기 때문에 이 부분을 제대로 이해시키고자 여러 나라의 예를 들어가면서 소상하게 설명했던 것이다.

네이션(nation)의 의미를 영어사전에 수록된 내용과 함께 더 자세히 점검해 보기로 하자. 사전을 보면 오늘날 네이션(nation)

---

[26] 싸이러스 대제(Cyrus the Great)는 싸이러스 2세(Cyrus II)로도 불리며, 기원전 6세기 페르시아의 정복자이다.
[27] Stalin, 1913 / 2015, p.7

은 크게 세 가지 의미가 있다.[28]

첫째, "구성원들이 한 집단으로 의식하면서 그들 자체의 정부를 갖고 있거나 갖기를 원하는 사람들의 집단"

둘째, "자체적인 정부를 가진 사람들이 살고 있는 영역"

셋째, "동일 종족 사람들의 집단"이다.

여기서 우리는 첫째를 국민, 둘째를 국가, 셋째를 민족이라고 표현한다. 네이션은 이 세 가지를 다 포괄하는 것이지만, 우리말에서는 이에 해당하는 단어는 없는 상태에서 이를 각각 나누어서 표현하고 있는 것이다.

첫째의 의미를 보면, 네이션은 자신이 전체 구성원 중의 일원임을 의식하고 있는 사람들의 집단이다. 그리고 이 사람들은 다른 집단의 일부로 속하게 되거나 다른 집단 사람들과 섞여서 살아가는 것을 원치 않기 때문에 자기 집단이 정치적으로 이미 독립되어 있거나 독립되기를 원한다는 것이다. 여기서 이미 독립되어 있다면 이를 국가라고 하고, 이를 구성하는 사람들의 집단을 국민으로 표현할 수 있을 것이다.[29] 만약 정치적으로 독립을 원하지만 독립을 하지 못하고 있는 상태라면 국민이라고 말할 수 없으므로 "갖기를 원하는 사람들의 집단"이라고 표현하고 있는 것이다. 따라서 국민뿐만 아니라 자기 나라의 국민이 되기를 원하는 사람까지 포함하는 것으로서 국민보다 더 넓고 상위에 있는 개념이다. 이 첫째가 네이션의 중심적인 의미라고 할 수 있다.

한국을 예로 들어보자. 한반도에는 사람들이 살고 있다. 여

---

[28] Nation, n.d.1
[29] 물론 국민과 완전히 같은 것은 아니다. 이는 뒤에서 다시 논의한다.

기 사람들은 자신이 한국사람이라는 것을 의식하고 있고, 대부분은 한국사람들에 의한 자치적이고도 독립된 나라로 살아야 한다고 생각한다. 이때 이 한국사람들 총체로서의 집단, 즉 한국인인 동시에 한국, 이것이 곧 네이션인 것이다. 이와 같이 미국, 중국, 영국, 스코틀랜드 모두 마찬가지이다. 네이션은 우리의 관념으로 "~사람들" 또는 "~인" 정도가 가장 근접하다. "한국사람들", "미국사람들", "스코틀랜드사람들" 또는 "한국인", "미국인", "스코틀랜드인" 등과 같다.

여기서 중요한 것은 "국가단위의 사람집단이거나 국가가 될 수도 있는 집단"의 사람들이어야 한다는 점이다. 한국사람들은 네이션이지만 충청도사람들은 네이션이 될 수 없다. 왜냐하면, 충청도사람이나 경상도사람이나 전라도사람이나 혈통, 역사, 문화 등으로 볼 때 별 차이가 없는 같은 사람들이므로 충청도만 별도의 네이션이 되기 어렵다. 또 구분되는 사람들이라 해서 반드시 네이션이 되는 것도 아니다. 미국 알래스카의 이누이트(Inuit)사람들은 민족, 언어, 풍속, 기질 등의 모든 면에서 미국의 백인들과 다르지만, 자신들만의 독립적인 정치체로 살고자 하는 의지가 없다. 독립적인 네이션의 의지 없이 미국사람의 일원으로 살아가겠다고 한다면 이누이트 네이션이 아니라 미국인으로서의 네이션이 되는 것이다.

지금 세계에 국가는 200여 국에 불과하지만, 민족(ethnic group)은 약 650여 개나 된다. 이 민족들이 모두 네이션(nation)이 될 수 있는가? 될 수 없다. 이들 민족 모두가 독립된 국가가 될 수 있는 여건을 갖기 어렵고, 또 모든 민족이 자기들만의 국가에 대한 열망과 의지를 갖는 것이 아니어서 모두가 독자적 정치단위로 될 수 없기 때문이다. 이와 같이 네이션은 정치적인 측면이 고려된 사람들의 집단이다. 단순히 거주지, 혈연, 언어, 공동생활 등으로 하나의 집단으로 구분될 수 있는 집단이 있다면, 이는 앞의 이누이트 원주민과 마찬가지로 민족에 불과하다. 따라서 네이션의 범주에 들어가느냐 들어가지 않느냐는 그 사람들의 영토, 언어, 역사, 혈연, 생활양식 등에서의 독자성을 갖고 있느냐의 측면뿐만 아니라 자기 국가에 대한 열망과 의지가 있는가에 의해서 결정되는 것이다.

둘째의 의미를 보면, "자체적인 정부를 가진 사람들이 살고 있는 영역"이란 국가를 의미하며, 이 의미에서는 영어의 state와 가깝다. 영어에서 country, state, nation 모두 국가를 의미하지만, country는 물리적, 지리적 측면의 의미가 강하고, state는 법적, 정치적, 지리적인 측면에 강한 의미를 내포하고 있는 반면에, nation은 사람의 측면에 더 주된 의미를 두고 있다. 다시 말하면, 국가(state)는 그 국민에게 복종과 충성을 요구할 수 있는 힘을 가진 법적, 정치적인 기관인 반면에, 네이션(nation)은 이러한 국가(state)와 관련된 사람들, 즉, 공통의 환경과 연대의식에 의해서 형성된 사람들의 집단이다.[30]

미국독립과 프랑스혁명 이후 일반 사람들의 주권의식이 확립되면서 일반 사람 집단으로서의 사람들(people)과 국가(state)가 같은 것으로 등식화되는데, 자기 집단끼리 살겠다는 주체적, 정치적 의사를 가진 사람들의 집단으로서의 네이션이 중간에 가교 역할을 하게 된 것이다. 즉, 네이션(nation)의 개념으로, 사람들(people)=네이션(nation)=국가(state)라는 등식이 성립하게 되었다. 사람들이 정치적 힘의 원천으로 인식됨으로써 사람들이

---

[30] Seton-Watson, 1977, p.1

곧 국가가 된 것이다.[31] 이러한 결과로 법적, 정치적 단위로서의 국가인 state만큼이나 사람들 단위로서의 국가인 nation이 국가라는 표현에 자주 등장하게 된 것이다. 그래서 국제연합은 "United Countries"가 아니라 "United Nations"로 되고, 아담 스미스(Adam Smith)가 국부론에서 "The Wealth of Nations"라고 한 것도 단순하게 국가의 부를 의미하는 것이 아니라 국가 구성원 사람들의 부를 합한 총체로서의 부를 표현한 것으로 이해할 수 있다.

셋째의 의미를 보면, 동일 종족 사람들의 집단이다. 이는 주로 옛날에 사용되었고, 오늘날에 있어서는 이런 의미로 거의 사용되지 않는다.[32] 이 부분이 우리말의 민족과 거의 일치한다고 할 수 있다. 여기서 한국인이 곧 한국민족이라고 해서 네이션을 민족이라고 생각해서는 안 된다. 한국은 단일민족국가이어서 민족이 곧 네이션으로 되지만, 세계 대다수 국가는 다민족국가이어서 민족이 곧 네이션으로 되지 않기 때문이다.

## 2] 내셔널리즘

### [1] 학자들의 기존 정의들

내셔널리즘에 대한 학자들의 정의를 보면 학자수만큼이나 다양하다. 널리 알려진 것으로서 다음과 같은 정의들이 있다.

한스 콘(Hans Kohn)은 내셔널리즘을 "개개인의 최고의 충

---

[31] Connor, 1994, p.38
[32] 오늘날에 있어서의 이런 말은 1640년대부터 사용된 것으로 알려진 북미 원주민을 일컫는 Nation 정도이다.

성은 으레 네이션으로 이루어진 국가에 주어져야 한다고 느끼는 심리상태"라고 정의한다.[33] 또, 케두리(Elie Kedourie)는 "인류는 자연적으로 네이션들(nations)로 나누어져 있고, 이 네이션들은 확인되는 특성들로 구분되며, 정당화될 수 있는 유일한 정부 형태는 각 네이션에 의한 자치정부라고 생각하는 신조"라고 정의한다.[34] 이 외에도 많은 연구자들이 다양한 내용으로 정의하고 있다. 우선 연구자에 따라 그 범위를 좁게 정의하기도 하고 넓게 정의하기도 한다. 좁게 정의하면 독립 내셔널리즘 또는 내셔널리즘 운동에 한정시키는 것이고, 넓게 정의하면 독립 내셔널리즘과 통합 내셔널리즘, 그리고 국가단위의 일상적인 내셔널리즘까지도 포함하게 된다.

좁은 정의의 예로서 겔너(Ernest Gellner)의 정의를 들 수 있다. 겔너는 내셔널리즘을 "정치적 단위(political unit)와 네이션 단위(national unit)가 일치해야 한다는 정치적 원리"라고 정의하고 있다. 겔너의 이 정의는 독립 내셔널리즘을 말하고 있다. 그리고 그는 네이션(nation)을 다음과 같이 두 가지로 정의하고 있다.[35] 첫째, 만일 어느 두 사람이 같은 문화를 공유할 때 그들은 같은 네이션이다. 여기서 문화는 생각, 기호, 연상, 행위방식, 소통방식의 체계를 뜻한다. 둘째, 만일 어느 두 사람이 서로가 같은 네이션에 속한다고 인식한다면 그들은 같은 네이션이다. 즉, 공통된 소속원으로서의 상대방에 대한 쌍무적인 권리와 의무를 확고하게 인식하는 범주의 사람들은 같은 네이션이라는 것이

---

[33] Kohn, 1965, p.9
[34] Kedourie, 1961, p.9
[35] Gellner, 2006, pp.6-7

다. 여기서도 나타나고 있는 것은 네이션의 범위는 우리말에서의 민족이 아니라는 점이다. 첫째의 경우는 민족에 가깝지만, 둘째의 경우는 같은 민족이 아니더라도 네이션이 될 수 있다는 것이고, 네이션이 민족보다 넓은 개념으로 정의되고 있는 것이다.

스미스(Anthony D. Smith)는 내셔널리즘을 "실재적 혹은 잠재적 네이션을 구성하는 일부 구성원들에 의해서 집단 전체를 위하여 행해지는 자치, 단결, 정체성을 확보하고 유지하기 위한 이념운동"으로 정의한다.[36] 스미스는 내셔널리즘의 목표를 자기 집단의 독립과 자치, 집단의 단결, 집단의 정체성 확립, 세 가지에 두고 있다. 여기서 자기 집단의 독립과 자치는 독립 내셔널리즘에 해당하고, 집단의 단결과 정체성 확립은 통합 내셔널리즘에 해당한다. 통합 내셔널리즘은 주로 기존 국가에서 국가를 중심으로 국민들을 응집시키기 위한 내셔널리즘이다. 이렇게 스미스의 정의에서는 독립 내셔널리즘뿐만 아니라 통합 내셔널리즘까지 포함하고 있다. 스미스는 겔너보다는 더 넓게 정의하고 있지만, 내셔널리즘을 이념운동으로 한정하고 있다는 점에서 여전히 범위가 좁다.

현재 네이션, 내셔널리즘의 개념에 대하여 학자마다 그 인식에서 차이가 많고, 그런 만큼 내셔널리즘에 대한 정의가 명확하지 못한 상태에 있다. 이 점이 내셔널리즘 연구를 더욱 어렵게 하는 요인 중의 하나가 되고 있다. 지금까지 내셔널리즘 연구는 주로 서구에서 이루어지고 있고, 주류는 근대주의 이론이다. 그래서 내셔널리즘 연구의 대부분은 근대화 이후의 유럽이나 유럽과 관련된 지역의 독립 및 통합 이념운동에 집중되어 있

---

[36] Smith, 1991, p.73

고, 이러한 가운데 내셔널리즘이 독립과 통합의 이념운동만을 의미하는 것처럼 보이기도 한다.

하지만 오늘날 우리가 살아가는 현실세계는 사람들이 국가를 단위로 나뉘어져 살아가고 있으며, 국가들 간에 경쟁과 협력을 하는 가운데 세계가 돌아가는 점을 감안하면 국가가 주체로 되는 경우의 내셔널리즘을 도외시할 수 없다. 아니 국가 내셔널리즘이야말로[37] 가장 실질적이고 중요한 부분이다. 내셔널리즘의 영역에 국가 내셔널리즘이 포함되지 않는다면 내셔널리즘 연구는 그 영역이 대폭 줄어들 뿐만 아니라 그 유용성도 크게 줄게 된다. 특히 유럽 외의 사람들에게는 더욱 그렇다. 영국에 네이션 의식이 언제 생겼는가는 영국의 역사학자들에게는 중요할지 모르지만 세계 다른 지역의 사람들한테는 별 의미가 없다. 시금 한국의 입장에서는 200년 전 유럽 이야기보다는 오늘날의 미국, 중국의 내셔널리즘이나 세계화 속의 내셔널리즘과 세계주의(cosmopolitanism)의 충돌 등과 같은 것이 더 중요한 문제이다.

국가 내셔널리즘이 될 때는 네이션(nation)의 의미가 국가(state)와 거의 같아지게 된다. 이 문제에 대하여 코너(Walker Connor)는 국가의 경우에는 내셔널리즘(nationalism) 용어를 사용해서는 안 된다고 주장한다. 그는 많은 연구자들이 내셔널리즘을 국가에 대한 헌신의 의미로 잘못 사용함으로써 내셔널리즘(nationalism)과 애국심(patriotism)이 혼동되는 것은 문제라고 주장한다.[38] 이런 주장은 그가 원초주의자로서[39] 내셔널리즘을

---

[37] 여기서 국가 내셔널리즘이라 함은 국가단위로서의 사람들이 갖는 의식으로서의 내셔널리즘을 말한다.

[38] Connor, 2005, pp.40-41

[39] 원초주의(primordialism)는 네이션 의식을 갖는 것은 태곳적부터 내려온 사람의

민족 측면에서 보기 때문이다. 공민 내셔널리즘의[40] 측면을 함께 생각하면 이 같은 주장을 받아들이기 어렵고, 또 코너가 한탄할 만큼 많은 학자들이 국가단위에서도 내셔널리즘이라는 용어를 사용하고 있다. 스미스는 nation과 state는 구분되는 개념이지만 현실적으로 같은 뜻으로 사용되는 경우가 많으며, 애국심(patriotism)과 내셔널리즘(nationalism) 간에 분명한 선을 긋기 어렵다고 주장한다.[41]

또 코너는 국가단위가 될 때는 statism이나 etatism을 사용해야 한다고 주장하지만,[42] statism(국가주의)은 내셔널리즘과 별도로 다른 의미로 이미 사용되고 있는 말이다.[43] 일반적인 의미에서 국가주의는 최상의 조직체로서의 권능과 권한을 국가에 부여하고 국가가 경제나 사회의 모든 면을 관리하고 조정하여야 한다는 사상을 말한다. 국가주의는 정치적인 측면에서 국가의 행위에 대한 것인 반면, 내셔널리즘은 사회적인 측면에서 자기 집단과 다른 집단과 관련하여 사람들이 갖고 있는 의식에 대한 것이다. 내셔널리즘의 정의에 대한 코너의 주장은 현실에서의 용어 사용에서 볼 때에도 설득력이 없다. 중국에서 미국을 규탄하는 시위를 벌일 때 영어 매체에서 Chinese nationalism(중국 사람들의 내셔널리즘)이라고 보도하지 Chinese patriotism(중국

---

원초적인 성향이라고 보는 것으로서 민족이 중심적인 위치를 점하게 된다.
[40] 공민 내셔널리즘(civic nationalism)은 인종이나 출생지에 상관없이 개인의 자유의사에 따라 나라사람이 되는 것을 말한다. 이에 대응되는 개념이 민족 내셔널리즘이다. 민족 내셔널리즘(ethnic nationalism)은 혈통, 언어, 종교, 역사, 문화 등 개인이 선대로부터 물려받은 요인에 의하여 나라사람이 되는 것이다.
[41] Smith, 2004, p.200
[42] Connor, 2005, pp.40-41
[43] etatism과 statism은 같은 의미이다.

사람들의 애국심)이라고 보도하지 않는다.

그래서 과거 유럽에서 있었던 이념운동으로서의 내셔널리즘을 중심으로 하는 지금까지의 연구의 틀에서 탈피하려는 노력이 필요하다. 이를 위해서 앞으로의 내셔널리즘 연구 영역은 첫째, 세계 모든 국가들을 대상 영역으로 하는 보편성을 갖는 것으로 되어야 하고, 둘째, 국가를 경계로 일어나는 경제, 문화, 스포츠 등의 다양한 영역에서의 내셔널리즘을 포괄할 수 있어야 하며, 셋째, 오늘날 세계적으로 일반화되어 있는 일상적인 삶에서의 내셔널리즘도 포함되어야 할 것이다.

이를 위해서는 먼저 무엇을 내셔널리즘이라고 할 것인가에 대한 것을 생각하여야 하고, 이는 결국 내셔널리즘의 정의의 문제로 되돌아오게 된다. 내셔널리즘의 정의를 기준으로 하여 판단하면 되는 것이다.

### [2] 내셔널리즘의 정의

내셔널리즘(nationalism)은 네이션에 대한 이념이므로, "사람들이 갖고 있는 자기 네이션(nation)의 이익을 우선시하는 사상"이라고 할 수 있다. 보다 구체적으로 내셔널리즘은 "자신과 같은 사람들을 하나의 집단으로 하여 운명공동체로서 국가를 이루어 그 공동체 안의 사람들 간에 형제애로써 서로를 감싸는 의식"이라고 할 수 있다. 공동체 안의 사람들 간에 형제애로써 감싸고돈다는 것은 여기에 속하지 않는 바깥의 사람들에 대해서는 차별하고 배타적일 수 있다는 것을 의미한다. 이러한 개념을 바탕으로 하여 구체적으로 현실에서 일어나는 내셔널리즘에 대하여 사전이나 관련 전문서적에서 정의하거나 그 의미로서 사용하고 있는 내용들을 종합해 보면 다음과 같이 정의할 수 있다. "내셔널리즘(nationalism)은 자국이 타국보다 더 중요하고 낫다는 믿음으로 자국의 이익을 우선시하고 자국을 자랑스러워하거나, 자신들의 독립적, 자주적 국가를 가지려는 사람들의 열망이다."

다시 내셔널리즘을 더 세분화하여 정의하면 다음과 같다.

i) 내셔널리즘은 사람들의 자기 집단을 위하거나 애착을 갖는 의식, 신조, 행동이다.

ii) 여기에서의 집단은 일정한 영토에 함께 살아가며, 같은 문화 및 관습 그리고 역사를 공유하는 사람들의 집단이다.

iii) 여기에서의 집단은 자신들은 다른 집단과 구분되고 자신들만의 국가가 있어야 한다고 생각한다.

iv) 이러한 의식, 신조, 행동은 주로 다른 집단과의 관계에서 발생하며, 다른 집단보다 자기 집단을 우선시하거나 다른 집단을 배척하기도 한다.

v) 이러한 의식, 신조, 행동은 지식인이나 상류층과 같은 일부의 사람들에 국한된 것이 아니라 집단 내 대다수의 사람이 함께 공유하는 것이어야 한다.

## 2. 네이션, 내셔널리즘의 출현

### 1] 네이션, 내셔널리즘 용어

[1] 네이션

네이션(nation)은 출생 혹은 혈통, 종족의 의미인 라틴어 "natio"에서 유래하였다. 중세 1300년경 영어에서 종족 혹은 공통의 조상과 언어를 사용하는 사람들 집단을 의미하는 "nacioun"이 사용되었다. 프랑스어 "nacion"도 이 "natio"에서 나왔는데 "nacion"은 출생, 계급, 후손, 고향 등을 뜻하는 말이었다. 영어의 nation은 12세기에 라틴어에서 직접 들어왔거나 13세기에 프랑스어에서 들어온 것으로 추정되고 있다.[44] 14-15세기경 유럽의 큰 대학은 유럽 각지에서 온 학생들로 구성되어 있었으므로, 이들을 출신지역별로 나누어 French natio, English natio, Spanish natio와 같은 식으로 나누어서 학사운영을 하였는데, 프랑스출신학생, 영국출신학생, 스페인출신학생 등과 같이 natio가 어느 지역사람의 뜻으로 사용되었던 것이다.

『웹스터영어사전』에 의하면 14세기에 nation이라는 단어가 등장하였다고 하며,[45] 원래 공통의 조상을 가진 사람집단의 의미로 사용되다가 점차 정치적인 색채가 가미되면서 그 주된 의미가 변화하게 되었다. 원래 민족집단의 의미가 강했던 네이션(nation)이 16세기 이후 국가와 관련된 정치적인 집단으로서의 사람들 의미로 사용되게 된 것이다. 그리고 이런 의미로 점점 더 많이 사용되면서 19세기에 와서는 민족집단의 의미가 거의 사라지게 되었다. 영국의 1908년 판 『신영어사전(New English Dictionary)』에는 nation의 의미에 대해서 "옛날에는 주로 종족적 집단을 의미하였으나 최근에는 정치적 단일성과 자주의 의미에 치우치고 있다"라고 기술되었다. 그리고 같은 시기인 20세기 초의 스페인어사전에서는 "하나의 정부에 의해서 다스려지는 사람들 총체"라고 기술되고, 같은 시기 브라질의 포르투갈어 사전

---

[44] Nation, n.d.3
[45] Nation, n.d.1

에서는 "같은 정치체제나 정부 아래에 살아가는 공통의 이익을 갖는 국민 공동체" 등으로 기술되고[46] 있음에서 이런 사실을 확인할 수 있다.

네이션이 혈통과 같은 의미의 말에서 유래하였다고 하여 민족과 근접한 말이라고 생각해서는 안 된다. 영어의 어휘는 시간에 따라 그 원래의 의미에서 크게 벗어나게 변화하는 경우가 많기 때문이다. Nation과 같은 영역의 말로서, state는 12세기경 프랑스 estate, 혹은 라틴어 status에서 기원하고 있고, 원래 상태, 상황을 의미하였지만 국가라는 말로 발전하게 된 것이다. Country 역시 13세기 중엽 프랑스 혹은 라틴어에서 들어왔고, 원래는 한 지역, 반대편에 있는 땅, 도시주변지역 등을 의미하는 말이었다. 이렇게 볼 때 영어어휘의 번역에서는 원래 어떤 말에서 유래되었는가 하는 것은 큰 의미가 없고 현재시점에서의 의미가 중요한 것이다.

## [2] 내셔널리즘

내셔널리즘(nationalism)이라는 용어가 등장한 것은 18세기 말이다. 기록상 사회 정치적인 의미의 용어로서 처음 등장한 것은 1798년 프랑스 성직자 바뤼엘(Abbé Augustin Barruel)[47]의 글에서의 "nationalisme"이었으며, 비슷한 시기에 독일의 철학자 헤르더(Johann Gottfried Herder)도 같은 말을 사용한 것으로 전해진다.[48] 그리고 영어에서 nationalism이라는 용어가 처음

---

[46] Hobsbawm, 1990, p.14-15
[47] Girardet, 1965, p.425
[48] Smith, 2010, p.5

으로 등장한 것은 1844년으로 알려져 있다.[49] Nation에서 파생된 용어로서의 nationalism이 사용되기 시작한 것이다. 그 이전에는 "자국에 대한 헌신이나 열정"을 의미하는 말로 nationality가 사용되었지만[50] nationalism이라는 말이 나오면서 그 의미를 더 명확하게 표현하게 된 것이다.

## 2] 유럽에서의 국가와 네이션, 내셔널리즘

유럽의 경우 일찍이 그리스, 로마에 고대국가가 있었다. 그리스에서는 BC 8세기경에 이미 도시국가를 형성하였다. 그리스의 국가들에서는 소수의 귀족계급들만이 정치에 참여할 수 있었고, 대다수 사람들은 정치에서 배제되어 있었다. 그리고 그리스는 도시를 단위로 국가를 이루어 수많은 도시국가들이 있었고, 도시 바깥으로도 같은 그리스 민족임에도 불구하고 이들이 함께 통일된 국가를 이루려는 생각이 없었다.

그리고 이탈리아반도에서 BC 6세기경에 로마가 건립되어, BC 375-275년경에 영토확장을 통해 대제국이 되었다. 로마는 유럽 전역을 지배하는 대제국이었지만 도시국가였다. 유럽 전역은 도시국가 로마가 지배하는 영역이었지, 로마와 평등한 위치에서의 같은 국가영역이 아니었다. 로마인이 사는 곳이 로마였고, 로마 군대가 주둔하는 곳이 로마였다. 로마제국 내에는 지역마다 사람들의 혈통이 달랐고, 언어가 달랐고, 종교가 달랐고, 역사가 달랐고, 법과 관습이 달랐다. 로마에 가면 로마법을 따르

---

[49] Nation, n.d.1
[50] Nationalism, n.d.2

라는 속담이 있다. 이 말은 도시국가 로마에 가면 로마법을 따르라는 말이었지, 로마제국에 가면 로마법을 따르라는 말이 아니었던 것이다.

BC 1세기 이후 유럽 전역은 로마제국의 지배하에 있었고, 이후에도 유럽 전체가 교황을 정점으로 하는 기독교 지배하에 있었다. AD 313년, 콘스탄티누스(Constantinus)황제가 기독교를 국교로 선포한 이래 기독교는 제국의 권력을 갖게 되었고, 그 후 1,300여 년간 때와 장소에 따라 교황이 지배하거나 교황으로부터 세속적인 권력을 받은 신성로마황제가 유럽을 지배했다. AD 395년 로마는 서로마제국과 동로마제국으로 분리되고, AD 476년 서로마제국이 멸망하자, 이를 이어서 AD 481년 프랑크왕국이 세워졌다. 그리고 AD 870년 프랑크왕국은 동프랑크, 중프랑크, 서프랑크로 나눠졌고, 이후 다시 왕족들의 영역은 수많은 왕국, 공국들로 분할되었다.

왕족들은 결혼을 통하여 계속 연결되어 그 관계가 매우 복잡하게 얽혀지게 되었다.[51] 왕이 죽고 아들들이 상속받으면서 왕국영토가 나누어지기도 하고, 왕과 여왕의 결혼으로 두 나라가 한 나라로 되기도 하였다. 왕이 다른 영토 지역의 왕위계승을 받게 되면 영토가 합쳐지기도 하고, 한 사람이 여러 지역의 왕이 되는 경우도 많았다. 예를 들면 15세기 헨리6세는 잉글랜드 왕이었지만 프랑스왕이기도 하였으며, 1603년 스코틀랜드 제임스6세가 잉글랜드 왕위를 계승하게 됨에 따라 스코틀랜드와 잉

---

[51] 특히 유럽의 유력 왕실가문으로서 합스부르크가 있다. 10세기 백작가문이었다가 13세기 독일왕 루돌프1세를 시작으로 유럽 전역에 수많은 왕을 배출하고, 오스트리아의 왕실을 600여 년 동안 지배한 합스부르크 왕가는 유럽의 거의 모든 왕실과 연결되어 있었다.

글랜드가 하나의 나라로 되었다. 또 16세기 카를5세는 스페인의 왕이자 독일과 오스트리아 지역의 신성로마제국의 황제이기도 하였다. 그는 1516년 스페인의 왕으로 즉위하여 합스부르크왕가의 후계자로서 1519년에 신성로마황제가 되었다. 그리고 아라곤왕국과 카스티야왕국의 트라스타마라왕가, 부르고뉴공국의 발루아-부르고뉴가, 오스트리아의 합스부르크왕가의 상속자로서 중유럽과 서유럽 그리고 남유럽을 넘어 아메리카대륙과 필리핀제도의 카스티야식민지까지 포함하는 광대한 영토를 다스렸다. 그가 죽을 때 부모로부터 물려받은 스페인은 아들 필립2세에게, 조부로부터 물려받은 신성로마제국은 동생 페르디난트1세에게 넘겨주었다. 그는 "나는 신에게는 스페인어로, 여자들에게는 이탈리아어로, 남자들에게는 프랑스어로, 내가 타는 말에게는 독일어로 말한다"고 하였다.[52]

이와 같이 왕국의 영토적 경계가 수시로 바뀌었기 때문에 고정된 국경이 없었다. 그래서 중세의 지도를 보면 대부분 예루살렘이 중앙에 있고 군데군데 왕국 이름이 있지만, 그 왕국의 영역이 어디에서 어디까지인지에 대한 경계선이 없다.[53] 많은 사람들이 프랑스와 영국 간의 전쟁으로 알고 있는 백년전쟁은 원래 프랑스국민과 영국국민 간에 싸운 전쟁이 아니다. 프랑스왕가와 영국왕가 간의 싸움이었고 전투에 동원된 사람들은 주로 일반인보다는 기사들이었다. 영국왕가 영지에 소속된 주민이나 프랑스왕가 영지에 소속된 주민의 입장에서는 누가 이기든 상관

---

[52] 스페인어는 종교적인 언어라는 것이고, 이탈리아어는 사랑의 언어라는 것이고, 프랑스어는 외교어라는 것이고, 독일어는 규율의 언어라는 의미이기도 하다.
[53] Billig, 1995, p.20

없는 전쟁이었고, 그랬기 때문에 백 년이나 지속할 수 있었던 것이다. 또한 전쟁의 양상이 영국 내의 왕가 간에 싸웠던 장미전쟁이나 프랑스왕가와 영국왕가 간에 싸운 백년전쟁이나 별 차이가 없었다. 당시는 영국인으로서의 혹은 프랑스인으로서의 정체성이 없었다. 그래서 영국-프랑스 간 전쟁이라고 하지 않고 백년전쟁이라고 부른다. 그런데 지역적으로 나뉘어 오랫동안 싸우게 되다 보니 전쟁을 하는 과정에서 국가로서의 영국과 프랑스가 구분되는 의식이 생겨나게 되었다.[54]

이와 같이 유럽에서는 그 지역에 사는 사람과 전혀 상관없는 사람이 왕이 되는 경우도 많았기 때문에 왕과 백성이 민족적, 지역적으로 서로 다른 경우도 많았다. 그래서 체제적으로 백성들의 의무는 멀리 있는 국왕에 대한 것이기보다는 가까이에 있는 영주에 대한 것이었다. 전쟁으로 장병이 필요할 때는 국왕이 직접 나서서 동원하는 것이 아니라 영주들을 통하여 이루어졌다. 또 영주들도 백성들과 문화도 다르고, 백성들이 사용하는 언어를 사용하지 않는 등 백성들과 완전히 별개의 삶을 살았다. 모든 사람이 기독교 교회를 중심으로 하는 삶이었고 언어는 기독교 공통의 언어로서 라틴어를 사용하였다.

여기서 우리가 알 수 있는 것은 당시 유럽사람들은 국가단위로 나뉘어서 살지 않았다는 사실이다. 지금과 달리 중세기에는 영국에 사는 사람이나 프랑스에 사는 사람이 자신이 영국인 혹은 프랑스인이라고 하는 의식이 없었다.[55] 즉, 당시 유럽의 사람들은 자신이 어느 나라 사람인지에 대한 의식이 없었다는 것

---

[54] Seton-Watson, 1977, p.45
[55] Seton-Watson, 1977, p.8

이고, 이는 곧 네이션(nation)이 아니었다는 것을 의미한다. 그런데 14세기-16세기 르네상스 시기를 거치면서 유럽은 변화를 맞게 된다. 유럽 전체를 통할하고 있던 교회권력이 쇠퇴하게 된 것이다. 지역의 왕권이 강화되면서 교황의 권위에 도전하게 되고, 교회에 대한 종교개혁이 일어나고, 구교와 신교 간에 종교전쟁을 하게 되면서 기독교는 지배력을 상실하게 된다. 그리하여 1648년 베스트팔렌조약으로 국가주권 개념에 기초하여 국가조직을 중심으로 대내적으로는 독립된 통치가 행해지고, 대외적으로는 책임 있는 국제관계가 형성되는 새로운 질서가 세워지게 되었다. 여기서 바로 네이션 탄생의 토대가 마련된다.

이후 절대주의 왕권과 중상주의하에서 국가들은 경쟁적으로 자국의 이익을 추구하는 가운데 국가 간에 경쟁이 일어나게 되었다. 영국에서는 18세기 후반 산업혁명으로 국가단위 경제(national economy)로 통합되면서 사람들 사이에 국가를 중시하는 분위기가 일어나게 된다. 1712년 영국을 상징하는 인물상으로서 존 불(John Bull)이 만들어지고, 1740년에는 "영국이여 지배하라(Rule Britannia)"라는 노래가 만들어지는 등 국가의 위대함과 독특함을 나타내는 상징과 신화들이 만들어지고 국가를 의식하는 예술과 창작활동이 늘어나게 되었다. 이러한 가운데 18세기 후반, 폴란드분할, 미국독립, 프랑스혁명을 비롯한 여러 사건을 거치면서 사람들의 자국에 대한 의식에 변화가 일어나게 되었다.

1772년에서부터 1795년 사이, 폴란드는 프러시아, 오스트리아, 러시아에 의하여 3차에 걸친 분할 끝에 영토를 모두 상실하고 소멸되었다. 1793년 제2차 분할 이후 코시치우스코(Tadeusz Kościuszko)와 같은 내셔널리스트 주도하에 대규모 민중봉기가 일어났다.[56] 강대국들의 이익 쟁탈전에 희생양이 되어 졸지에 나라를 잃게 된 폴란드 사람들에 내셔널리즘이 일어난 것이다. 그리고 1776년, 미국 동부에 거주하던 식민지 거주민들은 영국으로부터 독립을 선언하고, 7년간의 독립전쟁을 거쳐 1783년 국가로서의 지위를 획득하게 된다. 당시 거주민들은 대부분 영국에 연고를 둔 사람들이었고, 독립군 총사령관 워싱턴(George Washington)도 원래 영국군 장교였지만 자신들만의 나라를 갖겠다는 내셔널리즘으로 독자적인 네이션이 된 것이다.

그리고 프랑스에서는 프랑스대혁명이 있었다. 내셔널리즘과 관련하여 이것이 영국에서 먼저 일어났다는 주장도 있고, 미국의 독립운동을 시발점이라 하기도 하고, 그 시작으로 네덜란드 독립운동이나 코르시카 독립운동에 눈을 돌리는 사람들도 있다. 하지만 내셔널리즘의 시발점으로 가장 일반적으로 지지되고 있는 것은 프랑스대혁명이다. 프랑스혁명은 민중세력을 동원한 혁명이었다. 지금까지는 왕이나 귀족과 같은 윗사람들 아래에서 살아간다고 생각했던 사람들이 그들의 속박에서 벗어나서 자신이 나라의 주인이라고 생각하게 된 것이다. 그리고 자신이 나라의 주인이라고 생각하게 된 순간, 나라에 대하여 한없는 애착을 느끼고 자신과 하나되는 감정을 갖게 된 것이다. 지금까지는 나라의 주인인 왕이 자신의 나라를 지키기 위해서 군대를 마련해야 하고, 그래서 돈으로 군인을 모집하는 용병제였지만, 이제부터는 나라의 주인이 국민이므로 국민개병제로 국민 모두가 나라를 지키기 위해 나서야 되었고, 나폴레옹(Napoleon)이 이런 국민군을 이끌고 전장에 나가 승리에 승리를 거듭하였으니 국민들

---

[56] 폴란드의 독립을 위한 소요는 1918년 폴란드 공화국이 탄생할 때까지 계속되었다.

의 자긍심은 한층 더 높아질 수밖에 없었다. 반면에 전쟁에서의 패배와 지배를 겪게 된 국가와 민족들 또한 치욕감을 느끼면서 자국에 대한 애착심이 커지게 되었다. 이러한 가운데 정복국 프랑스나 정복을 당한 다른 나라들이나 모두가 함께 네이션으로서의 자각을 하게 되었고, 자연스럽게 내셔널리즘은 유럽 전역으로 확산되었다.[57]

## 3. 민족, 민족주의 용어 도입

### 1] 동아시아의 네이션, 내셔널리즘 개념 도입

民族(민족)이라는 용어는 동아시아에서 근대화기에 만들어진 여러 말들 중의 하나다 20세기 동아시아에 서양의 문물이 물밀듯이 들어오면서 그 문물들에 대한 용어가 많이 만들어졌는데, 네이션(nation), 내셔널리즘(nationalism)이라는 말의 번역어로서 民族(민족), 民族主義(민족주의)라는 말이 사용된 것이다.

근대문물의 서양말에 대한 동아시아에서의 용어는 대부분 일본에서 만들어졌다. 동아시아 삼국 중 유일하게 서양문물을 적극적이고 신속하게 받아들인 나라가 일본이었으므로, 일본에서 이런 용어들을 만들게 된 것은 자연스러운 일이었다. 일본에서 만들어진 용어는 서양문물과 함께 이웃나라에 전파되었는데, 이렇게 하여 동아시아에 민족, 민족주의라는 말이 널리 사용되기 시작하였다. 하지만 네이션의 개념이 아닌 그냥 민족의 의미로서 민족이라는 말이 먼저 사용된 곳은 중국이었다. 흔히들 민

---

[57] 자세한 내용은 조영정, 2022, 내셔널리즘 이론, pp.99-148 참고할 것.

족이라는 용어를 일본에서 가장 먼저 만들었다고들 말하며, 일본에서는 민족이라는 한자어를 만들어 한자의 종주국인 중국에 역수출하였다고 자랑스러워하기도 하지만,[58] 이것은 잘못 알고 있는 것이다. 민족이라는 용어는 19세기 전반에 중국에서 이미 사용되었다. 중국에서 이 용어가 처음 사용된 것은 1837년으로, 중국 최초의 잡지인 「동서양고매월통기전(東西洋考每月統記傳)」의 1837년 9월호에 '이스라엘 민족'이라고 표현하였으며, 이후 1874년 왕도(王韜)가 『양무재용기소장(洋務在用其所長)』에서도 이 용어를 사용한 것으로 알려져 있다.[59]

문호개방 이후 일본은 서양의 정치와 법제를 배우면서 네이션(nation)과 내셔널리즘(nationalism)의 개념을 접하게 되고, 이를 번역하여 표현할 말을 찾아야만 하였다. 1867년 후쿠자와 유키치(福澤諭吉)는 자신의 『서양사정』이라는 책에 영국 챔버스 형제의 『정치경제학교본(Political economy, for use in schools, and for private instruction, 1852)』을 번역하면서 네이션(nation)을 국민으로 번역하였다.[60] 그 후 1880년 가토 히로유키(加藤弘之)가 독일 블룬칠리(J. C. Bluntschli)의 『Allgemeines Staatsrecht』라는 책을 『국법범론(國法汎論)』으로 번역하면서 나치온(nation)을 민종(民種)으로 번역하고, 폴크(volk)를 국민(國民)으로 번역하였다. 여기서 민종이라고 한 것이 나중에 다른 번역자들이 민족으로 번역하는데 기초가 되었다.[61] 1882년 히라타 도스케(平田東助)는 블룬칠리(J. C. Bluntschli)의 『교양계급을 위한 독일

---

[58] 岡本雅享, 2008, p.68
[59] 최형식, 2007, p.111
[60] 박양신, 2008, p.238
[61] 박양신, 2008, p.244

국가학(Deutsche Staatslehre für Gebildete, 1874)』이라는 책을
『국가론』으로 번역하였는데, 여기서 나치온(nation)을 족민(族民)
이라고 번역하고, 폴크(volk)를 국민(國民)으로 번역하였다.

1888년 「일본인」이라는 잡지가 창간되면서 네이션(nation)
에 대한 번역어로 민족(民族)이라는 단어가 사용되었다.[62] 대다
수 학자들은 이 시기를 전후하여 민족이 네이션 개념으로 사용
되기 시작한 것으로 보고 있다. 하지만 네이션에 대한 개념이
혼동되고 명확하지 않은 상태에서 민족이라는 용어가 혈연집단
으로서의 민족이라는 의미로 사용되는 경우가 많았다.

이후 민족이란 단어가 점점 더 많이 사용되면서 nation의
번역어로 자리 잡게 되었다. 1901년 다카다 사나에(高田早苗)가
미국 라인쉬(Paul Samuel Reinsch)의 『World Politics at the End
of the Nineteenth Century: As Influenced by the Oriental
Situation』을 번역하여 『19세기 세계정치』를 출간하면서, "nation
"을 "민족", "nationalism"을 "민족주의", "national imperialism"
을 "민족 제국주의"로 번역하였고,[63] 같은 해 다카다 사나에(高田
早苗)와 요시다 케노스케(吉田己之助)가 공역으로 버지스(John.
W. Burgess)의 『Political science and comparative constitu-
tional law』를 번역하여 『정치학과 비교헌법론(政治學及比較憲法
論)』을 출간하면서 "nation"을 "민족"으로 번역하는[64] 등 영어의
네이션을 민족으로 번역한 책들이 나오게 되었다. 독어의 나치
온(nation)을 그대로 영어에 연결하여 영어의 네이션(nation)도

---

[62] 岡本雅享, 2008, p.69
[63] 강동국, 2006, pp.19-27
[64] 坪井睦子, 2015, p.162

민족이라고 번역한 것이다.

　이렇게 일본에서 민족이라는 용어가 사용되자, 당시 일본으로부터 근대화를 배우는 입장에 있던 중국으로 전해졌다. 중국에서 네이션의 의미로서 민족이라는 용어가 처음 사용된 것은 1899년,[65] 또 민족주의라는 용어가 처음 사용된 것은 1901년으로 알려져 있다.[66] 1899년 중국의 량치차오(梁啓超)는 "동적월단"이라는 글에서 민족이라는 용어를 사용하였고, 또 1902년에 "논민족경쟁지대세"라는 글에서 민족주의를 설명하였다.[67] 량치차오는 블룬칠리의 책을 번역하고 그의 학설을 소개하였는데, 1903년 "정치학대가백륜지리지학설"이라는 글에서 블룬칠리가 말하는 나치온(nation)의 개념과 폴크(volk)의 개념을 소개하였다. 여기서 량치차오는 폴크(volk)를 국민으로 번역하고, 나치온(nation)을 민족으로 번역하였다. 한국의 지식인들도 이 량치차오의 글과 책을 통하여 민족, 민족주의라는 개념을 도입하게 되고 곧 널리 사용하게 된 것이다.

　이상의 과정에서 보면 동아시아에서 민족이라는 용어와 개념을 도입하는 과정에 있어서 독일의 블룬칠리의 영향이 컸다는 것을 알 수 있다. 블룬칠리는 19세기 후반 독일의 저명한 국제법학자다. 『현대국가이론(Lehre vom modernen Staat, 1875)』에서 nation(나치온)은 공통의 혈통, 언어, 풍속, 문화 등을 갖는 사람들이라고 설명하고, volk(폴크)를 정치적 개념으로서의 국가

---

[65] 「동서양고매월통기전(東西洋考每月統記傳)」의 1837년 9월호에서 '이스라엘 민족'이라고 있는데, 이것이 중국에서 민족이라는 용어 사용으로서 최초인 것으로 알려져 있다.
[66] Yahuda, 2000, p.27
[67] 박찬승, 2011, p.49

를 구성하는 주체로서의 사람들이라고 설명하고 있다.[68] 그는 nation(나치온)과 volk(폴크)를 대응하여 설명한다. 독일어에서 민족 개념으로서 nation(나치온)과 이에 대응하여 서양의 근대국가 형성과 관련하여 중요한 개념이 된 네이션 개념으로서 volk(폴크)를 설명하고자 하는 것이다. 블룬칠리는 또한 폴크(volk)와 나치온(nation)의 두 용어가 일상에서 혼동되어 사용되고 있고, 영어, 불어에서의 용어와 비교하면서 이 용어가 나라마다 다르게 사용되고 있어서 학문에서조차 종종 혼동된다고 하면서 주의를 환기시키고 있다. 여기서 우리가 주의해서 봐야 할 것은 은 독일어 나치온(nation)은 영어의 people을 의미하고, 폴크(volk)가 영어의 nation을 의미한다는 점이다.

그동안 유럽에서는 nation이라는 용어의 의미에서 변화가 있었다. 원래는 nation이 출생, 민족을 뜻했으나 점차 나라사람, 국민의 의미로 변해왔다. 라틴어의 출생, 고향과 같은 의미의 natio에서 유래한 이 용어는 원래는 민족과 유사한 의미를 갖고 있었지만, 근대로 오면서 점차 정치적 집단의 의미가 부각되는 용어로 되어 국가를 만드는 사람집단의 의미로 발전하게 된 것이다. 이러한 변화는 그 시기에서 지역적으로 상당히 달랐는데, 민족적인 색채가 옅었던 프랑스, 영국과 같은 서유럽에서는 변화가 빨랐던 반면에, 민족적인 색채가 강한 중동부 유럽에서는 변화가 느렸다. 그래서 18세기에 영국과 프랑스 같은 곳에서는 국가는 민족과 상관없이 형성하는 것으로 생각한 반면, 독일 같은 곳에서는 국가 하면 으레 민족집단을 생각하였고, 따라서 그 시기 nation의 의미는 영어와 독어가 같지 않았던 것이다.

---

[68] Bluntschli, 1875 / 2000, pp.79-87

1913년판 네덜란드어사전에서는 영어 nation에 해당하는 네덜란드어 단어 natie의 뜻에 대해서 "같은 종족에 속한다고 생각되는 사람들의 총체"라고 정의함과 동시에, "프랑스와 영국에서는 언어가 다른 사람이라고 할지라도 한 국가 내의 사람이면 nation이라고 하는데, 이것은 프랑스와 영국의 독특한 용법"이라고 기술하고 있는 것으로 알려져 있다.[69] 네이션의 의미가 변하였는데 빨리 변한 곳도 있고 늦게 변한 곳도 있어서 유럽의 지역마다 그 의미가 다르게 사용된 것을 알 수 있다. 전술한 책에서 블룬칠리가 혼동하지 않도록 주의를 당부하고 있는 사실에서도 19세기 당시 독일사회에서도 nation과 volk의 용어 의미의 변화를 겪고 있었던 것으로 추측할 수 있고, 독어에서는 지금도 폴크(volk)가 국민의 의미와 함께 민족의 의미를 가지면서 상당히 애매하게 사용되고 있는 데서도 이러한 사실을 엿볼 수 있다.

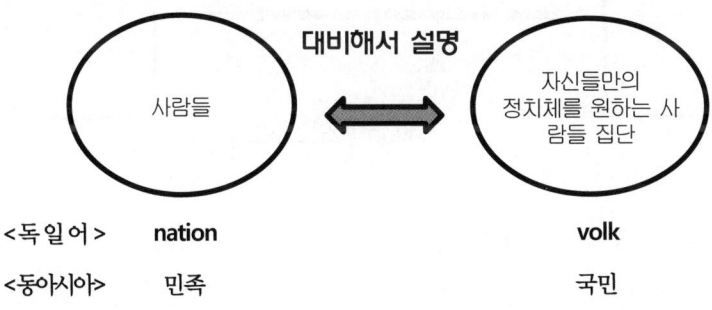

[그림 2-1]　**블룬칠리(J. C. Bluntschli)의 설명**

　일본이 근대화하면서 국가와 정치체제와 관련한 지식과 제

---

[69] Hobsbawm, 1990, p.17

도를 주로 독일에서 받아들였기 때문에 자연스레 일본은 nation을 민족의 개념으로 받아들였던 것이다. 여기서 문제는 독일의 나치온(nation)에서 민족이라고 받아들여 이것을 영어의 네이션(nation)에서도 그대로 사용하게 되었다는 점이다. 영어의 네이션은 독어의 나치온이 아니다. 영어의 네이션(nation)은 블룬칠리가 말한 독어의 폴크(volk: 국민)이고, 독어의 나치온(nation)은 영어의 피플(people: 민족)에 해당된다. 그런데 우리가 지금 말하는 네이션(nation), 내셔널리즘(nationalism)은 영어다. 영어에서의 네이션(nation)은 독어의 폴크(volk)다. 즉, 민족이 아닌, 정치적인 의미가 들어간 국민인 것이다.

[그림 2-2] **Nation의 의미 변화시점 및 도입시점**

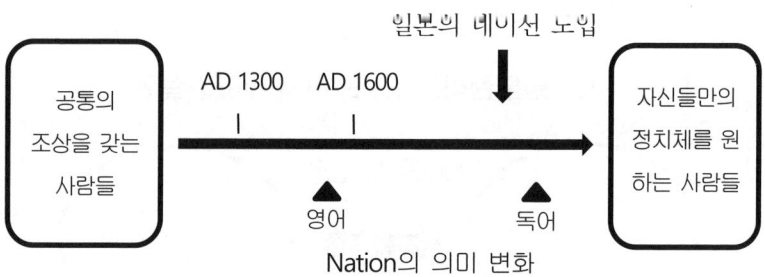

[그림 2-2]는 이에 대한 사실을 보여주고 있다. 네이션은 처음에는 그 의미가 혈연으로 연결된 사람들의 집단을 의미하였으나 이것이 정치적인 성격을 가지면서 자신들만의 정치체를 갖고자 하는 사람들의 집단으로서 그 의미가 변화되었다. 그런데 그 의미 변화가 영어에서는 일찍 있었던 반면에 독어에서는 늦게 있었던 것이다. 그리고 일본에서 네이션이라는 용어를 수용

한 시기가 영어에서는 변하였고, 독어에서는 변하지 않은 시점이었다. 즉, 일본이 이 용어를 번역한 1880년대에는 영어에서는 네이션이 자신들만의 정치체를 원하는 사람들을 의미하였지만, 독일에서는 나치온을 공통의 혈통, 언어, 풍속, 문화 등을 갖는 사람들이라고 하고 있었다. 일본에서는 독어에서의 나치온과 영어의 네이션이 같은 의미인 것으로 생각하고 영어의 네이션도 민족이라고 번역한 것이다.[70]

이것은 상당히 기막힌 상황이라고 할 수 있다. 서로 대비되는 두 가지 개념을 두고 그 개념에 맞추어서 민족과 국민의 두 용어를 만들었는데, 이 용어 사용이 뒤바뀌어버렸으니 민족이라는 용어가 그 개념을 잘 표현해 줄 수 있겠는가?

## 2] 한국의 민족, 민족주의 용어 사용

일본, 중국에 민족, 민족주의라는 말이 사용되면서 곧 한국에서도 사용되었다. 이 말이 한국에 들어온 것은 중국을 통해서인 것으로 알려져 있다.[71] 한국에 민족이라는 말이 언론 매체에 최초로 등장한 것은 1900년 「황성신문」의 기사에서 "백인민족"과 "동방민족"이라는 표현이었으며,[72] 1907년 이후에 널리 사용되었다. 황성신문 1900년 1월 12일 자, 칠우생(漆憂生)의 "서세동점의 기인(起因)"이라는 글은 다음과 같이 시작한다.

아시아 동쪽에 삼국이 있으니 한국, 일본, 지나(支那)이다. 과거

---

[70] 물론 이때 영어에서도 네이션을 민족의 의미로 사용하는 사람들도 있었다.
[71] 강동국, 2006, pp.19-20
[72] 강동국, 2006, p.23

원나라 태조 때 동방민족이 사막을 가로지르고 산을 넘고 강을 건너 만리의 충사(虫沙)를 넘어서[73] 구주(歐洲)를 유린(蹂躪)[74] 하였더니… <중략> … 1840년 이후 동방민족이 백인민족에게 당한 손해를 개략적으로 열거하자면…[75]

이 글은 한때는 동아시아민족이 서양민족을 유린했었는데, 이제는 역전되어 서양민족이 동아시아를 침탈하고 있다고 하고 있다. 필자는 한국, 일본, 중국의 동아시아 사람들을 동방민족이라고 하고, 유럽의 서양인을 백인민족이라고 하고 있다. 여기서 민족이란 인종(race)적인 의미로 사용되었음을 알 수 있다. 이렇게 민족이라는 용어는 처음부터 그 의미가 상당히 유동적이었다.

또, 한국에 민족주의라는 말이 처음 사용된 것은 1906년경으로 신채호가 처음 사용한 것으로 알려져 있다.[76] 1909년 최동식은 「호남학회월보」에서 "민족주의란 같은 종족, 같은 언어, 같은 문자, 같은 습속의 사람들이 한 곳의 땅을 점거하여 서로 동포로 여겨 함께 독립과 자치에 힘써서 공익을 도모하고 타족을 막아내는 것"이라 하였다.[77] 그리고 1909년 「대한매일신보」의 "제국주의와 민족주의" 제목의 논설에서 신채호는 제국주의를 "영토와 국권을 확장하는 주의"라 하고, 민족주의를 "다른 민족의 간섭을 받지 아니하는 주의"라고 설명하고 있다. 그는 다음과 같은 내용으로 글을 맺고 있다.

---

[73] 충사는 벌레모래라는 것이고, 이는 전쟁으로 죽은 사람들을 비유하는 말이다. 즉 전쟁의 주검을 넘어서라는 의미이다.
[74] 짓밟다.
[75] 서세동점의 기인, 1900.1.12
[76] 박찬승, 2011, pp.134-135
[77] 박찬승, 2011, p.136

이런고로 민족주의가 성하여 웅장한 빛을 나타내면 맹렬하고 포악한 제국주의라도 감히 침로치 못하나니, 원래 제국주의는 민족주의가 박약한 나라만 침노하느니라. 금수 같고 꽃 같은 한반도가 오늘날에 이르러 캄캄하고 침침한 마귀굴 속에 떨어짐은 무슨 연고인가? 곧 한국사람의 민족주의가 어둔 까닭이라.

바라노니 한국동포들은 민족주의를 크게 분발하여 우리 민족의 나라는 우리가 주장한다 하는 말을 뇌 속에 새기어 우리 민족이 아니면 우리를 반드시 해롭게 한다 하는 귀결로 몸을 호위하는 부작을 삼아 민족을 보전할지어다.[78]

일본의 침략으로 나라의 불길이 거의 꺼져가는 상황에서 나라 보존을 위해 절박한 심정으로 민족주의에 의지하여 호소하고 있다. 이미 나라를 주장하기는 늦었기에 우선 민족이라도 지켜야 한다는 인식 같은 것을 느낄 수 있다. 시대 상황이 그렇다 보니 한국에서의 네이션, 내셔널리즘은 그 개념이 도입되면서부터 나라가 중심이 되는 내셔널리즘이 아니라 민족이 중심이 되는 민족주의 색채가 강했다. 즉, 한국은 처음부터 민족에 의존하는 내셔널리즘이었고, 그래서 민족주의가 곧 내셔널리즘이었던 것이다.

앞에서 보았듯이 민족이라는 말은 이 말이 만들어질 때 그에 대비되는 개념으로 국민이라는 용어도 함께 만들어졌고, 한국에서의 도입도 마찬가지였다. 1908년 7월 30일 자 「대한매일신보」 논설은 다음과 같이 쓰고 있다.

국민이라 하는 명목이 민족 두 글자와는 구별이 있거늘 이제

---

[78] 제국주의와 민족주의, 1909.5.28. (지금 전자문서에서 잘 안 보이는 부분도 있어서 잘못 옮긴 부분도 있을 수 있음)

사람들이 흔히 이것을 혼합하여 말하니 이는 옳지 아니함이 심하도다. 고로 이제 이것을 약간 변론하노라.

민족이란 것은 다만 같은 조상의 자손에 매인 자이며, 같은 지방에 사는 자이며, 같은 역사를 가진 자이며, 같은 종교를 받드는 자이며, 같은 말을 쓰는 자, 이것이 민족이라 칭하는 바이니와 국민이라는 것을 이와 같이 해석하면 안 되는지라.

대개 한 조상과 역사와 지역과 종교와 언어의 같은 것이 국민의 근본이 아닌 것은 아니지마는, 다만 이것이 같다 하여 문득 국민이라 할 수 없나니. 비유하면 근골과 맥락이 진실로 동물되는 근본이라 할지나, 허다히 버려져 있는 근골맥락을 한 곳에 모아놓고 이것을 생기 있는 동물이라고 억지로 말할 수 없는 것과 같이, 저 별과 같이 흩어져 있고 모래같이 모여 사는 민족을 가르켜 국민이라 함이 어찌 가능하리요?

국민이란 자는 그 조상과 역사와 지역과 종교와 언어가 같은 외에, 또 반드시 같은 정신을 가지며, 같은 이해를 취하며, 같은 행동을 지어서 그 내부의 조직됨이 한 몸의 근골과 같으며 밖에 대한 정신은 한 병영의 군대 같이 하여야, 이것을 국민이라 하느니라.[79]

민족을 "같은 조상의 자손에 매인 자이며, 같은 지방에 사는 자이며, 같은 역사를 가진 자이며, 같은 종교를 받드는 자, 같은 언어를 쓰는 자"로 규정하고, 국민을 "조상과 역사와 거주지와 종교와 언어가 같은 외에 또 반드시 같은 정신을 가지며, 같은 이해를 느끼며, 같은 행동을 하여서, 그 내부의 조직됨이 한 몸의 근골과 같으며 밖을 대하는 정신은 한 병영의 군대 같이 하는 자"로 규정하고 있다. 이러한 내용은 블룬칠리의 설명

---

[79] 민족과 국민의 구별, 1908.7.30

과 거의 같으며 개념상에는 아무 문제가 없었다. 다만 앞에서 본 대로 영어에서의 네이션이 민족이 아니라 국민의 개념과 가깝다는 것이 문제이지만 번역을 하는 상황이 아니라면 표면적으로 문제될 것이 없는 것처럼 보였다.

대한제국 말기 1905년에서부터 1910년 사이에는 국가의 기초 위에서 국민의 개념이 소개되면서 이에 대한 의식이 강조되었다. 하지만 한일합방이 되면서 국민이란 일본제국의 국민을 의미하는 것으로 되었다. 일본은 조선을 일본에 통합하기 위하여 국민이라는 용어를 적극 사용하였다. 한국인의 입장에서는 국민이라는 용어를 상실하고 자신들을 표현하는데 가능한 말은 민족이었다. 국내에서뿐만 아니라 해외에 망명하여 독립운동을 하는 애국지사나 일본유학생들의 애국심은 민족이라는 용어를 통해서 표현되었다. 국권을 침탈당하고 다른 나라의 지배를 받게 된 상황에서 나라를 회복하기 위해서는 민족으로서의 정체성을 확고히 하는 것이 무엇보다 중요했기 때문에 당시의 한국사람들로서는 민족이라는 용어가 갖는 의미는 남다른 것이었다. 이렇게 네이션, 내셔널리즘이라는 말이 민족, 민족주의로 고착화된 데는 무엇보다 일본에 의하여 나라를 잃은 것이 결정적인 작용을 하였다.

그리고 다시금 민족이라는 말에 집착할 수밖에 없는 상황이 되는데, 이것은 바로 남북분단이다. 해방 후 남북한으로 두 개의 국가로 나누어진 상황에서 남과 북 모두에 있어서 국민의 개념으로서는 남한 쪽 아니면 북한 쪽의 반쪽만 의미할 뿐이었다. 이렇게 국민은 한국인 전체를 포괄하지 못하였고, 전체를 포괄하는 용어는 민족이었다. 해방 후 한반도는 외세개입과 분단 그리고 동족상잔 등 비극적인 현실을 맞게 되었다. 이런 상황에서 국민보다는 민족이, 애국보다는 애족이라는 말이 더 가슴에 와 닿고, 민족, 민족주의는 한국인의 가슴 속 깊은 곳을 울리는 말이 되었다. 이렇게 민족이라는 말이 도입된 이래 그 세월을 되돌아보면 민족이라는 단어가 한시도 한국인의 마음에서 떠날 틈이 없었던 역사였다.

## 4. 네이션, 내셔널리즘의 번역 용어

### 1] 민족, 민족주의의 부적합성

앞에서 본 바와 같이 민족, 민족주의라는 말은 일본이 네이션, 내셔널리즘에 대한 번역어로 사용하기 시작하면서 널리 퍼지게 된 말이다. 처음부터 민족, 민족주의는 네이션, 내셔널리즘의 의미에 상응되지 않는 말이었지만, 한국에서는 이런 문제와 상관없이 일제 식민지시대를 거치면서 일상적인 용어로 자리 잡게 되었다. 일제하에 나라가 없는 상황에서 민족은 자신들을 표현하는 용어였으므로 이 말을 사랑하게 되었고, 이런 정서는 해방 후에도 계속 이어져 지금도 널리 사용되고 있다. 이러한 가운데 민족, 민족주의는 네이션, 내셔널리즘에 대한 번역어이지만, 한국에서의 민족, 민족주의는 네이션, 내셔널리즘과는 별도로 그 의미 영역을 형성하고 있다.

통일문제연구가 이수범은 영토, 언어, 경제생활, 심리적 기질 등에서의 공통성으로 정의한 스탈린(Joseph Stalin)의 민족에 대한 정의가 잘못되었다고 하고,[80] 민족이란 핏줄과 언어를 공통

---

[80] 이수범, 1990, pp.15-18

으로 하는 사람들의 집단이라 주장한다.[81] 그런데 알고 보면 스탈린은 잘못이 없다. 스탈린은 네이션을 제대로 정의했을 뿐이고, 이 네이션을 한국사람들이 민족이라고 잘못 번역하고서 스탈린을 틀렸다고 하고 있는 것이다.

우리는 민족, 민족주의라는 말을 즐겨 사용하고 있는데, 이는 매우 바람직하지 못하다. 여기에는 두 가지 측면에서 이유가 있다. 하나는 민족이라는 용어 자체가 갖는 부정적인 측면이고, 다른 하나는 네이션, 내셔널리즘의 번역어로서 적절치 않은 측면이다.

### [1] 민족의 본래 의미

고대 한자어에서 민(民)은 피치자를 의미하고, 족(族) 또한 무리로서의 피치자를 의미하는 것으로서 모두가 피치자들로서의 사람들이었다. 프롤레타리아(proletariat)라는 용어가 계급적인 용어이듯이, 민(民) 또한 피치자로서의 계급적인 의미를 담고 있다. 정약용의 목민심서는 다음과 같은 구절로 시작한다.

위를 섬기는 자를 민(民)이라 하고, 민을 다스리는 자를 사(士)
라 한다.[82]

민(民)은 섬기는 사람이요, 다스림을 받는 사람이다. 민이라는 글자의 기원을 보면 설문해자(說文解字)는 "무리가 싹이 튼다(眾萌也)"라고 하여 초목의 싹이 돋은 모습으로 표현하고 있

---

[81] 이수범의 민족의 정의에 대한 주장은 그 시기 북한에서 주장하는 내용 그대로이긴 하지만, 사실 민족을 핏줄로 연관 짓는 것은 한국인들의 공통된 인식이다.
[82] 목민심서, 부임6조, 제1조 제배

다.[83] 흔히들 말하는 민초(民草)라는 말과 잘 어울리는 의미이다. 이렇게 민은 다수의 사람들이고 초목과 같이 하찮은 존재로서의 사람들이다.

원래 한자어의 인(人)과 민(民)은 대칭적인 의미를 갖고 있다. 인(人)은 사람을 형상화한 글자로 인격체로서의 사람을 뜻한다. 인은 사회의 주체자로서 지배계급을 의미한다. 반면에 민(民)은 맹인을 형상화한 글자로 노예를 의미한다. 전쟁에서 포로로 잡힌 사람을 눈을 찔러 장님으로 만들어 노예로 삼았던 옛 습속에서 이렇게 노예로서의 국가 구성원이 민이었다. 또 다른 설명으로는 민(民)의 고문(古文)은 萌(맹) 또는 氓(맹)으로, 원래 민은 외지에서 들어온 이주민으로서 귀화한 백성을 의미하였다. 춘추시대 성 안의 사람은 국인(國人)이라 하였고, 성 바깥에서 들어온 이주민이 민(民)이었다. 인과 민은 모두 백성이라 할지라도 인은 국가사회의 주체자로서의 백성이고, 민은 다스림을 받는 피지배계급으로서의 백성인 것이다.

족(族) 또한 그 의미상 문제가 많은 어휘이다. 족은 기본적으로 혈통을 표시하는 말이지만, 떼를 지은 무리를 말하기도 하고, 극형에 처하거나 멸(滅)한다는 의미도 있다.[84] 과거에 족(族)은 어느 성씨의 집단이나 친족집단을 부르는 말로도 사용되었으며, 피지배민집단이나 규모가 그리 크지 않은 이민족집단과 같이 존중받는 위치에 있지 않은 사람들 집단을 지칭하는 데 사용되었다. 주나라시대에는 통치관리단위에서 100가구 규모를 족(

---

[83] 설문해자 13권, 민부(民部) 眾萌也 从古文之象 凡民之屬皆从民
[84] 족, 미상

族)으로 명칭하였다.[85] 족은 무리숫자에 대한 단위에서 그리 크지 않은 집단이었고, 그만큼 큰 의미를 갖지 못한다는 것을 내포하고 있다. 같은 종족에 속하는 사람들을 비하하여 족속(族屬)이라고도 하는 것처럼 족은 얕보거나 비하하는 의미가 다분하다. 더더구나 족(族)은 멸(滅)한다는 의미까지도 있다. 이를 한민족(韓民族)에 대입하면 어떻게 되는가?

그래서 민족이라는 말은 높이거나 아름답게 하는 의미보다는 낮추고 비하하는 의미가 크다. 말하자면, 노예요, 족속인 것이다. 이렇게 볼 때, 민족이라는 말은 한마디로 일제시대 일본제국주의자들이 조선민족이라고 부를 때나 쓰기에 적절한 말인 것이다. 그런데 더욱 심각한 것은 이 말을 주로 우리 자신에게 사용한다는 점이다. "미국민족", "영국민족"처럼 사용하는 경우는 없고, "우리 민족", "한민족", "국가와 민족을 위하여", "민족정기" 등과 같이 우리 스스로에 사용하는 경우가 대부분이다.

20세기 중반 서구국가들에서는 아프리카지역의 식민지민들이 독립을 주장하는 것에 대해서 tribalism(종족주의)이라고 하였다. Tribalism이라는 것은 종족(tribe)사회에서 추장 중심의 국가를 세우기 위해 독립을 요구하는 것과 같은 전근대적인 집단의식을 비하하는 말이었다. 또 로마시대에 로마인들은 프랑스지역의 골족이나 독일지역의 게르만족을 tribe라고 불렀다.[86] 그들에 대하여 야만으로서의 의미를 부과해야 했기 때문이다.[87] 이렇

---

[85] 5가(家)는 비(比)가 되고, 5비는 여(閭)가 되며, 4려는 족(族)이 되며, 5족은 당(黨)이 되며, 5당은 주(州)가 되며, 5주가 향(鄕)이 된다. 이렇게 향은 12,500가다.
[86] Seton-Watson, 1977, pp.4-5
[87] 로마시대에도 tribe는 문명적으로 뒤쳐져 있는 소규모의 집단을 지칭하는 말이었다.

게 "우리는 nation, nationalism, 너희는 tribe, tribalism"이라고 하는 일은 역사 이래 항상 있어 왔다. 이 같은 용어 사용의 민감성에 비추어 우리가 사용하는 민족, 민족주의라는 말은 어떤가? 일본사람들이 한국사람들에 대해서 민족주의라고 한다면 서구사람들이 아프리카사람들에 대해서 tribalism이라고 하는 것과 유사하게 될 수도 있다. 이와 같이 민족, 민족주의 또한 다른 나라로부터 비하되어 취급당할 수 있는 위험이 있는 것이다.

## [2] 번역어로서 민족, 민족주의의 부적합성

민족, 민족주의는 네이션, 내셔널리즘과 그 의미에서 맞지 않아, 이 말로서는 네이션, 내셔널리즘의 뜻을 제대로 전달할 수가 없다. 예를 들면 최근에 일고 있는 미국의 내셔널리즘을 미국의 민족주의라고 해서는 말이 되지 않는다. 수많은 민족들로 이루어져 있는 미국에서 가장 경계하고 싫어하는 것이 민족주의인데, 미국사람들이 무슨 민족주의를 들고 나온단 말인가?

민족, 민족주의가 네이션, 내셔널리즘과 그 의미에서 일치하지 않는 데서 생기는 문제는 단순한 문제가 아니다. 미국 민족주의와 같이 말이 안 되는 경우는 하나의 예에 불과하다. 어떤 경우는 말이 모호하게 되며, 또 어떤 경우는 말이 엉켜버린다. 예를 들어, "룩셈부르크민족(Luxembourgers)은 네이션이 되었는데, 왜 버건디민족(Burgundians)은 네이션이 되지 못했는가?"와 같은 것을 논의하는 것이 네이션, 내셔널리즘 연구이다. 그런데 여기서 네이션을 민족이라고 번역하면, "룩셈부르크민족은 민족이 되었는데, 왜 버건디민족은 민족이 되지 못했는가?"와 같이 표현하게 된다. 이렇게 말이 안 되는 소리를 하면서 어떻게 논의가 가능하겠는가? 또 어떤 경우에는 그 의미가 반대로 전달되기도 한다. 예를 들어 유럽에서 19세기 내셔널리즘이 성행하던 시기를 내셔널리즘시대(Age of Nationalism)라고 하는데, 우리는 이를 민족주의시대라고 번역한다. 그런데 내셔널리즘시대라고 말하는 이 시기는 사회체제가 국가 중심으로 재편되면서 민족들이 융해되어 나라사람으로 헤쳐 모이게 되는 시기였다. 즉, 이 시대는 민족집단이 그 의미를 잃고 소멸되는 시기였는데, 이를 민족주의시대라고 하니 뜻을 전달하는 언어로서의 기능을 상실할 수밖에 없는 것이다.

또한 번역용어가 잘못된 것임은 영한사전만 보더라도 쉽게 알 수 있다. 사전에서는 nation은 국민이라 하고, nationalism은 민족주의라고 하고 있다. 국민에 접미어 "alism"을 붙이면 "국민에 대한 주의"가 되어야지 어떻게 민족주의가 되는가? 서로 대치되는 개념의 용어인 민족과 국민이 한국에서는 접미어를 사이에 두고 왔다 갔다 하고 있는 것이다.

혹자는 언어는 하나의 약속이므로 동일한 의미로 하기로 한다면 되지 않을까? 라고 생각할 수도 있지만 여기서는 그렇게 될 수도 없다. 이 불일치의 문제는 그렇게 하자고 한다고 해도 해결될 수 없는 측면이 있기 때문이다. 앞의 민족, 민족주의 용어 도입에서 본 대로 국민과 민족은 서로 대칭되는 개념인데 국민이라고 해야 할 것을 그 반대개념인 민족이라고 하게 되었으니 그 뜻을 맞추려고 해도 맞추어지지 않는 것이다.

이와 같이 내셔널리즘을 민족주의라고 하는 것이 잘못된 것임을 아는 것은 그리 어려운 일이 아니다. 그래서 일본에서는 이런 문제가 있음을 알고 민족주의라는 말을 사용하지 않은지 오래 되었고[88] 중국에서도 그리 많이 사용하지 않는다. 중국은 다민족국가이기 때문에 민족주의라는 말을 기피하는 경향이 있으며, 그래서 애국주의라는 말을 많이 사용한다. 유독 한국에서 민족, 민족주의라는 말을 많이 사용하고 있는 것이다.

    한국에서도 민족주의가 적절하지 않다고 생각하는 사람들은 민족주의라는 말 대신에 다른 말을 사용하기도 한다. 국민주의, 국가주의, 국수주의, 자국우선주의, 자국제일주의, 국가이기주의 등 다양한 말들이 민족주의 대신 사용되고 있다. 이러한 용어들은 대부분 깊은 사유나 통찰 없이 마구잡이로 끌어온 말들이어서 지엽적으로 의사소통의 역할은 할 수 있으나 전체적으로 보면 내셔널리즘을 대신할 만한 말이 아니어서 이렇게 중구난방으로 잡다한 용어를 사용하는 것은 바람직하지 않다. 이런 용어들 중에 국민주의는 음악 같은 분야에서 사용되기도 하고, 일부 학자들도 사용한다.

    그래서 네이션과 내셔널리즘의 의미와 함께, 이것이 민족, 민족주의, 혹은 국민, 국민주의와 어떻게 다르고, 이 말들을 사용했을 때 어떤 문제가 있는지 보다 자세하게 검토해 보기로 하자.

## 2] 네이션과 민족

    국어사전에서 민족이란 "일정한 지역에서 오랜 세월 동안 공동생활을 하면서 언어와 문화의 공통성에 기초하여 역사적으

---

[88] 일본은 내셔널리즘(ナショナリズム)이라는 말을 사용한다.

로 형성된 사회집단"으로 정의하고 있다.[89] 이러한 민족의 의미는 앞에서 본 네이션의 의미와 차이가 있다.

우선, 민족은 네이션보다 범위가 좁다. 앞에서 본 대로 네이션은 국민, 국가, 종족의 세 가지 개념을 담고 있는 데 반하여, 민족은 종족에 근접한 개념만 담고 있다. 다음으로 말의 중심적 의미가 다르다. 내셔널리즘(nationalism)에서의 네이션(nation)의 의미는 "특정한 땅에 사는 자신들의 국가나 정부를 의식하는 대규모의 사람집단"이다.[90] 즉, 네이션이라고 할 수 있기 위해서는 i) 특정한 땅의 사람들이며, ii) 이들 사람들은 대규모이며, iii) 이들 사람들은 우리는 같은 사람들이라고 생각할 정도로 공통성을 가지며, iv) 자신들끼리만의 정치체(polity)에 대한 의식이 있어야 한다. 이러한 네이션에 비하여 민족의 경우는 i) 특정한 땅과 iv) 자신들끼리만의 정치체(polity)에 대한 의식이 반드시 있어야 하는 것이 아니다.

우리말의 민족은 영어의 nation보다는 "race", "ethnicity", "tribe"에 더 가깝다.[91] 영어에서는 원래 "race"라는 말이 많이 사용되었으나, 20세기에 들어와 인종갈등과 유대인대학살(Holocaust)과 같은 인종관련 사건들을 거치면서 이 말을 기피하게 되어, "ethnicity"라는 말을 많이 사용하게 되었다. "Ethnicity"라는 말은 "ethnic"의 파생어로서 그리스어 민족이라는 의미의 "ethnos"에서 유래되었다.[92]

---

[89] 민족, 미상
[90] Nation [Def. 1], n.d.2
[91] Ethnicity라는 말은 비교적 최근에 만들어진 말로서 Oxford English Dictionary에서는 1953년에 등재되었다.
[92] Spencer & Wollman, 2002, p.65

민족이란 원래 인종 아래, 친족 위에 위치하는 사람집단 분류의 하나로서, 혈통의 의미를 지니고 있고 객관적인 성격을 갖는다. 여기서 객관적이라고 하는 이유는 같은 민족은 부분적으로 겉모습에서 드러나기도 하거니와, 유전자 분석을 통한 과학적 판단도 가능하기 때문이다. 반면에 네이션은 혈연, 영토, 언어 등과 같은 객관적인 요소뿐만 아니라 정체성과 같이 자신에 의해서 정해지는 주관적인 성격도 함께 갖고 있는데, 현실적으로 이 주관적인 측면이 더 크게 작용한다.

월러스타인(Immanuel Wallerstein)은 race는 유전적 측면에서, nation은 사회 정치적 측면에서, ethnic group은 문화적 측면에서 집단의 범주를 말하는 용어라고 하고 있다.[93] 그는 북아프리카 모로코에서 독립하려는 사하라위(Sahrawi)사람들을 예로 네이션과 민족의 차이를 설명하고 있다. 사하라위사람들은 자신들이 네이션이라고 주장하지만 모로코정부는 민족일 뿐이라고 주장한다는 것이다. 그리고 이 사람들이 네이션이 되느냐 혹은 민족으로 남느냐는 사하라위사람들과 모로코사람들 간의 대결에 의하여 결정되는 것이라고 하고 있다.

그리고 스미스(Anthony D. Smith)는 네이션(nation)과 민족공동체(ethnic Community)의 속성을 다음과 같이 구분한다. 먼저, 민족공동체가 갖는 속성으로 ① 집단 고유의 이름이 있고, ② 특정한 고향 땅과 연계되어 있으며, ③ 공통 조상에 대한 신화를 갖고 있고, ④ 역사적 기억을 공유하며, ⑤ 공통의 문화를 갖고 있고, ⑥ 집단 내에 상당한 비중의 사람들이 연대의식을

---

[93] Wallerstein, 1987, p.380

갖고 있다는 점을 들고 있다.[94]

<표 2-1> 　　　　　　　민족과 네이션의 속성

| 민족(Ethnic community) | | 네이션(Nation) |
|---|---|---|
| 사람들 집단의 이름이 있다 | ① | 사람들 집단의 이름이 있다 |
| 특정한 고향 땅과 연계되어 있다 | ② | 고유의 역사적 영토나 고향 땅이 있다 |
| 공통 조상에 대한 신화가 있다 | ③ | 공통 조상에 대한 신화가 있다 |
| 역사적 기억을 공유한다 | ④ | 공통의 역사적 기억이 있다 |
| 다른 문화와 차별화되는 공통의 문화가 있다 | ⑤ | 공통의 집단 공공문화를 형성하고 있다 |
| 집단 내 상당 비중의 사람들은 연대의식이 있다 | ⑥ | 구성원 모두가 공통의 법적 권리와 의무를 진다 |
|  | ⑦ | 구성원의 지역적 이동이 가능한 공동경제를 갖는다 |

출처: *National Identity*, by A. D. Smith, 1991, Penguin, pp.14-21. 참고하여 작성.

스미스는 ③ 공통 조상에 대한 신화를 갖는다는 항목에서 민족의 혈연적 측면을 적시하고 있다. 그리고 민족은 하나의 구분되는 집단으로서 특정한 땅, 역사, 문화 등에서 연계되어 있고, 서로에 대한 연대의식은 있지만 반드시 이들 집단이 특정한 영

---

[94] Smith, 1991, p.21

역의 땅을 점유하고 있는 것은 아니라고 하고 있다.

반면에 네이션(nation)이 갖는 속성으로서 ① 집단 고유의 이름이 있으며, ② 역사적으로 내려온 고유의 영토가 있고, ③ 공통의 신화를 갖고 있으며, ④ 공통의 역사적 기억이 있고, ⑤ 공통의 공공문화를 갖고 있고, ⑥ 구성원이 공통의 법적 권리와 의무를 지며, ⑦ 공동의 경제단위를 갖는다는 점을 들고 있다.[95] 네이션(nation)이 민족공동체(ethnic community)와 구분되는 점은 모든 속성에 있어서 민족공동체(ethnic community)보다 그 존재가 뚜렷하다는 점도 있지만, 정치적인 단위로서의 성격이다. 즉, 네이션과 민족공동체는 ⑥과 ⑦에서 큰 차이가 있는데, 이는 네이션이 민족과 달리 정치적인 성격 및 국가집단으로서의 성격을 갖기 때문이다.

이를 싱가포르를 예로 하여 생각해 보자. 싱가포르 안에서는 같은 통화를 사용하고, 사람들은 어디든지 이동하면서 살아갈 수 있지만, 싱가포르 바깥에서는 그렇지 않다. 싱가포르의 사람들은 하나의 경제단위를 이루고 있는 것이다. 여기서 중국 내 한족과 싱가포르 내 한족은 민족적으로는 같은 한족이지만, 공통의 법적 권리와 의무를 지거나 같은 경제단위 내에 있는 것이 아니므로, 하나의 네이션이 아니다. 반면에 이 싱가포르 내에서 공통의 법적 권리와 의무를 지며, 같은 경제단위 구성원으로 살아가는 중국계 사람과 인디아계 사람은 비록 같은 민족은 아닐지라도 같은 네이션인 것이다.

다음으로 네이션의 예를 보자. 한국을 보면, ① 한국인 또는 한민족이라는 이름이 있고, ② 한반도와 만주 땅이 있으며, ③

---

[95] Smith, 1991, p.14

단군신화가 있고, ④ 선대의 사람들이 살아온 역사를 갖고 있으며, ⑤ 모두가 함께하는 집단 공공문화로서의 한국문화가 있고, ⑥ 국민 모두가 서로에 대하여 권리와 의무를 갖고 살아가며, ⑦ 국경의 범위 내에서 하나의 경제단위로 살아왔다.

다음으로 민족의 예를 보자. 세계에는 국가의 유무와 상관없이 수많은 민족이 있다. 민족이 네이션과 구분되는 데에는 독자적 정치체에 대한 의식이 중요한데, 이에 대한 하나의 예가 19세기 이전의 유대민족이다. 유대인들은 19세기 이전에는 민족이었고 네이션이 아니었다. 오늘날 이스라엘이라는 네이션이 있게 된 것은 19세기 말 시오니즘(Zionism)이 일어나 고토에 자신들만의 나라를 세우겠다는 생각이 확산되었고, 그 결과 제2차 세계대전 후 자신들의 고토에 나라를 세웠기 때문이었다. 그 이전의 수천 년 동안 유대인들은 세계 각지에 흩어져 살면서 자신들만의 나라를 갖겠다는 의식이 없었던 것이다.

또 다른 예로 고대 그리스를 들 수 있다. 고대 그리스는 하나의 민족이었지만 네이션은 아니었다. 그때 그리스 반도에 살던 사람들은 오랫동안 혈연적, 문화적으로 공통의 토대 위에 살아왔지만 정치적으로 도시국가로 나누어져 살았고, 온 민족이 하나의 국가로 살고자 하는 의식이 없었기 때문에 네이션이라고 할 수 없는 것이다. 오늘날의 경우를 보면 과거에 유구국이었던 오키나와 중국 각지에 흩어져 살고 있는 만주족 등이 여기에 해당한다. 이름도 있고, 고향 땅도 있으며, 공통 조상에 대한 신화도 있고, 역사도 알고 있으며, 자신들만의 문화도 있고, 상당수의 사람들은 자기민족 사람 간에 느끼는 연대의식도 있다. 그러나 이들에게 자신들만의 독자적인 나라가 있어야 한다는 의식이 없다. 그래서 그들은 네이션이 아니고 민족인 것이다. 그리고 민족주의는 있어도 내셔널리즘(nationalism)은 없는 것이다.

그리고 네이션과 민족의 차이로서 중요한 것은 그 말이 갖는 내재적인 의미이다. 네이션은 나라의 주권을 가진 사람들의 집단이다. 네이션은 나라의 주인으로서 나라 내에서 최상의 위치에 있는 사람들인 것이다. 이러한 네이션에 비하여 민족은 나라에 대한 주체자로서의 주권이나 주인의식 같은 것과는 전혀 무관한 사람들의 무리일 뿐이다. 네이션은 국가를 기초로 하고 있지만, 민족이라는 말에는 국가와 관련하여 그 어떤 의미도 없다. 여기에 더하여 민족은 원래의 의미가 다스림을 받는 무리이다. 이렇게 볼 때 네이션과 민족이라는 용어는 가까이 있기조차 못하고 서로 상반된 자리에 위치하고 있는 것이다.

### 3] 내셔널리즘과 민족주의

한국어사전에서는 민족주의를 "독립이나 통일을 위하여 민족의 독자성이나 우월성을 주장하는 사상"이라고 정의하고 있다.[96] 민족주의에 대한 한국어사전에서의 이러한 정의는 민족주의를 민족이라는 말에다가 내셔널리즘의 의미를 가미한 것이다. 즉 "주의"는 이념이므로 민족주의는 민족에 대한 이념이라고 해야 할 것이고, 민족에 대한 이념이라면 독립이나 통일과 같은 말이 들어갈 여지가 없다. 그런데 "독립이나 통일을 위하여"라고 한 것은 내셔널리즘(nationalism)의 의미와 같은 것으로 하기 위해서 부가한 것이다. 민족주의는 민족에는 없던 정치적인 색채가 들어가서 민족의 이념이 아니라 독립이나 통일과 관련된

---

[96] 민족주의, 미상

이념이 된 것이다. 이렇게 하다 보니 민족과 민족주의 사이에 괴리가 생기게 된다. 그래서 흔히들 민족에서의 "민족"과 민족주의에서의 "민족"은 내용적으로 다르다고 말한다.

하지만 민족주의를 "독립이나 통일을 위하여"라는 의미를 부가하여 정치적인 성격을 가미한다고 하더라도 민족주의가 내셔널리즘과 일치되는 것은 아니다. 민족주의는 그 말 자체에서 여전히 민족이라는 말을 기본으로 하고 있고 나라를 기본으로 하고 있지 않기 때문이다. 우선 민족주의라고 하면 일반적으로 민족에 대한 주의, 즉 민족에 대한 이념으로 생각한다. 민족에 대한 이념이라고 하면 민족을 위하는 것이므로 반드시 국가와 연관되는 것은 아니다. 또한 내셔널리즘은 독립이나 통일 외에도 더 일반적인 의미로서의 자국을 위하고 자국을 자랑스러워하는 것으로서의 넓은 의미를 포괄하고 있기 때문이다.

이는 근본적으로 내셔널리즘은 네이션에서 나온 용어인데, 앞에서 본 대로 그 바탕이 되는 네이션이 민족과 다르므로 내셔널리즘 또한 민족주의와 다를 수밖에 없기 때문이다. 그래서 한국어사전에서 민족주의의 의미를 내셔널리즘에 가깝게 끌어 놓았음에도 불구하고 민족주의와 내셔널리즘은 같지 않다. 민족주의는 민족단위로 독립이나 통일을 하여 민족단위로 살자는 것이지만, 내셔널리즘은 민족단위로 살자는 것이 아니다. 예를 들면, 영국섬 내의 여러 민족이 합쳐져서 영국연합왕국(United Kingdom)을 만드는 것도 내셔널리즘이고, 수많은 민족으로 이루어진 미국도 가질 수 있는 것이 내셔널리즘이다. 또 독일의 내셔널리즘이라고 해서 게르만민족이 모두 합쳐 하나의 국가로 만들자는 것도 아니다. 앤더선(Benedict Anderson)이 유럽보다 먼저 내셔널리즘이 일어났다고 주장한 라틴지역의 크레올 내셔널리즘을[97] 보더라도 크레올인들(Creole peoples)은 유럽 백인 정착민들과 아메리카 원주민들이 한데 섞여서 이루어진 복합민족사회의 사람들이다.

민족주의가 내셔널리즘과 같아지기 위해서는 민족의 의미가 빠지고 국가의 의미가 들어가야 하는데 민족주의라는 말로는 될 수가 없는 것이다.

### 4] 네이션과 국민

네이션과 내셔널리즘의 번역어로서 민족, 민족주의라는 말이 적절하지 않음을 느끼고, 민족, 민족주의라는 말 대신에 국민, 국민주의라는 용어를 사용하기도 한다. 앞에서 민족 및 국민의 용어가 만들어질 당시 국민이라고 해야 할 것을 민족이라고 하게 되었음을 논의한 것을 상기하면 지금이라도 민족이라고 하지 않고 국민으로 하면 될 것으로 생각할 수도 있다. 그래서 국민, 국민주의라는 용어로 네이션, 내셔널리즘을 대신할 수 있을지 검토해 보기로 하자.

한국어사전에서는 국민을 "한 나라의 통치권 아래에 있는 사람 또는 그 나라의 국적을 가진 일정한 권리와 의무를 지닌 사람"이라고 하고 있다.[98] 영어에서 국민에 해당되는 말은 citizen이다. 원래 citizenship을 갖는다는 것은 투표권과 공직자로서의 피선거권을 갖는다는 것을 의미하였고, 현대에 와서 citizenship을 갖는다는 것은 국민으로서 제반 권리와 의무를 갖

---

[97] Anderson, 2006, pp.49-66
[98] 국민, 미상

는다는 것을 의미하게 되었다. Citizen은 개인과 국가 간의 관계에서 법적 계약적 의미를 지닌 용어이다. 개인이 국가에 대하여 의무를 이행하면 국가는 그를 국가 안에서 누릴 권리를 제공하면서 보호해 준다는 것이다.[99]

Citizen은 국민이다. 그런데 우리나라에서는 citizen을 시민으로 번역하는 경우가 많다. 그래서 미국 시민권, 미국 시민권자 등으로 말하는데 이는 잘못된 말이다. 올바른 말은 미국 국적, 미국 국민이다. 영어의 citizen에서 "city"라는 "시(市)"의 단어가 들어 있어도 시(市)하고는 아무런 상관이 없다. 영어에서 국민을 citizen이라고 하는 이유는 도시국가에서 이 용어가 시작되었기 때문이다. Citizen을 시민이라고 하는 것은 마치 greenhouse를 온실이라고 하지 않고 초록집으로 번역하는 것과 같다. 영어 말에 green이 붙어 있다고 하더라도 한국말에는 초록이라는 말을 넣지 않고 당연히 그 본질과 내용에 따라서 온실로 번역한다. 마찬가지로 city가 붙어 있더라도 그 본질과 내용에 따라 시민이라고 해서는 안 되고 국민이라고 해야 옳다.

우리는 "민주 시민", "성숙한 시민" 등과 같이 시민이라는 말을 자주 하지만 이 시민이라는 말은 법적으로나 이론적으로나 아무런 근거나 내용이 없는 용어이다. 현재 한국에서 시민이라는 용어 사용은 매우 혼란스럽다. 한국에서는 민간이라는 의미의 civil도 시민이라 번역하고, 공민이라는 의미의 civic도 시민이라 번역하고, 국민이라는 의미의 citizen도 시민이라고 번역하며, 그리고 시의 주민도 시민이라 한다. 그래서 우리는 "민주 시민", "시민 사회", "서울 시민" 등과 같이 시민이라는 말을 다방

---

[99] Citizenship, n.d.

면에서 사용한다. 그런데 시민은 시(市)를 구성하는 사람들이다. 시민은 서울 시내에 사는 사람들을 "서울 시민"이라고 하면서 사용하는 말인데, "민주 시민", "시민 사회"와 같이 이런 데다 시민이라는 용어를 사용하는 것은 잘못된 것이다.

영어에서 원래 citizen이란 다른 사람에게 통치받는 것을 허락한 사람을 의미한다. 만약 citizen을 시민이라고 한다면 시(市)가 통치할 수 있는 주체가 되어야 하는데, 시에는 독자적으로 힘을 행사할 수 있는 군대가 없으므로 이는 가당치 않은 것이다. 통치할 수 있는 주체가 국가밖에 더 있는가? 그래서 당연히 국민인 것이다. 이렇게 미국에서 citizen이 된다는 것은 법적으로 매우 중요한 의미를 갖는 것이지만, 한국에서 시민이 된다는 것은 법적 권리 의무에서 특별한 의미가 없다. 울릉읍민이 서울시민으로 된다고 해서 신분상으로 달라지는 것이 뭐 있는가?

Citizen(국민)의 개념을 알기 위해서는 people(사람들, 인민, 민중)과 함께 검토해 볼 필요가 있다. 링컨이 인용한 것으로 널리 알려진 "by the people, of the people, for the people"을 한국에서는 "국민의, 국민에 의한, 국민을 위한"이라고 알고 있음에서 보듯이 people을 국민으로 번역하고 있다. 그런데 원래 people은 "국민"이 아니며 "사람들, 인민, 민중"의 개념이다.[100]

---

[100] "사람들"이라는 용어는 다소 학술용어 같지 않은 면이 있다. 앞에서 인(人)과 민(民)에 대하여 논의하였는데, people의 개념은 국민이나 민족같이 피지배계급인 민(民)이 아니라 지배계급, 피지배계급 모두를 포괄하고 있는 인민(人民)이라는 말이 적절하다. 하지만 안타깝게도 인민이라는 말이 북한의 전유물이 되어버린 현시점에서, 이 말을 사용하게 되면 행여나 북한의 정당성이나 우위로 해석하는 사람들이 있을지도 모른다는 우려에서 이 말의 사용을 자제하고 다소 낯설더라도 "사람들"이라는 용어를 많이 사용하기로 한다.

| <표 2-2> | 사람들(People)과 국민(Citizen)의 관계 |
|---|---|

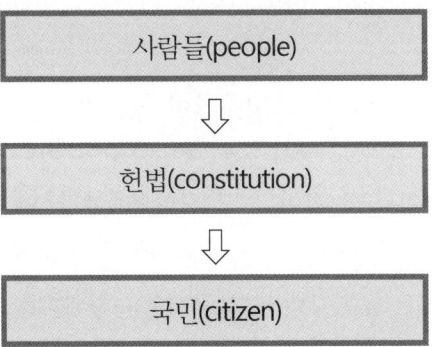

그렇다면 people(사람들)과 citizen(국민)은 다른가? 다르다. 우선 사람들과 국민은 같은 위치에 있지 않다. 미국의 예를 들어 보자. 미합중국 헌법 서문에는 "미국의 사람들(people)은 … 헌법(constitution)을 제정한다"라고 명시되어 있다.[101] 그리고 미국 수정헌법 14조(Amendment XIV)는 미국 국민(citizen)에 대하여 규정하고 있는데, 여기서 누가 미국의 국민인가를 정의하고 있다.[102] 여기서 알 수 있는 것은 미국 사람들(people)이 미국 헌법을

---

[101] U. S. Const. The preamble to the United States constitution: We the people of the United States, in order to form a more perfect union, establish justice, insure domestic tranquility, provide for the common defense, promote the general welfare, and secure the blessings of liberty to ourselves and our posterity, do ordain and establish this Constitution for the United States of America.

[102] U. S. Const. Amendment XIV to the United States constitution, section 1: All persons born or naturalized in the United States, and subject to the jurisdiction thereof, are citizens of the United States and of the State wherein they reside. No State shall make or enforce any law which shall abridge the privileges or immunities of citizens of the United States; nor shall any State deprive any person

만들고, 미국 헌법에서 미국 국민(citizen)을 규정하고 있다는 점이다. 즉, 사람들은 헌법을 제정하는 주체로서 헌법 위에 있고, 국민은 헌법에 의하여 정해지는 존재로서 헌법 아래에 있는 것이다.

사실 우리가 말하는 국민주권이라는 것은 이러한 체계이다. 그런데 문제는 올바로 말하자면 국민주권이 아니고 사람들주권, 혹은 인민주권이라는 점이다. 사람들은 국가 이전에 있었지만, 국민은 국가가 만들어진 이후에 국가에 의하여 창설되는 것이다. 지금 우리처럼 국민주권이라는 말을 사용하면서 민주주의 이념의 논리적 체계를 세우기는 어렵다.

그렇다면 왜 더 타당한 용어인 인민이라는 말을 쓰지 않는가? 20세기 초반, 공산주의에서 people이라는 말을 많이 사용하였고, 이를 번역하여 일본의 좌익세력에서 인민이라는 용어를 사용하였다. 1948년 대한민국이 처음 헌법을 제정할 때 그 초안에서는 인민이라는 용어를 사용하여 주권자로서 명시하였다. 당시 헌법초안 제1장 제2조는 "대한민국의 주권은 인민에게 있고 모든 권력은 인민으로부터 나온다"로 되어 있었다. 하지만 당시 대한민국정부에서는 공산주의에 대한 부정적인 의식이 극도로 강한 상황이었기 때문에 제헌의회에서 "인민"을 공산주의자들의 용어라 하여 이 말을 쓰지 말 것을 요구하였고, 그래서 국민으로 바뀌게 되었다. 조선인민민주주의공화국이라는 명칭에서 보듯이 북한은 인민이라는 용어를 쓰고 있다. 당시에는 민주주의 이론에 대한 체계적인 지식이 없었고, 있었다 하더라도 다급한

---

of life, liberty, or property, without due process of law; nor deny to any person within its jurisdiction the equal protection of the laws.

현실 문제에 억눌려 지식이 적용될 수 있는 여지가 없었다.[103]

물론 결국 사람들이 국민으로 된다는 점에서 같다고 할 수 있다. 하지만 민주주의의 논리적인 체계를 따른다면 국민(citizen)은 사람들(people)이 아니다. 국가의 법으로부터 창설된 국가 아래에 있는 사람들이 어떻게 국가의 주인이 될 수 있는가? 국가 위에서 국가의 헌법을 바꿀 수 있는 사람들이 국가의 주인이고, 이것이 민주주의인 것이다. 결론적으로 국민주권이라는 말은 논리적으로 맞지 않고 국민이라는 표현은 잘못된 것이다. 한국에서처럼 people도 국민이고 citizen도 국민인 이런 용어 상태에서는 민주주의를 이해하기도 어려운 것이다.

이러한 사람들(people)과의 관계에 있어서 사람들이 자신들만의 정치체를 위한 하나의 집단이 될 때 네이션(nation)이 되므로 네이션은 국가 및 영토와 연관된 사람들이다.[104] 네이션은 사람들(people)과 동등한 위치에 있는 개념으로 어느 나라 안에 한정되어 있는 사람들을 의미한다. 영국의 앤서니 쿠퍼(Anthony A. Cooper)[105]는 사람들(people)에 대해서 정의하면서 네이션(nation)에 대해서도 언급하고 있다. 사람들(people)은 사회적 연대(league) 혹은 사회적 연합(confederacy)으로 공동체의 회원들을 결속시키는 상호동의, 그리고 공동선이나 공동이해에 기초하여 형성된 집단이라고 하였다. 그는 사람의 집단이 강압에

---

[103] 인민은 옛날부터 사용해 온 우리말이다. 인민이라는 용어는 내용적으로 공산주의나 사회주의 사상과 아무 관련이 없다. 단지 북한에서 이 용어를 사용하는 것만으로 남한에서는 금기시하고 있을 뿐이다.
[104] Greenfeld, 1992, p.160
[105] 앤서니 쿠퍼(1671-1713)는 영국의 정치가이자 철학자로 Third Earl of Shaftesbury라고도 불린다.

의해 형성되었을 때, 하나의 수장하에 하나의 집단으로 있다고 하더라도 단합될 수 없으므로 그러한 집단은 사람들(people)이 될 수 없다고 하였다. 그래서 강압 아래서는 사람들(people)이 없고, 헌법(constitution)이 있을 수 없고, 모국(mother country)이 없으며, 네이션(nation)도 있을 수 없다고 하였다.[106] 네이션은 주권을 가진 구성원들의 공동체이다.[107] 네이션이란 로크(John Locke)가 『통치론(Two Treatises of Government)』에서 말한 사회계약의 당사자들인 것이다.[108]

이상의 people과 citizen의 개념에 대한 이해를 바탕으로 하여 네이션(nation)과 국민(citizen)을 대조해 보면 대개 다음과 같은 점에서 다르다.

첫째, nation은 국가를 창설하는 존재인데 반하여, citizen은 국가가 있고 난 다음에 있는 사람들로서 국가에 의해서 그 존재와 권리를 부여받는 사람들이다.

둘째, nation은 나라의 주인이 되는 사람들인 반면에, citizen은 국가와의 권리와 의무의 교환 속에서 통치받는 것을 허락한 사람들로서 통치를 받는 사람들이다.

셋째, nation은 그 범위가 넓은 반면에, citizen은 그 범위가 한정적이다. Nationality를 갖는다는 것은 그 나라사람이라는 것을 의미한다. 그 나라사람이 된다는 것은 개인의 권리 의무와 무관한 것은 아니지만 이것과 직접 연관되는 의미는 아니다. 예를 들면 한국 국적을 포기하고 미국 국적을 취득한 사람이 한국

---

[106] Greenfeld, 1992, p.399
[107] Greenfeld, 1992, p.426
[108] Greenfeld, 1992, p.400

국민은 아니지만 한국인이 될 수도 있는 것이다. 이에 반하여 누가 국민이고, 누가 국민이 아니며, 국민이 되면 무엇을 할 수 있으며, 할 수 없는지가 정해져 있다.

넷째, nation은 내용이 추상적인 반면에, citizen은 그 내용이 구체적이고 명확하다. Nation은 민족적, 역사적, 문화적 요소나 사람들의 심리 등 다양한 요소를 포함하기 때문에 그 범주가 명확하지 않은 가운데 포용적이다. 이에 반하여 citizen은 법적 행정적으로 정해지기 때문에 구체적이고 명확하다.

다섯째, national은 citizen과 법적으로 구분된다. 법에서도 일반적으로 national은 citizen보다 넓은 개념으로 사용된다. 즉 citizen은 national이지만, national이라고 해서 citizen인 것은 아니다. 예를 들면, 미국의 경우, 사모아인들은 미국의 national이지만 citizen이 아니다.[109] 사모아인들은 미국에서 사업도 하고 일자리를 가질 수 있지만, 선거권이나 피선거권이 없다.

여섯째, national은 사물에도 사용된다. Nationality는 국적이라고 하여 사람뿐만 아니라 기업, 선박, 항공기와 같은 사물에 대해서도 적용된다.

이와 같이 원래 그 기본 개념에서 다르기 때문에 깊은 논의에 들어가지 않더라도 당장 일상생활에서도 네이션을 국민으로 번역하면 말이 되지 않는 경우가 많다. 예를 들면, 현재 네이션으로서의 스코틀랜드를 스코틀랜드 국민이라고 한다면 말이 안된다. 스코틀랜드 사람들이라고 해야 자연스럽다. 네이션과 달리 국민은 국가가 성립된 이후에 존재하는 것이기 때문이다. 무엇보다 네이션이 국민이 될 수 없는 가장 중요한 부분은 네이션이

---

[109] 8 U.S.C.§1408. Nationals but not citizens of the United States at birth

란 나라의 주인으로서 지배하는 사람인 반면에 국민은 지배를 받는 사람이라는 점이다. 원래 citizen이 다른 사람에게 통치받는 것을 허락한 사람으로서 피치자라고 할 수도 있다. 그런데 여기서 citizen을 국민(國民)이라고 하였을 때 통치받는 의미가 보다 강하게 다가온다. 앞에서 이미 논하였듯이 민의 의미가 지배를 받는 사람을 의미하기 때문에, 국민(國民)은 나라(國)의 피치자 민(民)을 의미한다. 이 민(民)을 포함하는 용어들이 문제가 되는 것은 이 말들을 만든 당시 일본인들의 사상을 담고 있기 때문이다. 당시 일본은 철저히 천황 중심의 국가였다. 천황의 국가에서 천황을 받드는 신민이라는 의식에서의 민이라는 용어를 사용했던 것이다. 제2차 세계대전 이후 국민이라는 용어에 대한 거부의식이 생긴 것도 이런 이유 때문이다. 사람들이 국민이라는 말 대신에 시민이라는 말을 많이 사용하게 된 것이 여기에서 비롯된다. 또한 국민학교를 초등학교로 바꾼 것도 같은 이유이다. 국민 대부분이 국민학교를 거쳤고, 그래서 어린 시절의 향수를 간직하고 있을 이름인데, 그 말에 무슨 문제가 있어서 다른 말로 바꾸어야 했는가? 나라의 민을 만드는 교육기관, 즉 사람들로 하여금 나라에 복종하고 순치시키기 위하여 어린아이 때부터 길들이는 기관으로서의 인상을 주기 때문이다. 이렇게 볼 때 나라의 주인으로서 네이션이라는 말에 대하여 피치자로서의 국민이라는 말은 그 위치에서 서로 상응될 수가 없다. 이 점에서 둘은 하늘과 땅처럼 다른 것이어서, 그래도 네이션을 국민으로 하자는 것은 하늘을 땅으로 부르자고 하는 것과 같은 것이다.

### 5] 내셔널리즘과 국민주의

오늘날 특정 분야나 학자들 중에는 민족주의 대신에 국민주의라는 말을 사용하기도 한다. 예를 들어, 음악에서는 19세기의 musical nationalism을 "국민주의 음악"이라고 한다. 한국에서 네이션을 국민으로 번역하고 있으니 내셔널리즘을 국민주의라고 하는 것이 맞는 것 같기도 하고, 또 내셔널리즘의 정치적인 성격과 국가와 관련된 의미를 생각하게 되면 민족주의라고 하는 것보다는 나은 면이 있다. 하지만 국민주의 역시 내셔널리즘의 의미로 사용하는 데에는 다음과 같은 문제가 있다.

첫째, 바탕이 되는 말로서 국민의 의미가 네이션의 의미와 다르다는 점이다. 앞에서 본 대로 네이션은 나라의 주인으로서 지배하는 사람인 반면에 국민은 지배를 받는 사람이다. 여기서 내셔널리즘은 나라의 주체자로서 자기 나라에 대한 애착과 자부심인데, 피지배자 국민으로서의 국민주의라고 하면서 어떻게 그 애착과 자부심의 의식을 전달할 수 있겠는가?

둘째, 국민주의라고 하면 내셔널리즘의 기초가 되는 네이션의 역사적, 혈연적, 문화적인 측면을 전혀 담아내지 못한다. 국민은 역사적, 혈연적, 문화적인 측면과 무관하다. 역사적, 혈연적, 문화적으로 전혀 다른 사람도 국가에서 부여한 법적 지위만 받으면 국민이 될 수 있는 것이다.

셋째, 사람과 국가 간의 관계 측면에서 내셔널리즘의 의미를 제대로 전달하지 못한다. 예를 들면 일제시대에 독립운동을 한 사람들은 한국인이었지만 일본국민이었다. 독립운동가의 내셔널리즘을 국민주의라고 하면 한국을 위하는 마음이 아니라 일본을 위한 친일파의 마음으로 되어 반대의 결과가 된다. 그리고 인디아라면 간디가 독립운동을 하던 시기는 그가 영국국민으로 있던 시기였다. 내셔널리즘을 국민주의라고 하면 인디아를 위한 마음이 아니라 영국을 위한 마음이 되고 마는 것이다. 또 영국국민인 스코틀랜드 사람들의 독립을 주장하는 내셔널리즘을 국민주의라고 한다면 영국국민으로서 조용히 살자는 것과 같이 되어 반대의 의미로 이해될 수도 있는 것이다. 국가에 있어서 국가의 수립만큼 중요한 일도 없는데, 많은 경우 국가의 수립은 어느 다른 국민으로서 지위에 있는 사람들이 자신의 마음속에 있는 국가를 세우고자 하는 의지에 의해서 이루어지게 된다. 이때의 국가수립을 위한 노력을 국민주의라고 해서는 그 사람들과 국가와의 관계를 제대로 표현하지 못하게 되는 것이다.

넷째, 우리가 "국민주의"라고 했을 때 국가 내에서 일어나는 국민의 권익이나 국민의 위상에 대한 개념으로 생각이 들게 되고, 국가와 관련하여 대외적으로 표출되는 정서로서의 내셔널리즘 개념과 같은 것으로 느껴지지 않는다. 국민주의라는 용어가 두드러지는 곳은 음악이다. 지금까지 우리는 음악에서 musical nationalism을 국민주의 음악이라 불러오고 있다. 처음에 민족주의 음악이라고 하려다가 민족과 그 개념에서 맞지 않으니 국민주의 음악으로 이름한 것이다. Musical nationalism은 각국 사람들이 자국 고유의 특성과 자신들의 정체성을 담은 음악을 말한다. 프랑스혁명에 이어서 나폴레옹의 유럽 지배로 자극을 받게 된 유럽의 각국에서는 음악에서 자신들의 정체성을 표현하고자 하는 내셔널리즘이 일어나게 되었다. 이렇게 일어난 musical nationalism 사조는 러시아인 음악, 독일인 음악, 이탈리아인 음악, 핀란드인 음악 등과 같은 식이다. 즉 그 나라 사람들의 정서를 나타내는 그 나라 사람들의 음악인 것이다. 그런데 이를 국민주의 음악이라고 하면, 그 나라 사람으로서의 정서를 담은 음악이라기보다는 마치 왕이나 귀족에 대항해서 일반 국민들의 권익을 옹호하려는 음악인 것처럼 의미전달에서의 혼돈이 발생한다. 그 나라 국민들의 음악이기보다는 그 나라 사람들의 음악인데, 이를 국민주의 음악이라고 하게 되면 의미전달이 제대로 안 되는 것이다.

## 6] 기타 용어들

민족주의, 국민주의 외에도 내셔널리즘을 표현하는 말로서 국가주의, 국수주의, 자국우선주의 등 다양한 용어들이 사용되고 있다. 요즈음 흔히 보게 되는 이런 용어에 대해서 내셔널리즘의 번역어로서 적절한지 간략하게 살펴보기로 하자.

■ 국가주의: 국가주의는 statism에 대한 번역어로서, 이 statism은 nationalism과 별도로 다른 의미로 이미 사용되고 있는 말이다. 일반적인 의미에서 국가주의는 "국가에 최상의 조직체로서의 권능과 권한을 부여하고, 국가가 경제나 사회의 모든 면을 관리하고 조정하여야 한다는 사상"을 말한다. 국가주의는 국가의 행위에 대한 것인 반면, 내셔널리즘은 자기 국가집단과 다른 국가집단에 관련하여 사람들이 갖고 있는 의식에 대한 것이다. 이렇게 국가주의는 내셔널리즘과 다른 의미로 사용되고 있는 상태에서 이미 확고한 위치에 있기 때문에 내셔널리즘에 대한 용어로서 사용될 수 있는 여지는 없으며, 논리상으로도 맞지 않다.

■ 국수주의: 국수주의(ultra-nationalism)는 그 수준이 통상의 정도를 넘어서 지나치게 과도한 내셔널리즘을 말한다. 보통의 nationalism이 아니라 ultra-nationalism을 일컫는 말로서 이미 정착된 있는 용어다. 국수(國粹)란 나라의 정기, 나라의 우수성

을 의미하며, 국수주의(國粹主義)는 1880년대 이후 일본인 시가 시게다카(志賀重昂), 미야케 세츠레이(三宅雪嶺), 쿠가 가츠난(陸獨南) 등이 주도한 일본의 국수를 발굴하고 보존하려는 운동에서 기원한다. 국수주의는 자국의 것은 무조건 좋고 우수하며, 타국 것은 자국 것보다 못하다고 여기거나 배척하는 사상으로서 군국주의적, 인종차별적, 폐쇄적인 성향과 연관되어 사용되는 경우가 많다.

■ 자국우선주의: 근래에 미국에서 트럼프 대통령이 "America First"를 내세우면서, 이 미국우선주의(America First)를 각국에 일반화하여 "my country first"의 번역에 상응하는 말로서 자국우선주의라는 용어가 사용되기 시작하였다. 내셔널리즘은 자국과 외국 간의 우선 문제뿐만 아니라 더 많은 의미를 담고 있기 때문에 내셔널리즘을 대신할 수 있는 용어가 될 수 없다.

■ 자국제일주의: 자국제일주의 또한 위에서 설명한 자국우선주의와 동일하다.

■ 국가이기주의: 내셔널리즘의 주체가 국가가 아니며, 내셔널리즘에는 국가의 이기성뿐만 아니라 이것 외에도 중요한 여러 의미를 담고 있기 때문에 내셔널리즘의 번역어로서 적절치 않다.

## 5. 네이션, 내셔널리즘 번역어의 문제점

지금까지 네이션, 내셔널리즘을 표현하는 데 있어서 사용되는 민족, 민족주의나 다른 용어들이 번역어로서 적절하지 못함을 보았다. 이제 이러한 현실에서 어떤 문제가 있는지 생각해

보기로 하자.[110]

첫째, 네이션, 내셔널리즘을 표현할 적절한 용어가 없다. 네이션, 내셔널리즘과 관련하여 우리의 생각을 표현하고 논의할 수 있는 용어로서의 우리말이 없는 것이다. 지금 세계는 내셔널리즘 기류가 만만치 않다. 이러한 상황에서 외국사람들은 내셔널리즘이라고 정확하게 표현하는데 한국사람들은 맞는 말이 없어서 하고 싶은 의사표현도 제대로 못하면서 살고 있다. 민족주의라는 말로는 현실을 잘 표현하기 어렵고, 그 표현이 어색하니 국민주의, 국가주의, 국수주의, 자국우선주의, 자국제일주의, 국가이기주의 등등의 다른 말들을 사용한다. 이런 말들은 적절하지 않은 데다 임시방편으로 그냥 생각나는 대로 말하다 보니 언어의 혼란이 일어난다. 부정확한 표현밖에 없으니 의사표현이 제대로 안 되고 소통이 제대로 안 되어 현실을 파악하고 문제를 해결해 나가는 것이 그만큼 더 어려울 수밖에 없는 것이다.

개중에는 그때그때의 상황에 따라서 이 말을 쓰기도 하고 저 말을 쓰면서 맞추어나가면 되므로 문제가 될 것이 없다고 생각하는 사람도 있을 것이다. "참 거시기 있잖아. 그거 참 거시기해서 거시기하더라구." 우리는 이렇게도 말한다. 대충 이렇게 말하는 것이 포근할 수도 있다. 하지만 세상은 점점 더 정확성을 요구하는 시대로 되어가고 있다. 더구나 학문에서는 그렇게 두리뭉실 대충하는 식으로는 제대로 할 수가 없다. 달탐사선이 지구궤도에 진입하는 순간에 관제소와 우주선 사이에 소통되는 언어는 속도를 좀 빨리 하라든지 느리게 하라든지와 같이 대충 어림짐작의 표현으로는 안 되며, 초속 얼마와 같이 정확해야 한다.

---

[110] 조영정, 2021, pp.125-140

수학이 학문의 여왕인 이유는 수학의 언어인 수의 정확성 때문이다. 수는 극소수까지 차이를 내어 정확하게 표현하며, 2×2가 4가 되기도 하고, 5가 되기도 하는 경우는 없다. 어떤 때는 4라고 하고 어떤 때는 5라고 해서는 안 되듯이, 어떤 때는 국민이라고 하고 어떤 때는 민족이라고 해서는 과학이 되지 않는 것이다.

둘째, 기본적으로 민족과 네이션은 그 개념에서 너무 다르다. 네이션은 국가 내의 모든 사람을 포괄하는 말이지만, 민족은 국가 내의 모든 사람을 포괄하는 말이 아니다. 민족은 민, 즉 백성에 대한 말이고, 백성은 피치자에 대한 말이다. 여기에는 국가의 통치자나 관리자는 빠져 있어서 나라사람 전체가 되지 못하고 부분만을 일컫는 말이다. 게다가 그 사람들의 위치도 민족은 네이션과 완전히 반대에 있다. 네이션은 통치를 하는 사람들인데 반하여, 민족은 통치를 받는 사람들을 뜻하고 있는 것이다.

셋째, 민족이라는 말의 의식 측면에서의 부정적인 기능이다. 네이션과 민족은 그 기조에서 상반된다. 네이션은 자발적이고 적극적이며 나라를 이끌어 가는 사람들인 반면에, 민족은 피동적이고 소극적이며 통치를 받는 사람들이다. 민주주의가 발전하고 사회가 근대화되기 위해서는 국가의 구성원이 앞의 사람들로 채워져야 함은 말할 필요도 없다. 그런데 다른 나라는 네이션을 외치고 있을 때 한국은 민족을 외치고 있으니 국가적으로 무슨 좋은 결과를 기대할 수 있겠는가? 좋은 세상을 만드는 것은 국가단위로 가능하고, 민족단위로 할 수 있는 일은 아무것도 없다. 국가를 통하여 법과 제도를 만들고 더 강하고 좋은 사회집단을 조직해 나갈 수 있는 것이다.

민족이란 단순히 같은 혈통, 같은 문화를 가진 사람들의 집단으로서의 의미에 그치지만, 네이션은 정치조직, 혹은 국가에 대한 내용을 갖고 있다. 즉 네이션은 현재의 삶에 직결하여 사람들의 안전과 풍요와 발전을 위한 분업과 협력의 공동체로서의 조직과 이를 관리하고 이끌어 나가는 정치에 대한 것을 내용으로 하고 있는 것이다. 그래서 네이션을 앞세울 때 더 나은 사회로 진전할 수 있는 여지가 있지만, 민족을 내세울 때 이러한 여지가 별로 없다. 민족은 남북한이 분단된 상황에서 통일에 대한 당위성과 의지를 느끼게 하는 말로서의 긍정적인 측면은 있다. 하지만 네이션이라고 해서 그런 역할을 하지 않는 것이 아니다. 문제는 민족이 네이션의 자리를 차지하고 네이션을 가려버렸다는 점이다. 민족이라는 말이 사용되면서 더 중요한 가치를 담을 수 있는 네이션에 대한 말이 사용되지 못하고 있는 것이다.

　그동안 우리는 민족이라는 말을 즐겨 사용해 왔다. 우리가 민족이라는 말을 좋아하는 이유는 무엇인가? 역사적으로 내려오던 가족이나 친족 중심의 삶에 익숙한 우리로서는 그 연장선상에 있는 민족도 그와 같은 친화감과 응집력을 주기 때문이다. 긴 역사에서 우리는 가족이나 친족, 그리고 같은 지역민이나 친분 있는 사람과 같이 나 주변의 연고관계를 중심으로 뭉치는 삶을 살아왔다. 이러한 가운데 우리에게 국가의 의미가 줄어들었다. 강대국 중국 옆에서 국가는 있는 둥 마는 둥, 외부에서 침략을 해와도 국가의 군대가 적을 막고 싸우는 것이 아니라 의병들이 자신의 고향을 지키기 위해서 나가 싸우고, 중국 군사의 도움을 받아 외적을 물리치고, 크지 않은 반도에 하나의 국가로 통일하는 것조차도 중국의 힘을 빌려서 하였으니, 국가의 권위가 있을 리가 없다. 그리고 불과 수십 년 전에는 나라는 없고 민족만 있었다. 그래서 한국은 나라보다 민족이 우리를 규정하는 데 더 현실적인 말이 되어온 것이다. 이렇게 민족이라는 말이 앞장서게 된 것은 바람직하지 않았던 과거 삶의 결과물이다.

넷째, 민족이라는 용어는 전근대적인 의식을 강화하는 역할을 한다. 근대화기에 국가의 문제를 두고 서구에서는 많은 사람들이 치열하게 고민하고 투쟁하였다. 미국에서는 청교도나 건국의 아버지들과 같은 많은 사람들이 좋은 나라를 만들기 위하여 투쟁과 헌신을 마다하지 않았다. 유럽도 마찬가지다. 농민이 프랑스인으로 바뀌었다는[111] 역사학자 유진 웨버(Eugen Weber)의 표현에서도 그 상황을 실감케 하듯이 사람들이 나라와 관련하여 커다란 변화의 과정을 감내해야 했던 것이다. 일본인들도 국학운동과 근대화운동 과정을 통하여 강한 나라를 만들기 위하여 헌신적으로 노력하였고, 국체라 하여 나라를 내세우는데 지극정성과 혼신의 힘을 다하였다.[112]

이에 비하여 우리는 국가를 두고 그만한 노력을 한 적이 없었다. 사실 우리 사람들이 국가에 대하여 더 깊게 고민하고 그 가치를 알고 있었다면 분단과 같은 비극도 일어나지 않았을지도 모른다. 앞의 「대한매일신보」의 논설을 인용한다면 "근골은 조직되지 못하고, 정신은 하나 되지" 못하였다는 것이며, 해방은 되었지만 국가에 대한 준비가 부족한 상태였던 것이다.

네이션 개념의 도입은 근대적인 사상을 도입하려는 것이었지만, 전근대적인 의식이 담긴 민족이라는 용어를 사용함으로써 그 목적을 달성하지 못하고, 오히려 전근대적인 의식을 연장하

---

[111] Weber, 1976
[112] 조영정, 2019, pp.112-151

고 강화하는 결과를 가져온 것이다.

　다섯째, 나라의 사람들이 스스로를 민족이라 함은 자해적이다. 영어에서 나라의 이름을 대문자로 쓰듯이 나라는 존중받아야 하고 그 구성원인 나라사람들 또한 존중받는 것이 당연하다. 그런데 민족이라는 말은 존중은 고사하고 비하의 의미가 강한 말이다. 원래 민(民)은 노예이거나 피지배계급의 백성으로서 다스림을 받는 사람들을 말하며, 족(族) 또한 막 대하거나 비하할 때 부르는 말이니, 적국 사람들에게나 할 수 있는 말을 우리 스스로에게 하고 있는 것이다.

　여섯째, 우리를 민족이라 함은 대외관계에 좋지 않다. 나라 있는 사람들이 무슨 민족이란 말인가? 이는 일제시대에 일본 제국주의자들이 한국을 나라 아닌 종족집단으로 표현할 때나 쓰기에 적합한 말이다. 일본은 조선민족이라 하였다. 민족이라는 것은 나라사람이 되지 못하는 집단으로 격하시키는 것이며, 일본이 나라가 아닌 민족집단을 접수하여 통치한 것으로 하여 침략의 잘못을 약화시키고 정당화할 수 있는 여지까지 줄 수 있는 것이다.[113]

　그리고 최근에는 중국사람들이 한국인을 조선족이라고 하면서 중국의 소수민족 취급하는 어이없는 일이 일어나고 있다. 만주 땅 윤동주 시인의 생가 입구에는 "중국조선족애국시인"이라고 표석을 세워놓았다. 그리고 중국의 인터넷 백과사전 위키피디아나 바이두에서는 세종대왕이나 김구와 같은 위인이나 김연아와 같은 한국의 세계적인 명사를 '조선족'으로 표기하고 있다

---

[113] 일본학자들이 조선이 중국의 종주권하에 주권이 없었다고 주장하는 것을 함께 생각해 보라.

.¹¹⁴ 이에 대해서 한국에서 중국의 해당 기관에 항의나 수정요청을 하고 있으나 중국은 이런 요구를 들어주지 않고 있다. 중국이 이를 들어줄 가능성은 희박하다. 중국은 56개의 민족으로 구성된 다민족국가이다. 그 중의 한 민족으로서 조선족이 있고, 조선족이라고 불러오고 있는데 중국의 입장에서 이를 달리 뭐라고 부르겠는가? 우리 스스로 민족이라 하지 않는가? 그럼 우리가 부르는 대로 한민족이라고 부른다고 하자. 중국에서 조선족을 한민족으로 부르게 된다고 해서 달라지는 것이 뭐가 있겠는가?

사실 중국 정치지도자들의 야심 속에는 한국을 중국의 일부로 넣고 싶어 하는 생각이 있음을 직시한다면 이 문제를 사소하게 생각해서는 안 된다. 모든 것이 같은 맥락에 있다. 주변국들은 한국의 약점을 노리고 있으며, 이 민족이라는 말도 약점으로 이용당할 소지가 있는 것이다. 과거 일본에서 한국인을 조선족이라고 하면서 일본 내의 한 민족으로 취급했듯이 이제는 중국이 조선족 하면서 한국인을 중국 내의 한 민족으로 취급하려는 것이고, 앞으로 이와 관련되는 문제가 더 심각하게 일어나지 않는다는 보장이 없다.

일곱째, 국민과 민족이라는 표현만으로 실제 우리 의식을 제대로 담지 못한다. 2005년 「중앙일보」가 『동아시아연구원』과 함께 실시한 '2005년 한국인의 정체성' 설문조사에서 자신의 정체성이 한국국민이라고 한 사람이 77%였고, 한민족이라고 한 사람이 64%였다.¹¹⁵ 여기서 국민이라는 단어도 구성원 전체를 포괄하지 못하고, 민족이라는 단어도 구성원 전체를 포괄하지

---

[114] '조선족' 윤동주·김연아? ... 김치 이어 역사왜곡 나선 中 바이두, 2021
[115] 이선민, 2008, p.49

못한다는 것을 알 수 있다. 우리를 표현하는데 한국인이 훨씬 더 적절하고 포괄적인 용어이다. 한국인이라는 선택항목이 있었으면 당연히 100% 가까이 나왔을 것이다.

또 같은 조사에서 대한민국 국적을 취득한 외국인은 한민족으로 봐야 한다는 응답이 28%였고, 한국 국적을 포기한 한국인을 한민족으로 봐야 한다는 응답은 9%였다. 용어가 합리적이라면 우리나라에서 나가는 사람과 들어오는 사람 중 어느 하나는 한국인으로 인정하여, 들어오는 사람과 나가는 사람 합이 100%에 근접해야 한다. 들어오는 사람(28%)과 나가는 사람(9%)을 합쳐서 37%밖에 되지 않는 것은 한민족이라는 단어 때문이다. 한민족이 우리를 대신하지 못한다는 것이다. 여기서 한민족 대신에 한국인이라는 용어를 사용했다면 이런 이상한 결과가 나오지 않았을 것이다. 즉 네이션의 개념으로 한국인으로 표현한다면 올바르게 나올 텐데 국민과 민족이라는 두 가지 용어만 사용하다 보니, 언어 표현의 오류로 인하여 우문에 우답이 되고 마는 것이다.

여덟째, 민족이나 국민의 개념만으로는 우리의 나라를 제대로 나타내지 못한다. 지금 한국에서는 국가의 시작이 1919년이냐, 1948년이냐를 두고 치열하게 논쟁하고 있다. 이 논쟁은 국민의 개념 위에서 하고 있는 것이다. 그리고 이는 근대주의 사고에 의한 것이다. 민족으로 나타낼 수 없는 부분을 국민에서 찾다 보니 이러한 논쟁을 하게 되는 것이다. 참으로 안타깝고 어이없는 일이다. 우리가 나라사람으로 살아온 것이 불과 수십 년에 불과한가? 우리가 나라로 살아온 것이 대한민국이 처음인가? 대한민국 이전에도 많은 나라들이 있었고, 그 역사는 고대로 거슬러 올라간다. 태초부터 있어 온 나라인데 대한민국 이름의 나라 시작이 뭐 그리 중요한가? 우리나라가 20세기에 처음 설립된 국가로서 그 역사가 일천한 신생국가라고 자랑이라도 하고 싶은 것인가? 이런 일로 어리석은 논쟁을 하면서 국력을 소진하는 것은 잘못된 용어에 사로잡혀 있기 때문이다.

아홉째, 민족은 국가의 존속 및 유지와는 상관없는 말이며, 우리 사람들의 나라사람으로서의 존엄을 나타내주지 못하는 말이다. 과거 일본의 지배하에서 즐겨 사용된 말이 민족이었던 것을 생각하면 더 이상 말할 필요가 없다.

열째, 민족이라고 해서는 한국의 독자성을 주장할 수 없다. 민족이라고 해서는 한국과 중국이 같은 집단으로 될 수도 있기 때문이다. 이는 오늘날의 조선족만을 말하는 것이 아니다. 민족 의식에서 가장 큰 부분이 혈연이다. 그런데 그 혈연을 알려주는 것이 성씨이다. 현대화된 오늘의 사회에서도 집성촌이 남아있을 만큼 한국인에 있어서 성씨는 중요하다. 그런데 이 성씨로 본 혈연에서 한국사람들은 전혀 독자적이 아니다.

노태우 전 대통령은 2000년 6월, 중국 노씨의 집성촌인 산둥성 창칭진(長淸鎭)을 방문하여 노씨 조상 사당과 묘지를 찾아 참배하고, 노씨의 후손으로서 이곳을 찾게 되어 감개무량하다고 하였다. 이날 중국 산둥성 정부는 특별히 '세계노씨원류연구회창립대회'까지 열었다.[116] 노태우는 그 이전 1992년에도 리춘팅 전 산둥성 부성장에게 나는 중국 산둥사람이라고 말하기도 하였다.[117] 21세기 그것도 한 나라의 대통령까지 지낸 사람이 이럴진대

---

[116] 장팅옌 초대 주한 中대사 "盧 선견지명..지울 수 없는 큰 공 세워", 2021.10.27
[117] [노태우 별세] "한중수교 실현, 조적은 산둥" 中언론도 집중 조명, 2021.10.26

한국사람들만의 민족이 가능한 일인가? 더구나 노씨만 그런 것이 아니고 한국의 성씨 250여개 중 130개가 외래 귀화 성씨라는 점이다. 인구비로 보자면 40-50% 정도가 외래 성씨에 해당되는 것으로 알려져 있다. 당연히 그렇게 많은 사람들이 외지에서 들어왔을 리는 없고, 귀화와 무관하게 고려시대 이후 사대주의 사상에 찌들어 중국성이 좋은 것이라 하여 중국성을 쓰는 사람들이 많았던 것이 주요 원인이다. 그렇다면 중국사람과 같은 조상을 둔 사람이 이렇게 많은데 어떻게 한국사람들만의 집단으로서 민족이 성립할 수 있는가? 그래서 민족이라고 해서는 다른 나라 사람들과 구분되는 사람들로서의 한국사람들만의 집단이라는 것이 논리적으로 성립되지 않는다.

열한째, 민족, 민족주의라는 말로서는 우리의 미래는 물론이고 현재의 삶의 환경도 수용할 수 없다. 세계화로 사람들이 살아가는 환경이 과거와 크게 달라졌다. 한국 땅에 사는 이민족의 비중이 크게 늘었고 앞으로 점점 더 늘어나게 될 것이다. 이러한 여건에서 민족이라는 말이 통합된 국가, 좋은 사회를 만드는 데 도움이 될 수 있는가? 지금까지는 민족은 문화적 개념이기 때문에 이들이 이 땅에 살면서 하나의 문화를 이루게 되므로 문제될 것이 없다고 해왔다. 이것은 동화주의 사고에 바탕을 두고 있는 것이다. 그러나 이제 세상은 동화주의에서 다문화주의로 바뀌었다. 나라 안에서 문화적으로 다른 사람들은 다른 문화를 강요받지 않고 자신들의 문화를 향유하면서 살도록 하자는 것이다. 그렇다면 민족을 문화적으로 정의한다고 해도 국가 내에 여러 민족이 형성된다는 것이고, 이런 상태에서 민족이라는 용어로써 국가적인 통합을 도모하기는 어렵다.

2007년 국제연합 인종차별철폐위원회(Committee on the

Elimination of Racial Discrimination: CERD)가 한국이 한국사회의 다민족적 성격을 인정하고, 단일민족국가라는 이미지를 극복해야 한다고 지적했다.[118] 오랜 역사 동안 다른 민족이나 국가를 해코지한 적이 없는 순둥이 국가인 한국이 이런 난데없는 권고까지 받게 된 것은 웬일인가? 우리의 생각과 다르게 외국사람들은 한국이 혈통적 순수성을 내세우는 민족적 차별이 강한 나라로 보고 있는 것이다. 여기에는 여러 요인이 있겠지만, 민족주의(ethnic nationalism)라는 용어의 영향이 크다고 생각된다. 우리가 인종차별을 한 적도 없고 민족 내셔널리즘을 표방한 적도 없지만, 단지 이 용어 때문에 이런 것을 표방하는 것과 마찬가지로 되고 있는 것이다.

현재 한국에는 한민족을 내세우는 단체나 활동이 많이 있다. 이들 단체의 대부분은 한민족의 혈연적 연원을 기초로 하고[119] 있다. 한국의 미래를 위해서는 혈연의 한계를 넘어 보다 포괄적인 집단으로서의 우리도 필요하고, 그러기 위해서는 민족 외의 또 다른 용어도 있어야 한다. 우리가 열린 민족주의, 개방적 민족주의를 외치지만 민족이라는 용어로는 열리지 않는다.

오늘날 세계에는 인종 간의 갈등과 이민족에 대한 테러와 폭력 문제가 심각하게 대두되고 있다. 이는 세계화 과정에서 이민족의 사람들이 서로 섞이게 되면서 발생하는 현상이고, 그렇다면 앞으로 이러한 문제가 점점 더 심각해질 수 있다. 내셔널리즘 자체에 대해서는 세계주의자가 아닌 이상 나무랄 수 없다. 현재 사람들의 삶이 국가단위로 이루어지고 있으므로 그 국가단

---

[118] "한국 순수혈통주의 인종차별 소지 있다" 유엔 보고서 지적, 2007
[119] 이선민, 2008, p.53

위에서 잘살아보자는 원동력으로서 내셔널리즘이 갖는 당위성과 긍정적인 측면이 있기 때문이다. 그런데 민족 내셔널리즘 또한 같은 영역 속에 있기는 하지만, 그것의 폐쇄적이고 맹목적인 성격이 문제될 수밖에 없다. 민족은 선천적으로 타고 나는 것이며, 후천적으로 어떻게 할 수 있는 여지가 없다. 민족주의의 맹목적인 성격에는 우리는 피를 나눈 형제이기 때문에 무조건 사랑해야 한다는 것뿐만 아니라, 우리와 다르게 생긴 얼굴만 보아도 주먹을 날리고 싶은 충동 같은 것도 포함되는 것이다. 그리고 이 민족의 가치를 추구하게 되면 한 민족만 있을 때는 문제가 없지만, 민족이 섞이게 되면 집단 간 투쟁이 일어나고 이것이 심해지면 급기야 인종청소와 같은 극단적인 사태도 일어나게 되는 것이다.

그런데 민족(民族)이라는 용어는 가족, 친족 등의 연장선상에 있는 말이어서 영어의 racial이나 ethnic이라는 말보다도 더 강한 혈연적인 성격을 가진 말이다. 민족적으로 다른 사람들이 점점 더 섞여서 살아가는 세상으로 발전하고 있는 현실을 직시하고 앞으로 다가올 미래를 생각한다면 이 민족, 민족주의라는 용어 사용에 대해서도 미리 대비할 필요가 있는 것이다.

열두째, "민족주의"를 대외적으로 "ethnic nationalism"으로 번역하며, "한국 민족주의"를 "Korean ethnic nationalism", "Korean ethnicism"이라고 하고, 또 "한민족"을 "Korean ethnic community"로 번역하는 것이 일반적이다. 그런데 외국에서는 ethnic nationalism을 나쁜 내셔널리즘이라고 생각하는 경향이 있다. 한국사람들의 내셔널리즘이나 외국사람들의 내셔널리즘이나 다른 것이 없는데, 단지 그 이름을 민족주의라 하고, 이를 번역하여 ethnic nationalism이라고 함으로써 한국 스스로 다른 나라 사람들에게 나쁜 이미지를 주고 있는 것이다.

열세째, 민족이라는 말은 통합하는 말이지만, 그 내면에는 분파적인 요인이 내재하고 있다. 같은 민족이라 하면 민족 내 모든 사람이 하나로 단합되기만 하고 분열은 없을 것 같지만 실상은 그렇지 않다. 6.25사변은 민족 내부의 전쟁이었다. 흔히들 말하듯이 6.25사변이 강대국들의 이해관계에 의하여 일어난 전쟁이며, 강대국들이 화목하게만 지내던 민족을 분열시키고 이간질하여 일어났다고만 말해서는 안 된다. 그렇다면 전쟁 동안 나라의 온 마을들이 좌익과 우익, 지주와 소작농, 김씨 집안과 이씨 집안, 동촌과 서촌으로 나뉘어서 서로 죽였던 것도 화목했던 사람들을 강대국들이 시켜서 그랬다고 할 것인가?

우리의 역사를 되돌아보면, 민족을 앞세우지만 민족을 중심으로 단합하는 것 이상으로 민족 내의 작은 집단으로의 단합에 더 치우침으로써 민족이 분열되고 마는 일들이 수없이 반복되어 왔다. 민족이라는 단합의 외침이 있었기 때문에 이 정도라고 말할 수도 있겠지만, 이보다 더 분열적이기도 쉽지 않기에 민족의 외침에 의심을 갖지 않을 수 없는 것이다.

그렇다면 이를 어떻게 이해할 것인가? 민족이라는 것은 분파적인 세계관 속에서 이를 큰 차원에서 본 것일 뿐이다. 족은 본래 그 범주 안에 있는 사람과 범주 바깥에 있는 사람을 구분짓는 말이다. 이러한 구분은 운명적인 것이며, 그래서 여기에는 타협의 여지가 없다. 그리고 족(族)은 평면적인 구조가 아니라 그 안에 줄기와 갈래가 있는 말이다. 민(民)이라고 하여 대단위 사람들을 대상으로 하고 있지만, 그 안에 가족, 친족과 같이 나와 다른 사람 간에 이어지는 연결체계가 있고, 사돈 팔촌은 멀지만 사촌은 가까우며, 사촌보다는 형제가 더 가깝듯이, 그 연결에는 멀고 가까움이 있다.

민족을 이렇게 혈연으로 보지 않고 문화적으로 본다고 해도 마찬가지이다. 문화는 그 경계가 명확한 것이 아니어서 문화적으로 하나의 민족이라고 한다고 하더라도 그 범주 내에서 다시 더 작은 범주로 차이를 지운다면 얼마든지 구분할 수 있는 것이다. 한반도 내에서도 남도문화라고 하고, 지역문화라고 하고, 경상도문화, 충청도문화라고 해도 어색한 말이 아니다. 즉 민족 내에 문화적으로 나와 더 가까운 집단과 더 먼 집단이 있을 수 있는 것이다. 이는 집단 내에 구성원 간의 평등성을 가로막아 집단 전체로서의 단합을 약화시키는 요인이 된다. 그리고 더 나아가 집단 내에 서로를 가르는 분파적인 요소가 있는 것이다. 이렇게 하여 지연, 혈연 등의 연을 중시하는 사회에서 파벌이 생기는 것은 필연적이며, 차별이 있는 곳에 다툼이 있고 부정과 부패가 일어나는 것이다.

한국사회의 병폐를 민족이라는 말의 탓으로만 돌릴 수는 없음은 말할 필요가 없다. 하지만 쉽게 분열하고 타협하지 못하는 한국사람들에 있어서 민족이라는 말이 좋은 작용만 하는 것이 아니라 그 이면에는 나쁜 작용도 하는 점을 간과해서는 안 된다. 우리는 민족이라는 말을 가까이함으로써 이 말이 가진 구분 짓고, 대립하고, 타협하지 않는 그 성향에 익숙해질 수밖에 없기 때문이다.

열네째, 민족, 민족주의라는 용어는 일본에서 만든 말로서 그 뜻이 네이션, 내셔널리즘과 맞지 않아 지금은 일본에서도 사용하지 않는다. 중국도 원래 이 말을 잘 사용하지 않았다. 그러다가 최근에는 사용하는데 중국에서 이 말을 사용하는 이유는 국가적인 목적이 있기 때문이다. 중화민족이라는 용어를 사용함으로써 중국 내 여러 민족들의 구분적인 의미를 없애고 하나의 중국으로 통합하기 위해서이다. 그런데 한국은 이 말을 사용함으로써 얻는 것은 별로 없고, 잃는 것이 더 많다. 그런데도 동아시아 삼국 중에서 이 말을 유독 즐겨 사용하고 있는 나라가 한국이다.

　이상과 같이 민족, 민족주의라는 용어를 사용함으로써 발생하는 부정적인 측면이 적지 않다. 일찍이 바로잡아야 했지만 그러지 못하고 지금까지도 이를 사용해 오고 있는 것은 부끄러운 일이다. 적지 않은 사람들이 이를 의식하고 있었음에도 불구하고 특별한 대안이 없어서 그 해결을 미루어 온 것이다. 이제 그 해결방안을 찾아보기로 하자.

## 6. 네이션, 내셔널리즘에 합당한 용어

　현재 존재하는 용어들의 구조를 보면 문제가 있을 수밖에 없게 되어 있다. <표 2-3>에서 보는 바와 같이, 이 영역에서 개념단위는 nation, state, citizen, ethnic group의 4개인데, 이에 대한 한국어 어휘는 국가, 국민, 민족 3개이다. 한국어 어휘 수가 절대적으로 부족하다. 영어에서 담고 있는 개념들을 한글로 정확하게 표현하기 위해서는 새로운 용어가 반드시 추가되어야 하는 것이다.

<표 2-3> **현재 관련 개념의 영어와 국어 간 대응관계**

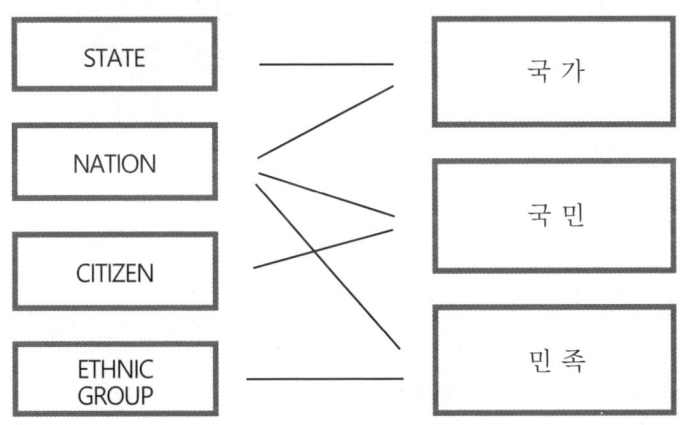

그리고 nation에 대하여 한국어에서는 이에 대한 의미를 표현하기 위해서 여러 용어가 동원되고 있는데, 이는 현재 네이션에 상응하는 적절한 한국어가 없음을 의미한다. 여기서 영어 nation의 개념에 상응하는 한국어 용어를 부가해야만 이 문제가 해결될 수 있음을 알 수 있다.

그래서 우리말의 여러 어휘들을 검토하여 네이션을 제대로 표현할 수 있는 말을 찾아보았다. 그 결과 네이션에 대한 가장 적절한 한국말은 "국인(國人)"이었다. 그리고 내셔널리즘에 대한 적절한 용어는 "국인주의(國人主義)"였다. 이에 대한 내용을 보다 자세히 보기로 하자.

## 1] 국인

### [1] 국인의 의미

국인(國人)은 나라사람을 의미한다. 한국어에서 나라를 기준으로 하여 사람을 구분하는 말은 나라사람 혹은 국인이다. 우리는 우리나라사람, 외국사람 등으로 표현하며, 국가에 따라서 한국사람, 미국사람, 중국사람, 등으로 표현한다. 또한 우리는 내국인, 외국인 등으로 표현하며, 국가에 따라서 한국인, 미국인, 중국인, 등으로 표현한다. 지금과 마찬가지로 옛날부터 국인이라는 말은 단독으로 사용되기도 하고, 본국인, 아국인, 이국인 등과 같이 사용되었으며, 중국인, 조선국인 등과 같이 어떤 나라의 사람을 표현하는 데에 사용되었다.

고대에 국가가 형성되는 과정을 보면 어느 씨족이나 부족세력이 그 지배력을 확대하면서 국가가 되었다. 국가가 생길 당시에 처음부터 넓은 국가영토가 있었던 것은 아니므로 대개 처음은 외부의 공격으로부터 방어할 수 있는 성을 쌓아 자신들의 근거지를 만들고 나라를 세웠다. 서양에서도 고대국가들은 주로 도시국가였듯이 동양에도 고대국가는 성에서부터 시작하였다. 그래서 조선이 아사달에서 도읍을 정했다든지, 고구려가 졸본성에 도읍을 정했다든지 하는 것처럼 국가의 시작은 항상 도읍지가 언급된다. 초창기 나라 모습에 대한 대한 이 같은 사실은 표의문자인 한자에서도 나타난다. 나라를 뜻하는 國을 보면, 에워싼 성(口) 안에, 땅(一) 위에 있는, 입으로 표현되는 사람(口)이, 창(戈)을 들고 있는 형상이다. 나라의 모습이란 담을 세워 외부로부터 방비된 성 안에 사람들이 살고 있고, 그 성의 입구에는 창을 든 병사가 지키고 있는 것이다.

고대 춘추시대에는 성 안의 사람은 국인(國人)이라 하고, 성 바깥의 사람은 들판에서 산다고 하여 야인(野人)[120]이라 하였으며, 성 바깥에서 잡아오거나 이주해 들어온 이주민을 민(民)이라 하였다. 성 안의 사람들은 성 바깥의 사람들에게 무력으로 공물을 바치게 하거나 인력을 동원하기도 하는 가운데, 이러한 일은 자신들에게만 그렇게 하고 적국에게는 그렇게 하지 못하도록 하였다.[121] 점차 나라의 영토에 대한 경계가 분명해지고 영토 내 통치력이 확고해지면서 國의 테두리는 성에서 국경으로 확대되었다. 이와 함께 국인도 성 안의 사람에서 나라 안의 사람으로 확장되게 되었다.

### [2] 국인이라는 말이 적합한 이유

네이션(nation)에 대한 번역어로 국인(國人)이라는 말이 적합한 이유는 다음과 같다.

첫째, 네이션(nation)이 원래 그 나라사람을 의미하기 때문에 나라사람, 즉 국인이라는 말이 가장 적절하다. 우리는 이미 한국인, 미국인, 중국인, 영국인 혹은 한국사람, 미국사람, 중국사람, 영국사람 등으로 말하고 있으며, 그 나라의 사람을 내국인, 그 나라의 사람이 아닌 사람을 외국인이라고 하고 있다.

둘째, 국인이라는 용어는 네이션의 개념에 근접하면서도 오랜 옛날부터 우리가 사용해 오던 말이다. 과거에 국인이라는 표현이 사용된 예를 보자.

---

[120] 오늘날에 야인의 의미는 정부관직에 있지 않은 사람이나 제도권 바깥에 있는 사람을 말한다. 고려, 조선시대에는 북방의 여진족, 거란족과 같이 나라 안의 국인이 아닌 사람들을 지칭하였다.
[121] 조영정, 2021, pp.149-152

삼국사기는 삼국의 시작 시기인 신라 2대 왕 남해 차차웅 원년 7월에 있었던 일을 이렇게 기록하고 있다.

낙랑 군사가 쳐들어와서 금성을 여러 겹으로 포위하자 왕이 측근들에게 말하였다. "두 분의 성인이 세상을 떠나시고 내가 국인(國人)들의 추대로 왕위에 올랐으나 이는 잘못된 일이다. 조심스럽고 위태롭기가 물을 건너는 것과 같다. 지금 이웃 나라가 침범해오니, 이는 나에게 덕이 없는 탓이다. 이를 어찌하면 좋겠는가?"[122]

고려사에서는 태조 왕건에 대하여 다음과 같이 적고 있다.

당시 국인(國人)들이 마음을 돌리고 장수와 병사들이 왕으로 추대하였으나, 오히려 굳게 사양하고 연릉(延陵)의 절개를 따르려고 하였다.[123]

조선왕조실록을 보면 태조 이성계가 중국 황제에게 보낸 편지에 다음과 같은 글귀를 적고 있다.[124]

요사이 황제께서 신에게 권지국사(權知國事)를 허가하시고 이내 국호(國號)를 묻게 되시니, 신은 국인(國人)과 함께 감격하여 기쁨이 더욱 간절합니다.[125]

여기서 국인은 나라가 있기 이전의 사람들이요, 나라를 만드는 사람들임을 확인할 수 있다. 앞의 신라의 경우에도 왕을

---

[122] 김부식, 1145, 권 제1, 신라본기 제1
[123] 고려사, 世家, 卷第二, 이제현의 찬
[124] 역성혁명으로 고려를 무너뜨리고 중국 황제의 권위를 이용하여 자신의 약점을 보완하려 노력하던 시기에 보낸 편지로서, 내용이 사대주의에 젖어 다소 불량하지만 국인이라는 말을 어떻게 사용하는지 보기 위하여 인용한다.
[125] 조선왕조실록, 태조실록 2권, 태조 1년 11월 29일. (欽蒙聖慈許臣權知國事, 仍問國號, 臣與國人感喜尤切)

추대하는 사람들로서의 국인이므로 나라를 만드는 사람으로서의 국인과 큰 차이가 없다.

또 다른 예로서, 조선 성종 때 사헌부와 사간원 관리들이 임금에게 죄인을 죽일 것을 요청하면서 다음과 같이 말하고 있다.

> 국인(國人)이 모두 죽일 만하다고 하는 것이므로 전하께서 개인적인 인정을 베풀 수는 없는 것입니다.[126]

여기서 국인은 나라사람들이다. 임금도 나라사람들의 뜻을 거역해서는 안 된다고 말하고 있다. 국인의 권위와 존재감이 드러나고 있는 것이다.

위 예들에서의 국인이라는 표현을 보면, 국인은 네이션과 마찬가지로 나라의 주체로서의 사람들임을 확인할 수 있고, 네이션의 개념과 매우 잘 들어맞는다는 것을 알 수 있다.

그리고 안중근 의사는 자신을 "대한국인(大韓國人)"이라 하였고, 우리의 애국가 가사도 "대한사람 대한으로 길이 보전하세"이다. 대한민족도 아니고 대한국민도 아닌 대한국인, 대한사람이라고 하고 있는 것이다. 그리고 기미독립선언문은 "오등은 자에 아 조선의 독립국임과 조선인의 자주민임을 선언하노라."라고 시작하고 있는데, 여기서 조선은 state이고 조선인은 nation인 것이다. 우리의 선현들은 지금의 우리보다 더 현명하게 나라를 구성하는 사람들에 대한 개념으로서 그 용어가 어떠해야 하는가를 매우 분명하게 잘 알고 있었던 것이다.

---

[126] 조선왕조실록, 성종실록 6권, 성종 1년 7월 8일. (所謂國人皆曰可殺, 非殿下所得而私也)

셋째, 네이션(nation)은 정치적 자치의식을 가진 사람들의 집단이므로 정치적으로 주체자로서의 성격을 갖는 국인이라는 말이 잘 부합된다. 그 나라의 주인으로서 국인인 것이다. 앞에서 언급한 대로 원래 인(人)은 사회의 주체자로의 의미를 갖고 있고, 민(民)은 피지배계층으로서의 의미가 있다. 인과 민은 주인과 노예로서 대칭적인 의미를 갖고 있는 것이다. 네이션은 민주주의의 발전과 함께 형성된 나라의 주인으로서의 의식을 가진 집단이다. 이러한 네이션에 대하여 민족, 국민과 같이 민(民)이 들어가는 말로서는 그 의미를 일치시킬 수 없다. 당연히 인(人)이 들어가는 말이 되어야 하고, 그래서 국인이라고 하는 것이 너무나도 당연하다. 피치자 집단으로서의 민족이나 국가에 복종하는 존재로서의 국민과 달리 국인은 국가의 주체자이자 주인이다. 이 같은 제대로 된 말을 사용함으로써 우리 모두가 근대화된 민주사회를 이끄는 주체자로서의 존재감을 갖게 되고, 이런 가운데 민주주의도 발전할 수 있는 것이다.

넷째, 과거 역사에서의 어휘 용례를 보더라도 네이션은 국인과 잘 부합한다. 근대 이전에 서부 유럽에서는 nation이 상류층 특권계급에 해당되는 사람들을 일컫는 말로 사용되었는데, 이는 people로 불리는 일반 백성, 민중에 대응하는 의미의 용어였다. 네이션은 프랑스의 삼부회, 영국의 의회 등에 대표를 뽑아 보낼 수 있는 사람들이었다. 1565년 출간된 토마스 스미스(Thomas Smith)의 『영국론』에서는 주로 신사와 지주와 같은 자유민을 네이션이라고 하고 있다.[127] 국인 또한 앞에서 본 바와 같이 오래전에는 상류층 지배계급에 속하는 사람들에 해당되는

---

[127] 이용희, 2017, pp.100-101

말이었다.

다섯째, 네이션(nation)은 민족보다 혈통적인 개념이 옅지만, 이것이 완전히 배제된 것은 아니다. 특히 비서구사회에서는 네이션에 혈연적 성격이 강하다. 그런데 국인은 이런 혈통적인 개념까지 담고 있다. 국민에는 혈통적인 개념이 없지만 국인은 이런 개념도 갖고 있는 것이다. 예를 들어 한국국민과 한국인은 차이가 있다. 한국국민이라고 하면 한국에 소속된 사람의 법적 신분을 나타내는 반면에, 한국인이라고 하면 그 혈통이나 뿌리까지 나타내는 것이다. 현실적으로 북한과 남한을 아우르는 한민족과 동일한 뜻을 전달하는 용어로서 한국국민이라고는 할 수 없지만 한국인은 가능하다. 국민(citizen)은 국가(state)가 있고 난 이후에나 있는 것이지만, 국인(nation)은 국가보다 먼저 있으면서 그 기초가 되는 사람들이기 때문이다.

여섯째, 국인은 우리 사람들이 존중받을 수 있는 용어이다. 네이션은 주권을 가진 집단으로서의 사람들(sovereign people)이다.[128] 주권은 사람에 대한 것뿐만 아니라 땅에 대한 것까지도 포함된다. 18세기 유럽에서 네이션이 주목받는 용어가 되고 내셔널리즘이라는 말이 생겨나게 된 것도 바로 이런 점 때문이었다. 네이션은 자기운명에 대한 자기결정권을 가진 사람들이다. 여기서 이 같은 요소가 들어 있지 않은 민족과는 엄청난 차이가 있다.

민족은 아무나 될 수 있지만 네이션은 아무나 될 수 없다. 민족은 가만히 있어도 그 이름이 주어지지만 네이션은 엄청난 노력과 피의 희생을 치러야만 가질 수 있는 고귀한 것이다. 그

---

[128] 여기에는 현재 주권을 가진 사람들뿐만 아니라 주장하는 사람들도 포함된다.

런데 국인은 이런 네이션의 위치에 상응하는 말이다. 민족이라고 했을 때와 달리 국인이라고 하면 이 말에서 이미 나라 있음이 확정되어 있다.

한민족, 조선민족, 조선족은 일본이나 중국하에서의 사람일 수 있지만, 한국인은 어느 다른 나라의 사람일 수 없고 오로지 한국이라는 나라만에서의 사람이 될 수 있을 뿐이다. 그래서 우리 스스로 한민족 같은 말보다는 한국인과 같이 국인이라는 말을 사용하는 것이 옳고도 필요한 일이다.

다음으로 nation을 국인이라고 했을 때 영어에서의 용어와 한글에서의 용어의 대응관계를 보기로 하자.

<표 2-4> 국인 도입 후 관련 개념의 영어와 국어 간 대응관계

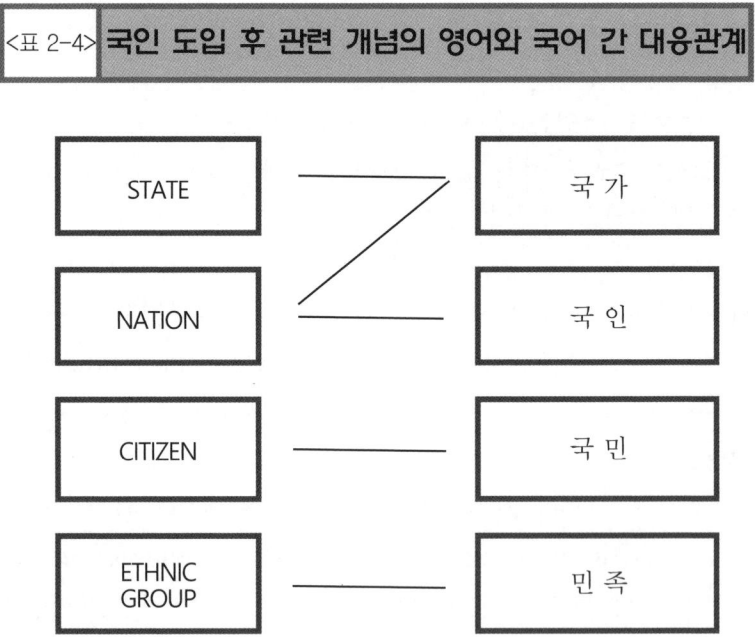

앞에서 <표 2-3>과 함께 본 바와 같이 지금까지는 state가 국가로 번역되었고, citizen은 국민으로 번역되고, ethnic group은 민족으로 되었다. 그리고 nation은 이에 대한 한글에서의 적합한 말이 없어서 국가, 국민, 민족으로 번역되는 가운데, 한글의 말과 영어의 말이 1대1의 대응관계를 갖지 못하고 복잡하게 얽혀 있음을 알 수 있었다.

여기서 국인이라는 말을 사용하여 nation을 국인으로 번역하게 되면 <표 2-4>에서 보는 바와 같이 용어에서의 1대1 대응관계가 훨씬 더 간명해지게 됨을 알 수 있다. 이러한 결과로 두 언어 사이에 의미전달이 훨씬 더 명확하게 되는 것은 말할 필요가 없다.

## 2] 국인주의

내셔널리즘(nationalism)은 네이션(nation)에 대한 이념(ism)이다. 이념은 우리말로는 "주의(主義)"라고 하므로, 네이션을 국인으로 번역했을 때 내셔널리즘에 대한 한국어 표현은 국인주의(國人主義)가 된다. 이 용어가 내셔널리즘의 의미에 잘 부합하는지 검토해 보자.

내셔널리즘은 그 본질에서 "자신과 같은 사람들을 하나의 집단으로 하여 국가라는 운명공동체를 이루어 그 공동체 안의 사람들 간에 형제애로써 서로를 감싸는 의식"이라고 할 수 있는데, 국인주의는 나라사람을 위한 이념이라고 할 수 있으므로 이러한 의미를 그대로 잘 담고 있다. 국인주의를 개별 국가에 적용하게 되면 한국일 때는 한국인주의, 미국일 때는 미국인주의, 중국일 때는 중국인주의가 되는 것이다. 오늘날 미국을 보더라도 미국의 내셔널리즘이란 미국인 노동자가 상품을 만들어야 한다고 하고, 미국인 아닌 사람은 미국에서 살지마라고 하는 것과 같은 것들인데, 이것이 바로 미국인주의이며, 이 말보다 더 적합한 표현이 없음을 알 수 있다.

그리고 국인에서의 인(人)의 개념은 사람을 포함하여 이와 관련된 사물까지도 포함한다. 개인(個人)뿐만 아니라 법인(法人)이 있듯이 사람을 의인화한 대상들도 모두 인의 개념에 포함될 수 있다. 그래서 자국 선박이나 비행기에도 국적을 부여하고 상품에도 국적을 부여하여 내국물품과 외국물품을 구분하는 것도 사물을 사람으로 의인화한 것으로 볼 수 있다. 따라서 국인주의는 단지 그 나라 사람에만 해당되는 것이 아니며, 그 나라 사람의 물품이나 권리 등에 대해서도 해당되는 것이다. 예를 들면 자국상품을 사용하자는 국산품사용운동이나 자국 선박 및 항공기를 이용토록 하는 자국선보호주의 등도 내셔널리즘의 한 형태인데, 국인주의라는 말은 이런 것들까지도 잘 들어맞는다. 이렇게 국인주의라는 말은 내셔널리즘이라는 말을 잘 대신한다.

그리고 내셔널리즘의 정의와 대조해 보자. 앞에서 본 대로 내셔널리즘(nationalism)을 "자국이 타국보다 더 중요하고 낫다는 믿음으로 자국의 이익을 우선시하고 자국을 자랑스러워하거나, 자신들의 독립적, 자주적 국가를 형성하려는 열망"이라고 정의했을 때,[129] 내셔널리즘은 크게 두 가지로 나누어진다. 하나는 자국의 이익을 우선시하고 자랑스러워하는 국가 내셔널리즘, 다른 하나는 독립적, 자주적 국가를 가지려는 독립 내셔널리즘이 될 것이다. 먼저, 국가 내셔널리즘에서 보면 국인(nation)이 사람

---

[129] Nationalism, n.d.

의 집단으로 말한 국가이므로 자국을 위하고 자랑스러워하는 이 념으로서 국인주의라 말할 수 있다. 다음으로, 독립 내셔널리즘 에서 보면 자기 국가를 가진 사람, 즉 국인이 되려는 이념이라 는 측면에서 국인주의라는 용어가 그 의미에서 잘 부합한다. 이 렇게 국가 내셔널리즘, 독립 내셔널리즘 모두에서 국인주의라는 말이 잘 맞는다는 것을 확인할 수 있다.

국인주의는 네이션 의미에 합당한 국인이라는 말에 기초한 것으로서 오늘날 내셔널리즘을 대신하여 쓰고 있는 잡다한 말들 처럼 논리적 기반도 없고 깊은 생각도 없이 생성된 그런 부류의 용어가 아니다. 기분 좋은 가정이 아니기는 하지만 만약 다른 나라가 한국을 점령하여 지배하는 상황이 되었다고 가정하자. 이 상황에서 민족주의는 그 다른 나라를 구성하는 하나의 민족 으로서의 민족을 생각하는 이념이 될 수도 있으며, 국민주의는 다른 나라 국민으로서의 국민을 앞세우는 이념으로 될 수도 있 다. 이렇게 민족주의와 국민주의는 타국의 식민 치하에서도 함 께할 수 있는 용어이지만 국인주의는 그렇지 않다. 국인주의는 국인인 사람들이 자신의 국인에 대하여 애착을 갖는 마음이다. 국인주의는 우리 사람들의 나라 있음을 그 자체로 명시하고 있 는 것이며, 이러한 사실 위에서 자신들의 원하는 바를 추구하는 것이다. 한국인으로서의 국인주의는 그 본질이 한국인이므로 이 는 어느 다른 나라든 빼앗아 갈 수도 없고, 힘이나 속임수로 자 의적으로 변경시킬 수도 없다. 따라서 국인, 국인주의라는 용어 는 어떠한 상황에서도 그 사람들을 위하는 것은 말할 것도 없고, 독립성과 주체성까지 온전히 보전할 수 있는 제대로 된 용어인 것이다.

그리고 내셔널리즘을 네이션과 분리하여 별도로 그 의미에 적합한 말을 찾아보았다. 이렇게 찾아보았을 때 내셔널리즘의 의미에 잘 부합하는 용어로서 자국주의를 생각해 볼 수 있다. 우리가 개인에 있어서 자신의 이익만을 도모하거나 자신의 것을 추구하는 사고방식을 자기주의(自己主義: egoism)라고 한다. 내셔널리즘은 대상이 국가일 뿐 그 성격은 거의 같으므로 자국주의(自國主義)라고 이름할 수 있다. 이 자국주의라는 용어에 대해서도 내셔널리즘의 의미와 부합하는지를 검토해 보자. 먼저 국가 내셔널리즘에서는 국가적 차원에서 자국의 이익만을 도모하는 사고방식을 자국주의(自國主義)라고 할 수 있다. 다음으로, 독립 내셔널리즘에서는 자신들의 나라를 추구한다는 의미를 나타내므로 여기서 또한 자국주의라는 말이 적절하다.

국인주의와 자국주의라는 용어 모두 자국의 이익을 도모하는 이념이라는 뜻과 자국을 갖고자 하는 이념이라는 뜻을 동시에 수용하는데 아무런 무리가 없다. 여기서 우리는 내셔널리즘을 부르는 방법으로 세 가지를 생각해 볼 수 있다.

첫째는 국인주의로 부르는 것이다. 네이션의 국인에서 그대로 이어지는 말로서 다소 생소하긴 하지만 논리상 가장 자연스러운 말이다.

둘째는 자국주의로 부르는 것이다. 자국주의라는 용어는 네이션(nation)의 국인과 연결되는 말이 아니라는 단점이 있지만, 말 자체로 쉽게 이해가 되는 장점이 있다.

셋째는 국가 내셔널리즘은 자국주의로, 독립 내셔널리즘은 국인주의로 부르는 것이다. 국가 내셔널리즘은 네이션의 중심적인 의미가 국가이므로 자국주의로, 독립 내셔널리즘은 네이션의 중심적인 의미가 국인이므로 국인주의라고 하는 것이다. 다소 복잡하고, 내셔널리즘이라는 영어 한 단어에 두 개의 한국어 단어를 사용하게 되는 단점이 있지만, 한국어의 용어가 더 풍부해지는 장점도 있다.

지금까지 논의한 내용을 도표를 통하여 보다 명확하게 정리해 보기로 한다. <표 2-5>는 내셔널리즘(nationalism)과 이에 해당하는 우리말의 용어와의 관계를 나타내고 있다. 내셔널리즘의 주요 의미, 두 부분을 나누어 생각해 보자.

첫 번째, 국가 내셔널리즘에서의 "자국이 타국보다 더 중요하고 낫다는 믿음으로 자국의 이익을 우선시하고 자국을 자랑스러워하는 마음" 부분이다. 이 부분에서 내셔널리즘(nationalism)의 네이션(nation)의 중심적인 의미는 국가이지만 사람 중심의 국가로서 국인이라고 할 수도 있다. 그래서 이 부분에 내셔널리즘의 이념을 나타내는 적절한 용어로서 국인주의와 자국주의 모두 무난하다.

두 번째, 독립 내셔널리즘 즉, "자신들의 독립적 자주적 국가를 형성하려는 열망" 부분이다. 여기서 내셔널리즘은 개인의 의사를 중심으로 국가 구성원이 결정되는 공민 내셔널리즘(civic nationalism)과 혈통을 중심으로 구성원이 결정되는 민족 내셔널리즘(ethnic nationalism)으로 나누어질 수 있다. 공민 내셔널리즘에서의 네이션(nation)의 중심적인 의미는 국인인 반면에, 민족 내셔널리즘에서의 네이션의 중심적인 의미는 민족이지만, 이는 동시에 국인이다. 이 민족 내셔널리즘의 경우에는 민족이 중심이 되는 측면에서 내셔널리즘을 민족주의라고도 할 수 있는데, 이때의 민족주의라는 말도 더 포괄적인 개념인 국인주의 또는 자국주의의 범위 내에 있다.

| <표 2-5> | **내셔널리즘과 국인주의, 자국주의, 민족주의** |

| <영어표현> | 내셔널리즘(nationalism) |

<영어사전 의미>
- 자국을 자랑스러워하고 자국의 이익을 우선시하는 마음
- 자신들의 독립적 자주적 국가를 형성하려는 열망
  - 공민 내셔널리즘
  - 민족 내셔널리즘

<Nation의 중심적 의미>
- 국가
- 국인
- 민족

<Nation의 넓은 의미>
- 국가, 국인
- 국인
- 민족, 국인

→ 민족주의

- 국인주의/자국주의
- 국인주의

<한글표현> 국인주의 혹은 자국주의

참고: 영어사전은 Merriam-Webster dictionary, 국어사전은 국립국어원 『표준국어대사전』을 참고하였음.

그런데 이 경우에도 민족이라는 말이 원래 자국에 대한 정치적인 의미를 담고 있는 것이 아니기 때문에 정치적인 의미가 배제된 경우에만 민족주의라는 용어를 사용하는 것이 적합할 것이다.

## 7. 한민족, 한국민, 한국인

지금까지의 논의를 정리하는 차원에서 실제 한국을 예를 들어서 한민족, 한국국민, 한국인이 어떻게 다른지 보기로 하자.

2007년 4월 16일, 미국에서 조승희 총기난사사건이 있었다. 미국 버지니아 공과대학생 조승희가 총기를 난사하여 32명이 목숨을 잃고, 29명이 부상당하는 사태가 발생하였다. 조승희는 8살 때 미국으로 이민 가서 미국영주권을 가진 이민 1.5세대였다. 미국정부는 사건의 범인이 한국국적의 미국 영주권자라는 점을 문제삼지 않았고, 한국에 대하여 어떠한 언급을 하지도 않았다. 또 미국언론들도 이 사건을 개인의 범행으로 보고 범행원인에 집중하였다. 그런데 한국에서는 이 문제를 한국과 관련된 문제로 보았다. 노무현 대통령은 3번이나 애도를 표하였고,[130] 국내외 많은 한국인들이 자신의 책임인 양 희생자에 대한 추모와 위로에 앞장섰다. 미국 내 많은 한인교회나 단체들이 희생자들을 위한 추모집회를 갖고 추모기금을 모금하였다.[131] 한국에서는 명동성당, 새문안교회 등에 분향소가 설치되고, 시청광장에서 추모

---

[130] 미디어 오늘, 사과하지 말라는 미국언론, 사과하는 한국인, 2007.4.23
[131] 일부 네티즌 "22일 총기난사 추모 촛불집회 하자", 2007.4.18

촛불집회가 열렸다. 한국의 추모게시판에 오른 글 중에는 "무고한 님들의 명복을 빕니다. 한국인의 피가 흐르는 사람으로 인하여 생을 마감했다는 사실에 깊은 충격과 용서를 빕니다. 유가족 여러분들과 미국민들께 진심으로 머리 숙여 용서를 바랍니다"와 같은 내용도 있었다.

한국정부는 이 일과 관련하여 특별사절을 보내려고 하였지만 미국정부에서 만류하였다. 미국사람들은 한국사람들의 태도에 당황스러워하였다. 미국정부는 이번 사건이 미국사회 자체의 문제이며 한국정부가 필요 이상 개입하는 것을 경계했다. 4월 20일, 「필라델피아 인콰이어러」지는 "한국에 보내는 편지-당신들의 사과에 담긴 교훈"이라는 사설을 실었다. 여기에는 "주한 미대사관 앞의 촛불 추모식과 한국 대통령의 애도와 충격 표시는 감동적이지만 문제는 한국이 아니다. 우리가 잘못 판단하지 않도록 더 이상 사과하지 말아 달라"며 "용의자는 미국에 어릴 때 와서 여기서 자랐다. 어쩌면 우리가 그를 더 잘 돌보지 못한 점에 대해 사과해야 한다"는 내용이 담겨 있었다.[132]

이 사건을 대하는 양국 간의 태도가 조명되면서 이후에도 이 문제를 두고 한국 내에서 적지 않은 갑론을박이 있었다. 어떤 사람은 "해외에 나간 사람은 한국사람이 아니니 이제 한국은 해외에 나간 사람의 성공과 실패에 일희일비하는 것을 그만두어야 한다"면서 한국인의 태도를 강하게 비판하는가 하면, 어떤 사람은 "미국의 태도에 따라갈 필요가 뭐 있냐"면서 한국인의 태도가 옳다고 옹호하였다.

여기서 미국사람들은 공민 내셔널리즘으로서, 또 자국을 생

---

[132] 사과하지 말라는 미국언론, 사과하는 한국인, 2007.4.23

각해서 그럴 수 있고, 한국사람들 또한 민족 내셔널리즘으로서 그럴 수 있다. 그런데 하나 확실하게 차이가 나는 것은 미국사람들은 이 같은 문제에 대하여 사람들이 거의 공통된 생각으로 흔들림 없이 일관된 판단을 하고 있는 반면에, 한국사람들은 제대로 판단을 못하여 사람들마다 생각이 제각각인 가운데 우왕좌왕하고 논쟁으로 날을 샌다.

이런 일은 한국에서 일회성 사건이 아니다. 리디아고, 미셸 위 등과 같이 해외동포가 성공하여 유명인사로 등장할 때마다 이들에 대한 한국사람들의 관심과 배려와 관련하여 논쟁이 일어난다. 사람들의 주장을 보면 어떤 사람은 "자랑스런 한민족"이라고 하기도 하고, 어떤 사람은 "우리하고는 전혀 상관없는 외국사람이니 신경꺼라"고 하기도 한다.[133] 또 해외진출 한민족의 경우만 해당되는 것이 아니고, 국내에 들어온 이민족의 경우에도 마찬가지다. 2012년 필리핀 출신 여성 이자스민이 국회의원이 되었을 때도 논란이 있었다. 한국 애국자들도 하기 힘든 국회의원을 단지 이민족이라는 것만으로 그런 자리를 준다는 것이 말이 되느냐며 어이없어 하는 사람들도 있었고, 한국국적을 가졌으니 문제없다는 사람들도 있었다.

이 같은 논쟁이 일어난다는 그 자체에서 한국인들이 이런 문제에 대하여 판단력을 갖지 못한 채 혼란스러워하고 있음을 말해 준다. 제대로 알고 있다면 그럴 필요가 없을 것인데, 제대로 모르기 때문에 그럴 필요가 없는 일에 너무 많은 에너지를 낭비하고 있고, 공통의 상식부족으로 자기확신에만 사로잡혀 서

---

[133] 러시아로 귀화한 쇼트트랙 선수 안현수나 중국으로 귀화한 임효준 선수 또한 마찬가지다.

로 자기 주장만 내세우게 되는 것이다. 이런 일에 있어서 현재 한국사람들의 생각은 두 쪽으로 나누어진다. 한쪽은 민족의 개념으로 생각하고, 다른 한쪽은 국민의 개념으로 생각한다. 이렇게 생각이 양극단으로 나누어지고 균형된 판단을 하지 못하는 근본원인은 바로 한국사람들의 머리 속에는 민족과 국민의 개념 밖에 없기 때문이다. 즉 네이션의 개념이 없는 것이다. 그렇다면 민족개념으로의 한민족, 국민개념의 한국국민, 네이션개념의 한국인, 이들 각각은 어떻게 다른가?

한민족은 한반도를 중심으로 살아온 사람들 집단이다. 긴 시간을 같이 살아오면서 공통의 조상, 공통의 역사를 갖게 되었고, 생물학적으로나 문화적으로 다른 집단과 구분될 수 있는 독자적인 민족범주로의 사람들 집단이 되었다. 한민족은 남한과 북한, 그리고 세계 각지에 흩어져 살고 있다.

한국 국민은 대한민국 정부에 의해서 국민으로 등록된 사람이다. 대한민국 국민이 될 수 있는 자격으로 출생하거나 대한민국에 귀화하여 국민이 되었을 때 국민으로 등록된다. 북한의 사람들에 대해서는 대한민국 국민으로 간주되기는 하지만, 북한사람들은 남한사람들과 달리 국민으로 등록되어 있지 않기 때문에 실질적으로는 남한사람들과 같은 국민이라고 할 수 없다. 미국, 중국, 일본, 중앙아시아 국가들을 비롯한 많은 나라에서 한민족이 살고 있지만 이들은 대부분 그 나라 국민이며 대한민국 국민이 아니다.

그런데 나라와 관련된 사람의 정체성에서 민족으로만 규정 짓거나, 국민으로만 규정지을 수 없다. 독일계 조상을 가진 도날드 트럼프(Donald Trump)를 민족으로만 규정하여 그의 미국에 대한 애착을 도외시할 수 없으며, 독립운동 당시 영국국적을 가졌던 간디(Mahatma Gandhi)의 인디아에 대한 애착을 도외시할 수 없는 것이다. 국인은 이러한 민족과 국민의 한정된 개념에서 발생하는 부족한 점을 넘어 전체를 아우르는 개념이다.

한국인은 스스로 한국사람이라고 생각하는 사람이다. 개개인의 자기 판단을 기초로 하는 것이다. 문명사회에서는 개개인의 자유의사가 존중된다. 이는 자신의 나라를 선택하는 데 있어서도 마찬가지다. 또한 사람들의 국가이동이 많아진 오늘날, 개인의 자기 의사를 중시하는 공민 내셔널리즘(civic nationalism)을 따를 수밖에 없는 것이 현실적 상황이기도 하다.

국인은 스스로 판단한다고 하여 그냥 주관적인 것만은 아니다. 자신이 스스로를 한국사람이라고 생각하는 것은 한국국민이거나 한민족 혹은 이에 상응하는 위치에 있을 때 가능한 일이다. 그림을 그리는 사람들은 한국사람, 미국사람, 중국사람 모두 다르게 그리며, 그 그림을 보는 사람들도 그대로 한국사람, 미국사람, 중국사람이라고 알아본다. 그 나라사람으로서 객관적인 모습이 있는 것이다. 우리는 한국인의 모습을 가진 사람을 중국인이라고 하지 않으며, 한국인의 삶의 양식으로 살아가는 사람을 중국인이라고 하지 않는다. 그가 설령 중국여권을 갖고 있다고 하더라도 말이다. 단지 외국국적인 것만으로 미국인, 중국인, 일본인 등으로 부르는 것은 해외에 있는 많은 동포들에게 상처주는 일이다. 단, 외관이 그렇더라도 그 사람에게 물어봐서 그 사람이 "나는 미국인이요"라고 한다면 그때는 미국인인 것이다.

어느 연예인의 예를 들어보자. 그는 어려서 미국으로 이민 갔다가, 다시 한국으로 돌아와 연예활동을 하다가 군대 가기 싫어서 다시 미국에 가서 살다가, 군대 징집연령이 지나서 다시 한국에 돌아오려 했으나 한국정부에서 입국을 허가하지 않았다. 그러자 그는 한국에 오겠다고 민원도 넣고 소송도 하는 등, 집요하게 한국에 오고자 하였으나 지금까지도 뜻을 이루지 못하고 있다. 그가 한국인인지는 그에게 물어봐야 한다. 그가 비록 미국국적을 취득하고 한국국적을 포기하였다고 하더라도, 대한민국에서 "너는 대한민국 국민이 아니고, 대한민국을 배반했으니 오지마" 하면서 입국을 불허할 수도 있다. 그렇다고 하더라도, 그 가수가 "나는 한국인이요"라고 말하는데 "아니야, 너는 미국인이야", "너는 미국인 해야 돼"라고 강제할 수 있는 권한을 가진 존재는 이 세상에 없는 것이다.

어느 사람이 갖게 되는 국가와의 관계에 있어서 민족과 국민 모두 중요한 요소이다. 하지만 민족과 국민의 개념만으로는 아무리 논쟁을 해도 답이 나오지 않는다. 답이 없는 방정식을 두고 답을 내었다면 그 답은 틀린 것이다. 한민족의 피를 지녔다 할지라도 다른 국가 사람이 되고 싶은 사람도 있는 것이고, 이민족이라도 한국인이 되고자 하는 사람도 있을 수 있는 것이다. 결국 답은 그 사람과 그 국가와의 관계이다. 그래서 국인의 개념으로 판단하여야 한다. 그리고 이것이 오늘날 네이션 본래 개념이기도 하다.

한국인이 자신과 함께하는 사람을 정하는 데 있어서 외국에 나간 동포라고 내칠 이유가 없으며, 이민족이라고 거부할 이유가 없다. 나라 안에 그대로 있는 사람, 외국에 나간 사람, 외국에서 온 사람을 포함하여, 대한민국과 관련된 모든 사람들이 대한민국으로 향한 마음을 갖게 하여야 하고, 그럼으로써 대한민국이 더 좋아질 수 있는 것이다.

## 8. 국인이라 해야 하는 이유

지금까지 네이션, 내셔널리즘에 대한 번역어 문제와 이를 해결하기 위한 방법을 모색해 보았다. 그리고 이에 대한 해결을 위해서 찾아낸 용어가 국인이다. 우리가 왜 국인, 국인주의 혹은 자국주의라는 용어를 사용해야 하는지에 대한 이유는 다음과 같다.[134]

첫째, 민족, 민족주의가 네이션, 내셔널리즘의 번역어로서 역할을 제대로 못하는 문제를 국인이라는 용어를 도입함으로써 해결할 수 있다. 민족, 민족주의가 번역어로서의 역할을 제대로 못함에 따라 국민주의, 국수주의, 자국우선주의 등 여러 용어들이 사용되기도 하지만, 여전히 네이션, 내셔널리즘과 관련된 본래의 의미를 제대로 표현하지 못하는 상태에 있다. 국인은 네이션의 의미를 매우 잘 반영하는 용어이다. 국인과 함께 국인주의 혹은 자국주의라는 용어를 사용함으로써 이러한 혼란과 잘못된 상황으로부터 벗어날 수 있다.

둘째, 네이션의 개념에 부합하는 용어는 국인이다. 국인은 피치자의 어감을 가진 민족, 국민과 달리 나라의 주체자이자 주인으로서 의미를 지니고 있다. 동시에 피치자로서 나라사람 일부를 지칭하는 민족, 국민과 달리 통치자 피치자 할 것 없이 나라사람 모두를 포괄하는 용어이다.

셋째, 나라 안 사람들의 의식 측면에서 부정적인 기능을 하는 민족 대신에, 국인이라는 말을 사용함으로써 긍정적인 기운을 가져올 수 있고 더 좋은 사회를 만들어 나갈 수 있다. 민족정

---

[134] 본 내용은 앞에서 본 「5. 네이션, 내셔널리즘 번역어의 문제점」과 연계되어 있다.

기나 민족기상이라는 말을 하지만 조금만 깊게 생각하면 민족이라는 말에서 이미 맥이 빠지고 만다. 민족이라고 하면 무슨 몰려다니고 끌려다니는 말 떼처럼 비조직적이고, 수동적이고, 피지배적인 느낌이 바로 밀려든다. 앞에서 본 「대한매일신보」 1908년 7월 30일 자 사설에서도 우리가 민족이어서는 안 된다고 하지 않았는가? 이미 한 세기 전 민족이라는 말이 시작될 때부터 선현들이 그러지 말라고 그렇게 일러주었는데도 우리는 이를 의식조차 하지 않고 살고 있는 것이다.

한민족, 민족주의, 이 절규와 같은 외침, 저항적 구호이고 약자의 비명일 뿐, 진취적이고 건설적인 다짐이 아니다. 이러한 말에서는 희망이 솟고 힘이 생기지 않는다. 왜 그런가? 민족에는 나라가 빠져 있다. 수천 년의 역사에서 사람들은 나라를 통하여 그 힘을 형성하고 발휘하였다. 그런 나라 없이 무슨 힘을 갖겠는가?

우리는 못 먹고, 못 입고 어렵게 살아왔고, 수많은 외침을 받으면서 역사를 이어왔다. 왜 우리는 국가를 중심으로 적극적으로 좋은 사회를 건설하지 못했는가? 부유하게 살지는 못하더라도 머리를 맞대고 궁리하여 헐벗고 굶주리며 살지는 않았어야 했지 않았는가? 바깥으로 정복에 나서지는 않더라도 힘을 결집하여 자기방어는 하는 나라가 되었어야 하지 않았는가? 일찍이 이 땅의 사람들이 더 적극적이고 능동적인 집단으로서의 우리를 추구했어야 했다. 스스로를 한(恨)의 운명을 타고난 슬픈 민족이라 하는 대신에 스스로를 축복받은 땅을 가진 강건한 국인이라 했어야 했다.

이제부터라도 국가라는 기구를 이용하여 강력한 힘을 결집하고 민주적, 자주적인 세상을 건설하여야 한다. 설사 지금까지 민족의 역사를 살아왔다고 할지라도, 이제부터는 국가의 역사를 살아야 한다. 그러기 위해서는 민족과 같은 피동적인 집단의 언어로써 우리를 규정하지 말고, 능동적인 의미를 지닌 국인으로 우리를 정의해야만 하는 것이다.

넷째, 국인은 민족과 달리 근대적인 의식을 수용하는 말이다. 나라사람으로서의 일반 국민들에 대한 존중의 의미가 살아있는 데다가 네이션의 기상이 살아있는 말이다. 이 말은 이 땅 사람들이 자발적이고 진취적인 기상을 회복하고 민주주의를 발전시키는 데 긍정적인 역할을 하게 될 것이다.

다섯째, 국인이라는 용어는 국민이 자존감 있게 살아가도록 한다. 다른 모든 나라에서 다 그렇듯이 한국인도 나라사람으로서 존중받아야 한다. 이제 비하되고 종속된 집단으로서의 의미를 담은 민족, 국민과 같은 용어 대신에, 자유롭고, 능동적이며, 주체적인 나라사람으로서의 의미를 담은 국인을 사용해야 하는 것은 너무도 당연하다.

여섯째, 대외관계를 생각해서도 국인이라는 말을 사용해야 한다. 우리가 우리를 민족, 민족 하게 되면 스스로 우리의 격을 낮추게 되고, 알게 모르게 주변의 국가들에 의해 이용당할 수 있는 빌미를 주지만, 국인이라고 하면 이런 문제에서 완전히 벗어나게 된다. 오늘날 중국사람들 중에는 한국을 과거 중국의 속국이라 하며, 일본사람들도 조선을 나라도 아닌 것으로 하여 과거 침략을 정당화하려는 상황에서 우리가 스스로를 민족이라고 해서는 안 된다. 앞에서도 언급했듯이 중국에서 한국인을 '조선족'으로 표기하는 일이 일어나는 것은 민족이라는 말과 연관되어 있다. 윤동주 시인을 "중국조선족애국시인"이라고 한다면 윤동주 시인이 사랑한 나라는 중국이 되고 만다. 그간 우리는 너무 생각 없이 민족이라는 말을 애용해 왔다. 한민족이라고 하지 않고 한국인이라고 했다면 이런 문제가 일어났겠는가? 우리가 한민족, 조선민족 할 때는 "한민족중국인"이나 "조선족중국인"이 가능하지만, 한국인, 조선국인이라고 한다면, 여기에 아무리 중국을 갖다 붙여도 "중국한국인", "중국조선국인"밖에 되지 않으니 중국인으로 될 일은 없는 것이다.

과거 일본에서 한국인을 조선족이라고 하면서 일본 내의 하나의 민족으로 취급했듯이, 이제는 중국이 조선족 하면서 한국인을 중국 내의 하나의 민족으로 취급하려 하고, 앞으로 이 같은 일이 더 심각하게 발전하지 않는다는 보장이 없다. 지금이라도 바로 한민족이라는 말대신에 한국인이라는 말을 사용하여야 한다. 그러고 나서 이웃 나라들에 우리는 한민족이라 하지 않으니 한국인으로 부르도록 요구해야 한다.

일곱째, 국인이라는 용어를 사용함으로써 우리의 정체성을 더 쉽고 충분하게 확인할 수 있다. 앞에서 본 대로 한민족과 한국국민이라는 말만으로 우리가 누구인가에 대한 의식과 생각을 제대로 나타내지 못한다. 이런 말보다 우리를 훨씬 더 포괄적으로 잘 대변하는 말이 한국인이다.

여덟째, 국가와 관련하여 우리를 표시하는 확고한 용어가 필요한데 그 용어가 바로 국인이다. 국인의 개념으로 가면 오늘날 한국에서 일어나고 있는 국가의 시작이 1919년이냐, 1948년이냐의 논쟁 같은 것은 하지 않아도 된다. 한국인은 반만년 전에 시작되었다. 반만년 전부터 있어온 사람들이 몇십 년 전 대한민국의 시작일자가 뭐 그리 중요한가? 대한민국의 시작이 1948년 8월 15일이든, 1919년 3월 1일이든, 우리 사람을 기준으로 볼 때 그 이전과 이후를 두고 달라진 것이 뭐 있는가? 달라진 것은 아무것도 없다. 국민은 이때 생겨났지만 국인은 그대로인 것이다.

국민은 일시적이고 단절되지만 국인은 영원하다. 설사 지금 어느 나라가 한국을 지배한다고 해도 사람들이 한국인으로서의 정체성만 지킨다면 국민은 소멸될 수 있어도 국인은 소멸되지 않는다. 영원불굴인(invincible) 것이다.

아홉째, 국가의 존재와는 아무 상관없는 민족이라는 말과 달리 국인은 그 말 자체에서 나라 있는 사람들로서의 존엄을 보여주는 말이다. 국인인 이상 그의 나라를 누구도 강탈할 수 없다. 한국인인 이상 누구도 그에게서 한국을 빼앗아갈 수 없는 것이다.

열째, 민족은 그 범주가 나라의 범주와 일치하지 않지만, 국인은 나라의 범주와 일치한다. 민족적으로 보게 되면 중국 산둥 출신 노태우가 한국의 대통령이 되는 황당한 일이 일어나지만, 국인으로 보게 되면 한국인 노태우가 대통령이 되는 정상적인 일이 일어난다. 그래서 민족차원에서는 그 범주가 국가의 범주와 일치하지 않아 국가적으로 단합을 도모하기가 어렵지만, 국인차원에서는 모두 그 국가의 사람들이므로 국가적으로 단합하기가 쉬운 것이다.

열한째, 우리의 미래를 위해서라도 국인이라는 말을 사용할 필요가 있다. 민족, 민족주의라는 말은 미래는 물론이고 현재의 삶의 환경에도 부응하지 못하고 있다. 이제는 외국에 나가 있는 우리 동포를 포용하면서도, 국내에 있는 다른 민족의 사람들을 포용하는 방법을 찾는 지혜가 필요하다. 그러기 위해서는 한민족이라는 말보다는 한국인이라는 말을 사용해야 한다. 이민족에 대한 테러와 인종 간의 폭력이 세계의 심각한 문제로 되고 있는 오늘날에 있어서 민족을 강조하는 것은 현명한 일이 아니다. 그렇다고 해서 지금 우리가 내셔널리즘이 없는 세상을 살고 있는 것은 아니므로 모든 측면에서 문제없고 타당한 용어로서 국인이라는 용어를 사용하는 것이 지혜로운 일이다.

열두째, 국인이라는 용어를 사용함으로써 대외적으로 우리의 이미지를 제고할 수 있다. 국인의 용어를 사용하게 되면 "한국인"이 "Korean"으로, "한국 국인주의"가 "Korean nationalism"으로 번역되어, "한민족"의 "Korean ethnic community", "민족주의"의 "Korean ethnic nationalism", "Korean ethnicism"과 같은 부정적인 표현으로부터 벗어나게 된다. 이렇게 되면 우리가 아무 한 일 없이 그냥 다른 나라 사람으로부터 미움받게 되는 일은 더 이상 일어나지 않게 되는 것이다.

열세째, 민족은 갈라지는 성질의 용어지만, 국인은 단합시키는 성질의 용어다. 민족이라는 말은 그 범주 내에 다시 갈래로 나뉘어질 수 있는 말이지만, 국인은 그 같은 결이 있는 말이 아니다. 국인은 그 바탕이 민족이든 자유의사이든 그에 상관없이 합의에 의해서 구성되는 집단으로서의 용어이며, 족벌적, 문화적, 지역적 편견과 연결성에 의한 차별 없이 그 구성원 전체가 평등한 가운데 개개인 모두가 민주성과 주체성을 구가하게 되는 집단으로서의 용어이다.

열네째, 외국에서 들여온 품격 없는 민족과 달리 국인은 우리 선조들이 사용하던 기품 있는 말이다. 지난 세기 초 중국의 손문(孫文)이 국족(國族)이라는 용어를 사용한 적이 있다. 미국에서 생활을 한 그는 네이션에 대한 말로서 민족이라는 말이 적절치 않음을 알았던 것이다. 국족을 보자면 족이라는 말이 혈연집단으로서의 피치자의 의미를 갖고 있기 때문에 민족에서 절반만 개선된 셈이다. 이에 비해서 국인(國人)은 네이션에 완전히 상응할 뿐만 아니라, 민족, 국족 등과 같은 말이 갖지 못하는 품격을 갖고 있다.

열다섯째, 국인이라는 말은 통일 문제에서도 긍정적인 역할을 할 수 있다. 통일은 한국인들에 있어서 중요한 문제이다. 민족이라는 용어가 통일에 필요한 용어라고 생각하기 쉬우며, 그런 점이 없는 것은 아니다. 북한과의 통일을 의식하여 피를 나눈 형제로서 떼려야 뗄 수 없는 운명체로서의 하나임을 각인시키는데 이 말이 역할을 한다고 생각한다. 하지만 그것이 꼭 민족이어야 하는 것은 아니다. 국인이라는 말도 충분히 그 역할을 할 수 있다. 민족이라는 말을 사용한다고 해도 어차피 남에서는 한민족, 북에서는 조선민족이라고 말한다. 한국인, 조선국인이라고 말하는 것과 차이가 없다. 민족 대신에 국인으로도 충분한 것이다. 국인은 국가를 나타내면서도 국민과 달리 이 말에는 혈연적, 문화적인 요인까지 다 포함하고 있기 때문이다. 한민족과 조선민족이 같은 사람이듯이 한국인, 조선국인이라고 해도 같은 사람이다.

통일 문제와 관련하여 민족보다 오히려 국인이 더 좋은 용어이다. 민족은 생물학적이고 감성적인 용어인 반면에, 국인은 법적, 사회적, 제도적인 용어이고 이성적인 용어이다. 국인은 하나의 국가 아래에 있다는 것을 의미하므로 말 자체에서 통일을 확실하게 담보한다. 반면에 민족은 그렇지 못하다. 아랍국가들처럼 같은 민족이라도 국가는 얼마든지 나눠질 수 있다. 그러나 한국인이라고 했을 때 북한과 남한을 하나의 나라로 확실하게 묶어두고 있는 것이다. 그리고 통일을 앞세우는 민족이라는 용어와 현재의 국가를 앞세우는 국민이라는 용어는 현재의 한국사회가 보여주듯 대립과 갈등을 낳지만, 국인은 민족과 국민 모두를 포괄하는 용어여서 이런 문제를 완화하는 데도 도움이 될 수 있다. 이렇게 볼 때 통일 문제에 비추어 보더라도 국인은 좋은 용어이다.

이제 네이션에 대한 번역어로서 국인이라는 말을 사용하고, 내셔널리즘에 대한 번역어로서 국인주의 또는 자국주의를 사용하였으면 한다. 그리고 영어의 tribe의 의미, 과거에 우리가 쓰던 족(族)이나 류(類)의 의미에서는 민족이라고 하지만, 네이션 의미로서 나라사람으로서의 집단을 말할 때는 민족이라는 말을 쓰지 않는 것이 좋다고 본다. 특히 민족을 우리 한국인들을 지칭하는 말로 사용하는 것은 자제하는 것이 바람직하다고 본다.


## 9. 본서에서의 용어 사용

본서에서는 네이션에 대한 우리말로서는 국인(國人), 내셔널리즘에 대한 우리말로서는 국인주의(國人主義)라는 용어를 사용하기로 한다. 이 시점에서 무엇보다 중요한 것은 네이션, 내셔널리즘에 맞는 용어를 찾아서 사용함으로써 지금까지의 잘못된 상황에서 하루빨리 벗어나는 일이다. 새로운 용어가 처음에는 어색하겠지만 사용하다 보면 곧 익숙해지게 될 것이고, 그렇게 되면 이 문제로부터 벗어나게 되는 것이다. 민족, 민족주의라고 하던 것을 무조건 국인, 국인주의라고 하자는 것이 아니다. 의미상으로 민족에 해당하는 것은 민족, 민족주의라고 하고, 네이션에 해당하는 것은 국인, 국인주의라고 하는 것이다. 이렇게 용어를 때와 장소에 따라 그 의미에 맞게 사용함으로써 모든 내용이 가장 정확하고 적절하게 표현되게 하려 한다.

# 제 3 장
## 국인주의 이론과 한국 국인주의 기존 연구

1. 내셔널리즘 이론
2. 한국 내셔널리즘에 대한 기존 연구

　국인주의 이론은 학자마다 그 내용과 주안점을 두는 부분이 워낙 다양해서 분류하기가 쉽지 않지만, 일단 크게 원초주의와 근대주의로 나눌 수 있다. 그리고 또 원초주의와 근대주의의 중간에서의 타협이라고 할 수 있는 민족상징주의가 있다. 여기에 또 원초주의와 별도로 구분되기도 하고 원초주의와 같은 부류에 넣기도 하는 영속주의가 있다. 그리고 이들 범주 내에서도 세부적으로 들어가게 되면 또 다양하게 나뉘어질 수 있지만, 국인주의 이론을 이들 네 범주를 중심으로 살펴보면 다음과 같다.[135]

## 1. 내셔널리즘 이론

### 1] 원초주의

　원초주의(primordialism)는 사람이 국인(nation)의식과 국인주의(nationalism)를 갖는 것은 태곳적부터 내려온 원초적인 성

---

[135] 조영정, 2021, pp.206-265

향이라고 생각하는 것이다.

사람은 누구나 태어나면서부터 자신이 속한 사회의 언어, 종교, 관습, 전통을 접하게 되기 때문에 이런 요인들을 기준하여 자신의 집단을 의식하게 되는 것은 당연하고도 자연스러운 것이다. 사람이 어떤 곳에 태어나게 되면 그곳에 애착을 갖게 되고, 같이 사는 사람이나 같은 환경에 있는 사람들에 대해서 애착을 갖게 된다.[136] 그래서 민족집단이나 국가집단에 대해서도 사람이 집단 소속원으로서의 자기 정체성을 갖고 자민족과 자국인에 대하여 애착을 갖는 것은 먼 옛날부터 있어온 일이다. 그리고 이러한 감정은 사람의 원래 타고난 성향이기 때문에 잘 변하지 않는 고정적인 것이며, 분석하거나 설명하기 어려운 성질의 것이라는 것이다.

먼 옛날부터 사람들이 살아오는 과정에서 민족이 형성되었으며, 민족이라는 것은 역사 이전부터 존재했던 것이다. 어떤 사람이 어떤 민족의 일원이 된다는 것은 어떤 가족의 일원이 되는 것과 마찬가지로 태어날 때부터 정해지게 되는 것이다. 이렇게 오랫동안 함께 살아온 사람들 간의 유대는 원초적인 것으로서, 강하고, 비이성적이며, 감정적이며, 자연적이고, 지속적이며, 역사적이며, 설명이 어렵다는 점에서 다른 유대관계와 다르다. 이 유대관계는 같은 민족의 사람들 간에 형성되는 무언가 표현하기 어려운 정서로서 존재하며, 이렇게 형성된 민족들은 서로 구분된다.

이와 같이 모든 사람은 자신의 공동체에 맞춰서 살아가야 한다는 점에서 이 민족공동체는 다른 어떤 공동체보다 큰 의미

---

[136] Brass, 1994, p.83

를 갖는다. 국인(nation)은 이런 민족공동체를 토대로 자신들의 역사적 고토 위에서 자신들만의 운명을 겪으면서 형성되었다는 것이다. 그래서 국인은 역사와 경험에 깊게 각인되어 있으며, 같은 사람들 공동체로서의 역사성을 갖고 있기 때문에 국인은 공동체의 자주권, 합법성, 정치력의 근원이 된다. 원초주의는 국가공동체 형성의 근간을 민족에 두고 있으며 따라서 민족 국인주의(ethnic nationalism)에서 더 설득력을 갖는다.

원초주의의 설명에는 크게 두 가지의 접근법이 있는데, 하나는 사회생물학적 접근방법이고, 다른 하나는 문화주의적 접근방법이다. 사회생물학적 접근은 국인주의의 근본이 되는 자민족, 자국인을 위하는 마음은 서로 피를 나눈 혈연적 유대에서 비롯된다는 것이다. 사람들은 자기 피를 보존하려는 본능을 갖고 있다는 것이고, 이러한 것에 대한 생물학적인 설명으로 자신의 유전자를 보존하기 위하여 조금이라도 자신과 가까운 사람들을 위하는 마음을 갖게 된다는 것이다. 그래서 민족이란 혈연으로 연결된 관계로서 하나의 거대한 가족이라는 것이다. 민족은 친족보다는 혈연적 거리가 멀기 때문에 이타심이 혈연적 거리가 가까운 친족에서만큼은 강하지 않지만 그래도 이타심이 작용한다. 그래서 자민족에 대한 애착은 약화된 혈연선택이다. 자민족은 자신과 혈연적 연관성이 전혀 없는 이민족보다 자신의 유전자를 더 많이 공유하기 때문에 당연히 자신이 아끼고 사랑하게 된다는 것이다.

그리고 문화주의적 접근은 일정한 집단의 사람들이 같은 지역에서 오랫동안 함께 살아오면서 사회관습, 언어, 혈통, 종교 등 여러 영역에서 문화적 공통성을 형성하게 되고, 이러한 공통성에 기초하여 자신과 같은 사람과 다른 사람을 구분하게 됨으로써 국인이 형성되었다는 것이다. 거어츠(Clifford Geertz)는 공민국가인 서구사회는 정치적인 이념과 강제적 힘에 의하여 사람들을 결속시키는 반면, 아시아, 아프리카와 같은 비서구사회에서는 이와 같은 원초적인 관계를 통하여 사람들이 결속되고, 이것이 국인에 중요한 역할을 한다고 주장한다.[137]

## 2] 영속주의

영속주의(perennialism)는 국인(nation)은 인간사회의 보편적인 속성으로서 역사적으로 오랜 옛날부터 항상 존재해 온 것으로 본다.

특정 국인들이 등장하고 사라지거나 단절과 불연속이 있었다고 할지라도 국인 자체는 지구상 모든 대륙에서 언제 어디서나 존재해 온 보편적인 것이라고 주장한다.[138] 원초주의가 주로 사회학자나 생물학자들에 의하여 설명되며, 사람의 타고난 성향에 무게를 두고 있는 반면에, 영속주의는 주로 역사학자들에 의하여 설명되며, 국인의 존재 여부에 무게를 둔다.

영속주의는 대다수 일반인들의 생각이기도 하다. 근대주의가 나오기 이전까지는 누구나 국인은 당연히 오랜 옛날부터 존재해 온 것으로 생각하여 근대 이전에 국인이 존재했는가와 같은 것은 논의의 대상이 아니었다. 영속주의도 두 가지로 나눌 수 있다. 하나는 연속 영속주의(continuous perennialism)로서 국인이 계속적으로 존재해 왔다는 것이고, 다른 하나는 재발 영속주의

---

[137] Geertz, 1973, pp.255-310
[138] Smith, 2010, pp.53-55

(recurrent perennialism)로서 국인이 불연속적으로 존재해 왔다는 것이다.

### 3] 근대주의

근대주의(modernism)는 국인(nation)과 국인주의(nationalism)는 18세기를 전후하여 일어난 유럽의 근대화 과정에서 발생한 것으로서 근대에 고유한 것이라는 것이다. 국인과 국인주의는 원래부터 있었던 것이 아니라 자본주의, 산업화, 도시화, 세속주의, 관료국가 등의 진행과 함께 근대화 과정에서 발생한 근대혁명의 산물이라는 것이고, 그렇기 때문에 근대주의에 있어서는 근대화 이전에는 국인과 국인주의가 존재할 수 있는 여지가 없게 된다.

근대주의 이론이 나오기 전까지는 국인과 국인주의는 고대로부터 내려온 인간사회에서 보편적이고 자연스러운 것으로서 자명하기 때문에 논의가 불필요한 것으로 받아들여졌었다. 이러한 기존의 생각을 뒤엎고 등장한 새로운 패러다임이 바로 근대주의 이론이다. 20세기 후반에 수많은 사람들이 근대주의를 주장하면서 국인주의 이론의 주류 이론이 되었다. 근대주의 이론은 여러 사람들이 다양한 측면에서 이론을 제시하고 있기 때문에 그 내용은 매우 다지다양하지만 이들의 공통된 주장과 입장은 국인주의와 국인은 근대화 과정에서 생긴 것이며, 국인주의는 이념이고 운동이라는 것이다. 근대주의 학자들이 주장하는 국인과 국인주의를 가져오게 한 근대화의 사회환경 변화는 대개 다음과 같은 내용을 포함하고 있다.

첫째, 정치적인 측면에서의 변화다. 근대화가 되면서 사람들이 정치적인 자기결정을 의식하게 되면서 조국을 생각하게 되어 국경을 만들거나 변경하려 하게 되었다는 것이다. 또한 민주주의의 발전으로 일반인들도 권력 엘리트의 지지자로서 정치에 참여하게 되자, 권력 엘리트들은 자신의 세력확보를 위하여 민중의 감정을 활용하게 되었고, 여기서 정치과정에서 활용할 수 있는 하나의 중요한 정치자원으로서 국인주의가 등장하게 되었다는 것이다. 민주화는 국가로 하여금 국민의 여론에 귀 기울이게 하고, 참정권이 확대되고, 국민개병제가 됨에 따라 국민들의 국가 정체성과 충성심은 커지게 되었다. 이러한 가운데 국가가 학교제도나 국가행정을 통하여 국인의 이미지와 역사유산을 전파하고, 국가에 대한 귀속감을 주입하며, 국민으로 하여금 국가에 대하여 애착심을 갖게 하고, 전통을 만들어 내고, 국인까지 만들어 내었다는 것이다. 이 같은 발전은 다른 국가, 다른 민족과의 갈등을 증가시키고, 대외적인 갈등과 마찰은 자국으로 향하는 이러한 마음을 더욱 강화하게 된다.

그리고 정치, 경제, 사회, 문화 등 다양한 측면에서 엘리트들이 자신들의 목적을 위해서 사람들에게 자국에 대한 의식을 갖도록 함으로써 내셔널리즘과 국인이 생기게 되었다는 것이다. 특히 정치 지도자에게 있어서 국인은 자신의 추종자를 동원하는 데 매우 좋은 자원이기 때문에, 이들에 의해서 국인은 정치적으로 관리되고 조작되었다는 것이다.

둘째, 경제 사회적인 측면에서의 변화다. 산업사회가 되면서 사람들은 이전의 농업사회와는 달리 문자해독능력을 비롯한 새로운 문화적 소양을 갖추지 않으면 안 되었다. 여기서 사람들에 필요한 교육과 공용어와 같은 제도를 시행함으로써 산업사회에 맞는 문화적 소양을 갖춘 사람을 만들어 내는 독자적인 국가의 역할이 요구되었다. 이러한 산업화 과정에서 국인주의가 일어나고 국인주의로 인하여 옛날부터 역사적으로 내려온 유산이나 문화를 이용하여 이를 변형시키고 가공함으로써 국인을 만들어 내었다는 것이다.

또 다른 경제적인 설명으로는 산업화가 되면서 경제발전에서 지역 간 불균형이 일어남에 따라, 여기서 발전에 뒤처진 지역에서는 자신들만의 국가로의 독립을 원하게 되거나, 경제발전으로 형성된 중심부와 주변부의 분할구조에서 중심부의 착취로부터 벗어나기 위하여 주변부가 독립을 원하면서 국인이 형성되었다는 것이다.

셋째, 사회문화적인 측면에서의 변화다. 근대화 과정의 대중문화 형성, 소통(communication) 발달, 문자사용 확대, 언어통일, 표준화된 교육 등과 같은 사회문화적 요인으로 인하여 국인과 국인주의가 형성되었다는 것이다. 근대화로 소통이 늘어나면서 소통이 되는 사람들 간의 사회적 결속을 창출하는 동시에, 소통이 되는 사람들과 소통이 되지 않는 사람들을 구분 짓게 되었다는 것이다. 그리고 인쇄간행물이 자본주의적으로 대량생산되면서 자본주의 사업가들은 책과 신문 등을 더 많이 팔기 위하여, 일부 지식인만이 사용하는 라틴어나 소수민 언어가 아닌, 많은 사람이 함께 읽을 수 있는 일상 언어로 출간하게 되었다. 이에 따라 지역마다 각기 다른 방언을 사용하던 사람들도 서로 소통할 수 있는 공통의 언어를 접할 기회가 많아지게 되고, 그 언어의 사용이 점점 늘어나게 되었다. 이로 인하여 일상생활 속에서 같은 신문을 동시에 읽으면서 같은 사실을 알게 되고, 같은 생각을 하면서 이전에는 지역마다 달랐던 생활 습속과 관습이 통일되어 갔다. 이러한 가운데 한 번도 본 적이 없는 멀리 있는 사람들 간에도 친밀감과 동료의식을 갖게 되면서 공동체 의식이 형성되었다는 것이고, 앤더선(Benedict Anderson)은 이를 "상상 공동체(imagined communities)"라 하였다.

### 4] 민족상징주의

민족상징주의(ethno-symbolism)는 민족집단에서 오래전부터 내려오던 상징, 신화, 기억, 가치, 전통 등의 존재가 근대적 국인국가의 형성에 결정적인 역할을 하였다는 것이다. 민족집단이 근대화 과정을 통하여 오래전부터 내려오던 민족의 상징을 재발견하고 재해석함으로써 고유의 이름, 공통조상의 신화, 역사의 공유, 공통의 문화 등을 강조하며 다른 국가의 사람들과 구분되는 집단을 형성함으로써 국인(nation)으로 자리 잡게 되었다는 것이다. 민족상징주의는 원초주의와 근대주의 타협선상에 있다고 할 수 있다. 근대주의 이론이 엘리트 중심적인 분석인데 비하여 민족상징주의는 엘리트와 일반 대중 간의 상호작용에 대한 분석에 더 큰 비중을 둔다. 민족상징주의는 국인형성에 있어서 민족적 토대에 의미를 부여하지만, 국인의 시작은 근대주의에서와 마찬가지로 근대에 가능하게 되었다고 주장한다.

## 2. 한국 내셔널리즘에 대한 기존 연구

### 1] 한국 내셔널리즘 기존 연구

한국의 내셔널리즘에 대한 연구는 그리 활발한 편이 아니다. 심도 있는 연구는 드문 상태에서 어느 정도 연구가 있기는 하며,

세계적으로 알려진 내셔널리즘 연구가들의 책에서도 다른 국가들과 함께 한국의 내셔널리즘이 가끔 언급되고 있다. 그로스비(Steven Grosby)는 일본의 경우는 8세기부터, 한국은 10세기 고려 때부터 국인(nation)이 시작된 것으로 볼 수 있을지도 모른다고 하고 있다.[139] 그리고 스미스(Anthony D. Smith)는 한국이 근대화기 이전에 네이션이 없었다고 하고, 그에 대한 이유로서 다음과 같이 기술하고 있다.

> 중국, 한국, 일본 같은 동아시아의 민족국가들, 타이, 캄보디아, 베트남, 사산왕조 페르시아(사실 이들 국가 중 상당수는 크거나 작은 소수민족을 포함하고 있었다)는 형제애가 없었으며, 그들이 외부인들과 민족적으로 다르다는 인식과 조상의 고토에서 정치적 자율성을 유지할 욕구에 맞는 지속적 통일성이 부족했다. 계급적 차이는 뚜렷했고 일본을 제외하고는 제식에 대한 대중적 참여가 별로 없었고, 전체 주민과 영토에 걸친 경제적 통일성이나 법적 표준화가 없었다.[140]

원초주의(primordialism) 학자인 그로스비는 근대 이전의 역사에서도 국인이 존재했음을 주장한다. 하지만 그로스비도 한국에서 국인의 시작을 고려시대에 두고 있는 것이다. 역사적으로 국가로서의 발전이 한국이 일본보다 빨랐고, 한국의 문물이 일본으로 전파되면서 일본이 고대국가로 발전을 하게 되었는데, 한국의 국인형성이 일본보다도 늦은 것으로 기술하고 있는 것은 그 정확성에 의문을 갖지 않을 수 없다.

한국 내셔널리즘에 대한 기존 연구들은 대부분 근대주의

---

[139] Grosby, 2005a, p.63
[140] Smith, 2010, p.121

(modernism) 이론을 따르고 있다. 근대주의 이론이 세계적으로 각광받기 시작한 1960년대에 한국에서도 이 분야에 연구가 늘어나기 시작하였다.[141] 근대주의 이론은 근대화 과정에서 내셔널리즘과 네이션이 생기게 되었다는 이론이다. 이는 유럽에서의 내셔널리즘과 네이션 발생에 대한 연구결과로 나온 이론이다. 근대주의에 입각하여 한국의 내셔널리즘을 설명한다는 것은 유럽에서와 마찬가지로 한국도 근대화 과정에서 국인주의가 발생하고 국인이 형성되었다는 것이다. 한국에서 근대화란 전통적으로 내려오던 동아시아문명이 서양문명으로 대체된 것을 말하고, 이는 20세기 초를 전후해서다. 그렇다면 이 시기 이전에는 한국에서 네이션, 내셔널리즘이 없었다는 것이다.

근대화가 되기 이전의 시기에 한국에 네이션이 없었던 이유는 무엇인가? 그것은 위의 스미스의 글에서 본 그대로다.[142] 근대화 이전의 한국은 국인의 존재를 위한 조건들을 갖추지 못했다는 것이고, 여기의 조건 항목으로 국가 내 사람들 간의 형제애, 자신들이 외부 사람들과 민족적으로 다르다는 인식, 고토에서의 정치적 자율성 유지, 통일성의 지속, 사회 내 계급 차이, 제식에 대한 대중적 참여, 나라 전체로의 경제적 통일성이나 법적 표준화와 같은 것들을 들고 있다.

한국 내셔널리즘에 대한 연구는 다른 연구들도 대부분 이와 유사한 형태다. 근대주의 이론의 틀에 따라서, 근대화되기 이전에 한국에서는 네이션, 내셔널리즘과 함께하는 요소들이 없었기

---

[141] 한국에서는 네이션, 내셔널리즘을 민족, 민족주의라고 불러왔기 때문에 연구들의 이름은 민족, 민족주의와 관련된 것임은 물론이다.
[142] 스미스는 민족상징주의(ethno-symbolism)라고 구분하기도 하지만 큰 틀에서 보면 근대주의와 큰 차이가 없다.

때문에 네이션, 내셔널리즘이 존재하지 않았고, 근대화가 된 이후에야 이런 요소들이 가능해져서 네이션, 내셔널리즘이 생겨났다는 것이다. 한국에서는 네이션, 내셔널리즘을 민족, 민족주의라고 하므로 한국인에 의한 연구들에서는 민족, 민족주의가 근대화기 이후의 현상이며, 근대화기 이전에는 민족도 민족주의도 없었다는 것이다.

근대주의에 의하면 한국사람들은 개화기 또는 일제시대 이후에나 자신들이 국가사람들이라는 의식을 갖게 되었고, 그 이전에는 정치집단 혹은 국가집단으로서의 한국인이라는 존재가 없었다는 것이다. 그리고 이들 연구에서는 민족, 민족주의가 시작된 시점을 동학운동이나 3.1운동에 두는 경우가 많다. 그런데 근대주의 이론대로라면 한국에 근대화 작업이 본격적으로 시행된 것이 일제시대인 것을 감안하면, 일제시대에 네이션, 내셔널리즘이 생겨났다고 하는 주장이 더 타당하다. 근대주의 이론은 내셔널리즘, 네이션이 근대화 과정에서 일어나는 정치, 경제, 사회, 문화 등 제반 여건의 변화에 의해서 생기게 된다는 것이고, 한국에서의 이러한 변화들은 일본의 통치하에서 행해진 근대문물의 도입으로 일어났기 때문이다.

해방 이후 한동안 한국 내에서는 반일적인 분위기가 강하여 일본에 호의적인 주장은 발붙일 곳이 없었으나 최근에는 일본사람이 아니어도 식민지근대화론, 식민지수혜론과 같은 일본의 입장을 대변하는 사람들도 나오고 있다. 이들은 일본에 감사해야 한다는 말들을 스스럼없이 하고 있는데, 내셔널리즘 영역에서도 일본에 감사해야 한다고 할 수 있는 요건을 확실히 갖추고 있는 셈이다. 근대주의 이론에 의하면 한반도에 있는 민족도 아닌 사람들을 일본이 통치함으로써 민족으로 만들어주었기 때문이다.

이렇게 근대주의에 의한 한국 국인주의의 설명은 수긍하기 어려운 것이 많으며 언뜻 들어도 맞는 것 같지가 않다. 그럼에도 불구하고 지금까지의 한국 국인주의에 대한 연구는 대부분 근대주의를 따르고 있는 것이 현실이다. 그렇다면 한국 국인주의에 있어서 근대주의 이론이 어떤 문제가 있는지 구체적으로 보기로 하자.

## 2] 한국에서의 근대주의 이론의 부적합성

### [1] 상식을 거스르는 설명

지금까지 한국 내셔널리즘에 대한 근대주의의 연구들은 근대화기에 민족, 민족주의가 생겨났다고 하고 있다. 이는 한국민족이 일본 식민통치의 전후한 시점이나 일제시대에 형성되었다는 것이다. 이는 도대체 무슨 말인지 이해가 되지 않을 정도로 쉽게 받아들여지기 어려운 말이다. 한국민족이 일제시대에나 처음 생겨났다는 것이 말이 되는가? 그 이전에 살았던 우리 사람들은 무엇이었단 말인가? 앞의 제2장에서 본 대로 민족이라는 말이 이 시기에 처음 만들어졌기 때문에 맞는 말이라고 하는 사람도 있을지 모른다. 하지만 그것은 잘못된 생각이다. 그 단어가 없었다고 해서 실체가 없었다고 할 수는 없다. 조선시대에 바이러스라는 말을 몰랐다고 해서 바이러스가 없었다고 할 수는 없는 것이다. 민족이라는 말이 없었더라도 국인이 있었고, 오늘날 민족에 해당하는 류(類)나 족(族)이라는 말도 있었다. 엄연히 오래도록 한반도에서 나라를 갖고 살아온 사람들로서의 실체가 있었다. 그래서 우리는 반만년 역사를 가진 민족이라고 하지 않는가? 그런데 이 민족이 고작 19세기 초반에 생겨 백여 년밖에 안 되었다는 것이 말이 되는가? 그렇다면 그 백여 년 전에서 반만 년 전 사이에 한반도에 살았던 사람들은 어떤 존재였단 말인가? 이렇게 근대주의 이론에서의 내셔널리즘 설명은 한국의 민족, 민족주의라는 번역어와 합쳐져서 매우 기괴한 결과를 도출해 내고 있는 것이다.

민족이라는 용어를 사용하지 않는다고 하더라도 문제는 여전하다. 네이션 혹은 국인이라는 용어를 사용해 보자. 근대주의 이론을 따르게 되면 불과 한 세기 전에 한국에 국인의식과 국인주의가 생겨나게 되었다는 것이 된다. 상식적으로 생각하더라도 이 땅에 국가가 생긴 지 수천 년이 되었고, 같은 영토 내에 같은 집단의 사람들이 국가를 형성하여 살아온 것이 수천 년인데, 그 수천 년 동안 나라에 대한 의식이 없이 살아왔다는 것이 말이나 되는 소리인가? 게다가 국인, 국인주의가 근대화와 함께 만들어지는 존재라면 근대화의 변화가 가장 컸던 시기가 일제하였으므로, 한국의 국인, 국인주의는 일본이 가져다준 것으로 된다. 일본의 식민통치가 있었기 때문에 이런 국인, 국인주의를 갖게 되었다는 것이고, 이는 일본의 식민통치를 미화하는 것으로 될 수도 있다.

근대주의를 따르는 연구에서는 한국 민족주의의 기원을 빠르게는 조선 말기의 동학운동까지 거슬러가서 그 이후의 근대화 과정에 두거나 일제하의 3.1운동을 시발점으로 두기도 한다. 동학운동에 두는 이유는 반봉건, 반외세 민중운동이었다는 것이고, 조선 말기에 두는 이유는 자주의식과 근대화된 국민주권의식이 생기게 되었다는 것이다.[143] 동학혁명을 기점으로 하는 주장에는

---

[143] 유종하, 1999, pp.61-63

한국인들의 국인이 일본이 가져다준 선물이 되는 것을 피하고 가급적 빠른 시점에 국인을 가진 것으로 하는 의도가 작용한 것으로도 이해할 수 있다. 그런데 동학혁명을 계기로 한국에 국인과 국인주의가 형성되었다는 주장은 근대주의 이론의 내용과 부합하지 않는다. 근대화는 국가 내 정치, 사회, 경제, 문화 등 여러 측면이 상호 영향을 주는 가운데 일어나는 점진적 변화과정이며, 이런 과정에서 국인과 국인주의도 생기게 된다는 것이 근대주의 이론이다. 그런데 근대화 과정이 없는 상태에서 동학혁명으로 갑자기 국인과 국인주의가 생길 수는 없는 것이다. 그 당시 한국에서는 근대주의 이론에서 말하고 있는 근대화 상황에서의 제반 조건이 거의 없었다. 당시에 사람들이 근대화된 주권의식을 새로 갖게 되었다는 것도 합당한 주장이 아니다. 일부 이러한 의식을 갖게 된 사람들이 있을 수도 있다. 하지만 국인주의 논의에서 이러한 의식을 말할 때는 일부 지식인이나 일부 계층에만 해당되어서는 안 되고 일반 대중들을 기준으로 생각하지 않으면 안 된다. 또한, 1894년에 일어난 동학난 혹은 동학농민혁명은 지배층의 수탈에 저항하였다는 점과 외세를 배척하였다는 점에서 주요 특성을 갖는다. 동학혁명은 지배층의 수탈에 저항하였다는 점에서 그 이전의 진주민란과 같은 여러 민란과 다른 점이 없었고, 외세를 배척하였다는 점에서는 임진왜란 때의 다른 의병의 활동과 다르지 않았다. 그렇다면 동학혁명을 특별히 국인주의의 시작으로 볼만한 이유가 없는 것이다.

다음으로, 3.1운동을 민족주의의 시발점으로 보는 것에 대한 문제다. 3.1운동은 한국인들이 일본통치를 거부하고 자주독립을 요구한 대규모의 민중운동이었고, 이를 계기로 한국사람들의 나라에 대한 열망이 응결되어 대한민국 임시정부가 수립되고 독립을 위한 다양한 활동이 일어나게 되었다는 점에서 분명히 획기적인 사건이다. 하지만 3.1운동은 민족주의가 있었기 때문에 생긴 결과이지 원인이 아니다. 기존 연구들에서는 3.1운동에 시발점으로 두는 이유로서 3.1운동이 자주독립에 대한 욕구나 근대화에 대한 욕구를 분출한 것으로 설명하기도 한다.[144] 이러한 설명도 논리가 맞지 않는다. 먼저 자주독립 측면에서, 자주독립에 대한 욕구를 분출하였기 때문에 민족주의가 생겨났다는 것은 앞뒤가 바뀌었다. 자주독립에 대한 욕구가 분출되었기 때문에 민족주의가 시작된 것이 아니라, 민족주의가 있었기 때문에 자주독립에 대한 욕구가 분출된 것이라고 해야 옳고, 그렇다면 민족주의는 이때 시작된 것이 아니라 이전에 있었던 것이 된다. 다음으로 근대화 측면에서, 3.1운동이 근대화의 욕구를 분출한 것이고, 그래서 이때 민족주의가 시작되었다는 주장도 사실에 맞지 않는 말이다. 이 말대로라면 일본은 근대화되는데 한국은 근대화가 되지 않아서 한국에 있던 사람이 불만이 생겨서 민족주의가 일어나고, 그래서 3.1운동이 일어났다면 맞는 말이겠지만 실제는 그렇지 않다. 누구나 알다시피 3.1운동은 그렇게 일어난 것이 아니다. 한국사람들은 자신들이 일본의 통치 밑에 살 수 있는 사람들이 아니라는 의식 속에 일어난 것이고, 이러한 의식은 한국인들에게 이미 오래전부터 있던 것이었다.

### [2] 앞뒤가 뒤바뀐 설명 체계

한국에 국인주의가 어느 시점에 생겼는지를 알기 위해서는

---

[144] 유종하, 1999, pp.61-63

먼저 역사과정에서 국인주의가 어느 시점에 있었고 어느 시점에 없었는지를 조사하여야 한다. 그리고 여태 없던 국인주의가 어느 시점에 생겼다는 것이 확인되면 이것이 어떻게 해서 생기게 되었는지를 밝혀야 한다.

만약에 근대화를 기점으로 하여 그 이전에는 국인주의가 없었고, 그 이후에는 있었다면, 그 이전에는 어떤 모습에서 국인주의가 없다고 판단할 수 있고, 그 이후에는 어떤 모습에서 있다고 판단할 수 있는지를 설명하여야 한다. 그리고 어떻게 근대화로 인하여 국인주의가 형성되었는지를 설명해야 한다. 예를 들면 겔너(Ernest Gellner)가 농업사회에서 산업사회로 변화하면서 일반 사람들에 문자해독능력이 요구되면서 교육과 문화를 담당해 줄 자신들만의 국가가 필요해졌다고 한다든지, 앤더선(Benedict Anderson)이 출판자본주의 발전에 따라 먼 거리에 있던 사람들 간에도 마음으로의 소통이 이루어지고 상상공동체가 형성됨으로써 국인이 형성되었다고 하는 것과 같은 합리적인 설명이 있어야 한다. 그런데 한국 내셔널리즘에 관한 연구들에서는 이런 설명을 찾기 어렵다.

많은 연구에서 내셔널리즘을 근대화 현상으로 기정사실화하고, 형성이유에 대해서 유럽의 연구에서 나온 요소들을 그대로 적용하여 설명하고 있다. 거두절미하고 내셔널리즘은 근대적인 현상이기 때문에 전근대 시기에는 한국에 내셔널리즘이 있을 수 없다고 하는 주장도 드물지 않다. 내셔널리즘은 근대적인 현상이기 때문에 전근대 시기에는 내셔널리즘이 있을 수 없다고 하는 것은 근대주의 서구학자의 주장을 신봉하는 것이다. 이는 천문학자가 천동설이 진리이기 때문에 당연히 하늘이 돈다고 말하는 것과 같다. 그가 연구자라면 하늘이 도는지 지구가 도는지를 먼저 관찰하고, 어떻게 해서 하늘이 도는 것이 옳다든지, 지구가 도는 것이 옳다든지 말해야 한다. 다른 학자들이 만들어 놓은 도식에 막연히 꿰맞추기만 해서는 그 연구라고 할 수가 없다. 한국에서의 근대주의 이론을 근간으로 하는 연구는 서양에서 나온 이론을 장소만 달리하여 한국에 적용하는 형태이고, 그러다 보니 한국의 국인주의가 제대로 잘 설명되지 못하고 있다.

### [3] 이론과 반대되는 현실

근대주의 이론은 근대화 과정에서 정치, 경제, 사회, 문화 등 전반에 걸쳐서 변화를 맞게 되고, 이와 함께 국인주의와 국인이 생겨났다는 것이다. 그렇다면 한국이 근대화된 것은 언제인가? 한국에서는 1894년에 동학혁명이 일어나고, 같은 해 갑오개혁이 있었다. 갑오개혁은 사회제도, 경제제도, 행정제도 등 국가 전반에 걸쳐 근대적인 제도로 개혁하고자 하였다. 동학혁명이나 갑오개혁이나 모두 실패로 끝났지만 이즈음 해서 근대화가 시작은 되었다고 할 수 있을 것이다. 그리고 1910년 한일합방 이후 일본이 한국 전통의 전근대적 제도와 문물들을 폐기하면서 본격적으로 근대화가 이루어지게 된다. 또한 한국은 1960-70년대에 산업화를 이루고 1980년대에 민주화를 이루었다는 것이 일반적인 인식이다. 근대화는 하루아침에 단숨에 생기는 것이 아니라 시간을 두고 이루어진다. 국인과 국인주의에 영향을 준 근대화 시기를 넉넉잡아 1894년부터 1980년대까지 긴 기간을 두고, 이 시기에 국인과 국인주의가 생기게 되었는지를 검토해 보자.

한국에 근대화의 변화가 가장 많았던 시기는 일제시대였다.

근대주의 이론대로라면, 한국에서도 근대화가 가장 많이 진행된 일본강점기에 국인도 생기고 국인주의도 생겨야 한다. 그런데 일제시대 1910년에서부터 1945년의 35년 동안에 있었던 변화를 보면 한국사람들이 한국인으로서의 정체성이 더 강화되었다거나 국인의식이나 국인주의가 강화되었다고 하기 어렵다. 일제시대 이전에는 외세의 침입에 대항하여 많은 의병이 일어났지만, 일본이 통치하면서 의병과 같은 활동은 오히려 줄어들고 저항운동은 쇠퇴하였다. 3.1운동과 같은 국권회복운동이 일어났지만, 이것이 일본이 근대화를 시킨 덕분에 일어난 것이라고 할 수가 없다. 이미 한일합방 이전에 외세가 침탈해 올 때부터 이에 대하여 많은 의병항쟁과 민중봉기가 있었고, 3.1운동은 한말에 있었던 이러한 반외세운동의 연장선상에서 일어난 일이다. 합병 후 일본의 강압통치에 억눌려 있다가, 1918년 제1차 세계대전 종전처리에서 등장한 국인자결원칙(principle of national self-determination)에 따라 한국인의 국가에 대한 자결권도 대두되었고, 1919년 1월 고종이 사망함에 따라 고종의 일본 독살설에 의한 자극 등이 원인이 되어 3.1운동이 일어나게 된 것이다.

근대주의 이론대로라면 근대화가 진행되어 가면서 국인의식도 생기고 국인주의도 강화되어야 한다. 그러나 일제시대에는 그러지 않았다. 오히려 그 반대였다. 일제의 통치가 진행될수록 오히려 친일세력이 크게 증가하고, 일본제국에 순응하는 체제로 되어 갔다. 한국인으로서의 정체성과 국인의식이 오히려 줄어든 것이다. 오늘날 한국인의 특성 중의 하나가 수동적이고 추종적인 사람들이 많다는 점이다. 말로는 민주주의라고 하지만 국민들이 자신이 국가의 주인이라는 의식을 갖고 주인으로서 살아가는 사람은 드물다. 관 우위의 문화 속에서 대부분의 사람들이 공무원의 지시에 따르고, 국가가 하는 대로 따르면서 살아간다. 한국인을 이런 추종적인 사람들로 만드는 데 가장 큰 역할을 한 시기가 언제인가? 바로 일제강점기다. 일제강점기에 식민통치자들은 한국사람들을 철저하게 천황을 받드는 신민으로서, 국가권력에 복종하는 식민지민으로 만들었다. 이것은 근대화로 새롭게 펼쳐진 문화가 되었고, 그래서 지금도 한국에서는 판사, 검사, 경찰, 공무원들이 일반 국민들을 식민지민 다루듯 하며, 국민들은 이들을 두려워하면서 따르는 경향이 있다. 근대주의 이론대로라면 이 근대화 시기에 한국사람들도 자신의 나라에 대하여 더 주인의식을 갖고 자신이 나라 일에 더 적극 나서는 사람이 되어야 하지만, 오히려 다른 나라 왕에 대하여 신민의식을 갖게 되고 통치권력에 복종하는 노예민이 된 것이다. 이런데 어떻게 근대주의 이론으로 한국의 내셔널리즘을 설명할 수 있는가?

해방 이후를 보더라도 마찬가지다. 근대주의 이론대로라면 근대화가 될수록 동포들 서로 간에 운명공동체로서의 의식이 강화되어 단결하고 협동하려는 힘이 더 커져야 한다. 하지만 전혀 그렇지 않았다. 해방 이후 남북으로 분열되고, 급기야 6.25동란으로 동포 간에 엄청난 살상이 일어났다. 그리고 그 이후 근대화가 진행되는 과정에도 남북 간의 적대적 대치는 계속되었다. 해방 이후 신생국으로서, 그리고 6.25전쟁과 이념적 진영대결을 하면서 남한과 북한 각자 국인주의가 강화되었지만 이때 국인이 생겨났다고 할 수 없다. 이렇게 한국에서는 근대화와 국인, 국인주의의 형성 사이에 아무런 관계를 발견할 수 없다.

앞의 스미스의 기술로 돌아가보자. 한국 내셔널리즘에 대한 스미스의 주장에 대해 그보다 한국의 역사를 더 잘 아는 한국인으로서 판단해 볼 때, 그가 주장하는 구절 중 어느 것 하나 옳다고 여겨지는 것이 없다. 형제애를 예로 들어보자. 국가 내의 사람 간에 근대화가 된 오늘날에는 형제애가 있고, 근대화가 되기 이전에는 형제애가 없었다는 것인데 정말 그런가? 이야기나 기록을 보더라도 과거에는 국가 내의 사람들 간에 인심이 그렇게 나쁘지 않았다. 서로에 대하여 호의를 갖고 살았다. 19세기 전반 김삿갓은 그 일생을 걸식을 하면서 전국을 돌아다녔다. 사람들이 비록 어렵게 살았지만 그만큼 인심이 각박하지 않았던 것이다. 그런데 오늘날은 어떤가? 오늘날에 김삿갓 같이 무전걸식으로 여행하는 사람이 있다면 며칠을 못 가서 아사하고 말 것이다. 지금의 사람들이 전근대기 사람들보다 형제애가 더 많다고 할 수 있는 근거는 어디에도 없다. 오늘날 한국에 살아가는 사람들은 형제애가 거의 없다. 길거리에서 마주치는 사람과 다른 나라에서는 흔히 하는 최소한의 눈인사도 하지 않는다. 모르는 사람에 대해서 대부분 정감 없이 대하며 심지어 싸우려는 사람처럼 보인다. 한국의 교통사고율은 세계 최고수준인데, 서로에 대한 배려가 전혀 없고 미친 듯이 서로 경쟁하면서 달리는 운전문화 때문이다. 오늘날 한국사회에는 층간소음으로 수많은 분쟁이 일어나며 살인도 마다하지 않는다. 사람들은 아파트를 잘못 지은 탓으로 돌리지만 그것보다는 한국사람들의 서로에 대한 배려 없음과 순식간에 발현되는 이웃에 대한 적개심 탓이 더 크다. 미국의 경우는 목재로 집을 지어 콘크리트로 짓는 한국 집보다 바닥이 더 얇을 수밖에 없고, 그래서 층간소음이 더 많이 생길 수 있는 구조다. 그럼에도 한국이 미국보다 층간소음으로 인한 분쟁이 훨씬 많은 것은 한국사람들의 서로를 배려하지 않는 문화 풍토 때문이다. 오늘날 한국에서는 아무 곳에나 이사 가서 살 수도 없다. 외지인이 시골에 가서 살려고 하면 그 마을에 수백만 원, 혹은 수천만 원의 발전기금을 내야만 한다. 서로 못 믿고 서로 배척하는 힘이 작용하고 있는 것이다. 이것이 오늘날 한국에서 같은 나라사람 간에 겪게 되는 현실이다.

전근대기에 사람들은 모두가 한배에서 나온 백성들이라는 의미의 동포(同胞)임을 강조하는 왕 아래에서 살았기 때문에 형제애가 있을 수밖에 없었다. 그런데 오늘의 사람들은 부패한 지도자와 탐관오리의 이기적인 모습을 보고 배우면서 치열한 경쟁 속에 살아가고 있다. 사회환경이 이런데 어떻게 오늘의 사람들이 과거의 사람들보다 더 강한 형제애가 있겠는가? 게다가 근대적 산업사회가 되면서 사람들이 몰인간적으로 되고, 인심이 더 각박해진 것은 누구나 아는 상식이다. 사람들 간의 형제애가 약화될 수밖에 없는 것이다. 그럼에도 오늘날에는 형제애가 있어서 네이션이고, 전근대기에는 형제애가 없어서 네이션이 아니라는 주장이 성립될 수 있는가? 유럽에서는 그럴 수 있었을 것이다. 하지만 한국에서는 아니다. 전근대기 한국사람들은 오늘날 백인과 흑인이 목숨 걸고 다투는 미국이나 수시로 다른 사람들에 폭탄을 던지는 프랑스보다 훨씬 더 형제애가 강하였다. 그런데도 오늘날 미국과 프랑스에는 국인주의가 있다 하면서 전근대기 한국은 형제애가 없어서 국인주의가 없었다고 하는 것은 옳지 않다.

이렇게 전근대기에 한국에서는 형제애가 없어서 국인주의가 없었다는 설명은 타당하지 않으며, 그 외에 스미스가 근거로 제시하고 있는 정치적 자율성, 사회계급, 통일성, 제식에 대한 대중참여, 경제적 통일성, 법적 표준화 등의 측면에 있어서도 형제애의 경우와 마찬가지로 모두 논박이 가능하다. 이와 같이 근대주의의 이론에 따라 과거 한국에서 국인주의가 존재할 수 없었다고 하는 주장은 설득력이 없다. 그렇다면 근대주의 이론이 한국에 왜 맞지 않는지 그 이유를 보기로 하자.

## 3] 근대주의 이론이 한국에 맞지 않는 이유

### [1] 역사적 차이

국가 역사에 있어서 유럽과 한국은 완전히 다르다. 그래서 유럽의 역사에 기초하여 만들어진 근대주의 이론이 한국에 그대로 적용되기는 어렵다. 유럽의 국가들은 근대화기에 형성되었지만, 한국은 고대에 형성되었다.

유럽에서 근대주의 이론이 주류 이론으로서 설득력을 얻고 있는 것은 유럽의 역사에 비추어 타당성이 있기 때문이다. 제2장에서 본 바와 같이 유럽은 고대에 로마제국으로 있다가 중세기에는 교회의 지배하에 있었다. 유럽이 오늘날과 같은 국가로 분화된 것은 근대화기에 와서였다. 지금은 유럽에서 국가의 경계가 분명하고 누가 자국사람이고 누가 외국사람인지가 분명하지만 근대화기 이전에는 그러지 않았던 것이다.

세계 전반을 보면 근대주의 이론이 설득력을 갖는 것처럼 보이기도 한다. 세계가 지금과 같은 국가들로 분포하게 된 것은 대체적으로 근대화기 이후이다. 그래서 유럽 이외의 지역에서도 근대주의 이론이 적용될 만한 지역들이 많다. 먼저 중동지역을 보면, 20세기가 되어서야 지금과 같은 국경이 정해졌다. 632년 아랍권역을 통괄하는 이슬람제국이 설립되어 아랍 전역을 지배하였고, 이후 이슬람제국은 여러 권역으로 분할되었지만, 다시 오스만제국(Ottoman Empire)으로 이어져 1922년까지 계속되었다. 그리고 중앙아시아지역은 러시아제국의 지배하에 있었다. 또 아메리카 신대륙에서는 18세기에 미국이 먼저 독립하였고, 대부분 19세기에 독립하였으며, 오세아니아지역 국가들은 20세기에 독립하였다. 그리고 아시아, 아프리카에서는 오래전부터 국가들이 있었지만 대부분 서양국가의 식민지로 있다가 제2차 세계대전 이후에 독립하였기 때문에, 여기서도 서양의 학자들은 근대화기 이후에 국가가 수립된 것으로 하여 근대주의 이론을 전개하는 것이다.

이렇게 하여 앤더선(Benedict Anderson)은 국인주의에 대하여 "세계 각지의 엘리트들이 유럽에서 만들어진 특허품을 도용해서 자기들의 사회에 적용함으로써 생긴 일"이라 하였다.[145] 이렇게 근대주의자들의 생각은 다분히 서구중심적이다. 국인으로 이루어진 국가를 서구인들이 만들어서 전 세계에 나누어 주었다는 식이다.[146] 그러면서 전 세계의 국가를 유럽에 대한 국인주의 설명의 틀에 맞추어서 국인주의를 설명하려 한다. 이러한 근대주의 이론에 의한 비서구국가에서의 국인주의 설명은 서구의 제국주의나 서구 우월주의와 같은 서구사람들의 불손한 사고와 연결된다. 서구사람들은 비서구사회에 대해서 미개사회와 같았다고 생각하면서 자신들이 이들을 비문명의 무지의 세계에서 구원하고 해방시켜 주었다고 생각하는 것이다. 마치 자신들이 인간에게 불을 전해준 프로메테우스(Prometheus)나 되는 것처럼 착각하는 것이다. 이러한 가운데 서구 관점에서의 사물에 대한 인식을 비서구의 사람들도 가져야 한다고 생각한다. 근대주

---

[145] Anderson, 1991, p.67
[146] Ichijo & Uzelac, 2005, p.13

의 이론 또한 서구 관점에서의 사물인식을 세계사람들에 강요하는 한 형태라고 할 수 있다.

하지만 앞에서 본 대로 근대주의 이론을 한국의 국인주의에 적용해 보면 전혀 맞지 않다. 한국은 유럽과 달리 이미 고대부터 독립되고 독자적인 정치체로서 살아왔다. 어느 나라의 국인주의는 그 역사과정에서 설명될 수 있는 것인데, 한국사람들과 전혀 다른 역사를 살아온 유럽사람들에서 나온 이론이 한국에 잘 맞을 리 없다. 한국 국인주의에 대한 이론은 한국의 역사과정에 기초해서 나와야 한다. 이런 측면은 중국, 일본 등 다른 동아시아국가들도 같은 입장에 있다. 그런데 중국, 일본도 근대주의 이론이 잘 맞는 것은 아니나 한국만큼 분명하지는 않다.

중국은 국가의 계보가 극히 혼란스럽다. 중국의 역사를 보면, 왕조가 수없이 많이 바뀌면서 왕조들의 수명이 짧았으며, 그 왕조마다 통치영역이 달라 그 속에 소속되는 사람들의 범위도 변동이 많았다. 나라가 삼국으로 분할되기도 하고, 5호 16국으로 분할되기도 하고, 5대 10국으로 분할되기도 하였다. 그리고 중화에서 말하는 이적이 중국의 천자가 되거나, 이적국가의 지배하에 있었던 시기가 많아 중국 본래의 민족이라고 할 수 있는 한족이 지배하는 기간은 그리 길지 않았다. 그러다 보니 중국역사에서의 나라사람은 누가 자기와 같은 사람이고, 누가 자기와 다른 사람인지 구분이 되지 않는 상태에서 살아오는 경우가 많았다.[147]

일본의 경우는 6-7세기 아스카(飛鳥)시대에 고대국가가 성립되고, 8세기를 전후하여 고대국가 체제를 완성하고, 나라(奈良)

---

[147] 중국의 내셔널리즘에 대한 자세한 사항은 졸저, 『중국의 내셔널리즘』을 참고할 것.

시대에는 남으로는 규슈지역에서 북으로는 혼슈 북부까지 그 영역을 확장하였다. 일본에 국인이 형성된 것은 7-8세기경으로 볼 수 있다.[148] 그런데 대부분의 일본학자들은 근대주의 이론에 따라 일본의 국인이 근대에 생긴 것으로 주장한다. 일본에서 국인이 생긴 것을 19세기에 와서라고 하는 이유는 일본사람들은 1868년에 시작된 메이지유신에 큰 의미를 두기 때문이다. 메이지유신은 일본을 동아시아에서 가장 낙후된 국가에서 가장 앞선 국가로 변모시켰다. 그리고 일본에서는 메이지유신 이후 탈아입구(脫亞入歐)라 하여 아시아와 함께하지 아니하고 유럽과 함께하는 것을 철칙으로 삼고 있다. 자신들은 더 이상 후진적 아시아국가들과 같은 부류의 국가가 아니며 유럽국가와 같은 부류의 선진국이라는 것이다. 그래서 내셔널리즘에 있어서도 자신들의 역사와 상관없이 유럽국가들에 맞추려는 것으로 이해할 수 있다. 물론 일본이 국가체제나 환경에 있어서 한국과 다른 점이 있기도 하다. 근대 이전에 한국은 중앙집권체제에 있었던 반면에 일본은 봉건체제에 있었으며, 한국은 오랜 역사기간 동안 끊임없는 외침 속에 다른 나라의 존재를 한시라도 잊을 수 없는 환경에 있었던 반면에, 일본은 워낙 외딴 곳에 고립되어 있어서 19세기 이전에 다른 나라 존재와 관련한 의식이 형성되기 어려웠다. 그리고 일본은 19세기 홋카이도와 오키나와를 병합함으로써 영토와 국가 구성원에 있어서 큰 변경이 있었다.[149]

    이런 중국, 일본에 비하여 수천 년 같은 영토 같은 사람들로 이루어진 국가로 살아온 한국은 여러 측면에서 이들 국가보

---

[148] 조영정, 2019, pp.88-89.
[149] 일본의 내셔널리즘에 대한 자세한 사항은 졸저, 『일본의 내셔널리즘』을 참고할 것.

다도 근대주의 이론으로 설명될 수 있는 여지가 더욱 작다고 할 수 있다.

### [2] 문화적 차이

근대주의 이론에서의 내셔널리즘은 자신과 같은 사람들이 함께 이끌어 가는 대상으로서의 나라에 대한 생각이고 감정이다. 프랑스혁명을 내셔널리즘의 시작으로 보듯이, 서양에서의 내셔널리즘은 민주주의와 연관되어 있다. 국가라는 하나의 추상적인 대상을 두고, 그 안의 개인과 국가와의 관계, 즉 개인과 직접 맞닿는 국가와의 관계로서의 내셔널리즘이다. 이에 반해서 과거 한국에서는 국가를 대표하는 왕이 있고, 이 왕을 중심으로 모든 사람이 충성하는 가운데 국가집단으로 향하는 개개 국민들의 마음으로서의 내셔널리즘이다. 이는 한국뿐만 아니라 많은 비서구 국가에서 공통된다.

유럽사람들은 왕이 통치하는 국가에서는 내셔널리즘이 형성되기 어렵다고 생각한다. 왕정에서는 모든 사람들이 왕의 속박하에 있기 때문에 나라에 대한 애착심을 가질 수 없다고 생각하는 것이다. 특히 동양에 대해서는 더욱 그렇게 생각한다. 서양사람들은 동양의 왕정을 압제적 전제정치로 생각한다. 일찍이 헤겔(G.W.F. Hegel)은 그의 『역사철학강의』에서 "동양사회에서는 한 사람만이 자유로웠고, 그리스-로마사회에서는 소수의 사람이 자유로웠고, 그리고 게르만사회에서는 모든 사람이 자유롭다"[150]고 하였다. 이는 동양사회는 전제군주제였고, 그리스-로마사

---

[150] Hegel, 1975, p.55

회는 귀족정치였으며, 게르만사람들은 기독교와 함께 사람은 원래 자유롭게 태어났다는 것을 자각하였기 때문에 그렇다는 것이다. 여기에는 서양사람들의 오리엔탈리즘도 작용하고 있다. 이는 헤겔뿐만 아니라 서양사람들은 동양의 왕정을 부를 때 전제정치도 함께 넣어 "Oriental Despotism(동양 전제정치)"이라고 부른다. 동양은 왕이 지배하는 전제군주제로서 그 아래 모든 사람이 자유롭지 못하다고 생각하고, 유럽에서는 프러시아나 영국과 같이 왕이 지배한다고 할지라도 그 아래에 모두가 자유롭다고 생각하는 것이다. 같은 왕정이라도 서양과 동양을 이렇게 다르다고 생각하는데 서양사람들이 전근대 동양사회를 두고 내셔널리즘이 있었다고 생각하기는 쉽지 않다. 하지만 비서구국가에서도 개인과 국가 간의 직접적인 연결의식이나 민주주의와 상관없이 내셔널리즘이 유지되어 왔다. 이들 사회에서는 대부분 자신의 국가에 대한 애착이 국가를 상징하는 왕이나 지도자로 향하는 형태로 된다.

 2011년 12월 17일, 북한 국방위원장 김정일이 사망하였을 때, 북한 주민들이 대성통곡하는 장면은 세계를 놀라게 하였다. 추도기간 동안 사람들은 겨울의 언 땅에 쓰러져 땅을 치고 몸부림치며 통곡하였으며, 12월 28일 장례식은 눈이 내리는 가운데 김일성광장에 모인 10만 군중 대부분이 너무 슬픔에 겨워서 몸을 가누지 못하였으며 거의 실신할 지경이었다. 김정일에 대한 북한 주민의 마음은 그 개인이 훌륭해서 그런 것이 아니며, 그가 나라의 최고 지도자이어서, 나라가 곧 그이기에 가능한 것이다. 이렇게 북한 주민들의 나라에 대한 마음은 그 지도자에 대한 마음의 형태로 발현되는 것이다. 이런 북한에 대해서 내셔널리즘이 없다고 말하는 사람은 없을 것이다.

국가의 왕이나 지도자를 자신에게 큰 의미를 부여하는 이런 모습은 북한에 한정되지 않는다. 일본은 천황의 나라다. 일본인의 천황을 향하는 마음은 그 끝을 가늠할 수 없다. 1912년 육군대장을 지낸 노기 마레스케는 일본 천황이 죽자 자신도 부인과 함께 할복자살하였다.[151] 지금도 일본사람들이 극진히 모시고 있는 야스쿠니신사는 천황을 위하여 죽은 사람을 모시는 곳이다. 그리고 제2차 세계대전 종전 직후 일본 히가시쿠니노미야 나루히코 총리는 군관민 일억총참회(一億總懺悔)를 주장하였다. 그 참회는 승리한 연합국이나 일본의 침략으로 인하여 피해를 입은 국가에 대한 것이 아니라 일본 천황에 대한 것이었다.[152] 나라를 지키지 못한 잘못을 범한 국민들의 천황에 대한 참회와 사죄였다. 2009년 일본의 작가 사토 마사루는 그의 책 『일본국가의 신수(神髓): 국체의 본의를 해독하다』에서 "우리는 천황을 원점으로 하여 부름 받은 집단이다." 하고 있다.[153] 제2차 세계대전 말기에 연합군이 사이판을 공격할 때 절벽 위에서 수많은 사람들이 절벽 아래로 뛰어내려 자살하였다. 여자들은 아이를 안고 몸을 던지거나, 부모가 아이를 먼저 던지고 자신도 몸을 던졌다.[154] 이들이 마지막으로 외친 소리는 "덴노 반자이"(천황만세)였다. 국가와 관련하여 미국인은 "U.S.A."라고 하고, 한국인은 "대한민국 만세"라고 외치지만, 일본은 "덴노 반자이"라고 외치는 것이다. 미국이나 한국은 국가라는 추상적인 개념을 두고 우리가 하나의 집단이며 우리가 함께하고 있다는 것을 확인한다. 하지

---

[151] 조영정, 2019, p.203
[152] 조영정, 2019, p.175
[153] 조영정, 2019, p.208
[154] 조영정, 2019, p.171

만 일본사람들은 천황이라는 구체적인 사람으로서의 대상을 두고, 국가를 상징하는 그와 그 국민으로서의 나를 일치시키는 것이다.[155]

이런 일본의 천황중심의 국가체제는 동양문화에 따른 것이다. 동양에서는 오랜 역사를 두고 왕을 중심으로 하는 국가형태로 살아왔고, 그래서 동양인들의 국가에 대한 정서는 왕정국가에 알맞은 형태로 형성되어 있다. 동양국가들에서는 정도의 차이는 있으나 대부분 집단주의이면서 어느 한 사람을 중심으로 모이고 따르는 성향이 있다. 근세기에 중국, 타이완, 싱가포르, 북한, 남한, 필리핀, 말레이시아, 베트남, 인도네시아, 미얀마, 캄보디아 … 등등 동양지역 대부분의 나라에 독재와 장기집권이 있었다. 서구의 민주주의 제도를 도입하였지만 동양적인 문화 속에서 민주주의 시스템이 제대로 작동하지 못하여 적지 않은 혼란과 부작용을 겪어야 했던 것이다. 이러한 대다수 동양국가들과 달리 일본은 서구의 민주주의 제도를 도입하면서 처음부터 천황제로 전통적인 동양의 정치문화를 반영하였기 때문에 혼란 없이 안정된 가운데 국가가 발전할 수 있었던 것이다.[156]

아시아와 가까운 위치에 있는 러시아만 보더라도 개혁과 개방을 하고 서구식 민주주의 체제를 도입했음에도 불구하고, 다시금 한 사람에 의한 전제적인 체제로 기울어지는 모습을 볼 수 있다. 이렇듯 내셔널리즘 이론에서 유럽사람들이 상정하고 있는 문화와 가치가 보편적일 수 없다.

그래서 전근대기 한국에 있어서도 왕이 통치하고 있었다는

---

[155] 조영정, 2019, p.204
[156] 조영정, 2019, p.361

사실 그것만으로 나라 안의 사람들이 자신과 같은 사람을 생각하는 마음으로서의 국인의식이나 나라를 생각하는 마음으로서의 국인주의가 없었다고 판단한다면 이는 잘못된 것이다.

# 제4장
# 한국 국인과 국인주의의 형성

1. 기준 설정
2. 한국 국인 형성에 대한 검토

## 1. 기준 설정

사람은 누구나 자신이 어느 나라 사람이라는 의식을 갖는다. 이는 특정 국가나 특정 시대에만 해당될 수 없는 것이며, 그래서 자신의 나라를 생각하는 마음은 근대적인 문물로서 한정될 수 있는 성질의 것이 아니다. 유럽의 경우는 그 나름의 역사로 인해서 근대화 과정에서 국인과 국인주의가 생겨났을 수 있는 것이고, 비유럽이라고 할지라도 유사한 사정으로 그럴 수 있다. 하지만 한국도 그래야만 하는 것은 아니다.

근대주의가 나오기 전까지는 국인은 태곳적부터 있었고, 그 때부터 내려왔다는 것이 상식이었다. 그런데 근대주의가 나오고 이것이 주류이론이 되자 여기에서의 주장이 상식이 되다시피 하였다. 그래서 대부분의 연구가 근대주의의 틀에 맞추어 이루어질 뿐만 아니라 일반인들도 내셔널리즘은 근대적인 현상이라는 말을 할 정도가 되었다.

이러한 상황은 진실을 찾아내는 것을 어렵게 한다. 그래서 한국의 내셔널리즘을 제대로 파악하기 위해서는 기존 이론의 영향이나 기존 관념으로부터 자유로운 상태에서 살펴볼 필요가 있다. 그래서 본 연구에서는 네이션과 내셔널리즘이 무엇인가에 대한 정의를 그 원점으로 잡고, 여기서부터 시작하여 전체를 검토해 보고자 한다.

앞에서 본 대로 네이션(nation)이란 "일정한 지역에서 공통의 관습과 문화를 형성하며 살아왔고, 자신들을 다른 집단과 구분되는 하나의 집단으로 의식하고 있으면서, 하나의 국가로 구성되거나 구성될 수도 있는 사람들의 집단"이라고 정의된다. 그리고 네이션은 내셔널리즘을 갖는다. "내셔널리즘(nationalism)은 자국이 타국보다 더 중요하고 낫다는 믿음으로 자국의 이익을 우선시하고 자국을 자랑스러워하거나, 자신들의 독립적, 자주적 국가를 가지려는 사람들의 열망"으로 정의된다.[157]

이상의 정의를 기준으로 국인(nation)의 특성 요소들을 개별적으로 점검하여 한국에서의 국인(nation)을 찾아보기로 한다. 여기서 검토대상이 되는 요소는 ① 국가정체성[158] ② 공동체 의식 ③ 심리적 기질 ④ 언어 ⑤ 종교 ⑥ 영토 ⑦ 역사 ⑧ 혈통 ⑨ 민족성(ethnicity) ⑩ 문화 ⑪ 관습 ⑫ 통일된 법제 ⑬ 중앙통제 ⑭ 정치적인 독립성 ⑮ 경제생활의 통합성 등이다.

## 2. 한국 국인 형성에 대한 검토

### 1] 한국 국인의 시작

---

[157] Nationalism, n.d.
[158] 어느 나라사람으로서의 정체성을 말한다. 시대마다 나라의 이름이 지금과 달랐으므로 그 시대의 나라 이름에 맞추어서 생각하여야 한다. 가령 고려시대에는 자신은 중국인이나 왜인이 아니라 고려인이라는 인식이다.

[1] 국인의 줄기

　사람은 정치적 동물이다. 먼 옛날 사람들이 군집생활을 하기 시작하였을 때부터 정치체로서의 집단이 형성되었다고 할 수 있다. 그러나 그 집단은 국가집단은 아니었다. 국가집단으로서의 정치체는 군집생활을 하고 나서도 시간이 한참 지난 이후의 일이다. 국인은 국가를 이루는 사람들의 집단이므로 국가와 함께 살펴보아야 한다. 한반도와 만주에서는 가장 먼저 고조선이 있었고, 부여, 삼한이 있었으며, 기원전 1세기경에 삼국이 들어서게 되고, 668년에 신라가 삼국을 통일하게 된다. 그리고 918년에 고려가 개국하여 신라의 뒤를 잇게 되고, 1392년에 조선이 개국하여 고려를 잇게 된다. 그리고 1898년 조선이 대한제국으로 이름을 변경하게 되고, 1910년 한일합방으로 국권을 잃은 뒤에, 1945년 해방되어 1948년 대한민국 정부가 수립된다.

　그럼 국인과 국인주의를 추적하기 위하여 이러한 역사를 배경으로 현재로부터 과거로 거슬러 올라가 보기로 하자. 현재 한국에 국인과 국인주의가 존재하는가? 현재 존재한다는 것에 대해서는 의문의 여지가 없다. 그렇다면 지금의 한국사람들이 국인주의를 갖는 것과 같이 조선시대의 사람들은 국인주의를 가졌을까? 그리고 조선시대의 사람들은 국인이었는가? 조선시대의 사람들도 지금 사람들과 마찬가지로 나라를 생각하는 마음을 가졌었고, 국인이었다. 이는 학교의 역사수업에서뿐만 아니라 옛날 책이나 노래, 그리고 어른들로부터 들은 옛날 이야기 등을 통하여 자연스럽게 알게 된 상식이다.

　그리고 다음으로 고려시대를 생각해 보자. 국인, 국인주의에 있어서 고려시대와 조선시대는 크게 차이 날 것이 없다. 왕조체제에서 역성혁명으로 왕조만 왕씨에서 이씨로 바뀌었을 뿐이다. 그래서 고려사람들은 고려라는 국가를 향한 국인주의를 가졌었고 국인이었던 것이다. 고려는 통일신라로부터 이어져 내려온 국가이다. 고려는 시작부터 한반도 전체가 하나의 국가를 이루고 있었기 때문에 한반도 내 사람들은 하나의 국인이었다. 그리고 그 이전은 통일신라시대다. 삼국으로 나뉘어져 있다가 통일이 된 이후 한반도의 사람들은 신라국인으로서 국인주의를 가진 사람들이었다. 그리고 그 이전은 삼국시대다. 삼국시대의 사람들도 지금의 사람들과 마찬가지로 자국에 대한 국인주의를 갖고 있었다. 고구려국인, 신라국인, 백제국인으로서 국인이었다.

그리고 삼국시대 이전에 삼한, 부여, 고조선이 있었다. 이제 한국역사의 시발점에 이르렀다. 국인, 국인주의가 언제부터 시작되었는가를 그 시작점 부근에서 더 주의 깊게 살펴보기로 하자.

## [2] 국인의 시작

한국의 역사는 고조선에서 시작된다. 그리고 오늘날 대부분의 한국인은 자신이 고조선의 시조인 단군의 자손이라고 생각하고 있으며, 국가적으로도 단군이 나라를 세운 날인 10월 3일, 개천절을 기념하고 있다. 개천절은 하늘이 열렸다는 것이고, 이때 비로소 우리의 세상이 시작되었다는 것이다. 그리고 고조선 이후에는 부여가 있었다. 그런데 고조선, 부여의 시기는 한국인의 역사로서 자료가 부족하여 역사학적으로 확립된 내용이 많지 않다. 단군신화는 후대에 기록된 것이기 때문에 그 시절 당시의 사람들이 조선이라는 나라와 관련하여 어떻게 살았는지 판단하기 어렵고, 국인이 되기 위해서는 고조선이 적어도 고대국가이어야 하는데 고대국가라고 할 만한 근거가 없다. 그래서 고조선부터 국인주의가 있었다거나 국인이었다고 할 수 없다.

그리고 한반도에는 마한, 진한, 변한의 삼한(三韓)이 있었다. 후한서에는 마한은 54개국이 있었다고 하고, 삼국지 위지 동이전에 의하면 변한과 진한은 모두 24개국이며, 이 중 12개국은 진왕에 속한다라고 하고 있다.[159] 조선 성종 때 노사신, 강희맹, 서거정, 성임, 양성지 등이 지은 『동국여지승람(東國輿地勝覽)』은 우리 동방은 단군이 처음 나라를 세웠는데, 이후에 오이처럼 쪼개어져 삼한(三韓)이 되었다고 기술하고 있다.[160] 78개국으로 이루어진 이 삼한의 성격에 대해서 여러 가지 논의가 있어왔는데, 대개 신지(臣智)를 정점으로 읍차(邑借)에 이르기까지 여러 단계로 서열화되어 상당한 정치수준에 있었던 것으로 추정되지만 부족 연맹체였고, 고대국가라고 할 만한 것은 아니었다.

고대 삼한의 마한, 진한, 변한이 고구려, 백제, 신라로 이어지게 된 것으로 알려져 있다. 역사적으로 고증된 것과는 별도로 삼한에서 삼국으로 이어지는 인식 속에 현재의 한국인은 자신들이 고조선과 삼한을 계승했다고 생각한다. 대한민국(大韓民國)은 삼한(三韓)의 한(韓)과 연결되어 있다. 하지만 삼한은 국가체제에 이르지 못하였기 때문에 이때에 국인이 있었다고 할 수는 없다. 그래서 한반도에서 나라사람으로서의 집단의식이 생기게 된 것은 적어도 삼국시대가 되어서인 것으로 판단할 수 있다.

삼국의 건국을 보면, 신라가 기원전 57년, 고구려가 기원전 37년, 백제가 기원전 18년으로, 신라가 가장 먼저 건국되었다.

---

[159] 삼국지 위지 동이전에 의하면 진한, 변한은 음주가무를 좋아한다고 되어 있다.
[160] 노사신 외, 1530, 서문

신라 건국에 대하여 삼국사기는 다음과 같이 기록하고 있다.

> 조선의 유민들이 산골에 분산되어 살면서 여섯 마을을 이루고 있었다. 첫째는 알천의 양산촌이라 하고, 둘째는 돌산의 고허촌이라 하고, 셋째는 취산의 진지촌(혹은 간진촌이라고도 한다)이라 하고, 넷째는 무산의 대수촌이라 하고, 다섯째는 금산의 가리촌이라 하고, 여섯째는 명활산의 고야촌이라고 하였다. 이것이 진한 6부이다. 고허촌장 소벌공이 양산 기슭을 바라보니 나정 옆의 숲 사이에 말이 꿇어 앉아 울고 있었다. 그가 즉시 가서 보니 말은 갑자기 보이지 않고 다만 큰 알이 있었다. 이것을 쪼개자 그 속에서 어린아이가 나왔다. 그는 이 아이를 거두어 길렀다. 아이의 나이 10여 세가 되자 지각이 들고 영리하며 행동이 조신하였다. 6부사람들이 그의 출생을 기이하게 여겨 높이 받들다가, 이때에 이르러 임금으로 삼은 것이다.[161]

여기서 몇 가지 사실을 확인할 수 있다. 첫째, 신라라는 국가가 있기 이전에 조선이 있었다는 사실, 둘째, 조선 이후에 그 지역을 통치하는 나라가 없었다는 사실, 셋째, 중앙집권적인 권력 없이 촌단위로 지역적으로 살아가고 있었다는 사실, 넷째, 그리고 가장 중요한 것으로서, 그 지역의 사람들이 왕을 추대하여 국가를 세웠다는 사실이다. 이후에도 많은 왕들이 나라사람들의 추대에 의하여 왕위에 올랐다. 예를 들자면 기원후 4년에 즉위한 신라 2대왕 남해 차차웅 원년 7월에 있었던 일을 삼국사기는 이렇게 기록하고 있다.

> 원년 가을 7월, 낙랑 군사가 금성을 여러 겹으로 포위하였다. 왕이 측근에게 "두 분의 성인이 세상을 떠나시고 내가 국인들의

---
[161] 김부식, 1145, 신라본기 제1

추대로 왕위에 올랐으나 이는 잘못된 일이다. 조심스럽고 위태롭기가 물을 건너는 것과 같다. 지금 이웃 나라가 침범해오니, 이는 나에게 덕이 없는 탓이다. 이를 어찌 하면 좋겠는가?"라고 말하였다.[162]

그리고 기원후 184년, 신라 9대왕 벌휴의 즉위에 대해서는 이렇게 기록하고 있다.

기원후 184년 신라 9대왕 벌휴(혹은 발휘라고도 한다) 이사금은 국인들이 왕으로 세웠다. 그의 성은 석씨이며, 탈해왕의 아들 구추 각간의 아들이다. 어머니의 성은 김씨이다. 그녀는 지진내례 부인이다. 아달라가 죽었으나 아들이 없었으므로 국인들이 그를 왕으로 세웠다.[163]

이렇게 국인이 국가권력을 창출해 내는 모습은 고구려에 있어서도 마찬가지이다. 삼국사기는 서기 44년, 고구려 4대왕 민중왕의 즉위와 관련하여 다음과 같이 기록하고 있다.

대무신왕이 죽었을 때, 태자가 나이가 어렸기 때문에 정사를 담당할 수 없었다. 이에 따라 국인들이 해색주를 추대하여 왕으로 세웠다.[164]

그리고 서기 22년, 고구려 3대왕 대무신왕 때에 부여와의 싸움과 관련하여 다음과 같은 사실이 기록되어 있다.

"내가 부덕하여 경솔하게 부여를 공격하였다. 비록 그 왕을 죽였으나 그 나라를 멸망시키지는 못하였으며, 또한 우리 군사와 물

---

[162] 김부식, 1145, 신라본기 제1
[163] 김부식, 1145, 신라본기 제2
[164] 김부식, 1145, 고구려본기 제3

자를 많이 잃었으니, 이는 나의 잘못이다"라고 말했다. 그리고 곧바로 전사자를 직접 조상하고, 부상당한 자를 문병하여 백성들을 위로하였다. 이에 국인들이 왕의 덕행과 의리에 감동되어, 나라 일에 생명을 바치기로 모두 다짐하였다.[165]

위의 내용은 왕의 품행에 감동하여 국인들이 나라 일에 목숨을 바치기로 맹세하였다는 것이다. 국인주의 연구는 "사람들이 어떻게 죽음을 불사하고 조국을 위해 나서게 되었는가?"와 같은 물음에서부터 시작된다. 여기에 유럽의 학자들은 "나라에 대한 주인의식", "공동체 의식", "동포에 대한 형제애" 등과 같은 해석을 내놓았다. 그런데 자국에 대한 애착이 형성될 수 있는 요인이 그런 것으로 한정될 수는 없다. 여기에 또 다른 요인을 보여주고 있다. 국왕을 중심으로 하여 자기집단을 위하는 마음으로 국인주의가 형성되는 것이다.

한국에서의 상황은 유럽과 다른 점이 있다. 근대화 이전의 유럽은 국왕과 백성 간에 일체감이 없었다. 중세기 유럽에서는 왕가들이 인척관계를 형성하여 유럽 전역을 지배하면서 그 지역에 사는 사람과 전혀 상관없는 사람이 왕이나 영주가 되는 경우가 많았다. 통치자는 자신의 영지라는 이유로 백성을 지배하였지만, 백성들과 문화도 다르고, 백성들이 사용하는 언어를 사용하지 않는 등 백성들과는 완전히 별개였다.

이런 유럽과 달리 한국에서는 집단 내에서 자신들 중의 일원을 왕으로 삼거나 자신들이 왕을 추대하였다. 그리하여 이 왕과 백성들은 공동운명체로서 살아가는 가운데 일체감을 갖고 있었다. 삼국은 어느 나라나 많은 전쟁을 치렀다. 중국, 만주, 일본

---

[165] 김부식, 1145, 고구려본기 제2

지역의 삼국 외부세력의 침입에 대항한 전쟁도 많았지만, 삼국 서로 간에도 치열하게 패권을 다투었다. 많은 전쟁을 치르게 된다는 것은 그만큼 자국사람들이 국인주의도 강할 수밖에 없는 환경에 있다는 것을 의미한다.

삼국시대의 역사나 이야기나 설화들은 그때 사람들의 국인주의를 알려주고 있다. 실제로 고구려시대에 113만의 대군을 이끌고 온 수나라의 침략을 막아낸 사실만 보더라도, 그 많은 군사들에 대항하고 또 이들을 물리쳤다는 것은 전 백성이 다 함께 나서서 싸웠다는 것이고, 백성 개개인이 애국심을 갖고 혼신의 힘을 다해서 전투에 임했다는 것을 말한다. 고구려『사슴발 부인』 설화는 일반인의 국인주의를 엿볼 수 있고, 신라의 화랑정신, 그리고 박제상이나 화랑 관창에 대한 이야기는 신라사람들의 국인주의를 보여주고 있으며, 백제 계백장군이 죽기를 각오하고 가족을 모두 죽이고 전투에 임했다는 이야기나 백제 패망때 궁녀들이 낙화암에서 몸을 던졌다는 이야기는 이들의 국가에 대한 애착이 작지 않았음을 알려준다.

강한 국인의식의 존재는 백제 멸망 후 흑치상지, 복신, 풍과 백제유민들의 저항에서도 나타나고 있다. 흑치상지가 임존성에 자리잡자 열흘 만에 삼만 명이 몰려든 것은 그만큼 백제사람들의 국인의식이 강했다는 것이다. 그리고 후백제가 일어난 것 또한 백제사람들의 국인의식이 강했다는 것을 말해준다. 백제가 망한 지 232년이 지난 후에도 사람들이 백제인으로서의 의식이 있었기 때문에 다시 백제[166]라는 나라가 일어난 것이고, 백제라는 나라 수립에 수많은 사람들이 호응하여 쉽게 나라가 세워진

---

[166] 이를 후백제라고 부른다.

것이다. 오래전에 나라가 망하고 임금은 없어졌지만 사람들이 그 나라의 이름으로 봉기하였다는 것은 이들의 마음속에 단순히 임금에 대한 충성심에 의한 것만이 아니라 자신들의 나라에 대한 의식이 있었다는 것을 말해주는 것이다.[167] 사실 이러한 의식은 오늘날까지도 계속되고 있다. 영남지역과 호남지역 간의 지역감정은 한국의 병폐 중의 하나다. 이를 해소하기 위하여 1984년 영호남지역 화합과 국토발전을 위한 목표로 영남의 대구와 호남의 광주를 잇는 88고속도로를 만들기도 하였지만, 이 도로는 한동안 고속도로 중 교통량이 가장 적은 도로였다. 이 경상도사람과 전라도사람 간의 지역감정의 근원을 찾아 거슬러 올라가면 결국 신라국인과 백제국인을 마주하게 된다.

이렇게 봤을 때, 삼국시대에 국인이 존재한 것이 틀림없다. 그런데 삼국이 존재했던 수백 년 기간 중에 국인형성의 시점은 언제인가를 생각해 볼 필요가 있다. 삼국이 건국된 것이 신라가 기원전 57년, 고구려가 기원전 37년, 백제가 기원전 18년이다. 나라가 서자마자 바로 국인이 형성되었다고 보기는 어렵다. 국인은 어느 일부의 지배층의 의식이 아니라 일반 대중들의 의식이기 때문이다. 고대의 국가수립은 수대에 걸쳐서 사람을 모으고 땅을 넓히며 국가체제를 정비하는 과정을 거치게 된다. 한국의 삼국에서도 한반도 내 사람들이 나라의 일원으로서 편입되고 국가 소속원으로서의 국인이 되기까지는 상당한 시간이 걸렸을 것이다. 그래서 국인이 형성된 시기는 대체적으로 고대국가로서의 체제가 완성된 이후라고 할 수 있다. 이렇게 볼 때, 고구려,

---

[167] 백제는 서기 660년에 망하였고, 후백제는 서기 892년에 건국되어 서기 936년에 망하여 44년간 존속하였다.

백제에서 고대국가체제가 완성된 3-4세기경에 국인이 형성되었다고 할 수 있다.

### [3] 한국인의 시작

지금까지 이 땅에 살던 사람들에 있어서 자신의 나라를 생각하는 국인의식이 언제 생겼는지에 대하여 검토해 보았다. 여기에 더 나아가 현재와 같이 한반도사람 전체를 아우르는 한국인으로서의 국인의식이 언제 생겼는지에 대해서도 생각해 볼 필요가 있다.

삼국시대의 국인은 고구려인, 백제인, 신라인으로서의 국인이었고, 오늘날과 같은 한국인으로서의 국인은 668년 삼국이 통일되면서 형성되었다. 백제와 고구려를 정복하고 한반도 전역을 지배하려는 당에 대항하여 신라는 당과 대결하지 않으면 안 되었다. 이 대결과정에서 고구려인, 백제인 모두 신라군에 가담하여 싸웠다. 이런 과정을 보건대 신라의 통일 이후 한반도의 사람들이 하나 된 국인을 형성한 것으로 보는데 어려움이 없다. 이후 신라인은 고려인으로 계승되고, 고려인은 조선인으로 계승되었고, 조선에서 대한제국으로 나라이름을 바꾸었고, 그리고 오늘의 대한민국으로 이르게 된 것이다. 나라의 이름은 수차례 바뀌었지만 나라사람들 집단으로서의 사람들은 세대에서 세대로 그대로 이어져 오고 있다.

여기서 고려의 건국시기를 국인형성기로 볼 수 있는지에 대해서도 검토해 보자. 한반도에 국가가 삼국으로 나뉘어서 시작되었고, 신라가 통일을 하였지만 신라는 삼국 중의 하나였다. 그래서 한반도 전체를 포괄하는 한국인으로서의 국인은 한반도 전체를 영역으로 국가를 시작한 고려 때부터라고 주장할 수 있는 여지가 있다. 그런데다 신라의 통일을 완전한 통일로 볼 수 없다는 견해가 있다. 발해가 고구려의 뒤를 이은 나라라 하여 삼국시대 이후에 북쪽은 발해, 남쪽은 신라로 하여 남북국시대였다는 주장이다. 삼국시대 이후를 남북국시대로 본다면 한국의 통일은 고려의 수립으로 이루어지게 된다고 볼 수도 있다. 발해는 고구려 고토에 고구려의 유민인 대조영이 건국한 나라로서 698년에 건국되어 926년에 망하였다. 고려가 신라를 계승한 것은 당연하지만 발해도 계승한 것으로 볼 수 있다. 그 이유는 첫째, 고려가 고구려를 계승하여 국호를 고려라고 하였는데, 발해가 고구려 유민들의 나라였으니 고려가 발해도 계승한 것으로 생각할 수 있다. 둘째, 고려는 발해의 왕세자 대광현을 맞이하여 사실상 발해왕조를 이어받았고 발해의 주민을 많이 받아들였다는 점이다. 셋째, 발해의 문화와 풍습을 유지하였다는 점이다. 넷째, 고려가 고구려의 고토를 회복하려는 의지를 갖고 있었다는 점이다.[168]

　그런데 이러한 주장은 여러 가지 측면에서 미흡한 점이 많다. 원래 발해를 한국의 역사로 보고 있지 않았는데, 조선 후기 유득공이 『발해고』에서 발해를 북국, 신라를 남국으로 하여 남북국시대론을 제기하였고, 이후 이와 같은 생각을 따르는 사람들이 나타나게 되었다. 그런데 고려가 발해를 계승하였다면 고려

---

[168] 북한에서는 고려를 한민족 최초의 통일국가라고 한다. 신라가 통일을 하였지만 삼국의 영토 상당 부분을 잃었고 중국의 힘에 의존하였다는 점에서 큰 의미가 없다고 보는 반면, 고려는 옛 고구려 영토를 어느 정도 회복하였고 발해 유민을 받아들여 한반도 영토와 사람들을 포괄하는 국가였다는 것을 그 근거로 한다. 그리고 무엇보다 오늘의 북한이 있는 평양을 중심으로 판단하기 때문에 신라가 오늘날 남한지역에 있는 나라이고, 통일 당시에 평양이 신라의 영토 속에 있지 않았기 때문으로 이해된다.

시대에 편찬된 삼국사기에 발해도 함께 수록되었어야 할 것이나 그렇지 않은 것을 보면 당시 발해의 사람들을 우리 국인으로 보지 않았던 것이다. 발해는 지배층만 고구려사람들이었고 피지배층은 말갈족이었던 것으로 알려져 있다. 그리고 발해가 삼국의 뒤를 이었다면 발해와 신라가 서로 왕래한다든지 주도권을 놓고 서로 싸운다든지 하는 것이 정상이지만 발해가 존재했던 228년 동안 신라와의 교류가 거의 없었다. 이런 점들을 보건대, 분명하지도 않은 발해의 역사를 두고 이와 관련된 추측을 한국인의 시작문제 논의에 끌어들일 이유는 없어 보인다.[169]

이렇게 국인, 국인주의로서 네이션, 내셔널리즘 본래의 의미에 따라서 검토하면 간명하게 정리된다. 하지만 여기서 민족, 민족주의라고 할 때는 문제가 다소 복잡해진다. 한국민족이 언제 시작되었는가에 대한 문제는 단순하지 않다. 한국민족은 단군의 자손이므로 고조선이라고 할 수도 있고, 삼국시대부터 시작한다고 했을 때 삼국의 사람들이 비록 국가로는 나뉘어져 살았지만 삼국사람 서로가 같은 민족으로서 이미 한국민족이 형성되었다는 주장도 있을 수 있고, 삼국이 문화나 언어 등에서 같았다는 사실이 확인된 바가 없는 것을 감안하면, 엄연히 서로 다른 나라 사람들이어서 같은 민족으로서의 인식 같은 것은 없었다는 주장도 있을 수 있다. 지금까지 삼국 간에 사람들이 얼마나 같고 달랐는지에 대해서 알려진 것이 많지 않아 이에 대한 판단을 할 수 없는 상태이다. 그래서 민족, 민족주의라고 했을 때, 한국

---

[169] 한국은 10세기 고려 때부터 국인(nation)으로 볼 수 있을지도 모른다고 말한 그로스비(Steven Grosby)와 같은 주장이 있는 것은 한국역사에서의 이 같은 주장이 영향을 주었을 수도 있다.

에서 그것이 언제 시작되었는가를 판단하기는 쉽지 않다. 그런데 오늘날 한국의 민족주의 연구에서 이것이 큰 문제가 되지 않는 않는 것은 민족, 민족주의가 근대화기에 시작되었다고 하는 근대주의가 주류를 이루고 있기 때문이다.

## 2] 국인 요소에 대한 검토

### ① 국인 정체성

사람이 국가 정체성을 갖는다는 것은 다음과 같이 표현할 수 있다. 첫째, 나는 A국 사람이다. 둘째, A국 사람은 다른 나라 사람과 구분된다. 셋째, 나와 A국과의 관계는 끊을 수 있는 것이 아니다. 이를 한국사람들에 대입해 보자. 첫째, 한국인은 자신이 한국인임을 인식하고 있다. 이는 부모에서 자녀로 이어지는 대물림 속에서 자연스럽게 이루어진다. 둘째, 한국사람 대부분은 자신이 다른 나라 사람과 구분되는 사람으로서의 한국인임을 의식하고 있다. 셋째, 자신과 한국과의 관계를 끊을 수 없는 것이라고 생각하고 있다.

한국사람들은 한국 특유의 자연적 환경에서의 삶이 익숙해져 있고, 언어, 공동생활, 문화, 역사 등 한국 고유의 사회적 환경에서 살아왔기 때문에 여기 사람으로서의 강한 정체성을 갖는 것은 자연스러운 일이다. 그런데 이런 정체성이 현시대의 사람들에게만 해당되는 것이 아니고 오래전에 이 땅에 살았던 사람들에 있어서도 마찬가지였다. 알 수 없는 먼 옛날부터 한반도의 사람들은 그렇게 살아왔다. 이 사람들의 삶은 세대에서 세대로 이어지고 이 땅의 주인으로서 외부의 사람들과 투쟁하면서 지켜

왔기 때문에 이곳에 대한 애착심을 갖고 있다.

　한국에서 고대국가의 시작은 삼국시대다. 삼국시대에는 국가가 나누어져 있었기 때문에 개별 국가마다의 그 나라사람으로서의 정체성을 갖고 있었다. 신라는 신라사람으로서, 백제는 백제사람으로서, 고구려는 고구려사람으로서의 정체성을 갖고 있었다. 삼국시대에는 외부의 중국, 왜구, 북방민족들의 침략을 물리쳐야 했을 뿐만 아니라, 삼국 간에도 서로 치열하게 다투면서 살아왔다. 외부 국가와의 전쟁은 그 나라사람으로서의 정체성을 강화시킨다. 국인의식이 없다면 누가 나라를 위해 나가 싸울 것인가? 많은 전쟁을 했다는 것은 그만큼 국인으로서의 정체성이 강하다는 징표이기도 하다.

　그리고 통일신라시대 이후에는 한반도의 사람들이 신라인으로서의 정체성을 갖게 되었다. 신라는 중국 내에서도 신라사람들의 거주지인 신라방이 있었고, 이를 관할하는 관청인 신라소, 신라인들의 사원인 신라원이 있었으며, 동아시아뿐만 아니라 페르시아나 아랍에도 널리 알려져 있었다. 이러한 사실은 신라사람들이 다른 사람들과 구분되는 신라라는 나라의 사람으로서의 신라국인을 형성하고 있었음을 보여주는 것이다. 그리고 고려가 신라를 잇게 됨에 따라 고려시대에는 고려로서의 Korea와 고려인으로서의 Korean이라는 이름이 멀리 서방으로도 알려지게 되고, 이어서 조선시대에는 조선인으로서의 정체성을 갖고 살아왔다. 외래인으로서의 중국인, 또는 왜인과 구분되는 이 땅의 주인으로서의 조선국인으로서 확실한 정체성을 가졌던 것이다.

② 공동체 의식

　공동체 의식이란 집단의 구성원인 개인이 "나는 이 집단의 일원이고, 이 집단의 일원으로서 살아가려고 하며, 이 집단을 위해서 내가 해야 할 일을 하면서 살아야 한다"고 생각하는 것이다. 공동체 의식은 개개인에 있어서 함께하려는 의지와 집단 구성원 상호 간의 유대감을 포함한다. 국인에 있어서 공동체 의식은 함께하려는 의지로서의 우리들끼리 나라를 이루어야 하고, 국인 상호 간에 서로 협력하고 분업하는 가운데 함께 살아가야 한다는 의식이다.

공동체 의식에 있어서도 삼국시대에는 국가가 나누어져 있었기 때문에 개별 국가단위에서였고, 현재와 같이 한반도의 사람들 전체로서의 공동체 의식이 형성된 것은 통일신라시대부터다. 한국은 역사적으로 외세의 침입이 많았다. 이러한 침입이 많았기 때문에 도전과 응전의 과정에서 일찍이 대내집단과 대외집단을 엄격히 구분하고 외세에 굴복하지 않는 강한 저항의식을 배양하게 되었다. 만약 이러한 외부에 대한 구분의식과 우리끼리 함께한다는 공동체 의식이 없었다면 한국은 오래전에 역사에서 사라졌을 것이다.

이러한 의식은 지배계급뿐만 아니라 일반 대중들에서도 강했다. 이러한 면모에 대한 예가 의병활동이다. 한국은 외세의 침략을 받을 때마다 의병이 일어나 나라를 지켰다. 의병은 국가권력이 동원해서가 아니라 자발적으로 전투에 나선 민군이다. 한국에서 의병의 전통은 삼국시대부터 있었으며, 고려에서 조선으로 이어지고, 그리고 일제시대에는 항일독립군으로 이어진다. 의병정신은 한국인의 특성이다. 박은식은 "의병은 우리 민족의 국수요, 국성이다"라고 말하였다.[170] 의병은 그 신분에 있어서 양반

---

[170] 의병, 미상

에서부터 천민에 이르기까지 계급이나 신분상에 차이가 없었다. 일제의 침략을 전후하여 대한광복회, 의열단, 애국단을 비롯한 수많은 항일단체 속의 사람들뿐만 아니라 개인적으로도 자신의 나라를 찾기 위해서 나섰으며, 수많은 의사, 열사, 지사들이 조국을 위하여 기꺼이 자신의 목숨을 바쳤다.

이 공동체 의식과 관련하여 신분제 사회여서 평등하지 않아 이런 의식이 없었다는 주장이 있는데, 이 부분은 다음 장에서 근대화 이전 한국 국인에 대한 주요 논점으로 하여 별도로 심층적으로 논의하기로 하자.

③ 심리적 기질

한국인은 오랜 기간 한국사람들만의 공간에서 한국사람들끼리만 살아왔기 때문에 다른 민족과 구분되는 한국사람들만의 심리적 특성들을 갖고 있다. 심리 전문가들은 한국인 공통의 심리적 특성이 무려 50개가 넘는다고 한다. 우리에게 일반적으로 잘 알려진 대표적인 것으로는 정(情), 한(恨), 형식주의, 권위추종, 서열의식, 평등의식, 체면, 현세중심, 의리와 명분, 책임회피의식, 가족주의, 집단의식, 연고주의, 눈치, 숙명의식, 의존의식, 피해의식, 개성결여, 효의식 등등이다. 이런 것들은 다른 나라 사람들과는 구분될 수 있을 정도로 뚜렷하게 나타나는 한국인들의 심리적 기질이다.

④ 언어

한국인은 고유의 언어로서 한국어를 사용해 왔다. 수만 년 전부터 이 땅의 사람들 간에 소통하면서 고유의 언어를 형성하였을 것으로 생각된다. 먼 옛날로 거슬러 올라갈수록 지역마다 차이가 컸겠지만 전체적인 골격 면에서는 같은 언어를 사용하였을 것으로 추측된다. 같거나 비슷한 문화와 언어 속에 한반도 영역을 자신들의 무대로 의식하면서 서로 왕래도 하고 싸우기도 하였을 것이다. 그래서 삼국시대에도 같은 언어를 사용했거나 언어상의 차이가 있었다고 하더라도 크지 않았을 것으로 추정된다.[171] 삼국시대는 각국 개별적인 국인이었으므로 국인이라고 하기 위해서 삼국이 언어가 같아야 하는 것은 아니다. 한반도 사람 전체가 하나의 국인으로 된 통일신라시대 이후에는 공통의 언어를 사용한 것은 의심의 여지가 없다.

고대에는 동아시아 공통의 문자로서 한자를 사용하였고, 한국말에다가 한자를 덧대어서 이두를 사용하기도 하였다. 그러다가 1446년에 세종대왕이 한글을 창제하여 사용하게 되었다. 이 한국어는 한국인 모두가 사용하며 한국인만 사용하는 한국인 고유의 언어이다.

⑤ 종교

한국은 선사시대부터 동북아시아 일대의 보편적 신앙이었던 샤머니즘이 있었고, 이후 삼국시대에 불교, 도교, 유교가 유입되었다. 통일신라시대와 고려시대에는 불교를 믿었고, 조선시대에는 엄격한 유교사회였고, 조선 후기에 기독교가 유입되었다. 시대에 따라 지배적인 종교가 달랐지만 국민 대부분이 함께 어느 종교를 믿다가 다시 다른 종교를 믿게 되는 식이어서 종교생

---

[171] 이러한 추정을 뒷받침하는 것 중의 하나는 현재까지 삼국이 중국과의 관계에서는 통역에 관한 기록이 있지만 삼국 간에는 통역에 관한 기록이 없다는 사실이다. 또 서로 다른 말을 사용하였다면 통일 이후에 이 문제에 대한 이야기가 있었을 것이나 이런 것이 없다는 점도 이런 추정의 근거가 된다.

활에서도 사람들이 함께해왔다. 현재 한국에서 종교는 다양하다. 절대다수의 사람이 믿는 종교는 없으며, 지역에 따라 차이가 나지 않는다. 아직도 사회 곳곳에 이전의 샤머니즘, 불교, 유교의 전통과 자취가 남아있는 가운데 기독교, 불교, 유교가 큰 비중을 차지하고 있다.

⑥ 영토

한반도를 중심으로 만주지역과 주변 도서지역이 한국인 고유의 영토이다. 만주지역을 제외하고는 다른 국인이나 다른 민족이 이 땅에 산 적이 없고, 이 땅에는 항상 한국인이 살았다. 한국 땅은 반도를 형성하고 있기 때문에 북쪽 국경선을 제외하면 지리적으로 경계가 분명하다. 그래서 이민족 간에 서로 섞여서 사는 경우가 없었고, 영토를 지배하는 민족이 달라지거나 바뀌는 일도 없었다.

⑦ 역사

한반도의 사람들은 그 시작에서부터 오늘날에 이르기까지 역사적인 영속성을 유지하고 있다. 한국은 나라의 이름은 바뀌었지만 그 계보는 계속 이어졌다. 신라가 고려로 바뀌는 과정에서 그 구성원이 변동 없는 상태에서 국가권력이 인수인계되었으며, 고려에서 조선으로 바뀔 때도 마찬가지로 평온하게 인수인계되었다.

한국은 독립된 국가로서 장구한 역사를 이어왔다. 한국사람들은 오랜 기간 동안 함께 살아오면서 공통의 기억을 갖고 있다. 외부로부터 많은 침략을 받았지만 대부분 물리쳤다. 몽골이 유라시아 전역을 지배할 때에도 고려는 부마국으로서 국가를 유지했으며, 근세기에 일본 제국주의 침략에 의해 35년간 국권을 찬탈당한 것이 거의 유일하게 외국의 지배를 받은 경우이다.

### ⑧ 혈통

한국은 세계에서 몇 안 되는 단일민족이다. 한국인은 자신들이 단군의 자손이라고 생각한다. 북방의 정치세력이 한반도로 간헐적으로 유입되었지만 이민족이 큰 규모로 유입되어 들어온 적이 없기 때문에 처음에 살던 원주민의 자손이 현재 인구의 대부분을 차지한다. 한국은 다른 나라에 비하여 혈통의 순수성이 높다. 동아시아 한쪽 편 외딴 반도여서 다른 민족과 대규모로 접촉하는 경우가 거의 없는 환경이기 때문이다. 뿐만 아니라 한국사람 스스로 혈통을 지키려는 의식이 강했다. 한반도 위쪽의 대륙에는 많은 나라들이 부침하면서 강국이 되었을 때마다 한반도를 침략하였기 때문에 침략을 자주 받았으며, 또 북쪽지역은 중국과 북방민족들의 노략질이 많았고, 남쪽지역은 일본 왜구들의 노략질이 많았다. 이러한 환경 속에서 거의 본능적으로 우리의 자주성과 혈통을 지키려는 노력이 있을 수밖에 없었다. 타민족과 섞이기를 싫어하는 것은 모든 민족에 공통되는 현상이지만 동아시아 민족들에 있어서 특히 이런 경향이 강하다. 한국사람들은 피를 섞지 않는다는 전통이 있었기 때문에 다른 민족과 결혼하는 일이 드물었다. 해방 이후 서양문화의 유입으로 한국인들의 결혼에 대한 가치관이 바뀌기 전까지는 대부분의 사람들은 한국사람들 간에만 결혼해야 하는 것으로 생각하고 있었다.

### ⑨ 민족성

수만 년 전부터 이 땅에 사람들이 살고 있는 상태에서 삼국이 들어섰기 때문에 삼국 간에 민족성에서는 큰 차이가 없었다. 한국인은 한국인 고유의 민족적 특성을 갖고 있다. 한국인은 얼굴이나 체형에서 다른 나라 사람들과 구분될 만한 외형적인 모습을 갖고 있다. 뿐만 아니라 앞에서 한국인 공통의 심리적 특성이 무려 50개가 넘는다고 했듯이 심리 면에서도 세계의 다른 나라 사람들과 구분될 만한 특성을 갖고 있다.

⑩ 공통 문화

한국은 한국인 공통의 문화가 있다. 이 문화는 수천 년 전의 과거에서 현재에 이르기까지 하나의 줄기로 이어지는 고유 문화다. 그리고 이 문화는 중국, 일본 등 주변 국가의 문화와 확연히 구분된다. 한국 내에도 지역마다 문화적인 차이가 있지만, 전체로서의 한국문화가 다른 국가의 문화에 대해서 갖는 차이에 비하면 한국 내 지역 간의 문화적 차이는 미미하다. 한국인 집단은 내부의 사람들 간에는 동일한 문화이지만 외부의 사람들과 구분되는 문화로서의 고유 문화공동체라고 할 수 있다.

⑪ 관습

한국인들 고유의 관습이 있다. 한반도의 사람들은 그들만의 공간에서 오랜 기간 함께 살아왔다. 그래서 한국인들은 모두가 함께하는 공통의 관습인 동시에 한국인들만의 관습을 형성하며 살아오고 있다.

⑫ 통일된 법제

고조선시절에 이미 사회의 질서유지를 위한 기본법으로서의 팔조법금(八條法禁)이 있었으며, 백제는 3세기 중반에 율령을 반포하고, 고구려는 373년에 율령을 공포하였으며, 삼국 중 가장 발전이 늦었던 신라는 520년에 율령을 반포하여 삼국시대에 이미 각국마다 통일된 법제하에 있었다. 이후 통일신라, 고려, 조선은 중앙집권화된 국가로서 하나의 통일된 법제하에 있었다.

### ⑬ 중앙통제

삼국시대에 이미 국가제도가 완비되어 각국마다 중앙집권적인 체제하에서 중앙정부가 전국을 통할하고 있었다. 통일신라시대에 중앙정부가 국가 내 모든 지방을 통할하고 있었던 사실은 신라장적을 통해서도 알 수 있다. 신라장적은 중앙정부가 3년마다 각 지방의 촌락에 이르기까지 주요 사항을 세세하게 파악하고 관리하고 있었음을 보여주고 있다.

### ⑭ 정치적 독립성

한국은 고대로부터 독립적이고 자주적인 국가를 이루고 살아왔다. 고조선, 부여와 같은 국가가 있었으며, 이후 삼국시대, 통일신라, 고려, 조선으로 이어지며 국가 이름은 달라졌지만 독립된 국가를 이루며 살아왔다. 중국, 일본, 몽골, 거란 등을 비롯한 여러 외부 세력의 침략이 있었지만 이를 물리치면서 독립성을 유지해 왔다. 정치적 독립성과 관련하여 독립성을 갖지 못했다는 주장이 있는데, 이 부분은 장을 달리하여 근대화 이전 한국 국인주의에 대한 주요 논점에서 자세히 논의하기로 한다.

### ⑮ 경제생활의 통합성

삼국시대에는 국가별로 단일 경제권을 형성해 왔고, 통일 이후에는 통일신라, 고려, 조선 모두 단일 경제권으로 살아왔다.

<표 4-1> **국인 및 한국인으로서의 요건 충족 여부**

| 요소 | 삼국시대 | 통일신라 | 고려 | 조선 |
|---|---|---|---|---|
| 국인 정체성 | ○ | ◎ | ◎ | ◎ |
| 공동체 의식 | ○ | ◎ | ◎ | ◎ |
| 심리적 기질 | ○ (◎ ?) | ◎ | ◎ | ◎ |
| 언어 | ○ (◎ ?) | ◎ | ◎ | ◎ |
| 종교 | ○ (◎ ?) | ◎ | ◎ | ◎ |
| 영토 | ○ | ◎ | ◎ | ◎ |
| 역사 | ○ | ◎ | ◎ | ◎ |
| 혈통 | ○ (◎ ?) | ◎ | ◎ | ◎ |
| 민족성 | ○ (◎ ?) | ◎ | ◎ | ◎ |
| 문화 | ○ (◎ ?) | ◎ | ◎ | ◎ |
| 관습 | ○ (◎ ?) | ◎ | ◎ | ◎ |
| 통일된 법제 | ○ | ◎ | ◎ | ◎ |
| 중앙통제 | ○ | ◎ | ◎ | ◎ |
| 정치적 독립성 | ○ | ◎ | ◎ | ◎ |
| 경제생활의 통합성 | ○ | ◎ | ◎ | ◎ |

○: 개별 국가로서의 국인 요건 충족
◎: 한국인으로서의 국인 요건 충족
○ (◎ ?): 개별 국가로서의 국인 요건을 충족하지만, 한국인으로서는 불분명

# 제 5 장
## 근대화 이전 한국 국인주의에 대한 주요 논점

1. 한국의 주권 문제
2. 중화문명의 영향과 한국 국인주의
3. 사회신분체제와 국인주의
4. 근대화 이전 한국 국인주의 논의에 대한 결론

앞에서 논의했듯이 한국의 내셔널리즘 연구의 대부분은 근대주의를 따르고 있고, 그래서 근대 이전에는 한국이 네이션도 아니었고 내셔널리즘도 없었다고 주장한다. 여기에 근대주의자들이 제시하는 주요 이유는 크게 두 가지다. 하나는 과거 한국이 중국에 종속되어 주권이 없고 독립된 국가가 아니었기 때문에 국인이 될 수 없었다는 것이고, 다른 하나는 신분제 사회였기 때문에 국인이 형성될 수 없었다는 것이다. 이 문제에 대하여 검토해 보기로 하자.

## 1. 한국의 주권 문제

### 1] 한국에 주권이 없었다는 주장

한국이 근대화 이전에는 주권이 없었기 때문에 국인이 없었다고 하는 주장이 있다. 근대화 이전에 한국에 주권이 없었는가? 근대주의자 중에는 조선시대나 그 이전에 한국이 중국에 종속되어 있었기 때문에 주권이 없었다고 주장하기도 한다. 그래서 근대화기 이전에 이 땅에 살던 사람은 한국인으로서 국인이 아니었다는 것이다.

내셔널리즘과 관련하여 이런 논리를 펴는 사람들의 주장을 들어보자. 쓰키아시 다쓰히고는 『조선의 개화사상과 내셔널리즘』이라는 책에서 한국에는 국인이 존재하지 않았다고 하고, 그 이유로서 다음과 같이 기술하고 있다.

> 국민국가의 요건은 국경선, 주권, 내셔널아이덴티티를 공유하는 국민인데 조선왕조가 이러한 것들을 의식하기 시작한 것은 1880년대이다. 기본적으로 국민국가라고 불리는 것은 모두 공통의 성격과 구조를 가지고 있지만 한편으로 그 창출되는 과정은 그 지역의 역사 지리적 요인이나 국제환경에 의해 규정된다. 조선의 경우 국민국가의 요건인 주권의 문제를 둘러싸고 중국과 전통적인 종속관계로 분쟁이 있었으며 그것이 또한 조선을 둘러싼 청일의 대립으로 이어졌다. 청일전쟁 전후 개화파가 일본이라고 하는 외세에 의존하는 반민족적 성격을 보여주는 것도 그것 때문이었다고 이해할 수 있다.
>
> <중략>
>
> 조선왕조가 주권국가가 되기 위해서는 조선/대한제국의 군주가 중국이나 일본의 황제와 동등해질 필요가 있었다.[172]

윗글에서 국민국가라는 것은 한국에서 일반적으로 사용하는 민족국가를 의미하며, nation state(국인국가)에 해당하는 말이다. 다쓰히고는 1880년대 이전에는 조선왕조가 국경선이나, 주권이나, 내셔널아이덴티티를 의식하지 않은 채 살아왔다는 것을 말하고 있다. 그리고 여기서 조선이 중국과의 종속관계 문제가 있었는데 조선의 군주나 대한제국의 군주가 중국이나 일본의 황제

---

[172] 쓰키아시 다쓰히고, 2014, p.29

와 동등한 위치에 있지 못했기 때문에 주권국가라 할 수 없었다라고 하고 있다.

1880년대 이전에 조선왕조에서는 국경선, 주권, 내셔널아이덴티티를 의식하지 않고 살았다는 것은 무슨 근거로 하는 말인가? 그렇지 않다. 의식하고 살았다. 또 "조선의 경우 국민국가의 요건인 주권의 문제를 둘러싸고 중국과 전통적인 종속관계로 분쟁이 있었으며…"라고 하는데, 전통적인 종속관계로 단정 짓고 전개되는 설명 자체에서 이미 논리성을 상실하고 있다. 만약 전통적인 종속관계로 계속 있어왔다면 그냥 종속된 것인데 무슨 분쟁거리가 되는가? 긴 역사과정에서 종속되지 않았고, 또 종속관계를 두고 분쟁도 있지 않았다. 분쟁이 있었던 것은 조선말에 서구열강의 서세동점 시기에 서구와 함께 중국, 일본이 서로 먼저 한국을 침탈하기 위하여 분쟁을 만든 적이 있을 뿐이다. 주권이 없어서 국인이 되지 못한다면 왜 주권이 없었다고 판단하는지에 대한 설명이 있어야 할 텐데, 이에 대한 아무런 설명 없이 "조선왕조가 주권국가가 되기 위해서는 조선/대한제국의 군주가 중국이나 일본의 황제와 동등해질 필요가 있었다."라고 하고 있다. 그런데 이런 주장이 타당하지 않은 것이 조선시대 한국왕과 일본왕이 동등하지 못했던 것보다 오늘날 일본 수상과 미국 대통령이 훨씬 더 동등하지 못하다. 그럼에도 아무도 지금 일본이 주권국가가 아니라고 하지 않는다. 이렇게 다쓰히고는 정확한 근거나 논리 없이 두리뭉실하게 덧대어서 한국에 주권이 없었음을 기정사실화하고 있는 것이다.

이는 한국 내셔널리즘과 관련하여 주권을 문제 삼는 하나의 예인데, 주목해야 할 점은 일본학자들 중에 한국의 국인주의에 대하여 이런 식으로 주장하는 사람이 많다는 점이다. 일본학자들은 근대주의 이론의 틀에서 한국의 국인주의를 설명하려고 한다. 한국이 근대화되면서 네이션과 내셔널리즘이 생기게 되었다는 것이고, 한국이 근대화된 것은 일본의 통치에 의해서 되었으므로, 결국 일본의 통치 이전에는 한국에 네이션과 내셔널리즘이 없었다는 것이다. 그리고 근대화 이전에 한국은 주권이 없었기 때문에 네이션과 내셔널리즘이 없었다는 것이다. 일본인들의 이러한 시각에는 내셔널리즘의 범위를 넘어서 국가 간의 이해관계가 달린 중요한 문제를 바탕으로 하고 있다. 한국의 국인주의를 연구한 다쓰히고뿐만 아니라 일본인들은 과거 한국을 중국의 종속국으로 각인하여 주권 없는 국가로서의 위상을 기정사실화하고 싶어 한다. 이것은 지난 세기 일본이 조선을 침략한 데 대해 한국은 어차피 주권 없는 국가였기 때문에 일본이 한국을 점령해도 문제가 되지 않는다는 근거가 된다. 그래서 지금도 일본인들은 기회만 있으면 이런 면을 부각시켜 과거 일본의 한국침략을 면죄하고 미화하는 하나의 논거로 삼고 있는 것이며, 전체로서 보면 이는 과거 수천 년간 기회만 되면 한국을 침략해 온 일본의 기본적인 마음이기도 하다.

    연구물이라고 할 때 우리는 연구자를 진리를 탐구하는 사람이라고 하여 객관적일 것이라고 믿기 쉽다. 하지만 연구자라고 해서 일반인들보다 내셔널리즘이 약하다는 보장이 없다. 유명한 연구자일수록 국가에 대한 사명을 갖거나 국가 일에 많이 관련되기 때문에 일반인보다 더 강한 내셔널리즘을 가질 수도 있다. 그리고 학문이라는 영역의 권위가 있고 학문은 객관적일 것이라는 일반인들의 믿음이 있어서 더 큰 효과를 낼 수 있기 때문에 연구물을 자국의 이익을 추구하기 위한 수단으로 사용하기도 한다.

2017년 4월 6일, 플로리다 마라라고에서 시진핑과 회담을 했던 트럼프(Donald Trump)가 회담 후에 기자회견을 하면서 회담 중 시진핑이 말하기를 과거 한국은 중국의 일부였다고 하더라고 하였다.[173] 이 시진핑의 말은 앞의 과거 한국에 주권이 없었다는 말과 상통한다. 사실 이는 시진핑이 처음으로 한 말이 아니고 일본이나 중국에서는 이런 부류의 말을 하는 사람들이 더 있다. 일본에서 이렇게 주장하면, 중국 또한 나쁠 것이 없기 때문에 중국도 그 말이 옳다 하고 같은 주장을 하는 것이다. 그래서 서양의 논문이나 서적에서는 이런 일본사람, 중국사람의 주장을 담고 있는 경우가 많으며, 그래서 한국의 역사를 잘 모르는 저 멀리에 있는 다른 나라 사람들은 당연히 그런 줄 알게 되는 것이다.

　　트럼프의 말이 뉴스가 되었을 때, 이를 들은 한국사람들은 분노했다. 하지만 이러한 뉴스를 접하고도 한국정부에서는 못들은 척하고 아무런 대응을 하지 않고 넘어갔다. 이런 정부의 대응은 잘못된 것이다. 정부가 이렇게 하면 세계의 사람들은 말할 것도 없고, 한국국민들까지도 모르는 사람들은 시진핑이 그렇게 말하는 것이 어느 정도 근거가 있는 것이기 때문에 문제삼지 않고 넘어가는 것으로 오해하기 십상이다. 이런 문제에 대하여 한국의 학자들도 연구결과를 제시하며 이 같은 말이 나오지 않도록 해야 하는데, 그렇지 못하여 반복적으로 이런 말을 듣게 되는 현실이 안타깝다. 이런 문제에 대하여 명쾌하게 제대로 설명하는 한국의 지식인들이 드물다 보니, 일반 국민들은 이에 대하여 명확한 식견을 갖고 있지 못한 상태에서 심지어 한국인들조

---

[173] Woolf, 2017, April 20; 시진핑이 '한국은 중국의 일부였다'고 하더라, 2017.4.20

차 그렇다고 생각하는 사람들이 나오게 된다. 그래서 이 주권에 대한 문제는 내셔널리즘의 범위를 넘어 한국사람들이 관심을 갖고 알아두어야 할 중요한 문제이다.

한국이 주권이 없다고 하는 주장은 전근대기 한국과 중국 간의 관계를 두고 하는 말이다. 이 한국과 중국과의 관계에 있어서 한국 주권의 존재여부에 의심할 부분의 핵심은 바로 조공책봉관계이다. 그래서 이 조공책봉관계를 확실히 검토해 봐야 한다. 그리고 한국이 중국의 종속국이라든가, 중국의 제후국이라든가 하는 말들이 있는데, 이런 말들을 주권 문제와 관련하여 점검해 볼 필요가 있다.

주권의 개념은 근대적 국제관계에서의 개념이다. 주권이라는 개념이 과거 동아시아에 존재했던 것이 아니므로 이 개념을 기준으로 과거 국가관계를 판단하는 것은 쉬운 일이 아니다. 주권과 관련하여 과거 한국과 중국이 어떤 관계에 있었는지를 알기 위해서는 동아시아에서의 국제관계, 동아시아의 역사, 동아시아의 가치관, 동아시아의 문화 등 다양한 측면에서 입체적으로 검토하지 않으면 안 된다. 여기서 문제가 되는 주권의 문제는 한국과 중국 관계의 문제인데, 이러한 관계를 주도한 나라는 당시 동아시아 세계를 이끌어간 중국이다. 그래서 한국 측 입장 이상으로 중국 측에서 주권에 해당되는 부분과 관련하여 어떤 입장에 있었는지를 점검해 볼 필요가 있다. 이렇게 하여 그 당시 국제관계에서의 의미를 오늘날 국제관계에서의 주권의 의미에 대입해서 검토하면 합리적인 판단을 도출할 수 있을 것이다.

그리고 여기에 더 나아가서 주권의 문제와 별도로 내셔널리즘과 관련해서는 주권의 존재가 반드시 필요한가의 문제 또한 있다. 그래서 먼저 주요 문제로서 한국에 주권이 없었는가의 문제부터 자세히 살펴보고, 다음으로 내셔널리즘과 네이션의 존속여부에 이 주권이 반드시 필요한가의 문제를 검토해 보기로 하자.

## 2] 동아시아의 국제관계

### [1] 동아시아의 지정학적 환경

동아시아는 동쪽으로는 반도인 한국과 섬인 일본을 끝으로 하고 있고, 서쪽은 히말라야 산맥이 가로막고 있고, 남쪽은 바다, 북쪽은 사막과 스텝지역으로 둘러싸여 있다. 이 외부 세계와 단절된 하나의 폐쇄된 공간에서 오래전부터 동아시아문명권을 이루어 왔다. 이 공간에서 큰 나라를 형성할 수 있는 중심지역이 황하강 중류가 위치한 중원지역이었다. 그래서 이 지역을 중심으로 사방으로 영토를 확장했을 때 동아시아지역에서 절대적으로 큰 덩어리의 땅을 차지하는 중앙에 있는 나라가 될 수 있었기 때문에, 흥하고 망한 수많은 왕조의 이름과는 별도로 중국(中國)이라고 하였다. 진나라 이후 중국은 압도적으로 많은 인구, 넓은 국토, 풍부한 물자 등을 갖고 있어서 분열만 되지 않는다면 정치, 군사, 사회, 문화적으로 주변의 국가를 압도할 수 있었다. 그래서 이 세계 강자로서의 역할을 하는 대국 중국과 주변의 상대적으로 작은 국가들이 이 세계의 국가사회를 이루면서 살아왔다.

이 동아시아의 국제관계에서 결정적인 영향을 미친 중요한 요소는 중화사상과 유교사상이었다. 중화사상은 절대강자 중국으로 하여금 우월감을 갖는 동시에 스스로 확장을 자제하는 역할을 하였고, 유교사상은 힘에 의한 강제가 아니라 인의의 예를 국제관계의 기본원리로 삼게 하였다.

### [2] 중화사상

오래전부터 중국인들은 중화사상을 갖고 있었다. 중화사상(中華思想)은 중국이 세계의 중심이며 가장 높은 문화수준을 갖고 있다는 중국인의 자민족중심주의적 사고체계이다. 모든 국가는 다 자국중심주의가 있지만 중국의 그것은 주변 국가에 대한 우월적인 위치로 인하여 다른 국가들에 흔히 찾아보기 어려울 정도로 매우 분명하고 강화된 형태의 것이었다. 중국의 문화수준이 높다는 것은 주변 이민족의 문화수준과 비교하여 나온 말이므로 중화사상은 곧 화이사상(華夷思想)이 된다. 화이의 화(華)는 세상의 중심에 있는 문명인으로서의 중국인이며, 이(夷)는 개화되지 못한 야만인으로서의 오랑캐들이다. 이는 높은 문화의 중국과 낮은 문화의 이민족을 구분해야 한다는 것으로 중국을 치켜세우는 반면에 주변 이민족을 멸시하는 사상이다. 중국인들은 주변의 이민족들을 동쪽은 동이(東夷), 서쪽은 서융(西戎), 남쪽은 남만(南蠻), 북쪽은 북적(北狄)이라 부르며,[174] 짐승이나 벌레와 같은 것으로 하여, 아예 자신들과 상종할 수 없는 존재로 취급하였다.

그리고 중국인들은 고유의 천하관을 갖고 있었다. 여기서 천하(天下)란 지금의 세계, 혹은 세상(world)에 해당하는 말이고,

---

[174] 동이(東夷)는 동쪽의 포로, 서융(西戎)은 서쪽의 개, 북적(北狄)은 개나 짐승, 남만(南蠻)은 벌레 특히 뱀과 같은 것을 의미한다. 중국인들은 이들을 통틀어 사이(四夷) 또는 만이융적(蠻夷戎狄)이라 불렀다.

천하관(天下觀)이란 세계관, 즉, 세상에 대한 사고체계 또는 세상을 이해하고 해석하는 방식이라고 할 수 있다. 중국인들은 역사 이전의 시대부터 만물을 지배하는 수호신을 믿고 있었고, 이러한 믿음이 이어져 내려오면서 세상의 이치에 대하여 개념적으로 정치(精緻)시켜 나갔다. 서주(西周) 때부터 천하(天下)라는 용어가 사용되었는데, 하늘(天)은 우주만물의 원천이자 이를 주재하는 최고 신이며, 천하는 이 하늘의 섭리하에 있는 이 세상이다. 여기서 하늘로부터 명을 받아 사람들을 다스리는 사람이 천자(天子)다. 즉 천자는 인간세계의 최고 통치자로서 하늘의 뜻을 지상에서 실천하는 존재다.

초기의 주나라 때에는 중원을 중심으로 중앙에 천자가 있고 주변에 제후국을 둔 봉건체제의 세계를 살아왔다. 그런데 주나라 이후 춘추전국시대가 되면서 중원 주변의 국가들도 포함하는 천하로 그 범위가 확장되었다. 그리고 중국 대륙의 국가들을 통일한 진나라, 한나라시대에 들어오면서 천자가 지배하는 영역이 크게 확대되었다. 하지만 여전히 천자가 지배할 수 없는 중국 바깥의 나라들이 있었다. 천자는 세상 전체를 다스리는 자이므로 중국이 천자의 지배하에 있는 것은 당연하고, 이적의 땅 또한 하늘 아래 있으므로 이적도 천자의 지배하에 있어야 한다. 그런데 현실적으로는 중국은 천자의 지배하에 있지만 이적은 지배하에 있지 않다. 중국인들이 생각하는 이념과 현실 사이에는 메울 수 없는 괴리가 있었던 것이다. 여기서 중국인들은 중화우월주의 의식에 따라 중국이 현실적으로 지배하고 있지 않으면서도 이들을 지배하는 것으로 하였다. 중국은 문명의 세계였지만 중국 바깥은 비문명의 세계이기 때문에 천자가 직접 다스리지 않아도 그들 스스로 주인이 될 수 없고 천자의 지배하에 있을 수밖에 없다는 것이다. 산에 짐승들이 살고 있어도 이들이 그 산의 주인이 될 수 없듯이 중국인들에게 있어서는 이적들이 그 땅에 살고 있어도 그들이 그 땅의 주인이 될 수 없다는 것이었다.

중국인들이 주변의 사람들을 짐승이나 벌레라고 한 데에는 겉으로는 단순히 낮은 위치의 문화수준에 있어서 함께하고 싶지 않은 대상으로서 의미가 있지만, 내면으로는 자신에게 어떤 위해를 줄지 모르는 위협의 대상으로서의 의미도 있었다. 대부분의 극단적인 비하나 혐오는 그 속에 단순히 추하다는 것만이 아니라 실제 분노나 두려움이 함께 한다. 동물이나 사람이나 어떤 대상을 혐오하고 비하할 때는 단순히 하등의 위치에 있어서 비하하는 것이 아니다. 하등의 위치에 있더라도 자신에게 잘하면 애정을 갖고 감싸주면서 오히려 높여주려고 한다. 중국인들이 주변의 오랑캐들을 비하하고 상종할 수 없는 존재로 간주한 것은 극복하기 어려운 존재로서 자신들을 괴롭히는 존재이기도 하였기 때문이었다.

특히 북쪽의 오랑캐들은 중국인들이 상대하기 버거운 존재였다. 인류 발전에 있어서 카인과 아벨의 대립으로 상징되기도 하듯이 북쪽의 유목생활을 하는 사람들과 농경생활을 하는 중국 사람들의 대결은 동아시아 역사에 있어서도 큰 부분이었다. 중국인들은 일찍이 농경생활을 하면서 그 문명을 꽃피워 왔지만, 북쪽 아시아 대륙 중앙의 광대한 지역에 유목생활을 하는 사람들 또한 일찍이 문명을 이루면서 그 힘과 세력이 만만치 않았다. 위쪽의 유목인들과의 충돌은 중국에게 좋은 것이 거의 없었다. 중국인들은 농경문화를 발전시키면서 농산물을 산출증대로 인구를 늘리고 생활수준을 높일 수 있었지만 안정된 삶을 살게 되면서 투쟁적인 삶과 거리가 멀어지게 되었다. 전쟁이 나면 잃을 재산은 많았고 지킬 수 있는 힘은 적었다. 반면에 북쪽 유목인들은 거친 환경에서 살면서 강인한 투쟁력을 갖고 있을 뿐만 아니라 사냥을 생업으로 하면서 목숨을 걸고 싸우는 것이 일상인데다 말을 타고 싸우는 사람들이다. 그리고 항상 이동하는 사람들이라 쌓아놓은 곡식이나 연연할 재산 같은 것도 없었다. 중국인들은 수적으로 많았지만 정신적으로나 육체적으로 북방민들을 당해낼 수 없었다. 원래 유목인들은 필요한 물자를 축적하지 않고 필요할 때마다 농경인들을 약탈하여 물자를 획득하였다. 그래서 유목인들은 농경인들을 침략할 필요가 있었지만 농경인들은 유목인들을 침략할 이유가 없었다. 유목인들은 재산도 없을 뿐만 아니라 그 땅도 농경에 적합하지 않아서 침략해서 얻을 것이 없었기 때문이다. 그래서 유목하는 사람들은 공격적이고 농경하는 사람들은 수비적이었다. 공격하는 사람들은 자신들이 유리한 시기에 쳐들어오지만, 수비하는 사람들은 언제 쳐들어올지 모르고 있다가 준비 없이 싸우는 경우가 대부분이다. 게다가 유목인들은 아무 때나 초원에 양들을 풀어놓고 전쟁에 나오면 되지만, 농경인들은 전쟁한다고 파종을 하지 못하거나 수확을 하지 못하면 혹독한 기근을 피할 수 없다. 이렇게 유목인과 농경인 간의 투쟁은 농경인으로서는 도저히 이길 수 없는 게임이었고, 이겨봐야 남는 것이 없는 게임이었다.

　　기원전 2세기에 전한은 이러한 사실을 역사로 남기고 있다. 진나라에 이어 통일대국이 된 한나라는 같은 기세로 더 큰 나라로 만들기 위해 주변지역을 침략하여 외연을 확장해 나가게 되는데, 이 과정에서 더 이상 오랑캐 땅들을 넘보고 싶지 않을 만큼의 쓰라린 경험을 하게 된다. 고조 때에 흉노들을 제압하기 위하여 원정을 단행하였으나 실패하여 흉노에 굴욕적인 화친을 하고, 이후 흉노에게 종실의 여자를 처첩으로 보내고 금은비단을 보내 흉노의 환심을 사야만 했다. 그러다가 점차 중국의 힘이 비축되면서 무제 때에 형편이 나아졌다. 무제는 강한 힘으로 안으로는 고대제국의 중앙집권제를 완성하고, 바깥으로는 흉노(匈奴), 대완국(大宛國), 남월국(南越國), 서남이(西南夷), 위만조선(衛滿朝鮮) 등을 정벌하여 영토를 크게 확장했다. 그런데 대외정복사업으로 말미암아 국가재정은 파탄나고 나라가 어지럽게 되어 결국 나라가 망하게 되었다.

통일된 중국은 그 지배영역을 더 넓게 확대하려고 무던히 애를 썼으나 결과는 처참하였고, 이런 경험을 한 후에 이것이 가능하지 않다는 판단을 하게 된다. 반고는 한서(漢書)에서 오랑캐들을 정벌하여 그 땅을 중국에 편입시키는 것이 가능한 일이 아님을 다음과 같이 적어 놓고 있다.

이적(夷狄)들은 탐욕스럽고 이익을 좋아하며 머리를 풀어헤치고, 옷깃은 왼쪽 섶을 안으로 넣고,[175] 사람의 얼굴을 하고 있지만 그 마음은 짐승과 같다. 중국과 복식이 다르고, 습속이 다르며, 음식이 같지 않고, 언어가 통하지 않는다. 궁벽한 북쪽 변경의 찬 이슬이 내리는 땅에 살며 풀과 가축을 따라 옮겨다니고 사냥을 생업으로 삼는데 산곡(山谷)으로 격리되고 사막으로 막혀 있으니 천지(天地)가 안과 바깥을 끊어 놓은 것이다. 그러므로 성왕(聖王)들은 그들을 금수로 대하고, 더불어 서약을 하지 않고, 공벌(攻伐)하지도 않았다. 서약을 하면 재물만 소모한 채 속게 되고, 공벌하면 군사를 수고롭게 할 뿐 결국 침략을 불러들인다. 그들의 땅은 경작하여 먹을 수 없고, 그 백성들은 신하로 기를 수 없다. 그러므로

---

[175] 중국에서는 오른쪽 섶을 안에 넣었고, 오늘날 한국인의 옷도 이와 같다.

그들을 안으로 들이지 않고 바깥으로 내치며, 멀리하고 가까이하지 않으며, 그들에게 정치와 가르침을 베풀지 않고 역법을 그 나라에 가하지 않은 것이다. 그들이 침범해 오면 징벌하여 다스리고 그들이 떠나면 방비하며 수비하였다. 그들이 의(義)를 사모해 공헌해 오면 이를 받아들여 예로써 겸손히 대하고, 기미부절(羈縻不絶)[176]하여 잘못은 그들에게 있게 하니, 대저 성왕(聖王)들이 만이(蠻夷)들을 제어하는 불변의 도리가 이러하였도다.[177]

이렇게 중국의 주변 이적들에 대한 지배나 통치와 같은 욕심은 아예 일찌감치 거세된 것이다. 서기 79년 후한 장제 때 열린 백호관회의(白虎觀會議)에서 우후(虞詡)는 다음과 같이 말하였다.

자고로 성왕(聖王)은 이적을 신하 삼지 않으셨으니, 덕을 능히 미칠 수 없어서가 아니며, 위엄을 능히 더하지 못해서가 아니라, 그 금수의 마음과 같은 탐욕스러움을 예로써 복종시키기 어려움을 아셨던 것입니다. 따라서 기미의 도로써 그들을 어루만지셔서, 의부해 오면 받아들여 막지 않으셨으며 배반하면 버려두고 쫓지 않으셨습니다.[178]

그래서 이적에 대한 중국의 전략은 다음과 같았다. 첫째, 이적은 통치하지 않는다(不治夷狄).[179] 둘째, 이적은 복속시킨다(四夷歸服). 셋째, 가까이도 멀게도 하지 않으면서 고삐를 채우듯이 하여 통제가능한 상태로 둔다(羈縻不絶). 넷째, 의지해 오면 막지 않고 배반하면 버려두고 쫓지 않는다(附則受而不逆 叛則棄而

---

[176] 완전히 단절하지는 않고 고삐를 채워서 통제가 가능한 상태로 둔다는 것이다.
[177] 반고, 82, 권94, 흉노전(하)
[178] 홍승현, 2011, p.222
[179] 한나라 하휴는 "왕자는 이적을 다스리지 않는다."라고 하였다

不追).[180]

『한서』가 쓰여진 2,000여 년 전에도 이적들은 중국과 언어가 다르고 풍습이 다르다고 하고 있는데, 이렇게 다르다는 것은 그 이전의 오랜 기간 동안에도 중국인과 주변의 사람들은 서로 분리된 역사를 살아왔음을 의미한다. 그리고 다시 1,300년이 지난 14세기 후반에도 이러한 기조는 계속되고 있음을 확인할 수 있다. 명을 건국한 태조 홍무제는 후대에 내린 유훈집『황명조훈』에서 "조선국, 일본국, 유구국, 안남국, 진랍국, 섬라국[181]을 비롯한 15개의 이적국가들에 대하여 중국을 침범하거나 중국에 우환거리가 되지 않는 한 정벌하지 말도록" 명하였다. 그 이유는 "이 주변 지역들은 산과 바다로 중국과 격리된 후미진 곳이어서 그 땅을 얻어도 물자를 가져올 수 없고, 그 백성을 얻어도 부릴 수가 없다"는 것이었다.[182] 이적에 대한 중국인의 인식에서 홍무제나 반고나 별반 차이가 없음을 알 수 있다.

반고와 홍무제는 한족이 오랑캐의 땅으로 진출해 들어가지 않는 이유를 매우 분명히 말해주고 있다. 중국인은 자신들과 주변 이민족을 매우 엄격하게 구분하고 차별하는 인식과 태도를 갖고 있는 것이다. 한족은 힘이 있다고 해서 무작정 더 많은 땅을 차지하려 하고 무작정 더 많은 사람들을 지배하는 것이 아니라 자신들만의 세계를 한정하고 이 범위 내에서 자신들만의 국가를 이루어 나가려 했던 것이다.

중화의 세계와 비중화의 세계를 엄격히 분리하는 중화사상

---

[180] 後漢書, 卷86 南蠻傳
[181] 안남국, 진랍국, 섬라국은 지금의 베트남, 캄보디아, 타일랜드를 말한다.
[182] 주원장, 1373

은 다른 민족을 비하하는 차별의식이었지만 아이러니하게도 이로 인한 순기능 또한 작지 않았다. 우선 중화사상은 민족 서로 간에 경계를 유지하는 힘으로 작용하였고, 이로 인하여 전쟁은 줄어들게 되었다. 이적은 다스리지 않는다는 원칙은 중국의 확장을 막는 역할을 하여 주변국에 대한 침략과 정벌, 그리고 지배를 억제하는 작용을 하였다. 자연히 주변의 국가들은 중국으로부터 괴롭힘을 당하는 일도 많지 않았다. 중국이 행한 이적에 대한 기본적인 입장 중의 하나가 이이제이(以夷制夷)다. 이적들을 통하여 이적 문제를 해결한다는 것으로서 이렇게 중국은 주변 국가의 문제에 대하여 직접적으로 간여하는 것을 꺼렸다. 이런 결과로 동아시아에서 국가와 민족들은 비교적 평화롭게 살아갈 수 있었다. 같은 역사기간 동안 세계 다른 지역에 비해서 동아시아지역은 현저하게 전쟁의 횟수도 적고 기간도 짧았다.[183]

### [3] 유교문명

진나라의 통일로 춘추전국시대는 끝을 맺고 거대국가 중국이 되었고, 곧 한나라로 이어지게 된다. 춘추전국시대 이래로 제자백가의 다양한 사상이 있었지만, 그중에서 국가 통치사상으로서 크게 힘을 발휘하였고 후대에 이르기까지 큰 영향을 준 사상은 법가와 유가였다.

법가는 전국시대 말기 한비자에 의하여 집대성된 사상으로 법에 의한 지배를 국가경영의 원리로 삼았다. 법가는 인간은 이기적인 존재이기 때문에 국가의 강력한 통제를 통해서 사회적

---

[183] 조영정, 2020, pp.165-195

화합을 이룰 수 있다고 생각하였다. 그래서 군주가 법을 정하고 이를 엄정하게 집행함으로써 좋은 사회를 만들 수 있으며, 중앙집권화된 국가권력과 강력한 통치자에 의한 부국강병과 대제국 건설이 중요하다고 생각하였다. 진나라와 한나라 초기에는 법가사상을 가진 인물들이 중용되어 중앙집권적인 고대국가를 형성하는데 기여하였다. 흔히들 패도(霸道)라고 불리는 이 법가사상은 진나라의 통치이념이었다. 결국 법가인 이사를 재상으로 둔 진나라가 천하를 통일하였다. 진은 더 높고 강력한 권력으로서의 황제(皇帝)라는 칭호를 사용하고, 군현제를 통해서 광대한 땅을 직접 통치하였다. 황제는 하늘의 상제와 마찬가지로 절대권력 그 자체였다.

하지만 패도에 의한 정치는 문제가 많았다. 대제국이란 긴장되고 피곤한 것이며 평화로운 삶과는 거리가 먼 것이었다. 전쟁으로 주변 세력을 굴복시키고 수시로 일어나는 반란을 평정해야 한다. 이런 상태에서는 경제적인 풍요와 생활에서의 안정을 누리기 어려웠다. 경제가 어려운 상태에서 강한 군사력을 유지하기가 어렵다. 황제는 제국을 무한히 확장시키고 계속 더 높은 권력을 갖기를 원하지만 현실에 있어서 그것은 가능한 것이 아니었다. 전쟁과 강권지배를 통한 인위적인 부국강병, 그리고 이를 통한 대제국을 계속 발전시켜 나간다는 것에는 스스로 모순을 안고 있었던 것이다. 이러한 이유로 권위적이고 철권통치를 하던 진나라는 건국된 지 15년 만에 무너지고 말았다. 한대에 들어와서도 법가사상은 계속되었으나 이념투쟁에서 유가사상에 밀려 점차 약화되어 갔고, 무제 이후에는 유가가 유교라는 이름으로 종교의 위치에 오르면서 중국사상의 중심에 자리 잡게 되었다.

한편 유가는 공자로부터 시작하여 이후 2,500여 년간 중국뿐만 아니라 동아시아 전역에 걸쳐서 국가통치와 개인과 사회를 규율한 사상이다. 유가는 개인에서부터 국가에 이르기까지 인간사회의 모든 영역을 포괄하는 원리와 준칙을 설정하고 있다. 공자는 사람에 대한 사랑으로서 인(仁)이라는 도덕적 관념을 기초로 모두가 인의 완성자로서의 군자가 되어야 함을 주장하였다. 춘추시대에 공자의 사상은 여러 제자들에 의하여 계승되어 오다가 전국시대에 와서 맹자에 의해서 인의 사상이 정치적으로 구현된 형태로서 왕도정치사상(王道政治思想)으로 발전하게 된다. 왕도정치는 백성을 국가의 근본으로 여기는 가운데 군주와 지도자의 도덕적 실천을 강조하였다. 이는 이전의 힘과 권모술수, 그리고 강압적 통치를 주장했던 패도정치와 상반되는 것이었다.[184] 맹자는 왕도와 패도를 다음과 같이 말한다.

> 힘으로써 인을 가장하는 자는 패도이니 패도는 반드시 큰 나라를 갖게 되고, 덕으로써 인을 행하는 자는 왕도이니 큰 나라여야 할 것이 없느니라. 탕왕은 70리로써 하고 문왕은 백 리로써 해냈다. 힘으로 사람을 복종시키는 자는 그것이 마음속에서 복종하는 것이 아니고 힘이 부족해서이고, 덕으로 복종당하는 사람은 마음으로부터 기뻐하며 진실로 복종하는 것으로, 칠십 명의 제자가 공자를 따르는 것과 같은 것이다.[185]

법가는 국가가 강한 것은 군사가 강하기 때문이며, 군사가 강한 것은 백성의 마음을 통합하고 있기 때문이며, 백성의 마음을 통합할 수 있는 것은 백성이 법을 중시하고 있기 때문이며,

---

[184] 조영정, 2020, pp.183-189
[185] 맹자, 공손추(상)

백성이 법을 중시하는 것은 군주가 법을 엄격하고 공평하게 시행하고 있기 때문이라고 생각하였다. 하지만 유가의 생각은 달랐다. 유가는 군주가 힘을 쓰게 되면 폭정에 이르기 쉽고, 힘을 사용하는 군주를 백성이 좋아할 리가 없기 때문에 결국 몰락하게 된다는 것이다. 군주가 부국강병을 추구하게 되면 백성은 도탄에 빠지게 된다. 이렇게 볼 때 무력의 확장과 부국강병에 의하여 패자가 된다는 것은 가능하지 않은 일이다. 왜냐하면 백성들은 결국 인군(仁君)을 따를 것이기 때문이다. 그래서 천하의 주인이 되기 위해서는 군비확장이나 부국강병보다는 인정을 베푸는 것이 최선이라고 생각하였던 것이다.[186] 논어에서 공자는 다음과 같이 말하고 있다.

> 법으로써 따라오게 하고, 형벌로써 다스리면 백성들은 빠져나 가려고만 하고 부끄러운 줄을 모른다. 하지만 덕으로써 이끌고 예로써 다스리면 부끄러워하여 스스로를 바로잡아 착하게 된다.[187]

그리고 대학은 다음과 같이 기록하고 있다.

> 시경에 이르기를 은나라가 백성을 잃지 않았을 적엔 상제에게 짝될 수 있었으니, 마땅히 은나라를 거울삼을지어다. 큰 명(大命)은 쉽지 않다 하였으니 민중을 얻으면 곧 나라를 얻게 되고, 민중을 잃으면 곧 나라를 잃게 됨을 말한 것이다. 이러므로 군자는 먼저 덕을 쌓아야 한다. 덕이 있으면 사람이 있게 되고, 사람이 있으면 땅이 있게 되고, 땅이 있으면 재물이 있게 되고 재물이 있으면 이에 쓰임이 있게 된다. 덕이라는 것이 근본이요 재물이란 것은

---

[186] 기무라 간, 2002. pp.37-38
[187] 논어, 위정

말단이다.[188]

　유교에서는 중국전통의 천하관을 계승하여 정치화시켰다. 우주만물을 주재하는 최고의 신이자 절대적 존재로서 하늘이 있고, 이 하늘의 뜻을 받아 인간세상을 통치하는 사람이 천자라고 여겼다. 천자는 하늘과 땅 사이를 연결하는 자로서 천자만이 하늘에 제사 지내고 달력을 만들 수 있었다. 세상에 천자는 둘일 수 없고 반드시 하나이어야 한다. 유교가 주변의 지역으로 확산되어 동아시아 전역이 유교문명권을 형성함에 따라 이러한 개념은 동아시아 전역에 받아들여졌다. 그래서 유교문명권의 모든 국가는 당연히 이 천자의 영향력하에 있었다. 하지만 세계에 대한 관념으로서 천자였고, 천자가 모든 나라를 다스리는 것은 아니었다. 같은 천자를 두고 크고 작은 나라들이 공존하는 상태에서 가장 힘센 국가의 통치자가 자신이 천자라고 주장하였기 때문에 이 천자는 통상적으로 중국의 몫으로 되었다.

　그리고 유학자들은 군주의 힘을 제어하기 위한 하나의 수단으로서 천자라는 개념을 만들어내었다. 하늘의 뜻을 상정하고 이 하늘의 뜻을 이행하는 자로서의 천자를 둠으로써 통치자가 합당한 행동을 하도록 묶어두는 것이다. 그래서 통치는 무력과 법에 의한 것이 아니라 군주의 덕을 바탕으로 하는 예치였다. 유교의 예치질서는 명분과 권위를 중심으로 이루어진다. 유교에서의 질서는 위계적이지만 호혜적인 것이어서[189] 수직적인 관계라 할지라도 일방적인 관계가 아니라 쌍무적인 관계였다. 또 예에 의한 의무는 강권에 의한 것이 아니라 자발적인 것이었다.

---

[188] 대학, 치국평천하
[189] 권선홍, 2014, p.41

유교세계에서는 높은 위치에 있을수록 더 높은 도덕적 행실과 인격적인 수양을 갖는 것을 당연시하였다. 이러한 유교에서의 예치질서(禮治秩序)는 국가 간의 관계에서도 그대로 적용된다. 수직적인 기본원리 속에서 국제관계의 기본체제는 사대자소였다. 사대자소(事大字小)는 작은 나라는 큰 나라를 섬기고 큰 나라는 작은 나라를 지원한다는 것으로서, 이러한 관계 속에서 국가 간에 안녕과 질서를 찾았던 것이다. 큰 나라라고 해서 힘을 행사하는 것이 아니라 오히려 절제하고 모범을 보이는 것이 원칙이었다. 제나라 선왕이 맹자에게 이웃 국가와 외교하는데 방법이 있습니까? 라고 물었을 때 맹자는 다음과 같이 말하였다.

> 큰 나라로서 작은 나라를 받드는 것은 하늘의 뜻을 즐기는 것이고, 작은 나라로서 큰 나라를 받드는 것은 하늘의 뜻을 두려워하는 것입니다. 하늘의 뜻을 즐기는 것은 천하를 편안히 하고, 하늘의 뜻을 두려워하는 것은 자기 나라를 편안하게 합니다.[190]

맹자가 이렇게 말하였는데, 그를 성인으로 모시는 유교문명권의 동아시아에서 다른 질서를 찾았을 리 없다. 여기의 모든 나라들은 사대자소를 순리로 생각하였던 것이다. 조선의 태종은 "대국을 섬기는 것은 두려워서 그렇게 하는 것이 아니라 예가 그러한 것이다"라고 말하였다.[191] 대국을 섬기는 것이 원래 예라는 것이다. 무슨 힘의 저울질이나 침략이 두려워서가 아니라 그냥 당연히 지켜야 할 도리니까 그렇게 해야 한다는 것이다. 당시의 유교권 문화 속에서는 사대가 자연스럽고 당연하게 받아들여지는 규범이었다. 사대가 힘의 논리나 강자에 대한 약자의 살

---

[190] 맹자, 양혜왕(하)
[191] 조선왕조실록, 태종실록, 권22, 11년 8월 18일

아남기 위한 방식이나 전략으로서가 아니었다. 그때의 가치관에 의하면 비굴한 것도 아니었고 술책도 아닌 당당하고 직분과 도리를 다하는 행위였다.

위계질서의 사회는 장유를 구분하고 힘센 자와 약한 자를 구분하여 힘센 자의 우위를 인정하는 것이다. 힘을 행사하고 힘의 우위를 확인하고 싶어하는 인간의 속성상, 힘의 우위를 인정하지 않으면 항상 힘의 대결을 통한 확인이 필요하고 투쟁은 끝나지 않는다. 그래서 힘이 센 강자의 우위를 인정하여 그에 맞게 대우함으로써 투쟁을 없애고 평화를 가능하게 하는 것이다. 힘센 자와 약한 자를 평등하게 대우하도록 하는 것은 세상을 소란스럽게 할 뿐이다. 힘이 강한 자는 평등에서 만족하지 못하고 힘을 행사함으로써 강자의 대우를 받고자 하기 때문이다.

그래서 평화를 유지할 수 있는 현실적인 방법은 강자의 우위가 드러나는 위계질서이다. 이러한 위계질서의 사회에서는 나이 어린 사람이 나이 많은 사람을 공경하고, 힘이 약한 사람이 힘이 강한 사람을 높이 받드는 것이나, 신분이 낮은 사람이 신분이 높은 사람을 받드는 것이 전혀 거북하지 않았던 것이다. 평등한 관계 속에서 살아가는 오늘날의 가치관에 기준하여 과거의 신분이 낮은 사람이 어렵고 굴욕적으로 살았다고 생각하는 것은 오해다. 군대생활을 해본 사람이면 기억할 것이다. 일등병이 대위를 보고 자신의 계급을 생각하면서 세상이 불공평하다고 생각하는 사람은 거의 없다. 계급장을 단 지 며칠만 되어도 상급자에 대한 존경심이 저절로 나온다. 사람은 그 사회에 들어가면 그 사회의 사람으로 되는 것이다.

사대자소의 국제관계는 가장 큰 대국인 중국을 중심으로 이루어졌지만 반드시 중국에 대한 것만이 아니라 다층적인 구조를 이루고 있었다. 상하관계라는 것이 상대적이기 때문에 한국은 중국에 큰 나라를 섬기는 사대를 하였지만, 여진이나 유구에 대해서는 작은 나라를 돌보는 자소의 위치에 있었다. 그리고 사대한다고 해서 힘에 의한 억압이나 강제를 수반하는 것이 아니었으므로 사대와 자주는 배타적인 것이 아니라 자연스럽게 병존하는 것[192]이었다. 작은 나라가 사대한다고 해서 독립권, 자주권이 없었던 것이 아니었다. 그리고 이러한 사대자소가 구체적인 제도로서 시행된 것이 조공책봉제도였다.

## 3] 조공책봉제도

### [1] 조공책봉제도

조공책봉은 작은 나라가 큰 나라에 조공을 하고 큰 나라가 작은 나라에 책봉을 하는 것을 말한다. 조공책봉체제는 19세기 이전 동아시아의 국제관계의 기본체제였다. 조공을 받는 나라는 중국이 아닌 경우도 있었으나 동아시아 대륙의 한가운데 있는 중국이 큰 나라였던 경우가 많았기 때문에 주로 중국을 중심으로 하는 조공책봉관계였다.

조공은 원래 고대 중국의 주나라 봉건제도시대에 시행된 제도이다. 천자가 가까운 곳은 친척들에게, 먼 곳은 공신들에게 영토를 나누어 주고 이들이 다스리게 하면서, 임금과 신하 관계의 신례행위로서 제후가 천자를 정기적으로 배알하면서 방물을 바쳤는데 이를 조공이라 하였다. 이후 춘추전국시대가 되어 여러

---

[192] 이용희, 1977, pp.181-82; 권선홍, 2014, p.46에서 재인용

국가들이 난립하는 상황이 되면서 큰 나라가 작은 나라에 대해서 사대의 예와 함께 공물을 요구하는 행태의 조빙사대가 생기게 된다. 조빙사대는 많은 국가들이 패권을 다투는 상황에서 강국의 약국에 대한 지배와 종속 대신에 조공을 통한 사대의 예와 공물의 납부로서 약소국의 존속과 안전을 보장받는 수단이었다. 같은 조공이라는 말을 사용하였지만 이때는 이전의 봉건제도시대와는 내용적으로는 크게 다른 것이었다.

한나라 무제 이후 중국이 중국 땅 전체를 지배하는 대국으로서 화이의 경계가 설정되고 유교적 통치이념이 자리잡게 되자, 한나라는 조공책봉을 주변국과의 관계에 적용하기 시작하게 된다. 앞에서 본 대로 중국은 이적에 대해서도 그 통치권역에 넣으려고 많은 노력을 하였지만 이를 이루기는 쉽지 않았다. 이는 중국의 천하관을 흔들 수도 있는 문제였다. 천자는 하늘 아래 모든 것에 대한 통치자인데, 같은 하늘 아래 있는 이적을 통치하지 않는다는 것은 모순이 된다. 그렇다고 하더라도 이적을 통치할 수 없는 것은 어쩔 수 없는 현실이다. 그래서 중국인이 생각해 낸 방법이 통치하지 않되 복속시킨다는 것이었다.

그런데 천자는 누구인가? 현실적으로 천자가 중국의 통치자가 되는 것이 아니라 중국의 통치자가 천자로 된다. 이것은 누가 중국의 통치자가 되어야 하는가의 문제와 직결된다. 유교에서는 천자를 초월적인 덕을 갖춘 성인만이 될 수 있다고 보았다. 하늘은 덕을 가진 성인에게 지상의 통치를 위임하고, 이러한 위임을 받은 천자는 지상에 태평을 구현하는 책임을 지게 된다. 이렇게 천자는 매우 중요한 위치에 있었다. 성인천자가 통치하게 되면 사람들이 질병에 걸리지 않고, 가축은 역병에 걸리지 않으며, 오곡이 재해를 입지 않고, 제후들은 무력을 쓰지 않아도 바로잡히고, 백성들은 형벌이 없이도 다스려지며, 이적들은 스스로 따르고 복종하게 된다고 믿었다.[193] 천자의 덕은 금수는 물론이고 초목까지도 미치므로 당연히 이적 또한 교화하여 복속시킬 수 있는 것이다.

　이와 같이 천자는 덕으로써 중국을 통치하고 중국 바깥의 이적들을 복속시킴으로써 이들의 침입을 방지하여 나라의 평화와 안녕을 지키게 된다. 이것은 달리 말하면 국내의 통치를 잘 못해도 부덕한 천자가 되지만 이적을 복속시키지 못해도 부덕한 천자가 되는 것이다. 이적이 침입해 오고 이적이 복속하지 않아서 나라에 태평의 요건이 충족되지 못하면 성인천자로서의 그 자격에 의심이 생기게 된다. 그래서 이적을 복속시키는 것은 천자에 있어서 피할 수 없는 책무였다.[194] 하지만 사람도 다스리기 쉬운 일이 아닌데 짐승과 다를 바 없는 이적들을 어떻게 복속시키는가? 이 어려운 문제를 두고 천자는 다양한 방법을 동원하지 않으면 안 되었다. 여기서 천자가 이적을 복속시키는 방법으로 첫째, 도덕적 감화, 둘째, 무력에 의한 제압, 셋째, 이익에 의한 회유 등이 있었다. 도덕적 감화가 이상적이지만 현실에서의 천자는 이적들이 스스로 따를 만큼 성인들이 아니었다. 무력에 의한 제압은 확실하고 깔끔한 방법이지만 군대와 물자를 동원해야 하는 부담이 따를 뿐만 아니라 이적들을 쉽게 제압할 만큼 중국의 국력이 항상 강한 상태로 있었던 것도 아니었다. 마지막 이익에 의한 회유는 이적들이 필요로 하는 재화를 제공함으로써 중국에 복속시키는 것으로 명분으로는 좀 그렇지만 실리가 있는

---

[193] 대대례기, 성덕
[194] 중화질서, 미상

방법이었다. 그래서 중국의 천자들은 앞의 방법들을 상황에 따라 선별적으로 또는 복합적으로 사용하였다. 이익에 의한 회유는 중국과 이적이 필요한 것을 상호 교환하여 당사자 모두 윈윈(win-win)할 수 있는 가장 현실적인 방법이었지만 이적들을 확실하게 복속시키지 못할 뿐만 아니라 이익으로 회유한다는 것은 성인천자에게 어울리지 않은 일이었다. 그래서 이익에 의한 회유와 도덕적 감화가 동시에 사용되는 경우가 일반적이었다. 실질적으로는 이익에 근거하여 이루어지지만 겉으로는 도덕적 감화에 의하여 복속하는 것으로 하는 형식을 취할 필요가 있었다. 이러한 측면을 감안하여 만들어진 제도가 조공책봉제도다.[195]

이렇게 한나라 이후에 시행된 주변국들과의 조공제도는 관계 집단의 구성이나 그 내용에서 주나라 시절의 그것과는 본질적으로 다른 것이었다. 주나라 시절에서의 조공이란 천자의 권한과 위엄이 그 국민들에게까지 미치는 제후국을 두고 중국 내의 임금과 신하 간의 의례였지만, 한나라에서 시행한 조공은 천자가 지배하지 않는 이적국가와의 의례였다. 여기서는 주변국을 지배하겠다는 것보다 주변국이 중국을 공격하거나 이익을 해치지 않을 정도의 관계를 설정함으로써 외부로부터의 안전을 확보하는 것이 그 목적이었다. 천자에 대한 조공은 동아시아의 이 세계에서 가장 강한 자이자 하늘 뜻의 주재자로서의 권위를 인정하는 것이고, 책봉은 그 지역의 실질적 지배자에게 지배자로서의 권위를 형식적으로 부여하는 것이다. 그래서 조공책봉제도(tributary system)에서 중국의 기본원칙은 조공국의 내정에 간섭하지 않고, 조공국 상호 간의 관계에 개입하지 않는 것이었다.

---

[195] 조영정, 2020, pp.192-193

[2] 조공책봉의 형식

조공책봉의 의례는, 조공에서는 고두를 하고 물품을 보내며, 책봉에서는 주변국 통치자에게 특정 관작과 물품을 보내는 형식을 취하였다. 책봉과정을 보면, 무엇보다 조공국의 책봉요청이 선행되어야 한다. 이는 조공국 국왕이 중국 천자의 천하공주(天下共主)로서의 위상을 인정하고 그 신하가 되겠다는 의사표현이기도 하였지만, 쌍방이 공동참여하고 상호승인한다는 측면도 있었다.[196] 물론 명나라 초기처럼 중국이 자국의 안위를 위하여 주변국에 조공을 강요한 경우도 있지만 일반적으로 중국은 조공책봉관계를 강요하지 않았다. 무엇보다 조공책봉관계는 유교적인 질서에 따라 덕치로서 이루어지는 것이어서 가족관계와 같이 자연스럽고 순리에 따르는 평화로운 것이었다. 중국의 천자는 다른 나라의 자발적인 존경에 의하여 그 위치를 인정받는 인자하고 자비로운 통치자로 있어야만 하였다.

[3] 동북아의 조공관계

동아시아에 있어서 중국과의 국제관계를 갖는다는 것은 곧 조공책봉의 관계에 들어감을 의미하였다. 18-19세기 유럽국가들이 중국과 통상을 하고자 할 때도 이 형식을 취하지 않으면 안되었다. 조공책봉체제는 명나라 이후에 특히 강화되었는데 성조 영락제 때는 이 체제 내의 국가가 30여 개국이었고, 일시적인 조공무역관계까지 합치면 60여 개국에 이르렀다.

---

[196] 권선홍, 2014, p.43

[그림 5-1]  **동북아 조공책봉체제**

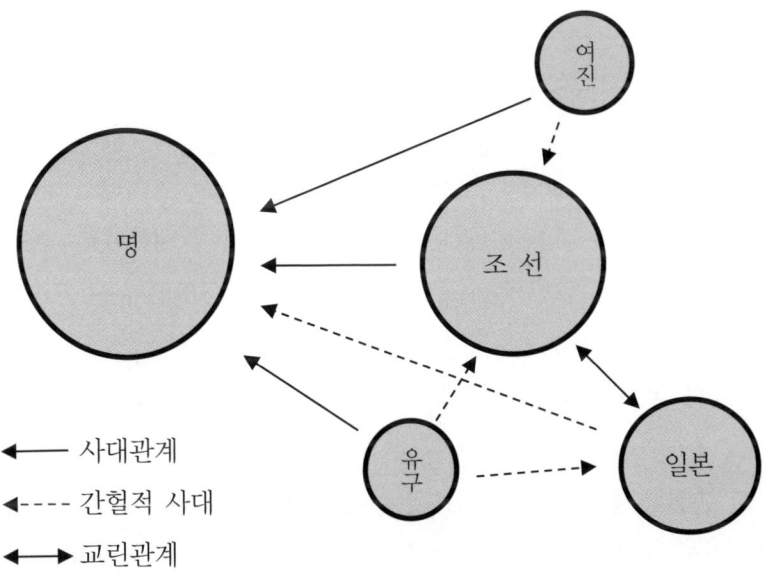

조공책봉체제는 수직적인 질서를 중시하는 유교적 동양사상에서의 위계질서를 기초로 하고 있다. 이는 중국과 다른 국가와의 관계에만 적용되는 것이 아니라 중국을 중심으로 중국 주변의 크고 작은 국가들이 위계적인 외교관계를 맺는 체제였다. 조선주변으로 조공책봉관계의 예를 들어 보면 [그림 5-1]과 같다. 명은 조선으로부터 조공을 받고, 조선은 여진이나 대마도로부터 조공을 받는 식이었다. 이 체제에 들어가면 큰 조공국은 주변의 작은 국가나 민족집단으로부터 큰 국가로서의 대우를 받을 수 있었기 때문에 손해만 보는 것은 아니었던 것이다.

그리고 조공책봉체제는 항상 중국을 중심으로만 이루어지는 것은 아니었다. 중국 중심의 질서는 현실적으로 중국이 강대국으로서의 위치를 유지하고 있을 때만 가능한 이야기였다. 이적들이 조공을 하다가도 세력이 강해지면 조공을 중단하고 도리어 조공을 요구하기도 하고 중국에 쳐들어올 수도 있는 것이었다. 실제 중국이 이적보다 힘이 약할 때는 조공국으로서의 처신을 한 경우도 많았다. 기원전 2세기 전한 때는 흉노를 형으로 하고 형제의 맹약을 맺기도 하였으며, 당나라 때에는 돌궐에 대하여, 송나라 때에는 요나라, 금나라, 서하, 몽골 등에 대하여 그 아래의 위치에서 받들었다.

### [4] 국가 간의 이해관계

중국은 조공책봉을 통하여 국가의 권위를 드높이고 우호적인 국가를 둘 수 있으며 외곽지역의 정보를 수집할 수 있는 등 유리한 점들이 많았다. 천자의 입장에서 주변국에서 조공을 해오면 수명천자(受命天子)[197]의 필요조건인 사이귀복(四夷歸服)[198]을 확보할 수 있게 된다. 조공국을 삼게 됨으로써 그 나라로부터 침략받을 염려가 없어지고 우방이 확보되어 그쪽 지역 변방이 안전해지면서 천자의 덕이 높아지는 것이 된다. 그래서 주변의 이적들이 조공책봉체제에 편입되어 주기를 바랐다. 하사하는 물자에 대한 것은 자신이 걱정할 바는 아니었으므로 주변의 이적들이 이 체제에 편입하고 싶어하도록 될 수 있는 대로 혜택을 많이 주는 방향으로 하였다.

한편 중국 주변의 국가들에 있어서도 조공책봉은 이로운 점이 많았다. 주변 국가 왕들으로서는 중국이 요구하는 신례(臣禮)

---

[197] 하늘의 명을 받은 천자
[198] 변방의 오랑캐들이 복속해 온다는 것

만 갖추기만 하면 여러 혜택을 누릴 수 있는 이점이 있었으므로 이를 굳이 마다할 이유가 없었다. 사실 조공책봉에 있어서 중국보다 조공국에서 더 적극적이었었다. 그래서 명대 사서에도 중국은 "기실 조공국 국왕이 존립하느냐의 여부는 중국 조정의 책봉 여부와는 관계가 없다. … 대체로 해외 번방들은 일이 없으면 조공을 폐하고 자립하나, 어려운 일이 생기면 조공을 구실삼아 책봉을 요청한다"[199] 라고 기록하고 있다. 주변국의 입장에서 조공책봉체제 편입의 이점은 다음과 같다.

첫째, 대외 안보적 측면에서의 이점이다. 강대국인 중국과 대립하는 상태에서는 위협이 크며, 많은 인적 물적 자원을 군사력 강화에 투입하지 않으면 안 된다. 반면에 중국과 우호적인 상태에서는 중국으로부터의 위협을 없앨 수 있을 뿐만 아니라, 유사시에 중국의 지원까지 받을 수 있으므로 다른 주변 국가들로부터의 위협까지 줄일 수 있다.

둘째, 대내 정치적인 측면에서의 이점이다. 왕이나 지배층의 입장에서는 책봉으로 강국인 중국으로부터 후원을 받는 것이 되어서 나라 안에서 자신의 정치적 입지를 강화할 수 있다.

셋째, 경제적 문화적인 측면에서의 이점이다. 중국은 나라가 크기 때문에 국내에 산출되는 재화가 다양하고 기술이나 지식에서 앞선 문물들이 많을 수밖에 없는데, 조공관계에 들어가면 이런 재화나 문물을 획득할 수 있다.

이런 이점이 있기 때문에 조공국의 입장에서는 조공책봉을 적극 활용하려는 경향이 있었다. 하지만 중국의 입장에서는 주변의 이적들로 하여금 중국을 넘보지 않고 조용히 지내도록 하

---

[199] 명사, 권324, 占城傳 弘治 18年; 권선홍, 2014, p.44에서 재인용

기 위한 지역안정수단으로서의 의미가 컸기 때문에 이 목적만 달성하는 수준에서 관계를 유지하는 것이 최적이었다. 조공책봉은 중국의 입장에서도 번거로운 것이었기 때문에 굳이 전략적으로 큰 가치가 없는 국가에까지 조공을 자주 받을 필요가 없었다. 그래서 조공국들은 조공을 더 자주하고 싶어 하였지만 중국은 주변 국가들이 그들이 원하는 대로 조공하도록 허락하지 않았다. 중국도 전략적으로 중요한 위치에 있는 국가나 조공을 통한 사회적 문화적인 이익을 고려하여 중국과 문화적인 가치를 공유할 수 있는 국가에 대해서는 자주 조공을 하도록 하고, 그렇지 못할수록 긴 간격을 두고 조공토록 하였다. 예를 들자면 한국은 1년에 네 번, 류구국과 베트남은 2년에 한 번, 시암은 3년에 한 번, 미얀마는 10년에 한 번 등과 같은 식이었다.[200]

조공책봉체제를 강하게 추진했던 명나라의 경우에는 해금정책으로 사무역을 금지하고 조공을 통한 공무역만 하였다. 조공사신이 왕래하는 과정에서 발생하는 여행비나 숙박비 등은 중국이 부담하였고, 조공무역의 경제적 이익은 전반적으로 중국보다는 조공국이 더 많았는데, 그 이유는 다음과 같다.

첫째, 조공품보다 회사품의 가치가 더 큰 것이 일반적이었다.[201] 수요 측면에서 볼 때 조공물을 받는 중국보다 회사품을 받는 조공국에서 더 원하는 물품을 획득하게 되는 경우가 많다. 중국의 경우는 선진 문물이 많았고, 국내에 산출되는 재화의 종류가 다양하고, 인근 국가들과의 교역으로 물자를 확보할 기회가 많지만 조공국의 경우는 그러지 못했기 때문이다.

---

[200] Khong, 2013, p.11
[201] Khong, 2013, p.12

둘째, 조공관계가 하나의 인센티브로 작용해야 하므로 조공국에 부족하게 내려보낼 수는 없었다. 중국에 잘하는 국가일수록 회사품도 많이 주고, 조공할 수 있는 기회를 더 많이 제공하면서 조공을 통하여 자국을 더 섬기도록 유도해야 했던 것이다.

셋째, 유교적 왕도정치사상이 인의로써 관계를 형성하는 것이어서 덕이 있는 황제가 아래 사람을 착취하는 모습을 보여서는 안 되었기 때문에, 아래에서 위로 제공하는 것보다 위에서 아래를 더 많이 베푸는 형태를 취하였던 것이다.

### [5] 한국의 조공책봉

삼국사기는 서기 32년 고구려 대무신왕 때 후한(後漢) 광무제에 사신을 보내 조공하여 왕호를 인정받았다고 기록하고 있다.[202] 하지만 이때는 조공책봉이라기보다는 단순한 입조(入朝)의 형태였고, 한국과 중국과의 조공관계가 시작된 것은 서기 약 4세기경으로 알려져 있다. 삼국시대에는 삼국에서 중국에 사신을 자주 파견하였지만 정기적으로 파견하지는 않은 것으로 알려져 있다. 한국에서 정기적으로 사신을 보내기 시작한 것은 서기 1022년, 고려 현종 13년부터 시작된 거란과 관계에서였다, 이후 고려-원, 조선-명, 조선-청의 관계로 바뀌면서 거의 900년 가까이 이어졌다.

백제와 고구려의 멸망은 한국의 대중국관계에 큰 영향을 주었다. 중국이라는 초강대국과 대치하지 말고 가급적 우호적인 관계를 유지해야 한다는 생각을 갖게 된 것이다. 통일신라는 당

---

[202] 김부식, 1145, 권 제14, 고구려본기 제2

과 전쟁을 치렀으나 다시 외교관계를 회복하면서 많은 사람들이 당과 왕래하는 가운데 문화적 교류가 많았다. 그리고, 송, 요, 금, 몽골 등 여러 세력권이 형성되어 중국의 세력이 크지 않았던 고려시대 전기에는 고려도 황제로서의 복식과 관제를 사용하기도 하였다.[203] 하지만 외왕내제(外王內帝)의 형태를 취하여 대내적으로 황제로서 권력을 행사하였지만 대외적으로는 왕이라고 하여 주변 강국과의 갈등을 피하였다.

그러다가 몽골의 아시아대륙 지배에 따라 고려는 항전 끝에 부마국이 되었고, 다시 중국지역 내에 한족의 세력이 강성해지면서 원이 물러가고 명나라가 들어서게 된다. 명은 원과 세력다툼을 하는 상태에서 고려가 어느 쪽을 선택할 것인지에 대해서 민감한 데다가 이전 고려와 원과의 관계를 감안하여 강하게 통제하고자 했다. 이러한 과정에서 명은 주변국에 대해서 이전의 그 어느 국가 못지않게 강한 조공책봉체제를 시행하게 된다.

명나라가 자리를 잡은 지 얼마되지 않아 이성계가 역성혁명을 하게 된다. 혁명에 성공하였지만 이성계의 국내에서의 입지는 극히 약하였다. 그래서 그는 명으로부터 책봉을 받아 자신의 입지를 강화하려 하였다. 그에게 있어서 명으로부터 책봉을 받는 것이 매우 중요하였다. 그래서 이성계는 명나라에 납작 엎드렸고, 명나라는 이성계의 이런 약점을 알고 조선에 대해 까다롭게 굴면서 길들이기를 하였다.[204] 이렇게 조선시대에 들어오면서 한국은 조공책봉관계가 이전보다 더 강화된다. 그리고 조선이

---

[203] 노명호, 2009, p.135
[204] 이런 기조가 조선 내내 이어졌고, 그래서 조선은 역사상 어느 때보다 중국에 대하여 저자세를 취하게 되었다.

유교를 국가통치 이념으로 삼은 것도 조공책봉관계를 강화하는 하나의 요인이었다. 유교사상에 따라 큰 나라인 중국을 높여서 대우하는 것이 당연한 도리라고 인식했던 것이다.

한국의 중국에 대한 조공의 형식은 국가의 상황에 따라 달랐다. 조선 초기를 기준으로 보면 명나라에 정기적으로 새해에 정조사(正朝使), 황제 생일에 성절사(聖節使), 황태자 생일에 천추사(千秋使) 등의 사신을 정기적으로 보내고, 그리고 외교현안이 있을 때마다 비정기 사신을 파견하였다. 조공절차는 사신 일행이 황제에게 외교문서와 조공품을 바친 뒤, 황제가 주관하는 주요 행사에 참여하고, 중국이 답장과 답례품을 주면 이를 받아 귀국하였다. 조공품의 종류와 수량은 당시의 한중관계에 따라 달랐다. 청나라가 병자호란으로 조선을 제압한 이후 조선에 징벌적 의미로 일정 기간 동안 막대한 공물을 요구했던 경우도 있었지만, 그 외 대부분의 기간에서는 의례적인 선물수준의 조공품이었다.[205]

## [6] 한국의 근대적 국제관계 도입과 주권 문제

19세기 서구세력이 들어오면서 동아시아의 조공책봉체제는 근대적 국제관계체제로 바뀌게 된다. 서양에서 들어온 근대적 국제관계체제는 이전의 체제와는 완전히 달랐기 때문에 새로운 체제로의 재편에 진통이 따랐다. 서양에서는 베스트팔렌조약 이후 평등한 관계로서의 국제관계가 확립되어 있었기 때문에 동아시아에서의 수직적인 국가관계를 수평적인 국가관계로 맞추기가

---

[205] 조공, 미상.

쉽지 않았기 때문이다.

서양국가들은 중국 및 일본과 먼저 접촉하게 되었고 한국은 접촉이 늦었다. 그런데다 한국은 당시 힘이 쇠약할 대로 쇠약해져 밀려오는 서양세력에 적극적으로 대응하지 못하고 중국의 뒤에 숨어 피하려고만 하였다. 이러는 동안에 한국은 대외관계에서 그 입지가 더욱 취약해져 갔다. 한국이 피하기만 하는 동안 중국, 일본은 서양국가들과 접촉하면서 자국에 유리하게 정보도 제공하고 주변 국가와의 문제에서도 자국에 유리하게 이끌어 감으로써 국제관계는 한국에 불리하게 전개될 수밖에 없었다.

19세기는 서양국가들이 세계 각지에 진출하면서 식민지 쟁탈전을 벌이던 시기였다. 동아시아에서의 국가관계를 서구식으로 재편하는 데 있어서 서구국가들뿐만 아니라 중국, 일본도 자국에 유리한 방향으로 이전의 국제관계를 해석하고 이끌어 나가는 동시에 서구국가와 같은 제국주의로 외부 영토를 확보해 나가게 되었다. 중국은 1861년 외교담당부서로서 총리각국사무아문을 설치하여[206] 국가관계를 이전과 다르게 다루게 된다. 그때까지 중국은 외교 문제를 예부에서 사무를 취급하면서 의례적인 예식의 차원에서 머물던 조공관계를 좀 더 적극적으로 국가에서 다루게 된 것이다. 1870년대 이후 중국은 이전의 조공체제를 근대적인 체제로 개편하여 조공국가와의 관계를 자국에게 유리하게 변화시키려 하게 된다. 1880년대 초반부터 그동안의 전통적인 조공책봉관계를 변형시켜 조선을 중국의 종속국관계로 만들려고 하였다. 조선에 대하여 열강의 침입으로부터 보호한다는

---

[206] 총리각국사무아문은 중국이 제2차 아편전쟁에서 패배한 이후 영국과 프랑스가 외교전담부서의 설치를 요구함에 따라 설치되었다.

명분으로 조선의 내치와 외교에 대한 간섭을 강화하게 된다. 중국은 서양국가들의 제국주의 공세를 받으면서 서양국가들의 제국주의를 학습하여 자국도 주변의 국가들을 지배하려 나서게 된 것이다.

이러한 상황에서 조선의 지배층은 국제정세의 변화에 전혀 적응하지 못하고 서방국가들을 두려워하며 중국에 기대고 중국 뒤에 숨는 어리석은 행동을 함으로써 스스로 독립국가로서의 위상을 위태롭게 하는 일들을 하게 된다. 1882년 5월 중국의 정여창의 중개하에 미국과 조미수호통상조약을 맺는가 하면, 1882년 8월 임오군란이 발생하자 청에 파병을 요청하여 청나라 군사 3,000명이 조선에 주둔하는 사태가 발생하기도 하였다. 또한 중국은 1882년 10월, 조청상민수륙무역장정(朝淸商民水陸貿易章程) 조약을 체결하면서 조선을 청의 속국이라고 명기하고 조선에 대한 지배강화를 시도하였다. 그리하여 1883년에서 1885년까지 진수당, 1885년에서부터 청일전쟁에서 청이 일본에 패퇴한 1894년까지는 원세개가 파견되어 조선의 내정에 간섭을 하게 된다. 이는 지금까지 역사적으로 전례가 없던 중국의 조선에 대한 내정간섭사태였다.

조선은 서양세력이 밀려오는 것을 겁내었지만 정작 서양국가들보다 먼저 조선을 탐하여 달려든 나라는 동아시아의 이웃나라였다. 특히 조선은 오랜 관계의 중국을 믿고 의지하였지만 중국은 과거의 관계를 자국에 유리하도록 변형시켜 이를 발판으로 조선을 지배하려는 야욕을 드러내었다. 이렇게 중국이 조선의 국권을 탐하여 전에 없던 방식으로 조선을 간섭하는 동안에 조선은 개화를 위한 시간을 낭비하고 기회를 놓치게 된다. 또한 중국의 이러한 행태에서 벗어나기 위해서 조선은 일본이나 서양

제국을 불러들일 수밖에 없게 되었고, 조선이 일본에 넘어가게 된 것도 이러한 과정의 결과였다.

일본은 한편으로는 조선이 중국의 지배하에 들어가는 것에 반대하였지만, 다른 한편으로는 조선이 자주권이 없는 국가라는 것이 조선 진출에 유리하였으므로 조선을 중국에 종속되어 있는 국가로 주장하였다. 그리고는 청일전쟁을 통하여 일본은 중국으로부터 이양받는 식으로 하여 조선을 접수하였다. 일본은 조선의 엘리트들에게 새로운 문명을 전수하면서 이들을 조선 진출에 이용하였다. 조선이 중국의 종속국이이며 중국으로부터 독립시켜야 한다는 등의 주장을 하면서 조선의 주권을 농락하였다.

조선은 1866년 병인양요, 1871년 신미양요를 치르면서 쇄국정책으로 일관하다가, 1875년 운양호사건을 계기로 1876년 강화도조약으로 일본에 대하여 개항을 하고, 연이어 서양국가들에게도 문호를 개방하면서 새로운 전기를 맞게 된다. 1875년 강화도 운양호사건을 계획하고 있던 일본은 주일 청국 공사관에 조선과 청의 관계에 대하여 문의하였다. 이에 청국은 조선에 대하여 청국이 간여한 바 없으니 조선 스스로 결정할 일이라고 의사를 표명하였다. 그리고 일본이 운양호사건을 빌미로 1876년 조일수호조약을 체결하게 되는데, 이때 조선대표 신헌(申櫶)은 일본대표 구로다 기요타카(黑田淸隆)로부터 조약안을 받고, 조선과 일본은 종래에 약정을 맺어 통상을 해왔는데 새삼스레 조약을 체결하자니 조약이 대체 무엇이냐고 물었다. 그리고 기요타카가 제1조에 "조선은 독립국이니 일본과 평등한 권리를 갖는다"라고 규정할 것을 제의했을 때, 신헌은 독립국이라는 말에 거부감을 느끼고, 조선은 예로부터 중국의 속국으로서 내치와 외교를 자주로 해왔다고 말했다.

일본과 청국을 개항시키는데 성공한 미국은 1878년 이후 조선과의 수교에 관심을 두고 슈펠트(Robert W. Shufeldt)를 파견하였으나, 조선은 중국의 속국이니 북경에 가서 물어보라고 하기도 하고, 교역할 물자가 없다는 등의 이유를 대면서 매번 거절하였다. 1880년 8월 26일 슈펠트는 북경에서 이홍장을 만나 조선에서는 중국에 가서 물어보라고 했다고 하니, 이홍장은 조선이 속국이지만 내치와 외교는 자주라고 말하였다. 이에 슈펠트는 속국이라면서 자주라고 하니 독립국이라는 말인지 독립국이 아니라는 말인지 판단할 수 없었다. 그는 도대체 이것이 무엇인지, 영연방 같은 것인지, 알 수 없다는 내용을 본국에 타전하였다.[207]

여기서 우리가 반드시 짚고 넘어가야 할 문제가 있는 데, 그것은 속국의 의미 그리고 그 의미의 변화에 대한 것이다. 이쯤에서 사람들은 다음과 같은 의문을 가질 것이다. 어떻게 조선 사람들은 스스로 속국을 주장하는가? 바보가 아닌가? 원래 스스로 조선의 관료들이 스스로 속국인 것으로 우기는 것은 현명한 모습은 아니지만, 그것이 거짓말은 아니었다. 당시 속국의 의미가 지금 우리가 말하는 속국의 의미가 아니었던 것이다. 지금 우리는 속국이라는 말을 종속국 혹은 어느 나라 안에 있는 나라라고 생각하는데, 이것은 일본사람들이 만들어낸 작품이다. 과거에는 속국의 의미가 그런 것이 아니었다. 속국은 조공국을 의미하였다. 조공을 한다는 것은 천자에 대하여 복속한다는 것이고, 그래서 조공을 하는 나라를 속국이라고 하였던 것이다. 일본은 속국을 종속국의 개념으로 변질시켰고, 그 종속국을 다시 속국

---

[207] 이상면, 2006, pp.96-148

이라고 하여 과거에 우리가 쓰던 말의 의미를 완전히 바꾸어 놓았다. 서양 봉건제 국가에서의 종속국의 의미로 바꾸는 데는 동양 주나라 시대의 봉건제와 일본의 봉건제를 동원하였다. 주나라의 봉건제나 일본의 봉건제와는 아무런 상관이 없는 데도, 한국에서의 조공책봉관계를 마치 봉건제인 것처럼 견강부회하여 한국의 위상을 끌어내렸던 것이다. 이 속국의 의미 문제는 조금 뒤에 보다 자세히 살펴보기로 한다.

쓰키아시 다쓰히고는 속국 문제에 대하여 당시 친청 개화파였던 김윤식이 다음과 같이 말했다고 지적한다.

> 우리가 중국의 속방임은 천하가 다 아는 바이다.
> 〈중략〉
> 천하 사람들은 중국이 우리나라를 책임지고 맡은 것을 보아 각국이 우리를 경시하는 마음이 순해지고 저애함이 적을 것이다. 또한 그 아래에서 자주를 얻어서 계속한다면 이는 곧 각국과 교류하는데 해가 없을 것이다. 평등의 권리를 사용하면서도 권세를 잃을 우려도 없고 사대하는 뜻과도 어긋나지 않으니 양득이라고 할만하다.[208]

하지만 김윤식은 자신의 영욕을 위하여 친중에 친일에 온갖 변신을 거듭한 사람으로 당시 친청발언은 대다수 일반인들의 생각과 같았다고 할 수 없다.[209] 한국사람들은 김윤식이 외세에 의

---

[208] 쓰키아시 다쓰히고, 2014, p.52
[209] 김윤식은 한국 일반인의 생각을 대변할 수 있는 사람이 아니다. 그는 자신의 입지를 위하여 외세의 앞잡이 노릇을 한 사람으로, 한일합방에 협력한 공로로 작위와 은사금을 받았고, 일본 제국주의자들로부터 훌륭한 유학자 정치가로 칭송받은 사람이다. 이런 김윤식이 친중활동을 하던 시절에 쓴 글을 근거로 하고 있는 것 자체가 다쓰히고의 판단이 편향되었음을 입증하는 것이다.

존한 매국노였다고 인식하고 있다.[210] 그렇다면 한국의 현실과 일반 한국인의 생각에서의 진실은 위의 김윤식의 주장과 같은 것이 아니라 그 반대였던 것이다.

이상의 상황을 보건대, 당시 관리나 나라를 이끌어 가는 사람들은 세계정세나 세상이 어떻게 돌아가는지 전혀 아는 것이 없었음을 알 수 있다. 당시 조선은 외국 군함들이 들어오니 두려울 뿐이었고, 그래서 외국과 마주치는 상황을 어떻게 해서든 피하려고만 하였다. 나라를 이끌어 가는 사람들이 너무나 무지하고 무능했기 때문에 스스로 독립국임을 부정하고 싶어 하는 아이러니한 일이 일어난 것이다. 이런 상황이었기 때문에 조선은 중국과 일본의 책동에 놀아날 수밖에 없었다.

1895년 6월 6일, 독립경회(獨立慶會)가 개최되었다. 1894년 일본과 친일세력에 의한 갑오개혁이 단행된 이후 독립을 축하하는 행사를 연 것이다. 독립경회의 초청장을 받은 러시아 공사는 다음과 같은 답신을 보냈다.

> 초청장을 살펴보았는데, 본 공사대신은 그 의미를 알지 못하겠습니다. 일찍이 논하기를 자주독립의 일로 기원전 1884년 본국 공사대신과 구미의 각국 동료들이 함께 조선과 조약을 체결할 때 조선이 독립임을 이미 분명히 알고 이를 증명하셨습니다. 그런데 이번에 조선의 자립을 경축하는 자리를 다시 개최하는 것에는 진실로 이해하기 어려운 점이 있습니다. 그러므로 회답의 문자를 보내오니 번거로우시겠지만 귀 대신에게 살펴 헤아려 주시기를 청합니다. 아울러 평안하시기를 바랍니다.[211]

---

[210] 김윤식, 미상
[211] 쓰키아시 다쓰히고, 2014, p.205

사실 당시 조선은 각국과 조약을 맺어 외교관계를 갖고 있는 상태였고, 조약을 맺고 외교관계를 갖는다는 자체에서 독립국임이 이미 입증된 것이다. 이런 면에서 당시 조선의 주권과 독립의 문제는 친중세력, 수구세력에 대항한 친일세력, 개혁세력이 자신의 목적을 달성하기 위해서 이 부분을 지나치게 부각시킨 면이 있었다. 당시 내세웠던 독립협회, 독립문과 같은 이름은 적절하지 않은 것으로서 국격을 훼손하고 오해의 소지를 주는 것이었다.

2018년 3월 1일, 어이없는 일이 일어났다. 문재인 대통령은 서울 서대문구에 있는 독립문에서 3.1절 기념행사를 한 것이다. 3.1독립운동이 독립문과 연관된 것으로 착각한 것이다. 일본으로부터의 독립을 외친 3.1운동에 대한 기념식을 일본의 지배로 가는데 돕는 역할을 한 독립문 앞에서 하다니, 한탄이 저절로 나온다.

독립문이 건립된 것은 을사보호조약이 있기 19년 전인 1886년의 일이다. 독립된 나라가 독립문이라니! 원래 독립된 나라가 또 무슨 독립을 한단 말인가? 딱 오해하기 좋을 만하다. 이렇게 독립협회라고 하고 독립문이라고 하니 그 이전 중국으로부터 독립되지 않은 종속국으로 생각할 수도 있는 것이다. 사실 독립협회가 일본과 미국 쪽에 치우쳐 있었다는 것은 학계의 일각에서 꾸준히 제기되어 온 문제다. 과거 중국의 사신을 맞이하던 영은문을 철거한 것은 잘 한 일이나, 여기에 독립문이라는 것을 세운 것은 지나친 것으로서 자신들의 입장에만 몰두한 나머지 나라에 대한 배려가 부족했다. 국격을 실추시키고 국민들에게 씻을 수 없는 치욕과 열등감을 안겨준 것이다. 기존의 영은문의 이름을 바꾸든지 새 문을 짓더라도 영빈문 정도로 이름하는 것이 옳았다.

여기서 당시 독립협회가 매국활동을 한 것으로 의심받고 있는 점들을 간단히 살펴볼 필요가 있다. 독립협회가 주장한 것은 국가의 중앙집권력의 약화였다. 이는 일본이 메이지유신으로 국력을 강화해 나간 정책과 정반대의 것이었다. 독립협회는 국방력을 강화할 필요가 없다고 했으며,[212] 민중을 무시하는 우민관에 사로잡혀 있었고,[213] 일본의 정한론자들이 좋아할 만한 길을 많이 제시하였고, 이등박문의 방한에 환영행사와 선물을 바쳤으며,[214] 일본이 주장하는 대동합방론을 주장하였고, 러시아의 이권개입에는 반대의 목소리를 높였지만 일본의 이권개입에는 침묵하였고, 독립협회 해체 후 잔여세력은 일본의 조선침략의 선봉에 선 친일단체인 일진회를 결성하였다. 이렇게 한국이 일본의 식민지가 되는 과정과 관련하여 독립협회가 일본을 돕는 이적행위를 한 혐의가 있다. 이런 부분을 포함하여 더 많은 연구로서 독립협회의 활동에 대한 재평가가 있어야 한다.

결국 여기에도 한국 특유의 파벌분쟁이 작동하고 있다. 한말의 상황을 보면 친청파는 조선을 중국의 속국이라고 하고, 친일파는 청으로부터 독립해야 한다면서, 청에 줄을 댄 사람들과 일본에 줄을 댄 사람들이 자신들의 입지를 위하여 서로 다투면서 나라를 추락시킨 것이다. 당시의 지도자들은 무능한 데다 파벌과 사리사욕에 얽매여 나라에 대한 생각이 없었다. 삼척동자라도 중국에 종속된 것으로 하면 한국의 국격이 추락하게 된다

---

[212] 최덕수, 2005, p.92
[213] 주진오, 1989, p.159
[214] 최덕수, 2005, p.90

는 것을 알 수 있고, 일본이 원하는 대로 따라가면 나라가 위태로워진다는 것을 알 수 있다. 조선의 주권 문제와 관련하여 이를 판단할 지식이 전혀 없었던 것도 아니었다. 1895년 출간된 유길준의 『서유견문』은 이 문제에 대하여 명확한 논리를 제시하고 있다. 유길준은 이 주권 문제를 의식하여 심도 있게 연구하였고, 우리나라의 입장에서의 국제공법관계를 많은 지면을 할애하여 설명하였다. 지금의 지식수준에서 보더라도 매우 높은 지식과 심도 있는 분석으로 한국을 변호하고 있는 그의 기술을 보면 그가 조국을 위해서 얼마나 열심히 연구했는지 그대로 느껴진다.

유길준은 조선이 중국에 조공을 해왔다고 해서 주권과 독립권에는 아무런 손상이 없으며, 당시 여러 나라와 조약을 체결하고 있던 조선의 입장에서 이렇게 조약들을 체결하였다는 그 자체가 주권을 가진 것의 증거라고 하고 있다.

> 나라의 크기와 강약에 따라 그 형세를 이겨 내지 못하는 경우가 생기기 때문에, 이따금 강대국이 공도를 돌보지 않고 그 힘을 휘두르게 된다. 약소국은 자기 나라를 보전하려는 방법으로 다른 나라의 보호를 받게 되는데, 이러한 나라가 수호국(守護國)이다. 또 다른 나라에 공물을 보내어, 또는 예전에 맺었던 조약이나 새로 맺은 조약에 따라 빼앗긴 국토를 돌려달라고 하거나, 뒷날 침략당할 것을 면하려고도 하니, 이러한 나라가 증공국(贈貢國)이다. 이 두 나라의 권리는 그들이 주권을 확보하고 있는 정도에 따르기 때문에, 이들이 독립된 주권국들이 누리는 권리를 행사하여 수호조약, 항해조약 및 통상조약을 스스로 체결한다면 다른 나라로부터 보호를 받거나 다른 나라에게 공물을 바친다는 관계 때문에 그 나라의 주권이나 독립권이 손상받지는 않는다. 이는 공법의 명확하고도 훌륭한 판단에 의한 규범이니, 주권국의 체제와 책임을 논

변한 문구에 따라 그 현실적인 상황을 분명히 결정지은 것이다.[215]

<중략>

독립 주권의 뚜렷한 증거는 다른 주권 독립국과 동등한 수호조약과 통상조약을 체결하거나 사신을 주고받으며, 강화나 교전에 관한 선언을 자주적으로 행하는 것이다.[216]

그리고 당시에 중국의 속국이라고 말하는 외국세력들에 대해서 그 주장의 부당함과 그런 용어의 의미 없음을 지적하면서 이런 말에 상관없이 조선이 주권국가라는 사실을 일깨워주고 있다.

혹시 약소국이 급박한 경우를 당하여 국내외의 사무를 처리하면서 다른 나라의 명령에 복종하거나 권력을 행사하게 허락하더라도 그 나라의 주권은 손상받지 않는다. 나라의 간섭 때문에 일시적으로 정당한 권리 행사에 제한을 받았을 뿐이다. 근세의 공법학자는 이렇게 말하였다. "약소국이 독립을 보존할 수 있는 까닭은 강대국의 뜻을 받들며, 그 상대국이 잠식해 오는 침범을 두려워하기 때문이다. 이를 두려워하기 때문에 강대국의 직접적인, 또는 간접적인 명령을 때로 복종하기는 하지만, 그러한 명령과 복종은 아주 드물다. 그것 때문에 강대국이 약소국을 통치하는 권력이 생기는 것도 아니고 약소국이 강대국에게 부속되는 관계도 생기지 않는다. 또 이러한 명령이나 복종 관계가 없더라도 강대국은 항상 존중받으며 약소국은 항상 비굴하지만, 약소국도 또한 하나의 독립된 주권국인 것은 분명하다. 강대국이 그 약소국의 통할권을 가질 수도 없고, 약소국에 명령하는 예도 없으며, 약소국도 또한 복종하는 예가 없다. 약소국이 비록 독립을 보전하고 지키기가 어렵

---

[215] 俞吉濬, 開國 498年 p.89; 유길준, 2004/1895, p.108
[216] 俞吉濬, 開國 498年 p.89; 유길준, 2004/1895, p.109

기는 하지만, 실제로, 또는 습관적으로 강대국에 부속되는 일은 없다.[217]

<중략>

이따금 시세에 익숙하지 못하거나 공법에 어두운 사람이 증공국과 속국을 식별하지 못하고, 공물을 바치는 관계를 예를 들어서 속국의 지위를 자처하는 경우도 있지만, 그 누가 자기 임금을 사랑하지 않고 자기 나라를 존중하지 않겠는가? 다만 대국적인 시세에 얽매인 나머지 지나치게 공경하는 예법을 써서 자기 나라를 보전하려는 책략을 삼았기 때문이다.[218]

<중략>

공법에 통달한 학자가 속국이라는 말은 오늘날 어울리지 않는 명칭이다라고 말하였다. 그 뜻은 한 나라로서의 체제를 갖추고 있는 나라가 비록 작더라도, 강대국이 현세대로 통합할 권리가 없음을 가리킨 것이다. 설령 약소국이 강대국의 사나운 위협과 난폭한 핍박을 못이겨 자기 나라를 스스로 보전하기 위한 방편으로 예전에 없었던 속국의 체제를 자인한 적이 있더라도, 이 일 때문에 본래부터 오랫동안 가지고 있던 권리를 잃어버리지는 않는다.[219]

이렇게 구한말에 속국이라는 말이 사용되고 이후에도 매국노들에 의하여 사용되었으며, 심지어 오늘날에도 과거 시절 속국 운운하는 사람들이 있다. 오늘의 사람들은 그렇게 함부로 쉽게 과거에 중국의 속국이었느니 하는 말을 해서는 안 될 것이다. 왜냐하면 지금 우리가 속국이라고 할 때의 그 의미로서의 속국은 전혀 사실이 아니기 때문이다. 과거에도 시세에 익숙하지 못

---

[217] 兪吉濬, 開國 498年 pp.90-91; 유길준, 2004/1895, pp.109-110
[218] 兪吉濬, 開國 498年 p.91; 유길준, 2004/1895, pp.110-111
[219] 兪吉濬, 開國 498年, p.93; 유길준, 2004/1895, pp.112-113

하거나 공법에 어두운 사람이 그런 말을 한다고 이렇게 적어 놓지 않았는가? 130여 년 전 그렇게 어려운 상황에서 힘들게 공부해서 책에 써주었는데도 한국사람들이 지금도 이런 말을 하고 있는 것을 들으면 유길준 선생의 마음은 얼마나 아프겠는가?

### [7] 조공책봉체제의 현대적 의미

조공책봉이 세계에 널리 알려진 것이 1940-1960년대다. 이 시기 페어뱅크(John K. Fairbank)를 비롯한 여러 서구학자들이 조공체제(tributary system)라고 하여 과거 동아시아의 조공과 관련한 국제관계를 연구발표하면서 관심을 갖게 되었다. 그런데 이들 연구는 중국에 초점을 두고 있었고, 중국 바깥의 주변국의 상황까지 포괄하는 연구가 아니었다. 그리고 동아시아의 유교문화를 제대로 이해하지 못하여 동아시아의 수직적인 국제관계를 서구의 평등한 가치관에서 재단함으로써 중국의 힘과 권한을 과대평가하는 경향이 있었다.[220] 게다가 이에 대한 지식이 주로 중국인 및 일본인들로부터 획득한 것이어서 이들 나라에 유리하게 왜곡되어 잘못 알려진 부분이 많았다. 그래서 지금도 서양사람들 중에는 조공책봉체제를 과거 서양의 봉건제도와 같은 것으로 이해하여 중국이 한국의 종주국으로서의 위치에 있었고, 그래서 한국은 주권이 없었던 것으로 생각하기도 하는데, 이는 완전히 잘못 알고 있는 것이다.

과거 유럽에서는 봉건제도(feudal system)하에 종주국(suzerain state)과 종속국(vassal state)이 있었고, 종속국의 주권은

---

[220] 조공, 미상

종주국에 있었다. 그래서 서양사람들은 동아시아에서의 조공체제(tributary system)에 대하여 유럽의 봉건제도와 같은 것으로 생각하여 조공국을 종속국(vassal state)과 같은 것으로 이해하는 경우가 많았다. 하지만 서양 중세의 봉건제와 동아시아에서의 조공체제는 그 체제에서 완전히 다르다. 서양의 봉건제도하에서는 종주국이 종속국에게 봉토를 나누어 주고, 종속국은 종주국에게 이에 대응하는 의무를 이행하며, 여기서 종속국 주권은 종주국에 있게 된다. 하지만 동아시아에서의 조공체제하에서의 조공국 왕은 중국으로부터 아무런 받은 것이 없고, 그가 중국의 천자가 하늘의 아들로서 이 세상 최강자라는 것을 인정하기만 하면 되었다. 그렇기 때문에 서양에서의 봉건제도와 달리 조공책봉체제에서는 당연히 책봉국이 조공국의 주권에 개입할 여지가 없었다.

왓슨(Adam Watson)은 국가 간에 힘의 불균형이 있는 상태에서 형성되는 국제관계체제를 국가 간의 관계가 가장 자유로운 형태에서부터 가장 강하게 통제되는 형태로의 스펙트럼으로, 독립, 패권, 지배, 제국 등의 네 가지로 구분한다.[221]

첫째, 독립(independence)이다. 독립된 국가는 대내적으로 자주적일 뿐만 아니라 대외적인 관계에서도 독자적인 결정권을 갖는다. 독립되어 있는 국가는 자유롭지만 경제적 군사적으로 안전하지 않다. 그래서 국가 간 동맹으로 다른 국가와 상호 의무관계에 들어가는 경우가 많다. 이렇게 되면 동맹관계에 의하여 자국이 속박당하게 되지만 더 안전하게 된다. 자유 일부를 양보하고 안전을 갖게 되는 것이다.

---

[221] Watson, 1992, pp.13-16

둘째, 패권(hegemony)이다. 패권은 하나 이상의 강대국이 국가관계체제의 운영에 관한 법과 규칙을 정한다. 패권국이 지배하는 체제에서는 개별 국가는 외부적인 국가관계에서는 제약을 받지만 대내적으로는 자주적이다. 패권국은 반드시 하나의 국가이어야 하는 것은 아니며, 두 개 이상의 국가가 패권국이 될 수도 있다. 왓슨은 이러한 예로 아테네와 스파르타가 패권을 행사하던 고대 그리스나 영국, 프랑스, 오스트리아, 프러시아, 러시아의 다섯 대국이 힘을 행사하던 나폴레옹전쟁 이후의 유럽을 들고 있다.[222]

셋째, 지배(dominion)다. 지배의 경우는 어느 한 나라가 다른 나라의 대외적인 측면뿐만 아니라 대내적인 측면에서도 결정력을 행사하는 경우이다. 이에 대한 예로서 영국의 인디아지배를 들고 있다.

넷째, 제국(empire)이다. 제국은 여러 국가의 국인들이 통합되어 하나의 국가에 의하여 통치된다.

이러한 국제관계체제는 각 범주로 칼로 자르듯이 명확하게 나누어지는 것이 아니다. 현실에서는 하나의 국가가 외부 국가로부터 완전히 자유로운 하나의 극단에서부터 완전히 통제당하는 극단 사이의 스펙트럼에서 어느 지점에 위치하게 되는 것이다. 그래서 어느 한 영역이라고 할지라도 그 영역 내에서도 그 정도와 양상의 차이가 있다.

왓슨의 구분을 기준으로 본다면 과거 동아시아에서의 중국과 주변 국가와의 관계는 패권에 가장 근접한다. 과거 동아시아의 조공책봉체제와 오늘날의 패권체제(hegemony system)를 비

---
[222] Watson, 1992, p.15

교해 보자. 과거 동아시아의 세계는 중국을 중심으로 하는 조공책봉체제에 있었고, 오늘날의 세계는 미국을 중심으로 하는 패권체제에 있다. 과거 동아시아에서의 중국과 오늘날 미국은 많은 부분에서 공통된다. 과거 중국의 영향하에 있던 국가는 조공국이라고 하였고, 오늘날 미국의 영향하에 있는 국가는 미국의 우방국 또는 동맹국이라 할 뿐 그 구도와 역할은 거의 동일하다.

첫째, 국가들이 자발적으로 패권국과 우호적인 관계를 가지려 한다. 오늘날 미국에 대해서 많은 국가들이 자발적으로 우호적인 관계를 가지려고 노력하는데, 과거 중국도 마찬가지였다. 많은 국가들이 정치적 외교적인 안정을 도모하고 경제적인 혜택을 누리기 위하여 패권체제 아래에 들어가기를 스스로 원하는 것이다.

둘째, 패권국은 자국 문화를 확산시키려 한다. 중국은 자신들의 문명과 바깥의 비문명으로 나누고 바깥으로 하여금 자신들의 문화를 받아들이도록 하였다. 그래서 중화사상과, 유교문화, 한자 등을 확산시켰다. 미국 또한 개인주의, 자본주의, 기독교, 영어 등을 확산시키고 있다.

셋째, 패권국은 세계 전체에 유용한 공공재를 창출하고 제공한다. 중국은 주변의 국가들을 중화질서에 편입시켜 지역적인 평화와 안정을 증진시켰다. 당나라가 백제와 고구려를 친 이유는 이들이 이웃 나라 신라를 침공하고 조공을 막는다는 이유였다. 그리고 주변 국가들 통치자에 대하여 유교의 이념에 따라 나라 경영 잘하라고 으름장을 놓았다. 미국 또한 다른 나라들에게 자유민주주의와 자본주의 원칙을 따르도록 유도한다. 미국과의 경제관계를 갖고자 하는 나라들에 자유시장 경제원칙을 준수하고, 지적재산권을 인정하며, 미국 달러를 국제통화로 사용토록 한다. 그리고 세계은행, 국제통화기금, 세계무역기구 등과 같은 국제기구를 설립하고 이러한 국제기구를 통하여 선진국의 자금을 사용하거나 선진국의 시장을 이용하고자 하는 나라는 자국의 경제적인 원칙과 철학을 여기에 맞추도록 함으로써 미국의 경제 원칙과 철학을 세계 다른 나라에 강요하는 것이다.

넷째, 패권국은 경제적인 부담을 진다. 조공책봉체제에서 중국이 물질적인 부담이 더 컸던 것처럼 오늘의 패권체제에도 미국의 부담이 크다. 미국은 우방에게 자국의 시장을 이용하는 것이 이득이 있다는 것을 느끼게 해주어야 한다. 다른 국가들이 미국과 무역을 하고 싶어 하고, 세계경제에 유동성이 생기게 하기 위해서는 미국이 국제수지 적자를 시현해주어야만 하는 것이다.

다음으로 이러한 조공체제와 패권체제를 국가 주권의 측면에서 보기로 하자. 2017년 2월, 일본 아베 수상은 트럼프(Donald Trump)가 취임한 지 20일 만에 발 빠르게 트럼프를 알현하고 금도금된 골프채를 선물하고 갔다. 「워싱턴포스트」는 이를 전략적 노예라고 표현하였다.[223] 그리고 2017년 4월, 중국 주석 시진핑은 미국 워싱턴을 방문하여 트럼프 대통령의 리조트 마라라고에서 만났다. 트럼프 대통령이 취임한 지 3개월이 채 못된 시점이었다. 중국에서는 더 일찍 만나기를 원했으나 서열에서 밀렸을 것이다. 트럼프 대통령은 시진핑 주석에게 북한을 압박하여 핵 문제를 해결하라고 당부하고, 여기서 중국이 잘하면 미국의 대중무역적자, 중국의 환율조작 등에 문제 삼지 않겠

---

[223] WP "아베는 트럼프 조수, 전략적 노예상태", 2017.11.7

다고 하였다. 이에 따라 시진핑은 중국에 돌아오자마자 북한에 으름장을 놓았고 미국은 트럼프의 핵심공약이었던 중국에 대한 불공정무역시정요구를 철회하였다. 이것은 과거 동아시아에 있었던 중국과 주변국 간의 조공책봉의 모습 그대로이다. 중국이 미국이 원하는 것을 조공하니 미국이 중국에 대해서 경제적인 이익으로 하사를 내린 것이다. 그리고 중국은 시진핑 주석의 트럼프 대통령과의 정상회담을 앞두고 트럼프 개인에 대한 선물공세로 논란이 일기도 하였다. 중국당국은 트럼프 이름을 딴 호텔체인이나 트럼프의 장녀 이방카 트럼프의 이름을 딴 패션브랜드 48건 등 상표권을 이례적으로 속히 예비승인하였고, 트럼프 사위 가족기업에 투자와 대출을 해주는 등 많은 특혜와 이익을 안겨주었다.[224]

대국이라고 하는 중국도 패권국가인 미국에 대해서는 저자세로 나갈 수밖에 없는 것이 국제질서이다. 중국은 세계에 진출하기 전에 핑퐁외교(1979년)로 미국과 화해하고 미국과의 국교정상화를 통하여 국가로서 인정받는 절차부터 밟아야 했고, 중국이 세계무역기구에 가입하기 전에도 미국과 가입협상(1999년)을 먼저 하지 않으면 안 되었다. 미국으로부터 인정을 받지 못하면 국가로서 행세하기 어려운 것이다. 현재 중국은 세계 2위 경제대국이다. 2위 국가가 이럴진대 다른 국가들은 말할 필요도 없다. 그래서 미국 워싱턴 외교가는 자국 정상의 미국 대통령 만남을 성사시키려고 온 각국의 외교관들로 북적댄다. 외국 정상이 캠프 데이비드나 대통령 별장에 초대받거나 미 의회에서 연설하는 기회를 갖는다면 일단 외교는 성공한 것이다.

---

[224] 중, 트럼프 딸 상표권 48건 전격승인...눈치보기 특혜? 2017.4.18

그 영향력의 정도에 있어서 지금의 미국 영향력이 과거 동아시아에서의 중국 영향력보다 훨씬 크다. 오늘날 한국만 보더라도 미국에 대하여 매여있는 모습이 과거 중국에 매여있던 모습을 훨씬 능가한다. 정치지도자가 새로 취임하게 되면 제일 먼저 방문하는 곳이 미국이다. 조공책봉체제에서는 조선의 새 임금이 권좌에 올랐다 하여 사신을 보냈지 직접 천자에게 인사하러 가는 일은 없었다. 조공책봉체제하에서는 중국의 군대가 한국에 주둔하지 않았다. 하지만 오늘날 일본과 한국은 그 영토 내에 미국 기지를 두고 있다. 그리고 일본은 군사적으로 미국의 보호를 받고 있고, 한국도 전시작전권을 미국이 갖고 있다.

과거에 중국의 요청에 의하여 한국이 대규모 군사를 동원한 일은 없었다.[225] 반면에 오늘날 한국은 미국의 요청에 의해 월남전에 대규모의 군사를 파견하였고, 이라크전쟁에서도 한국은 대규모의 군대를 파병하였으며, 미국의 크고 작은 국제 임무수행에 있어서 미국을 도왔다. 그리고 일본은 이런 일조차 하지 못하는 입장에서 이런 일을 할 수 있게 되기 위하여 안간힘을 다 쓰고 있다.

이렇게 볼 때, 과거 중국과의 관계 때문에 한국에 주권이 없다고 한다면 오늘날의 일본이나 한국은 주권이 없다고 하여야 할 것이다. 과거 중국의 한국에 대한 영향력과 지금 미국의 일본과 한국에 대한 영향력을 비교하면 후자가 훨씬 더 크다. 그리고 과거의 조공국을 주권이 없었다고 한다면 당시의 동아시아

---

[225] 조선 효종 때 청나라의 요청에 의하여 러시아군 정벌에 나선 적이 있다. 1654년에는 조총수 100명, 1658년에는 260여 명의 소규모였다. 조선의 북방지역이었기 때문에 조선과 어느 정도 공동의 이해관계가 있었다.

에서 주권국가는 중국 하나밖에 없는 것이 된다. 또한 과거 조공국을 주권이 없었다고 한다면, 오늘날 자유세계에서 주권을 가진 나라는 미국 하나밖에 없다고 해야할 것이다.

## 4] 기타 주권 의심 요인들에 대한 검토

### [1] 주권을 의심할 만한 표현들

자국의 이해에 따라 한국이 과거에 중국의 속국이었다거나 중국이 종주국이었다는 말을 하는 사람들이 있고, 심지어 한국인 중에서도 이런 말을 하는 사람들이 적지 않다. 문헌을 보면 종주국이나 종속국과 같은 말은 과거에는 사용되지 않았고, 흔하지는 않았지만 중국에 대하여 한국이 속국(屬國), 번국(藩國), 번방(藩邦), 속방(屬邦), 제후국(諸侯國) 등과 같은 말이 사용되는 경우가 있었다. 사실 이런 말은 거의 사용되지 않았으나 임진왜란으로 중국의 도움을 받게 되면서 선조 때 사용되었고, 그 이후에도 거의 사용되지 않았다.[226] 이런 표현들이 드물었지만 이런 표현을 했더라도 주권이 없는 것으로 생각해서는 안 된다.

한국이 스스로 번국이라고 칭하기도 하고 속국이라고 칭한 적도 있다. 그런데 그 때 속국의 의미는 오늘날 우리가 생각하는 그런 의미로서의 속국이 아니었다. 한국은 중국의 번이 아니었고 중국에 속하지 않았다. 번이라는 것은 원래 천자의 영토인 상태에서 그 영토 일부를 자신의 친척이나 신하에게 통치하도록

---

[226] 속국이 번국보다 더 강한 지배하에 있는 것으로 하여 속국은 주권이 없고 번국은 주권이 있는 것으로 말하기도 하지만, 이는 근거 없는 주장이다. 원래 이들 용어는 매우 모호하게 사용되기 때문에 이들 용어의 뜻을 두고 단정적으로 말할 수 있는 성질의 것이 아니다.

내어주는 것이다. 한국에 대해서는 중국이 이러한 일이 일어날 수 없다. 원래 천자의 영토인 적이 없기 때문이다. 조선을 번이라고 했을 때 주변을 모두가 이적으로 생각하는 중국이 조선의 왕에 대하여 자신의 친척이나 신하라고 표현하면서 호의를 베푼 것이다. 그리고 중국은 한국을 이적으로 생각하고 있었으나 한국 스스로 이적 같이 하지 않고 제후 같이 하여 중국을 잘 대우하겠다고 자신을 낮추어 호의적으로 표현했을 뿐이다.

다음으로 과거에 속국이 어떤 의미로 사용되고 있는지 역사서에서 살펴보자. 삼국사기는 다음과 같이 기록하고 있다.

> 박혁거세 38년 봄 2월에 호공을 보내 마한을 예방하였는데, 마한왕이 호공을 꾸짖으며 말했다.
> "진한과 변한은 우리나라의 속국인데, 근년에는 공물을 보내오지 않았소. 대국을 섬기는 예절이 이와 같은가요?"
> 호공이 대답하였다.
> "우리나라에 두 분의 성인이 출현하면서, 사회가 안정되고 천시가 조화를 이루어, 창고가 가득 차고, 백성들은 공경과 겸양을 알게 되었습니다. 그리하여 진한의 유민들로부터 변한, 낙랑, 왜인에 이르기까지 우리를 두려워하고 심복하지 않는 자가 없습니다. 그럼에도 불구하고 우리 임금이 겸손하여 저를 보내 귀국을 예방하게 하였으니, 이는 오히려 지나친 예절이라 할 수 있을 것입니다. 그런데 대왕께서 크게 성을 내고 무력으로 위협하시니, 그 이유가 무엇입니까?"[227]

위의 글에서 마한이 진한, 변한에 대하여 속국이라고 하고 있다. 여기서 "우리나라의 속국인데, 근년에는 공물을 보내오지

---
[227] 김부식, 1145, 권 제1 신라본기 제1

않았소. 대국을 섬기는 예절이 이와 같은가요?"라고 하고 있는데 이 문맥에서 알 수 있는 것은 속국은 대국을 대국으로 대접하는 예의를 보이는 존재라는 것이다. 그리고 공물을 보내는 것, 즉 조공을 하는 나라라는 것이다

그리고 조선왕조실록에서는 임진왜란 이후에 선조와 조선에 온 중국의 장수 이천상(李天常)과의 대화를 다음과 같이 기록하고 있다.

이천상: 귀국이 8년 동안 침략을 당해 피해가 많으십니다.
선조: 천조(天朝)의 힘을 의지하여 오늘날이 있게 된 것이외다.
이천상: 조선은 대국의 속번이니 군대를 출동시켜 와서 도운 것은 당연한 도리입니다.[228]

지금의 사람들은 흔히들 속국, 속방이라고 말하면서 이것을 어느 나라에 속해 있는 나라나 지방의 의미로 생각하고 말하는 경우가 많은데, 이는 잘못 알고 있는 것이다. 우리가 지금 생각하고 있는 이러한 의미는 과거의 의미와 다른 것이며, 우리가 이렇게 생각하게 된 것은 일본사람들의 노력 결과이다. 앞에서 언급했듯이 일본사람들은 조공책봉체제에서의 속국의 개념을 봉건제의 종속국, 제후국의 개념으로 바꾸었으며, 그리고 다시 종속국의 속국과 같은 의미로 사용함으로써 이를 무작정 따라 하는 한국인들이 스스로가 스스로를 비하하는 형태로의 진실 아닌 진실을 만들어 놓은 것이다.

한자의 속(屬)은 한패무리, 부하, 따르다, 복종한다는 의미로서 중국의 속국이라 함은 중국보다 낮은 위치에서 중국을 따르

---

[228] 조선왕조실록, 선조실록112권, 선조 32년 윤4월 6일 갑신 1번째 기사

는 나라라는 것이다. 이느 중국 천자의 사이귀복에서 이적의 복속에 대한 것이다. 이는 조공책봉체제에서 중국에 복속하기 때문에 조공을 하는 것이고, 그래서 조공국이 속국이 되는 것이다. 위의 마한과 진한의 관계에서 보듯이 위계상의 아래에 있는 국가가 속국이 되는 것이다. 이렇듯 속국이라는 말은 어느 나라 안에 속해 있는 어떤 나라가 아니라 조공책봉의 상하관계로 이루어지는 천하질서관계에서 아래에 위치한 나라의 의미로 사용되는 말이다. 복속한다는 것은 고개를 숙이는 것이지 나의 것은 모두 너의 것이라는 것이 아니듯이 중국을 따른다는 의미이지 중국 속에 들어간다는 의미가 아니다. 세계관은 시대와 지역에 따라 다르므로 과거 동아시아에서의 국가관계는 수직적 질서로서 오늘날의 서구문명에 의한 수평적 질서와 달랐다. 과거 동아시아의 질서를 근대적 서양식의 질서에 맞추어 해석하는 과정에서 일본사람들이 완전히 왜곡하여 속국의 개념을 종속국의 개념으로 둔갑시켜 독립국인 조선을 중국의 일부로 만드는 만행을 저지르게 된다.

종속국은 종주국에 대응하는 말로서 종주국이 종속국의 주권을 갖게 된다. 종속국은 vassal state나 dependent state로 번역되는데, 과거 유럽의 봉건제도하에서의 주종관계로서 이는 동아시아 조공책봉체제에서의 국가관계와는 완전히 다른 것으로 과거 우리나라의 경우에 해당되지 않는다.

어느 때 어느 곳이든, 누구나 자국을 높이고 싶어 하지 낮추고 싶어 하지 않는다. 그래서 비록 속국이라는 말이 오늘날 말에서의 의미처럼 그 정도로 나쁜 말을 아니었지만 그렇다고 해도 중국아래라는 말을 하는 것이 기분 좋은 일이 아니었다. 그래서 이런 말을 잘 사용하지 않았다. 그런데 임진왜란이 일어나면서 명나라의 원군 도움을 받으면서 이러한 말들이 등장하게 된다. 그리고 조선이 유교규범에 워낙 철저하였기 때문에 유교규범으로서의 사대자소관계를 적용하여 특별히 중화문명의 종주국으로서 명나라를 섬긴 점도 크게 작용하였다. 조선왕조실록에는 선조시대 이후에 조선 사람 스스로 속국이라고 하는 표현이 간헐적으로 등장하며, 박지원의 『열하일기』에서도 우리나라를 속국이라고 하는 표현을 볼 수 있다.

그런데 과거의 용어표현에 대해서 또 한 가지 감안해야 할 점이 있다. 과거에 사용된 용어를 오늘날의 서구화된 현대인의 사고와 가치관에 기준하여 판단해서는 안 된다는 점이다. 오늘날의 국제관계는 서양문명의 산물이고 그것도 근대 이후에 형성된 것으로서 수평적인 세계관 속에 개별 국가의 주권과 국가간 평등성에 기반하고 있다. 반면에 동아시아에서는 수직적 세계관과 유교의 예교규범을 근간으로 하는 국제질서였다. 지금은 서양의 법과 윤리에 따라 권리중심사회가 되어 자신을 높이고 내세우지만, 과거의 유교사회에서는 개인의 예와 덕을 중요시하는 의무중심사회였기에 항상 자신을 낮추고 양보하는 형식을 취하였다. 조선에서 중국에 대하여 상국이라고 하고 스스로를 속국(屬國)이라 표현했다고 하더라도 이는 스스로를 낮추어 표현한 것으로서 당시의 윤리를 바탕으로 하여 이해되어야 한다. 특히 한국은 동방예의지국이라고 하여 철저히 예로서 상대국을 존중하고 자신을 낮추는 태도를 취하면서 살아왔다. 이는 한국이 유교문화에 철저하였기 때문이기도 하고, 강한 힘을 가졌을 때가 많았던 중국을 활용하기 위한 하나의 방법이기도 하였던 것이다.

과거 동아시아는 수직적인 문화였다. 임금과 신하, 아버지와 아들, 연장자와 연소자, 양반과 상민, 심지어 남자와 여자에 이르기까지 모든 것이 상하로 엄격하게 배정되었다. 예를 들어 어떤 사람을 만났을 때, 서양에서는 먼저 이름을 물어보고 Tom, Bill 하면서 평등한 관계로 설정되지만, 과거 동아시아에서는 먼저 나이를 물어보고 형, 아우 하면서 위계적 관계로 되는 것이 일반적이었다. 그리고 스스로 낮추는 겸양이 기본예의였다. 아들이 아버지 보고 소자(小子)라고 부르고, 남에게 자신을 소인(小人)이라고 하였다. 그런데 그렇게 형, 아우라고 한다고 해서 예식을 따를 뿐 실질적으로 형으로 불리는 사람이 아우라고 불리는 사람을 마구 부리거나 함부로 대하는 것은 아니다. 스스로 소자나 소인이라 한다고 해서 하찮은 사람이 될 수 없는 것이다.

이러한 표현들은 서로를 존중하는 마음의 상태에서 통용되는 언어로 될 수 있는 것이다. "네가 번국이라고 했으니 너는 번국이야"라는 마음상태에서는 더 이상 사용될 수 있는 말이 아니다. 수직적인 사회였기 때문에 그 겸양의 정도는 낮은 쪽에 더 치우친다. 이렇게 오늘날 수평적인 문화의 현대인이 옛 것을 보면 상급자가 매우 큰 권한을 가진 것으로 그릇 판단하게 되는 것이다.

### [2] 실질적 측면에서의 주권

법률적 효력 측면에서 모든 문서는 그 이름이 무엇으로 되어 있든 상관없이 그 문서를 규정하는 것은 실질적 내용이다. 이는 국가 간의 관계를 규정하는 데서도 다르지 않다. 즉 주권의 문제에 있어서, 중국을 뭐라고 부르고 한국을 뭐라고 불렀던 것과는 상관없이 중요한 것은 실질적인 내용에 있어서 주권이 있었느냐의 문제이다.

과거 한국에 주권이 없었다거나 주권의 존재를 의심하는 사람들은 중국이 한국을 직접 지배했다는 식으로 주장한다. 이는 잘못된 것이다. 그리고 지배할 수 있었음에도 불구하고 자치권을 준 것으로 주장하기도 한다. 이 또한 잘못된 것이다. 중국이 한국과 같은 나라를 지배하기가 현실적으로 불가능하였다. 한국은 중국과 지리적으로 멀고, 말도 다르고, 문화도 다르다.

이러한 점은 명 홍무제의 『황명조훈』에서도 그대로 나타나고 있다.

중화사상의 중화와 이적의 구분에서 한국은 중화의 영역에 들지 않았다. 지배한다고 해도 비용이 효익보다 더 컸기 때문에 지배하려는 것이 현명한 선택일 수가 없었다. 중국은 통일과 분열의 역사를 반복하여 왔다. 중국 땅을 통일된 상태로 유지하기도 버거운데 한국과 같은 주변 지역까지 합쳐서 지배한다는 것은 가능한 일이 아니었다. 그래서 중국사람들은 한국사람들을 오랑캐라고 하여 자신들과는 다른 사람으로 확실한 선을 그어놓고 있었고, 한국사람 또한 중국사람에 대해서 그랬다. 그리고 중국이 한국을 지배하려고 하지 않은 것은 유교의 영향도 컸다. 유가의 덕치사상으로 조공책봉관계라 하더라도 중국이 조공국에 대하여 부담을 주는 일은 하지 않는 것이 기본이었다. 그래서 내정에 간섭하지도 않았고 주권을 침해하는 일은 일어날 수 없었던 것이다.

조공책봉관계에서 지배하지 않았다는 사실은 역사 기록에서도 그대로 드러난다. 다음은 서기 996년 고려 성종 15년에 거란이 고려에 책봉을 내리면서 보내온 조서의 내용 일부이다.

이에 국왕의 작위를 주어 더욱 나라의 은혜를 나타내려고 그대를 책봉하여 개부의동삼사 상서령 고려국왕(開府儀同三司 尙書令 高麗國王)으로 삼는다. 아아! 동해(東海)와 태산(泰山)의 바깥 지역에서는 오직 그대만이 홀로 존귀하며, 진한(辰韓)과 변한(卞韓)의 지역은 오직 그대만이 온전히 가지는 것이다.[229]

그리고 고려 말기 1389년 이성계가 우왕을 폐하고 창왕을 내세워 중국의 책봉을 받고자 하였을 때 명황제가 보내온 답신은 다음과 같다.

> 고려는 산과 바다로 떨어져 있어 풍속이 다르니 중국과 서로 통할 수 있다 하더라도 떨어지고 합하는 것이 늘 일정할 수가 없다.
>
> <중략>
>
> 세운 것도 저쪽에 있으며, 폐한 것도 저쪽에 있는 것이니, 중국은 상관하지 않겠다.[230]

한국에 있어서 중국이 주권을 가진 적이 없다. 대내적으로 통치한 적이 없으며, 대외적으로 중국이 한국의 외교를 하지 않았다. 언제나 한국의 주권은 한국이 갖고 있었던 것이다.

## [3] 임진왜란과 명나라 원군

사람들 중에는 한국이 주권이 없는 위치에 있었음을 임진왜란을 예로 들기도 한다. 일본이 한국을 침략했는데 명나라가 개입하여 명나라군이 한국에 들어왔고 전쟁에 대한 협상도 명나라가 했다는 것이다. 이런 말을 하는 것도 사실을 잘못 알고 있기

---

[229] 고려사, 세가 권제3, 성종 15年 3월
[230] 고려사, 권137, 창왕 원년 3월

때문이다. 임진왜란 때 중국이 한국에 원병을 보낸 것은 종주국으로서 한국을 지키기 위해서가 아니었다. 중국이 군대를 조선에 보낸 것은 조선이 일본의 수중에 들어가면 자국이 침략을 받을 것이기 때문에 그렇게 한 것이다. 일본의 조선침략은 원래 정명가도(征明假道)의 명분이었다. 즉 일본이 조선을 침략하기 이전에 같이 명나라를 치러가자고 하고 명나라로 가는 길을 빌려달라고 하였다. 그리고 명나라가 참전을 하고 종전협상을 한 것은 그 자체로 주권과 관련되는 것이 아니다. 이는 6.25사변에서 국제연합군이 전쟁협상을 했다고 해서 한국에 주권이 없다고 하지 않는 것과 같다. 이런 일들과 상관없이 당시에도 중국이 조선을 지배하지 않았다는 사실은 명황제가 선조에게 보낸 칙유에서도 드러난다. 임진왜란 이후 명황제가 선조에게 보낸 칙유는 다음과 같은 내용을 담고 있다.

> 짐이 왕을 대함에 비록 외번이라 부르지만, 조빙예문 외에는 왕에게 병사 하나, 역인 하나도 번거롭게 하지 않았다. … (조선의) 조그마한 땅도 짐은 관여하지 않겠다.
> <중략>
> 존망과 치란의 기틀은 왕에게 있지 짐에게 있지 않다.[231]

임진왜란은 한국이 중국에 도움을 요청하여 위기를 극복한 전쟁이었다. 그래서 임진왜란 직후는 역사에서 한국이 그 어느 때보다 중국에 크게 의존한 시기였다. 위의 명황제의 칙유는 이 시기에 나온 것이다. 이런 시점에서도 그랬으니 중국이 한국을

---

[231] 명신종실록, 권264, 만력 21년 9월 병자; 조선왕조실록, 선조실록, 권45, 26년 윤11월 12일 임진; 권선홍, 2014, p.44에서 재인용

지배하고 통치하지 않았다는 것은 명확하다.

### 5] 과거 한국의 주권 여부에 대한 판단

주권은 근대적 국제관계에서의 개념이다. 한국의 과거 주권 문제를 검토하기 위해서는 과거 동아시아에서의 국가 간의 관계를 오늘날의 국가관계에 맞추어서 평가해 보아야 한다. 그런데 이 문제는 단순히 기계적으로 판단할 수가 없다. 공간적으로 동양과 서양은 사고방식이 다르고, 시간적으로도 현재와 과거는 가치판단이 다르기 때문이다. 그래서 여러 요소들을 고려하는 가운데 정밀한 분석과 깊은 사고를 필요로 한다.

19세기 말 서구열강이 동아시아에 진출하면서 한국이 세계 무대에 등장하게 되는데 이때는 조선의 국력이 극도로 쇠잔한 때였다. 한국은 배제된 채 일본이나 중국 사람들에 의하여 한국의 주권 문제가 논의되면서 자신들에 유리하도록 해석되고 주장되는 바람에 과거 한국은 주권도 없는 나라였던 것으로 몰아가기도 했다. 그래서 지금도 많은 사람들이 과거 한국이 주권이 없었던 것으로 주장하거나 또 그렇게 알고 있는 사람들이 많다. 하지만 앞에서 여러 관련 사실들과 함께 확인한 바와 같이 전근대기에 한국이 주권을 가졌다는 것은 의심의 여지가 없다.

과거 동아시아에서의 국가관계는 조공책봉체제로 규정되는데, 조공을 한다고 해서 주권이 없는 것이 아니었다. 조공책봉은 동아시아의 수직적인 세계관 속에 국가 간에도 상하관계로 하여 하국의 예로서 조공을 하고 상국의 예로서 책봉을 하였던 것이다. 고구려시대에는 수와 당에 조공을 하면서도 전쟁을 하였고, 고려는 명나라와 조공책봉관계에 있었지만 명을 치러 출병하기도 하였다.[232] 고구려, 고려가 주권이 없다면 이런 일이 가능하겠는가? 조공은 중국 천자가 통치하는 중국중심의 세계질서 속으로 들어간다는 의미이지 중국의 일부로 들어간다는 의미가 아니었다. 한국처럼 꾸준히 조공을 한 나라도 있었지만 일본처럼 조공을 하다가 중단하는 나라도 있었다. 만약 조공국이 주권이 없다면 조공을 하지 않으면 중국에서 쳐들어가거나 응징조치를 해야 할 것인데 그런 일은 없었다.

전근대기 한국의 주권 문제와 관련하여 무엇보다 중요한 사실은 어떤 외국도 한국을 실질적으로 통치하고 지배한 사실이 없다는 점이다. 역사의 굴곡 속에서도 한국은 주권을 유지해 왔다. 지정학적으로 한국은 외부의 침략을 받기 쉬운 위치에서 매우 험난한 역사를 겪으면서 살아왔다. 강대국에 사대 외교를 한 경우가 많았으나 이는 주권이 있었기 때문에 이 주권을 유지하면서도 평화적으로 살기 위한 하나의 정책이었던 것이다. 이렇게 한국이 어려운 환경에도 불구하고 투쟁하며 독립국가로서 살아온 것은 오히려 한국인들이 자신들의 운명을 스스로 결정하면서 살고자 하는 주권의식이 유달리 강했다고 판단해야 할 근거가 된다.

## 6] 과거 한국의 주권 문제와 국인주의

지금까지 다소 많은 지면을 할애하여 과거 한국의 주권 문제를 검토하였다. 그 결과 이상에서 본 바와 같이 한국이 주권

---

[232] 1369년 고려는 명나라와 조공책봉의 관계에 들어가게 되었지만, 이후 명과 고려 간에 관계가 악화되면서 19년 뒤인 1388년 고려는 명을 치러 출병하였다. 이 출병은 이성계의 위화도 회군으로 끝나게 된다.

을 갖고 있었다는 것은 의심의 여지가 없다. 한국에 주권이 있었다는 것이 확인된 상태에서 더 이상 논의의 필요가 없는 것이기는 하지만, 국인주의가 존재하기 위해서 반드시 주권이 있어야만 하는 것도 아니다. 주권을 통하여 국인주의를 갖는 것이 아니라 국인주의를 통하여 주권을 갖는 것이기 때문이다. 지금 스코틀랜드에는 주권이 없음에도 불구하고 스코틀랜드 국인주의가 있다.

주권이라는 것은 실질적인 측면에서 보면 국가 내 통치자들의 대내적 통치와 대외적 국가관계에서의 자율성의 문제인 반면에, 국인주의는 일반 국민들의 독립과 자주에 대한 의식 문제이다. 그래서 국인주의에서 중국과의 관계가 문제된다면 단순히 주권 측면이 아니라 일반 국민들의 의식 측면에서 생각해 보아야 하는 것이다. 한국의 경우 주권이 있었던 것으로 확인되었지만, 설사 주권이 없었다고 하더라도 이 사실만으로 한국에 국인주의가 없었다고 할 수는 없는 것이다. 그래서 국인주의 연구에 있어서 주권이 없었다고 하면서 과거 한국에 국인주의가 없었다고 하는 주장은 잘못된 것일 뿐만 아니라 의미 없는 것이기도 하다.

## 2. 중화문명의 영향과 한국 국인주의

### 1] 문헌에서 나타난 한국인의 정체성

과거 동아시아는 중국을 중심으로 하는 중화문명권을 형성하고 있었다. 한국도 이 중화문명권 안에 있었다. 여기서 제기되는 문제는 이렇게 한국이 중화문명권 안에 있었기 때문에 사람들의 의식도 한국이라는 독자적인 국가의식이 없지 않았을까 하는 의문이다. 중세 유럽에서 유럽 전역이 기독교문명권 안에 있으면서 국가로서의 구분 없이 살았던 것처럼 동아시아에서도 그렇지 않았을까 하고 생각할 수 있는 것이다.

신기욱은 한말에 동아시아에 서구세력이 등장하고 중국이 쇠퇴하고 일본이 부상하면서 한국은 자신의 정체성을 고민을 하게 되는데, 중국을 떠나 동양의 일부가 될지, 동양을 떠나 서양문명을 받아들일지, 동양과 서양 모두에 격리되어 있을지, 동양과 서양의 요소를 절충해 나갈지와 같은 고민을 하였다고 주장한다.[233] 또한 김민환의 연구에 의하면 20세기 초 5대 주요 신문의 기사를 조사해 본 결과 내셔널리즘보다 범아시아주의가 더 강하게 나타나고 있다고 주장한다.[234] 이런 내용은 근대화기 이전에 한국은 자국에 대한 의식이 없었다는 것으로서 근대주의 이론의 맥락 위에 있다.

국인이 존재하느냐의 여부에 있어서 무엇보다 중요한 것은 자신과 국가 간의 관계에 있어서의 사람들의 의식이다. 그래서 국가의 주권과는 별도로 사람들의 의식 측면을 직접 검토해 볼 필요가 있다. 국가의 주권이 있다 하더라도 사람들이 자신이 한국인이라는 의식이 없거나 스스로 중국의 일원이라고 생각했다면 한국에 국인주의가 있었다 할 수 없는 것이다. 그런데 오래전에 살았던 사람들에 대해서 국가와 자신의 관계에 대하여 어떻게 생각했는지를 알기란 쉽지 않다. 이런 문제를 두고 현재 택할 수 있는 최선의 방법은 과거 문헌에서 나타나고 있는 그때

---

[233] Shin, 2006, p.26
[234] 김민환, 1988

사람들의 생각을 알아보는 것이다.

당장 의심 가는 부분이 과거 한국사람들이 중국의 역사, 사건, 인물, 이야기 등을 많이 들먹이며 살아왔다는 점이다. 국인의 존재와 관련하여 중요한 것은 일반 민중들의 의식이다. 국인의식은 어느 특정 계급이나 특정 부류의 사람들의 의식이 아니라 국가를 구성하는 전체 사람들의 의식이므로 국민 대다수를 차지하는 일반 민중들의 의식이 기준이 되어야 한다. 그래서 한국의 일반인들이 자주 접하는 속담, 시, 판소리, 소설 등에서 중국과 관련하여 나타나는 부분들을 보기로 하자.

① 속담

티끌 모아 태산.
친구 따라 강남[235] 간다.

② 시, 가사

태산이 높다 하되 하늘 아래 뫼이로다.

③ 판소리

판소리 『흥부가』는 다음과 같은 구절로 시작한다.

아동방(我東邦)이 군자지국이요, 예의지방이라. 십실지읍(十室之邑)에도, 충신이 있고, 칠세지아도, 효제를 일삼으니, 무슨 불량한 사람이 있겠느냐마는, 순임금 세상에도 사흉(四凶)[236]이 있었으며 요임금 당년에도 도척(盜跖)[237]이 있었으니 아마도 일종(一宗

---

[235] 중국의 강남을 말한다.
[236] 순임금 때, 공공(共工), 환도(驩兜), 삼묘(三苗), 곤(鯀)이라는 네 명의 악인을 말한다.
[237] 큰 도둑 이름인데, 춘추시대 사람인데, 여기서 잘못 알고 요임금시대로 말하고 있

)²³⁸이기로 어찌할 수 있겠느냐? 충청 전라 경상의 삼도 월품에 사는 박가 두 사람이 있었으니 놀보는 형이요 흥보는 아우인데 동부동모 소산이되 성정은 아주 달라 풍마우지 불상급(風馬牛之不相及)²³⁹이라.²⁴⁰

④ 소설

다음은 조선시대 대표적인 소설인 『춘향전』의 전반부에 나오는 구절이다.

춘흥을 못이기어 화류차로 방자 불러 분부하되, "내 고을 구령처가 어디어디 좋은고?" 방자 여짜오되, "관동팔경과 해주 매월당, 진주 촉석루, 평양 봉부벽루, 성천 강건루, 황주 월파쌍성 호이라 하오되 절승한 경개는 남원 광한루 경치를 따를 길 없삽기로 팔도에 유명하와 일컫기를 소강남이라 하나이다." 이도령 말이, "만일 네 말 같을진대 제일강산이로다. 아모커나 광한루 구경차 포진거 행하라." 하고 방자놈 앞세우고 탄탄대로로 마음심자 갈지자로 세류 춘풍에 명맥의 걸음으로 뒷동뒷동 걸어 광한루에 다달아 뒷짐지고 배회하며 방자 불러 하는 말이, "악양루 봉황대 풍광과 황학루 고소대 경치가 이에서 더할소냐?"²⁴¹

⑤ 산문

위의 일상적이고 대중적인 것에 더하여 지식인 세계의 글에서의 예를 보자. 다음은 서기 1200년을 전후해서 고려시대를 살았던 이규보의 「조강부」라는 글의 일부분이다.

---

다고도 함.
²³⁸ 같은 조상의 친척.
²³⁹ 서로 멀리 떨어져 있어 내왕이 없음.
²⁴⁰ 신재효 판소리 여섯 바탕 중에서 흥보전.
²⁴¹ 춘향전.

이 몸은 지금 귀양 가는 길, 이 험한 강물을 만났구나. 외로운 배 오똑히 들쭉날쭉 어디로 가리. 갈 길은 먼데 벌판에 우거진 풀, 먼 개포에 자욱한 연기, 새 소리 찍찍짹짹, 잔나비 울음 구슬픈데, 지는 해는 뉘엿뉘엿, 뜬 그림은 뭉게뭉게, 오마(五馬)²⁴²가 좋다 하나, 내 바란 것 아니로세. 아아, 이 머나먼 길 옛날엔들 없었던가. 맹자는 세 밤 자고 주를 떠났고, 공자도 노를 더디더디 떠났으며, 가의는 낙양의 재사로되 비습한 장사 땅으로 귀양갔네. 성현도 그 랬거니 내 다시 무엇을 슬퍼하리.²⁴³

위의 글들을 보노라면 다음과 같은 의문을 갖게 된다. ①과 ②의 속담이나 시가에서 이 땅의 백두산이 더 높고 더 큰데, 왜 백두산이라고 하지 않고 중국에 있는 태산이라고 하고 있는가? 이뿐만 아니다. ③의 판소리『흥부전』에서는 중국의 요임금 순임금시대 사람을 등장시키고 있다. 한국의 옛이야기나 한국 역사에서의 이야기를 예를 들지 않고 중국사람을 예로 들고 있는 것이다. 또 ④의 소설『춘향전』에서는 관동팔경을 비롯한 한국의 명승지에 대한 말이 나오다가, "악양루", "봉황대", "황학루", "고소대" 등의 중국의 명승지를 들어 비유하고 있다. 그리고 ⑤의 산문에서 이규보는 자신이 귀양 가면서 생각나는 사람으로 공자, 맹자, 가의와 같은 중국사람들을 들고 있다.

이렇게 중국의 것이 많이 등장하는 것을 보고, 혹시 과거 이 땅의 사람들이 스스로를 중국사람이라고 생각하거나 중국에 소속되었다고 생각하지는 않았을까 하는 의구심이 들기도 한다. 중요한 것은 중국의 것을 많이 들고 나오는 것 자체보다는 그

---

²⁴² 태수행차에 끄는 다섯필의 말.
²⁴³ 이규보, 1241, 권1

속에 있는 의식이다. 글의 내용상 중국을 자기 나라로 생각하거나 자신이 중국인의 일원으로 생각하고 있느냐의 여부이다. 이를 염두에 두고 위의 글들을 다시 한번 살펴보자.

①, ②에서 속담이나 일상으로 하는 말로서의 "티끌 모아 태산"이라는 말은 중국 한문의 塵合泰山(진합태산)이고, 친구 따라 강남 간다는 말은 追友江南(추우강남)에서 온 말이다. 그리고 과거 한국사람들이 태산을 많이 들먹이는 것은 공자가 태산 주변에 살았기 때문에 유학고전에 태산이 자주 등장하여 친숙하기 때문이다. 한국사람들이 중국의 문헌을 많이 봤기 때문에 여기의 문구가 익숙해진 것이다. 이런 중국 관련 말들은 한국사람들이 그들의 일상에서 일어나는 일이나 의식에서 생긴 말이 아니라 중국으로부터 수입되어 온 지식으로서의 용어인 것이다.

③의 『흥부가』에 순임금, 요임금, 중국의 신화상의 인물들이 등장하지만 이들이 태평성대의 상징으로서 언급된 것이지, 우리나라의 사람이라고 하는 인식과는 거리가 멀다. 또, "아동방(我東邦)이 군자지국이요"라고 하여 그 속에 구분되는 나라로서의 우리나라를 의식하고 있음을 보여준다.

④의 『춘향전』을 보면 우리나라에서의 경치 좋은 곳을 언급하고 나서, 중국의 "악양루", "봉황대", "황학루", "고소대" 등이 등장하는데, 이들은 앞의 한국의 명승지와 같은 차원이 아니라 풍광과 경치 좋은 곳의 상징으로서 세상에 널리 알려진 곳으로서 등장시킨 것이다. "악양루", "봉황대", "황학루", "고소대" 등은 한국의 명승지들과 구분되어, 우리나라 것이 아니라는 의식을 나타내고 있다. 이렇게 한국사람들이 중국의 것을 언급하는 것은 세계적 차원에서의 자신들이 알고 있는 것들에 대한 언급

이었다. 이는 세계가 넓어진 오늘날에서 있어서 알프스, 나폴리, 예수, 클레오파트라 등을 들먹이는 것과 같은 것이었다. 과거 한국인의 사고에 있어서 동아시아가 세계의 전부였고 여기서 중국이 절대적인 부분을 차지했던 것이다.

⑤에서 이규보가 공자, 맹자, 가의와 같은 중국사람을 언급한 것은 이들이 유학에서 성현이었기 때문이다. 서양 기독교 세계에서 예수나 베드로가 국적을 초월하고 있듯이 중화문명권에서도 유명한 사람들은 국적을 초월하고 있는 것이다. 이것은 독일사람인 괴테의 소설에서 파우스트가 그리스신화의 헬레네와 결혼한다거나 서양의 책들에서 성경에 대한 구절이나 그리스 신화에 대한 인용이 무수히 많이 등장하는 것과 같다.

이렇게 보면 중국의 것이 언급은 자주 되고 있지만, 여기서 중국을 자기의 나라로 생각하거나 자신을 중국인의 일원으로 생각하고 있는 부분은 찾을 수 없다. 그렇다면 무엇 때문에 중국의 것들이 이리 많이 등장하는가?

그 이유는 중국으로부터의 문화유입 때문이다. 중국은 주변의 국가들보다 문화발전에서 앞섰다. 중국은 거대국가였기 때문에 넓은 지역에서 형성된 문물이 한데 모이고, 여러 국가들의 중심에 있어서 문화의 집산지로서 문화발전에 유리할 수 있었다. 중국과 한국은 말은 달랐지만 글은 한자를 공통으로 사용하였기 때문에 문화적인 교류가 용이하였다. 그래서 글을 사용하는 계급인 상류층에서 특히 중국의 영향을 많이 받았다. 양반들은 유학을 공부하였고 사서삼경과 같은 기본적인 유학책들은 모두 중국에서 가져온 것으로서 중국에 대한 것을 내용으로 하고 있었다. 그래서 한국에서는 공부라는 것이 중국원서를 읽고 암기하는 것이어서 학문수련과 인격도야가 중국의 것과 연관되어 있었다. 한국인들은 중국에 대한 것을 표현하는 것으로써 학식과 지식 있음을 드러낼 수 있었다. 이것을 소위 문자 쓴다고 하는 것이다. 그래서 "양반은 죽어도 문자를 쓴다"는 속담도 있다. 여기서 문자란 한자 숙어나 성구로서 주로 중국의 역사, 고전, 시가, 이야기 등에서 유래한다. "사면초가", "조삼모사", "결초보은" 등 중국에서의 이야기를 담은 많은 말들이 일상적인 용어가 되는데, 이는 일반인들도 교양 있어 보이기 위하여 상류층에서 쓰는 어려운 용어를 사용하려 하였기 때문이다. 지금도 적잖은 한국의 정치인들이나 유명 지식인이 굳이 이런 고사성어를 사용하고 싶어 한다.

그리고 전근대기 한국에서는 특히 소설에서 중국을 배경으로 하는 경우가 많았다. 설화나 야담, 일화 등은 대부분 자국을 배경으로 삼고 있는 데 비해, 고전소설의 경우는 『구운몽』, 『창선감의록』, 『사씨남정기』, 『옥루몽』 등과 같이 중국을 배경으로 한 작품이 많다. 그래서 이광수는 "조선인이었지만 문자부터 한자를 사용하였거니와 그 재료도 전부 지나(支那)[244] 것이어서 정신적으로 지나의 고대에 들어가 살았다."[245]고 비판하고 있다.

이렇게 중국을 배경으로 한 소설이 많은 이유로, 김태준은 한학소양을 지닌 고전소설 작가들의 중국문화에 대한 동경과 찬미, 낯선 지리와 문화에 대한 독자들의 호기심, 조선의 현실을 우회적으로 풍자하기 위한 방편[246] 등으로 들었다. 그리고 강상

---

[244] China, 중국.
[245] 이광수, 1926; 강상순, 2013, p.109에서 재인용.
[246] 김태준, 1990, p.20; 강상순, 2013, p.110에서 재인용.

순은 조선을 배경으로 삼을 경우 너무 인접한 시공간적 거리로 인해 가문이나 당파, 왕조 등과 연관된 정치적 논란을 초래하거나 역사적 사실성을 둘러싼 독자들의 의혹을 받을 수도 있기 때문인 것으로 보았다.[247] 그는 중국배경이 일반화되는 것은 한편으로 소설이 역사서술양식의 권위와 신뢰를 모방하고자 하는 '의사역사화 지향'과, 다른 한편으로 실제의 역사에서는 충족될 수 없는 도덕적이고 완결적이며 충만한 서사를 완성해 보고자 하는 '서사적 환타지에의 지향'이 상호 길항하면서 작용하였기에 나타난 것이며,[248] 사대주의에서 나온 것은 아닌 것으로 보아, 이광수의 비판은 편협하고 사실에 부합하지 않는다고 주장한다.[249]

## 2] 중화의 의미

과거 한국에서의 중화문화와 관련하여 많은 사람들이 중화가 곧 중국을 의미하는 것으로 잘못 알고 있다. 한국에서 중화를 자신의 것으로 받아들였다고 해서 중국을 자국으로 받아들인 것으로 이해해서는 안 된다. 과거 중화라고 했을 때, 이는 문명의 지표로서 중화였다. 중화와 이적은 문명과 비문명을 나누는 구분이었다. 유학에서 예(禮)와 같은 인간의 보편적 도리가 인식되고 행해지는 곳이 화(華)이고, 그렇지 못한 곳이 이(夷)라는 것으로 가르쳐 왔다. 유교가 중국 주변의 국가와 민족들에 받아들여지면서 중화를 지역적, 민족적 의미가 아니라 문화의 일부로서의 유교사상을 행하는 지역으로서의 의미를 갖게 되었다.

---

[247] 강상순, 2013, p.122
[248] 강상순, 2013, pp.107-108
[249] 강상순, 2013, p.109

정약용(丁若鏞)은 『여유당전서(與猶堂全書)』, 중용강의(中庸講義)에서 우리나라가 중국에 대한 동방도 아니요, 현재 내가 서 있는 곳이 바로 중(中)이라고 하였다. 이렇게 중화는 지역적, 인종적으로 정해진 것이 아니고 문화적으로 자질을 가진 사람을 의미하는 것으로 해석되어 왔으며, 문명사회를 의미하였다. 그래서 중화라고 하는 것을 자랑스럽게 생각하고, 스스로 중화라고 생각하고, 또 중화가 되어야 한다고 생각하였다.

동아시아는 중화문명이라는 공통된 문명을 형성해 왔다. 그런데 명이 망하고 청이 중국을 지배하게 되자 한국에서는 조선중화주의가 일어나게 된다. 조선중화주의는 중화와 이적을 구분하는 화이론적 중화문명 의식을 갖는 가운데 중국이라는 국가적, 지리적 중심성을 거부하고 높은 문화수준의 문화적인 중심성을 내세우면서 조선이 그 중심이라고 생각하는 것이다. 이는 조선이 중국보다 더 높은 수준의 문명에 있다는 문화적인 내셔널리즘이었다. 중세 기독교문명에서 유럽사람들이 예수를 이스라엘 사람으로 한정 짓지 않았듯이 한국사람들은 중화를 중국의 것으로 한정 짓지 않았다.

많은 사람들이 이 문화영역으로서의 중화를 국가 중국과 동일시하여 한국이 중국의 일부분이라거나 중국의 영향 아래에 있었다고 생각하는 경향이 있는데, 이는 잘못된 것이다. 문화로서의 중화는 정치적인 국가경계와 다른 것이었다. 즉 한국이 중화문화에 있었을 뿐 나라사람으로서의 의식에 있어서는 중국과 구분되는 나라사람으로서의 의식이 분명했던 것이다. 이렇게 국가로서의 인식에 있어서는 한국과 중국이 혼동될 만한 요인은 없었다. 위의 정약용의 언급에서도 알 수 있는 것처럼 국가에 대한 인식은 별도로 하고 있는 것이다. 한국사람들은 한국사람으로서의 정체성이 분명하였으며, 중국과 한국의 국가적인 경계는 항상 명확하였다. 그리고 설화와 민담을 보면 한국사람들의 우수성을 과시하고 중국사람들을 우롱하고 무시하는 이야기들도 많다.[250] 민담 『천자를 이긴 아이』도 하나의 예로서, 그 줄거리는 다음과 같다.

    옛날 어느 중국 천자가 조선 임금에게 어려운 문제를 제시한다. 중국의 바람을 다 막을 휘장과 두만강물을 다 담을 가마가 필요하다는 것이었다. 천자의 요구를 받은 조선 조정은 이 문제를 해결하기 위하여 고민하게 되었다. 조정에서 이 문제로 어려워하는 것을 듣고 재상의 어린 아들이 나서서 중국에 사신으로 갔다. 아이는 천자에게 자와 주발을 내밀면서 이것으로 중국의 땅이 몇 자이며, 두만강물이 몇 주발인지 재어주면 휘장과 가마를 만들어 오겠다고 하였다. 이 말에 일격을 당한 천자는 아이에게 벼슬을 주고 조선을 만만치 않은 나라로 여기게 되었다는 것이다.

    한국에는 위 민담과 같은 부류의 이야기가 많다. 이런 이야기는 대개 중국이 조선을 괴롭히기 위해서 일거리를 만들고, 이를 해결하는 사람으로 대개 아이나 바보가 등장하게 되며, 중국이 놀라거나 창피하게 된다는 것이다. 앞의 이야기도 중국의 제일 권력자도 조선의 아이만도 못하다는 결과를 제시함으로써 중국에 억눌린 감정에 카타르시스를 제공함과 동시에 총명하고 능력 있는 한국인으로서의 자부심을 담고 있다.

    한국사람들은 중국의 것을 받아들였지만 중국사람들을 같은 집단으로서의 사람으로 생각한 적이 없었고, 또 그럴 가능성도

---

[250] 예로서 전우치전 이본에도 조선을 업신여기지 못하도록 중국의 천자를 괴롭히는 내용을 담고 있다.

없었다. 위의 홍보전이나 춘향전에서 우리의 경계와 우리나라의 경계를 명확하게 표시하고 있음에서 보듯이, 많은 표현물에서 중국의 것들이 등장하고 중국의 고사를 인용하지만 중국을 우리나라라고 하는 일은 없었다. 한국인들이 한국인으로서 국인의식을 가졌다는 데에 전혀 의심할 만한 여지가 없는 것이다.

### 3] 일반 사람들의 국가에 대한 인식

근대 이전에 한국에 국인과 국인주의가 없었다고 하는 이유로서 한국에 주권이 없었다 하기도 하고, 중화문명이라는 문명권의 세계에 살았기 때문에 한국인으로서의 의식이 없었다는 등 갖가지 이유를 들고 있다. 이런 추상적인 이유를 들어 과거 사람들이 국인의식이 없었다고 주장하는 것은 적절하지 않다. 과거 사람들이 국인의식을 가졌었는지를 알기 위해서는 개개인의 의식을 알아보아야 한다.

과거에는 지금처럼 사람들이 원거리를 이동하기가 쉽지 않았다. 한반도 내에서도 남쪽에서 북쪽까지 가려면 한달 이상 걸렸기 때문에 중국과 한국으로 오가는 것은 쉬운 일이 아니었다. 게다가 국경의 통제가 엄격해서 사신만 갈 수 있었고, 어업은 금지되어 해상활동도 거의 없었다. 그런데 가끔씩 한국사람이나 중국사람이 서해에서 표류하면서 상대국에 도착하는 경우가 있었다. 이런 사건을 계기로 양국 사람들의 상대국에 대한 인식을 보여주는 기록들이 있다.

먼저, 한국사람이 중국에 들어간 경우이다. 1534년 중종 29년 2월에 공물을 싣고 제주에서 추자도로 가는 배가 폭풍을 만나 표류하다가 중국 남경 위안위에 도착한 적이 있었다. 이때

선원들은 손짓으로 중국사람들과 소통하여 구조를 받았고 중국 관원에게 인계되어 그곳에 머무르게 되었다. 이때 중국사람들은 옷을 보고 조선사람인 것을 확인하였고, 조선사람 구경하려고 인파가 몰려들어 그 사람 행열이 10여 리에 이르렀다. 하도 사람들이 많이 몰려들어 어린아이가 밟혀서 다치기도 하였다. 중국 관아에서는 한국인들을 사창에 유치시켰는데, 이곳에서도 그 뜰을 가득 메울 정도로 사람들이 몰렸다. 그래서 군사들이 문을 지키며 구경하러 오는 사람의 출입을 금지시키자, 은을 들고 와서 뇌물을 바치고 들어와서 보는 사람이 있었다고 기술하고 있다.[251]

다음으로 중국사람이 한국에 들어온 경우이다. 1544년 중종 39년 7월에 중국인의 배가 표류하다 충청도 태안에 정박한 적이 있었다. 여기서 중국인은 본국에 돌아가게 해달라고 조선의 조정에 올린 글에서 중국과 한국을 형제의 나라라고 표현하고 있다.[252]

위의 내용에서 알 수 있는 것은 사람들의 의식에 있어서 국가 간의 거리는 매우 멀었다는 것이다. 먼 거리에 있는 두 나라에 있어서 한국사람과 중국사람 모두 다른 나라 사람으로 확실히 의식하고 있었다. 그리고 중국사람도 조선에 대해서 중국과 동등한 하나의 국가로서 잘 의식하고 있었음을 확인할 수 있다. 그래서 16세기 당시에도 나라사람으로서의 정체성이 혼동될 수 있는 가능성은 없었으며, 조선사람은 조선사람으로서, 중국사람은 중국사람으로서 자국에 대한 의식이 매우 뚜렷한 가운데 살

---

[251] 조선왕조실록, 중종실록 78권, 중종 29년 11월 24일, 4번째 기사
[252] 조선왕조실록, 중종실록 104권, 중종 39년 7월 29일, 7번째 기사

았음을 알 수 있다.

## 4] 중화문명과 한국 국인주의

　근대 이전에 동아시아는 하나의 문명권에 있었지만 국가의 구분은 명확했다. 이는 중세 유럽이 같은 기독교문명에 있으면서 국가적인 구분이 거의 없었던 것과는 완전히 다른 것이었다. 유럽에서는 고대에 하나의 국가로 있었기 때문에 국가적인 구분이 없었지만, 동아시아에서는 국가적인 구분이 명확한 상태에서 중화문명이 형성되었던 것이다.

　중국과 이를 상국으로 섬기는 한국과의 관계는 외교적인 측면에 국한된 것이었고, 실질적인 측면에서 한국 내에서 중국이라는 국가가 큰 의미로 작용할 여지는 거의 없었다. 외교적인 측면 때문에 중국과 교류가 많은 궁정이나 지배층은 중화중심적인 사고를 가질 수 있는 여지가 많았다. 하지만 일반 백성의 경우에는 중국과 교류해야 하는 지배층과 달리 중국의 존재를 의식해야 하는 일이 거의 없었기 때문에 그들의 삶과 사고 속에 중국이 끼어들 수 있는 여지는 거의 없었다. 지배층에 비해서 일반민들은 훨씬 더 자주적이었다. 중화주의 또한 일부 지배층에 국한되어 있었다고 보는 것이 더 타당할 것이다. 한반도에 사는 한국인 대다수에 있어서 그들만의 운명공동체로서의 의식은 항상 그리고 뚜렷이 존재하고 있었던 것이다. 이렇게 볼 때 근대화 이전에 한국이 중화문명권 속에 있어서 한국인으로서의 정체성을 갖지 못했다고 하고, 그래서 한국 국인주의의 존재를 부정하는 주장은 옳지 않다.

## 3. 사회신분체제와 국인주의

### 1] 신분제 사회여서 국인의식이 없었다는 주장

　근대 이전의 한국은 신분제 사회였기 때문에 국인이 없었고 국인국가가 아니었다는 주장이 있다. 신분제로 인하여 차별받는 사람들이 많아 사회의 소속원들 간에 공동체 의식이 없었다는 것이고, 그래서 국인이 형성되지 못했고 국인주의도 없었다는 것이다. 지금까지의 연구들이 네이션, 내셔널리즘을 민족, 민족주의라고 하고 있으므로, 연구에서의 표현을 그대로 옮기자면 민족의식이 없었고 민족주의도 없었다는 것이다. 이런 주장의 예를 보자.

　　민족이란 의식은 '우리'의 형성에 연관되어 있다. 따라서 그것은 적어도 형식적으로나마 '구성원'들 간의 평등의식을 필요로 한다. 신분제의 철폐는 민족의식의 결정적 전제가 된다. 가령 노비가 양반을 '우리'에 포함시켰을까? 양반이 상민이나 노비를 '우리'라고 느꼈을까? 고려시대에 일어난 망이·망소이 등 노예들의 반란을 생각해 보자. 그들이 귀족이나 양반을 '우리'에 포함시켰을까? 노비에게는 양반이 '우리'가 아니라 착취하는 지배계급이었을 뿐이다. 임진왜란 초기 단계에 많은 노비들이 왜군 편에 가담하고 그 일부가 경복궁에 불을 지른 것은 어떻게 해석할 수 있을까? 일본의 조선병합에 반대했던 조선의 대다수 양반 엘리트들은 사실은 그것이 양반과 상민의 구분을 제거하고 '호형호제'한다는 점에서 분노했다. 하지만 일제시대에도 상민, 천민, 특히 백정 등에 대한 사회적 차별은 지속되었다. 따라서 국가적 위기 시 관민이 "대동단결하여 민족적 항쟁을 벌였다는 통념"은 민족주의 역사학에 의한 만들어진 신화일 가능성이 높다.

　　　　　　　　　　〈중략〉

코리아 반도에서는 조선말 신분제 폐지와 일제의 침략으로 인한 저항적 집단의식의 발흥이 비로소 노비, 상민, 양반을 '조선인'으로 만들었다. 따라서 민족은 조선시대 말과 일제시대 초기에 생겨난 개념이고 의식이다. 그것은 일본이 서양의 네이션(nation)을 번역해서 들여온 개념에 기초한다. 19세기 말 독립협회나 만민공동회의 중심적 구호는 '민족'이 아니라 '충군애국'이었지만 거기에 이미 민족의식이 싹트고 있었으며 그것은 3.1운동에 와서야 왕조를 다시 세우려는 '복벽운동'을 포기하면서 보편화되었다.[253]

이렇게 권혁범은 조선시대 말과 일제시대 초기에 민족이 생겨났다고 주장하고 있다. 그 이전은 신분제 사회였기 때문에 신분이 다른 사람 간에 다른 사람이라 생각하여 전체로서의 우리 의식이 없었고 따라서 민족이 형성되지 않았다는 것이다.

또한 임지현은 고려시대에 봉건적 지배체제하에서 민중들이 민족의식을 발현할 수 있는 정치적 통로가 부재하였고, 지배계급과 공동체적 일체감을 느끼기에는 봉건적 농장제의 모순이 너무 컸고,[254] 조선시대에는 사회적 총 관계가 봉건질서의 기본틀을 벗어나지 못하였기 때문에 근대적인 민족의식이 없었다고 주장한다. 또 그는 몽골군에 대한 고려농민의 투쟁은 민족항쟁이라기보다는 향촌수호를 위한 투쟁의 성격이 더 강했다고 하고, "사실상 우리 민족은 유구한 전통을 지닌 단일민족이기 때문에 늘 외적의 침입에 대동단결해 싸웠다는 일반적 통념은 별반 역사적 근거가 없는 관념적 해석에 불과하다." [255]고 주장한다.

그리고 팔레(James B. Palais)는 한국에서의 국인주의는 20

---

[253] 권혁범, 2009, pp.22-24
[254] 임지현, 1999, p.69
[255] 임지현, 1999, pp.69-76

세기에 일어난 현상이라고 주장한다. 한국은 역사적으로 유학의 영향을 받고 중국에 대한 오랜 조공관계 속에서 국인의식은 매우 약할 수밖에 없었고, 노예 및 소작농 일반 농민들이 양반들과 같은 국민으로서의 동질적인 의식을 가질 수 없었다는 것이다. 그래서 서구제국주의 공세와 1910년 일본의 합병이 국인의식 발전에 강렬한 자극을 주어 한국에 국인주의 운동이 시작되었다는 것이다.[256] 팔레는 과거 전 시대를 걸쳐서 한국사회가 노예제 사회(slave society)라고 주장하여 큰 논란을 일으킨 사람이다. 한국사회가 노예제 사회였다는 그의 주장은 우리 역사에 대한 인식에서 큰 문제이기도 하지만, 과거 국인과 국인주의에 대한 판단에 있어서도 매우 중요한 문제가 된다. 국가사회에서의 개개인의 입지가 자국에 대한 생각에 매우 큰 영향을 주게 되고, 이렇게 개개인의 생각이 모여서 국가 내 전체 사람들의 생각도 정해지는 것이기 때문이다.

일찍이 마르크스(Karl Marx)는 역사의 발전단계를 원시공산사회, 고대노예제 사회, 중세봉건 사회, 근대자본주의 사회, 미래공산주의 사회로 나누었다. 이런 역사의 발전단계에서 근대 이전에 한국은 노예제 사회로 있었다는 것은 역사의 발전이 없었다는 것이며, 이는 한국역사의 정체성론을 주장한 것이다. 한국역사의 정체성론은 일본학자들이 주장해온 것으로서 한국은 지난 수천 년 동안 사회나 경제가 발전하지 못하여 근대로의 발전에 필요한 봉건사회단계에도 이르지 못하고 고대사회 수준에 머물러 있었다는 것이다. 이는 일본이 한일합방으로 개화시켜주지 않았으면 지금도 고대의 야만 수준에 머무르고 있었을 것이라는

---

[256] Palais, 1998, p.5

의미이기도 한 것이어서 일본의 한반도침략을 미화하기 위한 식민사관 주장의 한 부분이 될 수 있다.[257]

이러한 주장이 과연 옳은 것인지에 대하여 생각해 보자. 먼저 권혁범의 글을 보면 전근대사회에서 민족이 없었다는 주장을 하고 있지만 그 내용이 상당히 피상적이다. 우리라는 것은 다차원적인 것이다. 나라 내에서 경제사회적으로 노비와 양반이 서로 대립되고 공동의 의식을 갖지 못한다고 하더라도 대외적으로 나라에 대한 입장에서는 공동의 의식을 가질 수 있다. 노비와 양반이 일상생활에서는 우리가 아니더라도 외적의 침입을 당한 상황에서는 당연히 같은 집단으로서 우리가 되는 것이다. 국인주의란 이런 것이다. 부모형제 다 잊어버리고 오로지 나라만 생각하는 것이 국인주의가 아니다. 또한 권혁범은 스스로 모순된 주장을 하고 있다. 민족의식은 구성원들 간의 평등의식을 필요로 한다고 하고, 일제시대에도 평등하지 않았다고 하면서, 일제시대에는 민족의식이 있었다고 하니 도대체 무슨 말인가?

또 임진왜란 초기단계에 많은 노비들이 왜군 편에 가담하였다고 하는데 노비만 가담한 것이 아니었다. 임진왜란 당시의 기

---

[257] 서양학자들의 한국에 관한 연구들을 읽다 보면 황당할 때가 종종 있는데, 우리의 상식과 너무 다른 말을 하고 있어서다. 특히 일본과 관련된 문제에서 이런 경우가 많은데, 서양학자들이 일본사람들이 하는 말을 그대로 따라서 하고 있는 것이다. 서양사람들에게 동아시아에 대해서 일찍이 지식을 준 사람들은 일본사람들이기 때문이다. 이는 서양에서 동해를 일본해라고 부르는 것과 같은 이치다. 그리고 일본에서 동아시아에 대한 연구를 많이 하는 데다가 일본에 유리하도록 영향을 주려고 노력을 하기 때문에 이런 것들이 서구에서의 한국 연구에 작용하고 있는 것이다. 일본은 오래 전부터 세계 유명대학이나 연구기관에 많은 연구지원을 하여 일본에 우호적인 학자들을 양성해 왔다. 한국은 일본에 비하면 그 노력이 미약하기 짝이 없다. 내셔널리즘 연구만 하더라도 한국에 대해서도 일본에서의 연구가 더 많은 실정이기 때문에 이런 일이 일어나고 있는 것이다.

록을 보면 노비가 왜군에 가담하였다는 것은 확실하지 않다. 이는 순전히 편견과 상상에 의존한 주장인 것이다. 실록을 보면 1592년 5월 3일, 선조가 서울을 비우고 북으로 피난을 가는 길에 우의정 윤두수에게 묻는다. "경상도 사람들이 다 배반하였는데 사실인가?"258 "시장 백성들이 다 적에게 부역한다는데…."259 그리고 다음날 5월 4일, "적병이 얼마나 되던가? 절반은 우리나라 사람이라고 하던데 사실인가?"260라고 묻는다. 하지만 노비들이 왜군에 가담했다는 기록은 없다. 학자들은 이 시기 백성들이 왜군에 가담한 이유로 백성들의 조세부담과 병역부담이 컸기 때문이라고 하는데, 이런 주장에 의하면 당시 노비는 조세부담과 병역부담이 없었으므로 오히려 노비의 가담이 더 적었다는 것이 된다.

그리고 선조가 궁성을 떠나 북으로 피난할 때, "거가가 떠나려 할 즈음 도성 안의 간악한 백성이 먼저 내탕고(內帑庫)에 들어가 보물(寶物)을 다투어 가졌는데, 이윽고 거가가 떠나자 난민(亂民)이 크게 일어나 먼저 장례원(掌隷院)과 형조(刑曹)를 불태웠으니 이는 두 곳의 관서에 공사노비(公私奴婢)의 문적(文籍)이 있기 때문이었다."라고 적고 있다.261 여기서 장례원과 형조의 방화를 노비들이 했다는 언급은 없으나, 그럴 개연성은 비치고 있다. 하지만 여기서 만약 노비가 자신의 노비기록이 있는 건물에 불을 질렀다고 해도 이것으로써 국인주의 의식이 없었다고 말할 수는 없다. 자신의 신분적 자유와 관련되는 중요한 일이라면 국

---

258 조선왕조실록, 선조실록 26권, 선조 25년 5월 3일 임술 6번째 기사
259 조선왕조실록, 선조실록 26권, 선조 25년 5월 3일 임술 11번째 기사
260 조선왕조실록, 선조실록 26권, 선조 25년 5월 4일 계해 2번째 기사
261 조선왕조실록, 선조수정실록 26권, 선조 25년 4월 14일 계묘 28번째 기사

인의식이 넘쳐도 충분히 이렇게 할 수 있는 것이다. 전쟁이 나서 형무소 담이 허물어지게 되면 그 속에 남아있는 사람 없다고 해서 양심 있는 사람 없다고 말할 수는 없는 것이다. 그리고 임진왜란 때 많은 노비들이 의병으로서 주인과 함께 참전하여 큰 공을 세운 사람들이 많았다는 것은 널리 알려진 사실이다.

권혁범은 노비에게는 양반이 우리가 아니라 착취하는 지배계급이었을 뿐이라고 한다. 그는 노비나 하층민들을 자신의 신분상의 고통을 벗기 위해서 외적이라도 쳐들어오기만을 기다리며 사는 사람들처럼 생각하고 있다. 하지만 그렇지 않다. 그런 식으로 생각하면 확실하게 계급사회인 군대에서는 전쟁이 나자마자 하급 병사들은 백기를 들고 적에 투항하고 장교들만 싸우게 된다고 해야 한다.

고려사를 보면 1126년, 고려 인종 때 이자겸이 난을 일으켰으나 실패로 끝난다. 그 반란이 실패하게 되는 결정적인 계기가 척준경과의 불화 때문이었다. 그런데 그 불화의 시작은 바로 이자겸의 아들의 노비와 척준경의 노비 간의 싸움 때문이었다.[262] 노비싸움이 국가 실권자들 간의 싸움으로 확대된 것이다. 이는 그만큼 노비와 주인 간의 유대관계가 컸다는 것을 말해주는 것이다. 흔히들 노비계층은 주인계층을 자신의 자유를 빼앗은 원수와 같은 존재로 생각하면서 계급의식을 가졌을 것으로 생각하기 쉽지만 그렇지 않았다. 그것은 마르크스와 같은 사람들이 사회 구성원을 지배계급과 피지배계급으로 나누고 노동자들을 선동하고 난 이후의 일이다. 오늘날에는 사람들이 계급의식과 권리쟁취의식을 강하게 갖고 있지만 과거에는 그렇지 않았다. 특

---

[262] 고려사절요, 권9, 인종 4년 3월

히 한국의 경우에는 수직적인 사회구조 속에서 아래윗사람 간의 상하관계를 자연스럽게 생각하였고, 그 유대관계가 강했던 것이다. 군대에 가서 일주일만 지내면 윗사람에 대한 거부감은 사라진다. 사람은 자신의 환경에 맞추어서 사고하고 행동한다. 북한사람들이 김정일이 죽었다고 땅에 주저앉아 대성통곡하는 것을 보고 남한사람들은 어떻게 저럴 수가 있냐고 하지만 그 사람도 북한에 살게 되면 매우 자연스럽게 그렇게 되는 것이다. 시간과 공간이 달라지면 가치판단도 달라지게 된다. 남한사람의 생각으로 북한사람을 판단할 수 없는데, 하물며 수백 년 전 사람들을 오늘의 가치관으로 재단하는 것은 어리석다. 그런 의식이 없이 살던 사람들의 삶을 그런 의식이 있는 지금의 사람들이 자신의 가치관과 상상으로 판단하면 옳은 판단이 나올 수 없다.

다음으로 임지현은 고려시대에는 민중들이 지배계급과 공동체적 일체감을 느끼기에는 봉건적 농장제의 모순이 너무 컸고, 봉건적 질서에서는 민족의식이 있을 수 없다고 주장한다. 그렇다면 고려시대에 외적의 침입을 맞아 민중들이 나서서 적극 싸운 것은 무엇인가? 임지현은 몽골침략에 대한 고려의 항쟁에 대하여 고려농민의 투쟁이 민족항쟁이라기보다는 향촌수호투쟁이라고 주장하고, "전국적인 규모로 조직되지 못하고 지역적으로 고립분산된 산발적인 투쟁이었던 사실에서도 간접적으로 입증된다"[263]라고 하고 있다. 그런데 향촌을 중심으로 싸웠다고 해서 이를 향촌수호투쟁이라고 하고 민족항쟁은 아니라고 하는 것은 설득력이 없다. 향촌수호투쟁과 민족항쟁이 배타적인 관계에 있는 것이 아니라 오히려 상호 보완적이다. 향촌에 대한 수호정신

---

[263] 임지현, 1999, p.72

이 강하기 때문에 민족수호정신이 약해질 이유가 없으며, 오히려 그렇기 때문에 민족수호정신도 강한 것으로 추론하는 것이 옳다. 이것은 민족주의라고 하지 않고 국인주의라고 했을 때 더욱 선명해진다. 향촌단위의 고립분산된 향촌수호투쟁이라고 해서 나라를 사랑하는 마음이 없었다고 할 수는 없다. 외국군이 와서 향촌의 땅을 내놓으라는 것도 아니고 촌장자리를 내놓으라고 하는 것도 아닌데 향촌투쟁은 왜 하는가? 고려사람들이 자기 나라에 대한 의식이 없고 외국군대와 자국군대에 대해서 차이를 못 느낀다면 뭣하러 목숨을 걸고 외국군대에 대항하여 싸운단 말인가? 비록 멀리 나가 싸울 형편이 못되지만 자신이 있는 곳에 쳐들어온 외국군을 맞아 싸운 것이다. 이것이 의병의 특성이기도 하다. 당시 농민들이 어떻게 전국적인 규모로 몽골군에 대항할 군대를 조직하고 향촌 바깥으로 출정해서 싸울 수 있는가? 오늘날이라고 할지라도 민간인들이 국가차원에서의 전투조직을 결성하여 싸우기는 어렵다.

　　다음으로 팔레의 주장을 보자. 팔레의 주장은 신분차별의 심각성을 넘어 아예 한국 사회를 노예제 사회로 규정하고 있다. 여기서 한국 국인주의의 사회적 차별 문제는 한국 사회가 노예제 사회였는가에 대한 것이 핵심이 된다. 그런데 과거 한국 사회가 노예제 사회였는지는 논의할 사항이 많은 큰 주제이다. 그렇다고 해서 그냥 넘어갈 수도 없으므로 이번 기회에 이 부분도 명확하게 규명해 보기로 하자. 그래서 지금부터 첫째, 실제 과거 한국 사회의 신분에 따른 계층 간의 차이가 어떠하였는지를 알아보고, 둘째, 이러한 사회적인 구조가 당시 사람들의 국인주의에 어떠한 영향을 주었는지를 알아보기로 한다.

## 2] 전근대기 한국의 사회신분체제

### [1] 노예제 사회 논란

1990년대 말, 팔레는 전근대기의 한국을 노예제 사회라고 주장하였다. 이 주장이 알려지면서 한국사람들은 적지 않은 충격을 받았다. 과거 한국이 노예제 사회였다는 것은 일반 한국사람들로서는 지금까지 듣지도, 생각해 본 적도 없는 과격한 것이었다.

팔레는 대구 주변에 있는 여섯 개 정도 촌락의 호적문서를 분석한 결과 1690년에서 1732년 사이에 노비가구가 약 30%에 이른다는 일본 시카타 히로시의 연구를 토대로 17-18세기 조선에 노비의 인구가 30%에 이른다며[264] 한국을 노비사회였다고 주장하였다. 그는 스스로 조사하지도 않고 과거 한국의 노예의 인구가 30%에 이른다고 하고, 이는 고대 그리스, 고대 로마, 남북전쟁 이전 미국 남부의 노예인구와 같은 비율이라면서 한국을 노예제 사회라고 주장하였다.[265] 그는 1663년 서울 북쪽의 한 지역에서 거주자 75%가 노예였다는 와그너(Edward W. Wagner)의 연구나, 고려시대에 노비의 인구가 전체 인구의 50%에 근접할 수 있다는 홍승기의 연구를 인용하는[266] 등 한국에 노예가 많았다는 방향으로의 근거를 제시하면서, 전근대 한국이 당연히 노예제 사회라도 되어야 직성이 풀리겠다는 듯이 집요하게 노예제 사회였다는 것을 받아들이라고 하고, 이런 노예제 사회의 후

---

[264] Palais, 1998, p.24
[265] Palais, 1998, p.34
[266] Palais, 1998, p.26

손들로서 어떻게 부끄러워하는 사람이 없느냐는 식으로[267] 한국 사람들에게 수치심을 강요하기까지 하였다.

그런데 이에 대하여 그 잘못을 지적하는 사람들이 나와 이런 주장을 잠재울 것이라고 기대되었지만 그러지 못하였다. 일부 반박연구도 발표되었지만, 이에 대한 관심은 끌지 못하고 사회는 오히려 팔레의 주장을 그대로 받아들이는 듯하였고, 지금도 그의 주장이 진리인 것처럼 받아들이고 이런 것을 말하는 것을 지식인양 뽐내면서 전파하는 사람들이 적지 않다.

2010년 KBS 2TV에서는 추노(推奴)라는 드라마가 인기리에 방영되었다. 추노라는 말은 지금까지 한국사람들이 들어보지 못한 말이었는데, 이 드라마로 인해 상식적인 용어가 되었다. 추노라는 말만 들어도 "옛적에 도망간 노비를 잡으러 다녔나 보네", "과거에 노비들의 삶은 참으로 혹독했네"라고 착각하게 만든다. 그런데 사실은 현실과 거리가 한참 먼 상상 속의 드라마였다. 과거에 도망간 노비를 찾아 잡으러 다니는 그런 일은 통상적인 일이 아니었다. 도망간 노비를 찾는다고 해도 잡아서 데려가는 것이 아니고 그 대가를 받아간다는 것이었으며, 그것도 매우 희귀한 일이었다.[268] 외국 노예에 대한 이야기를 한국에다 접목하여 가혹한 대접을 받는 한국 노비를 그려냄으로써 재미를 창출하는 것까지는 좋으나, 이것을 실제로 믿거나 그와 비슷했을 것으로 믿는 사람들이 적지 않다는 데에 문제가 있다.

2023년 조선일보에서는 『슬픈 중국: 변방의 중국몽』이라는 제목하에 캐나다 대학교수 송재윤의 글이 연재되었다. 여기서

---

[267] Palais, 1998, p.36
[268] 추노, 미상

필자는 과거 한국의 노비제를 노예제라고 단정 지어 주장한다. 제목부터 "인구 절반을 노비 삼은 주자학의 나라 조선"이라거나 "변방의 중국몽" 등과 같이 하여 자극적이고 모욕적이다. 그는 로마, 미국, 중동 등지의 노예제 예를 들면서 이들 국가에서 노예에게 관대한 사례들을 골라서 제시하고, 한국의 노비는 혹독한 사례를 들면서 한국의 노비제가 서양의 노예제보다 훨씬 더 악랄했던 것처럼 보여주며, 과거 한국이 노예제 사회였음을 인정할 것을 강요한다.[269]

사실 과거 한국의 노비를 노예라고 하여, 한국에 노예제가 시행된 나라였다고 주장한 사람은 팔레 이전에도 더러 있었지만, 한국사람들이 잘 모르고 있었을 뿐이었다. 대표적으로 패터슨(Orlando Patterson)을 들 수 있는데, 그는 『노예제와 사회적 죽음( Slavery and social death: A comparative study)』이라는 책에서 한국을 노예제 국가의 대표국가로 낙인 찍었다.

패터슨은 노예체제(slave system)에 있어서 한국이 동양에서 가장 앞서 있었고, 전근대 세계 어디보다 발전된 곳 중의 하나였다고[270] 반복하면서 아주 모욕적인 칭찬을 늘어놓고 있다. 그는 고려가 원나라의 지배하에 있던 서기 1300년, 원나라가 고려의 노예제에 대하여 개혁방안을 제시하였지만 충렬왕은 조상 때부터 내려온 것으로서 우리 조상들의 가르침을 거역하는 것은 우리 사회질서를 위태롭게 하는 것이라면서 개혁을 하지 않고 노예제를 고집하였다고 하고 있다.[271] 그리고 서기 1592년에서

---

[269] "인구 절반"을 노비 삼은 주자학(朱子學)의 나라 조선, 2023.11.30
[270] Patterson, 1982, pp.126-127, p.143
[271] Patterson, 1982, p.42

1598년 사이의 임진왜란의 일본침략은 노예해방의 기회가 되었다고 하고 있다. 많은 노예들이 전란의 혼란을 틈타 도망가게 되었다는 것이다. 그래서 한국에 노예제의 근간이 흔들리게 되었지만 그래도 조선은 노예제를 폐지하지 않고 있다가 결국 1910년 일본이 조선을 정복하고 노예제를 폐지함으로써 노예들이 해방되었다고 하고 있다.[272] 패터슨의 이런 기술은 일본의 한국침략이 한국을 잔인한 야만상태로부터 벗어나게 하는 선한 행동을 한 것으로 착각하도록 한다.

패터슨은 한국은 모든 기간에 있어서 경제를 노예노동에 의존하여 살아온 아주 특수한 나라이며, 19세기가 될 때까지 일천년 이상을 대규모로 노예제도가 번창했으며, 노예의 비율이 19세기 미국 남부에서 노예제 최전성기의 비율보다 더 높았다고 하고 있다.[273] 패터슨은 과거 한국의 전체 인구 30% 이상이 노예였다[274] 라고 주장하는가 하면, 확실치는 않다는 듯 물음표를 달기는 했지만 통일신라시대에는 노예비율을 전체 인구의 50%라고 적어놓고 있다.[275] 그의 책은 전 세계 전 역사에서의 노예를 다루고 있다. 그런데 한국보다 더 심한 중국, 일본은 구체적으로 기술하지 않고, 마치 한국만 이런 것이 있는 양 집중적으로 다루고 있다. 다른 일에는 동아시아에 한국이 있는 둥 마는 둥 기술하는 서양학자들이 이 노비 문제에 있어서는 이렇게 과장되게 기술하고 있는 것이다.

---

[272] Patterson, 1982, p.289
[273] Patterson, 1982, p.viii
[274] Patterson, 1982, p.42
[275] Patterson, 1982, p.358

패터슨 외에도 서양인들의 글을 보면 알렌(Richard B. Allen)은 11세기에서 18세기 사이에 한국 인구의 30%에 달하는 사람들이 노예였다고 하고 있다.[276] 또 로빈스(Christopher Lovins)는 고려 말에 전체 국민의 40%가 노비였다고 하고 있고,[277] 적어도 11세기에서 18세기 사이에 한국은 그 인구의 30%에 달하는 사람들이 노예였다고 하는 한편,[278] 아마도 세계 역사에서 독특하게 거의 일천 년 이상을 1/3에 가까운 자민족을 노예로 속박한, 도덕적 가치에 기반한 엄격한 신분사회로서의, 노예제 사회였다고 주장한다.[279] 그리고 한국학자들 중에도 이영훈은 15-17세기에 전체 인구 중 3-4할대의 인구가 노비였다고 주장한다.[280]

그간 한국에서 노비에 대한 연구가 없었던 것이 아니다. 지금까지 한국에서의 연구는 대부분 노비를 농노 정도로 생각하고 노예라고 하지 않았다. 그런데 서양학자들의 이런 주장에 한국에서는 학자들이 확실한 반박을 내놓지 않았고, 오히려 이에 동조하는 학자들만 조명되면서 사회 일반에서는 이들의 주장이 옳은 것인 양 받아들이는 분위기로 가고 있다.

### [2] 노예제 사회 주장에 대한 검토

이 같은 상황에서 전근대 한국을 노예제 사회로 매도하는 것이 과연 옳은 주장인가를 다음 두 가지 측면에서 검토하고자

---

[276] Allen, 2022, p.25
[277] Lovins, 2022, p.183
[278] Lovins, 2022, p.179
[279] Lovins, 2022, p.199
[280] 이영훈, 1998, p.365, p.418, p.421

한다. 첫째, 양적인 측면에서 과연 한국에 노비가 그렇게 많았는가? 둘째, 질적인 측면에서 노비가 slave인가?

이 두 가지 물음에 대하여 답이 나오면 과연 과거 한국이 노예제 사회였는지 판단할 수 있을 것이다. 그렇게 되면 근대이전에 사람들의 사회적 신분차이로 인하여 한국에 국인과 국인주의도 없었다는 주장에 대해서도 판단할 수 있게 될 것이다.

**1) 노비가 그렇게 많았는가?**

과거 한국사회를 노예제 사회라고 주장하는 사람들은 한결같이 과거 한국은 노예비율이 인구의 50%였다느니, 40%였다느니, 30%였다느니 하면서, 마치 자신이 세어보기라도 한 듯이 주장하고 있지만, 실제 이러한 주장은 전혀 신뢰할 만한 것이 아니다. 그 이유는 다음과 같다.

첫째, 학문적으로 믿을 만한 근거가 없다. 어떤 주장을 믿게 하기 위해서는 그 주장을 신뢰할 만한 근거가 있어야 한다. 그래서 연구조사에서는 주장하고자 하는 가설을 세우고 그 가설을 신뢰할 수 있을 만한 수준의 분석결과가 있을 때, 이를 주장할 수 있는 것이다. 그래서 자료분석에는 신뢰도라는 것이 있다. 지금까지의 연구들을 보면 유의하다고 신뢰할 만한 자료분석이 뒷받침되지 않았다.

지금까지의 연구들을 보면 몇몇 지역 소수의 인원에 대하여 조사되었을 뿐이다. 이에 대한 자료가 많지 않다. 그래서 우리나라 전체에 대하여 판단하기에는 그 자료가 턱없이 부족하다. 대부분의 연구들이 자신들이 본 자료가 나라 전체에 비하여 극히 작은 일부에 불과함에도 불구하고 이것에 기초하여 나라 전체의 수치를 추정해서 주장하고 있는 것이다. 나라 안 몇 개의 마을에서 어떤 수치가 나왔다고 해서 수천 개, 수만 개의 마을로 구성되는 나라 전체가 그렇다고 할 수는 없다. 표본으로 전체를 추정한다고 해도 일정한 수 이상의 표본이 있어야 하며, 과학적 방법에 의한 표본추출이 전제되어야 한다. 그런데 이러한 방법론적인 고려 없이 드러난 대로 몇몇 자료를 조사하고 이를 나라 전체의 것으로 확대해석을 해서는 안 된다. 이것이 과학이다. 과학적 조사방법이 있고 통계방법이 이미 확립되어 있다. 신뢰할 수 있는 결과가 나올 수 있는 과학적 자료분석이 없는 상태에서 자신의 추측과 상상에 따라 수치를 발표한다는 것은 학문적 자질미달이라고 할 수밖에 없다. 아는 것은 안다고 해야 하고, 모르는 것은 모른다고 해야 한다. 모르는 것을 왜 자신의 상상으로 아는 것처럼 주장하는가?

둘째, 노비의 수와 관련한 연구들을 보면 연구자마다 그 수치가 매우 다르다. 어느 정도 비슷하기라도 해야 할 텐데, 전체 인구에 대한 노비의 비율이 어떤 이는 10%라고 하고, 어떤 이는 20%라고 하는가 하면, 또 어떤 이는 30%라고 하고, 40%, 50%, 60% 등 연구자마다 제각각이다. 연구자마다 수치가 제각각일 수는 있지만, 이렇게 분포의 폭이 넓으니 그 수치를 신뢰할 수 없는 것은 당연하다. 진실은 하나인데 주장하는 자마다 그 내용이 다르다면 그것을 믿어서 되겠는가? 그리고 같은 연구에서도 시간에 따라 그 수치의 변동이 너무 심하다. 불과 수십 년도 되지 않아서 노비의 비율이 수십 %나 변하기도 한다. 예를 들어 단성현의 호적기록을 기초로 한 김건태 연구에 의하면 전체 인구에 대한 노비비율이 1678년에는 62%였는데, 1780년에는 26%로서 불과 102년 사이에 36%나 감소한 것이다.281 그동안에 노비해방조치가 있었던 것도 아닌데, 이런 식으로 변한다는 것은 그 수치에 의미를 두어서는 안 된다는 것을 말해주는 것이다.

셋째, 지금까지 호적과 같은 문서를 연구자료로 해 왔는데 이들 문서에 대한 신뢰성이 낮다. 이들 문서에서 기록하고 있는 수치가 실제의 수치와 같지 않을 가능성이 매우 높은 것이다. 호적기록은 실제 그대로의 자연호가 아니라 국가의 요역부과와 같은 특정 목적으로 작성된 편제호(編制戶)의 호적기록이어서 실제의 사실을 반영하고 있지 못하고 있다.282 과거에는 호구조사를 정확히 하기가 쉽지 않았다. 사람들은 자신의 이해에 따라 호구조사에 제대로 올리지 않는 경우가 많았다. 양인들은 조세와 군역의 부담을 져야 하는 반면에 노비는 이러한 의무에서 제외되는 등 노비로 등재되는 것이 유리한 경우가 많아서 양인이 노비로 적을 올리는 것이 드문 일이 아니었다. 조선시대에는 협호(挾戶)라고 하여 양인들이 조세와 군역을 피하기 위해 유력자의 노비로 들어가서 유력자에게 노동력을 제공하고 유력자의 돌봄을 받는 형태의 자발적인 노비도 많았다.

1831년 단성현 호적대장에 의하면 가세가 기운 심씨 집안의 심이도라는 사람은 호적에 29명의 노비를 올려놓았지만 실제 노비는 1명에 불과하였고, 심찬한이라는 사람은 32명의 노비를 올려놓았지만 실제 노비는 2명에 불과하였다.283 이처럼 유력가

---

281 김건태, 2004, p.105
282 호구총수 양주, 미상
283 권내현, 2014

문을 내세우고 양반가의 체통을 지키기 위해서 노비를 많이 올려놓기도 했으며,[284] 노비를 보유하지 못한 호라고 할지라도 노비 1인을 보유하고 있는 것처럼 호적대장을 작성하는 관행도 있었다.[285] 호구단자나 분재기 등에 나타난 노비의 기록을 보면 많은 노비들이 주인의 주거지나 토지가 있는 지역과 멀리 떨어져 있는 경우가 많았고, 심지어 다른 도의 사람들도 많았다.[286] 허위로 이름만 등재해 놓은 것이다.

오늘날 같이 체계화된 사회에서도 군대에 가지 않기 위하여 입양, 위장결혼 등으로 호적을 위조하거나 허위진단서, 유학, 해외출산 등 갖가지 편법을 동원하는 것을 볼 때, 과거 개개인에 큰 이해관계가 있는 가운데 엄정하게 행해지지 않는 호구조사에서 그 조사가 제대로 되었을 리가 없다. 이런 점들을 종합해 볼 때 노예제 사회를 주장하는 사람들이 몇십%다라고 하는 수치는 전혀 믿을 만한 것이 못된다. 그럼에도 불구하고 근거 없는 추측에 기반한 자신의 생각을 주장하면서, 한 나라의 역사를 모욕하고 한 나라의 사람들에게 양심의 가책을 느껴야 한다느니 하는 것은 어이없는 일이다. 이러한 주장들은 편견의 지나침을 넘어서 그 이면에 불순한 의도가 있는 것은 아닌지 하는 의심마저 들게 하는 것이다.

## 2) 노비가 slave인가?

사람의 인식과 판단은 그가 속한 문화에서 형성되는 것이므로 같은 대상도 문화가 다르면 판단이 달라진다. 달팽이를 즐겨

---

[284] 이영훈, 1998, p.394
[285] 김건태, 2004, pp.125-126
[286] 전형택, 1998, p.287

먹는 문화의 사람들과 달팽이를 먹지 않는 문화의 사람들은 달팽이에 대한 인식이 같을 수가 없다. 그래서 서로 다른 문화에 속한 대상을 두고 여기서의 이것은 저기서의 이것이라고 말하는 것은 조심해야 할 일이다. 일반 한국인들로서는 노비가 노예라고 생각해 온 사람이 거의 없었지만, 팔레나 그에 동조하는 사람들과 같은 사람도 있는 현실이니만큼 객관적으로 충분히 검토해 볼 필요가 있다.

### (1) Slave
### ① 정의

Merriam-webster 영어사전에서는 slave를 다음과 같이 정의하고 있다.

① 동산으로 잡히거나, 팔리거나, 태어난 사람. ② 폭력위협하에 대가를 받지 못하거나 적게 받고 일하기를 강요당하는 사람. ③ 잡힌 상태에서 상업적 매춘의 목적으로 폭력위협하에 성행위를 할 것을 강요당하는 사람. ④ 지배적인 사람이나 영향에 완전히 복종하는 사람이나 물건.

여기서 slave에 대한 구체적인 내용은 ①과 ②이다. ③은 slave의 중요한 한 부분으로서 매춘영역에서의 말의 쓰임을 나타내고 있고, ④는 ①과 ②의 추상적, 확장적 의미이다. 그리고 Slavery는 slave의 제도, 관행, 상태, 상황 등을 일컫는 말이다.

Slave의 어원을 보자면, 원래 잡혀온 이민족을 지칭하는 말에서 시작되었다. Slave는 중세 라틴어의 sclavus에서 왔다. Sclavus라는 말은 슬라브사람(slave)을 뜻하는데 서유럽에서 슬라브민족 사람들을 잡아와서 slave로 삼은 데서 이 말이 시작된 것이다. 그래서 13세기 프랑스어에서는 esclave라 하여 다른 사람의 재산이나 동산(動産)으로서의 사람[287]을 의미하였다.[288]

한편 노예(奴隷)는 한국어사전에서 다음과 같이 정의하고 있다.

① 남에게 자유를 빼앗겨 부림을 받는 개인이나 계층. ② 어떠한 물건이나 생각, 일 따위에 지나치게 얽매이거나 몰두하여 다른 것을 돌보지 않는 사람을 일컫는다.[289]

원래 노예(奴隷)의 노(奴)란 포로로 붙잡아 복종시켜 부리는 것을 의미하고, 예(隷)는 예속되어 자유를 상실한다는 의미를 갖고 있다.

영어와 한국어를 비교해 본다면 영어에서의 slave가 한국의 노예에 비하여 훨씬 더 가혹한 위치에 있는 말이다. 서양에서의 slave라고 불리는 사람의 삶이 동아시아에서 노예라고 불리는 사람의 삶보다 훨씬 더 가혹했기 때문이다. 그렇지만 다른 말이 없는 상황에서 그래도 slave에 가장 근접한 말이 노예[290]이다.

② 노예의 본질적인 특성

노예의 본질적인 특성에 대하여 다음 몇 가지 견해가 있다.

**가. 타인에 소유된 인간**

노예는 다른 사람의 소유물로서의 물건처럼 다른 사람의 재

---

[287] Person who is the chattel or property of another
[288] slave, n.d.
[289] 노예, 미상
[290] 지금부터 사용되는 노예라는 표현은 서양의 slave를 의미한다.

산이라는 것이다. 그래서 노예는 물건과 같이 소유되면서 활용될 수 있고, 매매나 임대와 같은 거래의 대상이 된다. 그래서 소유의 측면에서 노예를 타인에 소유된 인간으로 보는 것이다.

그런데 꼭 노예가 아니더라도 어느 사람이 다른 사람의 소유가 될 수도 있다. 먼저 사랑하는 사람의 소유로 될 수도 있다. 지금 이 순간에도 사랑에 빠진 남녀들은 당신이 원하는 대로 살겠노라고, 당신의 소유물이 되겠노라고, 당신의 노예가 되겠노라고 하고 있는 사람이 있다.

그리고 프로 운동선수들 중에서도 다른 사람의 소유가 되는 경우가 있다. 축구선수 호날두(Cristiano Ronaldo)는 한때 자신의 뜻과 다르게 맨유(Manchester United Football Club)에 붙들려 있어야 했다. 구단이 이적을 허락해주지 않았기 때문이다. 그러다가 2009년 맨유는 호날두를 거액을 받고 레알 마드리드(Real Madrid Club de Fútbol)에 팔아버렸다. 이렇게 프로 운동선수들도 소유의 대상이고 거래의 대상이다. 운동선수 자신의 의사와 관계없이 선수를 다른 구단에 팔기도 하고 임대를 하기도 한다. 그렇다고 해서 그들을 노예라고 하지 않는다. 선수들은 자기 의사에 의해서 구단에 구속된 것이다. 사람에 대한 문제는 당사자의 자유의사가 중요하다. 사람에 대한 소유권을 다른 사람이 갖는다고 할지라도 자유의사에 의한 것이라면 무엇이 문제인가?

패터슨도 이러한 점을 지적하면서, 미국의 남편들은 그 아내 재산의 일부라고 하고 있다.[291] 오늘날 "오빠 오빠, 돈 많아? … 오빠 오빠, 나 비싸." 하는 사람들도 있다. 자신을 팔겠다는

---

[291] Patterson, 1982, p.22

것이고, 타인의 소유가 되겠다는 것이다. 이렇게 볼 때 소유되는 것만으로 노예라고 정의하기는 어렵다.

### 나. 사회적으로 죽은 사람

패터슨은 소유관계로서만 노예를 규정하기에는 부족하다고 보았다.[292] 그래서 그는 노예를 사회적으로 죽은 사람으로 정의하였다. 노예는 사회공동체에 소속되지 못하고, 사회적으로 단절되고 소외된 사람이라는 것이다.[293] 노예에게는 오로지 그 주인과의 관계만 존재할 뿐 부모형제도 없다. 국가와 사회에서 법적 주체가 될 수 없고, 독립적으로 사회 구성원이 될 수도 없기 때문에, 그에게는 자신의 사회도 없고 조국도 없다. 노예는 국가공동체에 소속되지 못한 사람이기 때문에 당연히 그에게는 나라에 대한 애착도 없는 것이다.

### 다. 공민권이 없는 사람

김경현은 노예의 근원적인 요소로서 공민권 결여를 들고 있다. 공민으로서의 권리가 없기 때문에, 노예는 원칙적으로 재산을 소유할 수 없을 뿐만 아니라 채권재무관계, 소송행위, 그리고 결혼과 가족구성 등의 법률행위를 할 수 없다. 노예는 인간이되 공민으로서의 인격을 갖지 못하므로, 어떠한 법률적 권리도 갖지 못하는 아무것도 아닌 것으로 취급되는 존재라는 것이다.[294]

### 라. 타인에 소유되어 학대받는 사람

---

[292] Patterson, 1982, p.21
[293] Patterson, 1982, p.38
[294] 김경현, 1998, pp.36-37

위의 내용들을 보면 노예의 본질에 대하여 법적 측면, 사회적 측면, 권리적 측면 등 각기 다른 측면에서 보고 있음을 알 수 있다. 그런데 이렇게 노예를 법적 사회적 기능 측면으로만 보는 것은 충분치 못하며, 노예의 위상 측면도 함께 고려되어야 한다. 우리는 흔히 노예라고 하면 자유를 상실한 상태에서 강제노동을 하며 학대받는 사람들로 생각한다. 이것이 우리가 일반적으로 알고 있는 노예인 것이다. 이러한 일반적인 통념에 비하여 재산으로 된 사람이라든가 사회적으로 죽은 사람 등과 같이 규정하는 것은 지나치게 현학적일 뿐, 빈틈이 많아 실제 중요한 부분을 놓치고 있다.

우리가 노예에 대하여 관심을 갖는 것은 사람이 다른 사람을 착취하고, 이를 위해서 다른 사람에게 가혹한 고통을 준다는 사실이다. 그렇다면 노예와 관련하여 가장 우선적으로 주안점을 두어야 할 사실은 그 가혹성이다. 그래서 노예는 타인에 소유되어 학대받는 사람이라고 하는 것이 적절하다.

③ 노예가 되는 경로

노예가 되는 경로는 ① 전쟁 포로로서 노예가 되거나, ② 적(敵)인 외국사람들에 잡혀 노예가 되거나, ③ 중죄를 지은 벌로 노예가 되거나, ④ 노예 납치자들에 의하여 납치를 당하거나, ⑤ 빚을 갚지 못하여 노예가 되거나, ⑥ 노예의 자식으로 태어나서 노예가 되거나, ⑦ 부모에 의하여 노예로 팔리거나, ⑧ 고아나 버려진 아이가 노예로 들여지는 경우 등 다양하다.

이 중에서 노예가 되는 가장 통상적인 경로는 적들에게 잡혀서 노예로 되는 것과 중죄를 지은 벌로서 노예가 되는 것 두 가지다. 전쟁에서의 적군은 우리를 죽이려는 사람들이기 때문에 우리 입장에서 죽여야만 하는 사람이다. 하지만 포로로 잡았으니 그에 의해서 목숨을 잃을 수 있는 위험은 현저히 감소되었으므로 그를 죽일 필요는 없다. 그렇다고 해서 자국에 두어 자국민과 같이 대우하기에는 그가 국가와 사회에 위해를 가할 수도 있기 때문에 그를 통제하면서 노동력을 활용하는 방안으로 노예로 삼는 것이다. 중죄인의 경우도 마찬가지이다. 국가를 반역하거나 살인과 같은 중범죄를 범한 자는 벌을 받아야 할 사람이고, 국가나 사회에 대한 잠재적 위험요인이 되는 사람이다. 그를 죽일 수도 있지만 그에게 삶의 기회를 베푸면서도 통제하에 노동력을 활용하는 방안으로서 노예로 삼는 것이다. 또한 경제적인 궁핍으로 빚을 지게 되어서도 노예가 될 수 있었으나 일반적으로 빚을 졌다는 것만으로 노예가 되지 않았지만, 채무자가 범죄의 수준으로 많은 빚을 졌거나 채권자가 악랄한 경우에 노예가 되기도 하였다.

　노예와 함께 살아가는 상황에서는 누구나 노예가 처한 가혹한 상황을 감지하면서 살게 된다. 그런데 사람은 다른 사람에 대한 공감력이 있기 때문에 자신과 같은 사람이 고통당하는 것을 보는 것이 유쾌한 일이 아니다. 그래서 같은 사람으로서의 연민을 갖게 되거나 자신이 저런 입장이 되었을 경우를 생각하게 되는 일이 없도록 노예는 대부분 다른 인종이거나 다른 민족인 경우가 많았다.

④ 노예의 사회적 대우

　많은 사람들이 알고 있다시피 서양사회에서 노예에 대한 대우는 잔혹하기 짝이 없었다.[295] 서양사람들이 노예를 정의할 때 가장 먼저 내세우는 것으로 타인의 소유물이라고 하듯이 서양에서의 노예는 물건과 같이 취급되었고 사람으로서의 대우를 하지 않았다. 그를 대우하는 데 있어서 사람이 아니기 때문에 자연히 잔혹하게 다루어도 되는 존재였던 것이다. 물건이었기 때문에 소유주는 노예를 마음대로 상처를 입히거나 고통을 주거나 죽여도 상관없었다. 그래서 불에 달군 인두로 피부를 지져서 주인 표시를 하기도 하고, 쇳덩어리를 발에 채우기도 하였다. 노예와 결혼을 하거나 사랑을 나누는 행위 자체가 사회적으로 용납되지 않는 것으로서 경멸의 대상이었다.

근세의 노예무역을 보더라도 노예는 주로 아프리카에서 노예 사냥꾼들에 의하여 납치된 흑인이었으며, 이들을 배에 실어 수송할 때 짐짝과 같이 포개 실어 수송했는데, 수송 도중에 밑에 깔린 사람들은 압사하기도 하고, 먹고 배설하는 생리적인 작용을 제대로 할 수 없어서 죽거나 병에 걸리는 사람들이 많았다. 그리고 벌거벗긴 채 시장에 전시되어 가축처럼 거래되었으며, 가축처럼 채찍질을 하면서 일을 시켰다. 서양에서의 노예제가 어떤 것인지에 대해 워낙 많이 알려져 있어서 우리가 알고 있는 상식만으로도 판단에 어려움이 없다.

---

[295] 한국의 노비를 slave라고 주장하는 사람들 중에는 slave에 대한 형태는 세계 각 지마다 다양하여 가혹한 곳도 있었고 관대한 곳도 있었다고 하면서 두리뭉실 넘어가려는 사람도 있다. 이런 식의 논리에서는 노비가 slave와 같은 것인지를 검토할 수가 없다. 한국의 노비를 slave라고 하는 것처럼, 세계의 다른 지역에서도 서양사람들이 slave라고 하였기 때문에 slave가 되었을 뿐이다. 그래서 slave는 이 용어가 원래 사용된 서양사회의 slave를 기준으로 비교하지 않으면 안 된다.

(2) 노비

① 정의

노비는 사내종 노(奴)와 계집종 비(婢)로 이루어진 말이다. 다음 한국어사전에서는 노비를 "사내종과 계집종을 아울러 이르는 말"이라고[296] 하고 있고, 종이란 "예전에 남의 집에 딸려 대대로 그 집에서 천한 일을 하던 사람 혹은 다른 사람에게 얽매여 그 명령에 따라 움직이는 사람을 일컫는다"[297]라고 하고 있다.

노비는 전근대 한국사회에서 천민계급에 속하는 사람들의 한 부류였다. 세계 여느 나라에서와 마찬가지로 한국도 근대 이전에는 사회신분에서 수직적인 계층을 이루는 신분제 사회였다. 신분제도는 법적 제도적으로 명시하는 경우도 있지만 사회적으로 형성되는 것이 일반적이다. 삼국시대의 사회계급에 대해 정확히 알려진 것은 없지만, 신라에서는 골품제의 신분제도가 있었고, 고구려, 백제에서도 평민과 구분되는 지배계급이 있었다.

한국에서의 신분제의 기본체제는 양천제이다. 양천제는 6세기 후반에 제도화된 것으로 알려져 있다. 양인은 왕족, 문무관료, 행정관리, 일반 백성들이 여기에 속하였고, 천민은 노비, 화척, 재인 등과 같은 특수영역의 사람들이 여기에 속했다. 양인은 국가의 공공업무를 수행할 수 있는 권리와 의무가 주어졌다. 즉, 나라의 관직을 맡을 수 있는 반면에 조용조(租庸調)의[298] 국역의무를 부담하였다. 천민은 이 국역의무를 지지 않는 대신에 나라의 관직을 맡을 수 없는 사람들이었다.

---

[296] 노비, 미상
[297] 종, 미상
[298] 조(租)는 토지세 납부 의무, 용(庸)은 노역 의무, 조(調)는 토산물 납부 의무를 말한다.

고려시대에는 양천제로서 신분을 크게 양인과 천인으로 구분되었다. 조선시대에도 양천제였다. 그런데 건국 이후 문무관료들의 양반계층이 늘어나고 준양반계층으로서 중인계급이 생기면서 실제로는 양반, 중인, 상민, 천민의 네 계층으로 구분되었다. 여기서 노비는 천민들 중의 하나로 노동력을 제공하는 사람들이다. 노비는 국가기관에서 일을 하는 공노비와 왕족이나 양반들을 위해 일을 하는 사노비가 있었다.

② 노비가 되는 경로

노비가 되는 경로는 전쟁의 포로로 잡혀와서 노비가 되거나, 중범죄자로서 노비가 되거나, 경제적으로 빚을 지게 되어 노역으로 갚기 위해서 노비가 되거나, 노비의 자식으로 태어나서 노비가 되었다. 노비는 서양의 노예와 달리 내국인으로서 노비의 신분으로 태어나거나 중범죄 혹은 정변과 같은 문제로 죄인신분이 되어 노비가 되는 경우가 많았다. 그리고 경제적인 목적으로 혹은 군역이나 조세를 피하기 위하여 스스로 노비가 되는 경우도 많았다.

노비는 노비끼리 결혼하는 것이 원칙이었다. 노비의 자녀도 노비가 되는데, 노비부부의 남편과 부인의 주인이 다르거나 소속이 다르면 어머니를 따르도록 하였다. 즉 노비의 자녀는 어머니가 일하는 곳이나 어머니 상전의 노비가 되는 것이다.[299] 노비 간의 결혼이 원칙이지만 노비와 양인이 결혼하는 경우, 즉 양천교혼(良賤交婚)에서는 그 자녀의 신분이 어떻게 되는가의 문제가 있다. 이때 다음 네 가지의 경우를 생각할 수 있다. 첫째, 아버지의 신분을

---

[299] 천자수모법(賤者隨母法)이라 한다.

따르는 것으로, 이를 종부법(從父法)이라고 하고, 둘째, 어머니의 신분을 따르는 것으로, 이를 종모법(從母法)이라고 하며, 셋째, 부모 중 어느 한쪽이 노비면 노비신분으로 하는 것으로, 이를 일천즉천(一賤則賤)[300]이라고 하며, 넷째, 부모 중 어느 한쪽이 노비면 양인신분으로 하는 것으로, 이를 일천즉양(一賤則良)이라고 한다.[301]

사회 현실적으로 노비 남성이 양인 여성과 결혼하기는 쉽지 않았지만, 양인 남성이 노비 여성과 결혼하기는 쉬웠으므로, 양인 남성과 노비 여성의 양천교혼이 압도적으로 많았다. 조선시대에는 양천교혼의 자녀에 대해 일측즉천을 행하다가, 1414년 태종 14년에 아버지 신분을 따르도록 하는 종부법(從父法)을 시행하기도 하였으나, 세조 때부터 다시 이전과 같이 일천즉천으로 『경국대전』에 법제화하였다. 이후 1669년, 현종 10년에 종모법을 적용키로 하였다가, 1679년, 숙종 5년에 일천즉천을 따르게 하였고, 다시 1684년, 숙종 10년에 종모법, 1689년, 숙종 15년에 다시 일천즉천 등으로 반복하다가, 1731년, 영조 7년에는 종모법으로 정해지게 되었다.[302]

위와 같이 조선시대에는 양천교혼 자녀의 신분과 관련하여 법이 매우 많이 변동되었다. 그 법제에 따라 노비의 수가 증가할 수도 있고 감소할 수도 있는데, 일천즉천 시기가 많았기 때문에 전반적으로 노비의 수가 증가할 수 있는 형태였다.

---

[300] 서양에서는 rule of deterior condicio라고 한다.
[301] 첫째 종부법(從父法)은 과거 소말리(Somali) 등지에서 이런 풍속이 있었고, 둘째 종모법(從母法)은 고대 로마사람들(Roman)의 풍속이었으며, 셋째 일천즉천(一賤則賤)은 과거 중국인들(Chinese)의 풍속이었고, 넷째 일천즉양(一賤則良)은 서아시아 중동 등지의 풍속이었다.
[302] 노비종모법, 미상

③ 노비의 공민권

고려 공양왕 3년, 1391년에 왕에게 올린 상소를 보면 노비가 비록 천하다고 하더라도 그 또한 하늘의 백성(天民)이라고 하고 있다.[303] 고려 1188년 명종 18년의 기록을 보면, 사노 평량이 그 처의 주인인 왕원지와 그 가족을 살해하였으나 유배형에 처해졌다.[304] 서양의 노예였다면 바로 목숨을 잃었을 것이나 법적 심판의 대상이 된다는 것만으로도 노비는 서양의 노예신분과는 다르며, 그 형량에 있어서도 유배형에 불과하였으니 한국에서는 노비도 사람일 뿐만 아니라 일반 사람들과 큰 차이가 없었던 것이다. 조선시대에 와서도 크게 다르지 않았다. 단지 조선시대에는 유교문화로 수직적 위계질서가 더 엄했다.

세종 26년, 1444년에 세종은 노비는 비록 천민이나 하늘이 낸 백성이라고 하고 있다.[305] 세종 9년, 1427년 조선의 건국공신 권근의 조카 권채의 아내가 첩을 학대한 사건이 있었을 때, 세종은 권채와 그 아내를 형벌로서 신문토록 하면서 다음과 같이 말하였다. "임금의 직책은 하늘을 대신하여 만물(萬物)을 다스리는 것이니, 만물이 그 처소를 얻지 못하여도 오히려 대단히 상심할 것인데, 하물며 사람일 경우야 어떠하겠는가? 진실로 차별 없이 만물을 다스려야 할 임금이 어찌 양민(良民)과 천인(賤人)을 구별해서 다스릴 수 있겠는가?"[306]라고 하였다. 그리고 "신하된 자는 하늘이 낳은 백성을 부리는 것만으로도 만족해야 할 것"

---

[303] 고려사, 권85, 지 권제39, 형법2 노비
[304] 이영훈, 1998, p.359
[305] 조선왕조실록, 세종실록 105권, 세종 26년 윤7월 24일 신축 3번째 기사
[306] 조선왕조실록, 세종실록 37권, 세종 9년 8월 29일 갑신 3번째 기사

이라고 하였다.[307]

고려 인종 14년, 1136년 사노비가 주인을 배신하고 그로 말미암아 한이 있어서 스스로 목매어 자살하였을 때 그 주인에게 죄를 묻지 않는다는 판결이 있었다.[308] 이는 고려시대 사노비가 억울하게 죽게 되는 경우에 주인에게 죄를 물었다는 것을 말해 주는 것이다. 그리고 조선 세종 때의 실록을 보면 노비가 죄가 있을 경우에는 관에 고발하도록 하고 노비를 구타하거나 죽이지 못하도록 하고 있다. 세종은 "상주고 벌주는 것은 임금 된 자의 대권(大權)이지만, 임금 된 자라도 한 사람의 죄 없는 자를 죽여서, 선(善)한 것을 복(福) 주고 지나친 것을 화(禍) 주는 하늘의 법칙을 오히려 함부로 하지 못하는 것이다."[309]라고 말하고 있다.

또한 세종실록에는 왕이 노비에 대하여 백성의 한 사람으로서 어려움을 당하지 않도록 각별히 신경을 쓰고 있는 모습을 볼 수 있다. 실록에 나타나고 있는 노비를 위한 주요 배려들을 보면 다음과 같다. 세종 9년, 1427년 왕은 실전(實田)이 50짐(卜) 미만의 작은 경작지 노비들은 보리와 밀이 익을 때까지 역(役)을 시키지 않도록 하였으며,[310] 관사의 노비 중 60세가 넘은 자의 부역면제에 대하여 논의하게 하였고,[311] 세종 12년, 1430년 관노가 출산하는 일이 있으면 1개월 전부터 복무면제토록 명하

---

[307] 조선왕조실록, 세종실록 105권, 세종 26년 윤7월 24일 신축 3번째 기사
[308] 고려사 권85, 지 권제39, 형법2 노비
[309] 조선왕조실록, 세종실록 105권, 세종 26년 윤7월 24일 신축 3번째 기사
[310] 조선왕조실록, 세종실록 35권, 세종 9년 1월 11일 경자 4번째 기사
[311] 조선왕조실록, 세종실록 37권, 세종 9년 7월 27일 계축 4번째 기사

었고,[312] 노비의 등에 매질을 못하게 하였다.[313] 세종 16년, 1434년에 충청, 전라, 경상의 삼도에 흉년이 들었기에 각사 노비의 공포(貢布)를 반으로 감하도록 하였고,[314] 세종 20년, 1438년 죄를 범하여 천역에 붙인 자도 나이 60이 되면 역을 면제토록 하였다.[315]

노비는 양민에 비하여 국가에 대한 의무수준이 낮았다. 조선시대 초기에는 군역을 지지 않았지만 후기로 가면서 노비들도 국가방위에 참여하게 된다. 임진왜란 이후 편성된 훈련도감 속오군은 양인과 천민이 함께 편성되었다. 영조 중엽 이후에는 속오군의 구성에서 양인은 빼고 천민만으로 편성되어 1745년『속대전』에는 천예군(賤隸軍)으로 규정했다.[316] 각 도의 관찰사, 병사, 수어청, 총융청 등의 병졸도 사노로 충당되었고, 삼수병, 장산별장군, 마병, 봉수군 등에도 사노들로 충당되었다.[317] 노비들은 지방관아, 향교, 서원의 하전, 사령과 같은 직을 수행하였다. 노비들이 국가 일의 많은 부분을 담당한 것이다.[318]

한국의 노비들은 사유재산의 소유권이 인정되었다.[319] 노비는 자신의 전답을 갖고 농사일을 할 뿐만 아니라 주인 아닌 제3자의 전답을 경작하기도 하였다.[320] 이런 면에서 일반 양민과 큰

---

[312] 조선왕조실록, 세종실록 50권, 세종 12년 10월 19일 병술 6번째 기사
[313] 조선왕조실록, 세종실록 50권, 세종 12년 11월 21일 무오 3번째 기사
[314] 조선왕조실록, 세종실록 64권, 세종 16년 4월 1일 무신 5번째 기사
[315] 조선왕조실록, 세종실록 80권, 세종 20년 3월 28일 임자 1번째 기사
[316] 노비, 미상
[317] 전형택, 1998, p.291
[318] 전형택, 1998, p.296
[319] 전형택. 1998, p.297
[320] 전현택, 1998, p.284

차이가 없었다.[321] 노비는 사회적인 지위가 낮았을 뿐이지 백성의 한 사람으로서 공민권이 있었을 뿐만 아니라 법적 주체로서 살았다.

④ 노비의 사회적 대우

노비는 사회의 하층계급으로 천한 대우를 받았지만 비인간적으로 학대받는 대상은 아니었다. 한국사회가 인간을 잔인하게 학대하는 것을 금기시하는 불교와 유교문화의 기반 위에 있었기 때문에 노비라고 해서 잔인하게 학대하는 일은 드물었다.

고려시대에는 사찰의 노비가 큰 노비의 비중을 차지하고 있었다. 고려는 불교국가였고 절의 속성상 노비라고 해서 가혹한 대우를 하는 곳이 아님을 생각할 때, 전반적으로 노비들의 환경이 가혹했을 것으로 추측하기 어렵다. 고려시대에는 무신들의 권력강화에는 가노(家奴)의 무력이 큰 역할을 하였으며, 왕들도 노비들을 활용하여 왕권강화를 기하였고, 이러한 결과로 노비출신이 정승에 오르기도 하였고,[322] 권력자가 되기도 하였다. 고려시대에는 공노비의 나이가 60이 되면 역에서 풀어주었다.[323]

조선시대에는 유교사회였기 때문에 신분질서를 중시하는 유교문화의 특성상 하층계급으로서의 노비의 삶이 고려시대보다 더 어려웠을 수도 있다. 하지만 유교에서도 사람을 중시하고 백성을 중시하는 관념이 있었고, 노비도 백성의 일원이었기 때문에 노비라고 해서 인간 바깥의 영역으로 취급받는 것 같은 일은

---

[321] 전형택, 1998, p.285
[322] 이영훈, 1998, p.361
[323] 고려사, 권85, 지 권제39, 형법2 노비

없었다. 태종 9년에 전 동북면 도순문사 이지원이 임금에게 올린 글에서 "사노(私奴)가 곧 국민(國民)"이라는 문구에서도 알 수 있다.[324] 백성이 억울한 일이 있거나 정책에 불만이나 이견이 있을 경우 상소,[325] 상언,[326] 신문고,[327] 격쟁[328] 등을 통하여 임금에게 직접 이를 호소할 수 있었는데, 여기에는 신분에 상관없이 누구나 이용할 수 있었다. 하층민도 국가 구성에 있어서 중요한 일원이었던 것이다. 그리고 사회계급 그 자체에 있어서도 계급 간의 거리 간격이 크지 않았고, 이동성의 제약도 엄격하지 않았다. 외적이 침략할 때마다 의병의 역할이 컸는데 여기서 노비들은 그 상전인 선비나 유생과 함께 출정하였다. 이렇게 노비들의 역할이 컸기 때문에 이러한 점이 고려되어 훈련도감에서 사노비들도 참가하게 되고 속오군에서 노비가 주축이 된 것이다.

노비들은 신분상으로는 낮은 지위에 있었지만 관노비의 경우는 국가의 권력기관에 일하였고, 사노비라고 할지라도 권문세도가에 일하면서 권력을 행사하기도 했기 때문에 연민의 대상이 되는 그런 사람들인 것만은 아니었다. 노비가 주인에게 매인 몸이기는 하지만 이러한 상황 속에서도 자신의 사회적 경제적 활동을 할 수 있는 여지가 없는 것은 아니었다. 그래서 과거에 합격하여 고위관리가 되거나 시인, 화가, 발명가 등 재능을 발휘하여 이름을 후대에 남긴 사람도 많았다. 또 노비 중에서도 권세

---

[324] 조선왕조실록, 태종실록 9년 1409년 7월 12일
[325] 관원과 유생, 사림이 임금에게 올리는 글
[326] 신하나 백성이 임금에게 사적인 일로 올리는 글
[327] 억울한 일이 있는 백성이 대궐의 북을 두드려 임금에게 직접 호소하는 제도.
[328] 1560년(명종 15)~1658년(효종 9)의 시기에 다시 신문고제 대신에 시행된 징을 쳐서 억울함을 알리던 제도.

와 부를 누리는 사람들도 많았다. 노비라고 할지라도 고위관리나 권세 있는 양반 아래에서 일하는 노비는 일반 양민 이상의 위치에 있었다. 그래서 양민들이 권세가나 왕가의 노비로 투탁하는 경우도 많았다.[329] 예로부터 연(緣)의 사회인 한국에서 노비와 주인 간에는 유대관계가 있었다. 노비가 국가에 대한 신공은 바치지 못하더라도 주인에 대한 선물은 바쳤다고 한다.[330] 권력가들과 연결될 수 있는 위치에 있었기 때문에 이를 활용하여 사회 경제적으로 이득을 취한 노비도 많았다. 그래서 경제적으로 양인보다 더 나은 위치에 있는 노비들이 많았고 수천 석을 축재한 노비부호들이 많았다. 대표적으로, 성종 16년 1486년 사노 임복은 수만 석의 곡식을 비축하고 있었으며, 곡식 3,000석을 바치고 네 아들을 면천시켰다. 이렇게 부를 축적한 노비들이 많았기 때문에 명종 이후에는 아예 납속책을 실시하여 노비들을 면천속량시켰다. 노비 중에는 노비를 거느린 노비도 많았으며, 16세기에 100여 명의 노비를 거느린 노비도 있었던 것으로 알려지고 있다.[331]

⑤ 노비는 수직적 사회의 한 계층

어느 사회, 어느 시대를 막론하고 사회는 계층이 있다. 전근대기의 한국은 대체적으로 왕족, 양반, 양민, 노비나 천민 등으로 이루어지는 계층이 있었다. 이를 지배계층과 피지배계층으로 나누면 왕족, 양반은 지배계층이고, 양민, 노비나 천민은 피지배계층이었다. 전근대기 한국사회는 수직적 구조의 사회였기 때문

---

[329] 이영훈, 1998, p.391
[330] 전형택, 1998, pp.289-290
[331] Kim, 2004, p.163

에 노비는 이 수직적인 사회질서의 아래에 위치한 사회계층이었고, 특히 상류계층의 왕족이나 양반을 직접 모시는 사람으로서의 계층이었던 것이다.

그래서 예로부터 奴(노)는 臣(신)과 같은 의미로도 쓰였다. 노비는 상하관계에서 윗사람을 모시는 아랫사람으로서의 역할이 컸던 것이다.[332] 세종은 "우리나라의 노비(奴婢)의 법은 상하(上下)의 구분을 엄격하게 하기 위한 것이다"라고 하고 있다.[333] 또 15세기 하위지는 "가주(家主)와 노비의 제도가 한번 정해지니 주인이 노(奴)를 보기를 신하를 보는 것과 같고, 노(奴)가 주인을 섬김이 신하가 임금을 섬김과 같다"고 하였다.[334]

그래서 노비에게서 가장 큰 죄는 강상의 죄였다. 강상의 죄란 상전의 잘못을 관청에 고해바치는 죄로서, 상전이 모반음모의 범죄를 저지르지 않는 이상 상전을 관청에 고발하지 못하도록 한 것이다. 강상죄는 윗사람에 대한 배신죄의 일종으로, 이를 중죄로 여긴 까닭은 배신을 나쁘게 생각한 것이며, 사회의 질서를 유지하기 위함이었다.

⑥ 노비는 비자유 노동자

노비제도는 노동시장이 없던 전근대사회에서 타인의 노동력을 사용하기 위한 하나의 방법이었다. 귀족이나 양반들도 살아가기 위해서는 재화의 산출이 있어야 한다. 재화는 땅과 노동력에 의해서 산출된다. 귀족이나 양반들은 조상으로부터 물려받거

---

[332] 이영훈, 1998, p.320
[333] 조선왕조실록, 세종실록 105권, 세종 26년 윤7월 24일 신축 3번째 기사
[334] 이영훈, 1998, pp.363-364

나 왕으로부터 하사받은 땅이 있는데 노동력이 문제다. 땅에 노동력을 결합시켜야 하는데 자신이 직접 노동을 하기는 싫기 때문에 노동을 할 사람이 필요하였다. 세상에 노동하고 싶은 사람은 없으므로 일하기 싫어도 일을 해야만 하는 사람들이 있어야만 했다. 그래서 고대에는 침략자들에게 있어서 재물을 약탈하는 것뿐만 아니라 노예를 확보하는 것도 주요 목표였다. 한국은 정벌전쟁에 나선 적이 없었고 중범죄인이 많이 나오는 것은 아니기 때문에 대부분의 노비는 나라사람으로 구성되었고, 서양의 노예처럼 증오나 혐오의 대상이 될 수 있는 사람이 아니었다. 그래서 노비도 노동하는 사람으로서 제도화되었지만 차별이나 대우의 가혹성에서 노예와는 판이하게 달랐다.

　이런 사회적 역할 분담은 현대사회에서도 마찬가지다. 누구나 하기 싫어하는 3D 업종의 일들은 경제적으로 매우 어려운 사람들이나 외국인들이 하고 있다. 수십 년 전까지 남아있었던 머슴제도는 노비제도의 연장이었고, 장기고용관행도 노비제도와 같은 맥락에서 이해할 수 있다. 지역과 시대마다 차이는 있었지만 어느 사회에서든 노동자의 자유를 제한하는 근로형태가 있었고, 노비는 이 같은 전근대사회의 비자유 노동자(bonded labour)였던 것이다.

⑦ 노비출신으로 활약한 사람들

　12세기 고려시대 이의민은 노비출신이었지만 상장군이 되고 무신정권에서 최고 실권자의 지위를 누리기도 하였다. 공민왕 때 왕의 스승이 되어 나라를 뒤흔들었던 신돈도 노비출신으로 알려져 있다.

　조선시대에는 노비의 출신으로 과거에 급제하거나 학자나

문인으로 명성을 떨치거나 국가에 이바지한 사람이 많았다. 반석평(1472-1540)은 노비출신으로 과거에 급제하여 정2품 형조판서에 이르렀다. 반석평은 벼슬자리에 있을 때, 이전 주인집 아들 이오성이 거지꼴로 길 가는 것을 보고 타고 가던 가마에서 내려 절을 하였다고 한다. 그만큼 노비신분에 대한 차별의식이 크지 않았던 것을 보여주는 예이다. 이 반석평의 신분 문제가 조정에서 논의되었지만 중종은 그를 중용하였다. 반석평 외에도 양극선, 정번, 유극량 등 노비신분으로 과거에 합격한 사람이 적지 않다.

　16세기 서기(徐起)는 노비신분이었지만 서당에서 글을 배워 높은 수준의 학문을 성취하여 수많은 제자들을 두었고, 후에 정1품 자리 북벽에 추모되었다.[335] 16세기 송익필(宋翼弼)은 천첩 소생의 신분으로 태어났지만 유복한 환경에서 교육받고 뛰어난 문장가로서 활약하였다.[336] 16세기-17세기 유희경(劉希慶)은 천민출신이지만 한시에 능하여 사대부들과 교유했으며, 임진왜란 때는 의병으로 나가 공을 세워 선조로부터 포상과 교지를 받았고, 후에 종2품 품계의 가의대부(嘉義大夫)를 제수받았다.[337] 15세기 장영실은 노비출신이지만 세종의 인정을 받아 종3품 대호군(大護軍)에 올랐고, 많은 과학 발명품을 만들었다. 17세기 말 안용복은 노비출신이었지만 울릉도를 불법점거한 왜구들을 쫓아내고 울릉도를 지켜내었다. 그 과정에서 조선조정으로부터 핍박을 받기까지 하면서도 개인적인 충정으로 나라를 지켜낸 것이다.

---

[335] 서기, 미상
[336] 송익필, 미상
[337] 유희경, 미상

그 외 화가 이상좌, 시인 백대봉 등 분야마다 업적을 남긴 사람들 중에는 노비출신이 적지 않다.

그리고 앞에서 이미 언급한 대로, 열심히 일하고 근면하여, 혹은 양반이나 세력가와의 연을 기반으로 하여 재물을 축적한 사람들도 많았다. 이렇게 보면 노비라고 하더라도 본인의 노력에 따라 성공을 이루는 것이 불가능한 것이 아니었다. 물론 그것이 쉬운 일이 아니었던 것은 말할 필요가 없지만, 하층의 사람들이 성공하기가 어려운 것은 지금도 별반 다르지 않다는 점도 감안할 필요가 있다.

### (3) 노예와 노비가 같은 것인지에 대한 영역별 비교
#### ① 법적 지위

사람이지만 다른 사람의 소유의 대상이 된다는 점에서 노예와 노비는 동일하다. 노예와 노비 모두 소유의 대상임을 확인하는 문서가 사용되었다는 점에서도 동일하다. 한국의 노비를 노예라고 주장하는 사람들 중에는 노비도 노예와 마찬가지로 문서가 있다면서 같음을 주장한다. 하지만 소유를 나타내는 문서라는 점에서 같을 뿐이고, 그 소유권의 내용과 행사범위는 국가와 문화마다 완전히 다르다. 서양에서는 노예를 소유로 정의하지만 한국에서는 앞에서 본 노비와 종의 정의에서 "남의 집에 딸려 대대로 그 집에서 천한 일을 하던 사람 혹은 다른 사람에게 얽매여 그 명령에 따라 움직이는 사람"으로 정의하고 있는 것에서 알 수 있는 것처럼 노비는 노예에 비하여 속박의 정도가 약하다. "딸려"있거나, "얽매어 명령에 따라 움직이는" 것은 지금도 재벌이나 권력자 밑에 일하는 사람들에서 쉽게 발견된다. 그리고 문서가 있다고 해서 그 문서의 의미가 세계 공통이 아니다. 서양은 계약문화이기 때문에 문서의 의미가 강하지만, 계약문화가 아닌 전근대 한국에서는 노비문서가 있었다고 하더라도 그것이 실질적인 면에서까지 서양에서와 같은 것이 아니었다. 전근대 한국은 서양에서처럼 사유재산은 개인이 마음대로 할 수 있다는 법적 권리체제의 사회가 아니었다. 왕조시절의 한국은 기본적으로 나라 안 모든 땅은 왕의 땅이며, 모든 사람은 왕의 사람이었다. 그런데 어떻게 이곳의 노비주가 서양의 노예주와 같은 힘과 권리를 행사할 수 있었겠는가? 자칫 잘못하여 왕의 심기를 건드리게 되면 자신도 노비의 신분으로 전락할 수 있는 판에 노비주인이라고 해서 노비에 대하여 그렇게 비인도적인 짓을 하기는 쉽지 않다. 실질적 내용은 생각 않고 노비문서 여부를 따지면서 노비가 노예라고 주장하는 것은 타당하지 않다. 문서는 지금도 있다. 현대의 고용계약서는 그 내용에서 차이가 있을 뿐이다.

② 기능

노예나 노비 모두 주인의 지시에 따라 일을 하였으며, 사회의 힘들고 어려운 일을 하였다는 점에서 동일하다.

③ 대상

서양의 노예는 포로로 잡혀온 적국사람이나 붙들려온 이방인과 같이 이민족이 대부분이었다. 노비 또한 포로로 잡혀온 적국사람이나 중범죄인을 대상으로 시작되었으나, 대부분 동족의 사람들이었고 경제적인 이유나 자발적으로 된 사람들이 많았다.

④ 사회적 대우

노예와 노비 모두 사회 하층의 사람들로서 차별대상이었던 점에서는 동일하다. 하지만 그 정도에 있어서는 차이가 있었다. 기본적으로 노예는 인간이 아니었던 반면에, 노비는 인간이었다. 노비나 노예는 동일하게 다른 사람의 소유물이었지만, 노예는 물건이나 짐승과 같이 물적 대상으로 취급된 반면에, 노비는 인간으로서 인적 대상으로 취급되었다. 서양에서는 노예를 채찍으로 다루었고, 이는 노예를 짐승과 같이 취급했다는 것을 의미한다. 노예의 경우는 주로 적국사람이나 국가를 위협하는 자들에 대한 것이어서 벌을 주는 의미에서 고의적으로 더 힘들게 하는 측면도 있었다. 반면에 노비는 같은 민족이었고, 비록 주인과 서로 대칭되는 이해관계에 있었지만 서로 상부상조할 수 있는 관계였기 때문에, 처음부터 상대에 대한 미움과 잔혹한 감정을 토대로 하는 노예와는 근본적으로 달랐다. 또한 한국에서는 도덕을 앞세우는 사회였기 때문에 사람에 매질을 한다는 것은 인격 있는 선비로서 하기 어려웠고, 혹 일탈적인 양반이 있다고 하더라도 그렇게 심하게 매질을 하는 사회가 아니었다. 한국 노비는 왕도 그 삶의 여건에 관심을 갖는 백성의 한 사람으로서의 위치에 있었다. 이렇게 사회적 대우 면에서 노비는 노예와 완전히 달랐다.

⑤ 공민권

노예는 공민권을 갖지 못한다. 그래서 국가 내에서 어떤 형태로든 법적인 주체가 될 수 없다. 법률적 권리의무를 갖지 못하는 것이다. 이에 반하여 노비는 공민권을 갖는다. 개인의 신분이나 자유에 대한 구속은 국가 제도에 의해서 결정된다는 측면에서 공민권은 큰 의미를 지닌다. 노예란 국가 제도적으로 사람으로서의 지위를 인정받지 못하는 상태에서 자유가 없는 상태의 존재인 반면에, 노비는 비록 자유가 구속받는다고 하더라도 국가 제도적으로 사람으로서의 지위에 있는 것이다. 김건태도 서구의 노예와 농노는 국가에 대하여 공적 의무를 수행하는 공민적인 성격은 배제된 채 귀족과 영주에 대한 사적 의무만 수행하는 사민적 존재였던 반면에, 한국의 노비는 사노비라고 할지라도 노주에게 예속된 사민인 동시에 국가에 조세를 납부하는 공민이기도 한 점에서 동일하지 않음을 지적한다.[338]

⑥ 법적 주체

노예는 사회에서 법적 권리를 누릴 수 있는 법적 주체가 아니었던 반면에, 노비는 사회에서 법적 권리를 누리는 법적 주체였다. 노비는 물건에 대한 소유의 권리도 있었으며, 가족을 포함한 사람과의 인적관계에서의 권리도 있었다. 그래서 노비도 가족과 가정이 있었고, 전답과 같은 땅을 소유할 수 있었으며, 다른 노비를 소유할 수도 있었다.

태종 때 청주부사를 지낸 박희무라는 자가 내침장고(內沈藏庫)의 책임자 제거(提擧)의 직에 있으면서 창고노비인 성덕(成德)과 간통하였다. 이에 그 남편 모지(毛知)가 박희무를 잡아서 구타하고 그의 잠옷을 빼앗아 갔다. 이 사건에 대하여 죄를 범한 박희무에 대해서 관직을 박탈하고 귀양 보냈다.[339] 모지에 대해서는 아무 기록이 없는 것을 보아 처벌을 받지 않은 것으로 보인다. 서양사회의 노예였다면 당연히 모지는 처형당하고 박희무는 아무 일 없었을 것이다. 서양 노예와 한국 노비의 그 법적 위

---

[338] 김건태, 2004, p.127
[339] 조선왕조실록, 태종실록 12권, 태종 6년 윤7월 8일 을축 1번째 기사

상의 차이가 이렇게 컸다.

### ⑦ 사회적 단절

　패터슨은 노예신분의 특성을 사회적인 단절에 두었다. 노예는 사회에 살지만 실제로는 사람으로서 기능을 할 수 없었기 때문에 사회 구성원이 될 수 없었다. 노예는 사람으로서 인정받지 못하기 때문에 주인과의 관계만 존재할 뿐 다른 사람과의 관계의 주체가 될 수 없다. 반면에 노비는 단지 계층적으로 하층에 위치했을 뿐 엄연한 그 사회 구성원이었다. 한국의 노비는 다른 계층 사람들과 같이 일하고, 같이 밥 먹고, 같이 놀았다. 마을의 축제나 놀이행사 때 노비들은 사람들과 어울려 논 반면에, 오히려 양반은 품격과 체통을 차리느라 어울리지 못하고 소외되었다.

　이렇게 볼 때, 패터슨이 강조하는 사회적 단절에 한국의 노비는 해당되지 않는다. 그가 노예의 사회적 단절 측면을 내세우면서 한국을 노예국가로 기술한 것은 한국의 노비에 대하여 잘 모르고 기술한 것으로 볼 수밖에 없다. 그가 자신의 이론을 제대로 세우기 위해서는 한국은 포함시키지 말았어야 했다.

### ⑧ 자유

　서구사회는 개인주의 문화여서 개인의 자유에 대한 의식이 발전한 반면에 비서구사회는 집단주의 문화여서 자유에 대한 의식이 약하다. 그래서 서구에서는 속박받는 그 자체를 중시하여 노예나 노비나 자유를 제약받는다는 측면에서 같은 것으로 보는 경향이 있다. 한국의 전통사회에서는 대가족단위로 살고, 또 집성촌을 이루며 많은 사람들이 한데 어울려 살아왔기 때문에 개개인의 자유에 대한 의식이 약했다. 사실 동아시아에는 원래 자유라는 말 자체가 없었다. 근대문명의 도입과 함께 자유(自由)라는 말도 생기고 우리의 의식도 서양식으로 바뀌었다. 그래서 서양사람이나 지금 우리는 과거 한국의 노비에 대해서 그 시대의 사람들보다 훨씬 더 부정적으로 생각하는 면이 있다. 물론 그 시대에도 유형원과 같은 사람은 노비제도에 대하여 개탄하였다. 하지만 이는 한편으로 그 시대 사람들도 약자에 대한 연민과 평등에 대한 감수성이 무디지 않았음을 반증하는 것이기도 하다.

사람의 자유에 대한 문제는 당사자의 자유의사가 중요하다. 다른 사람의 노비가 된다고 할지라도 그 사람의 자유의사에 의하여 그렇게 하는 것이라면 무엇이 문제인가? 조선시대에 노비가 대거 증가한 것은 경제적 이유나 조세부담 등으로 스스로 노비의 신분이 되겠다고 하는 사람이 많았다. 그리고 우리가 자유를 생각할 때 인신의 자유도 있지만 경제적인 자유도 있다. 자유가 있다고 하더라도 물질을 구하기 어려워 생존이 위협받는 상황에서는 인신의 자유는 사치일 수 있다. 전근대기 한국에서 사람들의 삶의 환경은 척박하였다. 외침으로 재화를 빼앗기고 나라가 혼란하여 천재지변에 대비할 겨를이 없었다. 이러한 가운데 기근이 일상화되어 대다수 백성들은 굶주림 속에서 삶을 영위하는 상황이었다. 이러한 상황에서 양반가 노비는 삶의 환경에서 양민보다 더 나았을 수도 있었던 것이다.

이렇게 경제적인 자유를 위해서 인신의 자유를 제한받는 모습은 현대 문명사회에서도 존재한다. 미국인들을 보면 대다수의 사람들이 은행이 빌려준 돈으로 집과 자동차 등을 마련하여 은행에 수십 년 동안 융자금 분할상환을 하면서 살아간다. 은행 상환금을 지불해야 하고 많은 각종 보험료를 지불해야 하기 때문에 직장을 그만두고 싶어도 떠날 수 없다. 그래서 중산층이라고 할지라도 형식상으로는 자유의 몸이지만 실질적으로는 전혀 자유롭지 못하다. 이런 면에서 오늘의 미국인이나 조선의 외거 노비나 별 차이가 없는 것이다. 조선의 노비를 slave라고 불러야 한다면 오늘날 미국인들도 slave인 것이다.

### ⑨ 신분 고착의 정도

서양의 노예는 한번 노예가 되면 죽을 때까지 거의 그 운명을 피하기 어려웠다. 반면에 한국의 노비는 노예에 비하여 노비 신분 탈피의 길이 훨씬 더 넓었다. 노비도 공이 있으면 면천시켜 주었으며, 천민신분으로 양역(良役)에 2대 이상 종사한 자는 양인으로 간주하도록 되어 있었다. 속오군에서 군역을 치른 노비는 양인화되었다. 그리고 경제적으로 재산을 모아 속전을 하고 노비의 신분에서 벗어나는 사람이 많았고, 1745년에는 사노비가 100냥, 즉 쌀 13석의 속전을 지불하면 면천종량할 수 있도록 속대전에 법제화하기에 이르렀다. 이와 같이 노비신분으로부터 벗어날 수 있는 기회가 많았다.[340]

그리고 무엇보다 노비는 도망갈 수 있었다. 실제 도망가는 노비가 많았다. 노비가 도망가면 그렇게 넘어갔다. 노비는 생산력을 제공하지만 그만큼 소비도 하기 때문에 노비가 도망간다고 해서 큰 손실이 아니어서 필사적으로 잡으려 하지 않은 것이다. 또한 도망갈 수 있는데도 도망가지 않는 노비는 노비로서의 신분이 평민과 큰 차이가 없어서 그만큼 할 만하기 때문에 도망갈 유인이 적었기 때문인 것으로 추론할 수 있다.

또한 한국사회가 전반적으로 신분의 고착정도가 약했다. 서

---

[340] 노비, 미상

양의 경우는 귀족은 혈통에 의해서 고정되었지만 한국에서는 그렇지 않았다. 양반이라고 하더라도 허울뿐이고 실질적으로 상민보다 더 곤궁한 사람도 많았다. 양반도 4대에 걸쳐 과거 급제자가 없으면 상민으로 되고, 상민도 과거 급제를 하면 양반이 되었으며, 노비도 속량가를 내면 양민이 될 수 있었던 것이다.

앞에서 보았지만 김건태 연구에 의하면 전체 인구에 대한 노비비율이 1678년에는 62%였는데, 1780년에는 26%로 줄었다.[341] 이 통계대로라면 102년 사이에 인구의 36%가 노비에서 양민으로 바뀐 것이니 신분의 고착도가 매우 낮았다고 할 수밖에 없는 것이다.

### ⑩ 거래와 시장

서양의 노예의 경우는 하나의 물건이었기 때문에 이에 대한 유통통로로서 노예시장이 있었다. 주인의 기분이나 사정에 따라 언제든지 구입할 수 있고, 또 언제든지 팔아서 처분해버릴 수 있는 존재였다. 반면에 노비는 다른 사람의 소유의 대상이라는 측면에서 노예와 마찬가지로 거래가 될 수도 있었으나 실질적으로 거의 거래되지 않았다. 시카타 히로시(四方博)의 연구에 의하면 1690년경 대구부 10개 면에서 3년간 팔려 간 노비는 14구로 노비인구의 0.4%에 불과하였다.[342] 한국의 노비는 서양처럼 시장에서 취급되는 그런 존재가 아니었던 것이다. 고려 공양왕 3년, 1391년의 한 상소에서는 조상 대대로 내려오는 노비들을 자손 이외의 사람들에게 서로 전하지 못하게 하며, 사람을 사고

---

[341] 김건태, 2004, p.105
[342] 이영훈, 1998, p.396에서 재인용

파는 것과 절에 헌납하는 것을 금지하고, 이러한 행위를 하는 자를 벌할 것을 건의하고 있다.[343] 그래서 노비의 매매는 원칙적으로 금지되어 있었고, 사노비라고 하더라도 사적 처분은 제한되어 있었던 것이다.

⑪ 가혹성

로마시대의 노예는 어떤 법률행위에도 주체가 될 수 없는 것이 기본원칙이었다.[344] 노예를 인간으로서가 아니라 물건으로 보는 것에 철저했다. 그리스 로마시대에는 노예가 일정한 재산을 소지하는 계약에 대한 적법성을 인정한 경우도 있지만, 이는 주인의 재산권 보장을 위한 목적에 한정되었다.[345] 원래 로마에서는 노예라는 말은 "목숨을 살려 둔 자"라는 의미를 갖고 있었다.[346] 이는 노예에 대해서는 가혹하게 할 수 있고, 오히려 가혹하게 하는 것이 당연한 것으로 여겨졌던 것을 알려 주고 있는 것이다.

서양의 노예는 전쟁에서 포로로 잡아왔거나 노예상으로부터 돈을 주고 사왔기 때문에 그 노예에 대한 대가는 이미 지불된 것이어서 노예로부터 대가를 일방적으로 뽑아내기만 하는 구조다. 그래서 주인은 노예를 하나의 재화처럼 마음대로 할 수 있다. 반면에 한국의 노비는 수직관계에서 아래에 위치하지만 군신관계와 같이 상호관계이다. 즉 신하는 임금을 섬기고 임금은 신하의 지위를 보장해주는 것과 같이 노비는 주인을 섬기고 주

---

[343] 고려사, 권85, 지 권제39, 형법2 노비
[344] 김경현, 1998, p.57
[345] 김경현, 1998, p.59
[346] 김경현, 1998, p.37

인은 노비를 돌봐줘야 하는 것이다. 주인은 먹여주고 입혀주고 재워주고 아프면 치료해 주어야 한다. 널리 알려진 대로 서양에서 노예에 대한 대우는 매우 가혹하였다. 사물이나 가축처럼 다루었으며, 상해를 입히고 죽이기도 하였으며, 노동노예들은 감옥형 숙사에 집단으로 주거하였고, 가정생활에 대한 고려는 없었다.[347] 피부를 인두로 지지거나 칼로 새기거나 문신을 하여 표식하고, 주인 이름이 새겨진 쇠로 된 목걸이를 채워 도망간 노예는 주인이 돌려받기 쉽도록 하였다. 광산이나 채석장에서 위험한 일에 동원되었으며, 검투사로 훈련시켜 노예끼리 싸우고 죽이는 것을 보며 즐겼다.

 반면에 노비의 경우는 주인이라도 죽이거나 상해를 입혀서는 안 되었다. 노비 몸에 주인의 이름을 표시하거나 장치를 하여 자신의 소유임을 표시하는 것과 같은 일은 없었고 나라에서도 금지하였다. 윤리도덕과 품위를 앞세우는 사회였기 때문에 기본적으로 사람이 사람을 때리는 것은 양반으로서 할 짓이 아니었다. 외거노비는 별도로 가정을 이루어 살았으며, 솔거노비도 가족과 같은 보살핌을 받았고, 노비가 죽으면 주인은 그 형편에 따라 성대히 장례를 치러주었다. 노비는 주인이 경제력이 있기 때문에 먹을 것 입을 것을 걱정하지 않아도 되었고, 한국 특유의 감정적이고 관계를 중시하는 문화 속에 주인과 노비 간에 끈끈한 인간적인 관계를 갖고 있었다. 그래서 서구사회에서는 노예가 처한 운명이 매우 비참하였기 때문에 극단적 상황에서 노예들이 주인을 죽이는 사건이 많이 일어나고 노예의 반란도 많이 일어났지만, 한국에서는 그런 일이 거의 없었다.

---

[347] 김경현, 1998, p.63

그런데 사실 노비에 대한 대우는 가혹하려야 가혹할 수 없는 요건을 갖고 있다. 노비인구가 늘어나게 된 주요 요인이 일천즉천이었다. 양인신분의 사람이 노비신분의 사람과 자식을 낳음으로써 노비인구가 기하급수로 늘었다는 것이다.[348] 이는 주로 양인이 노비신분의 여성을 첩을 둠으로써 이런 일이 일어나게 되는데, 이런 양인 위치에 있는 사람들은 대개 양반들이었다. 그렇다면 양반 소생의 노비가 많았다는 이야기인데, 아무리 법적으로 노비신분이라고 해도 양반인 아버지가 제 자식을 그렇게 학대할 리 없고, 학대당하게 내버려 둘 리 없다. 동물도 제 자식이 학대당하는 것을 못 본다. 예를 들어 보자. 양반과 노비 간에 출생한 노비가 홍길동인데, 그에 대한 대우가 어떤지 보자.

> 길동이 재배하고, "소인이 평생 설운 바는, 대감 정기로 당당하온 남자 되었사오매 부생모육지은이 깊거늘, 그 부친을 부친이라 못 하옵고 그 형을 형이라 못 하오니, 어찌 사람이라 하오리까?" 하면서, 눈물을 흘려 단삼을 적시거늘, 공이 듣고 나서 비록 측은하나, 만일 그 뜻을 위로하면 마음이 방자할까 염려하여, "재상가 천비소생이 비단 너뿐이 아니어든, 네 어찌 방자함이 이 같으뇨? 차후 다시 이런 말이 있으면, 안전에 용납치 못하리라."
> 
> \<중략\>
> 
> "내 너의 품은 한을 짐작하나니, 오늘부터 호부호형함을 허하노라." "소자의 일편지한을 아버님이 풀어주옵시니 죽어도 한이 없소이다. 바라옵건대, 아버님은 만수무강하옵소서."[349]

홍길동전의 내용을 보면 시대는 조선국 세종 때이고, 홍길

---

[348] 이영훈, 1998, p.382
[349] 허균, 미상/1993, pp.30-31

동 아버지는 재상 홍뫼이고, 어머니는 여종 춘섬이다. 그 시대의 양반들은 첩의 소생이 있다는 것이 부끄러워 남의 눈을 의식하여 자식도 자식 아닌 척하라고 하여 아버지라고 부르지도 못하게 하였던 것이다. 하지만 결국 아버지라고 불러도 좋다고 한다. 체면과 허례허식도 한국인 특유의 자식사랑 앞에서는 힘을 못 쓴다. 위에서 보듯이 집안에서 서자라고 하여 차별을 받았을 뿐 양반집 아들이 사회적으로 가혹한 대우를 받는다는 것은 있을 수 없는 일이었다. 이렇게 일천즉천으로 증가된 노비들은 가혹한 대우를 받으래야 받을 수 없는 사람들이었다. 그렇다면 일천즉천이 조선시대 노비증가의 주요 원인이었으므로 조선시대 노비들은 가혹한 대우를 받지 않는 사람들이 대다수였다는 결론이 나온다.

그래서 가혹성 면에서 한국의 노비는 유럽이나 미국에서의 포로로 잡히거나 납치되어 온 이국인, 이민족 노예와는 비교가 되지 않는다. 한국사람으로서 홍길동이나 성춘향을 로마의 스파르타쿠스나 미국 노예시장 가판대에 선 흑인노예와 같은 위치의 사람으로 생각하는 사람은 아무도 없을 것이다. 이것만 봐도 한국의 노비는 노예와 다르다는 것을 충분히 가늠할 수 있다.

### (4) 노예와 노비가 같은 것인지에 대한 비교검토의 결론

이상에서 본 바와 같이 서양의 노예와 한국의 노비는 같다고 할 수가 없다. <표 5-1>에서 보는 바와 같이 같은 점보다 차이점이 월등히 많다. 이는 그 신분이 처하게 되는 가혹성 면에서 완전히 다르다는 것을 의미한다. 노비는 slave가 아니다. 한국에서의 노비는 서양사람들이 생각하는 그런 노예가 아니었던 것이다.

<표 5-1> **노예와 노비의 비교**

| 특성 | 노예 | 노비 |
|---|---|---|
| 소유의 대상 | O | O |
| 주인의 처벌권 | O | △ |
| 주인의 생명박탈권 | O | X |
| 문신 패찰과 같은 징표 설정 | O | X |
| 사회적 단절 | O | X |
| 거래되는 시장의 존재 | O | X |
| 인간으로서의 대우 | X | O |
| 국가와 사회에 대한 권리 의무 | X | O |
| 법적 주체 | X | O |
| 공민권 | X | O |
| 민족적 동일성 | X | O |
| 차상위 사회계급과의 사회적 지위 간격 | 크다 | 작다 |

O: 해당됨   X: 해당 안 됨   △: 일부 해당됨

우리는 slave를 노예라고 번역한다. 과거 우리나라에서 노예라는 말이 있었고, 노비를 노예라고 하기도 했지만 노예가 노비보다 더 비하적인 용어였다. 서양에서의 slave는 한국에서의 노예보다 훨씬 더 낮은 위치에서 가혹한 대우를 받는 사람들이었다. 그럼에도 slave에 대한 가장 근접한 용어가 노예였기 때문에 노예라고 번역된다. 그래서 노비를 slave라고 하는 것은 잘못된 것이며, 이것은 문제가 된다. 이런 표현으로 인하여 엄청

난 왜곡을 가져다주고, 여기서 노예제 사회니 하는 말이 나오게 되는 것이다. 앞에서 논의한 바와 같이 타인의 소유로 되는 법률적인 성격을 가지면 모두가 노예라고 하는 논리는 잘못된 것이다. 패터슨이 규정한 사회로부터 단절된 자의 기준으로 보더라도 노비는 노예가 아님이 분명하다. 무엇보다 노비와 노예가 실제 어떤 존재였는가가 가장 중요한 문제다. 앞의 여러 항목에서 보듯이 그 삶의 모습에서 노비와 노예는 완전히 달랐다. 사회적 인식에 있어서 노예는 사물이었지만, 노비는 사람이었다. 이에 따라 노예는 노비와 비교할 수 없을 만큼 가혹한 대우를 받는 사람들이었다. 그래서 한국의 노비를 서양말로 slave라고 해서는 안 된다.

보다 근본적으로 전근대기 한국의 노비는 한국사회의 특성과 함께 이해되어야 한다. 한국사회는 수직적인 사회였다. 노비는 수직적인 사회구조 속에 하나의 하층계층이었다. 이에 반해서 노예는 그 사회의 일원이라고 할 수 없고 사회일원 바깥에 있는 특수한 집단이었다. 그리고 서양은 개인주의 문화인 반면에 전근대기 한국은 집단주의 문화이다. 한국은 집단주의 사회였기 때문에 아무리 노비가 신분적으로 아래에 있다고 하더라도 자기 집단의 사람이었기 때문에 서양의 노예처럼 대할 수 있는 존재가 아니었다. 노비가 비록 천민이었다고 할지라도 한 가족과 같았다. 한국은 동양적인 절대왕권의 국가였다. 그래서 한국은 나라 내 모든 땅은 왕의 땅이었고 모든 사람은 왕의 사람이었다. 그래서 노비도 왕의 자식이나 다름없었기 때문에 노비 소유주라고 할지라도 노비를 함부로 할 수 없었다.

결론적으로 한국의 노비는 서양의 노예와 같지 않았다. 한국의 노비는 서양의 노예처럼 그렇게 가혹한 대우를 받지 않았으며, 사회적 입지나 삶의 환경 등에서 훨씬 더 나은 위치에 있었다. 노비는 노예가 아니다. 노비가 노예였으면 노예라고 불렀지 왜 노비라고 불러왔겠는가? 게다가 영어의 slave는 우리말 노예보다도 더 가혹한 위치에 있는 사람들에 해당하는 용어이다. 그런데 어떻게 노비를 slave라고 할 수 있는가? 노비는 영어에서의 slave가 아니며, servant가 노비를 더 잘 표현하는 말이라고 할 수 있다.

### [3] 노예제 사회 주장의 문제점

위에서 본 바와 같이 한국의 노비는 서양에서의 slave라고 할 수가 없으며, 당연히 이전 한국사회가 노예제 사회(slave society)라고 하는 주장도 어불성설이다. 노예제 사회라는 것은 그 사회의 경제적 기반을 노예노동에 두게 됨을 말한다. 그런데 과거 한국의 경제는 노비의 경제활동에 의존하는 경제가 아니었다. 과거 한국의 양반 남자들은 글만 읽고 일을 하지 않았기 때문에, 이들이 해야 할 몫까지 노비나 여성이 많은 일을 하지 않으면 안 되었다. 하지만 일부 양반을 제외하고 일반 양인들은 모두 경제활동을 하였다. 실질적으로 노비를 거느리는 사람들은 인구 중 소수의 권력자 양반들이었다. 노예제 사회라면 이 양반들이 노예들을 거느리고 경제를 이끌어 갔다는 것인데, 경제활동에 대해서는 가까이 가지도 않으려는 성향의 사대부들이 노비를 이끌고 경제를 이끌어 갔다는 것이 말이 되지 않는다. 게다가 노비가 인구의 절반이라면 수적으로 얼마 되지도 않은 양반이 어떻게 그 많은 노비를 먹여 살렸다는 것인지 단순한 셈법으로도 성립될 수 없는 주장임을 알 수 있다. 또한 예로부터 한국

사람들은 개인적인 인센티브가 없으면 열심히 일하지 않는 것으로 유명하다. 소작농처럼 전부를 갖지 못하더라도 열심히 일한 것에 비례해서 대가가 커질 때 열심히 일한다. 그런데 나라 경제의 절대적인 부분을 개인적 인센티브가 없는 노비노동에 의존하는 체제로 운영했을 리가 없다.

김경현은 노예제 사회들이 갖는 공통점으로 ① 지속적으로 노예를 공급할 수 있는 메커니즘 - 특히 정복 혹은 약탈활동의 지속과 노예무역 - 이 존재할 것, ② 주요 생산수단, 특히 토지와 노예에 대한 사유재산권이 확립되어 있을 것, ③ 일정한 수준으로 상품생산 및 교환경제가 발달해 있을 것, ④ 최소한 정치적 민주화에 의해 사회 내부에서 노동력 공급의 가능성이 없을 것을 들고 있다.[350] 여기에 비추어 보더라도 노비제도가 시행되던 한국은 어느 항목에도 해당되지 않는다.

다음으로 이 노예제 사회의 주장과 관련하여 제기되는 문제를 생각해 보기로 하자.

첫째, 연구에 있어서 한국은 국인주의가 훼손당하는 경우가 많다. 연구에 있어서 국인주의를 내세워서는 안 되겠지만 다른 나라의 국인주의에 의하여 한국의 국인주의가 훼손당해서도 안 된다. 일본이나 중국에서 주장하는 한국에 대한 사실들은 한국의 이해와 상반되는 것이 많다. 그런데 서양의 학자들도 일본이나 중국에서 제공한 대로의 지식을 갖고서 시각이 그쪽으로 기울어져 있는 경우가 많다. 그렇지 않다고 하더라도 사람은 누구나 자기 시각으로 보기 때문에 남의 것을 좋게 보기 어렵다. 그래서 한국인들이 손을 놓고 있으면 외국인들에 의하여 훼손당하

---

[350] 김경현, 1998, p.44

기 쉬운데 노예제 사회 논란도 하나의 예이다.

어느 날 외국교수 한 사람이 던진 주장에 과거 한국이 노예제 사회가 되어 버렸다. 수천 년 동안 그런 말을 듣지 못했는데, 팔레(James B. Palais)라는 교수의 주장에 따라 2000년대 이후 그것이 진리처럼 되어버렸다. 그의 주장이 견실한 연구를 바탕으로 한 제대로 된 근거를 가진 것이라 해도 그럴 수 없는 일인데, 근거도 없는 막연한 주장에 단지 그가 미국의 대학교수라는 것만으로 그렇게 떠받들고 부화뇌동하는 것이다. 이렇게 한국인들은 외국에 대해서 약하다. 한국에서는 외국대학 교수와 같은 사람이 어떤 사실을 주장하면 국내 사이비 지식인들이 이것이 진리인 것처럼 말하고, 이를 언론과 매스컴이 흥미위주로 사람들을 자극하면서 확산시킨다. 이러는 동안에 거짓이 진리가 되고 몰상식이 상식이 된다.

한국은 유구한 역사를 가진 나라이다. 나라가 여러 번 바뀌었고, 같은 왕조에서도 수백 년을 보내면서 사회적인 변화와 발전을 거듭해 왔다. 그런데 일천 년 역사를 노예제 사회로 보냈다느니, 세계에서 자민족을 노예로 삼는 유일한 나라였다느니 하면서 한국인의 역사를 야만의 역사로 매도하는 것은 한국사람들에 대한 정신적 테러 행위다. 이 같은 주장은 한국인의 자존심을 좀먹고 한국인의 정체성을 훼손한다.

팔레는 서양에서 많지 않은 한국을 연구한 학자이다. 한국사람의 입장으로서 그에게 한국에 대해서 호의적이기를 바라지 않더라도 적어도 연구를 철저히 하여 객관적인 사실들을 말하기를 기대하는 것은 당연하다. 그런데 그는 한국에 대하여 상당히 부정적인 편견을 가진 것처럼 보이며[351], 그의 주장과 글들을 보건대 한국에 대해 좋은 말을 하고 싶은 생각이 없는 사람 같다. 노예제를 전문적으로 연구하는 학자들도 자신이 어느 지역에 대한 깊은 연구를 하고서도 노예제 사회라는 말을 하는 것에 대해 극도로 조심스러워한다. 그 지역 혹은 그 나라 사람들에게 주홍글씨를 새기는 일이기 때문이다.[352] 그런데 팔레는 노예제를 연구한 사람도 아니고, 한국의 노예제에 대하여 직접 연구를 하지도 않고, 유형원의 글이나 일본 사키다와 같은 몇몇 사람의 연구를 읽고서 자신이 마치 깊은 연구라도 한 것처럼 지금까지 한국에서 아무도 하지 않던 노예제사회라는 말을 스스럼없이 계속 주장한 것이다. 이는 학자로서의 옳지 않은 자세를 넘어 한국을 무시하는 것으로 이해될 수도 있다. 그의 글을 보면 한국에서의 노예제가 중국 주나라의 현자 기자가 고조선을 통치하면서 시작되었다고[353] 하고 있다.[354] 기자조선이란 이와 관련된 고고학적 자료가 전무할 뿐만 아니라 여러 가지로 인정하기 어려운 점이 많아 한국 학계에서는 이를 받아들이지 않는 것이 주류이다. 그는 한국사람들과 다른 역사관을 갖고 시작하고 있는 것이다. 그는 또 임진왜란 때 유성룡이 노예를 속오군 병사로 징집하는 것을 반대하는 양반들을 나무란 것을 두고, 노예들이 겪고 있는 고통을 경감하는 인도주의적인 호소는 하지 않았다고 지적하고

---

[351] 사실 나는 그의 글을 읽었을 뿐 이 분야 전공자가 아니기 때문에 그에 대해서 잘 모른다. 그를 잘 아는 분이 내가 잘못 알고 있다고 말해주면 겸허히 충고에 따르겠다.
[352] Lenski, 2018, p.25
[353] Palais, 1996, p.221
[354] 기자가 시행한 8조법금 중에 물건을 훔치는 도둑은 그 집안의 노예로 삼는다는 조항에서 노예제가 시작되었다는 것이다.

있다.³⁵⁵ 왜군이 처들어 온 전쟁통의 상황에서 노예의 인도적인 처우를 논하지 않은 유성룡을 책망하는 팔레의 주장이 옳다고 생각하는 한국사람은 거의 없을 것이다. 그리고 조선시대에 많은 노비가 있었다고 주장하는 시카타 히로시의 연구를 기준으로 하더라도 전체인구에 대한 노비의 비중이 1858년에는 1.5%에 불과하며, 1894년 갑오개혁으로 노비제도가 폐지되었고, 이와 같은 관습을 따지자면 일제시대는 물론이고, 1950년대까지도 존재하였다.³⁵⁶ 그런데도 팔레는 이런 사회제도문제가 1910년 일본이 한국을 합병함으로써 해소되었다고 하고 있으며, 그에게 있어서 갑오개혁마저 그냥 갑오개혁이 아니라 일본이 지원한 갑오개혁이라고 표현한다.³⁵⁷

팔레, 그는 왜 그리 한국에 대하여 부정적인가? 그것은 미국학자이기 때문이다. 미국학자들은 대부분 일본사람, 중국사람들이 말하는 대로 말한다. 미국학자들 중에는 한국에 대하여 연구하는 사람들이 많지 않아 한국에 대하여 구체적으로 말을 잘 하지 않는데, 팔레는 한국을 연구하는 입장에 있었기 때문에 거리낌 없이 말을 한 것이다. 그는 하버드대학에서 박사과정을 한국역사에 대하여 전공하기 전에 석사과정을 예일대학에서 일본역사를 공부하였다.³⁵⁸ 일본인과 같은 지식과 인식으로 무장하고 한국의 역사를 대한 것이다. 그리고 그가 박사과정을 공부할 당시에 한국역사를 가르치는 대부분의 교수들이 일본인, 중국인이거나 일본, 중국과 관련되어 공부한 사람들이기 때문에 일본이

---

³⁵⁵ Palais, 1996, p.229
³⁵⁶ Kim Bok-rae, 2018, p.409
³⁵⁷ Palais, 1996. p.278, p.620
³⁵⁸ Baker, 2007, p.1229

나 중국의 시각에서 벗어날 수가 없었다. 그가 한국역사를 전공하여 자기 선생들의 뜻을 받들어 한국의 역사를 확인사살한 것이다. 지금도 팔레의 주장은 미국학계에서 주류로 받아들여지고 있다.[359] 학계의 사정이 이러하므로, 이는 팔레 한 사람의 문제가 아니다. 대부분의 서양학자들은 팔레와 같은 입장에 있다고 해도 과언이 아니다. 패터슨(Orlando Patterson)이 발간한『노예제와 사회적 죽음(Slavery and social death: A comparative study)』도 한국에 대한 사실은 일본학자들의 연구와 미국 대학의 한국계 학생의 학위논문을 참고하고 있다. 한국계 학생이야 지도교수의 지도에 따라 논문을 썼을 것이고, 한국에 대한 지식에 있어서 일본의 학자들이 지배하고 있는 것이다. 일본학자들의 애국심은 일본을 위해서 진실을 왜곡하는 경우도 드물지 않을 정도로 강한 것으로 알려져 있다.[360] 이에 반하여 한국학자들은 일본학자들이 이미 구축해 놓은 지식을 배우는 입장에 있고, 여기에다 일본학자들처럼 애국심도 강하지 않다. 외국에 나가 있는 학자들도 그 잘하는 영어로 서양사람들에게 한국의 노비는 노예가 아니라고 설득하지는 못할 망정 자기가 먼저 나서서 노예라고 하고, 되레 한국사람들에게 노예인 것을 인정하라고 강요할 정도이니 말 다했다고 할 것이다.

이런 문제가 일어나는 것은 한국의 학문발전이 미진하고 한국인들이 스스로 연구를 많이 하지 않아서 외국에 의존하기 때문이고, 한국사람들의 배외사상으로 외국의 것을 더 높게 평가하는 성향 때문이다. 한국에서는 팔레를 한국학계의 거목이라

---

[359] Baker, 2007, pp.1231-1232
[360] 조영정, 2019, pp. 290-293

하며, 2010년부터 제임스팔레한국학도서상을 제정하여 그의 업적을 기리고 있다.

둘째, 오늘의 시각으로 과거를 재단해서는 안 된다는 점이다. 전근대기의 한국은 사람들의 가치관이나 삶의 모습이 지금과 같지 않았다. 과거에는 이 땅의 사람들 대부분이 배를 채우지 못하면서 살았다. 그것은 일부 권력자들을 제외하고는 양반이나 노비나 다 마찬가지였다. 오늘은 굶주리는 사람이 거의 없다. 배부른 자가 배고픈 자의 마음을 어떻게 알까? 배부른 자의 시각으로 배고픈 자의 행동을 비판해서는 안 된다. 과거에는 생존이 급선무였기 때문에 남의 지시에 따라서 살아가는 여부가 중요하지 않았다.

셋째, 서양사람의 시각으로 전근대기 한국을 봐서는 안 된다는 점이다. 서양사람들은 자유에 대한 의식이 강하기 때문에 어느 사람이 다른 사람에 매인 상태 그 자체에 큰 의미를 둔다. 그래서 이런 상태에 있는 한 사물 취급을 받는 노예나 사람 취급을 받는 노비나 모두 동일하다고 생각하는 경향이 있는 것이다. 오늘날에는 한국사람들도 서구화되어 서양사람들과 같은 식으로 생각한다. 한국에서 근대화라는 것은 서구사람들의 삶의 방식으로 살게 된 것이라고 할 수 있다. 한국인들의 가치관은 근대화 전후로 단절되었다. 그래서 서양사람들의 입장에서는 자신들의 기준으로 노비를 노예라고 생각하기 쉽고, 한국인들도 이에 동조하기 쉽다. 오늘날 한국인들은 서양 노예에 대한 지식을 바탕에 두고 그 위에 노비를 접목시켜 노비를 노예로 생각하는 경향도 있다.

오늘날 한국에서 노비근성, 노예제 사회 등과 같이 과거 역사에 대하여 혐오에 가까운 발언을 하는 사람들이 많다. 좋은 미래를 위해서 나쁜 과거를 지적하는 것은 문제가 없다. 하지만 더 나은 오늘을 위한 노력은 하지 않으면서 자국의 과거 역사를 헤집어 나쁜 면만 부각시키고 침소봉대하여 비난하는 사람들도 적지 않다. 자신들을 방어할 수 있는 상황에 있지 않은 옛날 사람들을 일방적으로 비난하는 것은 비겁한 행위다. 오늘날 우리가 잘사는 것이 과학문명 혜택 덕분이지 사람들이 나아져서 그런 것이 아니다. 사람들은 지금도 그대로이다. 이 땅의 조상들을 원망하고 비난하는 것은 나라사람으로서 할 짓이 아니며, 이것이 지나치게 되면, 결국 이는 자신에 대한 저주가 될 뿐이고, 미래세대에게 정신적인 부채를 지워줄 뿐이다.

### 3] 전근대기 한국의 사회신분체제와 국인주의

이상에서 한국 국인주의와 관련되는 신분체제 문제를 검토해 보았다. 이를 통해 국인주의 연구에서 이러한 사회계급제도의 존재로 인하여 나라를 단위로 하는 우리라는 공동체 의식이 없었다거나 그래서 국인주의나 국인 형성이 불가능했다는 주장은 타당하지 않다는 것을 알 수 있게 되었다. 그런 주장이 타당하지 않은 이유를 정리하면 다음과 같다.

첫째, 전근대기에 신분제도로 인한 사회적 차별이 국인주의 형성을 저해할 정도로 심하지 않았다. 한국의 노비는 서양의 노예와 같이 공동체에서 소외되고 자기 사회와 나라를 증오할 만큼 잔혹한 위치에 있는 사람들이 아니었다. 사회계급에서 비록 낮은 위치에 있었지만 사회의 일원으로서 주어진 환경에서 따뜻한 삶을 일구어가는 사람들이었다.

국인주의와 관련하여 한국의 노비의 존재로 인한 신분차이의 문제는 서양의 농노제와 비교하더라도 그 심각성이 덜하다. 유럽의 농노(serf)는 각 지역을 분할하고 있던 영주들에게 매인 채로, 영주 땅에서 농사를 지으며 생산되는 곡물의 많은 부분을 영주에게 바치면서 살았다. 그들은 영주의 토지에 예속되어 있었다. 영주의 허락 없이는 이사를 할 수 없었고, 영주의 허락 없이는 결혼을 할 수도, 직업을 바꿀 수도, 재산을 처분할 수도 없었다. 11세기 영국의 경우 농민 중 농노의 비율이 90% 정도였고, 다른 유럽도 농민의 절대다수가 농노였다. 노예나 농노 어떤 경우라 하더라도 한국의 피지배층 사람들은 그 신분으로 인하여 입는 고통이 유럽보다 작았다. 그래서 국인주의와 관련해서도 한국은 서양사회에 비해서 신분제와 관련된 영향이 그리 크지 않았다.

둘째, 과거 한국에 과도하게 노비가 많았다는 주장은 충분한 근거를 가진 주장이 아니다. 이런 주장과 하층민은 나라에 대한 애착이 없다는 주장을 결합해 보자. 만약 노비의 비중이 인구 절반을 넘고, 그래서 절반이 넘는 인구가 나라에 대하여 애착이 없다면 그 나라가 지탱될 수 있겠는가? 주로 조선시대를 중심으로 노비가 많았다고 하고 있는데 조선시대도 그렇게 많았다고 할 수 있는 근거가 없을 뿐만 아니라, 설사 조선시대에 노비의 비중이 높아서 국인이 없었다고 한다면, 노비의 비중이 높지 않았던 신라나 고려의 경우는 국인이 있었다고 해야 할 것 아닌가? 그렇다면 신분제를 이유로 근대화 이후에야 한국에 국인의식이 생겼다는 주장은 성립되지 않는다.

셋째, 노비들을 비롯한 하층민들이 양반들과의 차별의식을 갖고 있었다고 할지라도 국가라는 차원에서는 같은 국가 내의 사람으로서의 공동체 의식을 가질 수 있었다. 여기서의 공동체 의식은 양반이 자신들에게 지배권력을 행사하고 있다고 할지라도 외부의 중국인이나 일본인과 달리 같은 땅에서, 같은 옷에, 같은 모습을 하고, 같은 언어를 쓰면서, 같은 가치관으로 살아가는 사람들이기에 갖게 되는 것이다.

이런 문제는 현대에 있어서도 마찬가지이다. 오늘의 사회에서도 노동자나 힘없는 서민들이 권력자, 자본가에 대해 자신들을 지배하고 착취한다고 생각하지만, 그렇다고 해서 국가라는 차원에서 같은 국인으로서 공동체 의식을 갖지 않는 것이 아니다. 전근대사회의 피지배층이나 근대사회의 피지배층이나 그 사회적 위치에서 차이가 있다고 하더라도 정도의 차이일 뿐이다. 오히려 계급과 차별에 대하여 민감하게 의식하는 현대인에게 있어서 이에 대한 문제가 더 크다.

넷째, 하층민이라고 해서 자기 나라가 망하기를 바라는 사람은 많지 않다. 나라가 잘못되거나 나라가 망한다고 해서 하층민이 현재의 위치를 벗어나게 되는 것이 아니라는 것을 자신들도 잘 알고 있다. 전근대기 한국만 신분제 사회이고 주변 국가는 모두 현대 민주주의와 같은 그런 상태가 아니었다. 주변 국가 모두 한국과 비슷한 상황이었다. 만약 중국사람이 한국에 잡혀와서 노예생활을 하고 있는 상황이라면 이때 중국에서 쳐들어와 한국이 망하기를 바랄 수 있다. 하지만 조선의 노비는 그런 사람들이 아니었다. 노비도 중국에 잡혀가면 더 심한 노비생활을 하게 된다는 것을 알고 있었고, 조선을 오랑캐가 지배하면 더 힘들게 살게 될 것이라고 알고 있었다.

다섯째, 우리의 범주는 다차원이다. 같은 사회계급으로서의 우리도 있지만, 같은 마을 사람으로서의 우리도 있을 수 있고, 같은 국가 소속으로서의 우리도 있다. 여기서 국인이라 할 만한 공동체 의식은 자신의 나라에 대하여 애착을 가질 수 있을 정도로 있으면 되는 것이다.

여섯째, 국인주의는 현재 사회체제에서 누가 더 많이 갖고 누가 더 적게 갖기 때문에 나는 어떻게 한다는 식의 그런 타산에서 나오는 의식이 아니다. 지금 우리 사회에서 하층민이라고 해서 올림픽에서 대한민국팀을 응원하지 않는 것이 아니다. 오히려 하층의 사람들에게 더 강하게 작동하는 것이 국인주의다. 초국인주의(chauvinism)로 유명한 쇼뱅(Nicolas Chauvin)을 보더라도 그렇다. 쇼뱅은 나폴레옹전쟁에 참전해서 부상당하고 퇴역한 하급군인이었다. 그가 상류사회에서 활약하는 위치에 있었다면 프랑스의 영광을 외치며 살았겠는가?

일곱째, 하층민들은 나라에 대해 내셔널리즘이 없다는 것은 너무 단순한 추론이며 일종의 편견이다. 이런 주장은 돈 많은 집 아이는 효자가 되고 가난한 집 아이는 불효자가 된다고 주장하는 것과 같다. 이런 논리라면 현대에도 상류층 자제가 하류층 자제보다 군대도 더 적극적으로 가야 하겠지만 현실은 그 반대다. 그리고 일제시대에 친일세력은 상류층에서 더 많았다. 상류층의 사람은, 대학동창회, 직장단체, 취미클럽, 자선단체, 국제클럽 등 자신이 소속된 집단도 많고 그 집단에서 대우받으므로 국가집단에 대하여 큰 관심이 없지만, 하류층의 사람은 그를 반길 만한 집단이 많지 않기에 국가집단에 더 큰 애정을 쏟게 되는 것이다. 그래서 월드컵의 축구경기 때 상류층 사람들은 딴 모임에 가고, 하류층 사람들은 길에 나가 열렬히 응원하는 것이다.

여덟째, 인디아는 지금도 계급제 사회관습이 많이 남아있지만 계급제 사회로 인해 내셔널리즘이 약하다는 말은 없다. 실제로 인디아사람들의 국인주의는 매우 강하다.

아홉째, 사회신분제도의 존재로 인하여 국인주의나 국인 형성이 불가능했다는 주장이 옳지 않음은 역사가 증명하고 있다. 외세의 침입을 받을 때마다 의병의 역할이 컸는데 의병은 양반에서부터 천민에 이르기까지 사회계급이나 신분상에 차이가 없었다. 고려시대 몽골이 침략해 왔을 때, 농민들로 이루어진 군대는 동선역전투를 비롯한 여러 전투에서 큰 공을 세웠고, 천민들로 이루어진 군대도 충주성전투를 비롯한 여러 전투에서 침략을 저지하였다.[361] 이뿐만 아니라 전근대기 한국은 하층 천민의 출신으로 나라를 위하여 헌신한 사람들이 매우 많았다. 안정복은 노비출신임에도 불구하고 자신의 목숨을 걸고 혼자 나서서 울릉도에서 왜구들을 물리쳤다. 구한말에는 많은 천민출신들이 항일의병에 참가하였고, 국채보상운동에서 노동자, 인력거꾼, 기생, 백정 등 하층민들도 적극 참여하였다.[362] 사회계급의 논리라면 논개와 같은 의절 있는 사람이 양반에서 나왔어야 하지 않았는가?

## 4. 근대화 이전 한국 국인주의 논의에 대한 결론

지금까지 근대화 이전에 한국의 국인주의가 있었는가의 문

---

[361] 고려사절요, 16권, 17권
[362] 국채보상운동, 미상

제에 대하여 주권 문제, 중국의 영향, 차별적 신분제도 문제를 중심으로 검토해 보았다.

지금까지의 여러 논의로부터 얻은 결론은 전근대기 한국은 수천 년 역사 동안 의심할 바 없는 주권국가였다는 사실이다. 주권이 없었기 때문에 국인주의가 없었다는 주장은 잘못된 것이며, 중화문명권 속에서 국가에 대한 의식이 없었다는 주장도 옳지 않으며, 차별적인 신분제도가 국인의식의 형성을 가로막은 것도 아니었다. 이런 요인들로 인하여 전근대기 한국에 국인주의가 없었다는 주장들은 근거 없음이 명확하게 확인된 것이다.

# 제 6 장
# 한국 국인주의 역사

1. 한국인의 시작
2. 삼국시대
3. 통일신라시대
4. 고려시대
5. 조선시대
6. 일본강점기

## 1. 한국인의 시작

한반도 최초의 국가는 고조선이다. 고조선은 단군의 건국신화로부터 시작된다. 삼국유사에 의하면 기원전 2333년에 단군왕검이 고조선을 세우고 홍익인간의 이념으로 나라를 다스리기 시작하였다. 그래서 한국사람 대부분은 자신이 단군왕검의 자손이라고 생각한다.

고조선 이후에 부여가 있었고, 이후 신라, 고구려, 백제의 삼국시대를 거쳐 통일신라, 고려, 조선, 대한제국, 대한민국으로 그 역사가 이어져 오고 있다. 한국은 고대 중국 및 북방지역의 사람들과 더불어 동아시아문명권의 주체로서 끊임없이 세력다툼을 하면서 일찍부터 국가로서의 자기집단에 대한 의식이 형성되었다.

1948년 북위 38도선을 경계로 한반도의 남에는 대한민국, 북에는 조선인민주주의공화국이 들어서면서 두 개의 정부로 나누어지게 되었다. 대한민국이라는 이름은 대한제국에서 계승된 이름이다. 대한제국은 조선의 고종이 1897년 10월 선포한 이래 1910년 일본에 의하여 병탄될 때까지 사용된 국호이다. 그리고 대한제국이라고 한 것은 삼한의 한에서 나온 이름이다. 조선인민주주의공화국이라는 이름은 이전의 조선에서 계승된 이름이다. 고대에 조선이 있었고, 1392년 건립된 조선이 있었다.

대한민국과 조선인민주주의공화국 모두 헌법상으로 상대를 국가로 인정하지 않지만, 1991년 9월 유엔에 동시가입함으로써 국가로서 인정하는 형태가 되었다. 그래서 현재 상대를 국가로 인정하는 것도 아니고 인정하지 않는 것도 아닌 어정쩡한 상태에 있다. 나라 이름에 대해서는 대한민국에서는 한국, 남한, 북한으로 부르고 조선인민주주의공화국에서는 조선, 남조선, 북조선으로 부르며, 사람에 대해서는 대한민국에서는 한국인, 조선인민주의공화국에서는 조선인으로 부르지만, 남북한 같은 사람으로서 하나의 민족, 하나의 국인(nation)이다.

## 2. 삼국시대

한반도에 실질적으로 고대국가가 성립한 것은 삼국시대다. 기원전 1세기를 전후하여 고구려, 백제, 신라가 건국되었다. 삼국시대에 국가 간에 사람들이 얼마나 같고 달랐는지에 대해서 아직 잘 모른다. 언어는 같았는지, 생활문화는 얼마나 공유했는지, 서로에 대해서 어떻게 생각했는지 등과 같은 것에 대해서는 밝혀진 것이 없다.

삼국 간에 한반도의 패권을 놓고 치열하게 싸웠고, 이에 따라 영토변경도 많았으며 왕래도 많았다. 삼국이 많이 싸웠다는 것은 상대국의 땅과 백성이 자기의 것으로 되어야 한다거나 될 수 있다는 상황을 말해주는 것이기 때문에 그만큼 밀접한 관계에 있었음을 말해주는 것이다.

　국가시대로 들어오면서 삼국으로 정립되지만, 그 이전의 시대는 고조선이나 삼한이라는 집단 간 경계가 크지 않은 사회에 오랫동안 살았기 때문에, 한반도지역의 사람들은 인종적으로나 문화적으로 같은 사람들 집단이었을 것으로 추측할 수 있다. 국가의 기원에 대한 이야기를 보면 고구려와 백제는 같은 뿌리의 혈족이었다. 삼국 간에는 같은 언어를 사용하였고 풍속이 비슷하여 말과 풍속이 달랐던 중국과 달리 삼국 간에는 같은 범주로 인식되는 사람들이었을 가능성이 크다. 한국어가 수만 년 전부터 한반도에 같이 살아오던 사람들 간에 생겨난 언어일 것이다. 역사서에 삼국과 중국과의 관계에서는 통역에 대한 기록이 나오지만, 삼국 간에 통역에 관한 기록은 없다. 한반도 내 큰 자연장벽이 없기 때문에 서로 교류하면서 살았을 것이고, 그래서 말이 다르다고 해도 방언수준이지 소통이 안 될 정도로 달랐을 가능성은 작다. 그래서 문화적으로도 삼국이 상당히 동질적이었을 것으로 짐작된다.

　한편 민족적, 문화적인 동질성 여부에 상관없이, 국인의 측면에서는 고구려, 백제, 신라라는 각기 다른 나라를 이루고 있었기 때문에 각 국가별로 공동체 의식을 갖는 가운데 각각의 국인주의를 가졌던 것은 당연하다. 4세기에서 6세기 초에 걸쳐 삼국 모두 율령이 반포되는 등 중앙집권국가로서의 체제를 갖추었다.

　삼국은 한반도에서의 패권을 놓고 서로 치열하게 투쟁하였다. 서로 치열하게 투쟁했다는 것은 그만큼 각국에서의 국인주의도 강했다는 것을 의미한다. 목숨을 내던지고 적진을 향해 돌진하는 화랑관창의 이야기나, 가족을 죽이고 전쟁에 나서는 계백장군의 이야기는 당시의 사람들이 국가를 생각하는 마음이 얼마나 강했는지를 보여준다. 삼국시대에 강한 국인주의를 짐작케 하는 사례들이 적지 않은데, 이 중 몇 개를 살펴보자.

먼저 고구려다. 고구려를 배경으로 하는 녹족(鹿足)부인 설화가 있다. 녹족부인 설화는 평양지방의 설화로 그 내용을 간추려 보면 다음과 같다.

고구려 시대에 평양에 어느 여인이 있었는데 발이 사슴발 같았다. 이 부인에게는 아들 셋이 있었는데, 아이들도 어머니 발을 닮았다. 이들이 사는 곳은 바닷가였는데 어느 날 부인이 일하러 나간 사이에 폭풍이 와서 아이들이 파도에 휩쓸려 먼 바다로 떠내려가 버렸다. 이렇게 아이들을 잃고 사슴부인은 혼자서 살고 있었다. 그런데 오랜 세월이 지난 후 수나라가 고구려에 쳐들어와 전쟁이 시작되었다. 어느 날 부인은 수나라의 장수 중에 사슴발을 가진 장수가 있다는 소문을 듣게 되었다. 이 부인은 자신의 아들일지도 모른다는 생각에 그 장수들을 만나기 위하여 수나라 진영에 들어가 한참 헤멘 끝에 이들을 만날 수 있었다. 부인이 그 장수들에게 자신의 발을 보여주자 장수들도 자신들의 발을 대어보고 바로 모자임을 확인할 수 있었다. 부인은 이들에게 말하기를 "사람은 자신이 태어난 땅을 잊어서는 안 되는 법이니 그 창끝을 거두어라"라고 하였다. 아들들은 이 말을 듣고 어머니와 함께 수나라 진영을 탈출하여 바로 을지문덕 장군 휘하에 들어가게 되었다. 형제들은 수나라 군대에 맞서 싸웠고 이들 형제와 고구려 군사들의 용맹 앞에 수나라 군대는 대패하고 물러가게 되었다. 그 후 녹족부인은 아들들과 오래 행복하게 잘 살았다.

녹족부인 설화는 고구려사람의 강한 국인의식을 보여주고 있다. 이 설화가 언제 만들어진 것인지는 알 수 없어서 고구려사람들의 국인의식을 뒷받침하는 완전한 자료로 보기는 어려운 점이 있다. 그러나 후대에 만들어진 설화라고 할지라도 민중들이 인식하고 있는 고구려사람들의 생각과 가치관을 엿볼 수 있다는 점에서 의미가 있다.

다음은 신라다. 삼국사기와 삼국유사에는 신라의 충신 박제상의 이야기가 실려 있다.

5세기 초, 신라 실성왕 때 미사흔을 왜에 인질로 보내고 복호를 고구려로 인질 보내게 된다. 실성왕을 이어 복호와 미사흔의 형인 눌지왕이 즉위하자 아우들을 보고 싶어 하였다. 여기에 박제상이 복호를 데려오기 위하여 고구려로 갔다. 그는 고구려왕을 설득하여 복호를 데리고 왔다. 복호를 데려다 놓으니 왕은 왜에 있는 아우도 보고 싶어 했다. 이에 다시 박제상은 왜로 가게 된다. 그런데 왜의 경우는 좋은 말로 해서 데리고 올 수 없다는 것을 알고 있었다. 그래서 박제상은 어떡하든 미사흔을 데리고 오기 위해 그를 만나야 했고 그래서 생각해 낸 것이 자신이 신라를 배반하고 왜로 도망간 사람으로 해서 미사흔에 접근할 수 있는 기회를 갖는 것이었다. 그래서 그는 왕에게 다음과 같이 말한다.

"고구려는 대국이고 왕도 역시 어진 임금이었기 때문에 신이 한 마디 말로써 그를 깨우칠 수 있었지만, 왜인들은 말로써 달랠 수 없으니 속임수로써 왕자를 돌아오게 해야 합니다. 신이 저 곳에 가거든, 신이 반역하였다는 죄를 씌우고, 이 소식이 저들의 귀에 들어가게 하소서."[363]

이렇게 말하고 박제상은 죽기를 각오하고 처자도 만나지 않

---

[363] 김부식, 1145, 권 제45 열전 제5

은 채 율포로 가서 배를 타고 왜로 향하였다. 그의 아내가 이 소문을 듣고 포구로 달려가 떠나가는 배를 바라보면서 잘 다녀오시라며 대성통곡하였다. 박제상은 왜에 가서 미사흔을 몰래 신라로 돌아가게 하고 그가 무사히 멀리 가도록 하기 위해 자신은 남아 있었다. 나중에 속았다는 것을 알게 된 왜인들은 그를 장작불로 온 몸을 태운 뒤에 목을 베었고, 그는 영영 고국을 돌아오지 못하는 몸이 되었다.

지금도 경상북도 경주시 외동읍 치술령에는 박제상의 부인이 동해를 바라보며 남편을 기다리다 바위가 되었다는 망부석이 있다.

다음은 백제다. 매년 8월 17일이면 백제의 옛 수도 부여에서는 유왕산 추모제가 열린다. 백제가 망하던 660년, 의자왕을 비롯하여 태자, 왕자 3명, 대신 88명, 백성들 12,807명이 당나라로 끌려갔다. 왕이 실려가는 뱃길을 따라 용인산 바위곶이에서 갓개포구, 유왕산, 금성곶이까지 백제사람들이 따라가며 통곡하였다. 오래전의 농요 산유화가는 지금도 구전되어 내려오고 있는데, 여기의 가사 중에는 다음과 같은 구절이 들어있다.

"용머리를 생각하면 구룡포에 버렸으니 슬프고나 어화벗님 구국충성 못다했네" "산유화야 입포에 남당산은 어찌 그리 유정턴고, 매년 팔월 십육일은 왼 아낙네 다 모인다"

이후에도 사람들은 이를 잊지 못하고 그날을 추모해 왔던 것이다. 이를 보면 백제사람들이 왕과 하나 되어 있으며, 나라를 사랑하는 마음이 작지 않았던 것을 알 수 있다. 백제가 망할 때의 상황을 보더라도 백제의 군사들이 죽음으로써 항전을 하고, 많은 여성이 백마강에 몸을 던졌다는 것은 단순히 왕에 대한 충성만으로 설명할 수 없는 나라와 자신 간의 일체감을 엿볼 수 있다. 한국 삼국시대에는 중세의 유럽 군주와 달리 왕과 백성이 하나되어 있었다. 또한 한국의 백성들은 나라에 대한 주인의식이 있었고, 나라와의 일체감이 있었음을 알 수 있다. 왕정하에서라고 해서 국인주의가 없었다고 할 수는 없다. 그린펠드(Liah Greenfeld)는 영국의 국인주의 시작을 16세기, 헨리8세 때로 주장한다. 독일도 국인주의가 시작된 것은 18세기, 프러시아왕국이었다.

기원전에 수립된 삼국은 시간이 가면서 고대국가로서의 체제를 잡게 된다. 국가의 체제가 잡힌 시기를 국가의 통일된 법제가 시행된 시기로서 율령반포의 시기로 보는 것이 합리적일 것이다. 율령은 백제는 AD 262년, 고구려는 AD 373년, 신라는 AD 520년에 반포되었다. 이렇게 국가체제가 잡히면서 통합된 국가사회를 이루게 되고, 이 시기에 국인주의도 함께 형성되었음을 의미한다. 이렇게 볼 때 한국에 국인주의는 적어도 3-4세기에 시작되었다고 보아야 할 것이다.

## 3. 통일신라시대

일찍이 한반도의 사람들이 국인의식을 갖고 있었지만, 그 의식은 각 개별 국가에 대한 것이었다. 그러다가 668년에 신라가 삼국을 통일하면서 현재와 같은 한반도를 포괄하는 하나의 국가집단으로서의 국인이 형성된다. 676년에 신라는 백제와 고구려의 유민을 규합하여 한반도에서 당나라 군대를 몰아내고 통일을 완성하게 된다.

이 시기 이후 7-9세기를 역사학에서는 통일신라시대라고 한다. 그런데 남북국시대라고 하는 사람들도 있는데, 698년 고구려의 유민들이 고구려 고토에 발해를 건립하였기 때문이다. 한국사람은 소수의 발해의 성씨를 포함하고 있지만,[364] 성씨의 절대다수는 신라시대 성씨라는 점에서 현재의 한반도 사람들은 통일신라사람들과 연결되어 있다.

통일신라시대에는 국가체제가 완전히 잡혀있었다. 신라장적은 중앙정부가 국가 내 모든 지방을 통할하고 있었음을 보여준다.[365] 이렇게 대내적으로 국가관리체제가 정비되어 있었을 뿐만 아니라 대외적으로도 국가의 존재가 널리 알려져 있었다. 신라는 주변지역은 말할 것도 없고 멀리 서아시아 중동지역에까지 알려져 있었다. 그리고 신라가 중국과 교역을 활발하게 하면서 중국 내에서도 신라사람들의 거주지인 신라방이 있었고, 이를 관할하는 관청인 신라소, 그리고 신라인들의 사원인 신라원이 있었다. 이러한 사실은 신라사람들이 다른 사람들과 구분되는 신라라는 나라의 사람으로서의 신라국인을 형성하고 있었음을 보여주는 것이다.

통일신라는 한반도 전체를 포괄하는 하나된 나라사람으로서 국인이 형성되었다는 점에서 무엇보다 큰 의미를 갖는다. 당시는 신라인이었지만 이는 고려인, 조선인으로, 그리고 오늘의 한

---

[364] 고구려의 성씨로는 강씨, 고씨, 온씨 등이 있고, 발해 성씨로는 태씨, 대씨 등이 있다.
[365] 신라는 주(州), 군(郡), 현(縣), 촌(村) 등으로 세분화되는 행정체제를 갖추고 있었는데, 신라장적에는 중앙정부에서 지방 촌락에 대한 촌 이름, 촌의 영역, 호수, 인구, 우마, 토지, 수목 등에 대해서 세분하여 여러 범주로 나누고 그 숫자의 증감에 이르기까지 자세히 파악하고 있었음을 보여주고 있다.

국인으로 이어지게 된 것이다.

## 4. 고려시대

고려 태조 왕건은 훈요십조의 유훈을 내렸다. 훈요십조에는 그 네 번째에 "우리 동방은 예로부터 당(唐)의 풍속을 숭상해 예악문물(禮樂文物)을 모두 거기에 쫓고 있으나, 풍토와 인성(人性)이 다르므로 반드시 같이할 필요는 없다"라고 하고 있다. 풍토와 인성(人性)이 다르다는 것은 삶의 환경과 사람이 다르다는 것으로 같은 국가가 될 수 없다는 것을 말한다. 이렇게 한국 국인과 국인주의를 명확하게 표명하고 있는 것이다.

고려의 같은 민족으로서의 우리의식은 발해, 여진, 거란과의 관계에서도 나타난다. 왕건은 고구려유민이 세운 발해에 대해서 친척으로 지칭하고 그 유민을 우대하여 무제한적으로 받아들인 반면에, 민족적으로 달랐던 여진과 거란에 대해서는 엄격하게 거리를 두었다.[366]

고려는 많은 외침을 받았다. 11세기 초에는 거란과 전쟁을 치르고, 12세기 초에는 여진, 금과 다투었으며, 13세기 초에는 몽골의 침략을 받았다. 그리고 14세기에는 해안으로 왜구의 노략질이 잦았고, 북쪽으로 홍건적의 침입도 있었다. 외침을 맞을 때마다 나라사람 전체가 나서서 항쟁을 하였다. 이렇듯 수많은 외침 속에서 나라를 지킬 수 있었던 것은 국민들의 외세에 대한 저항의식이 강했기 때문이다.

---

[366] 노명호, 2009, pp.89-97

무력으로 유라시아대륙을 휩쓴 몽골이지만, 고려를 정복하는 것은 쉽지 않았다. 몽골의 침략을 맞아 고려는 끈질기게 항쟁하였다. 고려는 1231년부터 1259년에 이르기까지 무려 29년에 걸쳐 9차에 이르는 침략을 받고서야 항복을 하게 된다. 이때 지배층은 몽골군의 침략을 피하여 강화도로 천도한 가운데, 육지에서는 백성들만 남아 몽골군을 맞아 싸웠다. 이런 상황에서도 모든 백성이 신분의 차이 없이 몽골군에 격렬히 저항하면서 싸웠다. 특히 일반 농민과 천민들의 군대가 위력을 발휘하였는데, 농민들로 이루어진 군대는 동선역전투를 비롯한 여러 전투에서 큰 공을 세웠고, 노비들로 이루어진 군대도 충주성전투를 비롯한 여러 전투에서 몽골군의 침략을 저지하였다.[367] 왕실과 지배층은 강화도로 피신해 있는 동안 나라를 지키기 위해 백성들이 나서서 싸운 것이다. 몽골과의 강화 이후에도 삼별초는 온을 왕으로 추대하고 강화도, 진도, 제주도로 옮겨가며 끝까지 저항하였다.

이 시기 세계에서 가장 오래되고 가장 완벽하다고 평가받고 있는 고려대장경이 만들어졌다. 부처님의 힘으로 몽골의 침략을 물리치고자 하는 나라를 위하는 마음에서 만들어진 것이다. 승려인 일연이 삼국유사와 같은 책을 쓴 것도 고려시대 백성들의 마음에 가득 차 있는 국인의식을 반영한 것이라고 할 수 있다.

14세기 중반 몽골제국의 세력이 약화되자 고려는 곧 자주성을 회복하게 된다. 반원정책으로 몽골지배하의 제도를 폐지하고, 몽골풍을 일소하며, 친원파를 제거하여 몽골지배의 영향으로 벗어나기 위한 조치를 취하게 된다.

---

[367] 고려사절요, 16권, 17권

## 5. 조선시대

　　조선시대에는 한국 역사상 그 어느 때보다 중국의 영향을 많이 받았다. 이것은 먼저 과학이 발전함에 따라 국가와 사람들의 활동영역이 넓어져 사회적인 측면에서 국가 간의 거리가 가까워지게 되었기 때문이다. 또한 고려시대에 몽골이라는 강대국의 지배를 받은 이후에 국가의 기백이 죽어 약소국으로서의 자기 인식 속에 강국을 더 많이 의식하고 타협적으로 된 데 있다. 그리고 조선이 건국될 당시에 중국의 세력은 강한 반면 한반도의 세력은 약했다는 점, 초기 왕권수립과정에 있어서 역성혁명을 하게 된 태조가 명의 영향력을 의식하여 조선이 극도로 저자세를 취한 상태에서 명나라와의 국가관계가 시작되었다는 점들도 그 원인으로 작용하였다.

　　한국사회의 특징적인 것 중의 하나는 친족사회라는 점이다. 한국은 세계에서 유례가 없을 정도로 정교하게 족보를 정비하고 있다. 한국의 사람들은 고대 삼국시대의 조상에서 시작하여 모든 사람의 계보를 기록하여 모두 혈연으로 파악하고 있다. 씨족사회적인 전통이 철저히 지켜지고 내려오면서 친족적인 유대관계가 어느 나라보다 강한 사회였다. 이러한 전통은 조상과 혈통을 중시하는 유교적 가치관 속에서 조선시대에도 철저히 지켜져 왔다. 유동성이 작은 사회였으므로 이러한 혈연을 기초로 형성된 지연적 유대관계도 강할 수밖에 없었다. 그래서 집성촌이 많았고, 지역적으로는 향약을 통해서 마을공동체를 형성하여 공동체 의식이 강하게 형성되어 있었다.

　　이전과 마찬가지로 조선시대에도 왜란과 호란을 비롯하여 많은 외침이 있었다. 외침을 받을 때마다 각지에 의병이 일어나고 나라수호를 위한 국인주의가 강하게 일어났다. 임진왜란은 일본이 철저하게 준비하고 행한 침략에 대하여 조선은 무방비로 있다가 치른 전쟁이다. 일본군은 전술을 연마한 군인이었지만 이에 맞서는 조선의 대항군은 민간인들이나 다름없었다. 조선은 군사가 부족하였고 무기나 훈련에 있어서 전혀 전쟁을 할 수 있는 준비가 되어 있지 않았다. 그래서 일본군을 맞아 관군은 쉽게 무너졌지만 그 이후에 민간인들에 의한 군사들이 보충되고 전국에 의병이 일어남으로써 일본군을 막을 수 있었다. 특히 의병은 전국 각지에서 산발적으로 공격하고 일본군의 보급로를 차단하여 일본이 계획한 대로 전쟁을 수행하기 어렵게 만들었다. 이들 의병은 승려나 향촌의 선비, 유생, 노비 같은 사람들로 왕과 관계가 있거나 권력에 연연해하는 사람들이 아니었다.

가장 먼저 의병을 일으켰던 곽재우만 보더라도 경남 의령에 살던 선비로서 벼슬에 나가지 않고 시골에 살던 사람이었다. 임진왜란이 일어나자 그는 노비 10명과 함께 의병에 나섰고, 곧 주변의 사람들이 합류하여 곽재우는 2,000여 명에 이르는 대부대를 이끌며 큰 활약을 하였다. 그는 정암진전투, 진주성대첩을 비롯한 여러 전투에서 왜군을 무찔렀다. 하지만 그가 의병을 일으키자 정부에서는 민간인의 신분으로서 허락 없이 무장집단을 만들었다 하여 범법자로 몰기도 하고, 전후에는 선조의 노여움을 사서 전라도 영암으로 귀양을 가기도 하였다. 그가 2여 년간 귀양을 간 것은 정유재란이 끝난 후 벼슬을 받고 한양에 갔으나 조정 대신들의 무능과 대립에 환멸을 느껴 왕의 허락도 없이 낙향해버렸기 때문이다. 그가 목숨을 걸고 전장에 나선 것을 두고 왕에 대한 충성심으로 그랬을 뿐이라고 말해서는 안 된다. 이런 면에서 이순신 또한 마찬가지였다. 왜적을 무찌르는데 가장 큰 수훈을 세운 이순신 같은 사람도 선조는 그를 모함하는 사람들과 한편이 되어 그를 옥에 가두고 고문하였다. 그럼에도 불구하고 무엇 때문에 이순신은 백의종군하고 전쟁에서 목숨을 바쳤을까? 이순신의 난중일기를 보면 나라와 백성에 대한 생각이 절절하다. 그래서 전근대기의 왕정에서는 사람들의 충성은 왕을 위한 것이며 나라에 대한 것이 아니어서 내셔널리즘이 아니다라고 하는 주장은 옳지 않은 것이다.

그리고 병자호란에서도 숭명사대로 여진의 침략을 불러들인 우를 범하기는 하였지만 이를 막연한 숭명으로만 생각하고 비웃는 것은 올바른 판단이 아니다. 당시 중화주의는 하나의 정치적인 이념이거나 힘에 의한 복종이라기보다는 하나의 문화로서 세계질서였다. 명을 따르고 여진을 무시한 것은 막연하게 명을 추종한 것이 아니라 문명의 명을 버리고 야만의 여진을 따를 수 없다는 것이었고, 유교적인 문화 속에서 문화국가로서 도리를 다한다는 것이었다. 이는 문화국가로서의 자부심에 의한 것이었고, 일종의 문화적 국인주의였던 것이다. 명이 망한 뒤에 조선이 중화가 되었다는 소중화주의도 이렇게 해서 나온 것이다.

1866년 병인양요, 1871년 신미양요로 이어지면서 일본과 서방국가들에 의해서 침입과 약탈을 당하게 되자, 외세의 침략을 물리치고 우리 고유의 것을 지키고자 하는 의식이 일어나면서 유학자들을 중심으로 위정척사운동이 일어났다. 위정척사(衛正斥邪)는 정학(正學)을 지키고 사학(邪學)을 물리친다는 뜻으로, 정학은 성리학이고, 사학은 서양 기독교다.[368] 1860년 최제우는 서양 기독교의 서학에 대항하여 동학을 세우게 되는데, 그 교세

---

[368] 위정척사운동은 성리학을 신봉하는 보수적인 유학자들을 중심으로 형성되었다.

가 확대되어 1894년 동학교도와 농민들이 합세하여 무장봉기함으로써 동학농민혁명으로 발전하게 되었다. 동학농민혁명은 봉건적인 사회를 개혁함과 동시에 척양척왜(斥洋斥倭)로 외국의 세력을 몰아내어 안민과 보국을 지향한 민의를 바탕으로 한 국인주의 운동이었다.

1895년 을미사변 이후 일본의 무력에 의한 국권침해가 노골화되자 전국 각지에서 의병들이 일어나게 된다. 의병들은 일본의 한반도 침탈야욕에 대하여 무력으로 저항하게 된다. 그리고 1905년 조선의 외교권이 상실되고, 1910년 병탄당하여 일본의 통제가 강화되자 많은 사람들이 일본의 침탈에 투쟁하기 위하여 해외로 나가게 된다.

## 6. 일본강점기

한국을 강점한 일본은 무력으로 가혹한 탄압을 자행하였으며, 한국의 민족문화를 말살하고 국가적 기반을 없애기 위하여 역사의 자취를 없애고 역사를 왜곡하였다.

일본의 지배하에 들어가면서 한국인들의 국인의식은 더욱 강화되었다. 한국사람들은 일제의 통치로부터 벗어나기 위하여 한편으로는 무력을 통하여 독립을 되찾으려는 투쟁을 하였고, 다른 한편으로는 실력양성을 통하여 독립을 준비하려는 애국계몽운동을 하였다. 박은식, 신채호와 같은 지식인들은 나라의 정신을 잃지 않도록 하기 위하여 한국의 역사를 환기시키고, 나라의 뿌리로서의 단군을 강조하고, 나철 등은 대종교를 창건하기도 하였다.

1919년 3월 1일, 전국 각지에서 국권회복을 위한 민중시위가 대대적으로 일어나게 되었다. 국내의 한국인은 물론이고 미국, 중국, 일본 등 해외의 동포들도 함께하였다. 박은식의 『한국독립운동지혈사』에 의하면, 3.1운동은 약 200여만 명이 참가하여, 일제의 무력진압으로 7,509명이 사망하고, 15,850명이 부상하였으며, 45,306명이 체포되었다. 평화로운 시위에 대한 일본군의 학살과 만행이 알려지면서 전 세계에서 일본의 잔학성을 규탄하였다. 3.1운동을 계기로 세계의 이목과 무단통치의 한계를 느낀 일본은 문화통치로 바꾸게 되었다. 일본은 학술, 예술, 언론, 출판 등 새로운 문화를 도입하고 장려하면서 교묘하게 사람들을 유인하고 포섭하면서 조선사람들을 일본에 동화시키는 정책을 시행해 나갔다. 3.1운동 이후 독립에 대한 의식이 강화되기도 하고, 국내에서 독립운동이 어려워지게 되어 중국 상해에 대한민국 임시정부를 수립하는 등 중국, 미국 등 해외에서의 독립운동이 강화되었다.

일본정부는 내선일체라하여 일본과 조선은 하나가 되었다고 하였지만, 일본사람의 입장에서나 조선사람의 입장에서나 차별이 있을 수밖에 없었다. 한 예로, 일본사람들은 불량한 조선사람들이라 하여 불령선인이라는 말을 지었으며, 1923년 관동대지진이 일어났을 때 불령선인들이 방화를 했다며 조선인들을 학살하였다. 원하지 않는 강제병탄을 겪은 한국인들은 일본의 통치에 겉으로는 따른다고 하더라도 내면적으로 반발심이 강했다. 현실적인 방안으로서 한국사람들은 일본국 내에서 일본민족과 구분되는 민족적인 정체성과 독자성을 찾으려고 애썼다. 지역적 민족적으로 구분되고 그 경계가 분명한 상황에서 자기 집단과 타 집단 간에 경쟁의식이 생기는 것은 당연하다. 더구나 지배하게 된 집단과 지배받게 된 집단이 분명하고, 지배받는 집단이 차별과 모욕을 당하는 상황이라면 이러한 의식은 강할 수밖에 없다. 그래서 한국사람들은 일본사람들보다 열등한 사람들이 아니라는 것을 확인하려는 마음이 간절했다. 한국인들이 일본인들을 이기거나 우수한 실력을 드러낼 때마다 사람들은 환호하고 자랑스러워하였다. 일본지배 초창기 1910년-1920년대에서는 엄복동, 안창남과 같은 사람들을 보면서 조선인들은 열광하였다. "떴다 보아라! 안창남 비행기, 내려다 보아라! 엄복동 자전거"라는 노래가 유행하기도 하였다. 자전거 대회에서 일본선수들을 물리치고 우승한 엄복동은 조선에서 그 인기가 하늘 높은 줄 몰랐으며, 1922년 12월 5일, 안창남이 비행기를 타고 고국으로 돌아온 여의도 백사장에는 이를 보기 위해서 5만여 명의 인파가 몰려 들었다. 그리고 1936년 베를린올림픽에서 손기정선수의 마라톤 제패는 한국사람들에게는 일본에 대한 복수와 같은 것이었으며, 이런 일들을 계기로 하여 한국사람들은 그 긍지를 유지하고 키워나갔다.

　　1920년대 이후 국내에서는 문화적 국인주의가 일어났다. 정치적으로 일본에 속박된 상태에서 한국인들이 할 수 있는 영역에서 최대한 독자적인 활동을 해나가는 것이었으며, 정치적으로 독립을 쟁취하기에 현재 힘이 부족하다는 것을 깨닫고 우선 한국사람들의 실력을 배양하려는 것이었다. 『창조』,『폐허』,『백조』,『개벽』 등의 문예지를 중심으로 문학활동이 활발히 일어나고, 최남선 등은 전통문화를 발굴하였고, 1921년 조선어학회가 결성되고 주시경 등에 의하여 국어를 발전시켰다. 그리고 한국인의 역량을 기르기 위하여 교육운동, 계몽운동, 자치운동이 일어났으며, 우리의 힘을 기르기 위한 민족개조의 주장이 나오기도 하였다. 전국에 학교설립운동이 일어나고 대학을 설립하려는 운동도 일어나고, 또한 억압으로부터의 해방을 기치로 하는 자유주의 사고가 확산되면서 노동자, 농민, 여성, 하층계급 등 사회적 약자의 처지 개선을 위한 운동들이 일어났다. 그리고 우리 물산장려운동으로 1920년 조선물산장려회가 설립되는 등 한국인의 경제적인 능력을 배양하기 위하여 우리 물품을 사용하고 우리 기업을 육성하기 위한 운동이 일어났다.

다른 한편으로는 정치적인 운동으로서 사회주의운동이 일어났다. 1917년 러시아혁명과 1919년 제3인터내셔널(Comintern) 창설로 세계에 사회주의 이념이 확산되면서 한국에도 사회주의 사상이 생겨나게 되었다. 3.1운동의 실패 이후 새로운 돌파구를 찾아야 하는 상태에서 일본의 자본주의 유입으로 노동자계급이 형성되고, 일제의 농촌수탈로 소작쟁의들이 발생하면서 사회주의 사상이 확산되었다. 그 결과 1925년 조선공산당이 결성되었고, 1927년에는 민족주의자와 사회주의자들이 연합하여 신간회를 결성하였다. 그러나 1930년대 이후 일제의 탄압이 강화되어 반일사회활동을 하던 신간회가 해체되고, 농촌계몽운동을 비롯한 민족운동이 약화되었다. 노동자, 농민들의 사회주의 반일항쟁이 계속되기는 하였지만 국내에서 민족주의운동이 어려웠기 때문에 사람들은 만주로 가서 반일무력항쟁을 하게 되었다.

일본은 한국인들을 일본의 신민으로 만들기 위하여 총력을 기울였다. 한국의 통치에 한국인들을 활용하면서 일본에 우호적이고 협조적인 한국사람들에게 인센티브를 제공하고, 일본에 적대적이거나 비협조적인 사람들은 가혹하게 탄압하면서 사람들을 일본 쪽으로 이끌어 갔다. 그래서 사회 어디에서든 제대로 된 역할을 하기 위해서는 친일을 하지 않으면 안 되었다. 이런 환경에서 시간이 감에 따라 사람들은 점점 더 많이 일본을 받아들이게 되었다. 1930년대 후반 이후, 일본이 대륙침략을 본격화하고 태평양전쟁을 수행하게 되면서 많은 사람과 물자를 한국에서 동원하게 되었다. 그리고 일본은 무지막지하게 한국인들을 압박하게 된다. 한국 고유의 문물을 말살하고, 일본제도에 맞추게 하고, 일본어를 사용케 하고, 일본이름으로 창씨개명을 하는 등 인류사에 찾기 드물 정도로 반인륜적인 강압통치를 하게 되었다. 이러한 작업에 일본은 먼저 사회지도층 사람들을 포섭한 뒤, 이들로 하여금 일반 대중들을 친일로 이끌도록 하였다. 이러한 시간이 계속되자 많은 한국사람들이 일본의 의도대로 동화되어 갔다.

여기에 또 하나의 요인으로 한국사람들이 일본에 많이 동화된 데에는 일본이 수행한 대외전쟁의 영향이 컸다. 어느 집단이든지 외부집단과 큰 갈등을 갖게 되면 내부적으로 단합하게 된다. 비록 일본의 강압에 의하여 같은 나라 사람으로 되어 있는 상태였지만 일본이 중국의 영토를 지배해 나가고 동양을 지배하던 서양사람들을 쳐부수는 모습을 보면서 자신도 모르게 일본이라는 국가집단에 동참하게 된 것이다.

이때의 한국사람은 일본의 국민인 동시에 조선민족이라는 정체성을 갖고 있었다. 그래서 국가 내에서 일본민족에 뒤지지 않는 조선민족이 되기 위하여 일본을 위하는 일들을 하였다. 친일인사로 유명한 사람들 중에는 그 이전에 독립운동을 열렬히 한 사람들도 많았다. 문인들을 보면 「2.8독립선언서」를 쓰고 대한민국 임시정부에도 참여했던 이광수나 「기미독립선언문」을 기초한 최남선을 비롯하여 많은 사람들이 일본천황과 일본국을 위하는 친일행위를 하였다. 일제의 지배가 길어지면서 변절한 것이다. 해방 후 이광수는 『나의 고백』에서 자신은 민족주의자이며 [369] 친일을 한 것은 조선민족이 일본의 민족차별에서 벗어나고 일본으로부터 더 나은 대우를 받도록 하기 위해서 그랬다고 하였다.[370] 그리고 최남선이나 최린도 같은 입장이라고 하고,[371] 조선인 일본관리를 비롯하여 일본을 위하여 일한 대부분의 사람들이 조선민족을 위하는 마음이었다고 하였다.[372] 그가 일본국 내에서 조선사람 지도층으로서 자기 나름으로 조선민족을 위해서 살았다는 말이 완전히 거짓이라고 할 수 없으며, 민족주의자였던 것도 부인하기 어렵다. 그는 일본이라는 국가를 위하였고, 또 조선민족이라는 민족을 위하였던 것이다. 하지만 조선사람들이 자신의 나라를 갖고 살아가는 길에 몹쓸 짓을 하였다.

그런데 해방 후 그는 "반민족행위처벌법"에 의하여 구속되었다. 민족주의자가 반민족행위자라니! 여기에서도 민족이라는 잘못된 말로 인해 말과 생각이 헝클어지게 됨을 알 수 있다. 그는 조선이라는 국가에 반역하는 일을 했지, 조선민족의 이익에 반역하는 일을 하지 않았다. 여기에 더 깊은 논의가 필요하겠으나, 죄의 행위는 당사자가 어떻게 인지하고 그 행위를 하였는가가 핵심인데, 그의 주장을 보더라도 적어도 그가 민족의 이익을 해한다고 인지하고 그런 행위를 하지는 않았을 것으로 생각할 수 있다. 그렇다면 법의 이름 자체가 "반민족행위처벌법"이 아니라 "반국인행위법"이라든지 "반국가행위법"이라고 했어야 옳

---

[369] 이광수, 1948. pp.169-170
[370] 이광수, 1948. pp.172-179
[371] 이광수, 1948. p.178
[372] 이광수, 1948. pp.202-204

았던 것이다.[373] 죄와 벌의 논리관계가 분명해야 하고, 그 논리관계는 말로 이루어지는 것인데, 말이 이래서는 사람들의 생각이 명쾌해질 수 없고, 결국 정의는 멀어지고 사회는 혼탁하게 되는 것이다.

---

[373] "반민족행위특별조사위원회"도 마찬가지다.

1. 대한민국의 국인주의
2. 한국의 내셔널리즘 체제
3. 국내 외국인과 해외동포

# 1. 대한민국의 국인주의

## 1] 정치적 이념적 측면

### [1] 신생 독립국 내셔널리즘

새로 독립한 국가들이 대부분 그러하듯이 해방 후 건국된 대한민국에서도 국인주의가 매우 강하였다. 일본지배하에서의 참혹한 상황을 되새기며 지난날 일본의 지배하에 들어갈 수밖에 없었던 상황에 대한 반성과 앞으로 좋은 나라, 강한 국가를 만들겠다는 생각에서 국력통합의 이념이 강하게 작용하였다.

해외에서 독립운동을 하던 사람들이 국내에 돌아와서 나라와 민족에 대한 사랑과 국가건설에 대한 생각들을 알리면서 사람들의 국인주의를 강화시켰다. 이승만, 김구, 이범석 등 많은 지도자들이 국가에 대한 비전을 제시하였는데 대부분 혈통 중심의 민족주의를 근간으로 하고 있었다. 초대 대통령이 된 이승만은 국민 모두가 하나되는 이념으로서 일민주의(一民主義)를 제창하였다. 일민(一民)은 영어에서 one nation에 해당되는 말이었다. 일민주의의 구체적인 내용은 같은 혈통, 같은 운명의 공동체를 기초로 남녀 간, 지역 간 차별 없이 국민 모두가 평등한 가운데 풍요와 복리를 누리고 대다수 민중이 높은 대우를 받는 국가를 만들어 간다는 것이다. 이러한 가운데 분단이 되고 6.25사변으로 국가적인 위기를 겪게 되면서 공산세력의 위협으로부터 나라를 지켜야 한다는 국인주의가 강하게 일어나게 되었다.

### [2] 국가주의 내셔널리즘

한국은 서구문명을 도입하고 근대화를 이룩하는 시기에 일본에 의하여 강점되었기 때문에 서구의 문물과 함께 일본의 것들도 들어왔다. 일본 통치기간 중 일본의 것을 워낙 많이 강요하였고 갑자기 해방되었기 때문에 해방 이후에도 일본의 잔재는 많이 남게 되었다. 북한의 파시즘적 독재, 남한의 권위주의정권 독재의 정치문화가 형성된 것에는 일본의 황민주의, 군국주의 파시즘의 영향이 컸다. 해방으로 새로 국가가 수립되면서 이전 일본에서 운영하던 제도와 행정을 이어받을 수밖에 없었다. 행정제도, 사법제도, 교육제도, 군대문화, 기업문화 등 사회 전반의 영역에서 일본 통치의 영향을 받았다. 그래서 내셔널리즘 영역에서도 일본의 군국주의, 국가주의 내셔널리즘을 본받게 되었다.

1968년 한국정부는 "국민교육헌장"을 공표하여, 이를 초중고 모든 교과서 첫 장에 싣고, 학생들뿐만 아니라 국민들도 암기하도록 하였다. 그리고 이 국민교육헌장을 발표한 12월 5일을 기념일로 정하여 매년 암송대회를 하거나 이에 대한 행사를 함으로써 국민들의 가슴에 간직하도록 하였다. 이는 1890년 10월 30일, 일본에서 메이지 일왕이 발표한 교육칙어(敎育勅語)와 같은 성격의 것이었고, 또 황국신민서사와[374] 같은 형태의 것이었다. 황국신민서사는 1937년에 일본이 조선사람들로 하여금 암송하게 한 일본 천황의 백성으로서의 충성맹세였다. 국민교육헌장의 내용에는 "반공 민주 정신에 투철한 애국 애족이 우리의 삶의 길이며 … "라고 하고 있다. 국가주의, 민족주의, 반공주의 사상을 주입시키고 있는 것이다. 또 1972년부터 "나는 자랑스런 태극기 앞에 조국과 민족의 무궁한 영광을 위하여 몸과 마음을 바쳐 충성을 다할 것을 굳게 다짐합니다"[375] 라는 "국기에 대한 맹세"를 시행하였다. "조국과 민족의 무궁한 영광을 위하여 몸과 마음을 바친다"는 것은 다분히 국가주의적이고 전체주의적이다. 이는 미국에서의 국기에 대한 맹세와 비슷한 것이었는데, 공공행사에서는 국기에 대한 경례를 하면서 국기에 대한 맹세를 하였다. 일반 공공행사는 물론이고 영화관에서 영화를 볼 때에도 상영 전에 관객이 모두 일어서서 애국가와 함께 국기에 대한 맹세를 하고 영화를 보았다.

### [3] 반일 내셔널리즘

일본의 억압으로부터 해방이 되자 그동안 억눌려 있던 반일 감정이 솟구쳐 나왔다. 한국을 지배하고 있던 일본인들은 야반도주로 한반도에서 빠져나갔다. 일본에 부역하던 한국인들도 조용히 숨어들어 상황추이를 엿보고 있었다. 정부수립 후 일본통

---

[374] 조선총독부 학무국 촉탁으로 있던 이각종이 문안을 만들었고, 학무국 사회교육과장 김대우가 집행한 것으로 알려져 있다.
[375] 이 국기에 대한 맹세는 2007년에 "나는 자랑스러운 태극기 앞에 자유롭고 정의로운 대한민국의 무궁한 영광을 위하여 충성을 다할 것을 굳게 다짐합니다."로 개정되었다.

치의 잔재를 털어내기 위한 조치들이 이루어지게 되고, 1948년 9월 반민족행위처벌법이 공포되어 일제하에서 일본에 부역한 자들에 대한 처벌에 나섰다. 하지만 사람들은 친일부역자에 대한 처벌이 철저히 이루어지지 못하고 있다는 것에 대한 불만이 많았다. 그리고 한국사회에는 일본의 자취가 많아 그 잔재를 털어내는 일이 쉽지 않았다. 그럼에도 불구하고 짧은 시간 내에 일본의 잔재를 많이 제거한 것은 반일 내셔널리즘이 강하게 작동하였기 때문이다. 일본 제품을 사용하거나 일본 용어를 사용하는 것에 비난하거나 스스로 부끄러워하는 등 나라 전반에 걸쳐서 일본의 것을 배척하는 분위기가 조성되었다.

### [4] 배외 내셔널리즘

해방 후 배외(排外) 내셔널리즘도 강하게 일어났다. 일본이 패퇴하면서 한반도에 소련군이 먼저 들어오게 되었다. 1945년 8월 12일, 소련군이 청진까지 남하하자, 미국은 북위 38도선을 경계로 북쪽은 소련군이 점령하고 남쪽은 미군이 점령할 것을 제의하게 되고, 소련이 이를 수락함으로써 1945년 9월 2일, 일본의 항복과 함께, 38선을 경계로 하여 이북은 소련, 이남은 미국이 접수하게 된다. 해방의 기쁨도 잠시 또다시 외국의 통치하에 들어가게 되었을 뿐만 아니라 분단까지 되자 한국사람들은 크게 실망하게 된다. 1945년 12월 27일, 모스크바 3상회의에서 5년 동안 미국, 영국, 중국, 소련 4개국이 신탁통치를 하기로 결정한다. 이 결정이 있자 국내에서 반탁운동이 격렬하게 일어났다. 반외세 국인주의가 일어난 것이다. 이러한 사람들의 요구를 받아들여 미국은 신탁통치 없이 총선거를 실시하고 외국군은 철수하는 안을 국제연합(United Nations)에 내게 된다. 하지만 여기에 소련이 거부하여 국제연합 소총회는 가능한 지역만이라도 선거를 실시토록 함으로써 1948년 5월 10일, 남한만의 총선을 실시하게 된다.[376] 결국 남한은 미국의 지원을 받아 정부가 수립되고, 북한은 소련의 지원을 받아 정부가 수립된다. 이는 한국인들이 원하는 결과가 아니었다. 하지만 이런 길을 맞이할 수밖에 없었던 것은 강대국들의 이해 때문이었고, 이런 강대국들의 벽에 가로막힐 수밖에 없었다. 이 같은 상황에서 강대국들의 세력다툼 속에서 비극적인 운명을 맞았던 한말의 기억과 함께 외국세력에 대한 반감이 고조되었다. 당시 민간에서는 "소련에 속지 말고, 미국을 믿지 마라. 일본은 일어선다."라는 말들을 하였었다.

### [5] 반공 내셔널리즘

1950년 북한의 기습공격으로 6.25사변이 일어났다. 남한은 나라를 거의 잃을 뻔하였으나 국제연합군의 지원으로 영토를 회복하고, 3년간의 피비린내 나는 전투 끝에 휴전을 하게 된다. 6.25사변 이전에도 1946년 대구폭동, 1948년 여순반란사건, 제주 4.3사건 등 공산주의 세력은 끊임없이 남한의 공산화를 획책하였고, 6.25사변 이후 휴전상황에서도 북한 공산주의의 위협이 끊이지 않았다. 그래서 남한에서는 무엇보다 중요한 것이 공산

---

[376] 1948년 7월 17일에 헌법이 제정되고 정부가 구성되어 1948년 8월 15일에 정부수립이 선포된다. 한편 북한에서는 1946년 8월, 김일성에 의한 북조선 노동당이 창당되고, 1947년 11월, 헌법제정위원회를 구성하여 1948년 9월 9일에 정부를 수립하였다.

주의 세력으로부터 나라를 지키는 일이었고, 이러한 상황에서 반공 내셔널리즘이 강했다.

　　1961년 5.16혁명에서 내건 혁명공약에서 제1항이 "반공을 국시의 제일의로 삼고, 지금까지 형식적이고 구호에만 그친 반공 태세를 재정비 강화한다."였고, 제5항이 "민족적 숙원인 국토 통일을 위하여 공산주의와 대결할 수 있는 실력 배양에 전력을 집중한다."였다. 그만큼 대한민국에 있어서 공산주의는 큰 위협이었던 것이다. 휴전 이후에도 북한의 대남 도발은 끊임없이 이어졌고, 이때마다 남한에서는 북한 공산세력에 대한 성토와 경각심이 일어났다. 1958년 창랑호 납북사건,[377] 1968년 1.21사태,[378] 1968년 푸에블로호 납치사건, 1968년 울진·삼척 무장공비 침투사건,[379] 1969년 대한항공 YS-11 항공기 납치사건,[380] 1974년 광복절 기념식장 대통령 저격사건, 1983년 아웅산 국립묘지 폭탄테러,[381] 1987년 KAL858기 폭탄테러,[382] 1999년 제1연평해전,[383] 2002년 제2연평해전,[384] 2010년 천안함 격침,[385]

---

[377] 김해에서 여의도 공항으로 가던 여객기가 북한 공작원에 의하여 납치되었고, 나중에 승객과 승무원만 돌려보냈다.
[378] 북한 특수부대원 31명이 청와대 폭파와 대통령 암살을 위하여 청와대 부근까지 침투해 들어왔던 사건이다.
[379] 강원도 울진, 삼척 지역에 북한의 무장공비 120명이 침투하여 군경과 전투를 벌인 사건이다.
[380] 강릉에서 서울로 오던 대한항공 항공기가 북한 간첩에 의해 납치되어 나중에 승객과 승무원 중 39명만 귀환되고 12명은 북한에 억류되었다.
[381] 한국의 부총리, 장관 등 17명이 사망하고 14명이 부상당하였다.
[382] 바그다드에서 서울로 오던 KAL기가 북한 공작원이 장착한 폭탄에 의하여 공중폭파되어 승객과 승무원 115명 전원 사망하였다.
[383] 한국 해군 7명 부상당하였다.
[384] 한국 해군 6명 전사하였다.
[385] 한국 해군 46명 전사하였다.

그 외에도 수많은 무장공비 및 간첩침투사건이 있었고, 무수히 많은 납치, 폭파테러, 살해 등과 같은 사건이 있었다. 여기에다 북한은 2006년 핵실험, 2017년 대륙간탄도미사일(ICBM) 발사 등과 같이 치명적 살상무기들로 남한을 더욱 강하게 위협하게 되었다.

남한에 있어서 공산주의 세력의 위협은 국가 존속에 대한 직접적인 위협이자 개개인의 삶에 있어서도 가장 현실적인 위협이다. 그래서 이는 한국사람으로서 가장 중요한 문제이고, 이에 따라 이 반공 내셔널리즘이 내셔널리즘의 큰 부분을 차지하고 있다.

## 2] 대외관계 측면

내셔널리즘을 추동하는 가장 중요한 요인 중의 하나는 다른 국가와의 대립이다. 다른 국가들이 위협적일수록 이에 반응하는 내셔널리즘도 더 커지게 된다. 한국의 경우에는 강국들에 둘러싸여 있기 때문에 이들 강대국들로 인하여 일어나는 내셔널리즘이 작지 않았다.

먼저 러시아는 공산주의 원조국으로 이 땅에 자국 영향력 하의 공산정부를 세우기 위하여 김일성을 앞세워 한반도를 분단시켰다. 그리고 북한에게 민족 상잔의 전쟁을 사주하여 한국인들에게는 용서받지 못할 원수다. 반공의 내셔널리즘 속에는 소련에 대한 적개심도 포함되어 있다. 1983년 9월 1일, 로스앤젤레스에서 서울로 오던 대한항공 007편이 사할린 상공에서 소련군에 의하여 격추당하였다. 영공을 침범하였다 하여 전투기가 민간항공기에 미사일공격을 가한 것이다. 이 사고로 항공기에 탑승한 승객 246명과 승무원 23명 전원이 사망하였다. 이러한 소식을 접하고 희생자 가족뿐만 아니라 한국의 온 사람들이 울부짖었다. 9월 7일, 서울운동장에서는 10만 인파가 운집한 가운데 위령제가 있었다. 여기에서 소련의 야만성을 규탄하고 약소국가의 설움을 되새기며 강국이 되자고 결의를 다졌다.

다음으로 일본이다. 1965년 일본과의 국교정상화를 시도하게 되는데, 반일감정이 남아 있어서, 지식인, 학생, 언론계, 종교계 등 각계 각층에서 반대가 거세게 일어났다. 그럼에도 불구하고 한일협정이 체결되어 이 협정으로 마련한 재원과 일본과의 경제교류가 경제발전에 도움이 되었다. 한국은 산업의 초기발전 전략으로 마산창원수출자유지역 등에서 일본상품을 가져와 조립가공하여 수출하면서 외화를 획득하였고, 일본 또한 이를 통하여 이익을 얻었기 때문에 양국 간에 마찰이 거의 없었다. 그러다가 과거사 문제가 대두되면서 한국에 반일감정이 고조되기 시작하였다. 1980년도 후반 일본이 경제대국이 된 이후 이전의 전쟁책임국으로서 조신하는 태도를 버리고 자신들의 입장을 내세우며 국제사회에서 당당하게 나서는 태도로 전환하게 된다. 지난날의 문제가 드러나지 않게 하려던 지금까지와는 달리, 당당하게 야스쿠니신사에 참배하고, 역사교과서에 자신들의 과거를 변명하고, 일본역사를 미화하는 등 여러 가지로 일본의 내셔널리즘을 표출하게 된다. 한편, 이 시점에 중국이 문호를 개방하여 한중 간에 국교정상화를 하게 되고 경제교류가 증대되면서 한국과 중국이 급속하게 가까워지게 되었다. 한국과 중국은 일본제국주의 피해국으로서 일본의 우경화에 대하여 함께 대응하면서 한국과 중국 동시에 반일 내셔널리즘이 강하게 일어났다. 1990년 이후 일본군 위안부 문제, 강제징용 문제가 대두되면서 일본과의 갈등요인으로 떠오르게 된다. 2015년 12월, 한일 간에 위안보 문제에 대해 합의하였으나 이후 친중성향의 문재인정권이 들어서면서 강제징용에 대한 일본의 배상판결을 하는 등 반일정서를 자극하면서 일본과의 갈등이 격화되었다. 여기에 2019년 7월, 일본이 한국에 대하여 불화수소, 불화폴리이미드, 포토레지스트 품목에 대하여 수출규제를 하면서 한국에서는 반일 내셔널리즘이 비등하였다.

그리고 미국이다. 미국은 대한민국정부 수립을 뒷받침해 주었고, 북한의 공격을 당해 거의 망할 뻔했던 상황에서 유엔군을 이끌고 참전하여 북한군과 중공군을 밀어내고 나라를 되살려낸 나라로서 한국에 있어서 더없이 고마운 우방이다. 그럼에도 불구하고 한말에 카쓰라-태프트 밀약으로 일본의 한국진출을 허용하는 등 미국에 대한 한국사람들의 믿음에 상응하지 않았다는 과거에 대한 기억과 한반도 분단을 제안한 미국의 행위에 대해서 미국에 대한 부정적인 감정이 적지 않다. 그래서 "소련에 속지 마라, 미국을 믿지 마라"는 한국사람이라면 누구나 말하는 경구였다. 또한 미국은 자국 나름의 세계전략 속에서 한국을 대할 수밖에 없기 때문에 그 이해에 있어서 한국과 일치하기를 기대할 수 없다. 예를 들어 한국은 한반도에서 공산세력을 완전히 몰아내고 통일하기를 원했지만 미국은 전쟁 이전 상태로 되돌리기만 하려 하였다. 그래서 다시 분단된 상태에서 휴전을 하고 말았다. 또한 미국은 한국군이 미국의 통제를 벗어날 수 있을 정도로 강한 군사력을 갖는 것도 원치 않기 때문에 한국이 고성능 미사일이나 핵무기 같은 것을 개발하는 것에 대해서 통제한다. 이렇게 미국 국익의 벽에 부딪치게 되는 한국인들은 나름 내셔널리즘이 생기게 되는 것이다.

여기에 경제적인 측면에서 이해대립이 종종 일어났다. 1960

년-1970년대에 세계적으로 종속이론(dependency theory)이 유행하였다. 경제에 있어서 후진국들은 선진국들에 종속되어 있다는 것이고, 이런 상황에서 후진국은 선진국에 착취당하여 경제발전을 이룰 수 없다는 내용이다. 이 같은 주장에 영향을 받아 한국에서도 미국과 같은 선진국에 경제적으로 수탈당한다는 생각을 갖는 사람들이 많았다. 그런 도중에도 한국은 미국이 제공하는 시장을 활용하여 수출주도정책으로 급속하게 경제발전을 해 나갔다. 그런데 미국에 국제수지 적자 문제가 심각하게 대두되면서 자국에 국제수지 흑자를 시현하는 국가들에 대하여 통상압력을 가하게 되는데, 1980년대 후반부터 한국도 그 대상국이 되어 통상압력을 받게 되었다. 그리고 1990년대 초에는 중국의 개방으로 경제교류가 많아지고 북한과의 화해분위기가 조성되었다. 이러한 상황에서 한국에 민주화운동이 확대되어 가면서 학생, 노동자, 체제불만자 등을 중심으로 반자본주의적인 성향, 친북성향, 친중성향의 사람들이 세력화하면서 반미정서를 확대해 나가게 된다. 한국이 일방적인 흑자인 상태에서 무역수지 균형을 맞추기 위하여 미국의 요청에 따라 미국에 대하여 농산물, 소고기 등을 개방하게 되자 이들은 반미운동에 적극 나서게 된다. 또한 경제통합의 세계적인 추세에 따라 한국이 미국과 자유무역협정을 체결하게 되자 이에 반대하며 반미시위가 일어나고 반미 내셔널리즘이 표출되었다.

다음은 중국이다. 1950년 10월, 중국군이 북한을 도와 한국전쟁에 참전하였다. 한국군과 유엔군이 북진하여 북한세력을 거의 궤멸시킬 수 있는 상황에서 느닷없이 중국군이 밀고 내려옴으로써 자유통일은 좌절되었다. 대규모의 중국군의 참전으로 인해 전쟁은 길어지고 이 땅의 많은 사람들이 피를 흘리지 않으면 안 되었다. 적국이였던 중국이었지만 1992년 한국은 중국과 수교를 하게 되고 많은 경제교류를 바탕으로 급속히 가까워지게 되었다. 공산주의 폐쇄경제를 운영하다가 1970년대 말 경제개방을 하게 된 중국은 한국으로부터 자본주의 시장경제체제와 산업기술을 배우기 위하여 한동안 한국에 깍듯이 대하였다. 이러한 가운데 우호적인 분위기에서 양국관계가 순조롭게 발전하였다. 하지만 중국경제가 성장하고 기술수준도 어느 정도 발전하게 되어 한국으로부터 가져갈 것도 별로 없게 되자 중국의 태도는 돌변하였다. 자국 경제발전에 기여도가 낮은 한국기업들은 퇴출시키고, 자국의 큰 시장을 내세워 기업들 길들이기를 하기 시작하였다. 국가적으로도 대국과 소국 관계에서 자국을 대국으로 대우할 것을 요구하였다. 2016년 사드(THAAD)사태가 발생하였다. 한국이 북한의 미사일에 대비하여 한국 땅에 설치한 사드에 대하여 문제 삼고 중국 내에 반한정서를 일으켰다. 중국은 사람들을 동원하여 반한규탄대회와 반한시위를 하고 중국 내 한국사람들을 위협하였다. 그리고 한국상품을 파괴하고 불매운동을 하고, 중국에 진출한 한국기업들에 제재를 가하고, 한국관광을 금지하고, 소위 한한령(限韓令)이라 하여 한국에서 제작한 콘텐츠나 한국연예인 출연물과 광고물의 송출을 금지시키는 등 한국에 대하여 노골적인 제재를 가하였다. 중국의 이런 행동은 주권을 존중하는 국가 간에 일어나기 힘든 일이었을 뿐만 아니라, 문명사회에서 보기 힘든 일이었다. 이런 소식을 접하고 한국에서 반중국 내셔널리즘이 생기는 것은 자연스러운 일이었다. 이후에도 중국은 한국인 심기를 건드리는 갖가지 침해적 행위를 함으로써 한국사람들의 내셔널리즘을 자극해 오고 있다.

## 3] 경제 측면

식민착취로 가난에 시달리다가 해방 후에는 전쟁까지 겪으면서 사람들은 극한의 빈곤 속에서 미국원조에 의지하여 살았다. 국가적인 자존심은커녕 열등의식이 가득하였다. 이런 상황에서 5.16혁명이 일어났다. 혁명정부가 국가재건의 기치를 내걸고 경제발전에 시동을 걸자 국민들이 적극 참여하여 열심히 일하면서 경제발전을 이루어 나가게 된다. 자본도 기술도 없는 개발도상국으로서 산업을 정착시키기가 매우 어려웠음에도 불구하고 산업화에 성공하였다. 여기에는 국민들의 잘사는 나라를 만들자는 마음이 원동력이 되었다. 사회 전반적으로 국산품을 사용해야 한다는 분위기가 있었고, 근면 성실하게 열심히 일해서 가난에서 벗어나야 한다는 분위기가 있었다. 한국은 관세와 무역에 관한 일반협정(GATT) 제18조[386] 개발도상국 특혜규정을 활용하여 외국산 상품의 수입을 제한하여 국내에서 시장을 확보하는 한편, 수출할 수 있는 것은 모두 수출하여 외화를 획득하고 이를 산업설비에 투자함으로 경제를 고도화시켜 나갔다. 한국은 부족한 자본을 조달하는데 있어서, 외국자본의 국내 직접투자유치의 방법보다는 주로 차관의 형태를 취함으로써 경제성장의 열매가 해외로 유출되지 않도록 하였고, 이는 국내 자본축적과 경제성장에 큰 도움이 되었다. 강한 경제 국인주의 기조 속의 경제운영이 경제발전에 효과를 준 것이다.

그러다가 1997년 IMF사태를 맞으면서 자본시장 개방을 강요당하게 된다. IMF사태로 한국경제는 큰 위기를 맞게 되었다.

---

[386] GATT 제18조는 개발도상국에 한하여 특정 산업 형성이나 국제수지 목적으로 수입을 제한할 수 있도록 한 규정이다.

수많은 기업의 도산, 대규모 근로자 실직과 함께 한국사회는 큰 충격을 받게 되었다. 위기의식은 한국인들에게 내셔널리즘을 불러 일으켰다. 이 경제위기를 타개하기 위하여 국가 내 모든 사람들이 적극 나섰다. 금모으기운동은 이에 대한 하나의 예이다. 금모으기운동은 351만 명이 참여하여, 227톤의 금을 모아 약 18억 달러의 외환을 확보할 수 있었다. 이 운동은 외환확보 자체에 대한 것보다는 국민들이 애국심을 발휘하여 국민 상호 간에 단합하는 분위기를 만들어 내었다는 데에 더 큰 의의가 있었다. 이렇게 하여 당초 일정을 앞당겨서 IMF차입금을 상환하고, 당시 IMF사태를 맞은 여러 국가들 중에서 가장 먼저 IMF사태로부터 벗어났다. IMF사태를 통해서 한편으로 만만치 않은 국제관계의 냉엄한 현실을, 다른 한편으로는 국민들이 공동의 운명을 맞게 되는 현실을 실감하게 된다.

미국, 일본, 중국 등 개별 국가와의 관계에서 국가들과의 통상마찰로 인하여 국인주의를 자극하는 일들이 많았는데, 이는 이미 앞에서 언급한 바와 같다. 최근에 중국의 경제가 비대해지고 일본의 경제는 상대적으로 약화되면서 동아시아 한, 중, 일 삼국 간에 경제적으로 각축을 벌이고 있는 형국이다. 또한 최근 미국의 국인주의 영향으로 세계적으로 국인주의가 강화되면서 한국에서도 경제 국인주의가 강화되는 추세에 있다.

### 4] 문화 예술 체육 측면

한국인은 감성적인 사람들이다. 감각이 발달되어 있고 감정이 풍부한 것이 한국인의 한 특성이다. 고서에도 고대 한국인에 대하여 속희가무(俗喜歌舞)의 풍속을 기록하고 있는 것을 보면 원래 이 방면으로 타고난 사람들이라고 할 수 있다. 그래서 오늘날에도 한국인들은 음악, 체육, 예술 등을 좋아하며, 한국인 중에는 이 분야에 세계적으로 두각을 나타내는 사람들이 많다.

　해방이 되자 한국이라는 이름으로 국제무대에 나서게 되니 곧 한국인들이 세계의 관심을 받게 되었다. 이러한 상황에서 한국인들이 자부심을 갖게 된 것은 당연하다. 그래서 세계무대에서 한국인이 두각을 나타낼 때마다 사람들은 함께 기뻐하였다. 식민지 시절 열등국민으로 억눌려왔던 기억을 뒤로 하고 이제 선진국 강대국 사람들을 이기는 자신들을 생각하면 한편의 역전 드라마와 같은 것이었다. 이는 일찍이 일제하에서도 이러한 상황이 더러 있었다. 가장 대표적인 것은 손기정의 올림픽 마라톤 제패였다. 그러다가 해방이 되어 한국의 이름으로 국제무대에 나서서 나라의 이름을 세계에 드높이게 되니 그 기쁨이 더욱 커지게 된 상황이다. 특히 체육분야는 온 국민의 관심과 마음이 쏠렸다. 체육은 일반 대중들과 가까운 거리에 있고 승패를 가늠하는 것이어서 사람들이 몰입하게 된다. 1947년 제51회 보스턴 마라톤 대회에서 서윤복 선수가 태극기와 KOREA라는 나라 이름을 가슴에 달고 우승했다. 그것도 세계 신기록이었으며, 동양인 선수로는 처음이었다. 그리고 정부가 수립되자마자 참가하게 된 1948년 제14회 런던올림픽에서 동메달 2개를 땄다. 역도에서 김성집 선수와 복싱에서 한수만 선수가 동메달을 획득하였다. 세계에는 독립한 지 수십 년이 되어도 메달 하나 따지 못하는 나라들이 수두룩한데, 신생국으로서 올림픽에 참가하자마자 메달을 딴 것이다. 그리고 1976년 제21회 몬트리올올림픽에서 양정모 선수가 레슬링 종목 금메달을 획득하였다. 실로 대단한 일이 아닐 수 없다. 1966년 김기수 선수가 한국 최초로 세계복싱협회(WBA) 주니어 미들급 챔피언에 올랐고, 이후에 1974년 홍수환 선수를 비롯하여 수많은 선수들이 세계 챔피언의 자리에 올랐다. 그리고 일본에서 활약했던 세계 프로레슬링 챔피언 역도산[387], 김일 같은 선수들이 한국사람들의 자존심을 세워주었다.

 국제적으로 중요한 경기가 있으면 전국민이 라디오로 중계방송을 들었고, 이기게 되면 대통령이 직접 전화를 걸어 치하하였다. 대통령도 보고 있었다는 것이고, 이는 선수 혼자 시합하는 것이 아니라 전 국민이 함께 시합을 했다는 것이 된다. 이렇게 외국에 나가 한국의 이름을 빛낸 선수나 문화 예술인이 귀국하게 되면 카퍼레이드로 시가행진을 하였고 길가에 수많은 인파가 몰려나와 박수를 보내고 환호를 하였다. 이런 행사를 후진국적인 것으로서 부정적으로 볼 것은 아니다. 이런 일을 계기로 국민적 단합을 꾀하고 국력을 신장시키는 것은 세계 어느 나라에서나 있는 일이다. 지난 2012년 영국은 자국에서 개최한 올림픽에서 메달순위 3위의 좋은 성적을 거두자 올림픽개최 성공과 자국 선수들의 선전을 축하하기 위한 시가행진을 하였다. 거리를 가득 메운 100만 명의 시민과 관광객 환호 속에 영국 선수단은 2시간 동안 도심을 행진하였으며, 하늘에는 영국 공군의 축하 비행을 하였고, 각종 기념공연이 이어졌다.

 그리고 1988년 한국은 서울에서 제24회 하계올림픽을 개최하게 된다. 서울올림픽은 아시아에서는 1964년 일본 도쿄올림픽에 이어 두 번째였다. 여기서 한국은 금메달 12개로 종합 4위에 올랐다. 세계의 수많은 강국, 수많은 선진국들 다 제치고 소련, 미국, 동독 다음으로 대한민국이 자리한 것이다. 게다가 서

---

[387] 본명은 김신락이다. 재일교포로서 일본 프로레슬링계의 대부였다.

울올림픽은 역대 최다의 국가가 참가하였으며 이념이나 인종 간의 갈등과 불화를 극복하고 평화와 화합을 이루어낸 최고의 올림픽으로 평가되었다. 많은 한국사람들이 자원봉사에 나섰으며 성숙한 국민으로서의 품위를 보인 가운데 올림픽을 치러냄으로써 이제는 우리도 선진국이 되었다는 자부심을 갖게 되었다.

그리고 2002년에 한일 월드컵이 있었다. 여기에서 지금까지 월드컵에서 16강까지 올라간 적도 없는 한국이 준결승까지 올라갔다. 마침 1997년 IMF외환위기를 겪으면서 음울한 시간을 보내고 있던 한국사람들의 울분이 여기서 폭발하였다. 수많은 사람들이 전국 곳곳에 거리로 나와 필승 코리아를 외쳤다. 이때 한국사람들이 하도 많이 모여 열정적으로 응원하는 것을 보고 세계가 놀라 연일 뉴스보도를 하였다. 그 외에도 한국의 여자양궁은 수십 년 동안 다른 나라의 추종을 불허하는 독보적인 자리를 차지하고 있으며, 여자골프도 한국인 선수들이 세계를 휩쓸고 있다. 개별 선수들로서는 축구, 야구, 골프 등 다양한 종목에서 수많은 선수들이 두각을 나타내었고, 이를 때마다 한국인들은 이들을 응원하고 이들의 영광을 자신의 것으로 삼으면서 나라와 자신을 일치시켜 왔다.

그리고 체육 외의 다른 문화영역에서도 한국사람들의 활약은 두드러졌다. 해방 이후 음악, 미술, 예술을 비롯한 다양한 문화분야에서 우수한 재능과 역량으로 세계의 찬사를 받은 한국인이 수없이 많았다. 특히 최근에는 한국의 음악, 드라마, 영화 등이 세계에서 큰 인기를 얻고 있다. 한국의 문화 콘텐츠들이 세계의 많은 국가들에서 폭발적인 인기를 누리면서 소위 한류라는 한국문화유행현상을 만들어 내기도 하였다. 1990년대 이후 문화상품의 국제적인 교류가 증가하면서 한국의 대중문화상품들이 세계로 진출하게 되는데, 한국의 드라마들이 아시아 여러 국가들에서 큰 인기를 누렸고, 한국의 대중음악 또한 큰 인기를 얻으면서 시작된 한류는 이제 전 세계인이 소비하는 문화로 되었다. 많은 한국의 작품과 예술인, 연예인들이 전 세계 사람들의 사랑을 받게 되면서 한국에 대한 이미지도 크게 좋아지게 되었다. 이에 따라 한국인들의 긍지와 자부심이 더 한층 커지게 되었다.

### 5] 정체성 측면

남한은 해방 후 정부가 수립될 때까지 미군정하에 있었고, 특히 6.25사변 이후 미국에 크게 의존하게 되었다. 군사적으로 뿐만 아니라 경제적으로도 미국의 원조에 크게 의존하게 되었다. 1954년에서 1962년 사이 한국정부의 재정수입의 75.3%가 미국의 원조였다.[388] 이런 상황에서 문화적으로도 미국의 문화가 많이 유입될 수밖에 없었다.

일제시대에는 일본인들에 의하여 한국의 전통문화가 파괴되었고, 이제는 미국의 문화가 물밀듯이 들어오면서 한국의 삶의 방식이 침식당하는 상황이 되었다. 이런 미국문화의 유입에 대하여 거부감을 가지면서 문화적 내셔널리즘이 일어나게 되었다. 미국이 한국에 대하여 매우 고마운 국가이고 압도적인 힘을 가진 국가여서 겉으로 내색할 수 있는 상황은 아니었지만 서양풍속이 우리 사회에 스며드는 것이 달갑지 않았던 것이다. 전후에 해방된 신생국가들을 중심으로 선진국들을 문화 제국주의로 비

---

[388] 송건호, 1977, p.282

난하는 세계적인 분위기는 한국에도 영향을 주었다. 미국문화의 유입을 경계하는 분위기가 강화될 수 있었던 것이다.

 5.16 이후 등장한 공화당정권은 경제발전에 의한 경제적 자립뿐만 아니라 정신적 문화적인 측면에서도 자립을 추진하였다. 1968년에 국민교육헌장이 제정되었고, 1972년에는 국적 있는 교육이 제창되었다. 그리고 1970년에 시작된 새마을운동도 같은 맥락에서 나온 것이다. 새마을운동은 근면, 자조, 협동의 정신을 내세우고 있는데, 이는 우리의 전통과 현실에 맞는 가치를 추구함으로써 산업사회의 모순을 극복함과 동시에 자주적이고 주체적인 국가사회를 건설하려는 의지를 그대로 드러낸 것이다. 이렇게 미국에 의존하고 있는 상태에서 벗어나서 주체적이고 자주적인 길을 열기 위해서 노력하였다. 어떻게든 남북한의 대립적인 상황에 벗어나기 위하여, 1970년에는 8.15선언으로 북한에 상호 통일기반을 조성할 것을 제의하였다. 이 결과로 1971년에 대한적십자사의 남북이산가족찾기회담 제의로 이를 위한 남북한 회담이 열리고, 1972년 7.4공동성명으로 자주통일에 대한 논의가 이루어졌다. 여기서 외세간섭 없는 자주통일, 무력사용을 배제한 평화통일, 이념과 제도의 차이를 초월한 민족적 대단합이라는 평화통일 3대 원칙이 합의되었다. 이는 사람들의 자주의식이 정부적인 차원에서 반영된 것이다.

 한편 1980년대 이후 학생과 노동자를 중심으로 하는 좌파 운동권에서 민족주의가 크게 일어났다. 1960년 4.19민주화혁명이 성공한 이후 민주화운동은 계속되었고, 처음에는 주로 군인 출신 정권과 독재에 반대하는 것이었지만, 1980년대에 와서 반체제 민주화운동으로 성격이 바뀌게 된다. 이 시기 운동권은 크게 민족해방파(National Liberation: NL)와 민중민주파(People's

Democracy: PD)로 양분된다. 민족해방파는 한국의 현실에 대해 식민지 분단국가라는 특수한 상황에 있는 국가로서의 민족모순이 계급모순에 우선한다고 보는 반면에, 민중민주파는 독점자본주의 국가로서의 계급모순을 내세운다. 여기서 민족해방파가 주류였으며, 또 민족해방파에서도 주류세력이 주체사상파(주사파)였다. 민족해방파는 민족주의를 기반으로 하고 있다. 민족해방파는 한국을 사회주의화하기 위한 혁명투쟁에 있어서 가장 먼저해야 할 것으로 민족해방투쟁에 두고 있었다. 대한민국이 제국주의 미국의 식민지상태에서 자본주의로 착취당하고 있기 때문에 이에 정면으로 대항해야 한다는 것이고, 민족해방파의 이러한 인식은 남한사회를 식민지 반봉건사회로 규정하고 있는 북한과 동일하다. 한국사회는 미국에 정치, 경제, 군사적으로 완전히 예속된 식민지로서 자본주의경제가 불완전하게 발전한 사회이며, 민중이 미국으로부터 직접 탄압을 받고 있는 사회라는 것이다. 민족해방파는 북한정권이 제시한 남한혁명의 성격 및 그 혁명의 실천을 위한 전략 전술론을 수용하여 왔다.[389] 민족해방파는 반미제국주의와 반자본주의를 모토로 하고 있다.

민족해방과 주체사상을 기치로 외세를 배격하고 주체성을 찾는다는 것은 내셔널리즘 영역에 해당한다. 그런데 이러한 민족주의는 대한민국의 국가 이념을 벗어나는 것이며, 벗어나는 정도를 넘어 부정하는 것이다. 이는 지금까지 대한민국이 온 길을 되돌아가는 것이고 현재의 모든 기반을 뒤엎는 일이었다. 이렇게 대한민국 내에 반대한민국 세력이 힘을 갖게 되면서 엄청난 혼란과 예기치 못한 어려움에 직면하게 된다. 이를 국인주의

---

[389] 주사파, 미상

측면에서 보면 대한민국을 향하는 국민 국인주의와 남북한 혹은 북한을 향하는 민족 국인주의가 충돌하고 있는 것이다.

## 2. 한국의 내셔널리즘 체제

### 1] 국민주의와 민족주의

해방 후 한반도는 남과 북으로 나눠지게 되었다. 삼국통일 이후 1,300여 년 동안 하나의 국가로 살아오던 한국이 분단되고 서로 적대적 투쟁을 하게 된 것은 역사상 최악의 상황이라고 할 수 있다. 이렇게 된 것은 전후 동서세력대립의 세계적인 여건이 절대적인 영향을 미쳤다. 하지만 이런 통제할 수 없는 외부적인 요인이 있었다고 하더라도 이것만 탓할 수는 없다. 여기에 잘 대응하지 못한 것은 분명히 한국사람들의 몫이다. 사람들은 무지하고 이기적이었고, 지도자들은 자신의 정치적인 이익 챙기기에 급급하였다. 그래서 이런 사람들을 두고 강대국들은 자신들이 원하는 구도로 쉽게 끌고 갈 수 있었던 것이다. 이런 비극적인 결과를 가져온 것은 한국사람들이 선공후사의 나라를 앞세우는 애국심이 부족했기 때문이고, 정치적 이해의 격정에 사로잡혀 감정적으로 치우치고 이성적으로 냉정하게 대처하지 못했기 때문이다.

비극은 여기서 그치지 아니하고 남과 북의 사람들은 순식간에 원수가 되어, 국가가 수립된 지 2년이 채 안 되어 6.25사변으로 동족살육을 하게 된다. 엄청난 살상을 불러온 6.25사변은 지금 휴전상태다. 전쟁 이후에도 북한의 무력도발과 테러 등으로 수많은 사람들이 희생되었다. 아무 죄 없는 수많은 사람들이 생명을 잃고 부상당하였으며 재산을 잃고 납북되기도 하였다. 6.25노래에서도 "아아 잊으랴! 어찌 우리 이 날을, 조국을 원수들이 짓밟아 오던 날을" 하고 있듯이 북한과 남한은 서로에 있어서 원수집단이 된 것이다. 이렇게 현재 북한사람과 남한사람의 관계는 한편으로는 형제이고 한편으로는 원수인 상태로서 참으로 대단한 모순이요 끔찍한 딜레마에 빠지게 된 것이다.

안타깝게도 지금 한반도에는 나라가 하나인지 둘인지 어느 누구도 쉽게 말하지 못한다. 북한이 우리인지 남인지 모르는 애매한 상태에서 이러지도 못하고 저러지도 못하는 상태이다. 게다가 마치 평화가 온 것처럼 남북한이 살갑게 대하다가도 어느 순간 테러와 도발이 일어나고 불바다의 위협 속에서 모두가 불안하게 살아가고 있는 것이다. 북한의 뒤에는 중국과 러시아가 있고, 남한 뒤에는 미국과 서방국가들이 있어서 전쟁을 통한 통일도 불가능하고, 이념적으로 달라서 평화통일도 불가능하다. 그렇다면 그냥 나뉘어진 대로 사는 방법이 있지만 이것 또한 하나의 민족이어서 용납하지 못한다고 한다. 이 또한 참으로 모순이요 딜레마다. 이런 상황에 있는 한국에서의 내셔널리즘은 어떻게 될까? 내셔널리즘 또한 세계 어느 나라에서 찾기 어려운 복잡하고 이상한 모습을 하고 있을 수밖에 없다.

남한의 정식 국가 명칭은 대한민국(The Republic of Korea)이고, 북한의 정식 국가 명칭은 조선민주주의인민공화국(The Democratic People's Republic of Korea)이다. 평상시의 말로는 남에서는 한국, 남한, 북한이라고 하고, 북에서는 조선, 북조선, 남조선이라고 한다. 영어 Korea와 Korean만이 [390] 남북한을 공

---

[390] 하지만 공식적인 경우나 외국인들도 South Korea와 North Korea를 구분하기 때

통으로 지칭하는 말이다. 남한에서는 북한을 국가로 인정하지 않고 북한지역을 대한민국의 일부라고 하며, 북한 또한 남한을 그렇게 취급한다.

한반도의 사람들이 나누어지게 된 것은 사람들의 뜻에 따른 것이 아니다. 한반도의 사람들은 장구한 세월을 함께 살아온 하나의 사람들이다. 결코 나뉘어질 수 없고 또 그렇게 되어서도 안 되는 하나의 국인이다. 남과 북에 가족이 나뉘어져 있고, 저쪽 편에 고향을 두고 있는 사람들이 많다. 역사가 같고, 말이 같고, 문화가 같은 사람들인데 정치적으로 이렇게 되었다고 해서 다른 나라의 사람이 될 수는 없는 것이다. 그래서 사람들은 대부분 지금의 상황이 일시적인 것이며, 시간이 가면 하나의 국가로 통일이 될 것으로 믿고 있다.

남한과 북한이 하나의 국가라는 사실은 법적 제도적인 측면에서도 뒷받침된다. 대한민국에서는 헌법 제3조에 "대한민국의 영토는 한반도와 그 부속도서로 한다"라고 하여, 북한의 땅도 대한민국의 영토임을 명시하고 있다. 반면 조선민주주의인민공화국에서는 조선민주주의인민공화국 사회주의헌법 제1조에서 "조선민주주의인민공화국은 전체 조선인민의 리익을 대표하는 자주적인 사회주의국가이다."[391]라고 하여 남한의 사람들도 조선민주주의공화국의 인민임을 명시하고 있다. 남한은 땅을 중심으로 규정하고 있는 반면에, 북한은 사람을 중심으로 규정하고 있지만, 그 결과는 동일하다. 남한에 있어서는 북한정부를 인정할 수 없다는 것이고, 북한에 있어서는 남한정부를 인정할 수 없다는

---

문에 엄격히 말하자면 이것도 공통의 이름이라고 할 수 없다.
[391] 2023.9. 수정보충된 조선민주주의인민공화국 사회주의헌법 내용임.

것이다. 남과 북 모두 자신만이 정당성 있는 국가정부이며, 상대방은 정당한 자기 정부영역을 불법으로 점거하고 있는 집단으로 간주한다.

하지만 현실에서 있어서 남한정부는 북한지역을 통치하지 못하고 있고, 북한 또한 마찬가지다. 남과 북은 그 삶의 공간이 완전히 분리되어 함께 살아가는 공간이 없다. 지금 우리는 대한민국이라는 이 현실적인 공간과 국가체제 내에서 이루어진다. 대한민국 국민들 간에 서로 만나고, 서로가 서로에게 의사를 교환하며, 서로 분업하면서 살아가는 가운데 공동의 이해를 형성하게 되는 것이다. 이런 삶의 영역에 있어서 북한은 조금도 관련되지 않는다. 오히려 다른 나라 같으면 무역도 하고 여행도 가고 이민도 갈 수 있지만, 북한은 그런 것마저도 가능하지 않다. 그냥 저곳에 부모형제가 있다거나, 고향이 있다거나 하는 안타까운 마음만 있거나, 저곳에 같은 민족이 있다는 추상적인 관념만 있을 뿐이다. 단지 북한의 존재로 인하여 지금 살아가는 것이 덜 안전하고, 군복무를 해야 하고, 세금을 더 내어야 하는 등 고통만 더하고 있는 것이다.

그리고 무엇보다 중요한 것은 서로를 위하는 동포애가 있어야 하는데 동포애는 고사하고 적개심이 가득하다. 이런 상태에서 어떻게 하나의 네이션이 될 수 있는가? 현실적으로 남한과 북한은 같은 네이션이 될 수 없다. 북한은 남한사람들의 생명과 재산을 위협하고 있다. 이러한 북한의 존재는 오히려 남한사람들만의 내셔널리즘을 강화시킨다. 남한에서 나라를 지켜야 한다는 생각의 큰 부분은 북한에 대한 것이다. 이런 사정은 북한 또한 마찬가지다. 북한에서는 남조선 괴뢰도당의 위협에 맞서고 해방시키기 위해서 수령님을 중심으로 단결해야 한다면서 내셔널리즘을 모으고 있는 것이다. 여기에다 국제적으로도 두 나라이다. 1991년에 남한과 북한이 동시에 유엔에 가입하였다. 국내에서 선언적으로 하나의 국가라고 할 뿐이고 실질적으로는 그렇지 못하며, 나라 밖으로 나가서는 두 국가인 것이다.

하나의 나라이기 위해서는 하나의 국인이어야 한다. 그런데 대한민국 헌법에서는 북한 땅도 대한민국 땅이라고 명시하고 있을 뿐, 대한민국 법에서 대한민국을 구성하는 사람, 즉 국민이 누구냐에 대해서는 명확한 규정이 없다. 북한 주민도 대한민국 국민인가? 대한민국 헌법 제2조 ①항은 대한민국의 국민이 되는 요건은 법률로 정한다고 하고 있고, 이에 대한 법률이 국적법인데, 국적법 제2조 ① 1 은 "출생 당시에 부(父) 또는 모(母)가 대한민국의 국민인 자"가 대한민국 국민이라고 하고 있다. 그렇다면 북한 주민이 대한민국 국적인지를 알기 위해서는 그 부모의 국적이 대한민국 국민인지 알아야 하는데 그 부모의 국적이 대한민국 국적인지를 알 수 없기 때문에 결국 북한 주민이 대한민국 국적인지를 알 수 없다.

일반적으로 "대한민국의 영토는 한반도와 그 부속도서로 한다"는 헌법 제3조에 근거하여 북한 주민도 대한민국 국민으로 간주한다. 하지만 헌법 제1조 ②항은 "대한민국의 주권은 국민에게 있고, 모든 권력은 국민으로부터 나온다"고 명시하고 있다. 이에 의하면 국민이 주권과 권력을 갖고 있어야 하는데 현실적으로 북한 주민이 이를 갖는다는 것은 불가능하므로, 북한 주민이 바로 대한민국 국민이라고 할 수는 없다. 그래서 북한 주민이 대한민국 국민으로 "간주"되는 것이다. 또한 북한 사람들 중에 자신이 대한민국 국민이라고 생각하는 사람은 많지 않을 것이다. 그렇다면 현실적으로 대한민국 국민은 남한 사람들이다.

이상에서와 같이 한국인에 있어서 우리 집단은 남한사람들로 이루어진 대한민국 국민들로 이루어진 집단으로 생각할 수도 있고, 다른 한편으로는 남한사람들과 북한사람들 전체를 포함하는 집단으로도 생각할 수도 있다. 그래서 현재 한국에는 두 개의 내셔널리즘이 존재한다. 하나는 대한민국이라는 국가에 대한 내셔널리즘이고, 다른 하나는 남한과 북한을 아우르는 민족 전체에 대한 내셔널리즘이다. 전자를 국민 내셔널리즘이라고 할 수 있고,[392] 이를 국민주의라고 부를 수도 있을 것이므로, 일단 국민주의라고 하자. 그리고 후자는 민족 내셔널리즘, 즉 민족주의라고 할 수 있다. 여기서 국민주의에서 추구하는 바와 민족주의에서 추구하는 바가 다르다. 대한민국에서 내셔널리즘이 곧 민족주의가 될 수 없음은 논리적인 측면뿐만 아니라 현실적으로도 자명하다. 2014년 12월 민족주의를 기치로 내건 통합진보당이 헌법재판에서 대한민국 헌법에 합치하지 않는 이유로 정당해산 판정을 받아 해산되었다. 민족주의가 곧 대한민국 국가를 위하는 것이 될 수 없는 것이다. 이렇게 볼 때 국민주의와 민족주의는 분명히 구분되는 것으로 확인할 수 있으며, 이를 그림으로 그려보면 [그림 7-1]과 같다.

　　□A: 국민주의의 영역이다. 북한에서 남침을 하거나 테러 공격을 하였을 때 남한의 사람들은 나의 생명과 재산을 지켜야 하고 자유 대한민국을 지켜야 한다는 생각을 하게 된다. 여기에 민족주의가 들어설 틈은 없다.

---

[392] 대한민국의 법상으로 북한 주민도 대한민국 국민으로 간주한다는 점을 고려하면 국민 내셔널리즘이라는 용어가 약간은 논란이 될 수도 있지만, 실제로는 국민 내셔널리즘이라고 해도 크게 문제되지 않는다.

[그림 7-1]   **국민주의와 민족주의**

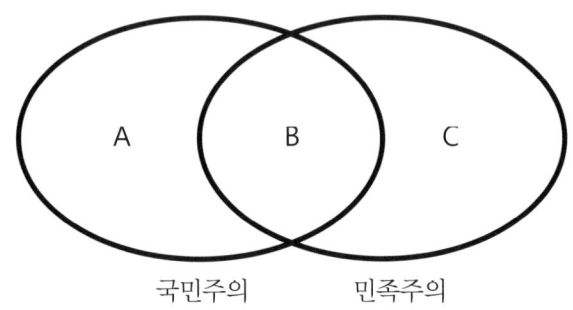

　□B: 국민주의와 민족주의 공통의 영역이다. 가령 한국사람이라면 누구나 남북한이 휴전선의 대치병력을 해체하고 자유왕래를 하게 되는 그날이 오기를 바란다. 여기에서는 국민주의와 민족주의 모두에 공통된다.

　□C: 민족주의의 영역이다. 러시아에 파견된 북한 노동자가 학대받는다는 뉴스에 남한사람들도 분노하게 된다. 이것은 민족주의에만 해당되며, 남한과는 관련이 없으므로 국민주의는 될 수 없다.

　두 가지 내셔널리즘 중에서 국민주의가 일반적인 내셔널리즘이라고 할 수 있을 것이다. 우리의 삶이 국가를 중심으로 해서 이루어지므로 민족으로서의 삶의 영역은 국민으로서의 삶의 영역에 비하면 미미하기 때문이다. 이제 이 국민주의와 민족주의에 대하여[393] 보다 자세히 살펴보기로 하자.

---

[393] 한국에서 지금까지 내셔널리즘을 민족주의라고 해온 것과 달리 본서에서의 민족주의는 내셔널리즘이 아님을 유의하기 바란다.

## 2] 국민주의와 민족주의의 갈등

오늘날 남한과 북한의 두 개의 나라가 존재하지만 대다수 한국인의 의지에 의해서 그렇게 된 것이 아니고 외부적인 상황으로 인하여 분단이 되어 사람들은 하나인 상태에서 국가만 두 개로 된 것이다. 남한과 북한 모두 자기가 사람들을 대표하는 유일정권이라고 주장하는 상태로서 이를 기준으로 하면 어느 쪽으로 보나 국가는 하나인 셈이다. 그래서 남한이나 북한 모두 한반도사람 전체를 포괄하는 민족주의가 될 수밖에 없었다.

사실 천 년 이상을 하나의 국인으로 살아온 사람들이 나누어지는 것은 가능한 일이 아니다. 남과 북 서로 상대 측에 가족이 있고 고향이 있기 때문에 결코 남의 나라가 될 수 없다. 역사가 같고, 말이 같고, 문화가 같은 사람들인데, 정치적으로 다른 국가로 이름 짓고, 국경을 설정했다고 해서 같은 나라의 사람이 아니라고 생각되어질 수는 없는 것이다. 그래서 남북한 전체를 포괄하는 한국인으로서의 국인주의는 당연한 것이며, 이 민족주의는 당연한 것이다. 그리고 앞으로 분단의 현실을 극복하고 통일은 이루어져야 하고, 그러기 위해서도 이 민족주의는 소중한 것이고 의미 있는 것이다.

그런데 이 민족주의는 민족을 위하는 것이고, 여기의 민족에는 대한민국뿐만 아니라 북한도 포함된다. 대한민국과 북한은 지금 전쟁에서 휴전 중이므로, 민족주의로서 북한을 위한 일이 대한민국에 대해서는 이적행위가 될 수 있는 것이다. 그래서 국민주의와 민족주의는 함께할 수 있는 부분도 있으나 서로 배치되는 부분도 있다. 국민주의면 북한은 적이 되고 미국은 우방이 되는 반면에, 민족주의면 북한은 같은 형제로서 우리가 되고 미국은 적이 되는 것이다. 이렇게 한국 내셔널리즘에서 큰 문제 중의 하나는 이 국민주의와 민족주의의 갈등이다.

6.25동란이 끝나고 한동안 대한민국은 국민주의가 강했다. 북한의 남침으로 거의 나라를 잃을 뻔하다가 유엔군의 도움으로 되찾았고, 이후에도 계속된 북한의 무력도발에 시달리면서 반공 일변도로 나갈 수밖에 없었다. 그래서 건국 이후 1990년대 중반 김영삼정권까지 북한으로부터 나라를 지켜야 한다는 국민주의가 지배적이었다. 그러다가 1998년 김대중정권이 들어서면서 민족 내셔널리즘이 주류가 되고 이는 노무현정권, 문재인정권으로 이어졌다.

1998년에 집권한 김대중정권은 대북 화해정책을 추진했다. 김대중 대통령은 2000년 6월, 북한 김정일 국방위원장과 분단 이후 55년 만에 첫 남북정상회담을 갖고 역사적인 6.15남북공동성명을 발표했다. 이후 이산가족 상봉, 금강산 관광, 개성공단 설립, 남북경제협력 확대, 경의선·동해선 연결, 민간 통일운동의 활성화 등 광범위한 영역에서 남북한 간 화해협력사업이 시행되었다. 그리고 2007년 10월 노무현 대통령은 평양으로 가서 두 번째 남북정상회담을 하였고, 이어 문재인 대통령은 2018년 판문점과 평양에서 3차에 걸쳐 북한 김정은 국무위원장과 남북정상회담을 하였다. 이후 집권정권의 성격에 따라 국가가 추구하는 이념이 완전히 달라지게 된다. 민족주의 시기는 "우리"는 남한만이 아니라 북한을 포함하는 우리 민족이 된다. 북한에 대해서 언제 싸웠느냐는 듯이 아주 사이좋은 형제로 바뀌게 된다. 이때는 남북경제교류협력, 국제경기에서의 단일팀 출전, 남북 간 도로 및 철도 건설, 비무장지대(DMZ) 내 초소제거 등 당장 통일이라도 될 것처럼 정부가 국민들을 이끌어 간다. 그러다가 국민주의 시기가 되면 상황은 완전히 바뀐다. 2008년 이후의 이명박, 박근혜정권에서는 친북정권이 아니었다. 2008년 이전에 친북정권에서 만들어진 금강산관광프로그램으로 남한 여성이 북한으로 갔다가 북한군 총에 맞아 피살되었고, 2010년에는 백령도 근해에서 한국 초계함 천안함이 북한군 잠수정 어뢰공격을 당하여 침몰하고 46명의 병사가 사망하였다. 남북경제협력사업으로 2005년에 가동하기 시작한 개성공단은 2013년에 북한이 통행을 차단함으로써 끝나게 되었고, 2018년에 남북군사합의로 철거하였던 초소는 얼마 가지 않아 다시 구축되고, 2020년에 개성공단 남북공동연락사무소를 폭파하는 등 파행이 계속되고 있다.

대외관계 또한 마찬가지다. 정권이 바뀔 때마다 외국과의 관계를 다르게 설정하는 상황이 반복되고 있다. 국민주의 정부가 들어서면 미국이 우방이고 북한이 적이 되고, 민족주의 정부가 들어서면 북한이 우리이고 미국이 적이 된다. 그래서 한국에서의 전시작전권을 정권이 바뀔 때마다 반환을 요구했다가 이를 번복하기를 반복하고 있다. 한미 자유무역협정(South Korea-United States Free Trade Agreement)만 하더라도 노무현정권에서 협정을 체결해 놓고 이명박정권으로 바뀌자 협정의 비준을 격렬하게 반대하기도 하였다. 미국뿐만 아니라 일본, 중국과의 관계에서도 국민주의가 되면 일본과의 관계는 좋아지고 중국과는 나빠지며, 민족주의가 되면 중국과의 관계는 좋아지고 일본과의 관계는 나빠진다. 이렇게 양극단을 왔다 갔다 하는 정신착란적인 행보가 한국에 치명적으로 나쁜 영향을 주게 되는 것은 말할 필요도 없다. 국제관계에서 책임 있는 당사자로서의 신뢰를 상실하는 일을 반복하면서 국익에 심각한 손상을 입을 뿐만 아니라 국가의 안전과 존립의 근거를 약화시키고 있는 것이다.

정권이 바뀔 때마다 분위기가 달라지고 같은 정권이라도 북한의 마음에 들게 움직이지 않으면 도발을 당하게 되니 한국국민들은 힘들지 않을 수 없다. 정부에서 추진하는 사업으로의 관광을 믿고 갔다가 목숨을 잃은 사람, 화해의 분위기에서 북한의 공격을 예상하지 못하고 있다가 전사하게 된 장병, 정부가 추진하는 사업으로 개성공단사업에 참여했다가 재산을 잃게 된 사업가 등 이 민족주의와 국민주의의 갈등으로 인하여 수많은 사람들이 피해를 입고 고통을 받고 있는 것이다. 급기야 국민주의와 민족주의는 영남과 호남의 지역적 반목으로 남남갈등으로까지 발전하는 상황으로 전개되어 가고 있다. 뿐만 아니라 국민주의를 추구하는 정권과 민족주의를 추구하는 정권 상호 간에 극도로 적대적이 되어 정권교체가 이루어질 때마다 이전 정권에서 일하던 사람을 처벌하거나 불이익을 주는 일이 빈번하였다. 이는 지난 1950년대 빨치산 시절에 양민들이 밤에는 공산군에 학살당하고, 낮에는 대한군에 학살당하는 상황이 재현되고 있는 것이다.

이와 같은 민족주의의 문제점과 관련해서는 제12장 한국국인주의의 문제에서 더 자세히 보기로 한다.

## 3. 국내 외국인과 해외동포

### 1] 세계화 시대의 내셔널리즘

유엔 경제사회국(U.N. Department of Economic and Social Affairs)의 발표에 의하면 2020년 현재 세계 이주민의 숫자는 약 2억 8천 1백만 명으로 세계 인구의 약 3.5%를 차지하고 있다. 이는 1980년의 2.3%, 2000년의 2.9%에서 크게 증가한 수치이다.[394] 세계는 지금 조국을 떠나 다른 나라로 가서 사는 사람들이 적지 않고, 또 시간이 가면서 그 숫자도 증가하고 있는 데다, 증가 속도도 가속화되고 있다. 이 같은 세계적 추세 속에 한국에서도 외국으로 이주하는 사람도 많고, 또 외국에서 한국으로 이주해 오는 사람들도 많다.

| <표 7-1> | 출입국 현황 | | | | | |
|---|---|---|---|---|---|---|
| | | | | | | 2023년 기준 |
| 출국자 | | | 입국자 | | | |
| 합계 | 한국인 | 외국인 | 합계 | 한국인 | 외국인 | |
| 9,715,198 | 6,580,145 | 3,135,053 | 9,699,030 | 6,309,021 | 3,390,009 | |

자료 출처: 대한민국 통계청, 「국가통계포털」, 2023

또한 한국에 정착해서 사는 사람이라고 할지라도 외국사람들과 많은 교류를 하면서 살아가고 있다. 많은 사람들이 외국에 여행을 가거나 사업이나 유학, 기타의 사유로 외국에 나가게 되고, 반대로 외국의 사람들도 같은 사유로 한국에 들어오게 된다. 세계의 사람들이 어울려서 살아가고 있는 것이다.

이렇게 국제화된 상황에서 내셔널리즘도 영향을 받지 않을 수 없다. 외국사람들과 친해지고 이들을 더 많이 의식하고 배려하는 가운데 내셔널리즘의 표출이 약화될 수도 있고, 또 반대로 외국사람들과의 접촉과정에서 내셔널리즘이 더 자극될 수도 있다.

---

[394] 조영정, 2016b, p.269

또 외국으로 이주하게 되면 그 나라만 생각하고 한국에 대해서 잊어버릴 수도 있고, 여전히 한국에 대한 마음을 간직하거나, 향수 속에 한국에 대한 마음이 더 커질 수도 있다. 그리고 이민족으로서 한국 국적을 갖게 된 사람은 한국을 생각하는 동시에 떠나온 나라에 대해서도 생각하게 된다. 이렇게 어떤 사람들에 있어서는 민족으로서의 내셔널리즘을 갖게 되고, 어떤 사람들에 있어서는 국가 구성원으로서의 내셔널리즘을 갖게 된다. 국가 안에 하나의 민족만 있을 때는 민족으로서의 내셔널리즘과 국가 구성원으로서의 내셔널리즘이 동일하였지만, 이제는 과거와 달리 복잡한 양상으로 되어 가고 있는 것이다.

내셔널리즘은 개개인의 가슴속에 있는 생각이다. 근대사회는 자유주의적인 기조 위에 있다. 국가와 사회의 이익을 저해하지 않는 한 개인의 자유를 최대한 보장하는 것이다. 여기서 개인의 자유는 개인 행위의 자유이고, 개인 행위는 그 개인의 의사에 의해서 지배되므로, 결국 개인의 자유는 개인의 의사를 존중하는 데서 시작된다. 내셔널리즘에 있어서도 어느 사람이 어느 나라 사람인가를 판단하는 데 있어서 결정기준은 그 사람의 의사다. 내셔널리즘과 관련하여 국적, 민족, 언어, 종교, 문화 등 중요한 요소들이 많지만, 이것이 어느 나라 사람인가를 결정하는 것이 아니라, 어느 사람이 스스로 결정하는데 영향을 줄 뿐이다. 르낭(Ernest Renan)은 "국인(nation)의 존속 여부는 매일매일 이루어지는 국민투표"라고 하였다. 조국은 개개인의 마음에 있고, 마음은 언제든 변할 수 있다.

대다수 일반인에 있어서는 어느 나라에 태어나서 그 나라에 국적을 두고 평생을 살아가게 된다. 그리고 사람이 태어나서 살아가는 그 나라에 대하여 자연스레 애착을 갖는 것이 내셔널리즘이다. 사람이 어느 나라에 태어나 살면서 그곳에서의 삶이 만족스럽지 못하거나, 어느 다른 나라를 동경한다고 하더라도, 그것만으로 다른 나라에 대하여 내셔널리즘을 갖기는 어렵다. 하지만 이민이나 이주민과 같이 특별한 사정이 있는 경우에는 스스로 자신의 나라를 선택하게 되는데, 세계화로 인하여 이런 사람이 점점 더 많아지고 있는 것이다.

## 2] 재외동포

한국은 세계에 많은 동포들을 두고 있다. 우리는 동포라는 말 외에도 교포, 교민이라는 말도 사용한다. 동포는 사는 곳에 관계없이 같은 민족을 모두 아우르는 말인 반면, 교포는 "어느 다른 나라에 살고 있는 같은 민족의 사람"이라는 뜻이다. 말하자면, 동포는 같은 핏줄을 이어받은 사람들이라는 넓은 의미로 쓰이고, 교포는 거주지를 기준으로 한 보다 좁은 의미로 쓰인다.

그런데 여기 僑胞(교포), 僑民(교민)에서의 교(僑)는 더부살이를 뜻한다. 더부살이란 남에게 얹혀사는 것이고, 현실적으로 남의 집에서 일을 해주면서 먹고 자면서 살아가는 것을 말한다. 이 말은 일제시대에 재일교포와 같은 말로 주로 쓰이기 시작하였다. 이렇게 그 의미를 생각해 보면, 교포, 교민과 같은 말은 이를 받아들이는 나라의 입장에서 쓸 수 있는 말이지, 보내는 나라에서 쓸 만한 말이 아니다. 일본사람들이 사용한 말인 것이다.

영어에서는 여기에 해당하는 말이 diaspora다. Diaspora는 흩어진다는 의미의 고대 그리스어에서 유래된 말로서, 고향을 떠나 각지에 흩어져서 그들만의 공동체를 이루고 사는 사람들을 말한다. 오래된 diaspora로는 바빌론 유수 이후의 유대인 디아스포라(Jewish diaspora)이다. 유대인은 바빌론에서 잔류하여 그들만의 공동체를 형성하였다.

<표 7-2> **재외동포 현황**

2023년 기준                                                   단위: 천명

| 총계 | 외국국적 동포 | 재외국민 ||||||
|---|---|---|---|---|---|---|---|
| | | 계 | 영주권자 | 체류자 ||||
| | | | | 계 | 일반 체류자 | 유학생 |
| 7,086 | 4,614 | 2,468 | 1,023 | 1,445 | 1,294 | 151 |

자료 출처: 재외동포청,「재외동포 현황」, 2023
참고: 재외국민이라는 용어는 분명하지 않게 사용되고 있다. 재외동포의 출입국과 법적 지위에 관한 법률에서는 외국의 영주권(永住權)자 또는 영주할 목적으로 외국에 거주하고 있는 자를 말하고 있는 반면, 재외동포청에서는 해외주재원이나 유학생같은 해외체류자도 재외국민으로 하고 있다.

한국은 중국, 이스라엘, 이탈리아, 폴란드 등과 함께 세계에서도 해외동포가 많은 나라에 속한다. 20세기에 들어오면서 일본의 식민지배, 정치사회적 혼란, 경제적 궁핍 등 여러 어려움을 겪으면서 많은 사람들이 해외로 나가게 되었다. 20세기 초에 한국사람들이 주로 나간 곳은 만주, 연해주, 일본 등이었다.[395] 해방이 되자 일부 동포는 본국으로 돌아왔으나 일부는 현지에 남게 되었다. 건국 후 한국과 비수교국이자 적성국가 소련과 중국

---

[395] 1930년대 스탈린의 민족정책에 따라 연해주의 사람들은 중앙아시아로 이주하게 된다.

에 거주하던 동포들은 소련과 중국의 국민이 되었다. 그리고 일본 거주 동포의 경우에는 일부는 대한민국 국적을 갖게 되고, 일부는 조선인민민주주의공화국 국적을 갖게 되었다. 그리고 1960년대 이후 많은 사람들이 미국으로 이민을 가게 된다. 이때까지만 해도 동포 문제가 복잡하지 않았다. 중국, 소련과 같이 국교가 없는 국가는 관심영역밖에 있었고, 관심사는 주로 일본의 재일동포와 미국의 재미동포였다. 미국에 이민 간 사람도 미국 국적을 얻기까지는 한국 국적자이기 때문에 대부분 한국 국적자들로서의 재외국민이 많았다.

그런데 1990년대 초 사회주의가 무너지고 중국 및 구소련권 국가들과 수교를 하게 되면서 이들 지역의 동포와의 왕래가 시작되었다. 그래서 1992년 재외동포(在外同胞)의 대한민국에서의 법적 지위를 보장하기 위하여「재외동포의 출입국과 법적 지위에 관한 법률」을 제정하게 되었다. 재외동포의 지위보장과 보호와 관련하여 대한민국 법에서 정하고 있는 주요 내용은 다음과 같다.

**대한민국 헌법**

　　제2조 ②항: 국가는 법률이 정하는 바에 의하여 재외국민을 보호할 의무를 진다.

**재외동포의 출입국과 법적 지위에 관한 법률**

　　제2조(정의): 이 법에서 "재외동포"란 다음 각 호의 어느 하나에 해당하는 자를 말한다.

　　1. 대한민국의 국민으로서 외국의 영주권(永住權)을 취득한 자 또는 영주할 목적으로 외국에 거주하고 있는 자.(이하 "재외국민"이라 한다)

2. 대한민국의 국적을 보유하였던 자(대한민국정부 수립 전에 국외로 이주한 동포를 포함한다) 또는 그 직계비속(直系卑屬)으로서 외국국적을 취득한 자 중 대통령령으로 정하는 자.(이하 "외국국적동포"라 한다)[396]

  제4조(정부의 책무): 정부는 재외동포가 대한민국 안에서 부당한 규제와 대우를 받지 아니하도록 필요한 지원을 하여야 한다.

  제5조(재외동포체류자격의 부여): ① 법무부장관은 대한민국 안에서 활동하려는 외국국적동포에게 신청에 의하여 재외동포체류자격을 부여할 수 있다.

 이 법에서 보면 재외동포는 재외국민과 외국국적동포로 나누어진다. 재외국민(在外國民)이란 앞의 재외동포의 출입국과 법적 지위에 관한 법률 제2조 1호에 해당된다. 즉 국외에 거주하고 있으나 국적을 유지하고 있는 사람이다.

 다음으로 외국국적동포란 앞의 재외동포의 출입국과 법적 지위에 관한 법률 제2조 2호에 해당된다. 대한민국 국민은 아니

---

[396] 현재의 정의는 2008년에 개정된 내용이다. 제정 당시 이 법에서는 재외동포를 다음과 같이 정의하고 있었다.
1. 대한민국의 국민으로서 외국의 영주권(永住權)을 취득한 자 또는 영주할 목적으로 외국에 거주하고 있는 자.
2. 대한민국의 국적을 보유하였던 자 또는 그 직계비속(直系卑屬)으로서 외국국적을 취득한 자 중 대통령령으로 정하는 자.
그런데 이 정의에는 문제가 있었다. 대한민국정부 수립 이전에 외국에 나간 사람은 대한민국 국적을 보유하였던 적이 없으므로 동포에서 제외되고, 일본의 조선국적 동포도 제외되는 결과가 되는 것이다. 그래서 중국동포들이 1999년 8월 재외동포법 제2조 제2호에 대한 헌법소원심판을 청구하였고, 2001년 11월 헌법재판소 전원재판부는 "합리적 이유 없이 정부수립 이전 이주동포를 차별하는 자의적인 입법이어서 헌법 제11조의 평등원칙에 위배된다"는 점을 들어 헌법불합치를 선고하였다. 이에 2004년 3월 동법을 개정하면서 해당조항에 (대한민국정부 수립 전에 국외로 이주한 동포를 포함한다)라고 삽입하였다.

지만 한민족(韓民族)으로서, "대한민국의 국적을 보유하였던 자"이거나 "대한민국정부 수립 전에 국외로 이주한 동포"라고 규정하고 있다. 혈연과 같은 말을 공식적으로 잘 사용하지 않기 때문에 이렇게 표현하고 있는데, 실질적으로는 혈연으로 이루어지는 관계라고 보아야 할 것이다. 동포라는 말이 한 배에서 나온 사람들이므로 같은 혈통이라는 의미를 이미 담고 있다. 재외동포법을 제정할 때, 처음 입법 예고안에는 외국국적동포를 "한민족 혈통을 지닌 자로서 외국국적을 취득한 자 중 대통령령이 정하는 자"로 정의하였었는데, 혈통을 드러내는 것이 좋지 않다는 이유로 바꾸게 된 것이다. 지금도 한국의 많은 민족관련단체들을 보면 혈연을 기초로 그 구성원을 정하고 있다.

대한민국 헌법 제2조 ②항에서 보듯이 국가는 한국의 국적을 가진 재외국민에 대해서만 국가의 보호의무를 부과하고 있을 뿐이고, 재외국민 외의 재외동포에 대해서는 명시하고 있지 않다. 이것은 재외국민 외의 재외동포는 국제법상 자국의 관할범위를 벗어나고 있기 때문이다. 대신에 재외동포에 대해서는 재외동포의 출입국과 법적 지위에 관한 법률 제4조에서 정부는 재외동포가 한국 내에서 부당한 규제와 대우를 받지 않도록 필요한 지원을 하고 있다. 그리고 동법 제5조에서 재외동포는 국내에서 체류할 수 있도록 하고 있다. 또한 재외동포는 외국인과 달리 국내에서 부동산거래나, 금융거래, 의료보험 등에 있어서 국민에 준하는 대우를 하고 있다. 외국의 국적을 가진 경우에도 동포에 대해서는 적어도 외국인과 다른 지위를 부여하고 있는 것이다.

민족적인 차원에서 본다면 국내의 한국인과 한국 동포가 아무런 차별 없이 살아가는 것이 이상적이다. 차별을 받지 않는다는 것은 개인의 국가에 대한 권리의 형태로 나타난다. 개인의 국가에 대한 권리가 동등하지 않은 것은 개인이 국가에 부담하는 의무가 동등하지 않기 때문이다. 즉 국가에 부담하는 의무에 있어서 국내 한국인과 재외동포가 동일하지 않다. 오늘날 복지국가가 되면서 개인이 국가로부터 받는 것이 많은 반면에, 개인이 국가에 제공하는 부담 또한 매우 크다. 국내 국민은 병역의무를 지며 세금을 납부하여야 한다. 국내 국민들이 많은 인적 물적 자원을 부담하여 형성된 복지혜택을 이런 자원을 부담하지 않은 재외동포도 차별 없이 누리게 된다면 형평성에 어긋나게 되는 것이다.

동포에 대한 한국인들의 생각은 복합적이다. 과거 한국은 못살고 힘들게 사는 나라였다. 미국과 같은 경우에는 일정 이상의 재산을 갖고 오거나 기술이나 학력 등에서 능력 있는 사람을 이민자로 받아들인다. 그러다 보니 이민 가는 이웃을 보고 돈 많고 능력 있는 사람들이 조국을 등지고 가는 것으로 생각하기도 하였다. 잘살고 좋은 나라 미국으로 가는 사람들이 부러울 수밖에 없었다. 자신은 어려운 나라를 지키고 있는데 사람들이 떠나는 것을 보고 서운함과 질투심이 일어나게 되는 것이다. 또 중국동포들과 관련해서도 논란이 많다. 한국에 일자리를 찾아온 중국동포들이 문화적인 차이 등으로 인해 국내의 사람들과 화목하지 못한 문제들도 발생하고 있다. 또한 보이스피싱과 같이 국내 법망을 피해서 일어나는 범죄행위가 중국과 연관되는 경우가 많고, 중국을 위해 스파이활동을 하거나 국내정치나 선거범죄와 같은 나라를 파괴하는 일에 동포의 개입이 적발되면서 중국동포에 대한 부정적인 여론이 생겨나기도 하였다.

하지만 대다수 동포들은 한국을 사랑하는 마음을 갖고 있고,

또 한국의 안전과 발전에 있어서 동포들의 기여가 작지 않다. IMF경제위기 때 재일동포를 비롯한 해외동포들의 도움이 적지 않았다. 지금 많은 중국동포들이 한국에 들어와 노동력을 제공하고 있다. 이들은 주로 저임금의 단순노동자들로서 국내 노동자들이 기피하는 3D 업종의 일을 하면서 노동인력의 부족 문제를 해소하는 데 도움을 주고 있다. 이들은 한국의 하층노동자와 경쟁관계에 있음에 따라 일부 한국사람들로부터 미움을 받을 수도 있다. 하지만 이들이 하지 않으면 다른 외국인 노동자들이 일을 하게 되었을 것이다. 동포들은 다른 외국인에 비하여 언어 소통이 잘 되고 문화적 차이도 적어 일의 능률도 높을 수 있다.

한국은 해외에 많은 동포를 두고 있는 나라이다. 이들 동포들과 화목하게 잘 지내고 협력한다면 국력이 될 수 있다. 그런데 해외동포들은 현지에서 그곳의 사람들과도 함께 잘 살아가야 하는 사람들이다. 국가가 이들 동포를 두고 과도하게 민족주의적으로 나간다면 현지국가와 마찰을 빚을 수 있고, 결국 피해는 현지동포에게 돌아갈 수 있다. 그래서 넓은 안목을 갖고 지혜롭게 동포에 대하여 잘 관리해 나가는 것이 무엇보다 중요하다.

### 3] 국내 거주 외국인, 귀화자, 국내 출생 외국인 자녀

2022년 현재, 한국에 거주하는 외국인 주민수는 175만 명으로 총인구 혹은 전체 주민인구 대비 3.39%에 이른다. 또 한국에 귀화한 사람의 수는 223,825명으로 전체 내국인 인구의 0.45%를 차지하고 있다. 외국인 주민과 귀화자의 수는 점차 증가하고 있다. 그리고 다문화가정이 급속하게 늘어나고 있다. 2020년 현재 한국의 혼인건수 중 다문화 혼인은 7.6%를 차지하고 있으며, 한국에 출생되는 신생아 중에 다문화가정의 신생아가 6.0%를 차지하고 있다.

 2000년대 이후, 외국인의 유입이 크게 늘어나게 되었다. 한국에 유입된 외국인은 크게 두 부류인데, 하나는 외국인 노동자이고, 다른 하나는 외국인 신부다. 산업구조 고도화와 소득수준 향상으로 국내에서 노동력을 확보하기 어렵게 되어 외국에서 노동자들을 들여오게 된 것이다. 또 한국에 결혼을 기피하는 여성들이 많아지면서 신부가 부족하게 되었다. 특히 도시화 현상으로 농어촌지역 남성들이 결혼을 하기 어렵게 되자, 동남아시아나 중국 등의 외국여성과 결혼하는 풍속이 생겨나게 되었다.

&lt;표 7-3&gt; **한국 거주자의 구성**

| 년도 | 전체 주민 인구 | 내국인 주민 | | 외국인 주민 | |
|---|---|---|---|---|---|
| | | 인구 | 비중(%) | 인구 | 비중(%) |
| 2007 | 49,092,419 | 48,369,733 | 98.53 | 722,686 | 1.47 |
| 2010 | 49,773,145 | 48,852,258 | 98.15 | 920,887 | 1.85 |
| 2015 | 51,069,375 | 49,705,663 | 97.33 | 1,363,712 | 2.67 |
| 2020 | 51,829,136 | 50,133,493 | 96.73 | 1,695,643 | 3.27 |
| 2022 | 51,692,272 | 49,939,926 | 96.61 | 1,752,346 | 3.39 |

자료 출처: 대한민국 통계청, 「국가통계포털」, 2023

 외국인 여성과 결혼하는 남성은 주로 농어촌 남성이고, 외국인 노동자 사용자는 주로 재래산업의 중소기업인이거나 지방 농어촌민으로, 일반적으로 이들은 보수적이고 국인주의 성향이 강하다. 그럼에도 불구하고 이런 일이 일어나는 것은 국인주의와 같은 이념이 현실적인 사정 앞에서는 힘을 발휘하지 못함을 말해 주는 것이다.

한국의 경우에는 다른 나라와 달리 오랜 역사를 단일민족으로 살아왔다. 그래서 항상 단일민족이라고 해왔고 그것이 당연한 것으로 여겼다. 그런데 이민족을 가족으로 두고 이웃으로 두게 되는 상황이 됨에 따라 사람들의 의식도 달라지지 않으면 안 되게 되었다.

<표 7-4> 외국인 주민의 구성

| 년도 | 전체 외국인 인구 | 외국인 근로자 인구 (비중%) | 결혼 이민자 인구 (비중%) | 유학생 인구 (비중%) | 외국국적 동포 인구 (비중%) | 기타 외국인 인구 (비중%) |
|---|---|---|---|---|---|---|
| 2007 | 722,686 | 259,805 (35.95) | 87,964 (12.17) | N/A | N/A | 276,608 (38.27) |
| 2010 | 920,887 | 558,538 (60.65) | 125,087 (13.58) | 80,646 (8.76) | 50,251 (5.46) | 106,365 (11.55) |
| 2015 | 1,363,712 | 573,378 (42.05) | 144,912 (10.63) | 82,181 (6.03) | 216,213 (15.85) | 347,028 (25.45) |
| 2020 | 1,695,643 | 455,287 (26.85) | 173,756 (10.25) | 142,569 (8.41) | 345,110 (20.35) | 578,921 (34.14) |
| 2022 | 1,752,346 | 403,139 (23.01) | 175,756 (10.03) | 86,309 (4.93) | 397,581 (22.69) | 586,473 (33.47) |

<표 7-5> **귀화자 비중 구성**

| 년도 | 전체 내국인 인구 | 귀화자 인구 | 비중 (%) | 비고 |
|---|---|---|---|---|
| 2007 | 48,369,733 | 54,051 | 0.11 | |
| 2010 | 48,852,258 | 96,461 | 0.20 | |
| 2015 | 49,705,663 | 149,751 | 0.30 | |
| 2020 | 50,133,493 | 199,128 | 0.40 | |
| 2022 | 49,939,926 | 223,825 | 0.45 | |

<표 7-6> **다문화 인구 비중**

2020년

| 구분 | 비중(%) |
|---|---|
| 다문화 혼인 | 7.6 |
| 신생아 출생 | 6.0 |
| 18세 이하 국내 출생 외국인 및 귀화자 자녀 청소년 | 3.2 |
| 다문화 가구수 | 1.71 |
| 다문화 가구원수 | 2.13 |

자료 출처: 대한민국 통계청, 「국가통계포털」, 2023

그래서 한국정부에서도 외국처럼 다문화정책을 시행하면서 우리 사회에 다문화를 정착시키기 위하여 국가적인 지원을 하고 있다. 다문화가정에 대한 지원뿐만 아니라 국민들의 다문화수용을 위한 의식전환이 이루어지도록 사회적인 계몽과 국민교육을 하고 있다. 방송을 비롯한 매체에서 많은 외국인들을 출연시켜 일상에서 외국인을 접하게 하거나, 2012년 총선에서는 필리핀 출신 여성을 비례대표 국회의원으로 영입한 것과 같이 공직에 외국인을 임명하는 등 다양한 방법이 활용되고 있다.

또 2005년부터 한국은 외국인 거주자들에게 지방선거 선거권을 부여하고 있다. 영주권을 획득한 지 3년이 지난 19세 이상의 외국인에게 지방선거 참정권을 부여한다. 이런 면에서 한국은 매우 전향적이라고 할 수 있다. 미국, 일본을 비롯한 세계 대다수의 국가는 외국인에게 선거권을 주지 않는다. 유럽의 경우는 EU회원국 간에는 외국인에게 지방선거 선거권, 피선거권을 주고 있지만, EU는 거의 하나의 국가로 되어가는 상황에 있기 때문이다. 2020년 발간된 이민자통합정책평가(Migrant Integration Policy Index)를 보면,[397] 세계 52개국을 대상으로 한 평가에서, 한국은 평균평점 56, 세계 18위로서, 20위인 프랑스, 21위인 영국, 26위인 스위스 등의 유럽선진국들보다 앞서 있고, 34위인 일본보다 훨씬 앞서 있다.[398]

한국은 워낙 오랫동안 단일민족으로 살아왔고, 외국인과 함께 살게 된 것은 얼마되지 않는다. 그래서 앞으로 어떤 문제가 발생하게 될지는 아무도 모르는 상황이다. 우선 다문화는 한국이 지금까지 내세우던 단일민족문화에 배치되는 면이 있기 때문에 앞으로 어떻게 이를 조화시켜 나갈 것인가의 문제가 있다. 더구나 지금 세계는 민족적인 혼합을 쉽게 생각했던 국가들이

---

[397] 평가기준연도는 2019년이다.
[398] Migration Policy Group, 2020

인종적인 문제로 엄청난 시련을 겪고 있다. 서구의 많은 국가들이 이민유입과 관련하여 문제가 있어도 이를 무시하고 좋게만 말해오다, 이제는 도저히 견딜 수 없을 만큼 문제가 심각해지자 다문화의 실패를 선언하면서 정책적 변화를 꾀하고 있다. 이런 상황에서 한국은 현재의 인구감소 문제에 직면하여 다각적인 검토 없이 이민청신설을 주장하는 등 이민유입 증대에만 치중하고 있는 현실이다.

### 4] 의식의 변화

원래 한국의 전통문화는 혈연을 중시하였다. 그래서 민족을 중시하고 단일민족이라는 것에 대하여 자랑스러워하고 이를 반드시 지켜야 할 소중한 가치로 여겼다. 그런데 해방 이후 문화가 크게 바뀌었다. 미국의 영향으로 서양문화를 받아들이면서 개방적 사회, 개방적 문화가 되었다. 하지만 다른 민족 간의 국제결혼으로 다문화가정이 생기기 시작한 것은 2000년 이후 한국 남성들이 동남아 여성들을 신부로 맞으면서부터다. 이전에도 국제결혼이 있기는 하였으나 극히 작은 수에 불과하였고, 대부분 한국 여성이 미국과 일본으로 결혼하여 나가는 경우가 대부분이었다. 1990년대 중국과 수교한 이후 중국동포와의 결혼이 증가하였으나 동포인 만큼 정체성이나 문화적인 문제는 없었다.

이렇게 외국에서 들어온 사람들과 함께 살아가지 않으면 안 되는 것으로의 삶의 환경이 바뀌게 되자 사람들의 의식도 바뀌고 있다. 통계청은 한국인 5000명을 대상으로 행한 의식조사의 결과를 <표 7-7>과 같이 발표하고 있다.

<표 7-7> **한국인으로 인정받기 위해 갖춰야 할 조건**

단위: %

| 특성 | 2011 | 2015 | 2021 |
|---|---|---|---|
| 한국인임을 느끼는 것 | 93.4 | 90.5 | 91.1 |
| 한국 국적을 갖는 것 | 91.5 | 89.1 | 89.8 |
| 한국어를 할 수 있는 것 | 90.7 | 89.3 | 89.0 |
| 한국의 정치제도와 법을 존중하는 것 | 90.7 | 90.0 | 87.7 |
| 한국의 정치, 경제, 사회, 문화 발전에 기여하는 것 | 91.5 | 83.2 | 85.7 |
| 한국의 문화적 전통을 이어가는 것 | 90.6 | 83.1 | 80.1 |
| 어머니가 한국인인 것 | 87.4 | 77.6 | 75.3 |
| 아버지가 한국인인 것 | 88.2 | 78.8 | 75.2 |
| 한국인 조상을 가지는 것 | 86.6 | 73.3 | 73.7 |
| 한국에서 태어나는 것 | 82.7 | 74.1 | 70.7 |
| 생애의 대부분을 한국에서 사는 것 | 77.7 | 70.8 | 65.3 |

자료 출처: 대한민국 통계청, 「국가통계포털」, 2023

여기서 "한국인으로 인정받기 위해 갖춰야 할 조건이 무엇이라고 생각하느냐"는 물음에 대하여 가장 많은 사람들이 답한 내용을 순서대로 보면, 첫째는 "한국인임을 느끼는 것"이었고, 둘째는 "한국 국적을 갖는 것", 셋째는 "한국어를 할 수 있는 것"이었다. 이에 비해서 "어머니가 한국인인 것", "아버지가 한국인인 것", "한국인 조상을 가지는 것" 등이라고 답한 사람들의 수는 한참 적었고, 게다가 시간이 갈수록 크게 줄고 있음을 보였다. 이 조사로만 본다면 한국인은 그 내셔널리즘도 변하여 이제는 민족 내셔널리즘이라고 하기도 어렵게 되었다.

그럼에도 불구하고 한국인들은 여전히 단일민족의 가치를 마음에 간직하고 있다. 이러한 사실은 위와 같은 기관에 의한 단일민족지향성조사에서 나타나고 있다. <표 7-8>은 이 통계청 자료를 기초로 단일민족에 대한 물음에 대하여 "그렇다" 혹은 "그렇지 않다"라고 자신의 의견을 분명히 밝힌 사람들의 통계결과이다. <표 7-8>에서 보듯이 "단일민족혈통에 자긍심을 갖느냐?"는 질문에 "그렇다"고 답한 사람의 수가 "그렇지 않다"고 답한 사람의 수에 비하여 세 배 이상 많다. "단일민족이 국가경쟁력을 제고하는가?"의 물음에도 "그렇다"고 한 사람의 수가 "그렇지 않다"고 한 사람의 수의 거의 2배에 가깝고, "여러 민족을 수용하면 국가 결속력을 저해하는가?"의 물음에도 "그렇다"고 답한 사람의 수가 "그렇지 않다"고 답한 사람의 수보다 월등히 많았다.

<표 7-8> **한국인의 단일혈통에 대한 가치판단**

2021년 기준

| 물음 | 그렇다 | 그렇지 않다 |
|---|---|---|
| 단일민족혈통에 자긍심을 갖는가? | 76.8 | 23.2 |
| 여러 민족 수용하면 국가 결속력을 저해하는가? | 58.7 | 41.3 |
| 단일민족이 국가 경쟁력을 제고하는가? | 64.5 | 35.5 |

자료 출처: 대한민국 통계청, 「국가통계포털」, 2023 자료를 이용하여 산출한 수치임.

이는 앞에서 한국인으로 인정받기 위해 갖춰야 할 조건에 대한 조사결과와는 거의 상반되는 조사결과로서 사람들의 대답이 일관성을 보이지 않는 면이 있다. 한국인으로 인정받기 위해 갖춰야 할 조건에 대한 조사에서 혈통과 같은 요인보다는 그 사람의 생각, 태도, 행동이 더 중요하다고 했는데, 사람의 집단으로서 민족에서는 단일혈통에 가치를 부여하고 있는 것이다. 하지만 한국인으로 인정받기 위해 갖춰야 할 조건에 대한 조사에서 혈통요인도 높은 비율이었기 때문에 완전히 배치된다고 하기는 어렵다. 그리고 한국인들은 정부의 방침을 잘 받아들이고 따르는 사람들이기 때문에 정부에서 다문화정책을 교육하고 홍보한 결과로 사람들이 겉으로는 공민주의적 태도를 취하고 있지만 내면적으로는 여전히 혈연중시사상은 갖고 있다고 할 수 있다. 한국사람들은 특히 혈연을 중시한다. 자녀에 대한 교육열이라든지, 자녀가 성인이 되어도 뒷바라지를 하는 부모들이 많은 것 같은 한국 특유의 문화만 보더라도 혈연중시사상을 알 수 있다. 그런데다 최근에는 다민족사회의 서구에서 인종적 민족적인 갈등으로 인하여 많은 폭력과 사회적 불안이 발생하고 있다는 뉴스를 접하면서 다시금 단일민족의 가치를 확인하는 사람들이 늘어나고 있다.

서구사람들 중에는 한국의 민족주의적인 내셔널리즘이 큰 문제인 것처럼 호들갑을 떠는 사람들도 있지만 한국의 내셔널리즘이 그 사람들에게 피해준 것 없다. 한국에서는 민족주의의 극단적인 행동이 거의 없었다. 하지만 외국사람들의 생각을 크게 반영하여 정부에서는 혈통의 중요성을 표방하는 것에 있어서도 크게 경계심을 드러내면서 다문화의 가치를 확산시켜 나가려고 하고 있다. 그래서 오늘의 한국은 한편으로는 전통적인 단일민족의 가치를 갖고 있는 가운데, 다른 한편으로는 다문화의 가치를 추구하면서 서로 다른 생각이 혼재하는 다소 복잡한 상황에 있다고 할 것이다.

# 제8장
## 북한의 국인주의

1. 북한의 국인주의
2. 북한의 민족주의
3. 북한의 두 국가론과 내셔널리즘
4. 북한의 국인주의 문제

## 1. 북한의 국인주의

### 1] 북한의 체제

"그리운 조국, 정다운 아버지 어머니의 품을 떠나 여기 로씨아에서 … "

2024년 12월, 죽은 병사의 품에서 나온 쪽지편지는 이렇게 시작하고 있다. 이 앳된 북한병사의 편지는 한국인을 울게 한다.

2024년 10월, 북한군이 우크라이나-러시아 전쟁에 참전한 이래, 2025년 3월 말까지 북한군 사상자가 3,000여 명에 이르는 것으로 알려졌지만, 포로로 잡힌 병사는 단 두 명에 불과하였다. 스스로 죽을 수도 없는 특별한 상황에 있었던 두 명을 제외하고는 포로가 될 사정이면 모두 스스로 목숨을 끊은 것이다. 병사들의 수첩에는 국가와 수령동지에 대한 충성을 표현한 문구가 절절히 적혀 있었다. 전쟁당사국인 러시아, 우크라이나 젊은 이들은 태반이 참전을 피해 숨거나 해외로 도피하는 차에 자국을 지키는 것도 아니고 단지 나라의 명예를 걸고 싸우라는 지시에 따라 이렇게 몸을 바친다는 사실이 놀랍지 아니한가?

자신이 포로가 되면 고향의 부모님들이 무사하지 못할 것이라는 생각에서 그랬을 수도 있다. 그렇다고 하더라도 먼저 조국을 생각하고, 이렇게 나라를 위해서 목숨을 바치는 이 사람들에 내셔널리즘이 약하다고 하지는 못할 것이다. 동기야 어떠하였든 결과로 나타나는 내셔널리즘의 정도가 얼마나 강한지, 오늘날 같은 세상에 어디에도 이런 사람들을 찾기 어려울 것이다. 북한에서는 군인들만 그런 것이 아니라 일반 사람들도 그렇게 살아가고 있다. 나이도 어린 김정은을 어버이와 같이 모시며, 개개인의 삶은 나라를 위해서 바쳐진 것이나 다름없다. 국가사회 환경이 그렇기 때문에 그렇게 해야만 살 수 있고, 그렇게 살다 보면 그것이 자연스러운 것으로 되는 것이다.

세계의 국가는 저마다 독자적인 체제를 갖고 있지만, 오늘날 북한과 같이 특이한 체제를 가진 나라는 많지 않다. 그래서 북한의 내셔널리즘 논의에서 가장 먼저 고려되어야 할 요소가 북한의 국가체제이다. 북한은 국가권력이 통치자에게 매우 강하게 집중되어 있다. 내셔널리즘은 독재국가나 전제국가라고 해서 없는 것이 아니다. 내셔널리즘은 사람의 자국에 대한 애착일 뿐이며, 국가의 정치체제와는 상관이 없다. 북한은 국민들을 강하게 통제하는 가운데 국민들로 하여금 통치자를 중심으로 국가를 위하는 마음을 갖도록 강제하는 사회주의 국가다. 조선민주주의인민공화국 사회주의헌법(2023.9) 전문은 다음과 같이 시작한다.

> 조선민주주의인민공화국은 위대한 수령 김일성동지와 위대한 령도자 김정일동지의 국가건설 사상과 업적이 구현된 주체의 사회주의국가이다. 위대한 수령 김일성동지는 조선민주주의인민공화국

의 창건자이시며 사회주의조선의 시조이시다.[399]

그리고 조선로동당규약(2021.1) 전문은 다음과 같이 시작한다.

> 조선로동당은 위대한 김일성-김정일주의당이다. 김일성-김정일주의는 주체사상에 기초하여 전일적으로 체계화된 혁명과 건설의 백과전서이며 인민중의 자주성을 실현하기 위한 실천투쟁 속에서 그 진리성과 생활력이 검증된 혁명적이며 과학적인 사상이다.

이렇게 헌법과 당규약에서 명시하고 있듯이 북한은 김일성이 창건한 국가로서 김일성과 그 후계자의 국가이다. 북한의 통치자는 그 권력이 전근대기 왕정에서의 국왕보다 훨씬 더 강하다. 북한은 통치권자가 워낙 절대적인 위치에 있기 때문에 내셔널리즘도 국가와 함께 통치권자에 대한 것이다. 그래서 내셔널리즘에 있어서 북한의 경우는 우리가 일반적으로 생각하는 그것과 차이가 있다. 일반적으로 내셔널리즘이라고 할 때 개개인이 자발적으로 갖는 것으로서의 국가에 대한 마음을 상정하고 있다. 물론 이 내셔널리즘을 자극하고 창출하려는 국가나 사회의 작위나 촉매제가 있을 수도 있지만 기본적으로는 자유로운 마음을 상정하고 있는 것이다. 하지만 북한에서는 통치자가 국가와 같은 권능을 갖고 있기 때문에 통치자의 의중에 따라 강요되고 교육되고 세뇌되는 가운데 국민들이 강한 내셔널리즘을 갖지 않을 수 없는 것이다.

북한의 헌법 제63조는 "조선민주주의인민공화국에서 공민

---

[399] 북한에서는 한글표기법이 되도록 붙여 쓰고 두음법칙이 없는 등, 남한과 다르다. 원칙적으로 북한의 원문대로 표기하고, 띄어쓰기 등에서 남한사람들이 보기에 많이 어색한 것은 남한식으로 띄었다.

의 권리와 의무는 《하나는 전체를 위하여, 전체는 하나를 위하여》라는 집단주의원칙에 기초한다"라고 하고 있고, 또 헌법 제85조는 "공민은 언제나 혁명적 경각성을 높이며 국가의 안전을 위하여 몸바쳐 투쟁하여야 한다"라고 명시하고 있다. 집단주의 원칙에 따라 개인은 국가를 위하여 살지 않으면 안 되며, 개인은 몸 바쳐 애국해야 하는 것이다. 이렇게 북한은 모든 사람이 국가를 위하는 마음으로 살아가도록 제도적으로 되어 있고, 또 국가가 그렇게 이끌어 가고 있다.

그리고 헌법 전문에는 북한사회를 하나의 대가정이라고 하고 있다. 국가와 가정을 연결시키는 것은 동아시아 유교문화의 오랜 사상으로서 전제군주의 권력집중을 표현하고 있다. 이 대가정이라는 가족국가의 개념은 제2차 세계대전 전쟁상황에서 국수주의로 치닫던 일본 군국주의에서 하던 것과 같은 것이다.[400] 국가가 가정이 되니 김일성은 아버지가 되고 국민들은 자녀가 된다. 국민들이 김일성을 따르기를 천륜에 따라 자녀들이 아버지를 따르듯이 해야 하며, 제대로 된 국민이라면 제대로 된 자녀로서의 효자처럼 순종해야 하는 것이다.

현대에 북한과 같이 통치자를 신과 같이 모시거나 부모와 같이 생각하는 국가는 거의 없다. 그럼에도 불구하고 북한에서는 그렇게 하는 체제이고, 이를 가능케 하는 요인은 일반 대다수 백성들에서 찾아야 한다. 백성들이 이런 체제를 수용하기 때문에 가능한 것이기 때문이다.

한국은 오랫동안 왕정하에 있었고 일본의 제국주의 천황의 신민으로서 교육을 받았기 때문에 그 연장선상에서 김씨 왕조체

---

[400] 조영정, 2019, p.167

제를 수용하는 것이 그렇게 어렵지 않게 된 것이다. 북한은 일본에 대해서 극도로 적대시하면서도 통치자에 관련해서는 과거 일본이 하던 행태를 이어받고 있는 것이다. 해방되기 직전 일본 군국주의는 국가의 힘을 천황에 집중시켰다. 그때의 일본 천황과 같이 북한은 김일성에게 모든 권력을 집중시켰다. 일본의 천황은 권력의 전면에 나서지 않고 상징적으로 있는 면이 많았지만 북한은 직접 나서 권력을 전횡하였다는 점에서 현실적으로는 천황보다 더 강한 권력을 행사하였다. 북한은 김일성을 신격화하고 있는 데서도 일본의 천황과 동일하며, 또 통치자를 태양으로 내세운다는 점에서도 동일하다. 북한의 2019년 수정 헌법 전문에는 "위대한 수령 김일성동지는 민족의 태양이시며"라고 했었고, 김일성, 김정일이 안장된 곳을 금수산태양궁전이라고 한다. 그리고 권력의 세습에서 아직까지 삼대밖에 이어지지 않았지만 북한이 특히 본받고자 하는 것은 천황의 만세일계로 대물림하는 것이다.

북한이라는 나라는 김일성이 창시한 김일성의 국가이고, 민족적으로도 김일성민족이다.[401] 북한이라는 국가가 잘되는 것이 김일성과 그 후손이 잘되는 것과 동일하기 때문에 북한에서의 모든 이념과 사상이나 정책과 제도를 포함한 모든 것들은 김일성과 그 후손의 이해에 봉사하고 이바지하는 것으로 된다. 북한에서는 "우리는 태양을 따르는 해바라기, 우리는 태양의 나라에

---

[401] 북한은 1994년 김일성이 사망하고 100일이 지난 뒤에 김정일이 담화에서 "지금 해외동포들은 조선민족을 '김일성민족'이라고 하고 있다", "우리 민족의 건국 시조는 단군이지만 사회주의 조선의 시조는 위대한 김일성 수령동지"라고 하였고, 그 이후 김일성민족이라는 말이 일반화되었다. 2012년 4월 15일, 평양 광장의 인민군 열병식에서 김정은은 "김일성민족의 백년사는 파란 많은 수난의 역사에 영원한 종지를 찍고, 우리 조국과 인민의 존엄을 민족사상 최고의 경지에 올려 세웠다"라고 하였다.

서 사는 김일성민족, 김정일민족. 태양이 영원하듯 김일성민족, 김정일민족은 영원무궁하리라."[402]고 말한다. 김일성과 그 후손에 대한 충성은 북한이라는 국가에 대한 내셔널리즘과 동일한 의미를 갖는 것이다.

## 2] 건국 초기 사회주의적 애국주의

1945년 8월 24일, 소련군이 평양에 진주하면서 소군정통치가 시작되고, 소련식의 사회주의 체제가 준비되기 시작하였다. 1946년 2월 8일, '북조선임시인민위원회'가 발족되고, 1948년 9월 9일, 김일성을 수상으로 하여 조선민주주의인민공화국이 수립되었다.

건국 이후 북한의 당면과제는 자주적이고 안정적인 사회주의 국가체제를 수립하는 것이었다. 그러기 위해서는 일본의 잔재와 전근대적인 구습을 타파하여 근대적인 국가사회를 이루고, 이와 동시에 사회주의 체제를 정착시켜야만 했다. 원래 공산주의에서는 국가가 사람들을 교화하여 사회주의 체제에 적합한 사람으로 개조하도록 되어 있다. 북한의 공산주의자들은 사람들을 먼 미래의 공산사회까지 이끌어 가기 위해 우선 식민지 잔재와 봉건적 구태에서 벗어나지 못한 집단을 교양개조, 인간개조사업을 통하여 교화시키지 않으면 안 되었다. 그래서 반제 반봉건 민주주의 사회주의 혁명을 내세워 사회개혁, 인민사상개조, 김일성 중심의 국가건설, 군대사상무장강화 등 다양한 혁명과제를 추진하였다. 여기서 체제를 결속시키고 국민들을 단합시키기 위

---

[402] 김일성민족, 미상

하여 내셔널리즘이 동원되었다.

초기 북한에서는 내셔널리즘을 사회주의적 애국주의라고 하였다. 북한이라는 국가체제의 우수성, 사회주의 체제의 우수성, 지도자 김일성의 위대함을 내세우면서 끊임없이 국민들을 교화하고 선동하였다. 북한에서는 정치와 경제는 물론이고, 사상, 문화, 예술 등 모든 활동이 국가를 위한 것으로서 존재하기 때문에, 모든 영역에서 내셔널리즘의 앙양을 위해서 동원되었다. 이러한 애국주의는 6.25동란을 거치면서 더욱 강화된다. 전선이 한반도 남쪽에서 북쪽 끝자락까지 오르내리면서 적화통일이 된다고 들뜨기도 하고, 나라가 망할 수 있는 위기에 직면하기도 하면서, 애국심 강화를 위한 선전 선동 역시 더 격해지게 되었고, 사람들의 내셔널리즘도 크게 강화될 수밖에 없었다.

한편, 북한은 내셔널리즘이 강했지만 사회주의 국가였기 때문에 마르크스-레닌주의의 이데올로기하에서 국제성, 연대성 또한 중요하였다. 해방 직후 소련군정이 북한을 통치하였고, 김일성이 이를 이어받았다. 이후에도 소련은 정치적, 군사적, 경제적으로 북한을 지원했기 때문에 소련의 영향이 컸다. 당시 스탈린은 국내에서뿐만 아니라 주변의 위성국가들에 대해서도 강한 힘을 행사하고 있었다. 특히 북한에 있어서 소련은 지도국가로서 절대적으로 중요한 위치에 있었고, 스탈린 또한 절대적으로 중요한 존재였다. 그래서 북한에서는 사회주의 종주국인 소련을 치켜세우고, 소련의 군대는 북한을 해방시켜 준 은혜의 군대이자 영원한 벗으로서 찬양하였으며, 스탈린을 위인으로 추앙하였다. 특히 6.25전쟁에 임해서는 전쟁자원을 러시아에 의존하고 있었기 때문에 더욱더 그럴 수밖에 없었다. 또한 전쟁과정에서 중국에 대한 의존도 커지게 되었다. 유엔군의 반격으로 북쪽 국경 부근까지 밀려나 나라를 잃을 수 있는 절체절명의 상황에서 중공군의 참전으로 국토를 회복할 수 있었다. 이러한 상황에서 마르크스-레닌주의의 프롤레타리아 국제주의를 내세우고 사회주의 동맹국가로서 소련, 중국을 함께 내세웠다.

### 3] 주체사상

1953년 소련의 스탈린(Joseph Stalin)이 사망하였다. 스탈린 사망 이후 그에 대한 비판과 함께 그 체제에 대한 청산이 이루어지면서 소련의 주변 국가에 대한 통제도 약화되었다. 북한도 이에 따라 스탈린의 찬양을 멈추게 되었고, 소련을 종주국으로 하는 마르크스-레닌주의도 점차 약화되어 갔다. 이러한 상황에서 김일성을 정점으로 정치적 사회적 결속을 이루고, 김일성 독재지배를 기초할 만한 이념이 필요하였고, 이에 따라 만들어진 것이 주체사상이다.

주체사상은 북한 내셔널리즘의 핵심이다. 1955년 12월 28일, 김일성이 "사상사업에서 교조주의와 형식주의를 퇴치하고 주체를 확립할 데 대하여"라는 연설을 하면서 북한에서 '주체'라는 말이 등장하게 된다. 그리고 1960년에 주체사상이라는 용어가 처음 사용되었다. 그리고 1965년 4월, 김일성이 반둥회의에서 사상에서의 주체, 정치에서의 자주, 경제에서의 자립, 국방에서의 자위가 우리당이 견지하는 입장이라고 하였다.[403]

주체사상은 긴 시간을 두고 발전하게 된다. 1955년 사상에서의 주체, 1956년에는 경제에서의 자립, 1962년 국방에서의 자

---

[403] 김광철, 2013, p.28

위, 1966년 외교에서의 자주노선 등으로 체계화시켜 나갔다. 주체사상은 사람은 자주성을 가진 사회적 존재라는 것에서 시작하여 이를 인민대중에 적용하고, 또 한국의 유교, 불교, 단군사상 등의 전통사상에 접합해 나간다. 이렇게 1970년대에 와서 주체사상은 창조적인 철학적 원리로 격상되어 김일성 유일체제와 김정일의 부자간 권력세습을 합리화하는 이론체계로 된다.[404] 1970년 조선노동당 제5차 당대회에서 김일성의 주체사상과 마르크스-레닌주의를 함께 당의 공식 이데올로기로 채택하게 된다. 그리고 1980년 제6차 당대회를 통해 당규약 전문에 "조선로동당은 오직 위대한 수령 김일성동지의 주체사상, 혁명사상에 의해 지도된다"고 명시하여 주체사상을 공식적인 정치지도이념으로 규정하였다.[405]

1982년 김정일은 『주체사상에 대하여』라는 논문을 발표하고, 1985년 『위대한 주체사상총서』를 출간함으로써, 주체사상은 철학적 원리와 역사이론 그리고 정책노선과 지침 등을 포괄하는 하나의 사상체계로 완성된다.[406] 그리고 1980년대 말 사회주의가 와해되면서 사회주의 이념이 빛을 잃게 되자 북한은 주체사상에 더 많이 의존하게 되었다.

국가로서의 주체사상은 무엇이든 우리가 알아서 우리 마음대로 하겠다는 것이다. 강대국의 영향이 큰 반도의 국가로서 그런 영향을 받지 않겠다는 것이고, 세계의 사회주의 국가들이 사회주의를 포기하고 자본주의로 돌아섰지만 우리는 그들과 달리

---

[404] 전상인, 1994, p.70
[405] 통일교육원(편), 2000, p.31
[406] 전상인, 1994, p.71

줏대를 지키겠다는 것일 수도 있고, 세계의 국가들이 만류를 하더라도 우리의 필요에 따라 핵무기를 만들 수도 있다는 것이기도 하다. 그리고 보다 더 중요한 것으로서 정치체제에 있어서 외부의 압력이나 영향을 받지 않겠다는 것이다. 북한은 통치자의 강한 권력체제를 구축하여 전근대기 제왕 이상으로 전제권력을 행사하며 그 권력을 후손에게 이어가고 있다. 오늘날 같이 민주화되고 개방화된 세계에서 이런 북한에 대하여 비난과 압력이 생길 수밖에 없다. 이런 일과 관련하여 주체는 외부로부터의 비난과 간섭에 대한 방어용 무기가 된다. 주체는 우리가 알아서 하니 그딴 소리 하지 말라는 것이기도 하고, 그런 간섭이 있더라도 우리가 원하는 대로 해나가겠다는 의지의 표명인 것이다.

    그리고 주체사상은 대외관계에서 큰 역할을 하였다. 북한은 주체성을 가진 국가임을 강조함으로써 주체 없이 미국 따라 미국의 식민지상태로 살아가는 남한을 부각시키고, 이를 기초로 북한의 제대로 된 국가로서의 정통성을 주장하는 것이다. 그리고 대남전략에서 한반도에서 조선사람들이 주체적으로 문제를 해결하여 통일을 이루어야 하고, 조선의 통일은 조선민족 내부의 문제이므로 이러한 통일을 가로막고 있는 미군은 남한에서 철수되어야 하고, 미국의 영향력을 몰아내어야 한다고 주장한다. 실제 주체는 남한에서 북한과 동조하는 세력들을 구축해나가는 데 큰 역할을 하였다.

## 4] 영역별 내셔널리즘

### [1] 정치

    북한헌법 제11조는 "조선민주주의인민공화국은 조선로동당의 영도밑에 모든 활동을 진행한다"고 규정하고 있다. 북한은 일당독재체제로서 조선로동당이 국가를 이끌고, 당은 수령의 영도하에 모든 정책을 집행하는 가운데 수령의 명령과 지시에 따라 국가 내 모든 구성원이 하나같이 움직이는 체제이다. 수령이 곧 국가이기 때문에 북한사람들의 국가에 대한 마음은 수령을 중심으로 하는 초강력 쇼비니즘(ultra-chauvinism)이다.

북한은 마르크스-레닌주의에 따라 사회주의 국가로 수립되었지만 주체사상과 김일성주의로 독자적인 체제로 변형시켜 북한 고유의 우리식 사회주의를 추구한다. 세계 대부분의 사회주의 국가들이 체제전환을 하였지만 북한은 사회주의를 계속해 나가고 있다. 북한 당국은 수령께서 주체사상을 구현하여 사회주의 모범을 창조함으로써 이 세상에서 가장 우월한 사회주의 제도에 살게 되었다고 하고, 이에 대한 긍지와 자부심을 국민들이 가질 것을 요구하고 있다.[407]

이렇게 주체사상은 김일성 유일체제의 사상적 기반으로서 국가의 통치이념이며, 국방에서는 자위, 외교에서는 자주 등과 같이 국가 내 모든 영역에서 기본원리로서 작동한다.

## [2] 경제

북한은 폐쇄적 국인경제체제다. 모든 재화의 생산과 소비가 국가 내에서 이루어지는 자급자족경제를 추구한다. 현대문명의 특성상 필요 재화 모두를 국내에서 산출하기는 어렵다. 그래서 석유와 같이 국내에서 조달할 수 없는 필수재는 수입을 하고,

---

[407] 김정일, 1989.12.28

수입을 위한 외화조달을 위해서 수출을 하여 무역을 하기는 하되, 필요한 최소한에 한정하고 있다.

### [3] 사회

북한은 수령을 중심으로 하는 집단주의 사회이다. 수령의 사상과 지도 방침에 따라 국가 내 모든 사람이 함께 움직이기 때문에 당연히 북한에서 하는 모든 것들이 절대적인 가치를 갖는다. 그래서 사람들은 우리가 추구하는 삶의 방식이 최상의 방식이며, 우리 사회가 지구상에 가장 좋은 사회이고, 우리 국가가 최고의 국가라고 여기며 살아간다.

사람에 있어서도 우리 사람이 최고다. 그래서 자연스럽게 다른 민족과 피를 섞어서는 안 된다고 생각한다. 북한에서는 외국인과의 결혼이 원칙적으로 금지되어 있다. 더구나 수령님의 혈통이 백두혈통임을 강조하면서 세습의 통치를 하고 있기 때문에 국가 내 모든 사람은 혈통의 중요성을 인식하면서 살아간다.

### [4] 역사

북한은 자국의 위상을 높일 수 있는 역사를 세우기 위하여 노력한다. 북한이 오랜 역사를 가졌고, 수천 년 문명국의 역사를 이어왔으며, 남한과의 관계에 있어서 북한이 역사적 정통성을 가졌음을 입증하기 위하여 다양한 고고학적 발굴결과와 역사 연구결과를 내어놓고 있다.

1993년 9월, 북한은 단군의 유골과 유물이 출토되었다고 발표하였다. 단군과 단군부인의 것으로 추정되는 뼈가 86개 출토되었으며, 남자뼈의 연대측정 결과 5천 11년 전의 것으로 밝혀졌다고 하였다. 이는 『삼국유사』에서 단군이 건국하였다는 연도인 기원전 2333년보다도 거의 700년을 앞선 것이다. 북한은 동방에서 처음으로 조선이라는 나라를 평양에 세웠다고 하고, 평양을 중심으로 하는 대동강 유역은 인류문명의 시원지로서 나일강, 황하강, 인더스강, 티그리스·유프라테스강 유역들과 함께 세계 5대 문명의 발상지 중의 하나라고 주장하였다.

그리고 1993년 고구려 동명왕릉을 복원하고, 1994년에는 고려 태조왕건왕릉을 복원하였다. 고려를 우리 민족 최초의 통일국가라고 하고, 고려 태조왕건이 우리나라의 첫 통일국가를 이룬 사람이라고 주장한다. 그래서 한반도에서의 국가계보가 고조선 - 고구려 - 고려 - 조선 - 북한으로 이어진다는 것이다. 그리고 지금 북한의 수도인 평양을 내세워, 평양은 우리 민족의 시원지이고, 인류의 발상지이며, 민족문화의 중심지이고, 조선민족의 성지라고 하고 있다.

[5] 언어

북한의 한글발전을 위한 노력은 특기할 만하다. 북한은 국인 정체성의 요소로서 언어의 중요성을 인식하고, 일찍부터 한글에 대해 관심을 갖고 이를 발전시키려 노력하였다. 1948년 1월 15일, "조선어신철자법"을 발표하였고, 1949년에 한자를 전면폐지하고 한글전용을 시행하였다. 북한에서는 한자말을 우리말, 현대어로 바꾸고, 가로쓰기, 단어 붙여쓰기를 하는 등, 한글을 읽기 쉽게 하고, 한국말을 다듬기 위해 다각적으로 노력하였다. 특히 1966년 이후 문화어운동과 우리말다듬기운동을 전개하면서 한자어와 외래어를 우리말로 정리하고, 구어체를 사용하였으며, 누구나 쉽게 말과 글을 사용토록 하였다. 이 우리말다듬기운동을 통하여 5만여 단어를 새로 만들어 내었다. 1988년 한글 맞춤법과 표준어 규정을 개정 공포하였고, 1992년에는 33만 단어를 수록한 방대한 규모의 『조선말대사전』을 발간하였다.[408]

북한은 외래어를 한국어체계에 맞게 순화시켜 사용한다. 남한에서는 아이스크림, 계란후라이, 다이어트 등과 같이 말하지만 북한에서는 얼음송이, 닭알부침, 몸까기 등과 같이 말하는 것이다. 주체사상에 입각하여 외래어의 사용은 단순한 언어의 문제가 아니라 사상과 인식의 문제로 보고 국가적인 차원에서 철저하게 순화작업을 하고 있다. 이러한 결과로 북한에서는 남한에서보다 한국어가 훨씬 더 쉽고 정확하며 질서정연하다.

### [6] 문화 예술

북한헌법 제41조는 문화와 관련하여 다음과 같이 규정한다.

> 조선민주주의인민공화국은 사회주의근로자들을 위하여 복무하는 참다운 인민적이며 혁명적인 문화를 건설한다. 국가는 사회주의적민족문화건설에서 제국주의의 문화적침투를 배격하며 주체성의 원칙과 력사주의원칙, 과학성의 원칙에서 민족문화유산을 보호하고 사회주의현실에 맞게 계승발전시킨다.

북한은 주체성의 원칙에 기초하여 사회주의적 민족문화를 건설한다는 것이고, 그러기 위해서 제국주의 문화침투를 배격하여 자본주의 서구문화가 국내에 들어오는 것을 막겠다는 것이다.

---

[408] 통일교육원(편), 2000, pp.330-335

북한은 사회주의 국가이고 김일성과 그 후계자들에 의한 전제체제의 국가이기 때문에 철저히 국가의 이해에 부합하는 것으로서의 북한 독자적인 문화세계를 세워나가고 있다. 사회주의에서는 자본주의적이고 전근대적인 요소를 척결하고 장차 공산주의 사회로까지 발전시켜 나가야 하기 때문에 인민들의 의식변화가 이루어져야 하는데, 문화, 예술도 이러한 목적을 위한 수단으로서 동원된다. 1970년 김일성은 연설을 통해 교육과 문학 예술은 사람들의 혁명적 세계관을 세우는 데에 이바지하여야 한다고 하였다. 그래서 북한에서는 독자적인 주체문예이론이 있고 종자론이 있다. 종자론에서 종자란 작품 속에 담겨있는 가장 핵심적인 미적 요소이자 사상적 요소라고 할 수 있으며, 종자의 선택에 있어 가장 중요한 것은 수령님의 교시와 그 구현인 당정책의 요구에 맞는 것이라고 정하고 있다.[409] 그러다 보니 북한에서 문화예술에서 주로 다루는 것은 김일성과 그 후손에 대한 충성심 고양, 조선인민공화국 찬양, 인민군투쟁 찬양, 주민노력 동원, 자본주의 사회의 모순, 계급적 각성, 반제국주의 투쟁, 사회주의 혁명투쟁, 반당분자 징벌, 낡은 것 척결과 새 것 창조, 미국 제국주의의 착취와 야만성, 식민지상태의 남조선 현실 등과 같은 것이 대종을 이루고 있다.

　예술에 있어서도 북한은 독창적이고 주체적인 문화발전을 위하여 많은 노력을 하고 있다. 음악에서는 태평소, 해금, 피리 등 전통악기를 개량하는 등 전통음악을 현대화하였다. 북한은 인민들의 마음을 사로잡는데 음악을 십분 활용하는데, 이를 음악정치라고 한다. 북한은 인민가요, 혁명가극 등을 발전시켜 오

---

[409] 통일교육원(편), 2000, pp.298-299

고 있는데, 북한음악은 대중들에 잘 다가가도록 하기 위하여 단순하고 단조로우며 가사와 멜로디에 치중하는 특성을 갖고 있다. 미술에 있어서도 인민들의 혁명적 의식 부여를 위한 선전그림, 혁명정신과 지도자 숭배정신을 고취하기 위한 동상조각, 혁명기념관이나 국가기관 건축 등이 주요 부분을 차지하고 있다. 그리고 북한에서는 1973년 김정일이 『영화예술론』을 저술했을 정도로 영화를 어느 장르 못지않게 중시하고 있다. 영화가 갖는 대중에 대한 강한 호소력과 전파력 때문이다. 북한에서의 예술은 당과 인민의 이익을 위하여 복무하고 사회주의 국가건설을 위한 것이어야 하기 때문에 어느 예술이든지 그 장르에 상관없이 내셔널리즘을 가득 담고 있는 것은 자연스러운 일이다.

## 2. 북한의 민족주의

### 1] 초기 반민족주의기

민족주의에 대한 북한의 입장은 시대적 상황에 따라 융통성 있게 변한다. 건국 이후 북한은 민족주의를 배격하였다. 1957년 12월 5일, 조선로동당 중앙위원회 확대전원회의 보고에서 김일성은 다음과 같이 말하였다.

> 우리의 애국주의는 사회주의적 애국주의입니다. 우리는 온갖 부르죠아민족주의와 배타주의를 배격합니다. 민족주의는 인민들 간의 친선관계를 파괴할 뿐 아니라 자기 나라 자체의 민족적리익과 근로대중의 계급적리익에 배치됩니다. 부르죠아민족주의와 배타주의는 프롤레타리아국제주의 및 사회주의적 애국주의에 적대되

며 대중속에서 진정한 애국주의의 발현을 방해합니다.[410]

김일성이 설명하고 있는 것과 같이 마르크스-레닌주의에 따르면 민족주의는 자본주의적인 것으로서 그리고 사회주의의 국제성에 배치되는 것으로서 배격해야만 할 대상이었다. 소련에 의존하여 나라도 세우고 전쟁도 한 북한의 입장에서 소련과의 연대는 무엇보다 중요하였고, 소련과 북한을 잇는 가장 중요한 연대의 끈은 사회주의의 국제적 연대성이었다. "만국의 프롤레타리아여, 단결하라!"면서 민족 국가 할 것 없이 노동자라는 계급으로 하나로 뭉쳐서 세상을 혁명적으로 바꾸어야 한다는 이 국제적 연대성이야말로 북한이 소련의 지원을 이끌어내는 가장 중요한 힘이었다. 이런 상황에 있는 북한은 다른 어느 사회주의 국가보다 이 부분을 강조하고 여기에 충실하지 않으면 안 되었다. 그래서 북한은 프롤레타리아 국제주의 원칙을 내세우면서 민족을 배격하는 모습을 확실히 보여주었던 것이다.

북한에서의 민족과 민족주의에 대한 개념과 사상은 소련의 그것을 그대로 도입하였다. 민족의 정의에서부터 스탈린의 정의를 그대로 따랐다. 1960년 간행된 『조선말사전』은 민족을 "언어, 지역, 경제생활에 의하여 표현되는 심리적 상태의 토대 위에서 발생하며 력사적으로 형성된 사람들의 공고한 집단"이라고 정의하고 있으며, 1970년에 간행된 『철학사전』도[411] 유사하게 정의하고 있다. 그리고 소련과 같이 서구의 이론을 따라 민족은 근대에 형성된 것으로 하였고, 공산주의 이론에 따라 세계의 공산주

---

[410] 김일성, 1957, p.236
[411] 민족을 언어, 지역, 경제, 생활문화와 심리 등에서 공통성을 가진 력사적으로 형성된 사람들의 공고한 집단이라고 하고 있다.

의 실현과 함께 민족은 소멸될 것으로 보았다.[412]

초창기 북한에서는 사회주의 국가체제를 확립하는 것이 무엇보다 중요하였다. 1956년 4월, 김일성은 민주기지론을 내세우며, 북한지역에서 성공적으로 사회주의를 건설하여 정치 경제적으로 우위에 서서 한반도를 통일해야 한다고 하였다. 이런 가운데 남한은 4.19의거, 5.16혁명 등의 사건을 거치면서 혼란을 거듭한 반면에, 북한은 비교적 안정된 가운데서 사회주의 체제를 정착해 나갔다. 1965년 남한이 일본과 한일기본조약을 체결하면서 일본과 협력관계를 갖게 되자 남한에서는 한일협정에 반대하는 시위가 이어지며 반일의 민족주의 정서가 강하게 일어났다. 이러한 상황에서 북한은 남한정부의 일본에 대한 굴종적 외교를 비난하면서 민족적인 정서를 자극하여 남한의 반정부세력을 부추겼다.

이 시기는 북한의 남한에 대한 우위의식이 있었던 시기였다. 이런 의식을 바탕으로 주한미군 철수를 요구하며 남북한 자주적 총선거[413]를 주장하거나 연방제 실시[414]를 주장하기도 하였다. 하지만 사회주의 애국주의로 북한의 체제적 국가적 우월성을 내세우는 가운데 민족주의에 대해서는 부정적이었다.

## 2] 민족주의 전환 과도기

1970년대가 되면서 남한의 발전으로 북한의 대남우위를 자

---

[412] 정영철, 2001, p.226
[413] 자주적 총선거는 1948년 4월, 그리고 이후 1950년대에도 주장되었다.
[414] 1960년 8월 14일, 김일성이 제시하였다.

신하기 어려운 상황으로 되어갔다. 그리고 1970년대 북한에 김일성 수령 중심의 지도체제가 강화되고, 김정일 세습체제에 들어가면서 민족과 민족주의에 대한 가치의식이 바뀌기 시작한다. 지도자의 통치에 긍정적인 효과를 줄 수 있는 수단으로서의 민족주의를 의식하면서 혈통과 민족에 대하여 가치를 부여하게 된 것이다.

1972년에 민족에 관심을 갖게 되는 사건이 있었는데, 남북한7.4공동성명었다. 여기서 남한과 북한은 자주, 평화, 민족대단결의 '조국통일3대원칙'을 합의하였다. 이후 북한은 1973년 6월 23일, 고려연방제를 제의하면서 대민족회의 소집을 제안하였고, 1980년에는 고려민주련방공화국 창립을 제안하였다.⁴¹⁵ 1민족, 1국가 2사상, 2제도 체제의 연방을 창립하자는 것이었다.⁴¹⁶

이러한 가운데 북한은 원래의 사회주의 이념을 고수하던 태도를 버리고 점점 더 민족주의에 다가간다. 민족의 개념에서도 기존의 정의에 변경을 가하게 된다. 1973년에 발간된 『정치사전』은 민족을 기존 스탈린의 정의에서 혈통을 추가하고 언어를 강조하여 "언어, 지역, 경제생활, 혈통과 문화, 심리 등에서 공통성을 가진 역사적으로 형성된 사람들의 공고한 집단이라고 하고, 민족을 특징짓는 요소로서 가장 중요한 것의 하나는 언어의 공통성"이라고 정의한다. 그리고 1985년에 발간된 『철학사전』에서는 민족의 정의를 스탈린의 정의에서 네이션의 표징으로 들고 있는 경제생활의 공통성을 제외하여 "피줄과 언어, 령토와 문화

---

⁴¹⁵ 1980년 북한 제6차 당대회에서 고려민주연방공화국을 제안한다.
⁴¹⁶ 동독은 초기에는 국가연합 통일방안을 제시하며 1국인 1국가론을 주장하다가, 1972년 동서독기본조약으로 1국인 2국가론으로 가고, 나중에 체제경쟁에서 서독에 밀려서 자신감을 잃은 이후에는 2국인 2국가론을 주장한다.

의 공통성에 기초하여 력사적으로 형성된 사회생활단위이며 사람들의 공고한 집단"이라고 하였다.

여기서 민족의 개념을 바꾼 이유는 대남관계에서 북한이 직면한 상황을 감안하여 그 개념을 수정하게 된 것이다. 남한이라는 북한의 통치 바깥에 있는 사람들을 민족에 포함시키기 위해서 혈통을 추가하였고, 또 남한과 북한은 경제생활에서 공통이 아니므로 이 요소를 배제한 것이다. 또한 민족이 근대기에 시작된 것이 아니라 고대국가 형성과 함께 시작된 것으로 하였다.[417]

이렇게 민족주의에 대한 인식이 변화되고 있었지만 공식적으로는 한국전쟁 이후 1980년대 중반까지는 민족주의에 대하여 부정적이고 비판적이었다. 1985년 이전까지 북한의 『철학사전』은 민족주의를 "계급적 모순을 은폐하고 로동계급이 자기의 근본리익을 위하여 투쟁할 수 없게 하고, 다른 나라에 대한 침략과 약탈을 합리화하는 데 복무한다"고 명시하고[418] 있었다.

### 3] 1980년도 중반 이후 친민족주의기

1980년도 중반 이후 민족, 민족주의에 대한 북한의 태도는 완전히 달라지게 된다. 민족에 대하여 더없이 큰 의미를 부여하고 민족주의를 추구하는 모습을 보이게 된다.

1985년 발간된 『주체사상총서』에서는 민족을 떠난 계급은 생각할 수 없으며, 민족해방과업은 계급해방과업에 선행한다고 하여 계급보다 민족을 우선시하였다. 그리고 1986년 7월 15일,

---

[417] 김갑식, 2006, p.152
[418] 전상인, 1994, p.103

김정일이 "우리민족제일주의"를 주창하면서 사회주의는 계급적 위업인 동시에 민족의 발전과 번영을 위한 위업이라고 하였다. 1991년 김일성은 계급과 계층은 민족의 한 부분이며, 어떤 계급과 계층도 민족공동의 리익을 떠나서는 자기의 리익을 실현할 수 없다고 하였다. 그리고 부르죠아 민족주의와 진정한 민족주의를 구분하여 "원래 민족주의는 민족의 이익을 옹호하는 진보적인 사상으로 발생하였으나, 자본주의가 발전하고 부르주아지가 반동적으로 지배계급으로 되면서 자본가계급의 이익을 옹호하는 사상적 도구가 되었다"고 하였다. 북한에서의 민족주의는 부르죠아 민족주의와 달리 진정한 민족주의라는 것이다. 그리고 자신은 "공산주의자인 동시에 민족주의자이고 국제주의자"라고 하였다.[419] 그리고 김정일은 "혁명과 건설은 나라와 민족을 단위로 하여 진행된다"고 하였다.[420]

이렇게 북한의 민족주의에 대한 태도변화는 매우 큰 것이었다. 민족주의를 부정적으로 보고 배격하던 이전의 자세를 완전히 반대로 바꾸어서 오히려 민족주의를 적극 내세우게 된 것이다. 이렇게 사회주의 이념에서 민족주의 이념으로 크게 이동하면서 지금까지 주장하던 계급우선이 아니라 민족우선을 주장하고, 또 계급은 영원하지 않지만 민족은 영원하다고 하면서 "민족소멸론"을 "민족영원론"으로 대체하였다.

북한이 이렇게 민족주의를 내세우게 된 데에는 크게 두 가지 이유가 있다. 하나는 사회주의의 쇠퇴이고, 다른 하나는 대남전략이다. 1980년대 중반 이후 사회주의가 쇠퇴조짐을 보이면서

---

[419] 전상인, 1994, p.109
[420] 전상인, 1994, p.108

더 이상 사회주의 원칙만을 붙들고 있을 수 없게 되었다. 1989년 8월, 폴란드에서 공산주의가 무너지고, 1991년 12월, 소련이 해체되었다. 사회주의 국가 대부분은 자본주의 시장경제로 체제 전환하고, 중국도 일찍이 개방을 하고 자본주의 시장경제체제를 도입하여 북한은 무원고립의 처지에 놓이게 된다. 이런 상황에서 1992년 우리식 사회주의를 주창하며 우리는 사회주의 모범국가라고 자찬하였지만, 다른 사회주의 국가들과 마찬가지로 발전이 지체되어 경제적 사회적 수준에서 남한과 비교할 수 없이 낙후되었고, 국제적인 위상에서 남한에 비해 초라하게 되었다.

한편, 남한에서는 1980년 이후로 정치적 혼란과 함께 반정부세력이 형성되고 있었다. 이런 상황에서 민족주의는 북한의 대남전략에서 매우 유용한 수단이 될 수 있었다. 주체사상에다 민족주의를 더하여 북한은 쉽게 남한에서 우군을 확보할 수 있었다. 북한은 남한에 향하여 민족자주와 민족대단결을 촉구하면서 여기에 호응하지 않는 남한의 정부나 정당에 대하여 동족적 대정책, 외세의존, 반북대결책동 등과 같이 비난하였다. 이러한 가운데 북한의 민족주의는 남한사람들에게도 그대로 공명되었고 남한에 종북세력을 형성해 나가게 되었다.

북한은 민족주의로 남한에 대하여 타협적인 태도를 취하면서 남한에서 노태우정권이 출범한 지 얼마되지 않은 1988년 11월 16일, "남북고위급정치군사회담"을 제의하게 된다. 이를 시작으로 남북한 간에 우호적인 분위기가 조성되면서, 1991년 9월 17일, 제46차 유엔총회에서 남북한이 함께 유엔에 가입하고, 1991년 12월 13일, 서울에서 개최된 "제5차 남북고위급회담"에서 남북 간의 화해와 불가침 및 교류·협력에 관한 합의서『남북기본합의서』가 채택된다. 그때까지 남한과 북한은 서로가 한반도의 유일한 합법정부라며 단독가입을 추구해 왔는데, 동시가입을 하게 되었다는 것은 서로 상대의 존재를 인정하게 되었음을 의미한다.

그리고 1993년 2월, 김영삼 대통령은 취임사에서 "어느 동맹국도 민족보다 더 나을 수는 없다"고 하였다. 그리고 1994년 8월 15일 광복절 경축사에서 "한민족공동체 건설을 위한 3단계 통일방안"을 제안하기도 하였다. 1994년 북핵위기에서 북한 영변 핵시설을 정밀타격하려는 미국 클린턴(Bill Clinton) 대통령을 김영삼 대통령이 극구 만류한 것으로 알려졌다.[421] 남한의 민족주의자들이 북한이 주장해 오던 대로 한반도의 문제는 한반도민족이 주체가 되어 해결해야 한다고 하고, 외세의 간섭을 거부하며 한반도에서 미군은 철수되어야 한다고 주장하고 있고, 남한정부마저 이런 태도를 보임에 따라 미국도 자기 나름의 생각을 하게 된다. 이후 미국의 북한 핵협상에서 한국은 소외되는 등 한미관계가 소원해지기 시작한다. 북한은 미국의 공격을 민족주의로 자기 쪽으로 끌어온 남한을 앞장세워 피할 수 있었던 것이다.

그리고 1998년 2월에 취임한 김대중 대통령은 햇볕정책으로 북한에 대하여 협력과 화해를 추구하는 정책을 펴게 된다. 남북한 간에 우호적인 분위기가 무르익으면서 분단 이후 최초로 남북한 정상이 만나게 된다. 2000년 6월, 김대중 대통령이 평양을 방문하여 김정일과 남북정상회담을 하고, "6.15남북공동선언"을 하였는데, 통일 문제를 우리 민족끼리 자주적으로 해결할 것

---

[421] 김영삼, 1994년 북폭 준비 클린턴에 '국군 한 사람도 동원 않겠다' 만류는 사실, 2018.4.26

을 선언하고, 경제협력을 비롯한 교류활성화에 합의한다. 이렇게 하여 김대중정권 시절에는 남북한 화해협력의 기조하에서 금강산관광사업, 개성공단사업 등 각종 경제협력사업으로 경제교류협력을 하고, 쌀, 비료 등의 물자를 보내는 등 북한에 많은 지원을 하게 된다. 그리고 2007년에 노무현 대통령도 평양을 방문하는 등, 김대중정부와 마찬가지로 대북유화정책을 이어나가게 되고, 이후 김대중, 노무현 계보를 잇는 정당은 친북성향의 정당이 되었다.

이 과정 속에 한반도에는 또 하나 중요한 문제가 있었는데, 그것은 바로 핵위기다. 북한은 한편으로는 남한에 같은 민족으로서의 화합을 주장하면서, 다른 한편으로는 핵무기를 개발한 것이다. 북핵위기는 북한이 핵무기개발을 위하여, 1993년 3월, 핵확산금지조약(Nuclear Ponproliferation Treaty: NPT) 탈퇴를 선언하고, 1994년 3월, 국제원자력기구(International Atomic Energy Agency: IAEA) 사찰단을 철수시키면서 시작되었다. 이후 북한과 미국 사이의 긴장이 극도로 고조되었다. 이 상황에서 북한은 민족감정을 최대한 동원하여 북한과 미국과의 대결이 아닌 조선민족과 미국과의 대결구도로 인식시키기 위한 노력을 하게 된다. 북한은 1990년부터 1999년까지 매년 범민족대회를 개최하는 등 민족주의 대외전략을 수행하면서 남한 내에 민족운동세력, 통일운동세력을 확대하고, 민족감정을 동원하여 남한 내의 반미정서를 확산시켜 한반도에서 미국의 힘을 약화시키고 운신의 폭을 좁게 만들기 위해 노력하였다.

두 차례의 북핵위기를 겪는 등 핵개발에 대한 미국과 국제사회로부터의 압력에도 불구하고 2006년 10월 9일, 북한은 핵실험에 성공하고, 2016년 1월 6일에는 수소폭탄실험에도 성공한다. 그리고 미사일도 꾸준히 개발하여 2017년 7월 4일에 대륙간탄도미사일(Intercontinental Ballistic Missile: ICBM) 시험발사에 성공하고, 2022년 3월 24일에는 유라시아대륙과 북아메리카대륙 전역이 사정권에 들어가는 미사일발사에 성공하였다.[422]

사회주의 실험은 실패로 끝나고, 다른 사회주의 국가들과 마찬가지로 사회주의를 폐기할 수밖에 없는 상황에서 북한 또한 어려울 수밖에 없었다. 그럼에도 다른 국가들과 달리 북한은 체제전환을 하지 않았고, 오히려 자본주의 세력과 대항하기 위해서 핵무기를 만들고자 하였다. 그 과정에서 북한은 정치, 경제, 군사, 외교적으로 어려움을 겪을 수밖에 없었다. 이런 어려운 과정에서 북한은 민족주의를 활용하여 미국의 공격으로부터 피할 수 있었다. 남한이 민족주의 정서에 도취되어 동맹국인 미국보다 민족인 북한 편에 섬으로써 미국의 공격에 반대하고 비협조적 태도를 보임으로써 미국의 입장에서 대응이 용이하지 않게 된 것이다. 그리고 북한의 남한에 대한 민족주의 공세는 남한 내에 친북세력을 형성하게 함으로써 남한 내 북한의 영향력이 커지게 되었다. 또한 이에 따라 남한에서는 사람들이 친북 민족주의와 반공 자유주의로 나뉘어져서 남남갈등을 겪게 된다. 정치적으로도 친북 좌파정당과 반공 우파정당이 대립하면서 국정은 파행되고 일관성 없는 정책으로 국력이 크게 약화되었다. 이렇게 북한의 민족주의 전략은 대성공이었다.

### 4] 2020년 이후 반민족주의기

---

[422] 앞의 것은 화성-14고, 뒤의 것은 화성-15다.

2017년 문재인정권이 들어서고 남북한 간의 관계는 그 어느 때보다 좋았다. 2018년 한 해에 남북정상회담이 세 차례나 열렸으며, 2018년 2월, 남한에서 열린 평창동계올림픽에 북한이 참가하고 고위급대표단과 특사를 남한에 파견하기도 하였다. 문재인정부는 북한을 위해서 미국과 북한 간의 갈등을 해소하기 위해 적극 나서 북한을 변호하는가 하면, 북한과 관련된 사건이나 도발사건이 일어났을 때에도 북한을 적극 돕거나 심기를 건드리지 않으려고 극구 애쓰는 모습을 보였다.

그러더니 북한이 남한을 갑자기 멀리하기 시작하였다. 북한은 남한으로부터 삐라가 날아오는 것을 남한정부가 막지 못한다는 것을 문제 삼아 김여정 부부장은 "확실하게 남조선 것들과 결별할 때가 된 듯하다. 남조선 당국과 마주 앉을 일도 논의할 문제도 없다"고 하고, "지금까지의 대남사업을 대적사업으로 전환한다"고 하면서[423] 2020년 6월 16일, 개성공단 내 남북공동연락사무소를 폭파해 버렸다. 남한과의 통신연락을 차단하고 접촉 공간을 없애서 남한과의 관계를 적대관계로 돌려버린 것이다.

2023년 12월, 북한의 노동당 중앙위 제8기 9차 전원회의에서 김정은은 "적대적 2개 국가론"으로[424] 대한민국을 같은 민족이 아닌 교전 중인 적대국가로 하여 남북관계를 같은 민족이 아닌 2개 국가 간의 관계로 규정하였다. 그리고 2024년 2월 9일, 북한군 창설 76주년에 김정은은 "우리 당과 정부가 우리 민족의 분단사와 대결사를 총화짓고 한국 괴뢰족속들을 우리의 전정에 가장 위해로운 제1의 적대국가, 불변의 주적으로 규정하고 유사

---

[423] 김여정 "연락사무소 무너지는 것 보게 될 것...남조선 것들과 결별할 때", 2020.6.16
[424] 김정은 '2개 국가론'은 핵 사용 명분 쌓기? 2024.2.9

시 그것들의 령토를 점령, 평정하는 것을 국시로 결정한 것은 우리 국가의 영원한 안전과 장래의 평화와 안정을 위한 천만지당한 조치"라고 하였다. 북한이 이렇게 태도를 정반대로 바꾼 것은 다음 몇 가지 이유 때문이다.

첫째, 그간의 남북한과 세계 사정의 변화에 따라 대남전략을 바꾼 것이다. 북한정권이 수립된 이후 대남적화통일의 목표는 변함이 없다. 북한은 이 목표를 위해 상황에 따라 항상 최적의 전략을 구사하는데, 적대적 2개 국가론도 이에 따라 나온 것이다.

둘째, 남한과의 교류는 북한이 대외적으로 개방되어지는 결과를 낳게 되고, 이는 북한의 국내통치에 부담이 되기 때문이다. 북한은 요즘 세상에 보기 드문 전제통치체제의 국가다. 이에 대해서 나라 안에서야 누구도 비난할 수 없지만 나라 바깥에서는 비난의 대상이고 조롱거리다. 나라 바깥으로부터의 비난이나 외부의 가치관이 국내에 유입되면 김정은에게 치명적으로 나쁜 결과를 가져올 수 있다. 그래서 북한은 개방이나 외부와의 교류 자체가 가능하지 않은 체제인 것이다. 그동안 여러 이유에서 어쩔 수 없이 남한과의 접촉을 유지해 왔지만, 더 이상 지금까지와 같은 관계를 유지하는 것이 북한에게 유리하지 않다고 판단한 것이다.

셋째, 지금은 민족주의를 앞세워 남한과의 관계를 유지할 필요가 있었던 때와 상황이 많이 달라졌다. 1990년대 사회주의 몰락 이후 북한이 위기인 상태에서 체제를 유지하기 위한 방안으로 핵무기개발이 필요하였고, 그 개발과정 동안 방패막이용으로 남한을 끌어들였던 것이다.

<표 8-1> **북한 민족주의의 변화**

| 시기 | 민족개념 | 민족주의 관련 내용 |
|---|---|---|
| 반민족주의기 (해방 후 – 1960년대) | 민족에 의미 부여하지 않음 마르크스-레닌주의 이론 따름 언어, 영토, 경제생활, 심리 특성을 표징으로 하는 스탈린의 정의 사용 근대주의 따름 사회주의 이론의 민족소멸론 | 사회주의적 애국주의 남한 식민지의 무력통일 추구 민주기지론 1957.12.5 김일성은 우리는 사회주의적 애국주의이며, 부르죠아민족주의는 진정한 애국주의를 방해한다고 함 민족주의는 언제나 부르주아적 성격을 띤다 사회주의는 본질적으로 국제주의적이다 1960.8.14 남북한연방제 제시 |
| 전환기 (1970년대 – 80년대 중반) | 민족에 어느 정도 의미 부여 스탈린의 정의에서 혈통 추가하고, 언어의 중요성 강조함 근대주의 부정 | 1972.7.4 남북한7.4공동성명 1973.6.23 고려연방제 제의, 대민족회의 소집 제안 |
| 친민족주의기 (1980년대 중반 – 2010년대) | 민족에 큰 의미 부여함 마르크스-레닌주의에서 이탈 스탈린의 민족의 표징에서 경제생활의 공통성, 심리적 특성을 제외함 민족소멸론 부정 | 계급보다 민족을 우선시 1985 『주체사상총서』 제4권: 민족을 떠난 계급은 생각할 수 없으며 민족해방과업은 계급해방과업에 선행 1986.7.15 김정일: 우리민족제일주의 1991.8.1 김일성: 민족이 있고서야 계급이 있을 수 있다. 나는 공산주의자인 동시에 민족주의자이다. 1994 김일성민족 2000.6 남북정상회담: 낮은 단계의 연방제 주장. 남북공동성명: 우리민족끼리 2002.1 민족공조 2018.1.1 김정은: 우리민족끼리 |
| 반민족주의기 (2020년대 이후) | | 2020.6.16 남북공동연락사무소 폭파 2023.12.30 김정은: 북남관계는 적대적 두 국가관계 |

그런데 핵무기와 미사일을 갖춘 지금, 교류에 따른 부정적 요인만 있을 뿐 더 이상 남한이 필요하지 않다. 오히려 남북한 화해의 상황에서는 힘들게 개발해 놓은 핵무기와 미사일은 무용지물이 된다. 핵무기와 미사일은 북한이 엄포를 놓을 수 있을 때 그 역할을 한다.

넷째, 대외적인 측면에서도 남한과의 화해관계는 좋지 않다. 그동안 남한은 크게 발전한 반면, 북한은 낙후되어 있다. 지금 남북한이 화합하는 상황이 되면 그 존재감에서 북한은 남한에 묻혀버리게 된다. 핵무기와 미사일로 위협할 수 있는 상황이어야 세계에서 북한의 존재감을 갖게 된다. 대미협상력도 커지고, 북·중·러 연대에서도 제대로 대접을 받을 수 있는 것이다.

## 3. 북한의 두 국가론과 내셔널리즘

2023년 12월, 김정은은 "북남관계는 동족관계가 아닌 적대적인 두 국가관계"라고[425] 하였다. 남과 북이 동족관계가 아니라는 말을 풀어 쓰면 같은 민족으로서의 관계가 아니라는 것이다. 생물학적으로 보면 민족이라는 것은 부정할 수 없는 사실이고 그동안 민족이라고 우리민족끼리를 외쳐왔던 일을 보더라도 민족이라는 사실마저 부정할 수는 없다. 그렇다면 동족관계가 아니라는 것은 민족주의를 취하지 않겠다는 것을 뜻하고, 그러면 이것이 어떤 의미인지 내셔널리즘의 측면에서 검토해 볼 필요가 있다.

---

[425] "김정은 두 개의 조선론은 흡수통일·정권붕괴 회피 전략", 2024.1.2

남북한은 같은 민족이고 같은 국인이다. 그런데 현실적으로 두 개의 국가로 되어 있다. 그런데 이 두 국가의 체제가 하나는 자본주의, 다른 하나는 사회주의로서 근본적으로 다르다. 여기서 반드시 하나의 국가로 되어 살아야 한다거나, 반드시 현재대로 나눠서 살아야 한다거나 하는 어느 한편으로서의 당위성은 존재하지 않는다. 왜냐하면 통일이 되면 좋지만 체제가 다른 상황에서 통일만 생각하고 이에 몰입하다 보면 6.25동란에서 이미 경험했듯이 엄청난 비극을 불러올 수 있기 때문이다. 그래서 어느 한 길로의 당위성이 존재하지 않기 때문에 남북한의 사람들 스스로가 갈 길을 선택할 수 있다. 남북한의 사람들이 어떤 이념을 추구하느냐에 따라 가는 길이 달라지게 되는 것이다. 그 길들은 다음과 같다.

<표 8-2> **이념에 따른 결과**

| 이념 | 주요 인식 | | 결과 |
|---|---|---|---|
| 민족주의 | 남북한은 같은 민족 | | 통일은 불가결 → 투쟁 |
| 국민주의 | 남북한은 다른 국민 | | 통일은 불필요 → 평화 |
| 국인주의 | 남북한은 같은 민족, 다른 국민 | 남북한을 같은 나라사람으로 인식 | 통일은 선택 → 평화 |
| | | 남북한을 다른 나라사람으로 인식 | 통일은 불필요 → 평화 |

① **민족주의**: 민족을 중심으로 하나로 뭉쳐야 된다는 것이고, 여기서 우선과제는 통일이다. 남북한의 사람들을 같은 민족으로서

만 접근하기 때문에 통일에 대한 강박관념이 존재한다. 이러한 상태에서는 무리하게 통일을 추구할 수 있고, 엄청난 희생의 위험이 따른다. 그렇기 때문에 통일은 희망이기도 하지만 두려운 마음도 함께 하여 결과적으로 통일이 더 멀어질 수도 있다.

② **국민주의**: 남한이라는 국가 국민과 북한이라는 국가 국민으로서 자신이 속한 국가에 애국심을 갖는 것이다. 남북한 사람들이 현재 국가체제의 국민으로서만 접근하기 때문에 남북한 간에 현상유지의 길로 가게 되어 평화는 유지되나 통일은 멀어진다.

③ **국인주의**: 현대적 형태의 내셔널리즘으로서 공민 국인주의를 따르게 되면 남북한 사람들이 생각하기에 따라 하나의 국인이 될 수도 있고, 두 개의 국인이 될 수도 있다. 개인의 자유선택 의지를 존중하는 민주주의적인 판단이다. 다른 국민이라는 현실적인 인식과 함께 같은 민족이라는 의식도 간직함으로써 앞으로의 시대발전과 상황변화에 따라 융통성 있게 대처할 수 있다. 합리적이고 정돈된 생각은 남북한 간에 통일에 대한 압박으로부터 벗어나게 하여 긴장을 완화시키고 평화를 유지할 수 있다.

남북한의 문제를 생각할 때, 나뉘어진 채 시간이 가더라도 민족이라는 요소가 있어서 다른 나라와 같게 될 수는 없다. 시간이 갈수록 세계의 국가는 비슷한 체제로 되어 가고 있는데, 이는 미래에는 통일이 더 쉬워진다는 것을 뜻한다. 장기적으로는 통일이 될 수밖에 없기 때문에 중요한 것은 희생과 혼란 없이 통일되는 것이다. 조급하게 통일하려고 하면 긴장이 생기게 되고, 그러면 통일은 오히려 더 멀어지기 때문에 유연한 사고를 갖는 것이 통일을 앞당기는 일이다.

김정은은 두 국가론을 말하면서 남한에 대해서 매우 공격적이다. 남한을 한국 괴뢰족속들이라고 하고, 가장 위해로운 제1의 적대국가, 불변의 주적으로 규정하고, 유사시 그것들의 령토를 점령, 평정하겠다고 하고 있다. 여기서도 드러나는 것은 지난날 민족화해를 앞세웠던 것들이 진심이 아니었다는 것이다. 북한은 그 특성상 남한과 평화롭게 서로 교류하면서 공존할 수 없다. 체제가 다른 상황에서 통일을 한다는 것은 환상에 불과하며, 또 다시 전란의 비극을 가져올 뿐이다.

이렇게 보았을 때, 만약 북한이 남한에 대해 저렇게 적개심을 갖고 적대행위를 하지 않는다면 2국가론을 부정적으로만 볼 것이 아니다. 당연히 북한의 입장에서는 그 길이 좋기 때문에 그 길로 가기로 하였을 것이다. 또한 김정은이 그렇게 하겠다 했으면 이미 그렇게 정해진 것이다. 남한사람들이 아무리 민족화해니 통일이니 외쳐봐야 소용없다. 그리고 한국사람 전체의 입장에서도 나쁘다고 할 수 없다. 어떤 면에서는 합리적이다. 적어도 민족주의로 통일의 환상을 앞에 두고 이를 향해서 투쟁해야 하는 강박적인 상황은 피할 수 있는 것이다. 마음을 비우고 배려하는 마음으로 서로 자유롭게 내버려 두고 살아가다 보면 여유도 생기고 같이 살고 싶은 마음도 생길 수 있다. 그때 같이 살면 되는 것이다. 지금까지 남북한은 민족에 얽매여 말로써야 민족 민족 하면서도 서로에게 총칼을 겨누고 서로 오가지도 못하고, 연락조차 할 수 없는 상황을 이어왔다. 세계는 아무런 연고가 없는 국가들 간에도 서로 왕래하면서 잘 살고 있고, 심지어 앙숙 국가라 하는 한국과 일본 간에도 서로 왕래하면서 불편 없이 잘 살고 있지 않은가?

## 4. 북한의 국인주의 문제

　　북조선이 세상에서 제일 좋은 나라이며, 김일성과 그 후손이 세계 최고의 지도자라고 믿고 살아가는 북한사람들의 내셔널리즘은 더없이 강한 내셔널리즘이고 국수주의이고 초국인주의이다. 전제정치로 사람들이 고통받고 있는 것은 비난받아 마땅하지만 주체사상마저 비난받을 수는 없다. 강대국의 힘이 점점 더 커져가는 가운데 약소국들은 그 삶의 방식마저 지키기 어려운 상황에서 어느 독립국가가 주체성을 지키면서 산다는 것은 칭찬받을 일이지 비난받을 일이 아니다. 과거 북한이 제3세계국가들로부터 평가받고 지금도 제3세계뿐만 아니라 서방에서조차 일부 사람들의 지지를 받는 것은 북한의 이런 점 때문이다. 그리고 한반도를 둘러싸고 있는 외세를 생각할 때 한반도에서 무엇보다 필요한 것은 주체성이다. 그래서 북한이 민족주의와 함께 주체성을 내세우며 남한에 접근했을 때 거부감 없이 받아들여졌던 것이다.

　　북한사람들은 주체성에서 깨어 있다. 주체성 측면에서 보자면 남한은 주체적인 것이 거의 없다. 탈국적적인 삶을 살아가는 가운데 서구화되고 외래화되어 한국적인 것이 무엇인지도 알기 어렵게 되었다. 사실 그동안 한국의 발전은 과거의 것을 버리고 새로운 것을 정신없이 따라 하면서 이루었다. 하루가 멀다 하고 새로 바꾸다 보니 물질적으로 풍요하다 하나 정신적으로는 황량하기 그지없다. 뿌리 없이 변동 심한 사회에서 갈등도 많고 삶에 심지가 없어 행복을 찾기 어렵다. 사람들이 행복하지 않으니 출산률은 낮고 자살률은 높아 인구감소로 국가가 소멸할 위기에 처하게 되었다.

이에 비해서 북한은 주체적으로 살아가려고 많은 노력을 한다. 한글만 보더라도 한글을 발전시키기 위해서 많은 노력을 하고 있다. 한글뿐만 아니라 삶 전체에서 주체적이 되려는 노력을 하고 있으며, 핵무기의 개발도 같은 선상에서 이해할 수 있다. 그런데 오늘날 남한은 선진국이 된 반면에 북한은 세계 최후진국이다. 남북한은 같은 사람들인데 이렇게 된 이유는 무엇인가? 남한은 개방체제인 반면에 북한은 폐쇄체제였다. 오늘날 과학은 날로 발전하고 이러한 과학의 발전을 토대로 국가와 사회도 하루가 다르게 발전하고 있다. 아무리 대국이고 선진국이라고 할지라도 자국 내에서 이루어지는 발전은 세계 전체에서 이루어지는 발전에 비해서는 작은 것일 수밖에 없다. 그래서 선진국이라고 할지라도 문호를 열고 외국에서 일어나는 혁신과 발전이 쉽게 들어올 수 있도록 애쓴다. 이런 시대에 북한은 외부로부터 문물유입을 철저히 차단함으로써 발전하지 못한 것이다.

그렇다면 북한은 왜 폐쇄정책을 취하게 되었는가? 원래 사회주의 국가가 폐쇄적이기도 한 데다, 이러한 정책을 유지할 수밖에 없었던 가장 큰 요인은 독재체제유지이다. 개방이 되면 외부세계의 정보와 가치를 나라 안 사람들도 갖게 되고, 그렇게 되면 최고존엄이 유지될 수 없다. 그리고 애석하게도 북한에서의 주체사상은 외부의 참견이나 다른 가치관을 무력화시킴으로써 독재체제유지에 큰 역할을 하고 있는 것이다.

하지만 힘이 있어야 주체도 의미가 있고, 힘이 없으면 주체도 지키기 어렵다. 북한은 사회주의 이념을 주체적으로 고수했지만 성공할 수 없는 이념을 고수함으로써 국가가 낙후되고 약국으로 되고 말았다. 그래서 그 힘을 만들기 위해서 핵무기를 개발하였지만 핵무기의 존재가 국가의 존재를 유지시켜 줄지는 몰라도 좋은 국가로 되는 수단은 되지 못한다. 그 결과로 사람들은 헐벗고 굶주리는 가운데 국가는 더더욱 약국으로 되는 길로 가고 있다.

그래서 역설적이게도 주체사상으로 자주와 독립을 주장하는 북한이 남한보다 더 외국에 의존하는 상태로 되어 있다. 북한은 경제가 낙후되고 외화가 없는 상태에서 국내에 없는 필수물자를 획득하려 하다 보니 중국, 러시아에 의존하지 않을 수 없게 된 것이다. 북한도 개방하여 시장원리에 따라 무역과 산업을 발전시켜 왔더라면 세계에서 큰소리치면서 잘살 수 있을 텐데, 세상을 등지고 자신들만의 세계를 추구함으로써 발전하는 문명의 혜택을 누리지 못하고 사람들만 저리 고통받고 있는 것이다.

이러한 가운데서도 북한은 제국주의 침략위협을 앞세워 극심한 궁핍 속에서도 안정적인 체제를 유지하고 있다. 그렇다면 북한 주민들에 있어서는 굶주림과 헐벗음보다 더 두려운 것은 외세의 위협이라는 것으로서 그 내셔널리즘이 얼마나 강한지 확인되는 셈이다. 하지만 이런 내셔널리즘은 특정 상황 속에서 존재하는 것이어서 이것이 정말로 강한 내셔널리즘이라고 할 수는 없다. 당국의 통제로 생성되는 내셔널리즘은 겉으로는 강해 보이지만, 내심과는 별도로 시늉만 하는 것이어서 상황이 바뀌면 그대로 사라져 버리고 마는 것이다.

# 제 9 장
# 한국, 한국인의 특성과 국인주의

1. 지정학적 특성
2. 역사적 특성
3. 남북한 대치상황
4. 단일민족
5. 전통적 충성의식
6. 교육
7. 감정적 성향
8. 동조적 성향
9. 연고주의
10. 추종적 성향
11. 분열과 대립 성향

한국의 어떤 특성이 한국의 국인주의에 큰 영향을 주는가를 검토해 보았다. 주요 특성들을 보면 먼저 국가가 처한 환경으로서의 지리적 특성, 남북한 분단상황을 들 수 있고, 역사적 특성, 그리고 사회적 특성으로서 단일민족, 전통적 충성의식, 교육 등을 들 수 있고, 사람들 특성으로서 감정적 성향, 동조적 성향, 관계지향적 성향, 연고주의 등을 들 수 있으며 정치적 특성으로서 추종적 성향, 분열과 대립성향 등을 들 수 있다. 이들 요인을 개별적으로 살펴보기로 하자.

## 1. 지정학적 특성

내셔널리즘은 우리 땅이라는 땅에 대한 것과 우리 사람이라는 사람에 대한 것을 바탕으로 한다. 이렇게 볼 때 어느 나라의 내셔널리즘은 그 나라의 지정학적인 조건과 밀접하게 연관된다. 그 나라 땅의 위치와 크기, 그리고 그곳에 어떤 사람들이 어떻게 살아가는가에 따라서 내셔널리즘의 성격이 달라지게 되는 것이다.

　나라 땅이 클 수도 있고, 작을 수도 있으며, 또 그 위치가 대륙의 복판에 있을 수도 있고, 구석에 있을 수도 있고, 반도에 있을 수도 있으며, 섬에 있을 수도 있고, 여러 나라들에 둘러싸여 있을 수도 있고, 홀로 떨어져 있을 수도 있으며, 강대국을 이웃에 둘 수도 있고, 약소국을 이웃에 둘 수도 있다. 그리고 이 땅 위에서 얼마나 많은 사람들이 살고 있는지, 어떻게 살아가는지, 사람들의 구성은 어떻게 되는지 등등에 따라서 달라진다.

　이러한 측면에서 한국도 특색 있는 지리적 환경을 갖고 있다. 한국은 한반도에 자리 잡아 형성된 국가이다. 한반도는 아시아대륙의 동쪽에 위치하고 있고, 반도의 서쪽에는 중국 땅이 위치하고 있고, 동쪽으로는 일본섬이 있다. 한반도는 아시아대륙의 동쪽 끝에 위치하여 서쪽의 중국이나 북쪽의 만주와 시베리아의 대지에 비하여 그 땅의 크기가 작다. 이 지역은 위도상으로 북위 33도에서 43도에 위치하여 온대지역 기후대로서 사람과 동식물이 살기 좋은 곳이다. 그래서 인구밀도가 높다. 이는 사람들이 그만큼 치열한 경쟁 속에 살아야 함을 의미한다. 이런 경쟁적 환경으로 인하여 치열한 경쟁성은 한국사회의 한 특징이 되었다.

　사람이 다른 영장류와 분화된 것은 600만 년 전후로서 중신세기(Miocene epoch) 때였다. 그리고 약 250만 년 전에서 약 1만 년 전까지가 구석기시대였는데, 한반도 여러 지역에서 구석기 유물이 출토되는 것을 보면 한반도에 적어도 1만년 전에는 사람들이 살았다는 것을 확인할 수 있다. 그리고 현생인류인 호모 사피엔스(Homo sapiens)는 대개 20만 년에서 30만 년 전

사이에 아프리카에서 출현하여, 몇만 년 전에 전 세계로 확산된 것으로 추측하고 있으므로, 그렇다면 한반도에 한국인의 조상들이 살기 시작한 것은 지금으로부터 몇만 년 전일 것으로 추측할 수 있다.

한국인은 북방계 아시아인과 남방계 아시아인이 혼합되어 있는 것으로 알려져 왔다. 최근 게놈(genom)연구의 발전으로 한국인의 뿌리에 대해서도 많이 밝혀져 가고 있다. 연구자에 따라 북방계 아시아인의 비중이 높다고 하기도 하고, 남방계 아시아인의 비중이 높다고 하여 자세하게는 판단하기 어렵지만 두 계통이 혼합되어 있는 것은 분명하다.

[그림 9-1]  **한국인의 유입 경로**

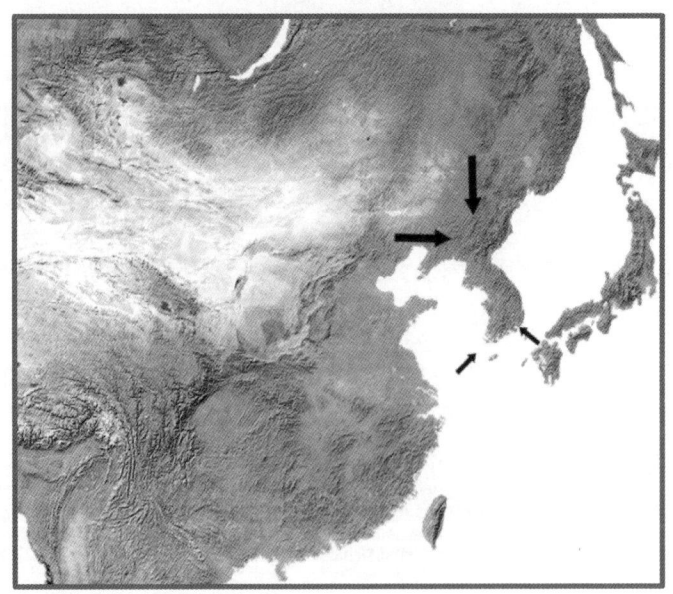

오래전에는 지형이 지금과 같지 않았기 때문에 사람들의 이동경로에 대해서도 다양한 학설들이 있다. 하지만 현재의 지형으로 어느 정도 정해진 이후의 시간대에서는 그 경로를 추정하는 것이 어렵지 않다. 한반도는 북쪽에는 만주지역이 있고 서쪽으로는 중국지역이 있고 동남쪽으로 일본섬들이 있다. 이들 지역에서부터 한반도로 사람들이 들어오고 한반도에서도 이들 지역으로 이동하였을 것이다. 해상보다는 육로로의 이동이 용이하기 때문에 한반도로 들어오는 사람들만 보자면 바다를 통하여 남쪽과 서쪽에서 들어오는 사람들도 있었지만 북쪽에서 한반도로 들어오는 사람들이 월등히 많았을 것이다.

지구상에 사람들이 넓게 분포하고 있었지만 지역마다 문명의 발전속도는 달랐다. 사람들이 밀집되어 있고 많은 사람들이 조우하는 지역에서 문명이 일찍 발전하였다. 한반도와 가까운 지역에서 보자면 서만주지역, 황하유역지역, 그리고 아시아 중앙의 유목지역들에서 앞선 문명을 구가할 수 있었다. 한반도는 대륙의 주변지역이고 좁은 반도이기 때문에 아무래도 중앙지역 보다 뒤처졌을 것으로 추측할 수 있다.

또한 사람은 자연환경에 적응하면서 살아간다. 자연환경이 척박하면 사람들은 그만큼 더 강인해지지 않으면 안 되므로 투쟁력이 강해지는 것이 일반적이다. 그런데 한반도는 온화한 기후에 살기 좋은 곳이다. 일본, 중국과 같은 주변지역에 비하여 비교적 온난하고 안정적인 환경이어서 강한 투쟁력을 유지하기 어려웠다. 그래서 외부에서 들어오는 세력에 지배를 당하는 경우가 많았다. 물론 외부에서 이동해 들어오는 세력은 기존의 집단보다 수적으로 훨씬 적었지만 그들은 싸울 준비를 하고 들어왔고, 기존의 집단은 준비 없이 침입을 받는 상황이었으므로 외부에서 들어오는 세력을 당해내기 어려웠다.

간헐적으로 만주나 중국지역의 세력집단이 한반도로 들어왔다. 이들 지역에서 전쟁에서 패퇴하거나 정치적 세력다툼에서 힘을 잃은 세력이 새로운 땅을 찾아 몰려오거나 추위나 기근을 피하여 더 따뜻한 지역으로 이주하기도 하였을 것이다. 이들은 이미 오래전에 한반도에 정착하고 있는 사람들에 대해서는 침입자들이었으므로 이들이 이 지역에서 정착하기 위해서는 다수인 현지인들을 굴복시켜야만 하였다. 이들은 소수이지만 그렇게 할 수 있었던 것은 단합하여 강한 힘을 발휘하였고, 또 앞선 문물을 갖고 있었기 때문이다. 많은 역사서나 신화들은 이러한 일을 추측케 하는 내용들을 담고 있다. 역사기록을 보면 북쪽에서 내려온 동명이 부여를 세웠고,[426] 부여의 고주몽이 북쪽에서 내려와서 고구려를 세웠으며, 고구려의 온조가 북쪽에서 내려와 백제를 세웠다. 고조선의 단군신화 또한 동일하다. 신화에서 환웅은 하늘에서 내려온 외지인인데, 과학에 근거하면 하늘에서 온 것은 받아들이기 어렵지만 외지인인 것은 부정할 수 없다. 외지에서 와서 현지의 미개한 곰탱이 같은 여자와 결혼하여 살게 되었다는 것도 수긍할 만하다. 삼국유사에는 환웅이 무리 3,000명을 이끌고 왔다고 했고, 바람, 비, 구름을 거느리고 곡식, 운명, 질병, 형벌, 선악 등 인간의 360여 일들을 주관하여 다스리고 교화하였다고 하고 있다.[427] 현지인에 비하여 앞선 문화를 가진 사람이었던 것이다. 또한 신라의 시조 박혁거세가 우물가 자리에 놓인 큰 알에서 태어났다는 이야기나, 숲 속 나뭇가지에 걸

---

[426] 위략(魏略)에서 부여는 북쪽에서 내려온 동명이 세웠다고 하고 있다.
[427] 일연, 1281-1285, 1권, 기이 제1

린 궤에서 나왔다는 김알지 이야기도 이들이 외지인으로 들어와
서 지도자가 되었음을 추측케 한다. 삼국사기에는 신라건국의
주도세력인 6촌의 사람들도 원래 북쪽에서 내려온 조선[428]의 유
민이라고 하고 있다.[429]

　여기서 다음 몇 가지를 알 수 있다. 첫째, 문명이 한반도의
북쪽 지역에서 한반도 남쪽으로 계속적으로 흘러 내려가는 식으
로 전파되었다. 그리고 한반도를 거쳐서 일본으로도 흘러갔다.
둘째, 문명의 전파는 사람의 이동을 통해서 이루어졌다. 셋째,
문명의 전파는 지속적으로 계속되었다. 넷째, 나중에 오는 사람
들이 기존의 사람들을 지배하는 형태로 되었다.

　여기서 주목할 부분은 나중에 오는 사람들이 기존의 사람들
을 지배하는 구조였다는 것과 끊임없이 사람들이 들어왔다는 점
이다. 이는 사람들이 전체로서 하나로 동화되기 어려운 상태였
음을 말해준다. 기존의 사람들과 새로 온 사람들 간에 알력이
있을 수밖에 없다. 나중에 들어와 지배자로 된 사람들이 기존의
전체 사람들을 통제하기는 어려웠을 것이므로 새로 들어온 세력
은 기존의 세력에게 어느 정도 독자적인 재량권을 인정하고, 기
존의 세력들은 새로 들어온 세력에게 권력을 인정하는 선에서
타협하는 식으로 되었을 것이다. 이렇게 해서 한반도에서는 사
회를 형성할 때부터 족벌문화가 형성되고, 고대국가가 수립된
이후에도 지방 씨족의 세력이 강한 가운데,[430] 국가 내 사람들이
집단단위로 서로 구분되고 상호배타적인 성격을 갖게 되었다.

---

[428] 고조선은 원래 조선이었고, 나중의 조선과 구분하기 위해서 이름한 것이다.
[429] 김부식, 1145, 권 제1, 신라본기 제1
[430] 산업화로 크게 줄었지만 지금도 한국에는 곳곳에 집성촌이 있으며, 자신들의 친족
을 찾고, 같은 성씨를 찾는 문화는 여전하다.

이렇게 한국은 세밀하게 보면 갈래 다른 사람들이 켜켜이 쌓여서 서로 결이 다른 사람들로 사회를 이루게 된 것이다. 이민족 간의 결혼에서 이혼율이 높은 사실에서도 알 수 있듯이,[431] 이질적인 집단 간에서는 분규가 많을 수밖에 없고, 이러한 환경에서 파벌의 문화가 형성되었다. 한국인들의 단합하지 못하고 파벌형성을 잘하는 한국인 특유의 성향은 이러한 역사를 배경으로 하고 있다.

한반도는 온화한 기후로 농경문화지역이었다. 한반도의 사람들은 한반도 바깥의 땅에 대해 매력을 느끼지 못하였다. 한반도 북쪽의 땅은 겨울이면 추워서 한반도처럼 살기 좋지 않았고, 한반도사람들의 주식인 쌀이 생산되지 않는다. 남쪽의 일본 땅은 덥고 산악지형으로 경작지가 많지 않은 데다 천재지변이 많아 한국인들의 관심의 대상이 되지 않았다. 이에 반하여 외부의 사람들에게 있어서 한반도는 기후가 좋아 적당히 풍요롭고 평화로운 지역이었기에 침략할 만한 유인이 많았다. 그래서 북쪽의 유목지역의 사람들이나 남쪽의 일본사람들로부터 끊임없이 침략을 받아왔다.

현대에 있어서도 한국은 이런 지정학적인 요인에 크게 영향을 받고 있다. 한국은 한국을 노리는 강대국들에 둘러싸여 있다. 또한 한국은 서북쪽으로는 중국과 러시아의 대륙세력에 접하고 있고, 동남쪽으로는 미국과 일본의 해양세력과 접하고 있어, 세계의 대륙세력과 해양세력이 대치하고 있는 중간에 위치하고 있다. 어느 국가이든 그 세력을 확대해 나갈 때 한국을 거쳐 지나가게 되어 있어 세계 세력판도의 변화에 따라 한국은 영향을 받

---

[431] Bratter & King, 2008

을 수밖에 없다.

　한국은 그 지정학적인 환경으로 인하여 외세는 전 역사에 걸쳐서 피할 수 없는 숙명과 같은 것이었다. 한국의 역사는 외세와 투쟁하며 국가를 지켜온 역사였다. 이러한 외세와의 투쟁 속에 살아온 한국은 내셔널리즘도 그만큼 강할 수밖에 없다.

## 2. 역사적 특성

　"반만년 역사", "유구한 역사와 전통"은 한국에서 일상적으로 사용하는 말이다. 한국사람들은 자국의 오랜 역사에 대해 긍지를 갖고 있다. 북한에서는 평양 대동강유역을 세계 5대 문명 발상지라고 할 만큼 오랜 역사에 대한 자부심이 강하다. 중국에 사람들이 살기 시작할 때 한국 땅에도 사람들이 살기 시작했고, 한국 고유의 문화를 창출하면서 살아왔다. 황하문명보다 더 일찍이 시작된 요하지역의 홍산문명지역은 고대 중국사람들의 문명이기보다는 고대 한국사람들의 문명일 가능성이 크다.

　한국인들은 자신들이 오랜 역사를 가진 사람들이라는 것을 의식하고 있기 때문에 수많은 외침과 힘든 시련을 겪으면서도 꿋꿋이 살아왔다. 그리고 또 이러한 역경과 고난을 이겨내고 살아온 것을 자랑으로 여긴다. 한국은 세계 역사에서 유례를 찾기 드물 정도로 많은 침략을 받아온 나라이다. 중국, 몽골, 거란, 여진, 일본 등으로부터 숱한 침략을 당하면서 수많은 사람들이 죽임을 당하고, 나라경제는 황폐화되었으며, 문화자산들은 파괴당하고 약탈당했다. 원래 한국인들의 영역은 드넓은 만주지역까지 포괄하고 있었지만 외부세력들과의 기나긴 투쟁과정에서 그 영토가 한반도로 축소되었다.

　초기에는 중국에 대항하여 투쟁을 많이 하였지만 나중에는 중국과의 타협하는 방법으로서 우호적인 관계를 유지하면서 살아왔다. 고구려, 백제가 중국과 대항하다 패배하여, 수많은 고구려, 백제사람들이 중국에 끌려가 뿔뿔이 흩어져 일부는 중국인으로 동화되기도 하고, 일부는 오지의 소수민족이 되기도 하였다. 고구려, 백제가 망한 후 한국은 중국의 위력을 실감하게 된다. 통일신라가 한반도를 지배하려는 당을 패퇴시킴으로써 나라를 지켜내었지만 중국과 싸우지 않고 공존하는 것이 현명한 길이라고 생각하게 되었다. 이후에 우호적인 관계를 유지하기 위하여 중국을 큰 나라로 모시는 기조가 이어지게 된다. 중국으로부터 숱한 침략을 당하고서 나름대로 중국에 대응하는 법을 체득하게 된 것이다. 중국과의 관계에서도 현실적인 힘의 열세와 평화를 위하여 중국에 대하여 사대를 하였지만 그것이 기분 좋은 일이 될 수는 없었다. 내키지 않지만 어쩔 수 없이 자신을 낮추어야 하는 사람들의 마음속에는 그만큼 국인주의 감정은 축적되었다.

　이런 상황에서 한국 특유의 국인주의를 형성하게 된다. 겉으로 드러내지 않는 가운데 마음속으로 삭이는 울분, 그리고 부당한 경우를 당할 때마다 튀어나오는 저항의식과 같은 것이다. 힘이 약한 자국이 마음에 들지 않지만 그래도 어쩔 수 없이 부둥켜안고 가야 하는 자국에 대한 연민과 같은 것이 자국에 대하여 더 깊은 애착을 갖게 한다. 흔히들 한국인의 독특한 성향으로서 은근과 끈기를 말한다. 국인주의에서도 한국인의 이 같은 성향이 작동한다. 한국인들은 드러나지 않는 가운데 은근히 자국을 살피고 끝까지 포기하지 않는 것이다.

## 3. 남북한 대치상황

해방 이후 남한과 북한이 서로 대치하고 있는 상황이다. 1950년 북한의 침입으로 대한민국은 거의 나라를 잃을 뻔하였으며, 총성은 멎었지만 전쟁이 끝난 것이 아니라 휴전상태이다. 지금도 북한은 적화통일의 야욕을 버리지 않고 있으며 도발을 멈추지 않고 있다. 전쟁 이후에 여객 항공기 납치, 선박과 어민 납치, 무장공비 남파, 테러, 간첩활동 등을 해왔다. 그리고 최근에는 핵폭탄과 미사일을 개발하여 남한사람들을 위협하고 있다.

이러한 상황에서 남한사람들은 자신의 생명과 재산을 지켜야 한다는 생각을 하게 되고, 그러기 위해서는 자신이 몸담고 있는 자유국가 대한민국을 지켜야 한다는 생각을 하게 된다. 여기에 더 나아가서 통일을 이루어 북한동포들을 고통에서 벗어나게 하며, 원래의 하나 된 나라로 회복하여 더 큰 나라로서 잘사는 나라, 강한 나라가 되기를 원하고 있다.

이러한 생각을 바탕으로 한국의 남자는 군에 가는 것을 당연한 것으로 여긴다. 서양에서도 19세기 이래로 군대는 "국인을 위한 학교"로 여겨져 왔다.[432] 전국 각지에 있는 청년들이 함께 생활하게 됨으로써 각자 자신의 지역에 머물러 있던 생각이 나라 전체에 대한 생각으로 바뀌게 되며, 지역에 머물러 있던 애착심이 국가차원으로 확장되는 것이다.[433] 그래서 국민개병제를 시행하는 국가들이 많았다. 하지만 오늘날에 와서는 크게 달라

---

[432] Krebs, 2004, p.85
[433] Cáceres-Delpiano et al., 2020, pp.14-15

졌다. 주요 선진국을 비롯한 세계 대부분의 국가는 의무복무제가 아니다. 한국과 같은 의무복무제를 시행하고 있는 국가는 많지 않다. 2020년대에 와서 18개월 이상의 의무복무를 하는 국가는 26개국에 불과하고, 그나마 이들 국가의 대부분은 정치적, 영토적 분쟁 중에 있는 개발도상국들이다.

　시대가 이렇게 변함에 따라 군대의 내셔널리즘에 대한 영향에 대해서도 큰 의미를 부여하지 않으려는 경향도 있다. 그럼에도 불구하고 많은 연구들은 군대가 국인의 정체성을 강화시키고 애국심을 증가시키는 역할을 한다는 사실을 보여주고 있다. 사실 군대만큼 내셔널리즘을 단련시키는 곳이 없다. 나라를 위해서 목숨을 걸고 나선 사람들이 군인이다. 군생활 동안 개인의 자유를 박탈당하고 힘든 훈련을 해야 하기 때문에 나라를 더 싫어하게 될 수 있다고 생각할 수도 있다. 하지만 이는 하나의 가정일 뿐이고 실제는 대부분 그렇지 않다. 자신이 투입한 노력과 희생이 의미 없게 되는 것을 바라는 사람은 없다. 군대에서는 초년병인 이등병보다는 말년병인 병장이 애국심이 강하고, 또 군대를 갔다 온 사람이 갔다 오지 않은 사람보다 애국심이 강하다. 아이러니하게도 군에 가기 전에는 반국가적인 성향의 사람이라도 군대에서 죽을 고생을 하고 나면 국가에 대하여 애착을 갖는다. 이것이 군대의 존재이유이기도 하다. 군대를 갔다 와서 애국심이 줄어든다면 그 군대는 존재할 이유가 없다.

　다른 나라와 달리 대한민국은 총칼로 직접 북한과 대치하는 상황에서 복무를 하고, 그 복무기간도 길기 때문에 군생활을 통하여 확실하게 애국심과 국가관을 갖게 된다. 내셔널리즘은 남성들이 그런 마음을 갖는다고 해서 여성들은 반발심을 갖는 그런 성질의 것이 아니기 때문에 남성들이 가진 내셔널리즘은 자연히 여성들에게도 전파된다. 대한민국의 특수한 상황은 그만큼 내셔널리즘을 강하게 하는 역할을 하고 있는 것이다.

## 4. 단일민족

한국은 지리적으로 반도인 데다 북쪽의 대륙과 연결되는 지역은 험한 산악지형이기 때문에 비교적 외부와 차단된 고립된 환경이었다. 그런데다 이민족을 적대시하였다. 중화사상에서 중화와 이적을 엄격하게 구분한 것처럼 한국도 이민족을 오랑캐라고 하여 멸시하는 가운데 민족적 경계의 벽이 높았다. 혈연을 중시하는 씨족사회 전통이 오랫동안 내려오면서 한국은 친족적인 유대관계가 강한 가운데 국가 구성원 전체가 하나의 친족적인 성향을 갖고 있었다. 그래서 옛날부터 나라사람 전체를 한배에서 나온 사람들이라는 의미에서 동포(同胞)라고 부른다. 한국사람들은 그 사회문화에 있어서 국가 내 구성원 모두가 하나의 가족과 같은 연대성을 갖는 면이 있다.

복합민족국가에서는 국가 내 다른 인종이나 다른 민족 간에 갈등이 많으며, 갈등이 없다고 하더라도 그 일체감과 단합력 면에서 강할 수가 없다. 그래서 최근에는 다민족국가의 경우에 국가 내 민족적인 갈등이 경제발전을 저해한다는 연구들도 나오고 있다.[434] 특히 최근 복합민족의 유럽국가들 중에는 국내 민족 간에 불화를 겪는 경우가 많으며, 이로 인하여 발생하는 테러와 각종 범죄행위로 고통을 겪고 있는 국가들이 많다. 유럽국가들

---

[434] Montalvo et al., June 2005, pp.796-797

은 다른 지역을 식민지배를 하면서 유입된 이민족으로 인하여 민족적으로 복잡하게 되었다. 지금까지는 이왕 그렇게 된 것이므로 어떻게 되돌릴 수도 없는 것이어서 이런 상황을 긍정적으로 이해하려고 애쓰면서, 민족적 다양성이나 다문화를 좋은 것이라고 해왔다. 하지만 최근에는 민족관련 테러와 범죄, 그리고 사회 문제가 하도 많이 발생하자 이민족을 혐오하고 기피하는 경향이 생기게 되고, 이민족의 유입을 반대하는 정치집단이 세력을 얻고, 이민족을 적대시하거나 순혈주의의 극단적인 집단도 생겨나게 되었다.

국제기구나 국제주의 성향의 사람들은 한국이 단일민족에 대해 가치를 갖는데 대하여 부정적으로 말하거나 혐담을 하기도 하지만 냉정하게 판단해 보면 모두 곧이곧대로 들을 말이 아니다. 오히려 단일민족은 인종 간, 민족 간의 갈등이 발생하지 않고 구성원의 동질성으로 인하여 평등한 사회를 만들기에 유리하다. 무엇보다 단일민족으로 구성된 나라는 복합민족으로 구성된 나라에 비하여 국가 구성원 상호 간에 강한 유대관계를 가질 수 있고 국가에 대한 애착심이 강할 수 있다. 이러한 측면에서 한국사람들이 내셔널리즘이 강하다고 한다면 이는 단일민족이라는 요인의 영향 또한 작지 않다고 할 수 있다.

## 5. 전통적 충성의식

한국에서는 고대부터 국가에 대한 충성의 사상이 확립되어 있었다. 신라시대 화랑도의 세속오계 다섯 가지 계율 중에서 첫

번째가 사군이충(事君以忠)이었고,[435] 여기에 또 임전무퇴(臨戰無退)[436]도 있어서, 다섯 계율 중에 국가에 대한 것이 두 개나 된다.

그리고 한국은 오랜 기간 동안 유교사상이 지배해 왔는데, 유교에서는 국가와 사회에 대하여 행하여야 할 개인의 도리를 강조하고 있고, 여기서 나라에 대한 충성은 기본이 된다. 충은 원래 자신이 하는 일에 마음을 다한다는 충실성을 의미하는 말이지만, 충성이라고 하여 임금이나 국가에 대한 마음으로 사용되었다. 과거에 충성은 임금에 대해서 마음을 다한다는 것이었지만, 나라에 대한 것으로 사용되기도 하였다. 애국가 제4절은 "이 기상과 이 맘으로 충성을 다하여 괴로우나 즐거우나 나라 사랑하세"라고 하고 있다. 여기서 충성은 나라에 대한 마음이다. 왕조시대에 충성을 임금에 대하여 표현하였다고 하더라도 나라를 대표하고 상징하는 존재로서의 임금이므로 결국 충성은 나라에 대한 것이라고 할 수 있다. 한국은 유교문화권의 국가들 중에서도 모범적으로 실천해 온 국가였다. 당연히 한국인의 국가에 대한 충성의식은 강하고 이에 따라 내셔널리즘도 강할 수밖에 없다.

한국인들에 있어서 나라를 위하는 마음의 전통은 오늘날에도 내려오고 있으며, 그래서 다른 국가에 비하여 사람들의 국가를 생각하는 마음이 강한 편이다.

---

[435] 충성으로 임금을 섬김.
[436] 싸움에서 물러서지 않음.

## 6. 교육

현대의 학교교육은 국가와 깊게 관련되어 있다. 근대국가가 되면서 국가가 수행하게 된 중요한 일 중의 하나가 국민교육이었다. 국민에 있어서 교육은 권리이자 의무이다. 국가가 행하는 이 중요한 일에서 국가 자신에게 불리하게 교육할 리는 없다. 국가는 교육의 과정에서 국가의 소중함을 일깨우고, 개개인의 마음에 국가에 대한 애국심을 심어놓게 된다.

그런데 한국은 교육열이 높은 것으로 유명하다. 한국은 한글이라는 쉬운 문자를 갖고 있어서 교육하기에도 유리하다. 그런데다 다른 선진국에 비해 비교가 되지 않을 정도로 높은 대학진학율에서도 알 수 있듯이 교육에 대하여 높은 가치를 부여하고 있다. 국토도 좁고 자원도 없는 한국이 경제적으로 발전을 이룬 것은 교육을 통한 인재개발 덕분이라고들 말한다.

한국은 교육이 잘 되는 나라이다. 이 말에는 좋은 의미만 있는 것은 아니다. 사람들이 열심히 배우려 한다는 긍정적인 의미가 대종을 이루기는 하지만 약간 부정적인 측면도 있다. 그 부정적인 측면은 배움에 있어서 사람들이 가르쳐주는 대로만 따라 하는 수동적인 측면이다. 한국의 학생들은 선생님이 말하는 것을 열심히 적고 이것을 기억하여 시험지에 잘 적을 생각만 한다. 선생님이 알려주지 않는 것에 대하여 더 알려고 한다거나 선생님이 하는 말에 비판적인 생각을 갖는다거나 하는 일이 없다. 그래서 학생들은 자신의 생각이 거의 없이 공부를 하기 때문에 질문이나 토론이 없다. 가르쳐주는 대로 그대로만 배우는 것이다. 즉 교육하는 대로 교육이 되는 것이다. 1990년대 이후 한국에서 북한에 대해 우호적인 민족주의가 크게 확산된 것은 학교에서 세력을 확대한 전국교직원노동조합(전교조)의 영향이 컸던 것으로 연구되고 있다.

이렇듯 한국에서는 교육의 영향이 매우 크다. 학생들은 선생님이 말하는 대로 배우며, 이때 갖게 된 생각은 어른이 되어서도 계속 이어지는 것이다. 이는 국민들의 내셔널리즘에 있어서도 마찬가지다. 한국인 내셔널리즘의 작지 않은 부분은 교육을 통해서 갖게 된 것이라고 할 수 있다.

## 7. 감정적 성향

독일사람들이 철학적인 기질이 있고, 프랑스사람은 예술적인 기질이 있다고 하듯이, 국가마다 사람들의 독특한 기질이 있다. 이런 면에서 한국인들은 감정이 풍부한 기질을 갖고 있다. 한국인들은 이성적으로 냉철하다기보다는 감정적, 감각적으로 움직이는 편이다. 한국인의 이러한 기질은 이미 세계적으로도 널리 알려져 있다.

한국인은 정(情)이 많고 감수성이 풍부한 사람들이다. 고대 『삼국지위지동이전』에는 한국사람들에 대하여 속희가무(俗喜歌舞)라 하여 노래와 춤을 즐기는 사람들이라고 기록하였다. 당시에도 한국사람들이 노래를 잘 하였다는 것이고 동적인 활동을 좋아하였다는 것이다. 이러한 특성은 수천 년이 지난 오늘날에도 그대로 이어져 오고 있다. 한국인은 세계 음악계나 K-Pop과 같이 대중음악에서 단연 두각을 나타내고 있다. 그리고 스포츠 영역에서도 발군의 실력을 보이고 있다. 세계에는 인구 많고 땅 큰 나라도 많은데도 불구하고 한국이 1988년 서울올림픽에서 금메달 순위 4위를 하였다. 개최국이어서 그랬다고만 할 수 없는 것이 2012년 런던올림픽에서도 금메달 순위에서 5위를 하였다. 한국사람들은 책을 잘 읽지 않지만 그래도 상대적으로 잘 팔리는 책이 있다면 그것은 시집이고, 특히 서정시집이다. 이런 사실들을 감안하면 한국사람들은 정서적이고 감정이 풍부한 사람들인 것은 확실한 것 같다. 그래서 한국사람에서는 감정이 큰 역할을 하기 때문에 그만큼 화병도 많고 또 한이 많다.

그런데 감정적인 측면은 내셔널리즘에서도 중요한 한 부분이다. 내셔널리즘은 마음속 깊숙한 곳에 잠재되어 있는 감정의 일종이다. 그 감정은 수시로 조금씩 나오기보다는 드러나지 않게 숨죽이고 있다가 어느 순간 폭발적으로 나온다. 경우에 따라 내셔널리즘은 드러나지 않게 서서히 진행되다가 예측하지 못했던 순간에 터져 나오면서 큰 사건으로 발전하기도 한다.

## 8. 동조적 성향

2002 월드컵축구에서 경기중계방송을 보던 세계사람들은 한국사람들의 열광적인 응원을 보고 적이 놀랐다. 엄청나게 많은 사람들이 광장과 대로를 가득 메운 채 태극기를 흔들고 함께 함성을 지르고 있었던 것이다.

그렇게 많은 사람들이 모일 수 있었던 것은 한국사람들이 나라에 대한 애착이 크기 때문이다. 하지만 여기에는 다른 사람들이 하면 자신도 하지 않으면 못 배기는 한국사람들의 특성도 크게 작용하였다. 사람들이 모두 축구응원에 나간다고 하니 자기도 나가고 싶어진 것이다. 정말 수많은 사람들이 모였다. 여기에서는 축구를 좋아하거나 룰을 알고 모르고는 상관이 없다. 생전에 축구하는 것을 본 적도 없는 사람도 다 나왔다.

한국 속담에 따라 장 간다는 말이 있다. 다소 정신없이 살아가는 사람을 흉보는 말이기는 하지만 실제로 다른 사람을 따라서 시장에 가는 사람들도 적지 않다. 남이 하면 자신도 해야 된다고 생각하거나 남이 하는 것을 보고 자신도 하지 않으면 못 배기는 사람도 많은 것이다. 그래서 패션전문가들의 말에 의하면 패션시장에서 한국만큼 유행을 잘 타는 시장이 없다고 한다. 한국사람들은 모두가 함께하다가 모두가 함께 그만둔다. 골프가 유행이라고 하면 너도 나도 골프장에 몰려가며, 달리기가 유행이라고 하면 너도 나도 뛰어다닌다. 인라인스케이트가 유행일 때는 인라인스케이트 타는 사람으로 메워지다가 자전거가 유행이라면 인라인스케이트 타는 사람은 아무도 없고 자전거 타는 사람들뿐이다. 텔레비전에서 누가 어느 음식점에서 음식을 먹으면 곧 그 음식점은 사람들로 미어지고, 누가 제주도 전원주택에 산다고 하면 제주도 땅값이 폭등한다.

한국인의 이 같은 동조적 성향은 통계치로도 증명된다. 스마트폰의 보급을 보자. 스마트폰을 처음 출시한 미국에서는 그 사용인구가 2005년 말에 2%이다가 9년이 지난 2014년 말에야 75%를 달성하였다. 그런데 한국에서는 2009년 말에 2%였는데 2013년 말에 75%를 기록하였다. 미국에서 9년 걸린 것을 한국에서는 4년밖에 걸리지 않은 것이다. 그나마 미국은 첨단제품에서 선도국이기 때문에 스마트폰이 범용되기까지의 기간이 짧은 편이다. 유럽의 국가들에서는 아직도 스마트폰을 사용하지 않는 사람들이 많을 정도이어서, 범용기간이 얼마인지 측정하기조차 어려울 정도로 오래 걸린다. 이렇게 한국에서 스마트폰 범용이 빠른 이유는 간단하다. 한국사람들에 있어서 다른 사람이 쓰는데 내가 안 쓴다는 것은 참기 어려운 일이기 때문이다.

이렇게 모든 사람들이 함께 움직이는 성향은 전체로 보아 변덕스러운 모습으로 나타나게 된다. 증권시장에서도 모든 투자자가 같이 움직이기 때문에 호재가 발생하면 주가는 순식간에 폭등(overshooting)하고, 반대로 세계시장에 악재가 터지면 큰 폭으로 내려가 한국시장은 세계 어느 시장보다 변동성이 심하다. 그래서 한국사람들의 이런 성향은 소위 냄비근성으로 부정적으로 표현되기도 한다.

한국인의 이러한 동조성은 국인주의에서도 그대로 나타난다. 어느 사람이 국인주의를 외치고 나서면 다른 사람들도 쉽게 동조하여 함께 따라나서는 것이다. 한국사람들은 감정이 풍부한 데다 이런 동조성이 강하기 때문에, 상황에 따라 사람들의 감정이 엄청난 파장으로 증폭될 수 있다. 3.1운동이나 4.19혁명도 한국인의 이런 성향을 배경으로 하고 있다. 그렇기 때문에 한국에서는 국인주의가 정치적으로 활용될 소지 또한 크다. 사람들을 동원하거나 어떤 사건으로 계기를 만들어 조금만 자극을 주면 많은 사람들로부터 큰 반향을 얻을 수 있다. 그래서 한국의 정치에서는 이를 이용하려는 정치인들이 넘쳐나며, 그런 가운데 사회에는 수시로 국인주의 파동이 일어난다.

## 9. 연고주의

한국사람들이 죽기 아니면 살기로 자식을 공부시키려고 하고, 좋은 대학 보내려고 한다. 이는 배움이 소중하다고 생각해서

만은 아니다. 주요 이유 중의 하나는 대학을 보내고, 또 좋은 대학에 보내야 능력 있는 친구들을 갖게 되기 때문이다. 기업에서 좋은 대학 출신을 뽑는 이유는 좋은 대학 출신 친구가 일을 잘 하기 때문이다. 일을 잘하는 이유는 좋은 대학 나온 사원은 공공기관, 은행, 대기업 등 힘있는 기관에 친구가 많아서 친구한테 부탁하여 일을 잘 풀어 나가는 반면에, 대학을 나오지 않았거나 좋은 대학 나오지 않은 사원은 연줄이 약하여 일을 잘 풀어 나가지 못하는 것이다. 원래 한국에서는 아는 사람이면 안 되는 것이 없고, 모르는 사람이면 되는 것이 없다는 말이 있다. 중병에 걸려도 병원에 아는 사람이 없으면 수술을 하기 위해서 오랜 시간을 기다려야 하지만, 아는 사람이 있으면 금방 수술을 할 수 있게 되기도 한다. 또 교통사고가 생겼을 때 경찰관을 알면 조서가 유리하게 작성될 수도 있고, 심지어 가해자가 피해자로 되기도 한다.

한국처럼 치열한 경쟁사회인 데다 아는 사람과 모르는 사람을 차별하는 사회에서는 사람을 아는 것은 생존을 좌우하는 것이다. 사회가 아는 사람들끼리 혜택을 품앗이하면서 살아가기 때문에 이런 품앗이를 하지 않고 혼자서 살아가는 사람은 절대적으로 불리하다. 그래서 누구나 자기 나름대로 최선을 다하여 아는 사람을 만들어 두고 또 찾아 나설 수밖에 없다. 이렇게 하여 끼리끼리 뭉치면서 전체 사회가 파벌로 나뉘어지게 되는 것이다. 힘 있고 능력 있는 사람들의 그룹에 들어가면 뭐든지 쉬워지고, 힘 없고 능력 없는 그룹이거나 그룹에 들지 않는 경우에는 뭐든지 어려워지게 되어, 상류계층과 하류계층의 삶이 달라지게 되는 것이다.

이렇게 아는 사람 위주로 움직이게 되니 국가 내 모든 사람이 평등하고 공평하게 사는 것을 원칙으로 하는 국가 공동체에서의 삶의 원리는 가치를 잃게 된다. 나라를 팔아먹는다고 해도 아는 사람이라면 그에 협력하고, 나라를 구한다고 해도 모르는 사람이라면 그와 함께하려 하지 않는 것이다. 공적이고 대의를 중시하기보다는 사적인 연고와 이익에 치중하는 가운데 국가를 위하는 마음은 약할 수밖에 없다.

## 10. 추종적 성향

한국은 수천 년의 기간을 왕정하에서 절대다수의 백성들이 극소수 지배층을 추종하면서 살아왔다. 그런데다 일제통치하에서 식민지민으로서 추종을 강요받는 가운데 피동적인 의식은 더욱 강화되었다. 이런 식으로 역사를 살아온 한국인들은 민주주의가 된 오늘날에 와서도 그 의식이 남아 있어서 사람들 관계에서의 의식구조는 매우 수직적이다. 그래서 한국에서의 정치는 다수의 사람들이 소수의 지도자를 추종하는 형태로 이루어진다. 또한 관우위의 문화 속에서 공직자들이 실질적으로 매우 큰 힘을 행사할 뿐만 아니라 국가의 중요한 일들은 거의 다 정부주도로 이루어진다. 사회의 기관들도 수직적인 구조로 되어 있다. 정부는 수많은 산하기관들을 두고, 국영기업, 은행, 대기업 등을 통제할 뿐만 아니라 사립학교나 민간단체들까지 자금지원 등의 방법을 통하여 통제의 고삐를 쥐고 있다. 그러면 은행, 대기업 국영기업 등은 다시 아래로 중소기업을 통제하고, 중소기업은 다시 영세기업을 통제하는 식으로 수직적 먹이사슬이 이어진다.

한국에서는 비영리의 자발적 민간단체도 그 지도자는 조직을 위해서 봉사하는 것이 아니라 군림한다. 단체의 권력을 누리기 위하여 서로 보스가 되겠다고 치열하게 투쟁을 하고, 여기서 패배하면 새로운 단체를 만들어 나가기도 한다. 그래서 시민단체나 학회 등이 수없이 많다. 이런 일이 가능한 것은 한편으로는 조직 우두머리가 되고자 하는 욕심도 많지만, 다른 한편으로는 사람들의 추종적인 성향 때문이다. 어떻게 해서라도 보스만 되면 사람들이 그를 추종해서 군림할 수 있게 해주는 것이다.

1980년 8월, 당시 주한미군사령관 위컴(John Wickham Jr.)이 "한국민의 국민성은 들쥐와 같아서 누가 지도자가 되든 그 지도자를 따라갈 것이며, 한국민에게는 민주주의가 적합하지 않다"라고 말했을 때, 한국인들은 일단 분노하였지만, 한편으로는 틀린 말이 아니라고 수긍하는 사람들도 적지 않았다.[437] 지도자를 따라가는 행태는 들쥐뿐만 아니라 기러기, 고래 등 많은 동물에서 나타난다. 그런데 자기네들끼리 한 말이라고 해도 다른 나라사람을 들쥐(lemming)라고 비유한 것은 비하의 감정이 들어있다고 해야 할 것이다. 그런데 문제는 이런 모욕적인 말을 들었으면 바뀌는 것이 있어야 할 텐데, 그 이후에도 수십 년이 지났지만 한국사람들은 전혀 바뀔 기미를 보이지 않는다. 21세기 세계 어디에서도 찾아보기 힘들게 북한에서는 김일성 후손이 옛날 왕보다 더한 권세로 국가를 통치하면서 자연스럽게 잘 살아가고 있는 데는 한국인의 이런 특성이 작용하고 있다고 해야 할 것이다.

내셔널리즘에 있어서도 한국인의 이러한 특성이 큰 역할을 차지한다. 사람들이 추종적이기 때문에 지도자나 정치인이 내셔

---

[437] 한국인을 알아야 정치가 보인다, 2005.12.13

널리즘을 동원하기에 매우 좋은 환경에 있다. 국민들은 지도자를 따라 언제든지 내셔널리즘을 발산할 준비가 되어 있고, 국가지도자나 정치인들은 이런 국민들을 언제든지 자극할 수 있는 위치에 있기 때문이다.

일반 국민들은 그냥 잘 따르기 때문에 국가정부에서는 다양한 정책과 조치들로 국민들이 나라를 사랑하는 마음을 갖도록 한다. 이렇게 하여 축적된 관제 내셔널리즘이 한국 내셔널리즘의 적지 않은 부분을 차지하고 있다. 문제는 사람들이 자신의 지도자에 따라 맹목적으로 움직이기 때문에 지도자가 국가를 해하는 길로 간다고 하더라도 따라간다는 점이다. 일제시대에는 많은 사람들이 사회지도층 인사들을 따라서 천황의 신민이 되었다. 그렇기 때문에 사람들의 추종적 성향은 내셔널리즘에 긍정적인 방향만 아니라 부정적인 방향으로도 역할을 하고 있는 것이다.

## 11. 분열과 대립 성향

한국사람들은 화합하기보다는 분열하고 대립하는 것을 잘 하는 성향이 있다. 특히 나라가 어려움에 처하거나 중요한 시기에 화합을 못하고 분열하고 대립함으로써 나라를 완전히 나락으로 몰고 가는 경우가 많다. 한국인의 이런 성향으로 인하여 비극에 이르게 된 경우는 한국역사 어디에서든 발견된다. 고구려가 망한 것은 연개소문의 아들 연남생과 연남건, 연남산과의 불화 때문이었다. 그리고 임진왜란을 맞게 된 것도 터무니없는 분파정신때문이었다. 왜란을 맞기 2년 전 일본에 통신사로 갔던 황윤길과 김성일이 일본의 사정을 보고 와서도 제대로 대비를 못하고 왜란을 맞게 된다. 정사 황윤길은 왜군의 침입이 있을 것이라고 하고, 부사 김성일이 침입은 없을 것이라고 보고하였는데, 이는 서인 황윤길이 침입할 것이라고 하니 동인 김성일이 침입하지 않을 것이라는 확신도 없으면서 황윤길에 반대하기 위한 반대를 하였던 것이다. 그리고 한말에서는 개화니 수구니, 친일이니 친중이니 하면서 서로 다투다가 일본에 합병당하고 말았다. 그리고 해방 후 지도층들 분열과 대립으로 일어난 비극들하며, 이러한 사례는 하도 많아 열거할 수 없을 정도다.

이런 분열과 대립은 한국 특유의 연고주의와 추종적 성향과도 연관되어 있다. 사람들이 합리적인 방안을 추구한다면 합리적인 방법은 하나이므로 그렇게 많은 파벌이 형성될 수가 없다. 그런데 한국사람들은 합리적인 판단은 뒤로하고 무조건 자신의 연고에 따라 편을 들고 그에 추종하기 때문에 항상 파벌로 나뉘지고 수시로 파벌이 만들어지는 것이다.

한국이 약한 국가로 살아올 수밖에 없었던 데에는 무엇보다 한국인의 단합하지 못하는 특성이 있다. 항상 분열하고 파벌을 조성하는 성향 때문에 국가를 중심으로 하는 힘을 결집하기 어려웠던 것이다. 달리 말하면 파벌이나 개인의 이해가 내셔널리즘보다 강했기 때문이다. 파벌과 대립의식이 하도 강하여 적국을 이롭게 할지언정 상대방에는 지지 않겠다는 정신으로까지 이어진다. 그렇게 하여 상대방에 대항하기 위해서 적국을 이롭게 하는 길로도 쉽게 빠져들어 간다. 이렇게 한국인들의 분열과 대립을 잘하는 성향은 내셔널리즘을 약화시키는 주요 요소 중의 하나다.

# 제 10 장
# 한국 국인주의의 성격

1. 반외세 내셔널리즘
2. 민족 내셔널리즘
3. 집단주의 내셔널리즘
4. 관제 내셔널리즘
5. 감정적 내셔널리즘
6. 겉치레 내셔널리즘
7. 통일 내셔널리즘
8. 실지회복 내셔널리즘
9. 방어적 내셔널리즘

## 1. 반외세 내셔널리즘

외세가 있는 곳에 내셔널리즘이 있다. 한반도의 지정학적인 특성으로 인하여 고대로부터 오늘날에 이르기까지 한국은 어느 나라 못지않게 많은 침략을 받고 강대국의 압력을 받으면서 살아왔다. 한국인의 역사는 이러한 외세를 물리치기 위한 투쟁의 역사였다. 그 투쟁에서 외세를 극복하고 한국의 정체성을 지켜온 것은 한국인의 강한 내셔널리즘이 있었기 때문이다. 이런 상황에 비추어 볼 때 한국에 있어서 내셔널리즘은 여느 나라 이상으로 긍정적인 가치를 갖는다.

## 2. 민족 내셔널리즘

세계 대다수의 나라들이 복수민족으로 살아가는 것에 반해 한국은 세계에서 몇 안 되는 단일민족국가다. 지금까지 한국에서는 내셔널리즘을 민족주의라고 부를 정도로 한민족이 곧 한국인이었다. 최근 세계화의 추세에 따라 어느 국가에서나 서로 다른 민족들이 혼합되어 가는 양상을 보이는 가운데, 한국도 최근 이민족이 많이 유입되고 있다. 하지만 그래도 아직까지는 한민족이 절대다수를 차지하고 있다. 2005년 조선일보의 조사에서 "미국과 북한 간에 전쟁이 일어난다면 어느 편에 서야 하느냐"라고 신세대들에게 물었다. 이 물음에 북한 편에 서야 한다: 65.9%, 미국 편에 서야 한다: 28.1%, 모름·무응답: 6%였다.[438] 이는 한국에 민족주의가 얼마나 강한지를 단적으로 보여준다. 북한과는 엄청난 살상을 치르는 전쟁을 했고 지금도 서로가 총칼을 겨누고 있는 상태이다. 미국은 이런 북한에 대항해서 나라를 구해준 동맹이고, 지금도 한국의 안보에 절대적인 역할을 하고 있는 나라이며, 한국의 경제에 절대적으로 중요한 나라이다. 그럼에도 북한 편에 서야 한다는 것은 국가이념이건 동맹이건 민족 앞에서는 소용없다는 것이다. 한국사람 고유의 독자적인 문화, 언어, 혈연관계 등을 형성해서 살아온 역사가 오래기 때문에 사람들의 자민족에 대한 의식 또한 매우 강할 수밖에 없고, 그래서 한국의 내셔널리즘은 민족 내셔널리즘의 요소를 가득 담고 있다.

## 3. 집단주의 내셔널리즘

서유럽이나 미국사회가 개인주의적인 성향을 갖는데 비하여, 동아시아사회는 집단적인 성향이 강하다. 해방 이후 한국은 미국의 영향으로 개인주의적인 문화가 많이 들어오기는 하였지만

---

[438] 신세대들의 민족주의, 2005.8.15

그래도 고유의 집단주의문화가 지배하고 있다. 연고주의로 인적 관계가 중시되는 데다가 사람들 간에 동조성이 강하기 때문에 다른 사람들을 의식하면서 함께 움직인다. 국가 안에서의 개인의 행동은 개개인의 자유의지와 공동체 구성원 상호 간의 권리 의무에서 이루어지는 것이 아니라 전체 집단을 위해서 개인은 함께해야 한다는 식의 사고를 바탕으로 한다. 그래서 내셔널리즘에서도 수많은 사람들이 함께 움직이는 성향을 갖는다.

## 4. 관제 내셔널리즘

한국은 수천 년을 전제적 왕권체제하에서 절대다수의 사람들이 왕과 관리가 이끌어 가는 대로 살아왔다. 오늘날에 와서도 한국은 국가주도와 관우위의 문화 속에서 일반 국민은 정부가 하는 대로 수동적으로 따라간다. 민주주의제도하에서 국민이 주권자이지만 이는 형식일 뿐이고, 실질적으로는 이런 국민들을 두고 정부와 정치가들은 언론으로 여론을 이끌고 조작하며, 홍보와 선전, 그리고 정치공학적인 기술을 동원하여 국민들을 이끌어 간다. 이렇게 국가가 국민들을 끌고 가는데 있어서 국가에 대한 애국심을 불어넣는 것은 기본이고 정치가들은 자신이 필요한 대로 국민들의 내셔널리즘을 자극한다. 과거에는 내셔널리즘이 주로 통치자나 국가적인 차원에서 동원되었으나 지금은 정당이나 개별 정치인들에 의해서도 자신들의 입지를 위해서 동원되고 있다.

## 5. 감정적 내셔널리즘

기질 면에서 한국인들은 이성적인 면보다는 감정적인 면에서 상대적으로 더 발달되어 있다. 한국사람들은 감정이 풍부하기 때문에 때로는 격정적인 사람으로 될 수도 있다. 그 감정이 조국에 향하게 되었을 때 조국을 위해서 무엇이든 할 수 있는 것이다. 그래서 내셔널리즘에 있어서 국가를 위한 마음을 평상시에 냉정하게 시현하기보다는 감정을 모아두었다가 그 임계점을 넘으면 격하게 분출하는 식으로 표출하는 경우가 많다. 그러다 보니 한국인의 내셔널리즘은 충동적이고 맹목적인 성격을 보이는 경우도 많다. 감정적, 충동적, 맹목적인 내셔널리즘은 오래 가지 못하고 위력을 발휘할 수가 없다. 3.1운동이 강하게 일어났지만 이를 성공적으로 발전시키지 못하였고, 그 후 많은 사람들이 일본정부의 통치에 협조하고 얌전하게 일본의 통치에 순응했다는 점을 보더라도 그렇다.

## 6. 겉치레 내셔널리즘

사람들은 겉으로는 대의명분을 내세우면서 안으로는 자신의 실속을 채우는 성향이 있다. 사람들의 이러한 성향은 세계 어디가도 있는 것이지만 한국에서는 이것이 좀 더 강하다. 한국사람들은 원래 체면을 중시하고 남의 눈치를 보면서 주변의 다른 사람들에 맞추어 처신하는 사람들이 많기 때문이다. 그리고 국가의 규율이나 권위에 수동적으로 따르고, 동조화 성향으로 맹목적으로 다른 사람들이 하는 대로 따라서 하는 사람들이 많다. 그런데다가 한국은 여러 가지 여건상 내셔널리즘을 강권하는 사회이다. 그러다 보니 한국에는 내셔널리즘을 내세우는 사람이나 시민단체가 많아 겉으로는 강해 보이기도 한다. 하지만 이들 중에는 내셔널리즘을 내세워서 자신의 이익추구에 활용하는 사람도 많으며, 나라를 위한다고 내세우지만 이는 겉치레일 뿐이고 작은 것이라도 자신의 이해관계와 관련될 때는 자신의 이해관계를 쫓는 사람이 많다. 예를 들면, 한국에서 지도자들 중에 군복무를 하지 않은 사람들이 태반이다. 남들이 군대에 가서 나라를 위해서 시간을 보내고 있을 때 자신은 자기 이익을 챙김으로써 성공을 이뤄낸 것이다. 이렇듯 한국의 내셔널리즘은 표면적으로는 강하게 드러나지만 실제로는 겉으로 보이는 것처럼 강하지 않다.

## 7. 통일 내셔널리즘

분단상황에 있는 한국에 있어서 통일에 대한 염원은 한국인 내셔널리즘의 큰 부분을 차지하고 있다. 분단으로 인한 이산가족이 약 1천만 명이나 되므로 통일은 인도적인 차원에서도 매우 절실한 문제이다. 분단으로 인하여 더욱더 약소국가로 되고 분단으로 인하여 같은 민족이 서로 총부리를 겨누고 있는 상황이니, 분단이야말로 한국인 누구나 통탄하는 일이다. 더구나 그 분단이 외부 강대국들의 뜻에 의하여 그렇게 되었다는 데에 한국인들은 분노한다. 그래서 한국인들의 통일에 대한 염원은 자주자강의식과 결합하여 매우 강한 통일 내셔널리즘을 형성하고 있다.

## 8. 실지회복 내셔널리즘

나라를 생각하면서 한국인은 잃어버린 땅에 대해 생각하게 된다. 잃어버린 땅에 대한 생각은 잃은 것에 대한 안타까움을 넘어서 무언가 잘못되었다는 것, 그리고 언젠가는 이를 되찾아야 한다는 의식도 함께한다. 한국인에 있어서 이 실지회복에 대한 염원은 현실적으로 두 가지 차원에서 작동하고 있다. 하나는 북한땅에 대한 실지회복이고, 다른 하나는 만주의 고구려 옛 땅에 대한 실지회복이다.

남북한 모두 상대를 합법적인 존재로서 인정하고 있지 않기 때문에 남한에서는 북한영역에 대해서, 북한에서는 남한영역에 대해서 실지회복 내셔널리즘을 갖고 있다. 그리고 한국의 역사에 있어서 고구려는 분명히 중요한 한 부분이며, 한국사람들은 고구려를 매우 자랑스럽게 생각한다. 그런데 지금은 그 고구려 영토의 대부분을 중국이 차지하고 있다. 그런데다 중국은 한술 더 떠서 고구려를 중국의 일부라고 주장하며, 고구려의 역사를 중국의 역사로 만들기 위한 작업들을 하고 있다. 이러한 상황에서 한국인들의 실지회복 내셔널리즘이 강해지지 않을 수 없는 것이다.

## 9. 방어적 내셔널리즘

한국은 역사적으로 수많은 침략을 당한 반면, 침략을 한 적은 거의 없었다. 그래서 침략을 당하는 입장에서 오랜 역사를 보냈기 때문에 한국의 내셔널리즘은 방어적 내셔널리즘

(defensive nationalism)으로서의 성격을 갖고 있다. 중국을 비롯한 대륙의 강국들로부터 많은 침략과 위협을 받으면서 약소국으로서의 열등의식도 있었다. 이런 열등의식이 공격적인 성향을 갖게 할 수도 있지만 한국의 내셔널리즘은 공격적 내셔널리즘(aggressive nationalism)과는 거리가 멀다. 한국사람들은 스스로 평화를 사랑하는 사람들이라고 한다. 주변의 세력이 강하고 약하고에 상관없이 다른 사람들과 다투고 싸우는 것 자체를 좋아하지 않았던 것이다. 지금도 한국인들은 외국에 대해서 공격적이거나 배타적이지 않다. 한국에 상당수의 외국인들이 들어와 함께 살고 있지만 이들과의 갈등으로 생기는 사고가 많지 않다. 그동안의 역사를 보더라도 중국사람, 일본사람, 러시아사람, 미국사람 등 여러 외국사람들이 한국에 들어오는 경우가 많았지만 민족차별로 인한 문제가 발생한 경우가 거의 없었다. 한국은 국인주의로 인해서 이웃 국가를 침략하는 경우도 없었고 외국사람들을 공격하는 경우도 없었던 것이다. 이렇게 볼 때 한국의 국인주의는 방어적이고 평화적이며 온건한 성격의 국인주의라고 할 수 있다.

# 제11장
## 한국 국인주의의 역할

1. 독립과 자주 유지
2. 경제발전
3. 민주화
4. 국난극복
5. 통일의 동력

　세계화와 국제주의가 팽배한 오늘날 국인주의를 부정적인 것으로만 몰아세우는 경향이 있다. 이는 선진국사람들의 생각에 기반한 것이 많은데 선진국사람들이 세계화를 이끌고 있기 때문이다. 하지만 한국의 입장에서 보면 국인주의는 부정적인 측면보다는 긍정적인 측면이 더 크다. 한국의 국인주의는 외국을 침략하지도 않았고, 인종적인 학살을 한 적도 없으며, 자국의 이해에 따라 다른 나라의 사람들을 무고하게 희생시키는 일 같은 것을 자행한 적도 없다. 오히려 한국에서는 국인주의가 이러한 악행을 저지하는 역할을 했던 것이다.

　한국 국인주의는 이 땅의 사람들이 한국사람로서의 삶을 살아갈 수 있도록 한국을 지키고 발전시키는데 기여하였으며, 이에 더 나아가 주변 국가의 힘과 탐욕에 의한 불의의 행사를 저지함으로써 세계가 더 정의롭고 평화롭게 되는데 기여했던 것이다. 한국 국인주의가 기여한 역할들 중 중요한 것을 살펴보면 다음과 같다.

## 1. 독립과 자주 유지

한국은 지난 수천 년 동안 수많은 침략을 받으면서도 이들을 물리치고 독립된 국가를 유지해 왔다. 또한 동아시아의 강대국 중국과 가까운 위치에서 그 역사를 함께하면서도 중국에 휩쓸리지 않고 중국보다 훨씬 더 안정된 국가를 유지해 왔다. 한국이 수천 년의 역사를 이어올 수 있었던 것은 나라에 위기가 있을 때마다 이를 극복하려는 투쟁의식이 있었고, 이 투쟁의식 뒤에 내셔널리즘이 있었기 때문이다.

가까이는 한말의 외세침입과 일본의 식민지배가 있었다. 19세기 말 외세로 인해 나라가 흔들리기 시작하면서 한국인들의 내셔널리즘이 일게 된다. 많은 의병이 일어나고 애국지사들이 나라를 위해 목숨을 바쳤다. 일본이 한국을 합병한 이후 한국을 없애고 일본의 한 부분으로 만들려는 술책은 매우 잔인하고 가혹하였다. 창씨개명, 한국어 말살, 역사왜곡 등 한국 고유의 문화와 정체성을 말살하고 개조하려는 일본의 행위는 역사에 보기 드물 정도로 야만적인 것이었다. 이러한 가운데 한국은 세상에서 거의 사라질 뻔하였다. 그럼에도 불구하고 살아남은 것은 한국인에 내셔널리즘이 있었기 때문이다. 신채호, 박은식과 같은 사학자들이 한국의 자주적이고 주체적인 역사인식을 심어주기 위하여 노력하였다. 3.1운동, 6.10만세운동, 광주학생운동 등과 같이 반식민 대중운동들이 일어남으로써 한국인들의 나라에 대한 의식을 환기시켰다. 3.1운동 이후 해외에서는 독립운동세력이 힘을 합쳐서 중국에 대한민국 임시정부가 수립되고, 국내에서는 한국인의 힘을 키우고 의식을 근대화하기 위하여 물산장려운동, 애국계몽운동, 신간회 등 여러 자강운동이 있었다. 비록 일본이 연합국에 항복함으로써 한국이 독립하게 되었지만, 이렇게 자국을 위한 노력을 하였기 때문에 한국인들의 독립의지가 세계에 알려지고, 이에 따라 카이로회담 등 연합국 전후계획에서 한국의 독립이 천명될 수 있었던 것이다.

　　이와 같이 한국은 숱한 침략과 복속을 강요하는 역사를 살아오면서도, 이를 물리치고 수천 년의 역사를 자주적이고 독립된 국가를 유지해 온 것은 한국인들의 나라에 대한 정신이 살아 있었기 때문이었다.

## 2. 경제발전

　　지난 수십 년간 한국의 경제는 눈부시게 발전하였다. 이 같은 경제발전을 이룬 데에는 여러 요인이 있지만 한국인의 내셔널리즘도 적지 않은 역할을 하였다.

　　일제하에서 수탈당하고 6.25사변으로 산업은 파괴되어 1950년대 한국은 세계 최빈국의 상태에 있었다. 식량과 생활필수품조차 제대로 산출되지 못하였고, 생산된 상품은 조잡하여 품질이 외국상품에 비할 바 못되었다. 그래서 사람들은 미제, 일제라면 사족을 못쓸 만큼 외국상품을 좋아하였다. 이런 상황에서 산업을 일으키는 것은 쉽지 않았다. 어느 개발도상국이나 산업화가 어려운 것은 처음 산업을 정착시키기가 어렵기 때문이다. 자본과 기술을 갖춘 선진국 기업들이 이미 좋은 상품들을 만들고 있는 상태에서 개발도상국에서 새로 만든 조잡한 상품으로 시장을 확보하기란 매우 어려운 것이다. 한국도 이와 같은 입장에 있었다. 자본과 기술이 부족하여 선진국보다 효율적으로 생산하는 것이 쉽지 않았고, 생산한다고 해도 외제상품들로 인하여 국산품이 잘 팔리기 어려웠다.

　그럼에도 불구하고 한국은 국내에서 산업을 정착시키는데 성공하였다. 성공의 주요 요인은 한국인들이 국산품을 사용해 준 덕분이다. 국민들이 나라를 생각하여 다소 품질이 떨어지더라도 국산품을 사용하는 것을 당연한 것으로 여기고 이를 생활화하였던 것이다. 물론 여기에는 정부의 역할도 있었다. 정부는 애국심을 강조하고 사회지도층에서부터 국산품 사용을 솔선수범토록 하고, 외국상품을 사용하는 사람을 애국심이 없거나 사회위화감을 조성하는 사람으로 비난의 표적이 되게 함으로써 국산품 사용을 일상화한 것이다. 이런 분위기가 거부감 없이 받아들여졌던 것은 국민들의 나라를 위하는 의식이 있었기 때문이다. 국민들의 국산품애용으로 생산이 증가되면서 가격도 낮아지고 품질도 좋아지게 되니 외제선호사상은 자연히 사라지게 되었다.

　한국은 수출주도 경제발전을 이룩하였다. 한국이 수출을 잘 하게 된 데에는 앞에서와 같이 국내에서 먼저 수입대체가 되면서 산업발전의 기틀을 마련했던 측면도 큰 역할을 하였다. 그리고 수출을 하는 데 있어서 한국사람들의 피나는 노력과 열정이 있었다. 한국에서 수출의 시작은 가발수출에서부터였다. 한국 여성들이 머리를 자르고 머리카락 하나하나를 모아 가발을 만들었다. 그리고 미국에 건너간 한국 유학생들이 학비를 마련하기 위하여 미국의 슬럼가를 돌면서 "wonderful wig!(가발 사려!)" 외치면서 팔았던 것이다. 이렇게 초기 한국주력 공산품수출은 의류제품이었다. 구로동이나 청계천 피복공장의 어린 여공들은 저임금에 라면으로 끼니를 때우면서 재봉틀 앞에 빈혈로 쓰러져가면서 밤낮을 가리지 않고 일하였다. 그리고 한국의 세일즈맨들은 수출판로를 개척하기 위하여 몸 던져 일하였다. 세계의 오지나 험난한 지역의 열악한 환경에서 세일즈맨들이 죽을 힘을 다해서 일하였고, 실제로 풍토병이나 사고로 목숨을 잃은 사람도 적지 않았다. 수출을 하는 사람들뿐만 아니라 모든 근로자나 직장인들이 국가를 위하여 헌신적으로 일하였고, 그래서 이들을 "산업역군(産業役軍)", "산업전사(産業戰士)"라고 하였다.

근로자들만 이렇게 국가를 위해서 일한 것이 아니었다. 경영자들도 마찬가지였다. 삼성그룹 창업주 이병철 회장의 경영이념이 사업보국(事業報國)이었다. 보국(報國)이란 국가의 은혜에 보답한다는 것이다. 즉, 사업을 하여 국가의 은혜에 보답한다는 것이다. 현대그룹의 창업주 정주영 회장 또한 마찬가지였다. SK의 창업주 최종현 회장의 경영철학은 인재보국, 포항제철 창업자 박태준 회장은 제철보국을 창립이념으로 삼았다. 그 외 한국의 내로라하는 기업 중에서 기업이념이나 경영철학으로 "보국"을 넣지 않은 기업은 거의 없었다. 사업보국, 기업보국, 산업보국, 수출보국, 기술보국, 관광보국, 제약보국, 제철보국, 호텔보국 등등 …, 무슨 경제활동을 하든 보국이 들어갔었다. 시대가 바뀌면서 이젠 다소 소극적으로 되었기는 하지만, 보국은 지금도 그대로 사용되는 말이다.

저임금에 밤낮을 가리지 않고 몸이 아프도록 희생적으로 일해야 했던 한국의 지금 젊은 세대의 공돌이 할아버지, 공순이 할머니들은 가족을 위하는 마음, 나라를 위하는 마음으로 채워져 있었다. 한국의 경제발전은 잘사는 나라를 만들겠다는 한국인 모두의 노력으로 이루어진 것이다. 나라를 향하여 국민 모두

가 한 마음으로 노력하였던 것이다.[439]

## 3. 민주화

민주주의는 피를 먹고 자란다. 그런데 누가 피를 흘릴 것인가? 나라를 생각하는 사람들이 피를 흘린다. 내셔널리즘은 사람으로 하여금 피를 흘릴 정도로 열정을 갖게 하고, 이러한 결과로 민주주의도 전진하게 되는 것이다.

1960년에 4.19혁명이 일어났다. 이 의거에서 186명의 시민이 사망했으며, 6,026명이 부상하였다.[440] 4.19혁명을 이어받아 이후에도 여러 민주화를 위한 운동이 일어나면서 한국에 민주주의는 발전해 나가게 된다. 4.19혁명은 학생들이 큰 역할을 하였다. 학생들이 들고 일어난 것은 내 자신의 이익을 위해서가 아니라 내 나라가 이래서는 안된다는 의기(義氣)에 의한 것이었다.

한국에서 공부하는 학생들이 나라에 대해 관심을 갖고 나서는 것은 오늘만의 일이 아니고 먼 옛날부터 내려오는 일이다. 조선시대에는 유생과 사림들이 나라 일에 대하여 임금에게 상소를 올렸다. 나라에 큰 일이 있을 때마다 상소를 올렸으며, 수백명의 사람들이 연명하여 올리기도 하고, 수천 명의 사람들이 연명하여 올리기도 하였다. 만 명이 가까운 사람들이 연명하여 올리는 소가 만인소(萬人疏)이다. 백성들도 나라 일을 자신의 일인 양 관심을 가졌던 것이다. 같은 동아시아 유교문화의 전제왕권

---

[439] 조영정, 2023, pp.327-337
[440] 4.19혁명, 미상

국가들 중에서 특히 한국인들은 이같이 지식인들이 국가적으로 시위를 하거나 정치적 의사표시를 하는 경우가 많았다. 이는 그만큼 나라에 대하여 애착심이 많았기 때문이다. 과거 중국의 경우는 나라가 커서 황제와 일반인 사이의 거리가 매우 멀었다. 물리적으로 나라의 반경이 크고, 나라 안에 수많은 사람이 있었으므로 일반인이 황제를 만날 가능성이 없을 뿐만 아니라 황제와 일반인 사이에는 엄청난 계급적 간격이 있었기 때문에, 황제는 말로만 듣는 황궁 속 상징적 존재였다. 큰 나라에서 개개인은 무의미할 정도로 존재가치가 작았기 때문에 대부분의 사람들이 나라 일에 무관심하고 수동적으로 따라 갈 뿐이었다. 이에 반하여 한국은 임금과 백성이 소통을 할 수 있는 환경에 있었다. 그래서 현대 한국의 민주화도 이러한 전통에 따라 일반 대중들이 나라 일에 적극적으로 참여하였기 때문에 실현될 수 있었던 것이다.

이렇게 볼 때, 서양에서는 민주화가 되면서 국인의식이 형성된 데 반하여, 한국에서는 국인의식이 있었기 때문에 민주화도 진척되었다고 할 수 있다.

## 4. 국난극복

한국에서 의병의 전통은 오래다. 국난이 있을 때마다 백성들이 자발적으로 나라를 위해 나섰던 것이다. 의병활동은 대몽항전이나 임진왜란은 물론이고 크고 작은 외침이 있을 때마다 나라를 지키는 버팀목 역할을 해왔다. 역사상 세계 최강이었던 몽골군도 고려만큼은 굴복시키기 쉽지 않았다. 몽골은 고려를 복속시키기 위하여 무려 28년에 걸쳐 9차례나 침략을 하지 않으면 안 되었다. 몽골군이 고전을 할 수밖에 없었던 것은 고려에 와서는 정규군뿐만 아니라 지역마다 저항하는 향토의 의병과 싸우지 않으면 안 되었기 때문이다.

이러한 국민들의 자발적인 참여로 국난을 이겨나간 것은 전쟁 때만이 아니었다. 1997년 IMF외환위기만 하더라도 온 국민이 동참하여 위기를 극복하였다. IMF사태를 맞게 되었을 때 온 국민이 가혹한 구조조정과 공공개혁을 받아들이면서 외환위기를 극복하기 위하여 적극 동참하였다. 특히 금모으기운동은 한국인의 애국심을 엿볼 수 있는 사건이었다. 어떤 사람은 결혼기념반지를 내놓았고, 어떤 사람은 아이의 돌반지를 내놓았고, 운동선수들은 피땀으로 획득한 금메달을 들고 나왔고, 종교인은 목에 건 금십자가를 내놓았다. 어린아이로부터 노인에 이르기까지 금을 내놓으려는 사람들의 행렬이 장사진을 이루었고 해외의 동포들까지 이 운동에 합세하였다. 이리하여 3개월 만에 모인 금이 227톤으로 당시 시세로 18억 달러에 달하였다. 금모으기운동에 참가한 사람의 수는 351만 명에 이르렀는데, 5,000만 인구 중에 금을 가진 사람은 많지 않다는 것을 감안하면 한국사람들의 애국심이 어느 정도인지 짐작할 수 있다. 금모으기운동은 모은 금으로 외환 마련에 도움이 되었지만, 더 중요한 것은 이렇게 하면서 한국인들 서로가 서로에게 힘을 주고 용기와 희망을 줌으로써 이 국난을 잘 극복할 수 있었다는 사실이다. 이렇게 하여 한국은 당시 IMF사태를 맞은 국가들 중 가장 먼저 이 위기에서 벗어났다. 구제금융을 신청한 지 3년 8개월 만에 당초 예정된 일정보다 3년이나 앞당겨 상환하였다. 한국인들의 이러한 모습에 외국언론은 찬사를 보내기도 하고, 혹은 이를 한국의 국인주의라고 하기도 하였다.

한국에서 이 같은 일은 처음 있는 일이 아니다. 대한제국시절 1907년에도 국채보상운동이 있었다. 당시 일본은 대한제국 황실에 많은 차관을 제공하고 이를 빌미로 한국에 대한 지배력을 확대하려 하였다. 이에 민간인을 중심으로 국채보상운동이 일어나, 고종임금 이하 온 국민이 이 운동에 참여하였다. 많은 부녀자들이 패물을 내놓았으며, 노동자, 인력거꾼, 기생, 백정 등 하층민들도 적극 참여하였다. 이 운동은 일제의 탄압으로 성공하지 못했다. 그 당시에는 성공하지 못했지만 이런 정신은 남겨져 필요할 때마다 언제든지 그 힘을 발휘하고 있는 것이다.

## 5. 통일의 동력

위와 같은 중요한 역할을 해온 한국의 국인주의는 이것으로 그 역할이 끝나지 않는다. 앞으로도 한국의 존속과 발전을 위해서 그 역할을 하게 될 것이고, 특히 앞으로 이루어야 할 통일에 절대적으로 필요한 요소이기도 하다. 한국인에 있어서 통일이란 매우 중요하다. 한국은 수천 년 동안 하나였던 사람들이 한 순간에 둘로 나뉘어졌다. 나뉘어져서는 안 될 사람들이 나뉘어진 것이다. 현재 수많은 사람들이 이산가족의 고통 속에 살아가고 있다. 남북 분단과 6.25사변을 겪으면서 북한에서 남한으로 내려온 피난민이 약 100-300만 명에 이르고, 남한에서 북한으로 올라간 사람이 약 100만 명 정도로 추정하고 있다. 그렇다면 1세대 이후의 2세대 3세대를 포함하여 이산가족의 숫자는 1,000

만 명에 이를 것으로 생각할 수 있다.[441] 이산가족에 대한 인도적인 측면에서라도 하루속히 통일은 이루어져야 한다. 앞으로 한국사람들이 그 숙원인 통일을 이루는 데에 있어서 내셔널리즘이 무엇보다 중요한 동력원이 될 것임은 말할 필요도 없다.

---

[441] 남북이산가족 상봉, 미상

# 제 12 장
# 한국 국인주의의 문제

1. 외세와의 결탁
2. 민족주의
3. 이웃 국가에 의한 내셔널리즘 침식
4. 약한 내셔널리즘

## 1. 외세와의 결탁

### 1] 한국의 내셔널리즘과 외세

#### [1] 한국의 내셔널리즘

내셔널리즘을 갖는다는 점에서는 모든 국가가 동일하지만, 그 내셔널리즘의 근간을 이루는 생각들에 있어서는 국가마다 다르다. 미국의 내셔널리즘의 중심에서는 자유의 횃불을 비추며 세계를 이끌어가는 국가로서의 긍지가 있고, 중국의 내셔널리즘의 중심에는 고대로부터 찬란한 문화를 꽃피워온 대국으로서의 우월의식과 함께 서구세력에 의하여 무참히 짓밟혔다는 열등의식이 겹쳐 있다면, 한국의 내셔널리즘은 외세를 경계하고 대항하는 의식이 근간을 이루고 있다. 모든 나라 사람들과 마찬가지로 한국사람들 또한 자국을 사랑하고 자국을 내세우는 마음을 갖고 있지만, 그런 중에서도 외세에 대항하는 의식이 큰 부분을 차지하고 있는 것이다.

원래 내셔널리즘 자체가 외국과 관련되는 것으로서의 성격을 갖는다. 하지만 한국에서의 내셔널리즘은 외국에 대하여 갖게 되는 단순한 우월의식이나 열등의식을 넘어서 경계, 두려움, 투쟁과 같은 의식이 적지 않다. 이용희는 한국의 민족주의에 대해서 "저항의 민족주의이며 제노포비아적인 경향도 없지 않다"고[442] 하고 있다. 한말에 서양세력이 몰려왔을 때 조선 조정이 보인 행태는 이런 면을 잘 보여준다. 조정에서는 서양의 사람들과의 대면조차 두려워하면서 회피하고 도망치려 하고 중국 뒤에 숨기까지 했던 것이다.

시대에 따라 한반도에 외세가 있기도 없기도, 강하기도 약하기도 하였지만, 외세로 인한 국가적인 불안이 적지 않았고, 이런 가운데 이 외세의 존재는 한국 내셔널리즘과 뗄 수 없는 관계가 되었다. 이는 한국이 가진 지정학적 요인에 의한 것이며, 이러한 지정학적 요인으로 인하여 그 역사 속에 같은 경험이 반복되면서 외세에 대항하는 의식으로서의 내셔널리즘이 한국사람들의 마음속에 쌓이게 된 것이다.

이러한 외세와 내셔널리즘의 관계에 있어서 일반적으로 외세가 내셔널리즘을 강화하는 역할을 하지만, 부분적으로 외세가 내셔널리즘을 약화시키는 역할을 하기도 한다. 외세의 존재로 인하여 나라를 위하는 마음을 거두어들이는 사람도 생길 뿐만 아니라, 이러한 구조 속에 사람들 간에 분열과 갈등을 일으키면서 전체로서의 내셔널리즘이 약화되기도 하는 것이다.

## [2] 한국의 외세

한국은 세계에서 그 유례를 찾기 힘들 정도로 외부로부터

---

[442] 이용희, 2017, p.256

침략을 많이 받은 나라다. 한국이 이민족에 의해 침략당한 횟수는 수백 회에 이르는 것으로 알려져 있으며, 일천 회가 넘는다고 주장하는 학자도 있다. 그래서 한국은 외부 이민족과의 투쟁의 역사였다. 이민족과의 전쟁도 많았지만, 이민족의 침략에 의한 변란이 없는 평상시에도 주변 강대국의 압력을 받는 상황 속에 있는 경우가 많았다. 이렇듯 외세는 한국인들이 직면하면서 살아가야 하는 하나의 삶의 여건이라고 할 수 있다.

한국은 아시아대륙 동쪽 끝 편의 한반도에 위치해 있다. 일반적으로 반도는 대륙에 비하여 땅의 크기가 작으므로 반도에 위치한 국가는 대륙에 있는 국가에 비해서 그 영토의 크기가 작을 수밖에 없고, 그래서 힘에서 대륙의 국가에 밀릴 때가 많다. 한반도에 위치한 한국도 마찬가지여서 북서쪽의 대륙에 큰 국가가 형성될 때마다 외세의 영향을 많이 받았고, 특히 아시아대륙 동쪽에 대국을 형성할 수 있는 중국 땅이 넓게 펼쳐져 있어서 역사적으로 중국의 영향을 많이 받을 수밖에 없었다.

그런데다, 한국은 온대지역에 위치하여 산천은 아름답고 기후는 온화하여 사람들이 살기 좋은 곳이다. 옛날 중국의 공자도 살고 싶어 했을 만큼[443] 호감을 가질 만한 곳이다. 오늘날에 와서도 산업도 발전하고 문화도 앞서 있어 세계의 많은 사람들이 한국에 호감을 보이기도 하고 부러워하기도 한다. 또한 한국은 지정학적으로 대륙문명과 해양문명의 경계선상에 있다. 한국은 서북쪽으로는 중국과 러시아의 대륙세력에 접하고, 동남쪽으로는 미국과 일본의 해양세력과 접한 가운데, 세계의 대륙세력과 해양세력의 경계선상에 위치하고 있는 것이다. 여기에다 문명적

---

[443] 논어, 자한

으로도 서양문명과 동양문명의 경계선상에 있다. 과거 한국은 중국과 함께 동아시아에서 동양문명의 중심에 있던 국가이다. 근대화가 되면서 서양문명을 받아들였고, 해방 이후에는 미국의 영향을 받아 자유민주주의와 시장경제체제를 근간으로 하는 국가체제를 이루고 사회문화적으로도 서구화되면서, 한국은 전통적 동양문명과 새로운 서구문명이 혼합되어 있는 상태다. 이러한 한국의 위치로 인하여 미국, 일본, 중국, 러시아 등이 서로 대결과 경쟁을 하는 동안에 이들 국가와 한국과는 저절로 첨예한 이해관계에 들어가게 되어 있다.

그래서 한국에서는 외세에 대처하고 관리하는 방법으로 강국과 우호관계를 유지하거나, 동맹관계를 맺거나, 은둔의 나라로 있기도 하였으며, 열강들이 활개 치는 서세동점의 시기에는 영세중립국이 되어야 한다는 생각도 있었다. 이렇듯 한국은 외세에 휘둘리지 않고 독립과 자주를 유지하는 것이 언제나 큰 과제였던 것이다.

### [3] 한국에서의 외세지배

역사를 보면 한국에서 국가존망은 대부분 외부환경의 변화와 연관되어 있다. 중국 춘추전국시대 끝에 진이 열국을 통일하고 한이 이를 이어받으면서 고조선이 멸망하였고, 위진남북조시대 끝에 수가 통일을 하고 당이 이를 이어받으면서 고구려와 백제가 망하였다. 명나라의 등장과 함께 고려가 망하였고, 서양세력이 밀려오면서 조선이 망하였다. 일제하에 들어간 것도, 일제로부터 벗어난 것도, 그리고 한반도가 분단된 것도 모두 외세와 연관되어 있다.

대한민국 정부수립 이후에 겪어온 일련의 일들을 보더라도 그렇다. 대한민국이라는 국가가 수립되고 북한의 침략을 물리치고 국가를 유지할 수 있었던 것은 미국이 한국을 지원해 주었기 때문이다. 그리고 절대빈곤에 허덕이다가 경제발전을 이룩하고 선진국의 대열에 들어서게 된 것도 미국이 이끌어 주었기 때문이다. 경제뿐만 아니라 정치, 사회, 문화, 예술 등 모든 면에서 한국은 미국으로부터 많은 영향을 받았다. 1979년 6월 말, 미국 대통령 카터(Jimmy Carter)와 한반도정세 문제로 심각하게 논쟁을 벌였던 박정희 대통령은 그로부터 4개월이 채 못된 시점에 한국의 중앙정보부장에 의하여 피살되었다. 그리고 1980년 내란음모혐의로 사형선고를 받았던 김대중은 미국의 한국정부에 대한 압력에 힘입어 풀려났다.[444] 반공에 철저했던 독재체제가 끝나자 민주화의 바람과 함께 자유민주주의 국가로서의 정체성이 흔들리기 시작하게 된다. 여기에는 북한의 힘이 작용하였기 때문이다. 그리고 오늘날에 와서는 중국세력이 밀려와 중국의 영향을 크게 받고 있다.

이렇듯 한국은 외세에 취약하다. 1876년 일본과 통상조약을 맺은 지 불과 35년 만에 나라를 일본에 넘겨주고 말았다. 한국 사람들은 일본의 지배하에서도 효과적으로 대항하지 못하였다. 무지막지한 일본의 강압통치에 맞서서 강하게 부딪치지도, 꾸준히 저항하지도 못하였고, 우리 사람들끼리 단합된 모습조차 보이지 못하였다. 침략 초기에는 한국인들 중에 이에 대항하는 사람들이 많았지만, 일본이 본격적으로 통치하기 시작하자 대항력을 보이지 못하였다. 각지에서 의병이 많이 일어났지만 1907년

---

[444] 미·일, 사형선고 받은 김대중 구명 총력, 2011.2.21

대한제국의 군대해산을 즈음하여 많은 군인들이 의병이 되면서 의병활동은 최고에 이르렀다가 점차 약화되고, 1910년 한일합방이 되면서 국내에서의 의병활동은 거의 소멸하였다. 일본의 통치는 교묘하고도 무지막지하였다. 그리고 3.1운동이 일어났지만 이 저항운동도 지속적으로 이어지지 못하였다. 이후에 일본에 저항한 일들은 6.10만세사건, 광주학생운동, 동아일보일장기말살사건, 조선어학회사건 등과 같은 몇몇 사건에 불과하였다. 이런 사건들조차 한국사람들의 강한 저항의식보다는 일본통치의 무자비함을 드러내는 사건이라고 할 수 있다. 시간이 갈수록 국내의 많은 지도자들이 백성들로 하여금 일본의 신민이 되도록 이끄는 가운데 대부분의 한국인들은 일본천황의 신민이 되어 일본의 통치를 따랐다. 사람들은 일본말을 사용하고 80%가 넘는 사람들이 창씨개명을 하였으며, 수많은 사람들이 일본군에 들어가거나, 일본에 유학을 가거나, 일하기 위하여 일본으로 갔다. 일제 말기에는 일본으로 건너간 한국인 숫자가 전체 인구의 약 8%에 해당하는 200만 명에 이르렀다. 일본과 함께 살기로 작정한 것이고, 일본의 통치에 극도로 순응한 것이다.

많은 애국지사들이 해외로 나가 조국의 독립을 위해서 분투하였지만 여기서도 성공적이었다고 평가하기 어렵다. 1919년 상해에서 임시정부가 수립되었지만 지도자들 간에 끊임없는 알력이 있었고, 만주와 연해주에서 많은 항일투쟁무력조직들이 있었지만 이들 조직들이 협력하지 못하고 오히려 서로 다투는 바람에 큰 힘을 발휘하지 못하였다. 이들 조직들은 대부분 지역 동향인들로 구성되어 같은 한국사람이면서도 지역별로 배타적인 성향을 갖는 가운데 반목 대립하는 경우가 많았다.[445] 임시정부도 있었고 광복군도 있었지만 서로 협력이 되지 않았기 때문에 임시정부가 광복군의 통수권을 갖게 된 것은 해방되기 직전인 1945년 5월이 되어서였고, 일본에 대항해서 싸운 한국정부로서의 존재감이 없었기 때문에 전후 샌프란시스코 강화조약에 참가 당사국이 되지 못하였다.[446]

해방 이후 수립된 대한민국정부만 해도 그렇다. 반공을 기치로 내세워 나라를 세우고 자유수호를 위하여 그렇게 북한과 나뉘어졌고, 그렇게 수많은 사람들의 목숨을 희생해 가며 싸웠건만, 그런 일이 있은 지 반세기가 되지 않아 자유주의 동맹국 미국을 등지고, 공산주의 북한을 옹호하는 사람들이 나라를 이끌어 가게 되었다. 이러한 정치적 변동은 국가 내 스스로의 가치변화로 이루어진 것이 아니라 북한의 영향력에 의한 것이었다.

또한 최근에 와서 중국이 한국에서 큰 영향력을 행사하고 있다. 중국은 한국에서 정치를 비롯한 사회 모든 영역에서 자국 세력을 침투시키며, 군사적으로 자위권을 간섭하고, 서해 영해에서 한국주권을 무시하는 등 갖가지 형태로 힘을 행사하려 하고 있다. 중국은 자국을 대국이라고 하면서 마치 한국에 대해서 자신들이 마음대로 할 수 있는 권한이라도 있는 것처럼 행동한다. 1992년 대한민국이 중국과 수교하기 이전에는 중국은 한국의 적국이었다. 6.25동란 때 중국은 대한민국을 침략한 국가이자 수많은 한국인들을 죽인 원수이다. 그런데도 그동안 한국사람들은 중공군의 총칼에 아버지, 할아버지가 죽어간 사실도 까맣게 잊

---

[445] 조동걸, 2014, pp.319-324
[446] 조영정, 2019, pp.312-313

어버리고 오로지 경제적 이익이 있니 없니만 하면서 중국을 대해왔다. 한국인들은 그때 중국이 왜 한국에 침략해 들어왔으며, 지금 중국인들은 어떤 생각을 갖고 있는지 생각조차 해보지 않았다. 중국이 자국의 수백만 병사들을 사지로 보낸 것은 단순히 모택동의 권력강화를 위해서가 아니라 한반도를 영향력하에 두기 위해서였다. 그리고 그러한 중국의 야심은 지금도 그대로이다. 그럼에도 불구하고 호랑이에 쫓겨 도망가다 말고 유유로히 풀을 뜯고 있는 사슴처럼 한국사람들은 지난날 기억을 상실한 채 중국에 대하여 경계심 하나 없이 지내왔다. 이러는 동안에 한국에서의 중국세력은 깊고 넓게 파고들어 이미 한국 사회에 크게 영향을 주고 있는 것이다.

이와 같이 한국은 세상에 이런 나라도 있을까 싶을 정도로 외세에 잘 끌려다닌다. 그렇다면 한국은 왜 그토록 외세에 취약할까? 한국이 지정학적으로 외세가 강한 것은 그렇다고 하더라도, 그것만으로 한국이 외세에 끌려다니는 것에 대한 이유가 될 수 없다. 여기에는 분명 한국사람들 자체에도 문제가 있다.

[4] 외세와 내셔널리즘

한국의 역사를 보면 외세를 등에 업은 편과 이에 대항하는 편의 투쟁에서 대개 외세를 등에 업은 편이 승리를 거두었다. 외세를 등에 업지 않았다고 하더라도 외세를 무시하고 자주적인 성향을 갖는 사람들보다 외세에 더 민감한 사람들이 승리를 거두었다. 이것이 국인주의자 신채호가 안타까워했던 부분이다. 고려 말에 강국으로의 호기를 펼치려던 묘청이 난까지 일으켰으나 김부식에 의해 진압되고, 이어진 조선에서는 더욱 사대주의 길로 가게 되었다. 그래서 신채호는 묘청의 난을 "조선역사상 일천년래 제일대사건"이라고 하였다. 그는 묘청과 김부식의 싸움을 "국풍파와 한학파의 싸움이며, 독립당과 사대당의 싸움"이라고 하였다.[447] 이렇게 시간이 갈수록 한국인들의 외세지향적인 성향은 점점 더 진화되어 왔다. 사대주의는 조선시대만 한정되는 것이 아니다. 지금도 사람들의 마음에는 사대주의가 존재한다. 사람들은 큰 나라에 대해서 굽신거리며, 굽신거리지 않는다고 하더라도 미국, 중국, 러시아, 일본과 같은 국가에 대해서 실제보다 과대평가하고 있으며, 이들 국가를 의식하는 가운데 사고하고 행동한다.

　한국은 자주정신을 주창하는 사람들이 확실하게 승리한 적이 없기 때문에 외세에 빌붙은 자를 확실히 응징하는 계기가 거의 없었다. 그리고 대부분의 시간을 강대국의 외압에 눌려 있었기 때문에 한국사람들은 어느 한때 우리나라가 지고한 가치를 지닌 위대한 나라라는 생각으로 웅대한 기상을 펼쳐본 적이 없다. 외세지향적인 사람들이 성공하여 영화를 누리고, 나라는 팽개치고 자기 이익을 추구하는 사람들은 부귀를 누리는 반면에, 외세에 대항하는 사람들은 피를 흘리면서 항쟁을 해야만 하고, 나라를 위하는 사람들은 빛도 이름도 없이 사라지는 것을 지켜보면서 사람들의 나라를 위하는 마음은 많이도 부식되었다. 그래서 한국에는 외세에 결탁하는 사람, 매국노도 많다.

　매국노는 나라를 팔아먹는 사람을 일컫는 말이다. 한국에 나라를 팔아먹는 사람들이 많은 이유는 시장원리로도 설명된다. 물건을 파는 자가 많다는 것은 그 물건을 비싸게 사겠다는 자가

---

[447] 신채호, 1925

많기 때문이다. 한국의 매국노들은 서로 자기가 팔겠다고 경쟁을 한다. 과거에는 중국에 나라를 파는 자를 비난하며 일본에 나라를 팔았다. 오늘날에는 일본에 나라를 파는 자를 비난하면서 중국에 나라를 팔려고 하며, 또 중국에 나라를 파는자들을 비난하며 자신이 먼저 중국에 팔려고 한다.

조국을 배신하는 사람만큼 수많은 사람에게 해독을 끼치는 존재는 없다. 조국을 배신하려는 사람들이 있는 상태에서는 나라의 발전과 번영은 고사하고 나라의 존속 자체가 위태롭다. 그래서 조국을 사랑하는 것뿐만 아니라 조국을 팔아먹는 것 또한 내셔널리즘과 관련하여 중요한 문제가 된다. 오늘날의 한국상황을 보고 조선 말기와 똑같다고 말하는 사람들이 많다. 그것은 한국인의 나라에 대한 태도가 예나 지금이나 똑같기 때문이다.

## 2] 외세와 내셔널리즘의 구도

### [1] 외세의 지배

나라가 망한다는 것은 어떤 것인가? 나라가 망했다고 해서 폐기되어 그대로 방치되는 법은 없다. 다른 나라로 바꾸어서 누군가 통치하거나, 다른 나라의 일부로 흡수되어 통치된다. 고려가 망하고 조선이 수립되었을 때 고려가 망한 것이다. 대한제국이 망하고 일본에 흡수되었을 때 대한제국이 망한 것이다. 그런데 첫째의 경우와 둘째의 경우는 큰 차이가 있다. 첫째는 사람들의 구성은 그대로이고 나라의 이름과 체제만 바뀌었지만, 둘째의 경우는 나라의 존재가 아예 없어져 버린 것이다.

먼저 첫째의 경우에서 다른 나라로 되었다는 것은 무엇을 뜻하는가? 옛날의 경우에 왕조가 바뀔 때 나라가 바뀌었다. 옛날에는 나라는 왕의 것이었기 때문이다. 오늘날은 국민주권과 법치국가의 개념에 따라 나라의 사람들이 헌법을 만들고, 이 헌법의 지배를 받게 되어있으므로, 헌법의 본질적인 부분이 바뀌게 되면 나라가 바뀐 것이 된다. 헌법의 본질적인 부분이 바뀔 정도로 나라가 바뀌게 될 때, 나라의 정체성이 달라지게 되고, 이렇게 되면 나의 이름도 바뀌는 경우가 많다.

다음으로 둘째에서 다른 나라에 흡수되는 경우이다. 첫째와 같이 나라만 바뀔 때에는 국인은 그대로 있지만, 외국에 의해서 흡수될 때는 나라의 존재 자체가 없어지고, 이렇게 시간이 가면 국인도 소멸하게 된다. 일본이 조선사람들을 일본말을 쓰게 하고 창씨개명을 하게 하는 등 온갖 만행을 다한 이유는 바로 이 국인을 없애기 위해서였다. 이것이 세상 어디에서든 이웃 나라를 싫어하고 두려워하는 이유이기도 하다.

한반도에서 국가가 망하는 경우는 여러 번 있었다. 특히 지난 세기에는 이민족 일본에 의해서 합병당하기도 하였다. 나라가 망하는 것을 보면 그 이유는 단순하다. 국가를 계속 유지해낼 수 있는 힘이 부족하기 때문이다. 여기서 힘이란 다양한 측면에서 생각할 수 있지만, 가장 중요한 것은 나라사람들의 나라를 유지하려는 의지이다. 일찍이 고구려는 수와 당의 압도적인 군사력에도 나라를 지키려는 의지가 강했기 때문에 지켜내었다. 이런 고구려가 내분이 일어나면서 나라를 지키려는 의지가 흐트러져버렸기 때문에 그대로 망하고 만 것이다.

그렇다면 나라를 지키려는 의지는 어디서 나오는가? 내셔널리즘에서 나온다. 그래서 내셔널리즘이 강하면 그만큼 나라가 강해지고, 내셔널리즘이 약하면 그만큼 나라가 약해진다. 한국이 그 역사를 약한 국가로 살아왔고 지난날 일본의 식민지가 되었던 것도 결국 내셔널리즘이 약했기 때문이라고 할 수 있다.

그렇다면 한국은 왜 내셔널리즘이 약한가? 가장 큰 두 가지 요인을 들자면, 하나는 나라안 사람들의 자신만을 생각하는 이기심이고, 다른 하나는 무기력한 국가이다. 내셔널리즘은 개인의 국가에 대한 마음이다. 이 내셔널리즘은 개인과 국가의 상호작용 속에서 유지된다. 개인들이 국가를 위하는 마음을 가질 때 국가는 더 큰 역량으로 개인들을 보호해 주고 좋은 삶의 여건을 마련해 줄 수 있으며, 국가가 개인을 잘 보호해 주고 국가의 존재가 개인에게 큰 의미를 줄 때 내셔널리즘은 커지게 되는 것이다. 살면서 형성되는 개인과 국가 간의 이런 관계가 서로에게 좋은 방향으로 작용하여 선순환을 이루게 될 때 사람들의 내셔널리즘은 점점 더 커질 수 있고, 나쁜 방향으로 악순환을 이루게 될 때 점점 더 작아질 수 있다. 이러한 과정에서 한국은 대체적으로 악순환을 하면서 내셔널리즘이 낮은 상태에서 균형을 이루게 된 것이다. 국가의 통치자들이 백성을 위하지 않고 효율적으로 국정을 운영하지 못하여 백성들의 삶이 도탄에 빠지게 되는 경우가 많았다. 게다가 국가를 위해서 싸우려고 하는 사람이 많지 않아 국가가 외세의 지배를 당하기 일쑤이고, 외세에 눌려 힘없는 국가가 국민들을 지켜주고 돌봐줄 수 있는 여력이 없었던 것이다. 그래서 국민들은 국가에 대해서 기대할 것 없이 자신이 알아서 각자도생으로 살았다. 그저 국가의 관리로부터 착취나 억울한 일 당하지 않고 외침으로 목숨을 잃지 않으면 다행으로 살았던 것이다. 이러한 역사를 살아온 한국사람들은 자신의 개인적 이익을 챙기느라 국가나 공공의 이익을 배려할 여유가 없는 것이다.

[그림 12-1]은 이러한 구도를 보여주고 있다. 가운데 응집력 약한 한국이 있고 이 둘레에 외국이 있다. 국가로 향하는 구심력은 약하고 외국이 잡아끄는 원심력은 강하다. 이렇게 국가적인 단합력이 약한 사람들에게 외세는 쉽게 작용한다. 달의 인력에 바닷물이 출렁대듯 외세가 생길 때마다 사람들이 자신의 이익에 따라 움직이면서 나라는 쉽게 분열되고 강대국의 의도대로 끌려간다. 사람들은 나라는 뒷전이고 오로지 자신과 자기 정파의 이익만을 생각하기 때문에 국내에서 자신이 권력을 잡기 위하여 외세와 한편이 되는 것도 마다하지 않는다. 한국사람들은 국내의 경쟁과 투쟁에 매우 강하게 몰입한다. 그래서 외세와 한편이 되면 국익에 손상이 온다는 것을 알면서도 권력을 잡는데 모든 것을 다 걸고 있기 때문에 다른 것은 돌볼 겨를이 없다.

[그림 12-1] **외세와 내셔널리즘의 구도**

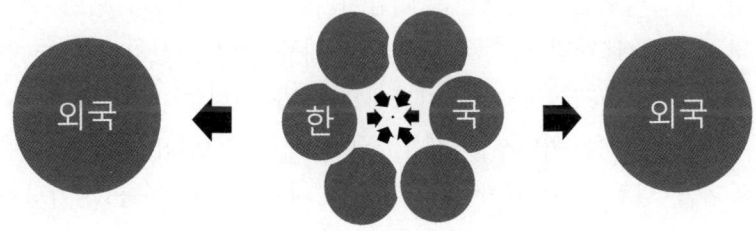

[2] 외세

외세는 어떻게 나라 안으로 들어오는가? 어느 나라가 다른 나라를 지배하거나 그 영향권 내에 두려고 할 때, 반드시 그 나라 안의 협조자가 필요하다. 군대를 몰고 가서 무력으로 제압한다고 해도 이는 일시적인 정복일 뿐이고, 그 나라 내부에서 자국을 돕는 자가 없이는 언어도 다르고 풍속도 다른 나라를 영속적으로 지배하기는 불가능하다. 그래서 외세는 항상 그 나라 안에서 조력자를 찾는다. 그 방법은 부(富)나 권력을 제공하는 것이다. 이런 외세의 존재는 특별히 힘이 필요하거나 자신의 이익을 추구하는 사람들에게는 엄청난 유혹이 된다. 국가가 제공하는 부이니만큼 그 규모가 엄청날 수 있고, 외세가 있다는 것은 그 힘이 국내의 힘보다 더 강하다는 것을 의미하므로 이를 활용하면 큰 힘을 행사할 수 있기 때문이다. 외세의 힘은 국내의 지도자들이 각자 자기 이익에 따라 고만고만한 힘으로 중구난방으로 움직이는 것과는 차원이 다르다. 외세는 강국이 의도를 갖고 주도면밀하게 조직적이고 체계적으로 움직이기 때문에 엄청난 힘을 발휘할 수 있다.

외세는 그 외국의 의도에 따라 밀고 들어오기도 하지만 나라 안의 사람들이 외세를 끌어들이기도 한다. 외세의 힘이 강력하기 때문에 나라 안의 사람들이 외세를 찾아 나서기도 하는 것이다. 외세를 끌어들이면 나라에게 해가 된다는 것을 알면서도 자신의 이해를 위해서 외세를 끌어들이는 것이다. 외세를 끌어들이는 사람이 많다는 것은 그만큼 사람들이 나라를 생각하지 않는다는 것이고 내셔널리즘이 약하다는 것을 의미한다.

이렇게 외세를 받게 된 국가는 외세국가에 비하여 약한 상태인 경우가 일반적인데, 여기서 외세를 받게 되면 치명적인 손상을 입게 된다. 어느 한 외세에 몰리면 다른 외세도 달려든다. 곰이 달려들어 살점 하나를 뜯어먹으면, 곧 호랑이도 달려들어 뜯어먹고, 사자와 하이에나도 달려들어 뜯어먹는다. 그래서 외세

유입국가는 순식간에 해체되어 간다. 문재인 대통령 시절, 북한, 중국세력이 한국에 들어오자 미국과 일본도 가만있지 않았다. 문재인 대통령이 중국에 가서 홀대당하고, 김정은에 부하 취급 당한 상태에서, 아베와 트럼프로부터의 굴욕적인 상황 또한 피할 수 없었고, 국제적으로 왕따를 당하는 수모를 겪었다.[448] 그리고 이재명정권에 들어와서는 친중, 친북 정권인 것을 알고 미국을 비롯한 서방국가들로부터 홀대당했을 뿐만 아니라, 미국으로부터 높은 관세와 고액의 대미투자를 비롯한 엄청난 경제적 부담과 방위비 부담 등을 수탈당하게 되었다.

### [3] 지도자

한국에서의 외세유입 문제는 한국 지도자들의 문제와 분리할 수 없다. 한국에 외세가 잘 들어오는 것은 한국 지도자들의 외세에 영합하는 성향 때문이다. 역사적으로 나라가 망하는 과정을 보면 항상 문을 열어주는 자가 있었다. 기원전 108년에 고조선이 망한 것도 일부 대신들이 배반하였기 때문이고, 백제가 망한 것도 예식진(禰寔進)의 배반 때문이었으며, 고려가 망한 것도 이성계의 배반 때문이었고, 조선이 망한 것도 매국노 대신들의 역할이 있었다. 한국 지도자들의 이기적이고 기회주의적인 속성이 외부의 변화를 내부의 변화로 잇는 매체역할을 하는 것이다. 이렇듯 한국은 외세에 부역하는 지도자들이 유난히 많다. 이런 사람들이 많았기 때문에 한국의 역사가 그렇게 굴곡지고 한국인들은 큰 시련을 겪으면서 살아올 수밖에 없었다.

---

[448] 文 '왕따 외교' 재현...美, 한국 패싱에 기업만 울상, 2022.3.2

그렇다면 왜 한국에는 외세에 협력하는 사람들이 많은가? 가장 큰 원인으로 경쟁적 사회환경을 들 수 있다. 원래 경쟁은 어디에나 다 있다. 살아있는 모든 것은 경쟁에서 피할 수 없다. 인류가 사회를 형성한 이래 사람들은 경쟁을 해야만 했으며, 이 경쟁에서 이기기 위하여 협력, 연대, 폭력, 위협, 기만, 음모, 술수 등 갖가지 전략과 전술과 능력을 취득하게 되었다. 경쟁은 이종 간의 경쟁보다 동종 간의 경쟁이 더 치열하듯이, 국가 바깥사람보다는 국가 안의 사람 간의 경쟁이 더 치열하다. 그런데 이 경쟁은 환경에 따라 더 치열할 수도 있고 덜 치열할 수도 있는데, 한국은 경쟁이 치열할 수밖에 없는 환경에 있는 것이다. 한반도는 자연환경이 좋기 때문에 주변에서 사람들이 많이 들어와 인구밀도가 높고, 그러한 가운데 순차적으로 들어온 이질적인 사람들 간에 경쟁이 치열할 수밖에 없었다. 경쟁이 치열하다 보니 동원할 수 있는 수단은 다 동원하면서 이전투구하는데, 여기서 외국의 힘 또한 강력한 수단이 된다. 강국은 힘이 월등하므로 국내에서 고만고만한 힘을 가진 파벌끼리 싸우는 입장에서는 외부로부터 힘을 끌어들이면 일순간에 상대를 제압할 수 있다.

한반도 주변에는 강국들이 있어 한국사람들에게는 이를 동원하려는 유혹도 많다. 주변 강국 또한 이런 사람들을 활용해서 한국에서 이익을 확보하려 한다. 역사적으로 한국에서는 외국의 힘을 빌리거나 외국을 활용하여 성공하는 사람들이 많았다. 그래서 한국에서는 외국과 연결되는 능력으로서의 외국에서 공부하거나 외국어에 능통한 것을 매우 중요한 자질로 생각한다.[449]

---

[449] 지도자들이 자신의 이익을 위하여 외세와 야합하는 것은 한국만의 현상이라고 할 수는 없으며, 외세가 있는 약소국에 공통된 보편적인 현상이기도 하다. 국제경제에서 많이 알려진 이중경제(dual economy)도 그 근본에 있어서 같은 구조다. 후진국에서

또한 한반도에 사람이 살기 시작한 이래 간헐적으로 사람들이 계속 들어오면서 사람들이 켜켜이 쌓여서 한국사람을 형성하게 되는데, 나중에 들어온 사람들이 기존에 있던 토착민들을 제압하거나 이끌면서 지도층을 형성하는 경우가 많았다.[450] 이는 오래 살아온 사람이 새로 들어온 사람보다 그 땅에 대한 애착이 더 클 것을 생각하면 다른 사람들보다 지도층이 나라에 대한 애착에서 더 약하다는 것을 의미한다. 이렇게 일반적으로 지도자 계층은 나라에 대한 생각보다는 자신의 권력과 이익에 더 집중하는 사람들이다. 외세를 끌어들인다는 것은 그만큼 외국에 국익을 내어줄 수밖에 없지만, 당장 경쟁에서 이기는 것에 정신을 쏟고 있기 때문에 나라에 대한 생각은 뒷전이 된다. 이렇게 하여 한말에도 지도자들은 중국, 일본, 러시아, 미국 등 닥치는 대로 세력을 끌어들였고, 이러한 결과로 나라를 잃고 말았던 것이다.

가까운 시기에 있었던 국난으로서 IMF사태만 하더라도 그렇다. IMF사태는 지도자들의 무능, 대립, 무책임, 이기심 등에서 비롯되었다. 대기업의 과도한 외화자금차입, 정부의 외화자금관리부실, 그리고 위기가 예견되었음에도 불구하고 정치권의 대립

---

는 선진국에 수출하는 산업은 발전하고, 그 외의 전통적인 산업은 발전하지 못하여 국가경제가 두 영역으로 분할되어 움직이는 경우가 많다. 그 국가의 특산물이나 자원을 수출하는 산업은 부를 창출하지만 여기서 나오는 이익은 이 영역을 독점하고 있는 국가 지도자들과 선진국들이 나눠 가질 뿐, 대다수 국민은 전통산업에서 빈곤에 허덕인다. 이렇게 지도자들은 외국사람들과 한편이 되어 대다수 국민들의 이해와는 괴리된 채 살아가게 되는 것이다.

[450] 나중에 들어온 사람들이 토착민을 이기는 이유는 많은 사람들이 조우하는 북쪽 대륙지역이 새로운 문물이 많고 싸움도 많아서 무기나 전투력에서 앞섰기 때문이다. 또한 기존의 사람들은 그냥 평화롭게 사는 사람들인 반면, 외부에서 들어오는 사람들은 처음부터 싸우기로 작정하고 들어오는 까닭이다.

으로 대비조치를 하지 못하면서 시작되었고, IMF개입 이후에는 외국자본이 원하는 대로 자본시장을 개방하고 구조조정을 함으로써 마무리되었다. 이렇게 외국인들이 한국경제에 빨대를 꽂은 이후에 한국경제는 영양분을 외국에 수탈당하면서 한국사람들의 가계는 아무리 노력해도 빚만 늘어가는 구조로 되었다. 지도자들이 이러는 동안에 일반 국민들은 금모으기운동을 하는 등 나라 구하기에 발 벗고 나섰다. 금모으기운동은 전 세계사람들을 감동시킬 정도로, 그리고 지금도 한국사람들은 자랑거리로 삼을 정도로 애국심을 보여준 사건이었다. 그러나 그 내막을 보면 반드시 자랑스럽기만 한 것은 아니다. 국민들은 나라를 위해 결혼반지, 아기 돌반지, 힘들게 딴 금메달을 내놓을 정도로 훌륭했지만, 지도층들도 모두 훌륭했던 것은 아니었다. 재력 있는 사람들은 외환위기 직전에는 외화를 도피시켰고, 금모으기운동으로 금의 수출업무를 맡은 재벌그룹상사들은 세제혜택을 악용하여 금을 수입해서 수출함으로써 거액의 불법이익을 챙기기도 하였다.[451] 이렇게 IMF사태로 인하여 국민들은 사업과 직장을 잃고 엄청난 경제적 어려움을 겪게 되었지만, 지도자들은 금모으기운동을 한 위대한 국민, IMF를 최단기에 극복한 저력 있는 나라 운운하며 공치사만 늘어놓고 아무도 책임지지 않고 넘어갔다.

사실 한국의 문제는 개인으로서는 똑똑한 사람들이 집단이 되었을 때 매우 우매한 집단으로 된다는 데 있다. IMF사태만 하더라도 위기 직전에 이대로는 위기가 온다는 것을 알면서도 스스로 힘을 합쳐 대처하지 못하고 이해당사자 간에 치킨게임(chicken game)으로 일관하다가, 결국 일이 터져 외부의 IMF에

---

[451] 고성춘의 세금 이야기: 금지금 사건에 대한 소회, 2014.3.25

붙들리게 되자, 그제야 그들에게는 굴복하여 있는 대로 다 내어준 것이다. 조선이 망할 때도 마찬가지였다. 스스로 근대화하지 못하고 국가를 잃고 나서야 일본의 지배하에서 강제로 근대화하였다. 그 시기 한국도 일본처럼 나라 안 사람들이 힘을 모아 근대화를 이룩하였더라면 식민지가 되는 비참한 역사는 없었을 것이다. 여기서 나라사람들의 힘을 모으게 하는 것은 지도자들이 해야 할 일이다. 그런데 이런 시기 한국 지도자들이 보이는 특성이 있다. 그것은 위기의 순간에 더욱 분열하고 더욱 다툰다는 점이다. 뒷사람을 밀치고 앞사람의 뒷다리를 잡고 이전투구하는 가운데 모두 함께 몰락의 길로 가는 것이다.

한국 정치지도자들에게 있어서 외세와 마찬가지로 백성 또한 적응해야 할 정치환경이다. 그들은 백성을 자신과 같은 사람이 아니라 관리해야 할 대상이자 활용해야 할 수단으로 생각한다. 그래서 백성들을 정치공학적으로 접근하여 자신의 유불리에 따라 관리하고 조작하기도 하며 백성들에 맞추어 나가기도 한다. 어느 지도자가 어떤 나라의 외세로 힘을 행사하게 되면, 다른 지도자는 또 다른 나라의 힘을 끌어온다. 이러한 상황이 되면 사람들은 나라를 걱정하게 되고 내셔널리즘이 일어나게 된다. 이렇게 되면 외세에 대항하는 입장에 서는 지도자들도 나오게 된다. 내셔널리즘은 국민 공통의 정서이며, 외세가 강할수록 내셔널리즘 또한 강하게 되므로 내셔널리즘이야말로 외세에 대항하는 강력한 수단이 된다. 이에 따라 외세와 결탁하는 지도자들도 자신의 외세결탁은 감추고 다른 사람의 외세결탁을 공격하거나, 다른 외국을 공격함으로써 자신이 국인주의자인 것처럼 가장하기도 하고, 국민들의 내셔널리즘을 다른 국가로 향하게 하기도 한다.

[4] 일반 국민

　사람은 누구나 애국심을 기본적인 윤리 도덕으로 배우며, 사회 속에서 이러한 가치를 상호 확인하면서 살아간다. 여기에다 수천 년 역사를 외부 이민족들에 의하여 시달려온 한국사람들에 있어서 외세에 대한 분노의 감정이 강한 것 또한 자연스러운 일이다. 과거 한국사람들은 주변의 침략자들을 왜구, 되놈, 오랑캐 등과 같이 비하하여 불렀고, 호로(胡虜)자식, 화냥년과 같이 침략자와 관련하여 욕설을 만들어 사용하기도 하였다. 이렇듯 주변의 침략자들에 대한 반감의식은 매우 강하다. 그런데다가 충효의 유교문화 속에서 국가에 대한 충성의식이 매우 강하다. 이는 한국사람 모두에 해당되는 것이다.

　그런데 외세와 관련하여 일반 백성들은 지도자들보다 저항력이 더 강할 수 있는 요인들이 있다. 먼저 조력자를 찾는 외세의 입장에서 그 나라 안의 지도자와 백성은 확연히 구분된다. 지도자는 쓸모 있지만 백성은 쓸모없다. 그리고 외세를 대하는 입장에서도 지도자와 백성은 다르다. 외세에 대하여 지도자는 관심을 가질 수 있지만 백성들은 관심 가질 일이 없다. 지도자와 달리 백성에게는 외세의 유혹 같은 것은 올 일이 없고, 외세를 이용하여 권력을 쟁취할 일도 없으므로 외세와 관련한 생각 자체를 가질 만한 일이 없기 때문이다. 그래서, 백성들은 그냥 지금까지 내려오던 외세를 거부하는 감정 그대로에서 변할 일이 없다.

　또한 여러 가지 여건에서 백성들은 상류층의 지도자들에 비하여 국가에 대한 정체성이 더 강할 수 있다. 좋은 환경에서 태어나 선진국에서 공부한 사람은 선진국에서 취업하고 그곳을 삶의 터전으로 삼을 수도 있고, 또 돈이 많은 사람은 투자이민을 갈 수도 있다. 하지만 일반 백성은 자국 외에 다른 선택의 여지가 없다. 그들은 자국 외 다른 곳에 대해서 잘 알지도 못하며, 다른 땅에서는 적응할 능력도 없으며, 또 그러고 싶지도 않다. 그들은 정든 산천과 세대를 이어 함께한 이 땅에 대한 애착심이 삶의 중요한 부분을 차지하고 있다. 그래서 일반 백성들은 자국에 대해서 일편단심일 수밖에 없는 것이다.

그런데 백성들은 지도자가 있어야 하는 사람들이다. 수천 년 역사를 동아시아의 수직적 문화에서 살아온 한국사람들에게 있어서 특히 그렇다. 백성들은 스스로 나아가지 못하며, 스스로 힘을 결집하지 못한다. 또 백성이라고 해서 모두 욕심 없고 순수하기만 한 사람들도 아니다. 한국사회의 경쟁성은 지도자들뿐만 아니라 이 땅의 사람 모두에게 주어진 환경이다. 그들은 국가적인 차원이 아니라 자기 주변의 작은 집단에서 경쟁하고 투쟁할 뿐이다. 자신은 배운 것도 없고, 아는 것도 없고, 그만한 힘이 없어서 큰 범위에서는 직접 나서지 못하는 것일 뿐이다. 그래서 대부분 집단의 일원이 되어 집단으로 경쟁하게 된다. 자신이 직접 나서지 못하기 때문에 그 집단의 지도자가 자신을 대신해서 경쟁해 주기를 바라고, 이런 식으로 집단을 통하여 자신의 힘을 확보한다. 이렇게 해서 사람들은 자기 이익을 확보해 줄 사람으로서의 지도자를 찾고 또 따르게 된다.

개인과 집단과의 관계에서 사람은 누구나 자신이 소속되는 집단에 대한 소속감으로서의 사회정체성을 갖는다. 사회정체성이란 사람이면 누구나 갖는 자아개념의 일부로서 자신과 자기 집단을 동일시하는 가운데, 자신을 위하듯이 자기 집단을 위하는 마음을 갖는 것이다. 개인에 있어서 그의 집단은 다중적이다.

어느 가정의 아버지이자, 어느 직장의 사원이고, 어느 학교의 동창생이며, 어느 국가의 국민이고, 세계의 세계민이 되는 것이다. 그런데 사회정체성이론(social identity theory)에 의하면 사람은 그 집단의 범주가 작을수록 더 애착을 갖는다고 한다. 그러다 보니 큰 범위의 국가보다는 자신들만의 작은 집단에 더 몰입하게 될 수도 있다. 물론 국가라는 집단은 다른 집단과 달리 사람의 마음을 워낙 강하게 사로잡기 때문에 작은 집단이라고 해서 그 집단에 대한 마음이 국가에 대한 마음을 무조건 앞서는 것은 아니다. 하지만 경우에 따라 그들만으로서의 집단 구성원들이 추구하는 이해관계가 국가를 위하는 마음에 우선할 수도 있는 것이다. 무엇보다 한국과 같이 연고를 중시하는 사회에서는 더욱 그렇다. 그래서 백성들은 국가적인 대의보다 자신들의 이익을 좇거나 자신의 이익을 좇는 지도자를 따라 국가에 대한 생각은 잊어버리고 외세가 원하는 길로 따라나서게 되는 것이다.

　이렇게 외세와 결탁하는 지도자를 따르는 백성들도 있으며 이것이 대세가 될 수도 있다. 이때 외세가 지배하게 된다. 하지만 이것이 오래가기는 어렵고 오래간다고 해도 불안정한 것이다. 사람들의 내셔널리즘 의식은 저변에 축적되어 있고, 여기에서 나오는 힘은 크고 영속적이어서, 결국 장기적으로는 자신의 국가를 찾게 된다. 그래서 나라는 이전으로 회복되고, 다시 그 역사를 이어가게 되는 것이 일반적이다. 이런 식으로 한국은 그 역사를 이어왔다.

　역사를 되돌아보건대 한국의 국가적인 위기는 외세에 의한 것이 대부분이었다. 이러한 위기에 나라를 지탱하고 살려내는 사람들은 일반 백성들이었다. 지도자들은 외세를 불러 그들과 함께 영화를 누리지만, 이럴 때마다 백성들은 엄청난 희생을 치르지 않으면 안 되었다.

### [5] 국권의 회복

어느 국가가 외세지배를 받게 되었을 때, 그 시작에서부터 끝에 이르기까지의 진행과정은 대개 다음과 같다.

**외세의 진입 ⇨ 외세에 대한 저항 ⇨ 외세의 지배 ⇨ 외세의 약화 ⇨ 외세에 대한 저항 ⇨ 국권회복**

이러한 진행과정은 아일랜드의 영국에 의한 지배, 포르투갈의 스페인에 의한 지배 등에서 보듯이 세계의 많은 지역에서 일어나는 것으로서 외세지배 진행과정의 일반적인 패턴이라고 할 수 있다. 어느 나라가 힘이 약화되어 이웃 국가와 힘의 불균형이 발생하면서 식민지로 들어가게 된다. 이후 식민지배가 계속되다가 지배국이 다시 힘이 약해지면서 식민지의 저항이 강해지거나, 식민지의 강한 저항으로 지배국의 힘이 약해지면서 결국 국권을 회복하게 되는 것이다. 이러한 과정에서 지배국과 식민지국 간에 치열한 투쟁을 거치는 경우가 많다.

그런데 한국의 경우는 이와 약간 다르다. 지난 세기 일본에 의하여 지배당했을 때의 과정을 보면 다음과 같다.

**외세의 진입 ⇨ 외세에 대한 저항 ⇨ 외세의 지배 ⇨ 외세의 패망 ⇨ 국권회복**

■ 외세의 진입: 1876년 일본은 조선과 강화도조약으로 근대적 외교관계를 수립한 후 점진적으로 조선에서 세력을 확대한다.

1884년 청일전쟁과 1904년 러일 전쟁에서 승리하여 경쟁국들을 제거하고, 1905년 을사늑약과 1910년에 한일합방조약으로 합병한다.

■ 외세의 저항: 일본의 진출에 대해서 한국에서는 저항이 일어나는데, 주요 저항세력은 의병이었다. 각지에서 의병이 일어나, 1907년 대한제국의 군대해산을 즈음하여 최고에 이르렀다가 점차 약화되고, 1910년 한일합방이 되면서 국내에서의 의병활동은 거의 소멸하였다.

■ 외세의 지배: 합병 후 일본은 무력에서의 우위를 이용하여 무단통치로 무자비하게 통치함으로써 저항세력을 진압하였다. 3.1운동 이후에는 문화통치로 유화적인 수단을 병용하고 지도자들을 회유하여 조선인들을 일본통치에 순치시켜 나갔다.

■ 외세의 패망: 일본은 1941년 태평양전쟁을 개시하였고, 이 전쟁에서 패배함으로써 한반도에서 일본세력은 순식간에 소멸하고, 새로운 세력으로서 미국과 소련이 이를 대체하였다.

■ 국권회복: 광복으로 국인국가가 수립되었다.

이와 같은 일본에 의한 외세 유입과 퇴출 과정은 몽골에 의한 지배에서도 같은 패턴이었다. 몽골은 1231년 1차 침입을 시작으로 1259년 강화가 이루질 때까지 9차에 걸쳐 침략하였다. 외세의 진입에 대해서 그만큼 저항이 강했던 것이다. 결국 강화조약을 맺게 되고, 이후에 몽골제국의 부마국이 되었다. 초기에는 1270년 삼별초의 난도 있었지만 특별한 저항 없이 평온하게 적응하였다. 그러다가 1351년 중국에 홍건적이 등장하면서 원나라가 힘을 잃게 되고, 1356년 공민왕의 반원개혁으로 국권을 회복하게 된다. 이후 홍건적세력을 이어받은 명이 새로운 외세로 등장하게 된다.

한국은 강한 투쟁을 통하여 국권을 회복하는 일반적인 패턴과 달리 한국은 치열한 투쟁과정이 없이 국권을 회복하는 패턴을 보인다. 그렇다면 그 이유는 무엇인가? 이는 한국이 외세에 둘러싸여 외세의 영향을 워낙 많이 받는 환경에 있기 때문이다. 외세에 의하여 지배당하고, 다시 다른 외세에 의하여 국권을 회복되는 형태로 되는 것이다. 이는 한국이 외세에 들어가기 쉬운 나쁜 여건이지만, 그만큼 벗어나기도 쉬운 좋은 여건에 있는 것을 말해 주는 것이다. 변화무상한 국력변동의 속성상 한국을 지배할 정도로 그 힘을 뻗친 강국들은 오래 지속되지 못했다. 몽골의 지배도 100년을 넘지 않았고, 일본의 지배도 35년에 불과하였다. 한국의 입장에서 나라를 되찾는 것은 그렇게 힘든 일은 아니었다. 그것은 백성들이 지금까지 살아오던 대로 계속 살면서 나라사람으로서의 정체성과 내셔널리즘을 갖고 있기만 하면 되었던 것이다. 여기서 나쁜 것과 좋은 것의 두 가지 사실을 발견할 수 있는데, 나쁜 것은 한국인 자력에 의한 국권회복력이 약하다는 점이고, 좋은 것은 당장은 국권을 회복하지 못하더라도 그 기회는 반드시 온다는 점이다. 단 여기서 명심해야 할 것은 국인으로서의 정체성과 내셔널리즘을 간직하고 있어야 한다는 점이다.

## 3] 대한민국 정부수립 이후의 현실

### [1] 친미국가 대한민국

2017년 이후 서울의 거리는 태극기를 든 사람들의 시위가 일상화되었다. 이들은 스스로를 애국보수라고 하고 손에는 태극기를 들고 애국가를 부르며, 자유민주주의 수호, 반공, 반중 구호를 외친다. 그런데 하나 특이한 것은 이들 중 많은 사람들이 성조기도 든다는 점이다. 외국 국기를 들고 애국을 외치는 것은 이상하기도 하고 모순되는 것 같기도 하다. 여기에 한국이 겪는 복잡한 문제가 있으며, 자연히 내셔널리즘에 있어서도 단순하지 않은 그 무엇이 내재되어 있다.

원래 대한민국은 외세의 지원으로 수립된 국가이다. 해방 후 한반도 38선 이남은 미국의 지원하에 대한민국이 수립되고, 38선 이북은 소련의 지원하에 조선인민주주의공화국이 수립되었다. 남한, 북한 모두 외세의 지원하에서 수립된 것이다. 그렇기 때문에 한국에서 미국의 영향력을 무시할 수 없다. 미국 영향력 또한 외세라는 점에서 일본이나 중국의 그것과 별 차이가 없다. 그래서 북한에서는 남한을 미국의 식민지 상태에 있다고 하며, 미국으로부터 조국을 해방시켜야 한다고 하고 있다.

하지만 대한민국은 한국사람들의 자발적인 의지에 의해서 수립된 나라이며, 미국은 이러한 한국사람들을 지원해 주었을 뿐이다. 대한민국은 독립국가로서 국가 그 자체로 미국과 아무 상관이 없다. 대한민국 국민 중에 미국의 영향력하에 있어서 이것이 문제라거나 이로부터 벗어나야 한다고 생각하는 사람은 거의 없다. 대한민국이 수립된 이래 미국과 좋은 관계를 가져왔고, 이러한 상황이 나쁘지 않았다. 한국사람의 입장에서 객관적으로 분석해 보면 한미우호관계는 합리적인 결정이다. 외세라고 해서 모두 그 내용에서도 같은 것은 아니다. 나라에 따라 한국에 미치는 영향이 달라질 수 있다. 외세는 우리의 의지로 들어오는 것이 아니라 주변 강국의 의지로 들어오는 것이다. 우리가 주변 강국보다 힘이 세지 않는 한 외세는 들어오게 되어 있다. 한때 외세에 취약한 한국의 상황을 고려하여 영세중립국이 되자는 의견도 있었지만, 우리가 영세중립국을 선언한다고 해서 강국이 들어오지 못하는 것이 아니다. 그렇다면 주변의 외세를 환경적인 변수로 두고 주변 강국과의 관계를 통하여 우리에게 유리하게 그 환경을 조성해 나가야 한다. 여기서 우리에게 덜 해로운 강국을 가까이함으로 해서 우리에게 해로운 국가로부터 방어할 수 있는 것이다. 그렇다면 미국을 가까이하는 것이 왜 한국에 합리적인 선택이 되는가? 다음 두 가지 측면에서 그렇다.

먼저 한국의 자주독립과 안전 측면에서 미국은 한국에 좋은 역할을 할 수 있는데, 그 이유로 다음 몇 가지를 들 수 있다. 첫째, 한국에 있어서 미국은 주변의 다른 국가들에 비하여 직접적인 위협이 되지 않는다. 한국에 위협이 되는 나라는 중국과 일본이다. 그리고 러시아도 그 정도에서 낮지만 위험하다. 일본, 중국, 러시아는 한국과 영토에서 맞닿아 있기 때문에 한국 영토에 대하여 야욕을 가질 수 있다. 한국 땅을 자국의 땅으로 만들고자 하는 나라는 일본과 중국이고, 그 다음으로 러시아이다. 러시아보다 일본, 중국이 한국에 대한 욕구가 더 강한 것은 영토적으로 맞닿아 있는 부분이 크기도 하지만 황인종으로서 문화적으로 차이가 적기 때문에 자국에 병합하더라도 쉽게 동화시켜 하나로 만들기 쉽기 때문이다. 이런 면에서 한국에 인접한 국가들과 달리 미국은 그 나라에 흡수될 수 있는 위험이 거의 없다. 미국은 지리상으로 한국과 멀기 때문에 한국을 자국의 영토로 삼을 만한 여건이 못된다. 민족적, 문화적으로도 미국이 한국을 한 나라로 삼을 만한 조건이 되지 못한다. 만약 미국이 한국 땅을 자국 땅으로 삼겠다는 욕심을 갖는다면 세계에서 그 욕심의 대상이 되지 않을 나라가 없다. 둘째, 미국은 일본이나 중국이 한국을 흡수하는 것을 경계한다. 중국, 일본 어느 나라라도 한국과 합쳤을 때, 그 합친 나라의 국력은 미국을 위협할 만큼 커지기 때문에 미국으로서는 절대 허용할 수 없는 세계 국가구도이다. 셋째, 미국은 강국이어서 한국에 힘이 되어 줄 수 있다. 한국이 강국 미국과 우호적인 관계에 있는 상태에서는 이웃 국가들이 한국을 마음대로 할 수 없다. 넷째, 미국과 한국과의 관계는 상호의존의 바람직한 관계가 될 수 있다. 미국도 한국을 필요로 하는데, 한국을 자국에 편입시키겠다는 것이 아니라 미국의 패권유지를 위한 세계전략의 일환으로서 동맹국으로 한국은 좋은 국가이기 때문이다.

이렇게 볼 때 위험이 작은 미국을 가까이 둠으로써 위험이 큰 중국, 일본의 접근을 막을 수 있으며, 이는 과자봉지에 질소를 넣어서 내용물의 산패를 막는 것과 같다. 어차피 공기가 들어오게 되어 있다면 내용물을 상하게 하지 않는 공기를 넣음으로써 내용물 보존의 목적을 달성할 수 있는 것이다. 미국의 이러한 특성 때문에 구한말에도 한국은 미국과 가까워지기를 원했으나 미국의 입장에서 한국에 그만한 가치를 두지 않았기 때문에 미국이 그러지 않았고, 미국에 많은 것을 기대했던 한국인들은 미국에 실망하고 배신감을 느끼기까지 했던 것이다. 일제시대에도 독립을 위해 미국에 많은 도움을 요청했고, 상해임시정부에서도 미국과 연계하여 항일전쟁에 참전하기를 원했다. 해방 후 남한은 이런 미국으로부터의 전적인 지원을 받게 되었으니 어느 면에서는 바람직하게 된 측면이 있다.

다음으로 국가의 발전 측면이다. 첫째, 미국은 세계에서 가장 발전된 나라이다. 발전된 나라와 함께함으로써 빠르고 쉽게 발전할 수 있다. 둘째, 미국은 세계 패권국이다. 강국 미국의 후원을 받게 되면 한국이 국제무대에서 활동하는 데 있어서 절대적으로 유리하다.

실제 지난 수십 년간 한국은 미국과 함께함으로써 좋은 결과를 가져왔는데, 다음 측면에서 그렇다. 첫째, 미국이 없었더라면 대한민국은 북한에 점령당하여 한국인은 모두 북한체제하에 살게 되었을 것이다. 둘째, 한국은 짧은 시간에 발전된 사회체제를 구축할 수 있었다. 미국의 지원을 받아 정치적으로 민주주의, 경제적으로 시장경제체제, 그리고 자유롭고 개방된 사회체제를 수립함으로써 사람들이 자유로운 가운데 궁핍하지 않은 삶을 살 수 있게 된 것이다. 셋째, 한국은 미국시장을 이용하고 미국과 함께 세계무대에 진출함으로써 눈부신 경제발전을 이룩하여 경제대국이자 선진국으로 되었다.

국가 간의 의존관계에서 약소국은 강대국의 착취를 경계해야 한다. 그런데 지금까지의 상황을 보면 한국이 미국에 의해서 국익에서 손해를 입었다고 할 수는 없다. 한미자유무역이나 한미군사동맹을 비롯한 한국과 미국과의 협력이 한국에 유리한 면이 많았다. 단지 IMF사태를 비롯한 몇몇 사건들에 있어서 한국이 억울한 경우도 있었지만 이것에서도 미국만 탓할 것은 아니었다. 물론 문화적인 측면에서 미국문화의 유입으로 가치관의 혼란이나 정체성의 약화와 같은 문제까지 없는 것은 아니다. 우리에게 맞지 않는 문화가 들어온다거나 우리의 미풍양속을 해치는 문화가 들어와 우리의 정체성이 약화되거나 삶의 질이 악화되는 것은 경계할 필요가 있다. 이런 몇 가지 점만 유의하면 한국이 하기에 따라 얼마든지 강대국 미국을 한국에 유리하게 활용할 수 있는 것이다. 뿐만 아니라 이러한 미국에 대하여 무작정 의존하려는 것이 아니다. 국제사회의 냉엄한 현실을 잘 이해하고 미국을 활용하여 국가적인 번영을 이룩하고 국력을 키워나가는 지혜가 필요한 것이다.

### [2] 친북, 친중 세력의 등장

건국 이후 미국의 존재는 한국에 좋은 것이었고, 한미관계도 돈독하였기 때문에 이 관계가 큰 문제없이 오래갈 것 같이 보였다. 그런데 예상과 다른 반전이 일어나게 된다. 불과 몇십년 만에 한국과 미국이 함께 싸웠던 적국을 지지하는 세력이 나라를 이끌어 가게 된 것이다.

해방 이후 한동안 남한에는 공산세력의 준동으로 많이 소란스러웠고, 6.25동란으로 북한과 치열하게 싸운 이후 반공의식이 높아져서 북한에 동조하는 세력은 발붙일 수 없었다. 그러다가 군부출신 정치에 저항하는 민주화운동이 일어나면서 반공의식은 크게 약화된다. 이승만, 박정희 전두환 정권의 반공주의적 정책을 마치 독재정권의 수단으로 동원된 것인 양 몰아가기도 하였다. 전문가들은 민주화학생운동에서 외친 구호가 북한에서 내세우는 주장과 동일하다는 점을 근거로 하여 이때 북한의 세력이 상당히 침투된 것으로 보고 있다.

민주화까지는 문제가 없었으나 이후 국가는 안정되지 않았고, 국가가 가는 노선이 흐려지면서 대한민국은 점점 혼란에 빠져들게 된다. 민주화를 주도한 세력들이 기존의 대한민국 국가기조에 정면으로 반대하는 노선을 추구하였기 때문이다. 민주화를 주도한 사람들과 달리 대부분의 사람들은 자유민주주의체제를 원하고 있었고, 미국과도 기존의 우호적인 관계가 유지되기를 원했다. 여기서 기존의 노선을 따르는 사람들과 새로운 노선을 따르는 사람들로 나누어지게 되었고, 새로운 노선은 기존의 노선을 완전히 역주행하는 것이어서 서로가 도저히 타협할 수 없는 상태로의 극단적 대치를 이어 갈 수밖에 없는 상황으로 발전하였다.

그렇다면 새로운 노선을 추구하는 사람들은 어떻게 세력을 형성하였는가? 한국사람들은 지금까지 반공정신으로 살아온 데다 북한과 중국의 실상을 알고 있으므로 친북, 친중의 길을 택하려고 하는 사람은 많지 않다. 그리고 대한민국이 미국의 지원하에 나라가 수립되고 미국의 도움으로 나라를 건졌으므로, 또 그동안 미국을 등에 업고 발전하였으므로, 국민 대다수는 미국을 좋아한다. 2025년 Pew Research Center가 조사한 국가들의 미국에 대한 호감도조사에서 한국은 1위 이스라엘(83%), 2위 나이지리아(78%), 3위 케냐(62%)에 이어서 세계 4위(61%)였다.[452] 그만큼 한국사람들은 미국을 좋아한다. 이러한 상황에서 미국을 내치고 미국과 반대진영에 있는 중국과 북한과 함께하겠다는 사람들이 세력을 형성하기는 쉬운 일이 아니었다. 그런데 이런 상황은 이들이 지역감정을 동원하면서 달라지게 된다. 기존의 대한민국 노선에 반대하는 세력으로서 전라도 사람들이 등장한 것이다. 여론조사나 선거결과 발표로만 본다면 전라도 사람들은 절대다수가 무조건 이들 친북, 친중 세력을 지지하는 것으로 나타나고 있다. 2024년 치러진 제22대 국회의원 선거에서 전라도 지역 전체 28개의 의석 중에서 28석 모두 더불어민주당 후보가 당선되었으며, 득표율에서는 더불어민주당을 포함한 친북, 친중 성향인 범민주진보계열 정당에 약 90%(89.74%)의 표를 주어

---

[452] Wike et al., 2025, June 11

극단적 쏠림 현상을 보이고 있다. 이렇게 하여 대한민국은 기존의 노선을 추구하는 사람들과 새로운 노선을 추구하는 사람들로 반반으로 나누어지게 되었다.

흔히들 전라도에는 반골, 혹은 저항의식이 있다고 한다. 이는 주류의 노선과 반대로 가는 성향을 말하는 것으로서 실제로 뚜렷한 그 무엇이 있는 것이 아니다. 굳이 역사에서 찾는다면 그 흔적은 백제다. 그리고 고려 태조의 훈요10조 중 제8조에 "차현 이남, 공주강 바깥의 산형지세가 모두 본주(本主)를 배역(背逆)해 인심도 또한 그러하다"라고[453] 기록하고 있으며, 조선시대에는 유배를 전라도에 많이 보냈다. 하지만 전주이씨가 조선의 왕족이었던 데서도 알 수 있듯이 전라도에 대하여 특별한 차별이 없었으며, 전라도 지방이라 해서 정치적 사회적으로 특별한 의미를 가진 적은 없었다.

그런데 근래에 전라도에 정치적 지역성향이 나타나기 시작하였다. 1971년 제7대 대통령 선거에서 호남출신 후보 김대중과 영남출신 후보 박정희가 경쟁하면서 영호남 간 지역감정이 나타나기 시작하였다. 그리고 박정희가 대통령에 당선됨에 따라 김대중은 야당을 이끌게 되었고, 이와 함께 전라도 사람들이 주류에 반대하는 야당의 사람들이 된 것이다. 이후 정치인들이 선거 때마다 표를 얻기 위한 방안으로서 지역감정을 자극하고, 여러 정치적 사건들을 겪으면서 전라도의 지역감정은 점점 더 깊어지게 되었다. 여기에 친북, 친중의 세력이 들어와 전라도를 자신들의 아지트로 만들어 놓았다. 지금 광주에는 중국공산당 당원이었고 북조선노동당 당원이었으며 '팔로군행진곡' 등을 작곡한 정

---

[453] 훈요십조 (訓要十條), 미상

율성을 기리기 위하여 정율성거리를 조성해 놓고 있으며, 전라도에서 행하는 태양광, 풍력발전과 같은 여러 사업들에 중국이 참여하고 있다.

전라도의 지역감정에 대해서는 워낙 미묘한 문제이기 때문에 나라의 분위기가 공개적으로 말할 수 있는 분위기가 아니다. 드러내서 말하지 못한다는 것은 그만큼 서로를 이해시키기 어렵다고 생각하고 있다는 것이고, 이는 그만큼 넘기 어려운 벽이 있다는 것을 의미한다. 그래서 사람들은 내심으로 걱정할 뿐이다. 전라도 사람인 경우에는 말하기가 쉬우므로 전라도 사람들 중에서 비판들이 나오고 있다. 이러한 비판으로 정재학 시인은 "전라도여 너는 왜 반역을 지지하는가"라는 시에서, "전라도여, 너는 왜 자주(自主)를 버리고, 한미동맹을 버리고, 굴욕을 택하여 중국 사대주의로 가는가"라고 하고 있다.[454]

국가 안에서 지역적으로 구분되고 대립한다는 것은 국가의 미래를 생각할 때 매우 좋지 않은 징조이다. 서로 반목하며 국론이 분열되는 상황에서는 좋은 국가를 만들어 가기가 어렵다. 게다가 지난날 북한은 러시아가 밀고, 남한은 미국이 밀었는데, 이제는 전라도는 중국이 밀고, 경상도는 일본이 밀게 되는 사태로까지 가게 된다면 나라가 존재하겠는가? 자신들의 권력과 이익을 위하여 전라도 지역감정까지 이용하였다는 점에서 한국사람들이 얼마나 자신의 이익을 위해서는 물불을 가리지 않는지, 나라를 생각하는 마음이 얼마나 옅은지를 알 수 있다.

그렇다면 이렇게 새로운 세력이 등장하고 권력을 잡기까지 내셔널리즘은 어떻게 동원되었는지를 보기로 하자.

---

[454] 정재학, 2022.1.16

[3] 내셔널리즘의 동원

　강대국의 존재감을 느끼게 될 때 약소국에서는 내셔널리즘이 일어나게 되어 있다. 전후 미국 소련 양국이 진영을 나누어 세계를 주도하는 상태에서, 자유세계에서는 자유세계대로, 공산권에서는 공산권대로, 개별 국가들에서 내셔널리즘이 일어났다. 1960-1970년대 제3세계 개발도상국들에서 내셔널리즘이 일어났을 때 한국에서도 이러한 흐름이 있었지만 지식인 사회에서 논의되는 수준에 그쳤다.

　그런데 북한과 중국의 영향이 들어오면서 한국사회는 많이 달라지게 된다. 군부출신 권위주의 통치에 반대하여 민주화운동이 있었고, 이러한 민주화운동과 함께 미국을 적대시하는 일들이 일어나게 된다. 미국문화원 방화를 비롯하여 일련의 미국에 대항하는 사건들이 일어나기 시작할 때까지만 해도 반미 내셔널리즘은 극소수 과격 운동권학생들에 국한된 것으로 여겨졌다. 그런데 시간이 가면서 반미 내셔널리즘은 확산되고 고착화되었으며, 한국사람들 마음에 잠재되어 있던 반일 내셔널리즘까지 흔들어 깨우게 된다. 여기에는 외부적인 환경변화가 큰 역할을 하였다. 1990년을 전후하여 사회주의가 와해되는 세계적인 변화를 맞으면서 한국은 이전의 공산 적대국가이던 러시아, 중국과 수교하게 된다. 그리고 북한으로부터도 민족주의의 유화적 관계 수립을 제의받게 된다. 여기서 민족주의가 강화되면서 반미운동과 함께 일본에 대한 반일감정이 일어나게 된다. 또한 중국과의 수교 이후 같은 일본침략의 피해국으로서 일본을 성토하는데 양국이 함께 나서게 된다. 한국에서는 해방 이후 반일감정이 충만하였지만 1965년 한일국교정상화 이후 한국과 일본은 경제협력국이 되었고, 경제발전에 일본의 도움이 필요하였으므로 그동안 반일감정을 내색하지 않고 친선우호관계를 축적해 왔다. 마침 1990년대 이후 일본도 경제상황 악화로 우경화되면서 과거사에 대하여 책임을 회피하고 역사를 왜곡하는 등 강경자세를 취하면서 내셔널리즘이 일어났다. 이러한 상황에서 일본과의 감정적인 대립이 급속히 커지게 되었다. 김영삼 대통령은 1995년 일본이 지은 중앙청을 철거하는 등 여러 일제잔재청산작업을 하였고, 여기에다 역사왜곡 문제나 위안부 문제가 제기되는 등 반일감정이 고조되어 갔다. 그리고 1997년 IMF사태를 겪으면서 미국이 주도하는 서구 자본주의체제에 대한 반감이 일어나면서 미국에 대한 반감도 커져 갔다.

그리고 1990년대 말 이후 친북, 친중 정권이 탄생하면서 대외관계뿐만 아니라 국가 정체성에서 변화가 일어나게 된다. 이러한 변화는 대외관계에서 단순히 북한 중국과 친해지는 것이 아니고, 기존의 한국 대외관계를 완전히 역행하는 것이었다. 노무현 대통령은 동북아균형자론을 내세웠다. 한국이 동북아에서 균형자가 되어야 한다는 것은 언뜻 듣기는 좋은 말 같지만 깊게 생각하면 말이 되지 않거나 충격적인 내용일 수 있었다. 그 말은 두 가지 의미로 해석될 수 있는데, 하나는 한국이 동북아를 통제하며 균형을 유지시키는 것으로 해석될 수 있고, 다른 하나는 한국이 강대국 사이에 왔다 갔다 하면서 동북아 전체가 균형을 이루도록 한다는 것으로 해석될 수 있다. 여기서 먼저의 것은 바람직하지만 한국이 그만한 힘이 없다. 이는 전혀 현실성이 없는 것으로서 국민들의 내셔널리즘을 자극하여 인기에 영합하려는 것이 될 수 있다. 그리고 나중의 것은 미국과 일본에 대해

세력이 약한 중국 옆에 한국이 붙어야 된다는 것이 된다.[455]

　이러한 정치상황의 변동에 따라 사회 전체가 큰 변화를 맞게 된다. 북한과의 화해를 내세우면서 민족주의가 크게 일어나게 되고, 이러한 민족주의는 반미주의로 진행되었다. 2000년대 이후 미선 효선사건을 계기로 반미시위가 일어나고, 이후 미국산쇠고기수입, 한미자유무역협정 등의 사건을 거치면서 시위가 일상화되고 반미 내셔널리즘이 노골화되어 갔다. 이러한 남한에서의 반미운동은 핵개발로 세계에서 고립되면서 미국과 대항해야 했던 북한의 이해와 일치하는 것이었다. 그리고 2016년 한국에 사드배치가 문제로 되면서 사드배치를 반대하는 시위가 일어났으며, 이어 집권한 문재인정권에서는 민족주의와 함께 반일주의가 크게 일어났다. 국민들의 반일정서를 자극하면서 국민들의 지지를 이끌어내려고 한 것이다. 반미를 한다고 해도 대한민국은 미국과 깊은 관계가 걸려 있고, 국내에 미군이 주둔하고 있는 상황인 데다 미국의 힘을 의식하지 않을 수 없다. 그래서 일본을 공격함으로써 기존의 가치체계와 질서를 무너뜨리고, 한미일로 이루어지는 공조체제를 와해시켜 미국으로부터 멀어지게 하려 하였다.

　그리고 사람들의 의식을 바꾸는 것이 필요하였다. 서구 자유세계의 가치관에서 북한과 중국의 반서구, 반자유주의, 반자본주의의 가치관으로의 전환이 이루어졌다. 여기서 민족주의나 역사개조가 동원되는 가운데, 역사바로세우기운동이나 친일인명사전이 편찬되는 등 해방 후 미진했던 친일청산 문제가 다시 도마 위에 오르게 된다. 그간 일본에 부역한 자들의 자손들은 떵떵거

---

[455] 노무현 '동북아 균형자론'의 진앙과 파장, 2005.4.21

리며 사는 반면, 독립투사의 자손들은 거지로 살아가고 있다는 말이 있을 만큼 친일청산이 제대로 되지 않았다는 인식이 많았다. 이러한 가운데 일본에 대한 반감은 한국사람들의 보편적인 정서이므로 가장 손쉬운 작업으로서의 반일 내셔널리즘이 적극 동원되었다. 이광수, 서정주와 같은 그동안 한국 문학을 대표하던 사람들의 글과 책은 모두 감추어졌고 빨치산이나 사회주의 노동운동에 대한 글을 담은 책들이 그 자리를 메웠다. 김성수, 김활란과 같은 훌륭한 지도자로 존경받던 사람들이 한순간에 매국노로서 비난과 경멸의 대상이 되었다.

친일을 한 사람들의 기득권을 빼앗아서 반일항쟁과 독립운동을 한 사람들에게 주어야 한다는 취지를 바탕으로 하여 일제시대에 독립운동을 한 애국지사들의 발굴에 나선다. 발굴을 위한 조직들이 만들어지고 지역에서도 항일운동의 자취들을 발굴하는 작업들이 이루어진다. 그런데 2000년대 초 노무현정권에서 친일잔재청산작업을 한다고 대대적으로 공언하고 나섰다가 곧 흐지부지되었다. 조사에 나서면서 친일청산을 외쳤던 국회의원을 비롯한 많은 지도층인사들이 조사결과 오히려 그들이 친일 집안의 출신들로 밝혀졌기 때문이다. 우리 아버지는 독립투사라거나 우리 할아버지는 항일운동을 했다고 하던 사람들 중에 막상 그 아버지, 할아버지를 조사해 보니 독립투사를 고문하는 일을 포함하여, 일본에 부역하고 친일행위를 했던 것으로 드러나기도 하였다.

이러한 일은 나라를 위한 희생은 보답을 받는다는 것을 인식시켜 주는 것으로서의 상징적인 의미는 있다. 하지만 진실을 찾기에 시간이 너무 많이 흘렀다. 이러한 결과로 남이나 친척의 행적을 자기 조부모나 부모의 것으로 하거나 허위로 신청하여 독립유공자로서 특혜를 누리게 되었다는 등의 소문이 끊임없이 나돌았다. 허위로도 독립유공자가 된다면 이는 진정으로 조국을 위한 사람들의 공을 약화시키는 것이 된다. 오늘에 와서는 모두가 자기 선조들이 독립운동하고 엄청난 애국투사였던 것처럼 말하지만, 실제 그랬는지는 알기 어렵다. 단지 하나 확실한 것은 이러한 개별적인 주장들을 토대로 한국사람들이 외세에 투쟁하는 능력을 가졌다고 판단하는 것은 바람직하지 않다는 점이다. 전체로 합한 결과가 그렇게 나오지 않는 것은 객관적 사실이기 때문이다. 그 시절 모두가 그렇게 반일의식이 투철하고 반일운동을 하였다면 일제가 그렇게 평온히 35년간을 통치하였겠는가? 한국이 일본으로부터 해방된 것은 연합국이 승리하면서 해방을 시켜주었기 때문이다. 한국이 나라를 되찾은 것은 한국인의 역량에 의해서라기보다는 강대국의 이해관계에 의해서였다. 한국을 일본하에 두어서는 일본이라는 국가가 엄청난 힘을 갖는 대국이 되기 때문에 한국의 독립이 필요하였던 것이다. 사실 이런 내용은 연구뿐만 아니라 일반인의 판단으로도 이미 확인된 것으로서 모두가 그렇게 알고 지내왔는데, 정치권력이 바뀌면서 모두가 독립투사였던 것처럼 미화하는 것은 나라를 좀먹는 인기영합주의에 불과하다. 권력을 쥐었다 하여 역사를 바꾸려고 하는 것은 반문명적이고 반지성적인 것이어서 그로 인한 효익보다 폐해가 훨씬 더 크다. 사후에라도 다소 과장하며 국민들에게 독립의식, 저항의식을 심어주려는 것이라면 그 의도 자체는 나쁘지 않다. 하지만 거짓으로 실제를 가리고 사람들로 하여 오판하고 어리석게 하는 것은, 오히려 국민들의 힘을 약화시키는 것이다.

세상의 모든 결과에는 그 원인이 있다. 지난날 한국이 독립을 유지하지 못하고 이웃 국가의 식민지가 되었었다면, 여기에는 원인이 있는 것은 분명하다. 또다시 나라를 잃지 않으려면 그 원인을 파악하여 오늘에는 그 원인을 반복하지 않도록 해야 한다. 그런데 이것은 과거에 대한 것이 아니라 현재에 관한 것이다. 그 원인이 되었던 일들을 현재에 반복하고 있으면서 원인과 관련이 적은 일들에 대해 관심을 집중하는 것은 어리석은 일이다. 더구나 진실해야 한다. 일제시대 순한 양처럼 굴복하며 살았던 사람들을 마치 모두가 독립투사로 산 것처럼 거들먹거리고 미화하기만 한다면, 한국사람들의 외세에 대한 저항력은 더욱 약해질 수밖에 없다. 이런 일은 냉정한 자기반성에서 시작되어야 한다. 자기반성이 아니라 타인의 과오를 공격하고 여기에 변명과 발뺌을 일관하는 과정에서는 개선은 없고 사람들 간의 반복과 대립만 커질 뿐이다. 그 결과 나라 안 사람들의 형제애는 약화되고, 이는 그대로 국력의 약화로 이어진다. 그리고 나라 안에서 내셔널리즘을 자극하다가 외국과의 관계를 악화시켜서 국익을 손상시키는 것 또한 나라를 해하는 일이다.

문재인정권의 반일여론몰이는 여러모로 좋지 않은 결과를 가져왔다. 일본의 반발로 한일관계에 마찰이 생기면서 경제협력이 어려워지고 일본으로부터 수출통제의 보복을 받아 경제적 피해까지 입게 된다. 또한 일본에서 미국으로 이어지는 안보위기의 상황으로까지 가게 된다. 상황이 어렵게 되자 한국은 다시 일본에 굴복하는 모습을 보였다. 한국이 그렇게 내셔널리즘을 보임으로써 일본을 굴복시킨다면 더할 나위 없이 좋고, 그렇지 못하더라도 내셔널리즘으로 강한 모습을 계속 보이기라도 했었다면 괜찮았다. 하지만 상황이 역전되어 한국이 굴복하는 모습을 보임으로써 한국인들의 내셔널리즘은 오히려 더 큰 상처를 입게 된 것이다. 이것은 지도자들이 진작 상대국에 대해서는 아무런 대책 없이 오로지 국내용으로서 나라사람들을 부추겨 자신들의 인기만 올리는 데 내셔널리즘을 이용하려고만 한 데서 나온 결과다. 더더구나 한편으로는 반일감정을 부추기면서 다른 한편으로는 중국에 의존하는 모습을 보였다. 그렇게 하는 것이 나라를 위한 것이 되지 않는다는 것을 그들이라고 해서 모를 리 없다. 그렇다면 이는 자신들의 정치적인 목적만 생각하며 나라는 생각하지 않는다는 것을 말해 주는 것이다.

반일 내셔널리즘이 공격하는 대상은 일본이 아니었고 국내 정적으로서의 한국사람들이었다. 이렇게 되자 반일 내셔널리즘에 반대하는 사람들도 나서게 된다. 이들은 과거에 중국에 종속되어 살았다느니 중국에 비해서 일본은 잘했다느니 하면서 반격을 하게 된다. 이들은 객관적인 진실을 말한다 하면서 일본이 한국을 근대화시켰다며 일본을 두둔하고 일본의 입장을 대변하는 주장들을 하게 된다. 또한 이러한 과정에서 한국의 역사와 조상들을 폄훼하는 말도 스스럼없이 나오고 있다. 이들의 주장 또한 한국에 도움될 만한 것이 아니었다. 적지 않은 사람들은 이들의 주장을 받아들이면서 일본에 대한 내셔널리즘마저도 사라지게 된다. 이러한 결과는 한국인들의 내셔널리즘의 약화로 이어지고, 국민들은 다시금 혼란스럽고 한국인으로서의 열등의식만 강화시켜 줄 뿐이었다.

### [4] 국가 공동체의 와해

2022년 9월 22일, 윤석열 대통령이 미국 순방 중 한 행사장에서 바이든(Joe Biden) 대통령과 만난 후 현장을 나오면서 박진 외교부장관과 둘만의 이야기를 하며 "국회에서 이 xx들이 승인 안 해주면 OOO이 쪽팔려서 어떡하나?"라는 말을 한 것이 순방 공동취재단의 카메라에 녹화되었다. 이것을 한국 언론에서 방송하려 하자 대통령실에서 외교상 부담이 될 수도 있으니 방송하지 말 것을 요청하였다. 하지만 언론은 이를 거부하고 "국회에서 이 xx들이 승인 안 해주면 바이든이 쪽팔려서 어떡하나?"라고 대통령이 욕설 막말을 했다고 보도하였다. 이에 대통령실에서는 "승인 안 해주면 바이든이 쪽팔려서 어떡하나?"로 말한 것이 아니라 "승인 안 해주고 날리면 쪽팔려서 어떡하나?"라고 말한 것이라고 해명하였다. 이에 대해서 언론은 다시 대통령실에서 거짓말을 한다며 보도하였고, 대통령실에서는 또 아니라고 반박하면서 서로 옥신각신하며 연일 방송하는 통에 국민들은 녹음음성을 몇 번씩 반복해 들어야만 했다. 한국에서 하도 이런 난리법석을 떨자 오히려 미국에서 진화에 나섰다. 미국의 해리스 부통령이 이 문제에 대해 "전혀 개의치 않는다"며 "바이든 대통령은 윤 대통령에게 깊은 신뢰를 갖고 있다"고[456] 하였다.

이것이 오늘의 한국이다. 이는 장수가 성 안의 왕을 잡아다 성밖의 적국 왕에게 바치고 있는 장면을 떠오르게 한다. 한국에서는 외국 사람들과 투쟁하는 것이 아니라 국내 사람들 간에 투쟁을 하고 있다. 그것도 그야말로 국인에 의한 국인의 극한투쟁을 벌이고 있고, 이런 모습이 안쓰러워 오히려 외국이 말리는 형국이다. 여기에 공동체로서의 의식 같은 것은 찾을 수 없다. 남편이 옆집 아저씨 욕을 했는데, 이 말을 들은 부인이 남편이 욕한 사실을 옆집 아저씨에게 기필코 일러 바친다면 가정이 유

---

[456] 해리스, 비속어 논란 개의치 않아 … 깊은 신뢰, 2022.9.29

지될 수 있을까? 국가도 마찬가지다. 어느 집단이든 그 안의 사람들이 우리의식이 없다면 그 집단은 유지되기 어렵다.

대한민국은 국가공동체다. 국가공동체라면 국가 전체가 잘 되는 것을 목표로 하여 모두가 하나의 길로 가야 한다. 다른 길을 가는 사람들이 공동체가 되면 무엇을 하든 좋은 결과를 얻지 못하고 모두가 불행할 뿐이다. 대한민국은 지금 나라가 완전히 두 진영으로 나누어져 같은 국민임에도 불구하고 서로를 믿지 못하고 적대시하는 통에 나라를 운영에 큰 문제가 발생하고 있다. 많지 않은 인재를 가진 나라에서 서로 머리를 맞대고 경험과 지혜를 모으면서 국정운영을 해야 할 것인데, 반대진영이라 하여 국정운영경험이나 인재를 배척하며 반대로 하려고만 하니 효율성 있는 국정운영이 안 된다. 상대진영이 집권을 하면 반대진영에서는 기를 쓰고 훼방을 놓는다. 또한 집권세력이 바뀌면 이전 정권에서 하던 국가정책이 완전히 바뀐다. 이전에 하던 사업을 백지화시키는 것은 양반이고 해놓은 사업들마저 다시 허물어 버린다. 문재인정권이 들어서자 이명박정권에서 만들어 놓은 사대강의 보들을 해체해 버렸고, 이재명정권이 들어서자마자 윤석열정권에서 설치한 대북방송장비를 모두 철거해 버렸다. 이것이 민주화 이후에 대한민국이 가고 있는 현실이다. 민주화가 일찍 되었더라면 고속도로도 건설할 수 없었을 것이고, 포항제철이나 산업단지를 건설하지 못한 상태에서 최후진국으로 살아가고 있을 것이다.

대외관계에서도 같은 나라사람끼리 국가적인 대의를 위하여 협력해야 할 텐데, 조그마한 우리의식도 작동되지 못하고 오히려 외국과 한편이 되고 있다. 한쪽은 미국을 향하고, 다른 한쪽은 북한과 중국으로 향하는 가운데 오락가락하면서 매우 어려운 외교를 하고 있다. 더구나 세계정세가 미국과 중국이 세계패권을 놓고 심각하게 대립하고 있고, 미국과 북한이 핵개발 문제를 두고 다투고 있는 상황에서 한국의 이러한 행보는 스스로 화약을 지고 불길을 뛰어다니는 것처럼 위험하기까지 하다. 국가의 정책이 일관성을 잃고 오락가락하는데 좋은 결과가 나올 수 없으며, 대립하고 있는 두 개의 외국에 양다리를 걸치고 왔다갔다 하면서 신뢰 있는 국가관계를 만들어 낼 수 없다. 국가신뢰의 상실은 국가안보의 문제와 직결된다. 현대의 국가방위는 개별 국가의 힘으로 하는 것이 아니라 동맹국들이 함께하는 집단방위 형태로 이루어지는 것을 생각할 때, 한국은 안보상에도 큰 문제에 직면하고 있는 것이다.

이러한 결과가 한국의 현상황에서 그대로 나타나고 있다. 지금 한국은 경제는 침체되고, 사회전반으로 혼란이 가중되면서 사람들의 삶이 날로 어려워지고 있다. 대외적으로도 한국은 여러 분야에서 세계에서의 지표가 하락하고 있고, 국가의 위상이 날로 위축되어 가는 모습을 보이고 있다.

### [5] 국가 내 이익 투쟁

한국사람들은 각자 똑똑한 사람들이다. 자신의 이익 계산에 민감하며, 남이 가진 것에 대한 질투심도 많다. 한국의 경제발전에는 남에게 지지 않으려는 경쟁의식이 적잖은 역할을 하였다. 그래서 보통 평등의식이 강하다고 말하기도 한다. 그런데 한국인의 평등의식이란 남도 나만큼 가져야 한다는 의식이 아니라 나도 남만큼 가져야 한다는 의식이다. 그래서 정확하게 말하자면 평등의식이 강하다기보다는 평등욕구가 강하다고 해야 할 것이다. 또한 한국사람들은 공민의식이 약하여 자신과 자기 집단만 중시하는 문화를 갖고 있기 때문에 자연히 기득권을 가진 사람은 그 기득권을 자신과 자기 집단을 중심으로 끼리끼리 교환하며 확대 재생산한다. 이러한 가운데 기득권을 가진 사람은 이를 활용하여 더 많은 기득권을 누리려고 하고, 이득권을 갖지 못한 사람은 이를 뺏으려 한다.

양반과 상민의 사회적 차별이 있는 상태에서 근대화를 맞았고, 일제시대에 형성된 기득권도 그대로 이어졌다. 해방 이후 경제가 발전하는 과정에서 그 발전의 혜택이 한꺼번에 모든 사람에게 동등하게 돌아가기는 어려웠으므로 부러워하는 입장에 있는 사람들이 많았다. 해방 이후 한국에 있어서 부러움의 대상으로 미국과 관련되는 것들이 많았다. 미국식 물질문명 속에서 미국식 자본주의와 정치체제 속에 국가가 들어갔나. 그래서 기득권도 이런 부분에서 우위를 점하는 형태로 되었다. 자유주의 사회이기 때문에 기득권을 가진 사람은 사회에서 누릴 수 있는 것이 많았다. 권력을 가진 사람은 할 수 있는 일이 많았고, 무전유죄 유전무죄라고 말이 나돌 정도로 돈과 권력의 위력이 컸다. 능력이 다소 부족하더라도 집안이 좋으면 성공할 수 있었고, 공부를 잘하려면 영어를 잘해야 했다. 또한 최고의 엘리트가 되기 위해서는 미국 유학을 갔다 와야 했으며, 좋은 대학의 교수가 되려면 미국대학의 학위가 필요했다.

건국 이후의 대한민국의 상황이 다른 국가에 비하여 특별히 불평등하다거나 오늘날에 비하여 더 불공평했다고는 할 수 없었다. 그래도 위와 같은 상황으로 대다수의 사람들은 사회에 대해 불만이 많았다. 사람들은 사회자원배분의 규칙이 자신에게 불리하다고 느낄 때 사회체제에 저항하는 의식을 갖게 된다. 반독재민주화운동도 이렇게 기득권 세력에 저항하는 의식으로서의 성격도 있었다. 지금 친북, 친중 정권에서 정치권력을 쥔 사람들 중에는 과거 민주화운동하던 사람들이 많다. 민주화운동은 독재체제와 함께하는 기득권 세력에 대한 도전이었다. 여기의 사람들은 어느 면에서 기존 사회체제 내에서 경쟁력이 없는 사람들이고 소외된 사람들이었다. 기존의 세상에서는 열심히 뛰어 봐야 그 결과가 뻔하기 때문에 이판사판으로 세상을 바꾸겠다고 나선 것이다. 또한 이들은 국내에서 자신이 가진 힘만으로는 권력투쟁에서 승산이 없기 때문에 외부로부터 힘을 찾게 된다. 그리고 외부의 세력도 이런 점을 노려서 이들을 도와 한국 내에서 세력을 형성해 나가게 된다.

친북, 친중의 방향으로 끌고 가려는 것은 사회주의 체제로 가지 않으면 안 된다는 확신이 있다거나, 북한 중국과 함께 갈 때 한국이 더 좋아진다거나 하는 능동적인 판단에 기초한 것이 아니다. 사회주의 이념과 친북, 친중 정책은 한국 내에서 자생적으로 생겨난 것이 아니라, 국가 내에서 자신들의 이익을 위해 권력투쟁에 나선 사람들이 친북, 친중의 세력을 받아들이면서 생겨난 것이다. 이러한 판단에는 여러 요인들에 의하여 뒷받침된다. 첫째, 자생적으로는 북한 및 중국과 같은 사회주의로 선회할 이유가 없었다. 국가수립 후 자유민주주의와 시장경제체제로 서구선진국들과 함께하면서 한국은 눈부신 발전을 거듭해 왔다. 다른 국가들에 비하여 중산층의 비중을 착실히 늘려가는 가운데 자본주의의 모순이 심하지 않았다. 둘째, 미국과의 관계에서도 미국의 지원하에서 경제 사회적으로 발전하고 있었고, 정치적으로도 미국이 독재정치를 비호하지 않았다. 셋째, 세계적 상황여건으로 보더라도 대한민국사람으로서 친북, 친중이 좋은 길이라고 생각할 만한 요인이 없었다. 1980년대를 끝으로 세계의 사회주의 실험은 실패로 막을 내렸다. 자본주의의 우월성을 확인하면서 대부분의 사회주의 국가들은 자본주의로 체제전환을 하였다. 이런 상황에 한국만 역행하여 사회주의로 갈 이유가 없었다. 넷째, 운동권 사람들은 사회이념에 대하여 깊이 있게 연구하고 사유하는 그런 부류의 사람들이 아니었다. 대부분 얕고 낡은 생각을 갖고 인기영합적이고 선동적인 연출에 능한 사람들이었다. 다섯째, 친북, 친중 세력의 사람들 자신도 북한체제나 중국체제를 좋아하지 않는다. 그들은 자녀들을 미국으로 유학보내며, 자본주의체제에서 돈과 권력을 가진 자의 특권을 다 누리려고 한다. 여섯째, 친북, 친중 세력의 사람들은 막상 권력을 잡으면 그 권력을 유지하기 위해서 필요할 때마다 미국에 대해 더 납작 엎드리고 미국이 원하는 대로 국익을 더 많이 바치는 모습을 보인다.

한국의 정치지도자들에 있어서 어느 나라가 중요한 것이 아니라, 그 어느 나라이든 자신들이 힘으로 사용할 수 있고, 그 힘을 이용하여 자신들의 이익을 확보할 수 있으면 되었다. 그렇기 때문에 한국이 친북, 친중의 노선으로 가게 된 것은 한국의 정치지도자들이 국가 내 권력투쟁과 이익투쟁에서 자신들이 이기기 위하여 외부의 세력과 합세한 결과이다. 1980년대 이후 북한의 민족주의를 앞세운 대남전략과 1990년대 이후의 중국의 한국에 대한 영향력 확장이 있었고, 여기에 대한 국내세력의 호응으로 한국에서의 정치지형이 급변하게 된 것이다.

사회는 발전해 나가야 한다. 이러한 발전은 새로운 세력이 등장하여 사회를 정화시키고 개혁해 나감으로써 이루어지는 경우가 많다. 개혁이 성공하기 위해서는 변화를 이끄는 사람들이 좋은 방향으로 잘 이끌어야 하고, 그러기 위해서는 이끄는 사람들이 모범이 되어야 한다. 그런데 남의 잘못을 손가락질하기는 쉬워도 자신이 잘하기는 어렵다. 나라를 위한 일을 잘하기 위해서는 남다른 절제력, 지력, 용기, 특별한 애국심과 같은 능력을 필요로 한다. 그런데 운동권에서 이런 사람은 많지 않았다. 그래서 적폐를 청산하겠다고 나선 사람들이 오히려 더 부패하고 도덕적으로 타락한 사람들로 판명되는 경우가 많았다. 이에 더 나아가 이들은 기존의 폐단을 청산한다는 명분으로 국가의 법제와 기강, 그리고 사회적 윤리까지 다 허물어 버렸다. 개선한 것이 아니라 개악을 한 것이다. 그도 그럴 것이 그들을 투쟁하게 한 것은 진정으로 나라를 위하는 순수한 마음이 아니라, 기득권에 대한 배 아픔, 자신도 그 기득권을 가져야 한다는 질투심과 욕망이었던 것이다. 상황이 이렇게 전개되면서 개선을 기대했던 국민들은 낙담하게 되고, 이러한 가운데 한국사회는 아노미(anomie) 상태가 되었다. 사람들은 지도자들이 수단 방법을 가리지 않고 권력, 돈, 명예 등의 세속적인 욕망, 자기 실속만 채우는 것을 보고 그대로 배우게 된다. 저렇게 해야 성공하는구나 하기도 하고, 누구는 저렇게 하는데 나도 저렇게 해야 하지 않을까? 누구는 저렇게 하는데 내가 이 정도 하는 것은 문제되지 않지 하는 마음이 생기는 것이다. 이렇게 모두가 이기심을 채우기 위한 대열에 나서면서 국가사회는 급속히 나빠졌다. 민주화라고 하지만 민주주의는 오히려 퇴보되었고, 부패와 불의가 만연한 국가가 되었다. 당연히 국민들의 삶도 어려워지게 되었다. 그래서 한때는 이승만, 박정희를 독재자로 부르던 사람들도 이제는 거리에 나와서 그때를 그리워하며 애국자 이승만, 애국자 박정희를 외치게 된 것이다.

## [6] 위기의 대한민국

해방 후 혼란과 궁핍의 고통을 이겨내고 눈부신 경제발전을 이룩하여 이제는 세계 선진국 대열에 선 한국이다. 그럼에도 불구하고 외세에 대한 취약성은 여전하며, 그에 따른 위협은 가시지 않고 있다. 이런 식으로 가다가는 나라를 잃게 될지 모른다는 우려마저 있다. 과거에는 지리적 거리가 중요했기 때문에 나라로서의 독립성을 지킬 수 있었지만, 문명의 발달로 이러한 지리적 거리가 더 이상 방벽이 되어주지 못한다. 지난 세기 한국은 이민족 국가에 의하여 합병당하였다. 이는 한국 역사 수천 년 동안 없던 일로서 이러한 시대변화와 무관하지 않다. 또한 만약 중국이 한국선거에 개입하여 자신들의 이익에 부합하는 지도자를 뽑고 있다면, 이는 역사상 없었던 중국의 한국지배가 행해지고 있는 것이다. 이렇듯 시간이 갈수록 외세의 위협은 점점 더 커져가고 있는 것이다. 과거 수천 년 동안 독립을 유지하였다고 해서 앞으로도 계속 그렇게 독립을 유지하면서 살 수 있을 것이라고 생각하는 것은 오산이다. 시대가 바뀌었다. 과학의 발전과 국제관계의 변화에 따라서 앞으로 어떤 일이 발생할지 모른다. 오래전의 역사는 지금의 시대와 무관하다. 수십 년 전 가까스로 독립했지만 다시 식민지로 들어가게 될 수도 있는 것이다. 더구나 지금은 남북으로 나누어져 나라는 더 작아졌고, 서로 대립까지 하면서 더 취약해진 상황이다. 지금의 사람들은 걸핏하면 선조들에 험담을 퍼붓고 있지만, 선조들은 나라라도 지켰지만 지금은 나라도 못 지킬 수도 있는 것이다.

외세는 나라의 존립과 관련되는 문제다. 그래서 외세의 문제는 단순히 외국만을 생각할 것이 아니라 나라의 지리적 요인,

역사적 요인, 문화적 요인 등 제반 요인들을 감안해야 한다. 이렇게 볼 때 현재 한국이 가장 경계해야 할 국가는 중국과 일본이며, 민족이 아니라 국가적으로 보면 가장 큰 위협대상이 북한이다. 지금 중국이 세계의 패권국가로 부상하기 위하여 몸부림치고 있는 가운데 세계는 격동하고 있다. 중국은 이미 한국을 과거의 조공국이나 되는 것으로 생각하고 있으며, 북한은 핵무기를 앞세워 대한민국을 없애 버리겠다고 하고 있다. 한말에 중국이 한국을 종속국으로 만들려고 했던 것처럼, 그리고 일본이 한국을 실제 그렇게 했던 것처럼 한국을 그렇게 휩쓸어 가지 않는다는 보장이 없다.

외부환경이 이렇다면 국가 내부적으로라도 단합해야 할 것인데 오히려 그 반대다. 인터넷에서 적혀 있는 댓글들을 보면 사람들의 다른 사람들에 대한 증오심이 얼마나 강한지, 보기만 해도 섬뜩할 정도다. 어디서나 마주칠 수 있는 나라 안의 같은 사람들인데 어떻게 저렇게 미워하고 저주할 수 있을까 싶다.[457] 나라 안의 사람들이 함께하려는 마음이 없어지면 결국 그 결과는 국가해체이고 국가소멸이다.

이러한 문제에 있어서 무엇보다 중요한 것은 지도자다. 국가라는 거대한 조직에 있어서 그 운명은 지도자가 가름한다. 백성들이 선도적으로 할 수 있는 것은 아무것도 없다. 그저 백성들은 지도자가 잘하면 그를 도와 힘이 되어 주고, 지도자가 잘못하면 그 뒷감당으로 죽을 고생을 할 뿐이다. 한국 역사에 있

---

[457] 물론 이런 것이 외국의 짓거리일 수도 있지만, 그렇다고 하더라도 이러한 글들을 계속 보다 보면 사람들은 자신도 모르게 그것이 익숙해지고 심성도 변하게 된다는 점이다.

어서 가장 큰 고난은 항상 외세와 관련되어 있고, 이러한 외세의 문제에서 항상 지도자들이 연관되어 있다. 한국에서 지도자의 중요성은 역사가 잘 보여주고 있다. 어찌하여 백제는 망하고, 신라는 통일의 대업을 이루었는가? 국력으로 말하자면 오히려 백제가 훨씬 더 강하였다. 그럼에도 불구하고 백제가 망한 것은 예식진(禰寔進) 같은 매국노가 있어서 성문을 열어 주었던 것이다. 이렇게 쉬운 승리를 경험한 당나라가 신라와의 대결에서도 같은 술수를 쓰지 않았을 리 없다. 당나라는 신라의 김유신, 김인문을 회유했지만 넘어가지 않았다. 역사를 되돌아보건대 고조선, 백제, 고구려, 고려, 조선 등 많은 나라가 있었지만 유독 신라가 이런 면에서 강했고, 그래서 통일의 과업을 이루었고, 천년의 역사를 이어올 수 있었던 것이다. 여기서 신라 화랑도를 생각하지 않을 수 없고, 나라에 대한 정신이 얼마나 중요한가를 새삼 깨닫게 한다. 신라에 지도자다운 지도자가 있었으므로 오늘날 우리가 한국 역사의 줄기에서 살고 있는 것이다.

한국의 비극은 제대로 된 지도자를 찾지 못하는 데 있다. 지도자는 혼자서 되는 것이 아니라 그를 따라주는 국민과의 상호관계 속에서 만들어진다는 점에서, 이는 지도자만의 문제일 수 없고 국민들의 문제이기도 하다. 한국에는 외세가 있고 지금까지 항상 이에 영합하는 지도자가 있었다. 이러한 지도자들의 매국행위로 인해서 이 땅의 사람들이 엄청난 고통을 겪는 역사를 더 이상 반복해서는 안 된다. 한국이라는 나라가 영원히 나아가기 위해서는 이 문제는 반드시 해결되어야 한다. 이 문제는 지도자들이 해결할 수 없고 국민들이 해결해야 한다. 국민들이 나서서 외세와 영합하는 자는 지도자가 되지 못하는 그런 문화, 그런 역사를 만들어야 한다.

## 2. 민족주의

### 1] 국가와 내셔널리즘

국가를 위해 사람이 있는 것이 아니고, 사람을 위해 국가가 있는 것이다. 그래서 문명사회에서의 국가는 사람들이 더 좋은 삶의 환경을 갖기 위해 만들어 낸 하나의 도구이다. 이러한 국가에 있어서 이를 지탱하는 정신적인 지주라고 할 수 있는 내셔널리즘은 어떠해야 할 것인가? 우리는 내셔널리즘을 민족주의라고 해오고 있는데 이 민족주의로 충분한가? 그렇지 못하다. 민족도 하나의 중요한 가치이기는 하지만 이것으로 충분하지 못할 뿐만 아니라, 좋은 사회의 국가를 만들어 나가는 데 있어서 민족주의가 오히려 장애요인이 될 수도 있다.

일찍이 아리스토텔레스(Aristotle)는 다른 사람을 아끼고 위하는 마음에 있어서 혈족적인 것(syngenike)과 국가 내 사람들 간의 공동체적인 것(koinonike)으로 구분하였다.[458] 가족 간의 관계와 국가 내 사람들 간의 관계는 본질적으로 다르다. 전자는 본능과 감정에 의존하지만, 후자는 합의와 이성을 기초로 한다. 가족이라는 작은 규모의 집단에서 효율적으로 작동할 수 있는 원리가 국가라는 거대 규모의 집단에 적용하게 될 때도 여전히 효율적으로 될 가능성은 희박하다. 혈족의식은 온정적으로 되어 정의를 세우기 어렵고, 사회를 개개인에 대한 존중과 평등한 관계로 만들기보다는 수직적으로 계층화시키며, 전체 집단을 하나로 단합시키기보다는 파벌화시킨다.

이렇게 볼 때 내셔널리즘을 혈족적인 것으로서의 민족주의

---

[458] Aristotle, 2006, pp.277-313

라고 하는 것은 국가 공동체적인 의미를 퇴색시키게 되고, 이는 좋은 사회를 만드는데 있어서 결코 바람직하지 않다. 현실적으로 나라 안의 사람들이 서로에 대하여 권리와 의무가 분명한 상태에서 분업하고 협력하는 가운데 운명공동체를 형성해야 하는데, 민족관계에서는 이러한 일이 용이하지 않다. 민족은 그 경계가 불분명하기 때문이다. 한국과 같이 민족이 둘로 나뉘어져 서로 싸우는 상황에서는 국가로 향하는 국민주의와 민족으로 향하는 민족주의가 양립할 수 없다. 최근에는 중국에서 많은 동포들이 들어오게 되면서 내셔널리즘과 민족주의의 혼란을 실감하게 한다. 중국동포에 대한 의료보험과 같은 복지혜택 등에서의 혼란이 일어나는가 했더니, 여기에 그치지 아니하고 정치집회나 선거 등과 관련해서도 문제가 일어나는 등 국가의 안녕과 존립까지 연관되는 문제로 번지고 있다. 또한 앞에서 언급했듯이 이 땅에는 자신의 조상은 중국인이라고 하는 노태우 대통령 같은 사람이 많은데 어떻게 민족의 개념으로 우리를 정하여 단합할 수 있겠는가? 또한 한국의 오랜 폐습 중의 하나가 파벌로 나뉘어지는 것인데, 파벌의 중요한 줄기가 족벌이며, 족벌은 민족과 같은 전근대적인 의식과 연관되어 있다. 전근대적인 악습을 버리고 모두가 평등과 공평한 국가 공동체를 구현하는 대의의 의식으로 나아가야 하는데 민족주의는 이러한 의식변화를 가로막을 뿐이다.

    그리고 현실적으로 민족주의는 세계화되고 있는 현대사회에서 적응하기 어렵다. 2000년 이후 한국사회는 급속하게 다민족화되어 가고 있다. 비록 아직까지는 이민족의 수가 적은 편이어서 문제가 없으나 앞으로 점점 더 민족주의와 같은 말은 사용하기 어렵게 될 것이다. 민족주의는 폐쇄적인 성향을 갖고 있다.

세계는 이미 많이 세계화되고 개방화되어 어느 나라이든 민족주의와 같은 폐쇄성은 긍정적이기보다는 부정적인 역할을 한다.

지금 모든 나라들이 더 좋은 나라를 만들기 위하여 진력하고 있는 세계에서, 우리도 좋은 나라를 만드는 일에 각고의 노력을 다해야 한다. 좋은 나라가 되기 위해 필요한 것은 민족을 보존하는 것이 아니라 나라 안의 사람들끼리 서로 협력하고 단합하는 가운데 살기 좋은 사회를 만들어 가는 것이다. 과거 개화기에 일본은 어떻게 하면 자국을 강한 나라로 만들지에 대해서 많은 사람들이 골몰하였다. 그때 많은 생각들이 개진되었는데, 일본인이 우월한 인종이기 때문에 순수성을 보존해야 한다는 주장이 있는가 하면, 일본인은 왜소한 열등인종이기 때문에 서양사람들과의 결혼을 많이 하여 아이를 낳아야 한다는 주장도 있었다. 단일민족론을 주장하다가 한국, 대만을 합병하기 위하여 단일민족론을 폐기하기도 하였다.[459] 이렇게 일본인들이 추구한 목표는 민족의 보존이 아니라 강한 나라였던 것이다. 어떻게 해서라도 강한 나라를 만들어야 한다는 마음이었기 때문에 일본이 강국이 될 수 있었던 것이다.

이에 비하여 민족주의에 함몰된 북한은 그 결과가 매우 참담하다. 민족주의의 폐쇄성으로 스스로 발전을 차단하는 나라가 북한이다. 북한은 철두철미한 민족주의이다. 북한은 민족 순혈주의로 외국인과의 결혼이 금지되어 있다. 과거 휴전선에서 가끔 미군이 월북하는 경우가 있었다. 이들도 북한사람이 되었지만 대부분 다른 외국에서 납치된 여성과 결혼시켰다. 북한에서의 민족주의는 김일성 유일사상, 주체사상과 결합하여 독재권력에

---

[459] 조영정, 2019, pp.253-254

봉사했을 뿐이며, 북한사람들의 입장에서 민족주의로서 얻은 결과는 너무 적고, 포기한 희생은 너무 크다. 북한이 저지른 전쟁과 폭력이 민족주의 때문에 그랬다고 한다면 더더욱 그렇다.

우리는 주어진 환경에 맞게 살아야만 잘 살 수 있다. 지금 세계는 개방된 환경이다. 우리도 열고 다른 사람들과 함께 해나가야 하는데 민족주의로서는 열리지 않는다. 민족주의는 그 공간이 폐쇄적이고 협소하여 할 수 있는 것이 지극히 한정적이다. 이 시대에 주체성, 자조, 자주, 자력갱생 등과 같은 구호를 내걸고 우리민족끼리만으로 하자고 해서 할 수 있는 것은 많지 않으며, 또 그렇게 하자고 해서 되는 것도 아니다.

## 2] 민족이 빠진 민족주의

남한사람과 북한사람은 하나의 국인으로 수천 년을 함께 살아온 사람들이다. 그래서 남북한 전체를 포괄하는 한국인으로서의 국인주의는 당연한 것이며, 지금 우리가 말하는 민족주의는 당연한 것이다. 그리고 앞으로 이루어야 할 통일을 위해서도 이 민족주의는 필요한 것이다.

그런데 이 민족주의가 분별없이 과도해지거나 나쁘게 이용되면 엄청난 재앙과 불행을 가져온다. 예를 들자면 6.25사변 같은 것이다. 민족통일의 명분으로 전쟁을 일으켜 같은 민족을 엄청나게 죽이고, 민족을 더 갈라놓았을 뿐이다. 민족주의를 슬기롭게 활용하여 평화적으로 통일을 하였어야 했지만 그 반대로 한 것이다. 1990년 10월, 독일이 통일하였다. 전후 동서 간 이념대립으로 분단된 두 국가 독일과 한국에서 한국은 같은 민족 내 전쟁으로 엄청난 희생을 치렀지만, 독일은 평화적으로 통일을 하였다. 여기에 한국인들의 부족한 점을 느끼게 된다. 독일인들은 국제정세와 시대적 흐름을 잘 판단하여 평화적으로 통일을 해내었지만 한국인들은 해내지 못하고 있는 것이다.

통일에 대한 열망은 독일 못지않았지만, 이 열망을 이루려는 방법이 잘못되었다. 민족주의에 사로잡혀 폭력과 우격다짐으로 통일을 이루려고 하는 것이다. 이것은 민족을 죽음으로 내모는 것으로서 오히려 지극히 반민족적이다. 한민족이 비극적 분단상황으로 가게 된 원인이 외부적인 환경이었다면 민족주의가 목표로 하는 것은 이 환경을 극복하는 현명한 방법을 찾아내는 것이어야 했다. 하지만 민족주의는 문제를 풀어갈 냉정한 사고도 없었고 동포애도 없었다. 동포로 향한 무력과 폭력의 사용은 어떠한 상황에서도 해서는 안 될 일이었다. 이는 한국인의 정치적인 미성숙을 넘어서 어리석고 미개한 의식을 반영하고 있는 것이다. 그렇게 통일한다고 해도 누구를 위한 통일인가? 그렇게 해서 통일이 된다고 하더라도 좋은 나라가 될 수 없음은 명확하다.

남한과 북한이 이념이 달라서 하나의 국가로 갈 수 없었고, 그래서 체제가 서로 다른 국가가 되었다면, 이왕 그렇게 된 것 남과 북 각자 좋은 국가로 만들기 위해서 노력을 경주하면 될 일이었다. 그렇게 하였다면 동족상잔의 어리석고 야만적인 일은 없었을 것이다. 2024년 서울대학교 통일평화연구원이 실시한 한국인의 통일의식조사에 의하면 응답자 중 36.9%는 통일이 필요하다고 한 반면, 35.0%는 필요하지 않다고 하였다.[460] 대한민국의 사람들 중 통일을 원하는 사람과 원하지 않는 사람이 거의

---

[460] 서울대학교 통일평화연구원, 2024.10.13

반반인 셈이다. 특별히 다른 생각이 없다면 누가 통일을 원하지 않을 것인가? 많은 사람들이 통일을 원하지 않는 것은 통일이 두렵기 때문이다. 그동안 남한에서 있었던 공산주의 세력에 의한 폭동과 전쟁이 통일과 관련된 것이기 때문에 통일을 위험한 것으로 생각하여 그런 위험을 감수하고 싶지 않은 것이다. 남한과 북한은 그 체제에서 상극이다. 그리고 남한과 북한의 헌법에서 보듯이 상대의 존재를 인정하지 않는다. 이런 구조에서 통일에 몰입한다면 같은 민족 간에 생사를 건 투쟁을 피할 수 없다. 그럼에도 불구하고 현실에 눈을 감고 무작정 통일을 내세우는 것이 민족주의다. 북한은 남한에 있는 민족을 해방시키기 위하여 핵무기로 무장하고 남한을 불바다로 만들겠다면서 수시로 위협하고 있다. 이러한 북한에 대하여 남한에서의 민족주의는 북한 사람 남한 사람 할 것없이 일반 백성들을 위하는 마음을 전혀 없으며, 단지 북한정권에 따라갈 뿐이다.

문재인정권은 2019년 11월 7일, 북한을 탈출하여 남한에 귀순한 어민 2명을 북한에 강제송환하였다. 판문점에서 북한에 끌려가지 않으려고 발버둥치는 탈북자들의 모습은[461] 차마 사람으로서 볼 수 없는 광경이었다. 그리고 2023년 12월, 김정은이 "적대적 2개 국가론"을 들고 나오자, 2024년 9월, 전 대통령 문재인과 전 대통령 비서실장 임종석은 김정은과 같은 주장을 하고 나섰다. 임종석은 한반도와 그 부속도서를 대한민국 영토로 규정한 헌법 3조, 영토조항을 지우든지 개정하여 통일을 하지 말자고 나왔고, 같은 자리에서 문재인은 기존의 통일담론에 대

---

[461] 강제북송 탈북어민 판문점서 처절한 몸부림, 2022.7.13

한 전면적인 재검토가 필요하다고 주장하였다.[462] 이들은 김정은의 이 말이 있기 전에는 민족통일을 주장하던 사람들이다. 남한에서 민족주의를 외치며 투쟁하던 사람들이 지금까지 진정으로 민족을 위하여 그래왔다면 김정은의 반민족적인 선언에 대하여 격렬하게 반대하고 나서야 할 것이지만 오히려 이에 호응하고 나서고 있는 것이다.

이것만 보더라도 민족주의라는 것이 진정으로 민족을 위한 이념이 아니라 특정 정치집단의 정치 목적에 활용되는 용어일 뿐이라는 것을 알 수 있다. 민족을 위한다고 민족을 앞세우면서도 같은 민족의 사람들이 죽고 사는 문제를 아무렇지도 않게 생각하며, 진정으로 민족을 위하지 않으면서 민족을 위하는 것처럼 하고 있는 이 기만적인 이념이 한국 민족주의다.

## 3] 민족주의의 대한민국 내셔널리즘 훼손

대한민국을 향하는 내셔널리즘과 한민족을 생각하는 민족주의는 그 향하는 곳이 같지 않다. 대한민국 국민으로서 국민주의는 남한을 위한 것이고, 민족주의는 남한과 북한을 위한 것이다. 그런데 남한과 북한이 형제관계일 뿐만 아니라 적대관계에 있기도 하다. 그래서 국민주의와 민족주의는 호혜작용을 할 수도 있지만 길항작용을 하는 경우가 많다. 게다가 민족주의는 모호한 부분이 많아서 기만의 도구로 이용되기 쉽다. 민족주의를 내세우지만 이를 이용하여 다른 목적으로 달성하려는 경우가 많은 것이다.

---

[462] 임종석 "통일, 하지 말자"…文 "기존 통일담론 전면 재검토 필요", 2024.9.19

지난 수십 년간 대한민국에서 민족주의는 국가를 허무는 역할을 하였다. 1980년대 한국에 반체제운동이 활발하게 일어났다. 반체제운동은 학생과 노동자뿐만 아니라 정치, 언론, 문화 등 광범위하게 확산되었다. 박정희, 전두환의 권위주의정권에 대항하는 민주화운동이었지만 여기에 머물지 않고 자유민주주의 국가로서의 정치에 반대하고, 자유주의 자본주의 경제에 반대하는 이념적인 성격을 가지고 있었다. 자유민주주의와 자본주의 시장경제에 반대한다는 것은 어떤 정치사상이나 경제이론에 바탕을 두고 그렇게 하는 것이 아니라, 민족주의로 북한과 같은 입장에서 미국 제국주의 타도와 사회주의를 추구함에 따른 것이었다. 이러한 사실은 1988년 창간된 한겨레신문을 보더라도 그렇다. 한겨레는 그 이름에서 알 수 있듯이 민족통일을 목표로 하고 있는 민족주의 신문인데,[463] 어느 매체보다 강한 친북성향을 보인다.

1980년대 말 민주화가 되면서 한국사회는 진전이 있었다고 할 수 있다. 하지만 민주화 세력들은 기존체제를 부정하고 지금까지 나아가던 진로를 막거나 역주행하였고, 이에 따라 한국은 국가가 지향하는 방향이 흔들리며 적지 않은 혼란을 겪게 되었다. 새로운 세력은 북한에 대하여 우호적인 반면에 미국에 대해서는 강한 반감을 드러내는 가운데 자유민주주의와 자본주의보다는 북한과 같은 주체적이고 사회주의적 방향으로 끌고 가려 한다. 이는 지금까지의 자유민주주의를 위협하는 공산주의 사상을 배척하고 북한에 대하여 강경한 자세를 취해 왔던 것과는 완전히 반대의 길로 가는 것이었다.

---

[463] 한겨레, 미상

1980년 이후 반공법, 사회안전법, 사상전향제도가 폐지되고, 비전향장기수[464]들이 석방되었다. 그리고 이들 중 1993년 비전향장기수 이인모를 북한으로 송환하였고, 2000년에는 비전향장기수 63명을 송환하였으며, 2005년에는 사망한 정순택의 시신을 송환하였다. 이러한 비전향장기수를 석방하고 송환한 것은 인권차원에서 잘 한 일이라 할 수 있다. 이때 민족주의의 바람이 강하게 불었고 사람들은 민족주의라는 이름하에 모든 사람이 원하는 그러한 일로 이해하였다. 하지만 이는 북한정권의 비위를 맞추고 북한을 위하는 일이었다. 진정으로 남과 북의 민족을 위한 것이었다면 남한의 민족에 대해서도 생각했어야 했지만 북한의 요구대로 남한에 있는 장기수들을 북한에 돌려보내면서 북한에 포로로 잡힌 국군들에 대해서는 관심조차 주지 않았다. 1990년대 중반 이후 국군포로들이 북한을 탈출하여 중국이나 제3국을 통해 탈출을 시도하는 일들이 일어나게 된다. 여기서 한국정부는 이들에게 거의 도움을 주려 하지 않았다. 1998년 국군포로 장무환씨가 북한을 탈출하여 중국주재 한국대사관에 전화를 하여 도움을 요청하였으나 대사관 직원이 도와줄 수 없다고 하면서 매몰차게 전화를 끊어버렸다.[465] 이후에도 2007년 국군포로 3명의 가족 9명이 탈북하여 선양의 한국 총영사관 관계자에게까지 인도되었으나 총영사관 안에 들여주지 않아 바깥에 머물고 있다가 중국공안에 체포되어서 북송되었다.[466] 이와 같이 국군포로들이 조국으로 돌아오기 위해서 목숨을 걸고 피나는 투쟁을

---

[464] 비전향장기수란 남한을 파괴하기 위하여 북한에서 내려와 활동하다가 체포된 사람들 중에서 공산주의 사상 포기를 거부한 사람들이다.
[465] 국군포로 "도와줄 수 없나요" 대사관 女직원 "아 없어요", 2006.11.22
[466] '탈북' 국군포로 가족9명 中서 북송, 2007.1.18

하는 데도 불구하고 한국정부는 무성의하게 대하고 냉대하였다. 이는 조국이 자기를 위해 목숨을 걸고 나가 싸운 애국자들을 속이고 배신하는 것으로서 참으로 참담하고 어이없는 경우였다.

원래 북한에는 국군포로나 납치자와[467] 같이 억울하게 갇혀 있는 남한사람들이 많이 있었다. 1953년 6.25전쟁이 휴전되면서 포로교환을 하게 된다. 이때 북한에 잡힌 국군포로는 약 82,000명이었으나 단지 8,443명만 송환되었다. 반면에 북한군은 북한으로 돌아갈 의사가 없는 반공포로 25,000여 명을 먼저 석방하고, 76,119명을 송환하였다. 포로교환을 하였을 때 한국에서는 포로들을 거의 다 돌려보냈으나 북한에서는 극히 소수만 돌려보낸 것이다. 전쟁이 끝나면 군인들은 전쟁법에 따라 포로교환으로 당연히 고향으로 돌아왔어야 했지만 북한의 비인도적인 만행과 한국정부의 무성의로 그들은 돌아오지 못하게 되었고, 아직까지도 버려진 존재로 있게 된 것이다. 그들은 젊은 나이에 조국을 위하여 나섰다가 포로로 잡혀 형벌과 강제노동 등의 학대를 당하면서 살아가는 운명이 되었다.

국군포로가 귀환하게 된 것은 1992년 한국과 중국이 국교를 수립하게 되면서다. 중국과 수교가 되자 북한에 있던 국군포로에 북한을 탈출하여 중국을 통하여 귀환할 기회가 생긴 것이다. 하지만 중국이 북한하고 친하기 때문에 이것이 쉬운 일이 아니었다. 북한에서 중국으로 목숨을 걸고 탈출을 해야 하고, 중국에서 한국으로 오는 것도 쉽지 않아, 그야말로 몇 번 목숨을 걸고 천신만고를 겪고서야 간혹 성공할 수 있었다. 애국심 없이는 상상조차 하기 어려운 일이었다. 1994년 조창호 소위가 처음

---

[467] 북한은 어선이나 항공기의 납치로 많은 남쪽사람들을 억류하고 있다.

으로 탈북귀환에 성공한 이래 총 80명이 귀환하였다. 국군포로의 탈북은 2010년 이후에는 없다. 한국전쟁이 휴전된 지 70여 년이 지남에 따라 참전군인들이 고령이 되었기 때문이다.[468]

이러한 상황을 같은 민족으로서 냉정하게 생각해 보자. 국군포로나 납치자들은 정식으로는 한 명도 못 돌아왔다. 나라를 지키기 위해서 혹은 전쟁통에 영문 모르고 끌려갔던 이런 순수한 사람들에 비하여 비전향장기수들은 파괴공작이나 간첩활동과 같은 특수한 임무를 갖고 남한정부와 사회를 해치려고 왔다가 잡힌 사람들이다. 게다가 이들은 자신의 신념을 고집하며 남한 사람들과 함께 동화되어 살기를 거부한 사람들이다. 비전향장기수들은 국군포로나 납치자들에 비하여 자신의 행동에 있어서 훨씬 더 주체적이고 자발적인 사람들인 것이다. 인도적인 측면에서 볼 때 고향에 우선적으로 돌려보내져야 할 사람들은 누구인가? 북한에 억류되어 있는 국군이나 납치자들이다. 그렇다면 아무리 북한이 악랄하다고 하더라도 비전향장기수를 북송하면서 이들 국군포로나 납치자의 송환 문제도 협상해야 했었다. 이것이 조국을 위하여 인생을 바친 사람들을 위해서 국가가 해야 할 최소한의 책무였다. 그런데 그러지 않고서 민족을 내세우고 인도적 측면을 내세우는 것은 진정한 민족주의도 진정한 인도주의도 아닌 것이다.

한국정부는 국군포로 송환을 위해 노력도 하지 않았을 뿐만 아니라 자기 힘으로 돌아온 병사들을 맞이하는 것까지도 비굴하고 한심한 모습을 보였다. 비전향장기수들이 송환되었을 때 북한에서는 대대적인 환영행사를 거행하였으며, 이들에 대하여 영

---

[468] 탈북국군은 2024년 3월 현재, 9명이 생존하고 있다.

화를 만들고 기념우표까지 만들어 영웅으로서 환대하였다. 이런 북한에 비해서 대한민국에서는 국군포로가 귀환하였을 때 귀환 사실을 발표도 하지 않으려 했을 뿐만 아니라 퇴역식도 비공개로 하였다.[469] 현행 "국군포로업무처리 등에 관한 규정"에 따르면 국군포로 귀환 시 원소속군 주관하에 퇴역식 및 기자회견을 실시하도록 하고 있지만, 법규를 위반하면서까지 숨기려고 한 것이다. 국가로서 차마 할 수 없는 망측한 짓을 한 이유는 중국을 통해서 들어왔다고 하여 중국과 북한의 눈치를 보느라 그랬던 것이다. 국가를 위하여 싸우러 나갔다가 돌아온 군인에 최상의 예를 다하여 환영하고 영웅으로 대접하는 것은 모든 나라에서 공통이다. 일반적인 상황에서의 귀환도 그런데, 탈북 국군포로들에게는 더욱 그럴 수는 없었다. 수십 년을 국가의 구조만 기다리고 있다가 다시 목숨을 걸고 탈출해 온 사람들이 아닌가? 국가가 이래서는 안 된다. 국가는 정의로워야 한다. 이렇게 해서는 나라가 위험에 처했을 때 누가 나라를 위해서 나서겠는가? 국민이 나라를 위해서 나서지 않는다면 나라가 어떻게 존속할 수 있는가?

### 4] 민족주의의 국가 안녕과 발전 방해

지난 수십 년간 대한민국에서 민족주의는 대한민국이 발전과 번영의 길로 가는 것을 훼방놓았다. 1980년대 민주화운동은 민족주의와 함께했다. 이때 민족주의의 중요한 한 부분이 반미운동이었다. 1980년 12월 광주 미국문화원 방화사건이 일어나고

---

[469] 국감플러스: 탈북 국군포로 퇴역식도 '쉬쉬', 2005.9.26

, 1982년 부산 미국문화원 방화사건, 1983년 대구 미국문화원 폭발사건, 1985년 서울 미국문화원 점거농성사건 등 미국문화원에 대한 공격이 계속 이어졌다. 2000년 이후 반미운동은 많은 대중들이 가담하는 형태로 발전하게 되는데, 2002년 효순 미선 사건을 계기로 반미시위가 격렬하게 일어났다. 그리고 2003년 이라크전쟁이 발발하자 이라크 파병에 반대하고, 미국의 이라크 침공을 규탄하는 시위가 일어났다. 그리고 미국산 쇠고기수입 반대시위, 한미자유무역협정 반대시위 등 반미시위가 끊이지 않았다.

이 반미운동은 한국에 매우 좋지 않은 결과를 가져왔다. 이로 인해 한국의 사회는 분열되고 혼란스러웠다. 지금까지 미국을 우방으로 생각하고 미국에 우호적인 사람이 대다수였는데, 반미를 외치는 사람들이 많아지게 되니 사람들 간에 갈등이 생길 수밖에 없었다. 그리고 국가적으로 미국과의 우호적인 관계가 크게 훼손되었다. 이는 한국에 있어서 치명적인 손실이었다. 한국의 입장에서 미국을 공격해서 좋을 일이 없다. 지금까지 한국은 미국의 우방으로서 미국의 지원하에 고도성장을 이룩할 수 있었다. 경제는 말할 것도 없고 사회, 문화, 체육 등 많은 분야에서 선진국인 미국과 함께함으로써 쉽게 발전할 수 있었고, 또 국제사회에서 세계 주도국인 미국의 지원받아 국제관계도 수월하게 이끌어 갈 수 있었던 것이다. 그런데 이런 미국에 대하여 문화원에 불을 지르고, 한국을 지켜주겠다고 와있는 미군을 나가라고 외치며, 미국사람들이 광우병 걸린 소를 한국에 수출한다고 모함을 하니 미국사람도 사람인데 좋아할 리가 있겠는가?

미국사람들은 서울 한복판에서 수많은 시위대원이 성조기를 불태우고 있는 뉴스화면을 보고 경악했다. 이 일로 CBS방송에 출연한 캠벨(Charles C. Campbell) 당시 미8군사령관이 관련질문을 받고 눈물을 글썽이는 것을 보고 지금까지 한국을 미국의 우방이라고 생각했던 미국인들의 마음은 어떠했겠는가? 효순 미선 사건을 두고 원래 미국 대통령이 사과를 할 계획이었으나, 미국 국내에서 한국에 대한 여론이 워낙 나빠져서 사과도 할 수 없었던 것으로 알려졌다.[470]

　　이런 반미 민족주의는 매우 무모하고 어리석은 것이었다. 조금만 정신을 차려 생각해 보면 누구나 알 수 있는 일이다. 지금 미국을 등지고 살아갈 세상이 아니다. 그래서 반미 분위기에서 당선된 대통령 노무현도 국내에서는 미국에 맞짱이라도 뜰 것 같이 하였지만, 막상 미국이 이라크 파병요청을 하자 금세 파병을 하였다. 그것도 미국 영국에 이어서 세 번째로 많은 병력이었다. 그리고 한미자유무역협정도 노무현정부에서 협상을 개시하고 타결하였다. 이렇게 할 수밖에 없는 현실을 알면서도 어떻게 그렇게 자해행위를 하는가?

　　이런 일은 한일관계에서도 마찬가지였다. 문재인정부는 자신의 지지세력을 결집하는데 반일 민족주의를 활용하였다. 일제징용피해자 문제, 강제징용위안부 문제, 2018년 한일초계기갈등, 여러 일들에서 일본과 대립하게 된다. 이로 인하여 군사교류와 협력이 중단되고, 한일통화스왑이 중단되었으며, 일본으로부터 일부 품목에 대한 수출규제조치까지 당하게 되었다. 2019년 7월, 일본은 불화수소, 불화폴리이미드, 포토레지스트의 3개 품목에 대해서 한국을 백색국가명단(white list)에서 제외하는 조치를 하였다. 일본은 한국이 약속을 지키지 않아 신뢰할 수 없는 국가

---

[470] "오노 사건 겹쳐 비극 증폭… 퍼펙트 스톰 같았다", 2012.6.13

이기 때문이라고 백색국가명단에서 제외하는 이유를 밝혔다. 그런데 이 품목들은 반도체생산에서 필요한 소재였기 때문에 한국 산업에서는 이에 대한 걱정이 매우 컸다. 이렇게 되자 문재인 대통령은 일본 아베 수상에 대하여 저자세를 취하면서 화해를 요청하였지만 일본은 들어주지 않았다. 결국 윤석열정부에까지 화해 요청으로 이어졌고 이후 대부분 해소되었다.

결국 일부 국민들의 민족주의 감정발산으로 아무런 얻은 것 없이 국익만 엄청나게 잃었다. 국가의 입장에서 국제적 신용을 잃고 국격이 실추되는 대가는 매우 크다. 이런 일들로 수십 년 간 노고를 들여 쌓아온 국가 간 신뢰관계가 일시에 무너지게 되고, 이렇게 되면 다시 원상으로 되돌리기 어렵고, 복구시킨다고 하더라도 많은 비용을 지불하지 않으면 안 된다. 오늘날과 같은 집단안보시대에 동맹을 잃으면 안보도 잃게 된다. 특히 북한과 휴전상황에 있는 한국입장에서 미국은 중요하다. 다시 6.25와 같은 전쟁이 발발한다면 동맹의 도움도 못 받는 상태에서 핵을 가진 북한에 굴복할 수밖에 없는 사태가 발생할 수도 있는 것이다.

한국은 그동안 국가전반에 걸쳐 눈부신 발전을 거듭하여 왔다. 그렇다면 지금까지 해오던 기조를 계속 유지하면서 나아가는 것이 옳다. 지금까지 미국과의 우호적인 관계 속에서 미국시장을 활용하고 세계시장을 활용하여 경제성장을 이룰 수 있었다. 국토 좁고 자원 없는 한국으로서는 앞으로도 그렇게 가야 하는 것이 당연하다. 그럼에도 불구하고 민족주의로 북한을 감싸면서 미국과 대립각을 세우며 살고자 하는 사람들은 도대체 무슨 생각으로 그러는 것인가? 누구나 알듯이 미국은 세계를 주도하는 나라이어서 한국이 세계에서 무슨 일이든 잘해 나가려면 미국과 좋은 관계를 가져야 한다. 북한은 폐쇄된 나라이기 때문에 세계 어느 나라와도 등지고 살 수 있지만 남한은 그렇게 할 수도 없다.

지금 북한은 삼대세습의 독재가 계속되고 있고 주민들은 신음하고 있다. 지금까지 민족주의자들은 북한을 지원하고 비호해 왔고, 이에 힘입어 김씨일가는 핵무기를 만들어 자신의 권력기반만 강화시켰을 뿐이다. 핵개발에 따른 국제사회의 제재로 북한사람들의 삶은 더 어렵게 되었으며, 한반도사람 모두가 핵무기의 위험 속에 살게 되었다. 민족주의자들이라고 해서 이러한 사실을 모를 리가 없다. 그럼에도 불구하고 그러는 것은 민족주의를 가야만 할 길, 좋은 길이라고 생각하는 교리나 감정에 사로잡혀 있거나 자신들의 정치적 이해관계 때문이다.

여기에서 무엇보다 통일이 우선이라고 하거나, 통일을 하기 위해서는 그런 일도 감내해야 한다고 할지 모른다. 그러나 이런 논리도 타당성이 없다. 그런 식으로 통일을 할 바에는 6.25전쟁 때 왜 싸웠는가? 그때 북한군을 환영하고 말았어야 하지 않았는가? 국가에 있어서 무엇보다 중요한 것은 어떤 사회를 이루어 살 것인가이다. 어떤 국가를 이루어 살 것인가가 민족주의보다 우선이다. 남한사람만이라도 자유로운 사회에서 살아가는 것이 자유 없이 통일된 나라에서 살아가는 것보다 우선이다. 우리가 지금 어떤 상황에 있고, 앞으로 어떻게 살아야 할 것인지에 대한 생각 없이 그냥 민족주의로 감정적이고 충동적으로 가게 되면 비극이 기다리고 있을 뿐이다.

이렇게 민족주의는 대한민국을 분열시키고, 나라를 사랑하는 사람을 없게 만들고, 우방국가를 잃게 하고, 경제발전을 가로

막음으로써, 나라가 지워질 수도 있는 위협을 가하고 있는 것이다. 그렇다고 해서 민족을 위하는 것도 아니다. 민족의 사람들을 더 살기 힘들게 하고 민족을 위험에 빠뜨리고 있다. 민족을 앞세우지만 민족을 위하는 것이 아니라 민족을 해하고 있는 것이다. 그래서 민족주의는 반국가적이고, 반인륜적이며, 진정한 의미에서 반민족적이다.

### 3. 이웃 국가들에 의한 내셔널리즘 침식

앞에서 과거 일본학자의 한국의 주권을 부정하는 주장이나 미국학자의 노예제 사회 주장을 보았다. 이는 하나의 학술적인 주장에 불과하지만 그로 인한 한국사람들의 내셔널리즘 손상은 작지 않다. 이러한 주장은 전 세계의 지식인들에게 한국에 대하여 나쁜 인식을 주고 그 인식이 일반인들에게 확산되어 갈 것을 생각하면 그 영향은 어마어마할 수 있는 것이다. 또한 한국사람들로 하여금 과거 조상들이 무기력하고 비루한 것으로 거짓 인식하게 하여 개인적 자존감과 용기를 부식시키고 국가에 대한 긍지와 애착의 마음을 허물고 있는 것이다.

중국의 동북아공정이나 일본의 식민지근대화론, 반도정체성론 등등의 한국의 살을 깎아서 자신들의 살로 만드는 행위는 우리가 알고 있는 극히 작은 일부분일 뿐이다. 멀지 않은 과거에 일본은 한국사람들의 성을 바꾸고, 일본말을 사용케 하여 한국사람을 일본사람으로 만들고 한반도를 완전히 일본 땅으로 만들려 했던 것처럼 이 땅에서 한국을 지우고 일본으로 만들려고 하는 의지가 여간 강한 것이 아니다. 이런 일본의 시도는 어제오늘의 일이 아니라 오랜 옛날부터 계속되어 온 것이며, 중국 또한 일본과 마찬가지로 끊임없이 한국을 자신들의 영역으로 만들려고 하고 있다. 그리고 이러한 작업은 지금도 계속 진행중이다. 드러나지 않고 사람들이 지각하지 못하는 수준으로 은밀하게 한국이라는 국가를 약화시키고 있는 것이다.

국가를 약화시키는 데 있어서 중요한 한 부분이 내셔널리즘이다. 역사왜곡을 예로 들어보자. 중국과 일본은 한국과 관련하여 끊임없이 역사를 자국에게 유리하게 변경시키려고 시도하고 있다. 과거의 역사를 자국에 유리하도록 만들어 놓음으로써 미래에 주장할 영역을 넓히는 것이다. 이러한 역사전쟁에서 한국은 그들에게 아무 공격을 하고 있지 않는 데도 그들은 끊임없이 한국을 공격하고 있다. 한국은 방어만 하는 데도 절대적으로 불리한 위치에 있다. 일본은 일제시대에 한국의 역사자료를 다 가져가버렸고, 중국은 한국의 옛 땅을 차지하고 있으며 그들의 역사서에 한국에 대한 기록도 많기 때문이다. 역사싸움에서 한국은 맨손으로 칼 든 자를 대항하고 있는 격이다. 이렇게 버거운 상황에서 그들이 원하는 대로 왜곡되고 변경되면 한국사람들의 정체성과 국가에 대한 애착심은 점차 훼손되어 갈 수밖에 없는 것이다.

지금은 하이브리드전쟁 시대이다. 한반도 지역에서는 오래 전부터 하이브리드 인지전이 치열하게 전개되어 왔다. 겉으로는 평온하게만 보이지만 안으로는 치열한 이 전쟁과정에서 쟁취하려는 주요 목표는 사람들의 심리이고, 여기에서 중요한 영역 중의 하나가 내셔널리즘이다. 여기서도 한국은 여기서도 지고 있다. 지고 있다기보다 속수무책으로 파괴당하고 있다고 해야 할 것이다. 주변의 적국들의 공격은 맹렬한데 한국은 대항할 수 있는 체제조차 갖추지 못하고 있는 상황이다.

전자정보에서의 상황만 보더라도 한국은 전자정보공간에서 많은 공격을 당하고 있다. 정보화시대가 되면서 한국은 정보산업에서 선도국가의 역할을 하면서 세계의 이목을 집중시켜 왔다. 인터넷, 휴대폰, SNS, 전자행정, 전자투표와 같은 많은 부분에서 새로운 전자방식을 과감하게 도입해왔다. 다른 나라에서는 이런 한국을 새로운 문명의 임상실험국가로 생각한다. 그만큼 효과뿐만 아니라 예상치 못한 부작용의 위험이 있는 상황에 있는 것이다. 내셔널리즘과 관련하여 우선 감지되고 있는 부작용은 국내 사람들 간에 갈등이 증폭되고 있는 점이다. 익명성, 비대면성으로 인하여 매우 공격적이고 자극적인 표현이 교환되고, 수많은 사람이 집결하는 사이버공간의 특성으로 인하여 사람들을 분열시키고 서로에 대한 증오와 혐오를 증가시키고 있다. 그리고 또 중요한 것은 사이버공간상에서 외국의 공격을 받고 있다는 점이다. 전자적 공간은 국경이 없기 때문에 외부에서 마음대로 들어와서 활동할 수 있다. 외국이 우리를 공격할 수 있는 공간을 열어준 것이다. 이 공간을 통하여 외부의 사람들이 의도적으로 한국사람들을 분열시키고 정체성을 약화시키고 있다. 이 공간에서 한국은 중국과 일본에 이길 수 없다. 한국은 더 많이 전자정보화함으로써 여기에 더 많이 노출되어 있는 데다, 사람 숫자에서 당할 수가 없다. 특히 중국, 북한과 같은 공산국가에서는 국가가 나서서 사람들을 지휘하며 조직적 체계적으로 작업을 행하기 때문에 개인으로 뿔뿔이 흩어져 있는 자유국가에서는 당해낼 수가 없다. 한국은 중국의 사이버부대나 우마오당, 북한의 사이버부대 활동 등에 의하여 해킹, 사이버공격, 여론조작, 댓글공격 등을 받고 있다.

인터넷상에서는 뉴스나 공개전자사전을 비롯하여 수많은 전자문서들이 정보를 왜곡하여 사람들의 판단을 흐리게 하고 세뇌시키는 역할을 하고 있다. 그 방법은 다양하다. 좋은 것은 감추고 나쁜 것은 노출한다. 노골적으로 이것은 틀렸다라고 할 정도는 아닌 수준으로 하여 조금씩 왜곡한다. 양면성이 있는 사실에서 어느 한쪽에 약간 덧칠을 한다거나 한쪽만 언급한다. 이런 식으로 해나가면 아무도 모르게 세상이 변하게 된다. 사람들의 의식과 판단이 그 내용대로 세뇌되고 학습되어지기 때문이다. 이렇게 의도적으로 공작을 하는 것에 대하여 일반 사람들이 나서서 막을 수 없다. 국가적인 차원에서 대응을 해야만 하는데 한국은 전혀 대응을 못하고 있다. 오늘날 사람들은 인터넷 공간에서의 매체들을 통하여 배우고 있고, 더구나 공교육이 거의 무너진 상태에서 이러한 상황을 생각하면 심각하지 않을 수 없다. 기술발전으로 전자매체들이 더 많은 사람들에 더 큰 영향을 주고 있는 가운데 유튜브나 틱톡과 같이 독과점하는 매체들을 활용하여 정보를 대량확산할 수 있게 됨에 따라 정보를 통한 파괴력은 점점 더 커져가고 있다.

이러한 가운데 최근 한국에는 특정 국가에 우호적인 성향을 보이는 정치인, 정당, 시민단체, 학자, 언론을 비롯한 지도층이나 영향력 있는 개인 및 집단이 많이 출현하고 있다. 일본은 오래 전부터 해외에서 자국에 우호적인 인사를 늘리는 데 노력해왔으며, 문부성장학생과 같은 국가지원사업으로 일본에 우호적인 인사들을 양성해오고 있다. 중국 또한 마찬가지다. 중국은 전 세계에 친중인사들을 확보하기 위하여 수단 방법을 가리지 않는다는 사실이 널리 알려져 있고, 이러한 사업에서 중국패권의 전진기지인 한국에서 그 활동이 더 맹렬할 것임은 말할 필요가 없다.

이러한 상황에서 한국은 지식분야에서 뒤처져 있는 데다 지식인 층도 두텁지 않아서 외국의 공격에 취약할 수밖에 없다. 그런데다 자신의 영달을 위해서라면 외국의 앞잡이 노릇도 마다하지 않는 지식인이나 지도자들이 적지 않아, 국민들의 국가에 대한 의식은 자연스럽게 약화되고, 이러한 가운데 국가는 허물어져 가는 것이다.

## 4. 약한 내셔널리즘

### 1] 한국 내셔널리즘 강약에 대한 판단

한국은 대외적으로 내셔널리즘이 강한 것으로 알려져 있다. 구글영문판을 보면 한국의 과도한 내셔널리즘의 원인은 무엇입니까? 라는 물음이 있고, 여기에 여러 사람들이 갑론을박하고 있다.[471] 내셔널리즘에 관련하여 세계에는 이 같은 잘못된 인식과 편견이 즐비하다. 이것이 잘못된 인식이며 편견인 것은 일본에 대한 인식만 보더라도 그렇다. 구글에는 갤럽에서 행한 국가 간 비교조사가 올라와 있다.[472] 당신의 나라를 위하여 싸우겠습니까? 라는 설문에 "예"라고 답한 사람의 비율은 모로코가 94%로 최상위인 반면에, 일본은 11%로서 최하위이고 세계 국가 중 독보적으로 낮은 수치다. 이런 통계와 함께 사람들은 일본인의 친절하고 예의 바른 태도를 되새기면서 일본이 세계에서 내셔널리즘이 가장 약한 나라이며, 일본인이 세계에서 평화를 가장 사

---

[471] What is the causes for excessive nationalism in South Korea? n.d.
[472] Would you be willing to fight for your country? n.d.

랑하는 사람들이라고 결론짓는다. 이렇게 일본은 세계에서 국인주의가 약한 나라로 알려져 있다. 실제로 그런가? 전혀 그렇지 않다.

한국이 강하다고 하는 것은 한국 내셔널리즘의 감정적인 성격 때문에 외면적인 모습을 보고 단순히 그렇게 판단하는 측면이 많다. 이는 우리가 미국의 내셔널리즘이라고 하면 미국이 자국의 이익을 추구하고 세계패권을 유지하기 위하여 치밀하게 전략을 수행하는 그런 내용이 더 큰 부분이지만, 일단 트럼프와 그 지지자들이 MAGA(Make America Great Again)를 외치는 것을 먼저 생각하는 것과 같은 이치다.

어느 나라의 내셔널리즘이 강한지를 판단하기는 매우 어렵다. 자국에 대한 마음은 사람의 가슴속 깊숙한 곳에 있기 때문이다. 게다가 국가는 개인에 있어서 위력적인 존재이기 때문에 사람들은 자국에 대한 마음을 외부로 잘 드러내지 않으며, 국가마다 개인이 자국에 대해 표현하는 성향이나 방식이 다르다. 그래서 위의 갤럽조사에서 보듯이 설문조사 같은 방식으로 제대로 알아내기란 쉽지 않다. 그래서 이런 방법에 의하여 정확하지 않거나 왜곡된 결과를 얻는 것보다 이미 알려져 있는 객관적인 사실들을 기초로 하여 판단해 보는 것이 더 나은 방법이 될 수 있다. 이렇게 오늘날 한국이 처한 현실이나 한국인들이 살아가는 모습과 행동양상에 근거하여 판단해 보면 한국인의 내셔널리즘은 약하다. 이렇게 판단할 수 있는 근거는 다음과 같다.

### 2] 한국의 내셔널리즘이 약한 근거

① 조국을 싫어하는 사람들이 많다.

　한국사람들 중에는 한국에서 사는 것에 만족하지 못하는 사람들이 많고, 한국이 싫어서 떠나는 사람들이 많다. 한국에는 "이생망", "헬조선"과 같은 말이 유행할 정도로 여기서 사는 것을 싫어하는 사람들이 많다. 그래서 자살하는 사람들이 많고, 자기 자식이 이 땅에서 힘들게 살게 될 것을 염려하여 아이를 낳지 않으려 한다. 통계에서 한국은 자살률은 세계 최상위이고, 출산률은 세계 최하위이다. 한마디로 말해 사람 살 만한 나라가 아닌 것이다.

　그래서 정든 고향을 버리고 외국으로 떠나는 사람들이 많다. 떠나지 않는 사람 중에도 마음은 떠나고 싶지만 능력이나 기회가 되지 않아서 떠나지 못하는 사람들도 많다. 한국이 개화되어 세계를 알고 다른 나라에 가서 살 수도 있다는 것을 알고 난 뒤로 많은 사람들이 다른 나라로 떠났으며, 지금도 이민행렬은 계속되고 있다. 2024년 현재 한국은 인구 5,150만 명으로 세계 인구순위에서 29위를 점하고 있지만 해외 동포수는 700만 명으로 세계 8위를 차지하고 있다. 그만큼 외국으로 나가는 사람의 비율이 높다는 것이다. 태어나 살던 조국을 등지고 떠나는 일이 얼마나 힘들고 가슴 아픈 일인가? 그럼에도 사람들이 떠난다는 것은 이 땅에서의 삶이 그만큼 힘들다는 것을 의미한다. 이는 어떤 과정에서든 한국에 대해서 애착을 갖지 못한다는 것이다.

　그렇다면 한국사람들은 왜 한국에 사는 것을 싫어할까? 수많은 요인이 있겠으나 몇 가지만 들어보자. 첫째, 국민이 안심하고 안전하게 살 수 있는 나라가 아니라는 점이다. 조국은 흔히들 어머니 품에 비교되곤 한다. 국가의 기본책무가 국민의 생명과 재산을 보호하는 일이다. 국가 안에 있음으로 해서 생명과 재산이 안전하다고 느껴져야 할 텐데 한국은 그렇지 않은 것이다. 2017년 한국 문재인 대통령의 중국 방문에 동행했던 한국기자가 중국경호원에 의하여 무참하게 폭행을 당하였다.[473] 제대로라면 국가가 있어서 맞지 않아야 할 텐데 이 기자는 국가 때문에 맞은 것이다. 약한 국가이기 때문에. 그래서 약한 국가 국민이 되는 것보다 강한 국가 국민이 되는 것이 좋다. 그리고 약한 국가의 국민은 일제시대와 같이 타국의 지배를 받는 신세가 될 수 있다. 그리고 해방이 되고 나서도 지배국에 부역을 했니 안 했니 하면서 또 괴로움을 당할 수 있다. 이것을 넘어서 한국에서는 동족 간에 서로 죽이기까지 하면서 생명과 재산의 헌납을 강요한다. 6.25사변으로 죽은 사람이 얼마이며 다친 사람이 얼마인가? 그리고 지금도 서로 총부리를 겨누며 대치하는데 젊음을 보내야 하고, 국민총생산 중 큰 몫을 무기마련에 지출하고, 핵무기까지 만들어서 죽이겠다고 벼르는 이 민족이야말로 지구상에서 가장 불행하고도 한심한 민족이다. 국가의 이름으로 그 안의 사람들을 제물 삼아 개인의 욕망을 채우는 곳이 21세기에도 버젓이 존재하고 있는 것이다. 정상인이라면 누가 이런 나라를 좋아할 것인가? 못 떠나서 사는 것이다.

 1953년 6월, 거제도에 수용되어 있던 북한군포로들을 석방했을 때, 포로 76명은 남한도 북한도 싫다 하고 중립국 인디아로 떠났다. 이들은 인디아에서 2년여를 머문 뒤, 51명은 브라질로 갔고, 8명은 아르헨티나로 갔다. 현지사정도 모르고 현지말도 못하던 이들은 하급 노동자가 되거나 걸인이 되기도 하고, 심지

---

[473] 중국경호원 기자폭행, 피해 당시 보니 '처참', 2017.12.14

어 교도소 밥이라도 먹으려고 일부러 범죄를 저지르는 사람들도 있었다. 모르는 타국에 가서 산다는 것이 이렇게 힘든 것인데도 불구하고 한국이 얼마나 지긋지긋했으면 그 같은 길을 택했을까?

둘째, 한국은 사고공화국이라는 점이다. 그동안 한국은 열거하기 어려울 정도로 많은 대형사고가 일어났고 대부분 인재였다. 이는 한국사람들이 만든 문제다. 시간이 가도 이러한 사고가 통제되지 않고 계속 일어난다는 것은 한국인이 그대로라는 것을 말해준다. 1999년 6월, 경기도 화성군에 위치한 씨랜드 청소년 수련의 집 화재사고로 유치원생 19명을 포함해 23명이 사망하였다. 어느 아이 부모는 아이 생각에 이 나라에 더 이상 살 수 없어 이민을 가겠다고 하였다. 누가 이 부모의 마음 모른다 하겠는가?

셋째, 한국사회는 살기에 매우 피곤한 사회라는 점이다. 한국에서 살아가는 셈법이 매우 복잡하고 난해하다. 지키기만 하면 되는 원칙이 분명하면 사람들이 살아가기 쉬워진다. 그런데 한국은 내려오던 고유의 법도와 근대화 이후 도입된 서양식의 법제가 동시에 작동하여 이 사회에 적용되는 원칙이 매우 불분명하다. 사람들은 서양식 법제의 내용을 잘 모른다. 서양사람들은 그 법제가 자신들 전통의 것이므로 별도의 교육을 받지 않더라도 부모로부터 배우고 생활 속에서 배우게 되어 문제가 없다. 하지만 한국사람들은 생활 속에서 배울 수 없고 부모는 자기보다 더 모르기 때문에 이에 대한 교육이 필요하다. 그런데 일제시대에는 식민지민으로서 배우지 못했고 해방 이후에도 법에 대한 지식은 판검사, 변호사와 같은 법전문가의 전유물이었다. 국민들이 법을 많이 알면 통치하기 곤란해진다는 고유의 우민지배사상과 함께 권리와 의무 주체로서의 민주공민교육을 등한시해

온 것이다. 그래서 강자는 때로는 전통적인 법도를 동원하고 때로는 서양식 법제를 동원하면서 자신이 유리한 길로 운신의 폭이 넓게 살아가는 반면에, 약자는 자신이 주장할 수 있는 것을 제대로 알지 못하여 항상 불리하게 살아간다.

또한 법과 제도가 수시로 바뀐다. 이러한 법과 제도가 바뀌는 것을 보면 대체적으로 힘 있는 자, 가진 자들이 원하는 방향으로 바뀌어 간다. 이런 변화를 도모하려 하고 또 할 수 있는 자가 힘 있는 자, 가진 자이기 때문이다. 건국 후 수없이 바뀌어 온 대학입학제도만 보더라도 이를 알 수 있다. 그렇게 하여 사회의 불평등은 점점 더 심화되고 있다.

넷째, 한국사회가 깨끗하지 못하다는 점이다. 정치지도자들은 선량한 국민의 대표이기보다는 제도의 약점을 타고 올라온 이전투구 권력투쟁의 승자들로서 도덕적으로 흠결이 있거나 부패한 사람들이 많다. 국민들은 자신의 노고와 세금이 이런 사람을 위한 것으로 되고 있다는 현실이 싫다. 게다가 지도자들은 국민들을 무시하고 전횡을 일삼는 가운데, 국민은 아무런 대응도 못하고 이에 따르기만 하는 현실에서 "국민은 개돼지"라는 말이 상용어가 되었다.

또 한국사회는 경쟁이 치열하여 여기서 이기기 위하여 수단 방법을 가리지 않는다. 거짓말, 속임수, 협박, 폭력은 물론이고 부정한 일도 많이 하며, 시기 질투하고 남을 도와주기보다는 이용하려고 하는 가운데 각박하게 살아간다. 그래서 불공정과 부조리한 일들을 감내해야 하는 경우도 많고, 노력을 해도 그만한 대가를 받지 못하는 경우도 많으며, 사기당하거나 속는 경우도 많고, 억울한 일을 당하는 경우도 많다. 한(恨) 많은 한국인의

한이 외국의 침략으로 인해서 생긴 것만은 아닌 것이다.

### ② 국가에 대한 신뢰가 약하다.

한국은 정치가 불안정하고 국가의 정체성마저 혼란스럽다. 한국은 큰 정부 국가이며, 지도자들이 국민들을 끌고 가는 국가이다. 그런데 정권이 바뀔 때마다 지도자의 정체성이 너무 달라 국민들이 혼란스럽다. 이전 정권에서는 이것이 옳다고 하다가 새 정권에서는 이것이 틀렸다고 한다. 어제의 국가범죄사범이 오늘의 애국자가 되고, 어제의 국가지도자가 오늘의 범죄자가 된다. 어제의 훈장이 오늘의 죄인의 징표가 될 수도 있다면 누가 힘들여 훈장을 가지려 하겠는가?

국가를 위해 목숨 바쳐 싸우다 포로가 되어 일생을 보냈지만 국가는 나를 버리고 자신들만 잘 먹고 잘 살고 있거나, 빨치산이나 간첩을 적이라 하여 몸을 던져 싸워 잡았으나 그를 선물들려 북한으로 돌려보내버리는 상황을 겪는 사람들도 있다. 1960년대 월남전에 파병되어 조국을 위하여, 자유를 위하여 목숨을 걸고 싸웠고, 그 피와 목숨의 희생을 대가로 한국은 경제발전을 이룩할 수 있었다. 그럼에도 불구하고 그 영웅들이 제대로 평가받기는커녕 추악한 전쟁에 참가한 용병취급을 당하면서 전쟁에서 얻은 고엽제후유증에 시달리며 투병하는 사람들도 있다. 해방 후 각종 소요사태나 1980년 광주에 출동했던 경찰이나 군인들, 그들은 상부의 명령에 따라 목숨을 걸고 국가를 위해서 임무수행을 하였으나 얼마 안 가 역적이 되고 죄인이 되고 악마가 되었다. 이 같은 일은 하나의 예일뿐이다. 이 사람들의 마음은 어떻겠는가? 군대도 회피한 자들은 국가지도자가 되는 반면에, 나라를 위해서 목숨까지 내놓고 자신을 희생한 사람들은 홀

대하니 누가 나라를 위해서 나서겠는가? 이렇게 정의롭지 못한 나라에서 어떻게 강한 내셔널리즘이 가능하겠는가?

### ③ 조국을 배반하는 사람들이 많다.

2024년 8월, 중국 정보요원에게 7년 동안 수억의 돈을 받고 수십 차례 국가기밀을 빼돌린 한국군 정보사령부요원이 기소되었다.[474] 이와 비슷한 사건들이 빈번하다. 2021년에서 2024년 7월까지 3년 반 동안에만 군사기밀누설로 기소된 건수만 해도 29건에 달한다.[475] 이는 발각된 사건들이고 발각되지 않은 경우는 이보다 몇 배 많을 것이다. 이 정도면 국가가 거의 망하게 된 상황에서나 일어날 법한 일이다. 중국이나 일본 사람들이 자국의 기밀을 한국에 넘겼다는 말은 들어보지 못했다. 이렇게 한국을 노리는 외국도 문제지만 이에 잘 넘어가는 한국인은 더 문제다.

군사분야뿐만 아니라 산업이나 다른 국가기관에서도 이런 일이 적지 않다. 지금까지 한국기업의 기술자가 중국에 돈을 받고 기술을 넘기거나 기술을 갖고 중국기업에 가서 취업하는 사람들이 많았다. 중국이 단기간에 기술수준을 올리고 경제발전을 이룩한 데에는 이같이 조국을 등지고 돈벌이한 한국인들이 적지 않은 기여를 한 것이다. 정치인이나 공직자들 중에서도 중국기관이나 기업에 특혜를 제공한 것으로 의심되는 사례가 많았으며, 중국과 밀착되어 있는 것으로 의심되는 인물이 한둘이 아니다.

### ④ 조국에 대한 애착이 없다.

---

[474] 7년 전 中에 포섭된 정보사 군무원, 기밀 최소 30건 넘겨, 2024.8.29
[475] 軍기밀 조선족에 팔아먹고 업체 넘긴 군인들…구멍 뚫린 '통신보안', 2024.10.6

외국의 한국인 후손들 중에는 한국말을 잘하는 사람이 드물다. 한국인들은 외국으로 이민 가면 자녀들에게 한국말을 가르치지 않기 때문이다. 해외로 나간 지 오래된 한국동포들은 대부분 한국말을 잊어버렸다. 이는 수천 년을 외국에서 떠돈 유대인들이 유대어뿐만 아니라 유대교리를 그대로 간직하고 있는 것이나, 중국인들이 세계 어디로 가나 중국사회를 형성하고 중국어를 사용하는 것과 크게 대비된다. 한국인이 자녀들에게 한국어를 가르치는 이유는 간단하다. 자녀의 성공을 위해서다. 현지어를 잘해야만 현지에서 살아가는데 유리하기 때문에 자녀들의 성공에 방해될까봐 한국어를 가르치지 않는 것이다. 요즘은 한국이 경제적으로 발전하고 한류라 하여 위상이 높아져서 세계 각지에서 많은 사람들이 한국에 관심을 갖고 한국어를 배우고 하는 추세이기 때문에 해외 한국계 사람들도 한국어에 대한 관심을 갖기도 한다. 이만큼 한국인들은 자기 성공에 집중하고 현실적이다.

한반도의 고인돌에는 바이칼 호수변 밤하늘의 북두칠성이 새겨져 있기도 하였다. 먼 옛사람들은 고인돌에 고향 밤하늘 북두칠성을 새겨 넣으면서 멀리 두고 온 고향을 잊지 않으려 했다. 그런 것 다 필요 없고 그냥 잘 먹고 잘 살면 된다는 식으로 살아가는 것은 풀벌레도 할 수 있다는 점에서, 나는 어디에서 왔으며 우리가 누구인가를 기억하고자 했던 옛사람들이 더 인간적이고 고양된 정신세계를 가졌었다.

⑤ **배외(拜外)사상이 강하다.**
한국사람들이 일본사람들보다 영어를 더 잘하는 것으로 알려져 있다. 영어를 하는 데에 한국인이 일본인보다 모국어 발음

상 유리하기도 하지만 그보다 더 중요한 요인이 있다. 한국에서는 일본에서보다 영어실력의 가치가 훨씬 높기 때문이다. 일본에서는 일본에서 공부한 사람들을 대학교수로 뽑는 반면에 한국에서는 외국에서 공부하지 않고서는 대학교수 자리를 잡기 어렵다. 나라를 팔아먹은 이완용도 영어를 잘했기 때문에 그만한 위치에 올라갈 수 있었던 것이다.

한국에서는 무엇이든 국내에서 잘해봐야 소용없다. 외국에서 이름을 날려야 국내에서 알아준다. 박찬호, 김연아, 차범근, 손흥민, BTS 등에서 보듯이 외국에서 인증을 받아와야 한국에서 인정해 준다. 이런 풍조는 그 역사가 오래다. 최치원이 당나라에 가서 급제하여 중국을 위하여 봉사한 것이 우리에게 무슨 대단한 일이 되는지 생각없이 무작정 우리는 최치원을 자랑한다. 토번과 석국 등 중국 서역국가들을 정복하고 당나라의 영토를 넓혀준 고선지는 한국에서도 영웅으로 생각한다. 중국을 발전시키고 빛낸 이들이 한국에 무슨 덕이 되었다고 우리는 이들을 자랑스러워하는가? 같은 민족이라서 자랑스럽다고 한다면 야스쿠니 신사에 있는 한국인 일본군도 자랑스러워해야 한다. 태평양전쟁에서 괴력을 발휘하면서 세계를 놀라게 한 일본군의 일원으로서 용맹을 떨쳤던 사람들이다.

한국사람들이 한국의 것으로서 그나마 알아주는 것이 한글이다. 한국사람들은 한글날을 공휴일로 정하고 있을 정도로 한글을 자랑스러워한다. 그런데 한국사람들은 한글이 세계에서 가장 과학적인 글이니 하면서 자랑은 실컷 하지만, 실제 한글을 다듬고 발전시키는 데에는 아무 일도 하지 않는다. 지금까지 제대로 된 한글 동의어사전 하나 없으며, 한글의 맞춤법은 너무 복잡해서 틀리지 않고 쓰기가 거의 불가능하다. 국립국어원장도 한글 띄어쓰기를 맞게 쓸 자신이 없다고 하였으니,[476] 대한민국에서 한글을 자신있게 사용하는 사람은 거의 없다고 해야 할 것이다. 누구나 자신이 쓴 글이 맞는 것인지를 알 수 없어 글을 쓰고 나서도 개운치 않다. 한글이 편하지 않은 것이다. 연구를 하여 모두가 알기 쉽고 편하게 사용할 수 있는 방안을 마련하였다면 이렇지 않을 것이다. 세종대왕은 누구나 편하게 쓰라고 한글을 만들었는데 후손들은 지금 무엇하고 있는가? 자랑만 할 뿐 실제에 있어서는 여전히 통시글로 취급하고 있는 것이다.

2024년 초부터 10월 초까지 신축 아파트단지 이름을 확인한 결과 "아파트"나 "빌"이라는 단어는 제외하더라도 전체 236단지중 98.3%인 232개의 아파트가 외래어나 외국어를 넣은 이름이었다. 이렇게 외래어, 외국어를 사용하는 이유는 고급 아파트의 느낌을 주어 값을 더 받기 위해서다.[477] 한국에 외래어가 이렇게 범람하고 있는 것은 사람들이 자기 아는 대로 최대한 외래어를 사용하기 때문이다. 그 이유는 외래어를 사용해야 유식하고 지식 있는 사람이라고 생각하기 때문이다. 그러다 보니 요즘 한국사람들의 말은 한글 반 외래어 반이다. 외래어 사용은 한글을 훼손함으로써 국가적인 정체성을 약화시킬 뿐만 아니라 못 배운 사람에 열등의식을 강요하는 등 사회적으로도 적지 않은 해악을 주고 있다. 그럼에도 불구하고 누구 하나 말리는 사람 없고 문제의식조차 없이 살아간다.

⑥ 한국인 상호 간에 형제애가 약하다.

---

[476] 前 국립국어원장의 고백 "띄어쓰기, 나도 자신 없다", 2013.5.22
[477] 세종대왕 울고 갈 아파트…쉬운 우리 이름 없나요? 2024.10.9

한국인은 모르는 사람 간에는 되는 것이 없고, 아는 사람 간에는 안 되는 것이 없는 사회이다. 한국인들은 길에서 마주치거나 엘리베이터를 같이 타게 되었을 때 외국에서는 흔하디 흔한 눈인사 한번 주는 법 없다. 모르는 사람 간에는 말이라도 걸면 싸울 듯이 대한다. 지역갈등, 세대갈등, 이념갈등, 남녀갈등 등 온갖 갈등이 만연해 있다. 여성들은 한국의 남성들이 마음에 들지 않는다 하여 결혼하기 싫어함으로써 많은 한국남성들이 동남아시아의 여성과 결혼하는 사태에 이르게 되었다. 그리고 한국인들은 외국에 나가서도 현지에서 한국계 사람들끼리 잘 지내는 편이 아니다. 현지에서 한국사람들 간에 다투거나 한국사람들끼리 편을 나눠서 서로 다투는 바람에 현지인들의 눈살을 찌푸리게 하는 경우도 많다. 또, 선진국에 사는 한국계 사람들을 보면 한국계 여성들은 한국계 남성들과 결혼하려 하지 않는다. 능력 있는 여성들은 백인들과 결혼하는 사람이 많다. 그 사회에서 대우받고 사회기반이 탄탄한 남성들과 결혼하고 싶은 것이다. 그래서 한국계 남성들은 중국계 혹은 동남아계 여성들과 결혼하는 사람들이 많다.

2012년 7월, 건국대 통일인문연구단이 한국에 나와 있는 중국동포 1,500명을 대상으로 행한 면접조사에서 "조국이 어디라고 생각하느냐"는 질문에 "중국이다"라고 답한 응답자가 90%였다. 이 결과는 무엇을 말해주는가? 한국사람은 한국사람끼리 잘 못 지낸다는 뜻이다. 본토사람들은 한국에 온 중국동포들에 대하여 중국에서 몇십 년 벌어야 할 돈을 몇 년 만에 벌게 된다면서 큰 혜택을 주는 것으로 생각한다. 하지만 중국동포들의 마음은 다르다. 더럽고 위험한 일 하느라고 힘들었을 뿐만 아니라 서러웠던 것이다. 어차피 중국에 돌아가서 그곳에서 살 사람들이라면 중국을 조국이라고 할 수 있는 것이고, 또 중국 당국을 의식하지 않을 수 없기 때문에 그럴 수도 있다. 그 연유야 어떠하든 한국사람들에 있어서 같은 민족 동포애라는 것이 강하게 작용하는 것은 아니라는 사실을 여기서 확인할 수 있다.

같은 민족인데도 그런데, 앞으로 이 땅에 다른 민족들이 많아졌을 때 과연 모두 함께 화목하게 잘 살아갈 수 있을지 크게 우려되는 부분이 아닐 수 없다.

⑦ 전체를 위한 의식이 약하다.

내셔널리즘은 전체를 위한 의식 중의 하나다. 한국에서는 교통량이 많은 곳에서는 교통신호가 있어도 도로가 마비되어 교통경찰이 교통정리를 해야만 되는 곳이 많다. 서로 먼저 가려고 무조건 자기 차를 밀어붙이고 보기 때문에 차들이 뒤엉켜서 막혀버리고 마는 것이다. 자신이 차를 밀어붙이면 그 결과가 어떻게 될 것이라는 것은 누구나 잘 알고 있다. 그럼에도 불구하고 결과는 모르겠고 일단 내 차를 밀어붙이고 보는 것이다. 같은 식으로, 나라가 망한다고 하더라도 일단 나한테 좋도록 해놓고 보자면서 자기 좋을 대로만 하는 것이다. 이런 성향에 있어서 국가의 지도자나 일반 국민이나 별 차이가 없다. 국민들이 지도자를 뽑을 때부터 나라 전체를 위하는 사람보다는 지연, 학연, 혈연과 같은 자신과의 이해관계를 중시하기 때문에 진정으로 나라를 위하는 사람이 지도자로 선출되는 것이 아니다. 정치인들은 국가에 해가 된다고 하더라도 자신에게 이익이 되면 이를 추구하고, 국민들 또한 그 정치인이 국가에 해가 되는 일을 할지라도 당장 나와 이해관계가 있으면 그 정치인을 지지하고 따른다. 그래서 한국의 정치는 눈앞에 보이는 자기 집단의 이익만을 앞세우는 가운데 포퓰리즘이 만연하다. 이러한 사실을 사람들도 알고 있다. 다 알고 있으면서도 국민들의 전체를 위한 의식이 약하기 때문에 이를 제어할 만한 힘을 형성하지 못하는 것이다.

### ⑧ 나라에 대한 주인의식이 없다.

민주주의에서는 국민이 나라의 주인이다. 회사든 나라든 주인노릇을 하려고 하면 뭘 알아야 한다. 그런데 한국인들은 나라 전체에 대한 것은 고사하고, 나라와 관련하여 자기 자신이 무엇을 해야 하고, 하지 말아야 하는지를 잘 모르며, 심지어 자신이 주인인 사실조차 모른다. 한국은 미국, 일본에 비하여 법원소송이 월등히 많다. 무조건 자기 주장만 하고 타협을 하지 않으려 하니 다툼이 끊이지 않는 것이다. 게다가 전통사회의 윤리와 서구의 법이 혼재되어 이 사회의 행동기준은 매우 혼미하다. 수천년의 왕정과 식민지시대의 어리석은 백성을 양성하는 전통을 이어받아 해방 이후에도 학교에서 법을 제대로 가르치지 않았다. 서로 간에 권리와 의무를 교환하며 자율적으로 살아가는 근대화된 사회이고 법치국가라면 그 사회 사람들의 행동준칙으로서의 법을 알아야 한다. 하지만 민주공민으로서의 권리 의무를 제대로 지키면서 살 수 있을 정도로 기본적인 법적 지식을 갖춘 사람이 많지 않다. 타협하지 않는 문화도 문화이거니와 뭘 알아야 합리적으로 타협을 할 수 있을 텐데 아무것도 모르니 큰소리만 치게 되고, 그래서 소리 큰 사람이 이기는 문화가 형성되고, 다툼이 생길 때마다 법원에 달려가는 것이다. 스스로 문제를 해결해 나가는 나라의 주인으로서 국민이 아니라 왕정시대에 사또한테 달려가서 "사또님 저희를 재판해 주십시오"라고 매달리는 백성처럼 판사에게 매달리는 사람들, 이것이 오늘의 한국인이다.

2024년 8월, 서울 연희동 대로에서 싱크홀이 생겨서 지나가던 자동차가 빠져 사람들이 다치는 사고가 발생하였다. 이 사고가 발생하기 전 땅이 서서히 꺼지면서 두 시간 전부터 지나가는 자동차들이 토끼뜀을 뛰면서 지나갔지만 아무도 신고하지 않았고, 결국 완전히 대형홀이 생기고 사고가 나서야 신고를 하고 구급차가 달려왔다. 그렇게 사고가 일어날 수 있는 상황을 알면서도 누구 하나 나서서 통제하거나 신고하지 않았던 것이다. 한국에는 재난에 대처하는 제도 자체가 개인은 어떤 조치도 취할 수 없고 무조건 관공서에 신고하도록 하고 있고, 공무원이나 경찰만이 대응조치를 하게 되어 있다. 일본만 하더라도 재난상황이 되면 국민 누구나 대응조치를 취할 수 있도록 하고 있는 것과는 다르다. 문제는 나라 전반이 이런 체제라는 점이다. 한국은 국민이 주인이 아니라 공무원들의 나라에 세 들어 사는 사람이나 마찬가지인 것이다. 모든 것을 공무원이 시키는 대로 해야 하는 체제에서 자발적인 주인의식이 나올 수 없다. 원래 피동적인 사람들의 나라인 데다 제도마저 이러니 주인의식이 고양될 리가 없다. 전쟁이 나도 군인들이 알아서 하겠지, 지도자들이 알아서 하겠지, 공무원들이 시키는 대로 하면 되겠지, 적군이 들어와도 그들이 시키는 대로 하면 되겠지 하는 국민들로서 어떻게 좋은 사회, 강한 국가가 만들어질 수 있겠는가?

⑨ **전통적으로 국가윤리의식이 약하다.**

　　일제의 침탈이 노골화되던 1907년, 많은 의병이 봉기하면서 전국 13도의 의병연합부대가 편성되었다. 당시 경기도 양주에 모인 의병수는 약 1만 명이었고, 그중에 훈련받은 군인출신이 3천 명이나 되었다. 여기서 원수부 13도 총대장에 이인영이 추대되었다. 그런데 이 중대한 시기에 이인영의 아버지가 사망하였고, 부고를 받은 이인영은 고향인 문경에 내려가 3년상을 치르게 된다. 그동안에 의병은 패퇴를 거듭하고 자신도 1909년 일본헌병에 잡혀서 사형당했다.

여기서 국가를 두고 충과 효의 문제, 그리고 공과 사의 문제가 제기된다. 충과 효에 있어서 전통적으로 일본은 충을 앞세우는 반면에, 한국은 효를 앞세운다. 여기서 한국과 일본 간에 내셔널리즘의 강도에 차이가 나고, 이는 국력차이로 이어진다. 물론 한국사람 모두가 이인영과 같은 것은 아니다. 이순신은 백의종군하는 동안에 모친상을 당하였지만 전장에 나가 싸웠다. 그러나 이인영과 같은 사람도 많고, 그러한 생각을 받아들이는 사람이 많다는 점에서 전반적으로 국가를 위하고 우선으로 생각하는 의식이 약하다고 할 수 있다. 유교윤리에서 임금과 아버지는 동급이기 때문에 자식 된 도리 앞에 나라에 대한 도리는 뒷전으로 밀려나게 되는 경우도 많게 된다. 한국은 선공후사의 국가윤리가 없는 것은 아니었지만 인륜을 중시하는 사회였기 때문에 이런 정신이 강하지 않았다. 이것에 대해 인간적으로 옳고 그름을 따지기 이전에 적어도 내셔널리즘의 영역에서는 그렇기 때문에 내셔널리즘이 약할 수밖에 없는 것이다.

⑩ 한국인은 현세적 성향이 강하다.

한국인은 현실 적응을 잘하는 사람들이다. 남들이 불교를 믿으면 불교를 믿고, 유교를 믿으면 유교를 믿으면서 원래 믿던 사람보다 더 철저하게 잘해 나간다. 남들이 반도체를 만들면 반도체를 만들고, 휴대폰을 만들면 휴대폰을 만들면서 원래 하던 사람보다 더 잘 만든다. 뭐든 빨리빨리 융통성 있게 잘해나가는 사람들이다. 그러다 보니 남들이 하는 것을 따라서 잘하는데 습성이 배였다. 남들이 하는 것 한국인들은 다 잘한다. 노래면 노래, 영화면 영화, 축구면 축구, 피아노면 피아노, 무엇 하나 뒤떨어지는 것이 없다. 그런데 모든 일에는 장단점이 있듯이, 이런 것이 한국사람들의 단점이 될 수도 있다. 조선시대에는 한글이 있는데도 한문을 고집하였고, 일제시대에는 일본말을 쓰고, 지금은 영어가 대세다. 오늘날에는 영어단어를 하도 많이 사용하여 나이 든 사람들은 공영방송에서 하는 말조차 제대로 알아듣지 못한다. 반도체나 휴대폰을 잘 만들지만 원천기술은 외국에 있듯이 한국은 고유의 철학이나 종교는 빈약하기 그지없다.

이러한 단점은 내셔널리즘 측면에서도 작용한다. 남이 하는 것을 잘하다 보니 남이 이것하면 이것하고, 저것하면 저것하면서 자신만이 계속적으로 하는 것이 없게 된다. 즉 자신만의 정체성을 축적하지 못하게 되는 것이다. 이러한 가운데 현세에 집착하는 한국사람들은 세대와 세대로 연결되는 공동체 의식이 약하다. 리스트(Friedrich List)는 세대에서 세대로 이어지는 국인 공동체 의식을 강조하였다.[478] 김동리의 소설 무녀도는 샤머니즘을 믿는 어머니와 기독교를 믿는 아들이 겪는 세대 간 단절의 비극을 그리고 있다. 한국은 세대 간 단절이 어느 사회보다 심하다. 한국말 잘하는 아버지는 버리고, 영어 잘하는 옆집아저씨를 존경하고 따르는 것이다. 한국사람들에 있어서 이는 어쩔 수 없는 일로서, 영어를 잘해야 성공할 수 있는 현실에 맞춘 것일 뿐이다. 마찬가지로 조선시대에는 한문을 잘해야 했던 것이고, 일제시대에는 일본말을 잘해야 했던 것이다. 그런데 영어를 잘

---

[478] List, 1841/1856, pp.281-282

하는 지금의 사람들은 과거 한문을 잘하던 선조, 일본말을 잘하던 선조를 비난한다. 자신의 조상이 부끄러운 사람들이 내셔널리즘이 강할 수 없다. 이렇게 부끄러운 조상은 대대로 이어가게 되어 있고, 약한 내셔널리즘 또한 마찬가지다.

# 제 13 장
# 결 론

　지금까지 한국의 내셔널리즘에 대해 살펴보았다. 용어에 대한 검토에서 시작하여 한국 내셔널리즘에 대한 제반사항과 이에 관련된 주요 문제들을 검토하였다.
　우리는 네이션, 내셔널리즘에 대한 우리말로서 민족, 민족주의라는 용어를 사용하고 있다. 한국에 민족, 민족주의라는 말이 사용되기 시작한 것은 지난 세기 초다. 일본에서 근대문물을 도입하면서 네이션, 내셔널리즘에 대한 번역어로 만들어진 이 말이 중국을 통하여 수입된 것이다. 그리고 한일합방으로 나라를 잃으면서 이 말이 한국인들이 즐겨 쓰는 용어가 되었다. 나라 없는 사람들로서 우리 집단을 표현하는 말이었기에 이 말에 정 붙일 수밖에 없었고, 그렇게 입에 굳어져서 해방 이후에도 사랑받는 용어로 자리 잡게 되었다. 그런데 네이션, 내셔널리즘을 민족, 민족주의라고 하는 것은 잘못 번역된 것이다. 네이션, 내셔널리즘은 그 의미에서 민족, 민족주의와 다르다. 네이션은 나라 혹은 나라사람에 대한 것이고, 내셔널리즘은 자신의 나라에 대한 이념이다. 반면에 민족은 나라와 무관한 사람들의 집단이고,

민족주의는 이 민족에 기초한 이념이다.[479] 민족은 공동의 조상을 가진 사람들로서의 혈연적인 유대관계를 기초로 한다. 이렇게 같지 않은 말을 번역어로 사용함으로써 크고 작은 문제들이 발생한다. 우선 일상적인 소통에서 혼란이 온다. 그리고 의미의 정확성이 요구되는 학문에서는 문제가 더 심각해진다. 우리나라에서 내셔널리즘에 대한 연구는 말할 것 없고 민족주의 이름하에서의 연구조차 매우 빈약한데, 여기에는 잘못된 번역어로 인하여 내용전달이 정확히 안 되는 문제도 크게 작용하고 있는 것이다.

그리고 네이션, 내셔널리즘이라는 말을 대신하는 번역어로서의 문제가 아니더라도 민족, 민족주의라는 말 자체에서도 문제가 작지 않다. 그것은 바로 민족이라는 말이 갖고 있는 내재적 의미 때문이다. 우리는 민족을 우리를 지칭하는데 많이 사용한다. 그런데 민족이라는 말은 낮추는 의미는 있어도 높이거나 아름답게 하는 의미는 없다. 말뜻 그대로 보자면, 민(民)은 노예요, 족(族)은 족속이다. 한자는 여러 뜻이 있으므로 그 의미에서 중립적으로 놓고 보더라도 이 말이 주는 역할을 생각하면 역시 부적절하기는 마찬가지다. 원래 네이션, 내셔널리즘은 근대적인 의식을 도입하기 위하여 들여온 것이다. 그런데 동양적 정치질서에서 수천 년을 피치자로 최적화되어 온 민(民)이라는 어리석고 무기력한 사람들과, 족(族)이라는 혈연의 집단을 의미하는 말로서의 민족은 근대적인 성격으로서의 네이션과 같기는커녕 오히려 정반대다. 이런 민족이 네이션의 자리에 앉아 네이션의 근

---

[479] 사전에서는 민족주의를 "독립이나 통일을 위하여 민족의 독자성이나 우월성을 주장하는 사상"이라고 정의하고 있지만, 실제 용어 사용을 보면 독립이나 통일을 위하는 경우만 사용되는 것이 아니고 더 넓게 민족을 위하는 이념의 의미로 사용된다.

대적인 가치를 가리고 오히려 전근대적인 가치를 확산시켰다는 점에서 결코 해롭지 않다고 보기 어려운 것이다. 민족이라는 용어는 딱새둥지의 뻐꾸기다. 뻐꾸기 새끼는 딱새둥지를 차지하고 여러 딱새알과 새끼들을 둥지 밖으로 떨어뜨려버렸다. 민족이 나쁜 것은 아니나 이 말만으로는 우리에게 필요한 의식을 일깨우지 못한다. 오히려 이 말이 모두가 주인인 가운데 공동의 이익을 생각하며, 족벌과 연고의 차원이 아니라 나라 차원에서 협력하고 화합하면서 살아야 한다는 각성, 네이션을 통해서 가질 수 있는 그 귀중한 의식변화를 가로막고 있었던 것이다.[480]

민족이라는 말을 무작정 폄하하려는 것이 아니다. 민족이라는 말이 가진 긍정적인 역할은 당연히 평가되어야 한다. 민족이라는 말은 이 땅의 사람들에게 하나 된 의식을 주고 우리의 고난과 역사를 전달해 준다. 국권을 침탈당했던 일제시대에는 이 말이 우리의식의 불씨를 간직하는 데 도움을 주었다. 그리고 남과 북으로 분단되어 있는 지금 역시 이 말이 나름대로 긍정적인 역할을 하고 있다. 그런데 이러한 역할은 민족이라는 용어가 아니라도 할 수 있다. 게다가 지금 우리는 나라 없는 사람들을 일컫기에 적합한 민족이 아니라 나라 있는 사람들이다. 민족이라는 말이 할 수 있는 역할은 나라 있는 사람들으로서의 품격 있는 말로서도 충분히 할 수 있다. 그리고 좋은 사회, 강한 집단은 민족이 아니라 국가를 통해서만 가능한 일이다. 민족은 나라 있음을 보장하지도 못하고, 좋은 사회, 좋은 국가를 건설해 나가는 것과도 무관한 용어이다. 민족은 그저 수동적이고 소극적으로 우리 집단을 유지하는 것으로 만족하는 용어이다. 우리는 어둡

---

[480] 조영정, 2021, p.181

고 퇴행적인 과거에 머물기보다는 밝고 희망찬 미래로 나아가야 한다. 나라사람이 있어야 할 자리를 민족이 차지하고 가로막고 있게 해서는 안 된다.

그래서 이 용어의 문제와 관련하여 다각적인 측면에서 분석하고 검토하였다. 그 결과 네이션, 내셔널리즘의 번역어로서 적절한 용어를 찾는 것이 필요하다고 판단하였고, 이에 따라 여러 용어들을 검토한 끝에 네이션은 국인, 내셔널리즘은 국인주의 혹은 자국주의라는 용어를 사용하는 것이 가장 적절하다는 결과를 얻었다.

다음으로 한국 내셔널리즘을 설명하는 내셔널리즘 이론에 대한 문제다. 기존 연구로서 민족주의라는 이름하의 한국 내셔널리즘에 대한 연구들을 보면 대부분 근대주의 이론을 따르고 있다. 근대주의 이론은 말 그대로 근대화 과정에서 네이션, 내셔널리즘이 생겼다는 것이므로 연구들은 한국에 민족, 민족주의가 생긴 것은 근대화 시기라고 하고 있다. 한국에 근대화가 본격적으로 이루어진 것이 일제시대였으므로 이 시기를 전후하여 한국에 민족과 민족주의가 생겼다는 것이다.

그런데 이것이 말이 되는가? 한국민족이 불과 한 세기 전에 생겨났다니. 우리는 반만 년 역사를 지닌 민족이라고 하고 있는데, 이들 연구에서는 불과 백여 년 전에서야 한국사람들이 민족이 되었다고 하고 있는 것이다. 지금까지 우리는 네이션, 내셔널리즘을 민족, 민족주의라고 불러오고 있으므로 네이션, 내셔널리즘을 민족, 민족주의라고 부르는 것에 따른 문제라고 생각할 수도 있을 것이다. 그렇다면 민족, 민족주의 대신에 네이션, 내셔널리즘 혹은 국인, 국인주의로 바꿔서 생각해 보자. 그래도 마찬가지다. 한국인들의 내셔널리즘이 불과 백여 년 전에 생겨나고 나라사람으로서의 정체성이 불과 백여 년 전에 생겨났다는 것이 말이 되는가? 이 땅에 나라가 건립된 것이 수천 년 전이고, 그 이후로 줄곧 나라사람들로서 살아오지 않았는가?

그뿐만 아니라 한국 내셔널리즘에 있어서 근대주의 이론은 설명력이 거의 없다. 실제 현실에서 일어난 일들은 근대주의 이론과 전혀 다르며, 이 이론대로라면 반드시 일어나야만 할 일들이 실제에서는 일어나지 않았다. 근대주의 이론대로라면 근대화의 중심시기인 일제시대에 한국에 국인주의가 강화되고 국인이 형성되어야 한다. 근대화 과정에서 사람들이 자신의 나라에 대하여 더 주인의식을 갖고 자신이 나라 일에 더 적극 나서는 사람이 되어야 한다. 그런데 실제로 그런가? 일제의 탄압과 회유로 시간이 갈수록 독립 의병활동도 줄어들고 일본체제를 받아들이는 사람들은 늘어갔다. 젊은이들은 일본에 유학가고, 근로자로 갔으며, 제국군인으로 갔다. 지도층 인사들은 일본의 앞잡이가 되어 한국인들을 일본왕의 신민이 되도록 이끌었다. 한국인들은 근대화기를 거치면서 다른 나라 왕의 신민의식을 갖게 되고 통치권력에 복종하는 노예민이 되었다. 근대화 시기에 국인주의와 국인의식이 생긴 것이 아니라 오히려 그 반대로 된 것이다.

이렇게 한국 내셔널리즘에 있어서 근대주의 이론은 현실을 설명하지 못하고 있을 뿐만 아니라 오히려 현실과 반대되는 결론을 이끌어 낸다. 이는 현실을 보고 여기에 맞는 이론이 만들어져야 할 것인데, 거꾸로 이론을 가져와 현실을 이 이론 틀에 맞추어 설명하려고 하다 보니 이런 결과가 생기는 것이다. 유럽에서의 내셔널리즘을 설명하기 위하여 나온 근대주의 이론이 한국 내셔널리즘을 제대로 설명하지 못하는 것은 당연하다. 유럽과 한국은 그 역사가 다르고 살아온 모습이 다르기 때문이다. 유럽은 근대화기에 현재와 같은 국가들이 탄생하였지만, 한국에서는 현재의 땅과 사람들로 이루어진 국가가 이미 고대부터 있었던 것이다.

여기서 근대화가 되기 이전에 한국에 민족, 민족주의가 없었다는 근대주의 이론의 타당성을 뒷받침하기 위하여 국가 주권 문제나 사회신분제 등의 문제가 제기된다. 전근대기에 한국에 주권이 없었기 때문에 독립국가가 아니어서 네이션이 아니었다거나, 혹은 신분제 사회였기 때문에 사람들이 국가를 생각하는 마음이 없어서 네이션이 될 수 없었다고 주장하는 식이다. 그래서 과거 한국의 주권이나 신분제 사회체제에 대한 사실이 내셔널리즘 자체의 문제는 아니지만 이들 문제가 한국 내셔널리즘의 논의에서 중요한 논의대상으로 된다.

먼저 주권에 대한 것은 전근대기 한국은 주체적인 국가가 아니었으므로 사람들의 마음에 그 나라 존재에 대한 의식이 없었다는 논리이다. 한국이 중국에 종속되어 독자적인 나라로서의 존재가 희미하였기 때문에 한국인들의 마음에 나라에 대한 의식이 없었다는 것이다. 하지만 한국에 주권이 없었다는 주장은 잘못된 것이다. 잘 살펴보면 어느 모로 보나 한국이 주권을 갖고 있었다는 사실은 분명하다. 그리고 중국은 한국의 주권을 가진 적이 없었다. 근대 이전의 한국과 중국과의 관계는 조공책봉체제로 규정된다. 당시 동아시아는 중국을 중심으로 하는 조공책봉체제하에 있었고, 한국은 여기서 조공국으로 있었다. 그런데 조공책봉체제와 주권과는 상관이 없다. 조공책봉은 국가 간 외교관계에 대한 것이었지 지배나 통치에 대한 것이 아니었다. 조공책봉과 관련하여 중국이 한국의 주권을 갖고 있었다는 어떠한 근거도 찾을 수 없다. 그리고 본질적으로 과거 중국에 있어서 이적은 다스리지 않는 것이 원칙이었으며, 중국에 있어서 한국은 이적이었다. 실제 과거 사료들을 보더라도 중국이 한국인들을 지배하거나 통치했다는 증거는 어디에도 없다. 조공책봉체제는 오늘날의 국제관계에서 패권체제(hegemony system)와 유사한 것이었다. 당시 동아시아의 폐쇄된 공간에서 중국은 오늘날 세계에서의 미국과 같은 역할을 한 것이다. 오히려 당시 중국의 다른 국가에 대한 통제력은 오늘날의 미국의 그것에 비하여 훨씬 약한 것이었다. 그렇기 때문에 만약 과거 조공책봉체제하에서의 한국에 주권이 없었다고 한다면, 오늘날 미국의 강력한 패권체제 안에 들어 있는 일본은 훨씬 더 주권이 없는 상태라고 해야 한다.

그리고 중화문명권에 있었기 때문에 국인의식이 없었다는 주장도 근거 없는 주장이다. 전근대기 동아시아는 중화문명권에 있었다. 중화문명권에 있었다고 해서 중국인으로 있었다고 생각해서는 안 된다. 조선시대 한국인들은 중화문명을 숭상하였다. 그런데 이는 문화적인 범주로서의 중화문명인으로서의 의식이었고, 이와 별도로 국가적인 경계로서 조선사람으로서의 국인의식 또한 있었던 것이다. 중화문명인이라는 의식이 있었다고 하더라도 이것이 국가 국인으로서의 의식을 대체할 수는 없는 것일 뿐만 아니라, 중화문명인이라는 의식은 국인의식보다 훨씬 약한 것이었다. 더욱이 중화문명인이라는 의식은 지배층 일부에 해당되는 것이었고, 일반 사람들에서는 그런 의식과는 거리가 멀었다.

다음으로 신분제 사회였기 때문에 국인주의가 없었다는 주장이다. 과거 한국에서 신분에 따른 차별과 관련하여 중심적인 논의대상은 노비제도이다. 노비제도와 관련하여 노비의 비중을 과도하게 부풀리거나 가혹한 환경에 있었다면서 과거의 한국사회의 야만성과 미개성을 부각시키면서 헐뜯는 사람들이 있다. 이들은 한국의 노비를 노예라고 하고, 한국사회를 노예제 사회였다고 하면서 수천 년간 발전이 정체된 사회라고 주장하는가 하면, 한국사람들에게 과거 역사에 대한 수치심을 강요하기도 한다. 같은 맥락에서 국인주의 연구에 있어서도 신분제 사회의 차별로 인하여 국인들 간에 운명공동체로서의 의식이 없었고, 따라서 전근대기에는 한국에 국인주의가 없었던 것으로 결론짓는다. 그런데 이 부분을 검토해 본 결과 그 같은 주장은 전혀 받아들 수 있는 것이 아니었다. 노예제 사회 주장과 관련하여 노비의 숫자가 그렇게 많았다는 것도 근거 없는 주장이고, 한국의 노비는 서양의 노예만큼 그렇게 가혹하게 삶을 살았던 것도 아니었다. 이에 따라 신분제의 존재로 인하여 하층민들이 나라에 대해서 애착을 갖지 못했다는 주장 또한 현실적으로 맞지 않다. 그리고 이는 논리적으로도 맞지 않다. 사회의 하류층 사람이 나라에 대한 애착이 없다는 것은 통찰력 없는 생각으로서 편견에 가깝다. 이는 잘사는 집의 아들은 효자가 되고, 못사는 집의 아들은 불효자가 된다고 주장하는 것과 같다. 뿐만 아니라 이런 주장이 옳지 않다는 것은 역사가 증명하고 있다. 나라가 위태로울 때 나라를 구하기 위해 몸 바쳐 나선 사람들 중에는 하층민이 적지 않았다. 일제지배하에서 상류층 사람이 먼저 부역하였으며, 현재 한국을 보더라도 군대 안 가고, 법 안 지키고, 세금 체납하는 사람들은 상류층에서 더 많다. 미국을 보더라도 국인주의를 외치는 사람은 주로 중하층의 사람들이고, 상류층 사람들은 국인주의에 관심 없다.

이와 같이 한국의 내셔널리즘을 설명하는데 근대주의 이론은 거의 설명력을 갖지 못한다. 그럼에도 불구하고 이 같은 이론을 억지로 이끌어가려 하는 데에는 여기에서의 결론이 특정인들의 인식을 정당화시키거나 특정 집단의 이해와 관련되지는 않는지 의심해 보지 않을 수 없다. 근대주의는 서구인들에게 있어서 자신들이 세계 다른 지역을 근대화시켜 세계에 문명을 확산시켰다는 인식과 함께한다. 같은 맥락에서 한국에서 근대주의 이론은 일본인들이 좋아할 만한 이론이다. 일본인들이 한국을 개화시켰다는 것이다. 그리고 지난날 일본 제국주의자들이 한국을 침략할 당시에는 한국은 나라도 아니었다는 것으로서의 당시의 침략을 합리화하고 미화할 수 있는 근거가 된다. 더 나아가 지금도 일본사람들이 한국의 발전은 일본 식민지통치의 혜택으로 이루어진 것이라고 주장하듯이 내셔널리즘에 있어서도 한국이 민족과 민족주의를 갖게 된 것은 일본 덕분으로서 한국은 일본에 고마워해야 한다는 주장까지도 할 수 있게 하는 것이다.

근대화기 이전에 한국에 주권이 없었다거나 중국에 종속되어 있었다거나 하는 주장은 주로 일본학자들이 주장하는 내용으로서, 구한말 한반도를 침략한 일본의 행위를 정당화하는 논리 중의 한 부분이다. 조선은 독립한 국가가 아니고 중국의 종속국이었는데, 일본의 조선합병은 청일전쟁의 승리로 청나라로부터 전리품으로 일본에 귀속하게 된 것이라는 것이다. 이러한 주장에 대하여 중국도 나쁠 것이 없으므로 중국사람들도 이에 동조하는 것이다. 이런 주장이 한국에 주는 해악은 매우 크다. 남북분단의 비극도 이런 것과 연관되어 있다. 제2차 세계대전 후에 남쪽은 미국이, 북쪽은 소련이 나누어 가져도 된다는 생각이 나온 것도 한국이 하나의 분명한 나라로서의 인식이 아니라 일본에 지배받고 중국에 지배되어 오던 곳과 같은 것으로서의 인식이 작용하였던 것이다. 그리고 최근에 와서는 북한정권이 와해되었을 때 몇몇 국가가 북한 땅을 분할해서 관리하게 된다느니, 중국이 들어오게 된다느니 하는 것도 이 땅이 본래부터 외부의 지배를 받는 땅이라는 인식이 있기 때문에 이런 생각을 쉽게 할 수 있는 것이다.

신분제도에 있어서도 한국에 과도한 멍에를 씌우려 하는 사람들이 있다. 한국의 노비제도는 중국과 별반 다르지 않았고, 일본에 비하여 심한 점이 없었다. 중국은 외부와 전쟁도 많고, 왕조도 자주 바뀌고, 민족 간 투쟁도 많아서 노예가 양산될 수 있는 환경이었던 반면에 한국은 그러지 않았다. 제반 여건으로 보아 노예에 대한 대우에 있어서 한국이 중국보다 더 가혹할 수가 없었다. 또 일본만 보더라도 고대로부터 노비나 천민에 대한 제도가 한국과 크게 다르지 않았고, 오히려 일본의 게닌(家人)은 그 처우에서 한국의 노비보다 훨씬 더 혹독하였다. 일본은 노비시장도 더 활발하게 운영되었고, 게다가 일본은 일찍부터 포르투갈, 스페인 등 서구국가들과 교류하면서 이들 상인들에게 사람들을 노예로 팔기도 하였으며, 천민들만 거주하는 부라쿠민이나 여성 성매매 집창촌인 요시와라 유곽[481] 등의 제도에서 보듯이 천민들에 대한 인권유린이 한국보다 훨씬 심했다. 그럼에도 불구하고 서양학자들 중에는 한국에 대해서만 "노예제 사회"니, "동양에서 가장 앞선 노예체제를 갖추고 있었다"느니, "세계 어디보다 노예제도가 발달된 곳"이라느니,[482] "세계에서 동족을 노

---

[481] 제2차 세계대전 때의 위안부 운영도 일본의 이러한 전통에서 내려온 것이다.
[482] Patterson, 1982, pp.126-127

예삼은 유일한 나라"라느니 하면서 학문의 이름으로 국가를 흠집내고 국민들을 모욕하려는 사람들이 있다. 이들은 동족이기 때문에 노예처럼 잔인할 수가 없고, 그래서 노예와 달랐다거나 하는 생각은 하고 싶지 않고, 처음부터 서양보다 더 잔인한 노예제로 기정사실화시킨 채 더 더욱 비루한 한국사람들로 몰아부치기 위해서 마치 작정이라도 한듯이 한국인의 자존심에 대한 난도질이 거침없다. 이들은 대부분 한국역사와 관련하여 일본이나 중국에서 하는 말과 같은 말을 하는 사람들이다. 이것은 그들의 지식이 일본학자나 중국학자로부터 배운 것이기 때문이다. 우리나라에도 외국에서 공부한 학자들은 그 나라 학자들과 같은 생각을 가진 사람들이 많다. 이것은 배운 것이 그렇기 때문이다. 지난날 서세동점의 시기에 한국이 중국, 일본 뒤에 숨기만 하는 우를 범하였기 때문에 이렇게 된 것이다. 이때 중국, 일본은 서양사람들에게 한국에 대한 것을 모두 자신들 좋을 대로 알려 준 것이다. 진실을 제대로 알릴 기회를 포기한 잘못은 과거의 일로서 지금에 와서 어쩔 수 없다고 하더라도, 이런 사람들의 거짓 주장을 지식이랍시고 이를 기정사실화하고 확산시키는 한국인들이 많은 것이 더 큰 문제다. 지금 한국사회는 "중국의 속국", "노예제 사회", "인구절반이 노비"라는 등과 같은 말을 유행어처럼 서로 주고받으며, 이를 진실로 만들고 상식으로 받들고 있다. 그리하여 내셔널리즘과 같은 영역에서도 이런 그릇된 지식에 근거하여 논리를 내세우는 일이 일어나고 있는 것이다.

　　이런 말을 하는 사람들은 과거를 알아야 발전할 수 있다고 주장할지 모른다. 과거의 노비제도를 규탄하는 것이 오늘날 우리의 삶이 나아지는 것과 무슨 상관있는가? 오늘날에도 우리 주변에는 과거보다 더 못한 나쁜 모습들이 도처에 널려 있다. 오늘날의 나쁜 일을 없애도록 노력해야 발전할 수 있는 것이지, 그런 노력은 하지 않으면서 먼 옛날 조상타령하면서 오늘의 발전을 꾀하겠다는 것은 무슨 해괴망측한 논리인가? 원래 못난 사람이 조상 탓을 하는 법이다. 자신을 변호할 수 없는 과거의 사람들을 비난하는 것은 정의에도 맞지 않으며 비겁하기까지 하다. 정작 한국인들에게는 이런 말들이 오히려 더 나락으로 떨어뜨릴 뿐이다. 사람은 무엇으로 사는가? 밥만 중요한 것이 아니라 자존심도 중요하다. 누구나 배꼽이 있다. 우리는 이전의 사람으로부터 이어져 내려온 존재인 것이다. 나의 조상은 비루했고 야만에 가까웠다고 되뇌어서 나에게 좋은 것이 무엇인가? 여기 한 아이가 있다고 하자. 그 아이에게 너의 아버지는 훌륭한 분이었다고 말하는 것과 너의 아버지는 범죄자였다고 말하는 것 중 어느 것이 아이의 장래에 도움될 것 같은가? 많은 연구들은 자긍심은 사람을 행복하게 하고 성공으로 이끄는 반면에, 자긍심의 결핍은 실패, 범죄, 정신질환으로 이끈다는 결과를 보여주고 있다. 아이에서 그렇듯이 국가의 측면에서도 험담이 좋지 않은 것은 의심의 여지가 없다.

또 이런 말을 하는 사람들은 그것이 진실이라고 말할 수도 있다. 여기에서 우리는 두 가지 경우로 생각해 볼 수 있다. 첫째, 정말 진실일 경우이고, 둘째, 진실이라고 할 수 없는 경우이다. 여기서 첫째의 진실이라면 아무 문제가 없다. 그런데 진실이라고 하기 위해서는 객관적인 사실로서 증명될 수 있어야 하는데, 본 연구에서 검토해 본 바와 같이 제기된 여러 주장들이 진실이라고 판단할 수 있는 객관적인 근거가 없다. 그렇다면 둘째에 해당된다. 진실이라고 할 수 없는 것을 진실이라고 하고 있는 것이다. 자신만의 확신에 의해서 말하는 것은 누구나 사상의 자유, 표현의 자유가 있고, 또 누구나 국인주의자가 될 수도, 세계주의자가 될 수도 있으므로 그런 그를 어쩔 수는 없다. 하지만 이는 그러는 그 자신에게도 좋은 일이 될 수 없다. 그가 세계주의자이거나 자국에 대해 좋은 마음이 없어서 나라 안 사람에게 동포애를 느끼지 못한다면, 다른 사람들 또한 그에게 동포애를 갖지 못할 것이다. 결국 사회에 이런 사람이 많을 때 내셔널리즘은 점점 더 약화될 수밖에 없는 것이다.

　내셔널리즘은 국가의 혼이다. 내셔널리즘은 국가의 발전에 중요한 역할을 할 뿐만 아니라 그 국가 존속여부를 결정짓는다. 과거 험난한 역사 속에서 그나마 한국을 지켜준 것은 내셔널리즘이다. 내셔널리즘이 있었기에 국가로서 살아남은 것이다. 국가 간 투쟁은 끝나지 않았으며 앞으로도 영원히 계속될 것이다. 지금 이 순간에도 보이지 않는 곳에서 투쟁은 계속되고 있다. 일본은 한반도를 포기하지 않았으며, 그 속성상 아마도 영원히 포기하지 않을 것이다. 중국 또한 세계의 패권국가로 올라서기 위해서 제일 먼저 딛고 서야 할 나라가 한국이다. 일본, 중국은 겉으로는 한국과 우호적인 관계를 유지하고 있지만 내면으로는 지배의 욕망이 가득하다. 일본은 임나일본부와 같은 것을 주장하면서 고대에 한반도 남쪽이 일본 땅이었다고 주장하고, 필요에 따라 한국과 일본이 같은 민족이라고 주장하기도 한다. 중국 또한 과거 한국이 자기 나라의 일부였다고 주장한다. 이들이 이렇게 주장하는 이유가 무엇인가? 미래에 펼치고 싶은 자신들의 야심에 대비하고 있는 것이다. 한국을 과거 중국의 속국이니 노예제 사회니 하는 것도 과거에 대한 것이 아니라 미래를 위한 것이다. 일본과 중국이 앞날을 생각하여 끊임없이 한국의 토대를 허무려는 것이다.

이웃집을 폐가로 만들려면 그 집에 직접 가서 불 지를 필요 없다. 이웃집 아들로 하여금 우리 집은 창피하다면서 집 나가게 하면 되는 것이다. 지금 한국은 어떤가? 이 땅에는 이웃 국가들이 준비해 준 메뉴에 따라 열심히 고춧가루, 잿가루를 뿌리는 사람들이 있다. 중국의 속국이라거나 노예제 사회라는 말을 스스럼없이 하고, 노비에서 해방시켜 준 일본에 고마워해야 한다고 하는가 하면, 큰 산 중국 옆에 붙은 작은 산 한국이라는 등 차마 들어줄 수 없는 말을 하면서도 부끄러운 줄 모른다. 한국사람들이 이러는 것은 학습된 열등의식의 결과이며, 이는 주변 국가들이 해온 일들이 결실을 맺고 있다는 것을 것을 의미한다.

오늘날 세계는 겉으로는 화목하게 살아가는 것처럼 하고 있지만 내면으로는 국가 간에 투쟁이 치열하다. 그리고 오늘날의 전쟁은 재래전, 비정규전, 사이버전, 전자전, 미디어전, 인지전 등 그 수단이 혼재된 하이브리드전쟁(hybrid warfare)이다. 그 전쟁방법 중 일부는 전쟁선포 없이 얼마든지 가능하다. 세계는 국가들 간의 인지전(cognitive warfare)이 곳곳에서 벌어지고 있지만, 그중에서 한국에 대해 전개되는 인지전의 공세는 어느 곳보다 치열하다. 사이버공간을 비롯한 드러나지 않는 영역을 활용하여 과거의 역사를 왜곡하고, 한국인들을 분열시키고, 자국에 유리하도록 정보와 여론을 조작하며, 서양사람들을 끌어들여 앞에 내세우거나 한국사람들을 자신의 편으로 만들어 간접적으로 공격하기도 한다. 이러한 공세에 정신적 영역에서 크게 손상을 입고 있지만 한국은 반격을 하기는커녕 공격을 받고 있다는 사실조차 제대로 파악하지 못하고 있다.

다음은 한국 내셔널리즘의 기원에 대한 논의이다. 한국에 국인이 생긴 것은 삼국시대였다. 삼국은 그 시작에서부터 왕들이 정복민을 지배하는 형태가 아니라 나라 안 사람들로부터 추대되는 형식이었다. 왕 주변의 사람들은 왕을 중심으로 모든 사람들이 함께하는 운명공동체로서의 국가를 생각하였고, 국가에 대한 주인의식을 가졌었다. 삼국 당시에 이미 국인의식이 있었음은 역사, 설화, 민담 등 여러 형태의 자료를 통해서 확인할 수 있다. 한국에 민족이 언제부터 시작했는가라고 했을 때 삼국시대부터라고 말하기 어렵지만 한국에 국인이 언제부터 시작되었는가라고 했을 때 삼국시대라고 분명히 말할 수 있다. 이런 면에서 내셔널리즘을 국인주의라고 불렀으면 고대부터 한국에 내셔널리즘이 존재했다고 주장하는 것이 당연한데, 민족주의라고 하고 있다 보니 과거 역사에서의 내셔널리즘 존재를 주장하기가 더 어려워진 면이 있었다.

  기원전후 시기에 삼국이 건립되었지만 삼국에 국인이 형성된 것은 고구려, 백제에서 고대국가체제가 완성된 3-4세기경이라고 할 수 있다. 고대에 국가수립은 수대에 걸쳐서 시간을 두고 사람을 모으고 땅을 넓히며 국가체제를 정비하는 과정을 거치게 된다. 국인형성 여부는 일반 대중들의 의식을 기준으로 해야 한다는 점과, 한반도 내 대부분의 사람이 나라의 일원으로서 편입되고, 자신이 어느 국가 소속원으로서의 국인이라는 의식을 갖게 되기까지는 상당한 시간이 걸렸을 것으로 생각하면 이 시기로 보는 것이 합리적이다. 그리고 현재와 같이 한반도사람 전체를 아우르는 한국인으로서의 국인의식이 생긴 것은 통일신라시대였다. 통일신라는 동아시아뿐만 아니라 저 멀리 페르시아나 아랍에까지 알려져 있었고, 중국에도 신라인들을 위한 신라소, 신라방이 있을 정도로 신라인의 나라사람으로서 존재가 확고하였다. 이후 신라인은 고려인으로 계승되고, 고려인은 조선인으로 계승되고, 조선에서 대한제국으로 바뀌고, 그리고 오늘의 대한민국으로 이르게 된 것이다. 나라의 이름은 몇 차례 바뀌었지만, 나라사람들 집단으로서의 사람들은 변함없이 고대에서 현대에 이르기까지 세대에서 세대로 이어져 내려오고 있다.

시간의 흐름에 따른 내셔널리즘의 추이를 보면 삼국시대에 강했던 내셔널리즘은 고구려의 패망으로 약해졌고, 고려시대에 몽골의 지배를 받으면서 자주성이 약해졌으며, 조선시대에 들어오면서 중국에 대한 사대사상으로 내셔널리즘이 약해졌으며, 조선말기로 가면서 국력이 쇠약해지고 국가 지도층이 백성들을 제대로 이끌지 못하면서 내셔널리즘이 더 약하게 되었다. 이후 일제시대는 내셔널리즘 제거기간이었다. 일제는 경복궁 일부를 허물고 그 앞에 일본(日本)을 상징하는 日(일) 자 모양의 조선총독부 건물을 웅장하게 지었으며, 창경궁을 동물원으로 만드는 등 한국이라는 나라를 지우고 한국인의 정체성을 말살하기 위하여 전력을 다하였다. 한국 곳곳을 뒤져 역사자료들을 찾아내어, 감출 것은 감추고, 없앨 것은 없애고, 고칠 것은 고쳐서 역사를 왜곡하였다. 그리고 심지어 한국인들로 하여금 일본말을 사용하게 하고, 한국인들의 이름을 일본식으로 창씨개명하였다. 이 같은 일본의 집요한 한국 없애기는 역사적으로 찾기 드문 반문명적 반인류적인 행태였다. 이러한 결과로 일본이 지배한 지 불과 30여 년 만에 한국인들은 거의 일본사람들로 되어갔다. 만약에 연합국이 승리하지 못했다면, 그리고 연합국에서 전후계획으로 한국의 독립을 계획하지 않았더라면 한국은 일본이 되고 말았을지도 모른다.[483] 하지만 수천 년의 역사를 가진 사람들이기 때문에

---

[483] 연합국이 한국을 독립시키려고 한 것은 일본의 힘을 약화시키기 위해서였다.

그 역사 속에 키워 온 국인의식이 지워질 수는 없는 것이었다. 외세의 침략은 내면으로 내셔널리즘을 강화시켰다. 내셔널리즘이 외국 지배하에서 잠시 움추려 들었다고 해도 건재하였으며 이전과 다름없이 회복되었다.

해방 후에 한국정부는 국민들이 애국심을 갖도록 국가의 상징을 내세우고 유적을 정비하여 과거의 역사를 내세우면서 내셔널리즘의 강화를 위한 노력들을 하였다.[484] 이러한 노력과 함께 한국경제가 발전하고 국력이 성장하면서 사람들은 한국인으로서의 자부심을 갖게 되었다. 하지만 오늘의 한국인이 근대화 이전보다 내셔널리즘에서 더 강해졌다고 할 수는 없다. 오늘날의 한국은 세계화에 따라 세계주의적인 생각을 가진 사람도 많다. 개인주의가 세계주의로 이어지면서 국인주의가 많이 희미해졌다. 세계화로 나라에 들어오는 사람도 많고 나가는 사람도 많아지게 되었다. 세계로의 문호가 열리면서 이미 많은 사람들이 한반도를 떠났으며, 이후에도 나가는 사람들이 꾸준히 늘어 한국은 700만 명의 해외동포를 둔 이민유출대국이 되었다. 반면에 이민족의 국내유입도 크게 늘었다. 최근 결혼목적으로 외국 이민족 여성들이 들어오고, 외국 노동자들을 들여오면서 이민족의 국내유입이 크게 늘어나게 되었다.

이러한 시대적 변화에 따라 한국사회도 전례 없던 변화를 맞고 있다. 외국인 노동자의 유입으로 인하여 국내 노동자는 일자리를 잃게 되고, 경제활동의 많은 부분을 외국상품이나 외국인에 의존하게 됨에 따라 과거 국내생산과 내국인을 중심으로

---

[484] 이는 근대 이후의 대부분의 국가들이 그랬고, 또 국가 간 경쟁적 구도의 세계에서 대부분의 국가가 행하는 통상적인 것이었다.

하던 지역상권은 쇠퇴하게 되었다. 많은 기업들이 세금 적고 인건비 싼 외국으로 나가고, 투자도 전문투자기관뿐만 아니라 개인들도 외국자본시장에 투자하는 사람들이 늘고 있다. 지방화로 지방단위로 공동체를 형성하고 지역상품권 발행으로 국가통화의 사용을 줄이고 있다. 지역적으로 분할되고, 결혼을 기피하고, 국내 사업자가 국내 노동자를 기피하는 등 국내 사람들 간에 협력하고 분업하던 삶의 구조가 깨어지고, 국인경제(national economy)가 와해되어 가고 있는 것이다. 과거에는 국민 모두가 자국경제가 잘되어야 자신에게도 좋은 것으로 생각하고 자국경제가 잘되기를 바랐다. 하지만 지금의 상황에서는 반드시 그런 것만은 아니다. 예를 들어 미국증권에 투자한 사람은 미국경제가 좋아져야 투자수익이 올라가고, 한국경제가 나빠져야 환율이 올라가서 환차익이 커진다. 자신의 이익을 위하여 자국경제가 못되기를 바라는 사람도 있을 수 있는 것이다. 상황이 이렇다 보니 국가의 통합력은 약해지고 사람들의 내셔널리즘도 약해지고 있다.

  내셔널리즘에서 한국이 다른 나라들과 특별히 다른 것은 두 개의 내셔널리즘이 있다는 점이다. 한국사람들은 내셔널리즘을 민족주의라고 한다. 그런데 엄밀하게 살펴보면 이 민족주의 안에는 내용적으로 구분되는 두 개의 민족주의가 존재한다. 하나는 민족주의이고, 다른 하나는 대한민국 국민으로서의 내셔널리즘이다. 민족주의는 남한사람뿐만 아니라 북한사람도 함께하는 내셔널리즘이다. 반면에 대한민국 국민으로서의 내셔널리즘은 남한사람들의 정치체인 대한민국 국민으로서의 국민주의다. 지금 남한과 북한은 휴전상황이어서 서로 적이다. 민족주의는 자국사람뿐만 아니라 적국사람도 포함하고 있는 것이다. 그래서 남한사람들만 생각하면 민족주의와 국민주의는 같은 것이 될 수 있지만, 북한사람들을 생각하면 민족주의와 국민주의는 서로 반대되는 것이다. 이렇게 대한민국에서는 대한민국을 거부하는 북한사람들을 포함하는 민족주의와 대한민국을 사랑하는 남한사람들의 국민주의가 혼합되어 매우 기괴한 모습으로 공존하고 있다. 대한민국 안에서는 대한민국을 위하는 민족주의도 있지만 북한을 위한 민족주의도 있다. 이 민족주의는 대한민국에 대한 애국의 역할도 할 수 있고 매국의 역할도 할 수 있는 것이다. 그래서 북한은 남한에서의 민족주의를 활용한다. 남한사람들로 하여금 북한에 대한 적대감을 제거하고 호의를 갖게 하며 남한의 국민주의를 무력화시키고 약화시키는 것이다.

일찍부터 한국에서 민족은 정치적 선전용어로서 이용되어 왔다. 일본은 민족이라는 말로 나라라는 말이 들어가지 않아도 우리를 표현을 할 수 있게 함으로써 한국사람들로 하여금 나라의 개념을 망각하게 하였다. 해방 이후 대한민국에서도 항상 "조국과 민족을 위해", "애국 애족" 등으로 표현하면서 국민적인 단합을 이끌어내는 용어로 사용되었다. 특히 북한에서는 민족을 적극 활용하였다. 북한에서는 민족주의를 내세워 주체사상과 외세배격을 강조하면서 남한에서의 미국 영향력을 제거하려 하였으며, "우리민족끼리", "민족은 하나다" 등과 같은 구호를 내세워 남한의 사람들을 끌어들였다.

북한의 적화통일에 대한 집념은 강하고, 이 집념의 근거는 민족이다. 같은 민족이니 통일해야 한다는 것이다. 6.25기습남침을 통하여 통일을 기도하였고, 여기서 실패한 이후에도 끊임없이 남한에 테러, 납치, 무장공비 침투와 같은 공격을 감행할 뿐만 아니라 남한 내 간첩활동과 친북세력양성을 통하여 남한정부

와해를 시도해 왔다. 그런데 북한이 민족통일을 추구하는 실질적인 이유는 북한 김씨일가의 권력안정을 위한 것이다. 통일이 되어도 좋지만 통일이 되지 않는다 할지라도 이를 명분으로 김씨일가가 권력을 강화하고 유지하는데 도움이 되기 때문이다. 분단을 시킨 미국 제국주의의 민족분열책동을 분쇄하고 남한을 해방시켜 기어이 통일을 이루시겠다는 수령님이시고, 그래서 우리 북조선 인민들은 딴 생각하지 말고 수령님 영도하에 힘을 뭉쳐 나아가야 한다는 것이다.

그런데 최근 북한에서 민족에 대한 인식에서 큰 변화가 일고 있다. 2023년 12월, 김정은은 "적대적 2개 국가론"을 들고 나왔다.[485] 대한민국을 같은 민족이 아닌 교전 중인 적대국가로 하여 남북관계를 같은 민족이 아닌 2개 국가 간의 관계로 규정하였다. 그러면서 이제부터는 민족통일 같은 것은 하지 않겠다고 하였다. 김정은이 두 나라로 살자고 하는 것은 그 자체만 본다면 나쁜 일이라고만 할 수 없다. 이는 당장 통일을 해야 한다고 설치는 것보다 훨씬 낫다. 민족주의를 앞세워 통일을 해야 한다고 안달을 하다 보면 또다시 민족을 살육의 장으로 내몰게 되지 않는다는 보장이 없다. 그래서 이것이 순순하게 민족을 위하는 목적이라면 차라리 바람직한 일이다. 그런데 김정은은 남한을 두고 이제 저것들은 민족도 아니라고 하고, 한국괴뢰들을 제1의 적대국가, 불변의 주적으로 규정하고 유사시 저것들의 령토를 점령, 평정하는 것을 국시로 결정했다고 하였다.[486] 지금까지 북한의 세습정권은 권력유지의 목적으로 통일을 추구했지

---

[485] 김정은 '2개 국가론'은 핵 사용 명분 쌓기? 2024.2.9
[486] 김정은 "한국괴뢰 주적규정과 영토점령을 국시로 결정", 2024.2.9

만 이제 그것이 유리하지 않다고 판단한 것이다. 남한과 북한의 경제사회적 발전수준 차이가 워낙 커서 북한 젊은이들이 남한사회를 동경하는 등 남북한의 접촉이 북한정권을 어렵게 하는 요인이 되어 가고 있고, 이렇게 해서는 통일되더라도 김씨독재체제의 유지가 어렵다고 본 것이다. 같은 민족이라는 테두리 속에서 남북한 접촉을 확대하는 것이 북한에게 유리하지 않다고 판단하고 남한과 단절하고 거리감을 두려는 것이다.

김정은의 선언이 있자 남한에서도 이에 호응하는 사람들이 나섰다. 이들은 이전까지만 하더라도 민족과 통일을 앞세우던 민족주의자들이었다. 지금까지의 주장대로라면 김정은의 선언에 대하여 더 강하게 민족과 민족주의를 외치고 나서야 할 것이지만 오히려 하루아침에 태도를 바꾸어 이에 동조하고 나선 것이다. 이것은 무엇을 의미하는가? 지금까지 이 땅에서 민족주의를 외치던 사람들의 민족주의는 진정한 민족주의가 아니었다는 것을 말해주는 것이다.

한국인에 있어서 통일은 무엇보다 중요한 가치이다. 하지만 통일에 대한 합리적이고 냉정한 마음을 가져야 한다. 그리하여 통일과 민족주의로 사람들을 끌고 다니는 정치인들로부터 벗어나야 한다. 조급하게 생각하지 말고 지금 이대로 자연스럽게 살아가면서 남북한에 민주주의가 실현되면 통일은 저절로 될 수밖에 없다. 국가에 대한 기본원칙으로 국인자결원칙(principle of national self-determination)이 있다. 북한사람들이 남한사람들과 같이 살겠다고 하면 통일이 되는 것이고, 북한사람들이 중국사람들과 같이 살고 싶다고 하면 북한은 중국과 한 나라가 되는 것이 옳다. 그런데 무엇 때문에 북한사람들이 말도 다르고 풍속도 다른 중국사람들과 같이 살고자 하겠는가? 그리고 북한사람들이 북한만의 국가로 살고 싶다고 하면 또 북한만의 국가로 살아가는 것이 옳다. 북한사람들이 독립적으로 살고 싶다고 하는데 강제로 통일을 하여 이들을 억압하며 한 나라를 이루고 산다 한들 무슨 좋은 결과가 있겠는가? 유럽국가들은 같은 민족이 아니어도 하나의 국가인 것처럼 살아가고 있다. 남북한이 민주주의가 되어 국민의 뜻에 따라 정치가 이루어진다면 통일이 안 될 이유가 없다. 설사 두 나라로 산다고 하더라도 자유로이 왕래하면서 사이좋게 살아간다면 지금처럼 통일을 외치면서 해코지하면서 살아가는 것보다 훨씬 낫다. 지금 통일이 안 되는 이유는 통치하려는 자의 통치 욕심 때문이다. 지금까지 한국 민족주의를 둘러싸고 있는 분위기는 민족을 위해서 자유를 희생시키고 통일을 앞세워 사람들을 억압해도 된다는 것이었는데, 이것이야말로 반민족적이고 반통일적이다.

긴 역사를 두고 동아시아의 국가와 민족의 구도를 보면 중국, 일본은 국가가 크게 확대되었다. 반면에 이 기간 동안 거란, 여진, 위구르, 유구, 아이누 등 많은 민족정치체들이 소멸되었다. 중국과 일본에 흡수된 것이다. 한국은 만주지역을 잃고 축소되었으며, 지난 세기에는 일본의 식민지로 전락하여 국가소멸의 위기까지 겪었다. 중국과 일본이 팽창한 것은 내셔널리즘이 강했기 때문이다. 중국은 중앙의 나라, 하늘의 아들 천자의 나라라는 것 때문에 사람들은 희생되었으나 국가는 확대되었다. 어느 민족이든지 강한 권력자가 되면 모두 중국의 천자가 되고자 했기 때문이다. 그래서 몽골족, 여진족, 거란족을 비롯한 수많은 민족들이 들어와서 사람들을 제거하고 그 땅을 차지하는 바람에 중국인들의 운명은 처참하였지만 국가로서의 중국은 살아남았을 뿐만 아니라 계속 확대되어 왔던 것이다. 일본 또한 여느 다른 국가와 마찬가지로 위기가 없지 않았지만 일본인 특유의 강한 단결력을 견지하면서 확대 발전되어 왔다. 일본은 만세일계의 천황을 상정하고, 이 천황을 구심점으로 하여 나라 안의 모든 사람이 단합하고 협력하는 내셔널리즘이 있었다. 이러한 중국, 일본에 비하여 한국은 내셔널리즘이 약하였다. 고구려의 웅장했 던 패기가 꺾이면서 내셔널리즘은 반토막이 나고, 이후 한국은 줄곧 약한 국가로 살아온 것이다.

　사람들은 그들이 처한 환경에 적응하게 되고, 이렇게 긴 시 간이 지나면 그 지역 사람들 특유의 기질과 성향을 형성하게 된 다. 한국은 자연환경은 아름답고 기후는 온화하다. 그래서 한국 인의 기질적인 특성을 보면 거친 환경에서 살아온 사람들에 비 하여 평화적이며 유순하고 무사안일로서 좋은 것이 좋다는 식으 로 두리뭉실 참고 넘어간다. 그러는 동안에 개개인으로는 재능 있고 능력 있는 사람들이 많아 스포츠나 예술 등에서 발군의 능 력을 보인다. 하지만 사람들이 힘을 합쳐 이루어내는 능력에서 는 상당히 약하다. 그래서 오래전부터 일본인들은 진흙과 같아 서 개개인은 허약하나 단체로는 단단하게 뭉치는 반면에, 한국 인들은 모래와 같아서 개개인은 단단하고 빛나지만 뭉치지 못한 다고 말해왔다. 19세기 이전만 하더라도 일본은 홋카이도와 동 북지역이나 오키나와 같은 땅이 일본영역 바깥이었고, 산지가 많아 영토 면이나 인구 면에서 한반도와 큰 차이가 없었다. 그 럼에도 불구하고 한국이 일본의 지배를 당하게 되었다는 사실은 한국인이 성찰해 보아야 할 문제다. 기질에서 일본인은 무사적 기풍으로 힘을 중시하는 가운데 힘을 모아 외부로 공격적으로 확장해나가는 성향을 가졌던 반면에, 한국인은 문약한 선비의 기풍으로 무력을 경시하고 투쟁회피적이고 수세적인 성향을 가졌던 것이다. 그리하여 서세동점의 위기에 일본은 천황을 중심으로 나라사람들이 하나로 뭉쳐 위기를 극복했지만, 한국은 사람들이 분열함으로써 자멸의 길로 가게 되었다. 여기서 내셔널리즘의 중요함을 알 수 있다. 일본은 강한 내셔널리즘으로 큰 힘을 만들어내었지만 한국은 자신감의 결여, 분열, 외세의존의 약한 내셔널리즘을 보임으로써 비극을 맞게 된 것이다. 그런데 오늘날에 와서도 옛날과 달라지지 않은 가운데 한국은 내셔널리즘이 그리 강하다고 할 수 없다.

세계사람들에게는 한국이 내셔널리즘이 강한 나라로 알려져 있다. 그런데 실제로도 그렇다고 할 수 없다. 세계사람들이 한국의 내셔널리즘이 강하다고 생각하게 된 것은 2000년대 한일월드컵 응원, 반미데모, 북한을 보고 판단하거나 북한을 남한이라고 오인하는 등 여러 요인에 의한 것이다. 그리고 한국에서 사용하는 민족주의라는 용어나 한국 내셔널리즘의 감정적인 성격도 영향을 주었다. 우리가 외국사람이라고 가정하여 생각해 보면 쉽게 알 수 있듯이 내셔널리즘이 강하다고 알려져서 좋을 것이 없다. 이백여 개나 되는 국가들이 함께 어울려 살아가는 오늘의 국제사회에서 내셔널리즘이 강하다는 평은 악평이 될 수밖에 없다. 더구나 내셔널리즘이 강하지도 않은 나라가 강하다고 알려지는 것은 더욱 바람직하지 않다.

이러한 내셔널리즘과 관련하여 한국인들이 생각해야 할 것은 감성적이고 겉으로 드러나는 내셔널리즘은 가급적 줄이고 이성적이고 내면으로 뜨거운 내셔널리즘을 늘려야 한다는 점이다. 겉으로만 요란스러운 내셔널리즘은 힘이 되지 못하며, 감성적이고 비이성적인 내셔널리즘은 국익에 손해만 가져다줄 뿐이다. 대규모로 격렬하게 전개된 2000년대 반미시위가 국익에 무슨 도움이 되었는가? 이 시위를 보고 생각을 바꾼 미국인이 어디 있었는가? 이는 오로지 국내용으로서 국내 일부 정치세력의 이해를 충족시켰을 뿐, 세계인들에게 한국에 대한 혐오감만 줌으로써 엄청난 국익손실을 가져다준 것이다. 이렇게 냉정한 판단 없이 선동에 이끌리어 진정으로 나라를 위한 일이 무엇인지를 모르고 분출하는 내셔널리즘은 나라에 해만 끼친다.

한국이 내셔널리즘이 강하다고 하는 통속적인 생각과 반대로, 한국은 내셔널리즘이 약하며, 이에 대한 주요 근거는 한국사람들이 다음과 같은 성향과 모습을 보이고 있기 때문이다. 첫째 한국이 싫어서 떠나려는 사람들이 많다. 둘째 국민의 국가에 대한 신뢰가 약하다. 셋째 조국을 배반하는 사람들이 많다. 넷째 국가에 대한 애착이 없다. 다섯째 배외사상이 강하다. 여섯째 국인 상호 간에 형제애가 약하다. 일곱째 국가 전체를 위한 의식이 약하다. 여덟째 나라에 대한 주인의식이 없다. 아홉째 전통적으로 국가윤리의식이 약하다. 열째 현세적 성향이 강하다.

누구나 자기 나라가 발전과 번영을 누리며 그 앞날이 영원하기를 원한다. 이런 측면에서 한국인을 걱정하게 하는 큰 두 가지 요소가 있는데 하나는 외세이고, 다른 하나는 한국인의 분열적 성향이다. 한국인들은 그 지정학적 환경으로 인해서 외세에 시달리는 것을 거의 숙명처럼 여기며 살아왔다. 외세에다 나라사람들의 단합력은 약하여 외세가 일렁일 때마다 달의 인력에 바닷물이 출렁이듯 나라 안 사람들도 외세에 따라 출렁대는 가운데 혼란을 맞게 된다. 이러한 외세의 유입과 관련하여 한국에서 보이는 내셔널리즘의 구조는 다음과 같다. 첫째, 주변에 강국이 생기면 외세가 들어온다. 둘째, 나라 안의 권력투쟁과정에서 지도자들이 자신의 이익을 위하여 먼저 외세를 끌어들이기도 한다. 셋째, 한국인의 약한 단합력과 외세는 상호작용을 한다. 단합력이 약하기 때문에 외세가 들어오기 쉽고, 역으로 외세가 있기 때문에 단합력이 약하다. 넷째, 외세유입의 매개체 역할을 하는 것이 지도자들이다. 다섯째, 백성들은 지도자를 따라가기는 하지만 내셔널리즘에서 변화가 적고 오래 유지한다. 여섯째, 일반적인 경우와 달리 한국은 외세와의 투쟁에 의해서보다는 외세 스스로 소멸함으로써 국권회복을 하는 경우가 많다. 이는 한국이 워낙 많은 외세에 둘러싸여 있어서 다른 외세가 외세를 무력화시키기 때문이다. 일곱째, 백성들이 정체성과 내셔널리즘을 지키고 있음으로 해서 나라는 원래대로 되돌아온다. 여기서 국인 정체성과 내셔널리즘이 한국의 경우에는 더 한층 중요하다는 것을 말해 주고 있다.

한국사람들의 분열적 성향은 한국의 오랜 병폐다. 이것이 없어지지 않는 한 한국은 약국으로 있을 수밖에 없고, 항상 나라의 존립마저도 흔들릴 수밖에 없다. 한국 특유의 이 파당적인 성향은 나라가 어려울 때일수록 더욱 강해진다. 감정적인 대립은 이성을 마비시켜 적을 이롭게 할지언정 상대방에는 지지 않겠다는 경지에 이르기도 한다. 한국인의 파당적 성향은 역사 어디에서든 발견된다. 지도층의 분열과 대립으로 일어난 비극들은 이루 열거할 수 없을 정도로 많다. 이런 분열성향에다가 외부세력과의 결탁까지 더해지면 엄청난 파괴력을 발휘한다. 지난 역사를 보더라도 백제가 망한 것은 장수 예식진(禰寔進)의 배신 때문이었고, 한말에 일본으로 나라가 넘어간 것도 외부세력과 결탁한 지도층들 때문이었다. 해방 후 분단이 된 것도 이와 무관하지 않으며, 지금도 이런 추세는 계속되고 있다. 이런 지도층의 외세결탁은 언제나 나라를 망하게 할 수 있는 위협요인이다.

이러한 지도층의 병폐를 가능하게 하는 것이 국민들의 추종성향과 무기력함이다. 분열된 지도자들을 따라 국민들 또한 나뉘어서 이들을 지탱해 줌으로써 나라 전체가 분열구도로 되는 것이다. 그리고 국민들이 무력하기 때문에 지도자들이 분열하고 외부세력과 결탁하는 것을 통제하지 못하는 것이다. 민주주의라면 주인인 국민이 지도자의 일탈을 통제할 수 있어야 하는데, 그러지 못한다. 이는 한국사람들이 민주주의를 해내지 못하는 문제와 관련된다. 1951년에 영국의 더 타임지가 "폐허의 한국에서 건강한 민주주의가 나오는 것을 기대하는 것보다 쓰레기 더미에서 장미꽃이 피어나오는 것을 기대하는 것이 더 합리적"이라고 하였지만, 한국의 비민주성은 수십 년이 지난 지금도 그대로이다. 이 모든 문제의 근본은 국민이다. 국민들이 주인으로서 바로 서야 한다. 국민이 깨어나는 일이야말로 가장 어려운 일이요, 한국이 직면한 도전이다. 이제 더 이상 추종하는 국민이 되어서는 안 되며, 정치인들이 분열하거나 외세와 결탁하는 것을 허용해서는 안 된다.

문명이 발전함에 따라 국가가 처한 환경도 변화하고 있다. 시간이 갈수록 사람의 활동반경이 넓어지고 국가관계가 긴밀해지면서 국가의 위험도 증가하고 있다. 문명의 발달로 먼 공간도 시간거리가 단축되어 과거에는 방벽이 되어 주었던 지리적 거리가 이제는 방벽이 되어 주지 못한다. 수천 년간 독립을 지켜온 한국이 지난 세기 일본에 합병된 것도 이러한 시대적 변화과 무관하지 않다. 이런 변화를 생각한다면 한국이 이웃 국가를 대하는 데 있어서 앞으로의 일들도 지난 수천 년간에 있었던 일들과 같으리라고 생각해서는 안 된다. 사람들은 이러한 시대적 변화를 감지하지 못하고 있다. 오늘날 많은 정치인들이 중국에 접근하면서 한국과 중국이 가까워지게 되었을 때 최악의 경우라도 지난 조공책봉체제로의 회귀 정도로 생각한다. 그래서 정치인 중에는 "중국은 큰 산, 한국은 작은 산" 같은 말을 하기도 하는데 이는 역사를 모를 뿐만 아니라 다가올 미래에 대해서도 아무 생각이 없는 사람들이다. 한국과 중국과의 관계를 생각할 때 지난 수천 년이 아니라 한말에 1880년대에 중국이 한국에 대해서 취했던 자세를 생각하여야 한다. 중국은 한국을 자국 안으로 넣으려고 하였다. 이는 조금 후에 일본이 한국에 했던 것과 차이가 없었다. 과거의 역사에서도 중국이 통일강국을 이룰 때마다 한국은 국가가 바뀌었는데, 하나의 생활권이 된 오늘날의 동아시아에서 중국이 세계 패권을 쥐게 된다면 한국은 어떻게 될 것인가를 체계적으로 연구해 두어야 한다.

하지만 세계는 한국에게 불리한 방향으로만 변화하고 있는 것은 아니다. 지금 우리가 사는 곳, 그리고 앞으로 우리가 살아가게 될 곳은 이전과 같은 동아시아의 폐쇄된 공간이 아니다. 지구의 넓은 공간에서 전 세계 사람들과 함께 살아가고 있다. 우리가 하기에 따라 세계의 국가들을 뒷배에 두고 중국보다 더 강한 국가가 될 수 있다. 한국은 이미 세계에서 그 존재감을 드러내고 있다. 한국인은 근면하고 성실함으로 급속한 발전을 이룸으로써 세계를 놀라게 했으며, 수많은 한국인들이 세계를 무대로 활약하고 있고, 한류문화는 세계의 사랑을 받고 있다. 한국은 오랜 문화국가 전통에서 내려오는 소프트파워가 있으며, 전 세계 800만의 해외동포가 있다. 한국인이 한국에 대한 애착만 있다면 어떠한 외부의 힘에도 능히 이겨낼 수 있다. 문제는 한국이라는 나라가 우리 스스로에 애착을 느낄 수 있는 가치를 유지하는 일이다. 그러기 위해서는 한국이 지닌 장점은 계승하되

단점은 과감하게 고쳐 나가야 한다.

어떻게 보면 한국은 참 괜찮은 나라이고 한국인들은 매력적인 사람들이다. 이런 한국이 어찌하여 수천 년을 약국으로 살았는가? 그것은 스스로 약자라고 생각하는 약자근성 때문이다. 약자이기 때문에 약자근성을 갖는 것이 아니라 약자근성을 갖기 때문에 약자가 된 것이다. 지금까지 한국인들은 스스로의 정당성이 아니라 관계에서 답을 찾으며 살아왔다. 우리의 안녕을 강자와의 관계에서 찾으려 하였던 것이다. 이제 주변을 두리번거리며 강자를 찾고, 강자에 빌붙고, 강자의 비위를 맞추는 그런 짓은 그만두어야 한다. 무소처럼 당당하게 가야 한다. 우리가 하기에 따라 얼마든지 우리의 존엄과 위용을 떨칠 수 있다. 약자의 기백으로는 나라를 발전시킬 수 없을 뿐만 아니라 존속하기도 어렵다. 강한 국가가 되어야 한다. 그리고 그러기 위해서는 강한 내셔널리즘이 있어야 한다.

내셔널리즘이 강해지기 위해서는 국민들이 자국의 가치를 느낄 수 있어야 한다. 국가의 가치는 어디에 있는가? 국가는 사람들이 강자의 무도한 횡포로부터 벗어나서 안전하고 억울하지 않고 평화롭게 살기 위해서 만들어졌다. 그래서 국가는 정의로워야 한다. 국가가 정의롭지 못하다면 조폭집단이나 다름없다. 자신의 국가가 정의롭지 않다고 생각하면 사람들은 국가를 사랑하지 않는다. 사람은 누구나 기본으로서 양심을 탑재하고 있다. 사람은 밝고 깨끗하게 살 때 삶의 보람을 느낀다. 자신 또한 어쩔 수 없이 깨끗하지 못한 행위로 이득을 취해 잘살게 되었다고 하더라도 그렇게 살면서 행복할 수는 없다.

국가는 사람들이 만들어가는 것이다. 국가가 정의롭지 못한 것은 그 안의 사람들이 정직하지 못하기 때문이다. 정직한 사람들에 의한 국가는 정의로울 수밖에 없고, 또 국가가 정의로우면 신상필벌할 것이기 때문에 국민들이 정직하게 될 것이다. 이런 면에서 한국사람들이 정직과 정의에 대한 가치의식이 약한 것은 큰 문제다. 정직이 최상의 정책(Honesty is the best policy)이라는 말은 서양에서는 기본적인 경구이지만, 한국에서는 이 같은 경구가 없다. 한국부모들은 자녀들에게 이런 말을 강조하지 않는다. 왜냐하면 한국사회는 이미 정직하지 않아서 그렇게 했다가는 자기 자녀들만 손해보게 되는 것을 잘 알기 때문이다. 한국사람들이 거짓말에 관대함은 널리 알려진 사실이다. 17세기 『하멜표류기』에도 "다른 사람을 속이는 것을 불명예로 여기지 않으며, 오히려 그런 사람을 영웅시 한다고" 적어 놓았다. 그리고 도산 안창호는 "거짓이여! 너는 내 나라를 죽인 원수로구나."라고 하였다. 유기체에서 그 세포들 간에 거짓정보가 전달된다면 그 유기체가 건강하게 살아남을 수 없듯이 개인 간에 거짓이 난무하는 사회에서는 건강한 국가사회가 될 수 없고 결국 그런 국가는 망하게 된다.

이렇게 볼 때 지금 한국은 큰 문제에 직면해 있다. 한국사회는 국가의 존재의의가 의심될 정도로 정의롭지 못한 측면이 많다. 오늘날 한국은 국가기관이나 제도에서 공신력이 크게 떨어져 있다. 언론은 거짓보도와 여론조작으로 믿음을 상실했으며, 국가가 수행하는 일상적인 업무에 있어서 비리와 부패가 만연하고, 지도자들은 무도하며, 힘과 술수와 편법이 난무하는 가운데 국가가 거의 조폭집단이 되었다. 사람들이 정직하지 않으니 서로가 서로를 믿을 수 없고, 이런 상태에서는 나라 내 사람들 간의 우애는 말할 것도 없고, 함께 살아가고자 하는 의지조차 생기지 않는 것이다. 이래서는 강한 국가공동체가 형성되기 어렵다. 사람들은 불의와 쉽게 타협하며, 나라야 어떻게 되든 나만 무사하면 된다는 식으로 살아간다. 특히 많은 지도자들이 부패나 부정이 드러나도 부끄러워하지 않고 계속 특권을 유지하면서 국민들에게 나쁜 모범을 실천해 보임으로써 국민을 타락시키는 교육에 앞장서고 있다. 국민들은 이런 일에 매우 둔감해져서 하멜의 말처럼 그런 사람을 오히려 영웅시 하는 어이없는 일도 일어나고 있다.

인류는 지난 수천 년 동안 국가를 중심으로 살아왔다. 인류는 왜 그렇게 오랫동안 국가라는 제도를 갖고 있는가? 그것은 국가가 그만큼 인류에게 효익을 주고 있기 때문이다. 사람들이 국가를 중심으로 할 수 있는 일들이 많다. 개인이나 다른 집단으로는 할 수 없는 것을 국가를 통하여 해낼 수 있는 일이 많다. 이러한 국가를 두고 사람들이 함께 뭉쳐 협력할 때 그 사회는 발전할 수 있으며, 그 안의 사람들은 더 좋은 삶을 살아갈 수 있다. 한국인은 지난 수십 년에 이를 실제로 경험하였다. 세계가 놀란 한국의 발전은 한국인이 단합하여 함께 노력한 결과이다. 국가를 중심으로 단합하지 못했던 수천 년의 역사에서와 달리 사람들이 함께 단합하여 노력하자 중국보다 훨씬 앞서게 되었다.

그런데 최근에 와서 이러한 단합력을 상실함으로써 다시 과거의 무기력한 나라로 퇴보하고 있다. 여기에는 세계화로 인한 국인경제의 붕괴, 외세에 의한 조작과 같은 외부적인 요인의 영향도 크다. 하지만 나라 안 사람들이 단합하기만 한다면 능히 이겨낼 수 있는 것인데도, 분열함으로써 이런 안타까운 현실을 목도하고 있는 것이다. 이런 수렁에서 빠져나오기 위해서는 다시 국가를 중심으로 단합하여야 한다. 이러한 단합은 위에서 강요하는 파쇼적인 것이 아니라 자발성을 기초로 하는 것이다. 그러기 위해서 한국의 오랜 병폐인 지연이나 혈연 등을 기초로 하는 파벌은 반드시 청산되어야 한다. 이제 대표적인 지역파벌로서 전라도 사람들의 문제도 한번 숙고해 봐야 한다. 지금까지 전라도 사람들의 반대로 가려는 성향으로 인하여 나라가 동력을 상실하고 표류하게 되는 경우가 많았다. 선거에서 다른 지역과 다르게 특정 정파에 대한 지지율이 거의 90%에 달하는 상태가 지속되고 있다는 것은 전라도 사람들이 한쪽으로 쏠려 있는 상태로서 민주주의 사회에서 일반적이지 않은 무언가 비정상적인 상황에 있다고 할 수밖에 없다. 이런 믿을 수 없는 결과를 두고 전라도 사람들의 문제가 아니라 선거를 두고 조작질하는 부정행위에 의한 결과로서 그렇게 된 것으로 생각할 수도 있다. 하지만 그렇다고 하더라도 그런 자들에게 이용당하는 여지를 주었다는 점에서 문제는 여전히 남는다. 도저히 있을 수 없는 일을 전라도는 그럴 수 있어라고 국민들이 그렇게 말할 수 있는 상태 자체가 문제인 것이다. 나라가 가는 길이 옳지 않고 더 나은 길이 있다면 주도적으로 나서서 다른 사람들을 설득시켜 그 방향으로 나아가도록 이끌어 가면 된다. 그렇지 않고 반대를 위한 반대만 하면서 전체로서 함께 가야할 걸음을 멈추게 해서는 안 된다. 모든 것에서 생각이 달라 정녕 다른 사람들과 함께할 수 없다면 자신들만 독립적으로 살아가는 가운데 자기의사를 실행해 옮길 수 있는 방안을 찾는 것이 옳다. 사람은 자신의 뜻으로 살아가는 것이 중요하다. 르낭(Ernest Renan)은 국인에서 중요한 것은 "구성원의 함께 하고자 하는 의지"라고 하고, 국인의 존속여부는 "매일매일 이루어지는 국민투표"에 의해서 결정되는 것과 같다고 하였다. 전라도의 경우는 백제라는 국인의 흔적이 있다. 그리고 백제의 국인으로 살아온 기간보다 몇 배 더 긴 한반도 전체 국인의 일원으로서 살아온 역사 또한 있다. 국가와 관련하여 한국사람으로서의 정체성보다 전라도 사람으로서의 정체성이 더 크다면 전라도만의 독립된 국가를 형성할 수 있고, 전라도 사람들만의 국가가 되었을 때 전라도 사람들이 더 행복할 수 있다면 전라도만의 독립된 국가를 형성하는 것이 옳다. 전라도가 독립국가로 분리된다면, 이로 인해서 한반도는 더욱 작은 국가들로 분할되고 힘없는 국가로 될 수도 있다. 여기서 더 작고 힘없는 국가로 되는 것이 싫다고 하여 다른 지역의 사람들이 이를 가로막는 것은 좋지 않다. 서로가 상대의 길을 가로막는 상황이라면 같이 가기를 고집하기보다 각자의 길을 가는 것이 현명하다. 여기서 전라도 사람들도 숙고해야 한다. 진정으로 어떻게 살아가는 것이 자신의 삶에 더 좋은 것인지를 냉정하게 생각해야 한다. 자신들의 이익을 위해서만 행동하는 지도자들에 이끌리지 말고 개개인이 자신을 위해서 이성적으로 생각해야 한다. 여기서 조금만 생각해도 답은 곧 나온다. 일반 백성들의 입장에서 나누어져서 좋을 것이 없다. 지리산에 올라가는데도 비자를 받아서 가야 하고, 청송사과를 먹는 데도 수입통관을 거쳐야 한다면, 누가 그런 세상이 더 좋다고 하겠는가? 독립할 이유도 타당성도 없다. 그렇다면 모두가 같이 망하지 않도록 국가 전체를 위하는 방향으로 함께 나아가고 협력하여야 한다. 지금까지 지도자들이 자신의 이익을 위하여 지역감정을 자극하면, 전라도 사람들이 이에 따라 반응하고, 이에 대해서 다른 지역 사람들은 전라도에 대하여 다르게 느끼는 가운데, 전라도 사람들이 점점 더 차별되는 악순환이 지속되어 왔다. 이제는 이런 악순환의 고리를 끊어야 한다. 이는 현재 시점에 전라도가 이런 점이 문제가 되고 있기 때문에 전라도를 예를 든 것이며, 경상도라 해서 다를 것 없고, 충청도, 강원도, 경기도, 제주도 어느 곳에든 똑같이 적용되는 문제이다.

이미 한 세기 전에 선조들이 당부했던 것처럼 "반드시 같은 정신을 가지며, 같은 이해를 취하며, 같은 행동을 지어서 그 내부의 조직됨이 한 몸의 근골과 같으며 밖에 대한 정신은 한 병영의 군대 같이" 해야 한다고 하였다. 자신을 위하여 그리고 우리 모두를 위하여, 나라 전체의 사람이 같은 운명을 살아가는 공동체가 되어야 하는 것이다. 국가공동체는 나라 안 사람들 각자가 자신이 잘 할 수 있는 것을 하여 다른 사람에게 제공함으로써 전체로서 서로 협력하는 가운데 공동선을 창출하게 되는 것이다. 여기서 사회에 대한 더 깊은 이해가 필요하다. 단순한 평등의식을 넘어서 전체로의 조화로운 관계를 형성하는 공동체의식이 있어야 한다. 서로를 위하고 협력하는 마음으로 국민 전체가 다 함께 조화의 미를 창출하면서 국가공동체를 회복해 나가야 한다.

강한 내셔널리즘은 좋은 나라를 만들며, 좋은 나라일 때 내셔널리즘 또한 강해진다. 좋은 나라가 되기 위해서는 그 안 사람들의 삶의 모습이 좋아져야 한다. 이제 이기성을 낮추고 욕망을 줄이고 절제하는 가운데 소박하고 담백한 삶에서 가치를 찾고 행복을 찾는 인생관의 변화가 필요하다. 그리하여 한국사람들의 풍속이 더 아름다워져야 한다. 모두가 정직한 가운데 서로를 위하는 마음으로서의 동포애를 가져야 한다. 국인주의는 자국을 자랑스러워하는 것이다. 자국이 자랑스럽다는 것은 자국인이 자랑스러운 것이고, 자신이 자랑스러운 것이다. 자신이 자랑스러울 때 자국이 자랑스러워진다.

한국은 한국인의 나라이고, 한국의 운명은 한국인에 달려있다. 한국인 개개인이 좋은 삶을 살아갈 때 한국이 좋아지고, 한국이 좋아질 때 한국인 모두가 더 행복하게 살아가게 될 것이다.
-끝-

# 참고문헌

## I. 동양문헌

4.19혁명. (미상). 다음백과: 한국사를 움직인 100대 사건. https://100.daum.net/encyclopedia/view/63XX66000113(2023/5/11)

7년 전 中에 포섭된 정보사 군무원, 기밀 최소 30건 넘겨. (2024.8.29). 서울신문. https://news.zum.com/articles/92912092

WP "아베는 트럼프 조수, 전략적 노예상태". (2017.11.7). 한국일보. https://v.daum.net/v/20171107180208594

강동국. (2006). 근대 한국의 국민·인종·민족 개념. 한국동양정치사상사, 5(1), 5-35.

岡本雅享. (2008). 日本における民族の創造. アジア太平洋レビュ, 第5号.

강상순. (2013). 한국 고전소설 속 중국 배경과 중국 인식. 고전과 해석, 15, 107-139.

강상중. (2004). 내셔널리즘(임성모 역). 도서출판 이산.

강제북송 탈북어민 판문점서 처절한 몸부림. (2022. 7. 13). 세계일보. https://v.daum.net/v/20220713010132674

고려사, 권137, 창왕 원년 3월.

고려사, 권85, 지 권제39, 형법2, 노비.

고려사, 세가 권제3, 성종 15年 3월.

고려사, 세가, 권제2, 이제현의 찬.

고려사절요, 16권, 17권.

고려사절요, 권9, 인종 4년 3월.

고성춘의 세금 이야기: 금지금 사건에 대한 소회. (2014.3.25). 세계일보. https://www.segye.com/newsView/20140325005363

국가안전기획부. (1995). 북한의 「민족주의」 선전자료집. 국가안전기획부.

국감플러스: 탈북 국군포로 퇴역식도 '쉬쉬'. (2005.9.26). 서울신문. https://v.daum.net/v/20050926224018576

국군포로 "도와줄 수 없나요" 대사관 女직원 "아 없어요". (2006.11.22). 세계일보.

https://v.daum.net/v/20061122193416298

국민. (미상). 다음한국어사전. http://dic.daum.net/search.do?q=%EA%B5%AD%EB%AF%BC(2015/12/15)

국채보상운동. (미상). 한국민족문화대백과. http://100.daum.net/encyclopedia/view/14XXE0006527(2024/12/2)

軍기밀 조선족에 팔아먹고 업체 넘긴 군인들…구멍 뚫린 '통신보안'. (2024.10.6). 한경BUSINESS. https://magazine.hankyung.com/business/article/202410066874b

권내현. (2014). 노비에서 양반으로, 그 머나먼 여정: 어느 노비 가계 2백년의 기록. 역사비평사.

권선홍. (2017). 전통 시대 유교문명권의 책봉·조공제도: 그 비판론에 대한 재비판. 국제정치논총, 57(1).

권혁범. (2009). 민족주의는 죄악인가? 생각의 나무.

기무라 간. (2002). 조선/한국의 내셔널리즘과 소국 의식: 조공국에서 국민국가로 (김세덕 역). 산처럼.

김갑식. (2006). 북한 민족주의의 전개와 발전: 민족공조론을 중심으로, 통일문제연구, 45.

김건태. (2004). 조선후기 사노비 파악방식. 역사학보, 181, 125-126.

김경현. (1998). 서양 고대세계의 노예제. 역사학회 편, 노비·농노·노예: 隸屬民의 比較史(pp.26-73). 일조각.

김광철. (2013). '김일성민족주의'와 '우리민족끼리' 정치전략의 비판적 분석. 경기대학교 북한학과 박사학위논문.

김민수 외. (2020). 창작과 표현으로 본 북한 선전화: 1950년대 이후 북한 선전화 양식의 형성과 변화. 아시아리뷰, 11(1), 147-179.

김민환. (1988). 개화기 민족지 사회사상. 나남.

김부식. (1145). 삼국사기 권 제1, 신라본기 제1.

김부식. (1145). 삼국사기 권 제14, 고구려본기 제2.

김부식. (1145). 삼국사기 권 제15, 고구려본기 제3.

김부식. (1145). 삼국사기 권 제2, 신라본기 제2.

김여정 "연락사무소 무너지는 것 보게 될 것…남조선 것들과 결별할 때". (2020.6.16). 조선일보. https://www.chosun.com/site/data/html_dir/2020/06/13/20

20061301942.html

김영삼, 1994년 북폭 준비 클린턴에 '국군 한사람도 동원 않겠다' 만류는 사실. (2018.4.26). 세계일보. https://v.daum.net/v/20180426110252517

김영수. (2006). 북한 연구 동향 평가: 성과와 과제. 동아연구, 50, 25-54.

김영환. (2011). 중화주의로서의 유학. 철학사상, 40, 3-33.

김우규. (1993). 우리 시대의 명작: 한국고대소설. 시대문학.

김윤식. (미상). 다음백과: 이이화의 인물한국사. https://100.daum.net/encyclopedia/view/45XX13000100(2024/1/12)

김일성 민족. (미상). 나무위키. https://namu.wiki/w/%EA%B9%80%EC%9D%BC%EC%84%B1%20%EB%AF%BC%EC%A1%B1?uuid=1c34e215-e2f-44c9-9e1 1-3ce10edb7b57 (2025/2/5)

김일성. (1957). 김일성선집 5. 조선로동당출판사.

김정은 '2개 국가론'은 핵 사용 명분 쌓기? (2024.2.9). 주간조선. https://weekly.chosun.com/news/articleView.html?idxno=32182

김정은 "한국괴뢰 주적규정과 영토점령을 국시로 결정". (2024.2.9). 노컷뉴스. https://v.daum.net/v/20240209102400002

김정은 두 개의 조선론은 흡수통일·정권붕괴 회피 전략. (2024.1.2). 한겨레. https://www.hani.co.kr/arti/politics/defense/1122529.html

김정일. (1989.12.28). 조선민족제일주의 정신을 높이 발양시키자.

김태준, 박희병 (교주). (1990). 증보 조선소설사. 한길사.

김현, 송경호. (2023). '북한동포'는 누구인가? 대통령 연설문(1948-2017)을 통해 본 시민적·종족적 북한동포관의 경합. 정치사상연구, 29(1), 82-114.

김혜련. (2002). 민족, 민족주의론의 주체적 전개. 평양출판사.

김혜승. (1997). 한국 민족주의. 비봉출판사.

남북이산가족 상봉. (미상). 다음백과. http://100.daum.net/encyclopedia/view/b03n3240a(2024/1/12)

노명호. (2009). 고려국가의 집단의식. 서울대학교 출판문화원.

노무현 '동북아 균형자론'의 진앙과 파장. (2005. 4. 21). 신동아. https://shindonga.donga.com/politics/article/all/13/104390

노비. (미상). 다음한국어사전. https://dic.daum.net/search.do?q=%EB%85%B8%EB%B9%84(2024/4/8)

노비. (미상). 한국민족문화대백과사전. https://100.daum.net/encyclopedia/view/14XXE0012757(2024/4/8)

노비종모법. (미상). 한국민족문화대백과사전. https://encykorea.aks.ac.kr/Article/E0012767(2024/4/8)

노사신 외. (1530). 동국여지승람.

노예. (미상). 다음한국어사전. https://dic.daum.net/search.do?q=%EB%85%B8%EC%98%88(2024/4/8)

노태우 별세, "한중수교 실현, 조직은 산둥" 中언론도 집중 조명. (2021.10.26). 아주경제. https://www.ajunews.com/view/20211026152640441

노혜미. (2008). 북한예술영화에 나타난 '사회주의대가정론' 연구. 동국대학교 북한학과. 석사학위논문, 동국대학교.

논어, 위정.

논어, 자한.

다이빙 성지 산호초에 한국인 이름 낙서…구역 폐쇄. (2024.9.5). 국민일보. https://www.kmib.co.kr/article/view.asp?arcid=0020496981

대대례기, 성덕.

대학, 치국평천하.

대한민국 법제처. (2023). 재외동포의 출입국과 법적 지위에 관한 법률.

대한민국 통계청. (2023). 국가통계포털

맹자, 공손추(상).

맹자, 양혜왕(하).

明武宗實錄, 권2, 弘治 18년 6월 경오.

명사, 권324, 占城傳 弘治 18年.

명신종실록, 권264, 만력 21년 9월 병자.

文 '왕따 외교' 재현…美, 한국 패싱에 기업만 울상. (2022.3.2). 대한경제. https://www.dnews.co.kr/uhtml/view.jsp?idxno=202203021056525630046

미.일, 사형 선고받은 김대중 구명 총력. (2011.2.21). KBS뉴스. https://news.kbs.co.kr/news/pc/view/view.do?ncd=2245732

민족. (미상). 다음한국어사전. http://dic.daum.net/search.do?q=%EB% AF%BC%EC%A1%B1(2015/12/15)

민족과 국민의 구별. (1908.7.30). 대한매일신보.

민족자결주의. (미상). 학습용어사전. https://100.daum.net/encyclopedia/view/24XXXXX70379(2021/1/12)

민족주의. (미상). 다음한국어사전. http://dic.daum.net/search.do?q=%EB%AF%BC% EC%A1%B1%EC%A3%BC%EC%9D%98 (2015/12/15)

민족주의. (미상). 표준 국어대사전. http://stdweb2.korean.go.kr/search/List_dic.jsp(2015/12/15)

민족통일연구원. (1994). 북한민족주의 연구. 민족통일연구원.

박기철. (2011). 중국의 '인터넷 민족주의' 형성과 대외정책 연구. 중국학연구, *55*, 93-119.

박양신. (2008). 근대일본에서의 '국민', '민족' 개념의 형성과 전개: nation 개념수용사. 동양사학연구, *104*, 235-265.

박찬승. (2011). 민족, 민족주의. 소화.

반고. (82). 한서, 권94, 흉노전(하).

백지운. (2005). 전지구화 시대 중국의 '인터넷 민족주의'. 중국현대문학, *34*, 255-278.

范曄. (미상). 後漢書, 卷86, 南蠻傳.

부승찬. (2011). 주체사상과 선군사상의 상관관계. 사회과학연구, *19*(2), 108-137.

사과하지 말라는 미국언론, 사과하는 한국인. (2007.4.23). 미디어 오늘. http://www.mediatoday.co.kr/?mod=news&act=articleView&idxno=56442

서기. (미상). 위키실록사전. https://dh.aks.ac.kr/sillokwiki/index.php/%EC%84%9C%EA%B8%B0(%E5%BE%90%E8%B5%B7)(2024/5/2)

서세동점의 기인. (1900.1.12). 황성신문.

서울대학교 통일평화연구원, '2024 통일의식조사 학술회의' 개최. (2024.10.13). 한국강사신문. https://www.lecturernews.com/news/articleView.html?idxno=163844

세계선거기관협의회. (미상). 위키백과. https://ko.wikipedia.org/wiki%EC%84%B8%EA%B3%84%EC%84%A0%EA%B1%B0%EA%B8%B0%EA%B4%80%ED%98%91%EC%9D%98%ED%9A%8C (2024/12/22)

세종대왕 울고 갈 아파트…쉬운 우리 이름 없나요? (2024.10.9). daum비즈워치. https://v.daum.net/v/20241009093903217

세종연구소. (2024). 남북관계 패러다임의 대전환: 특수관계에서 일반 국가관계로? 성남: 세종연구소.

손솔 진보당 의원, 중국인 차별·혐오 현수막 규제 법안 발의. (2025.8.12). 뉴시스. https://www.newsis.com/view/NISI20250812_0020927947

송건호. (1977). 한국 민족주의의 탐구. 한길사.

송익필. (미상). 한국민족문화대백과사전. https://encykorea.aks.ac.kr/Article/E0031011(2024/4/8)

시진핑, "중국군 2050년까지 세계최강 만들라"…장비 첨단화 착수. (2017.10.19). 연합뉴스. https://www.yna.co.kr/view/AKR20171019126800009

시진핑이 '한국은 중국의 일부였다'고 하더라. (2017.4.20). 조선일보. http://news.chosun.com/site/data/html_dir/2017/04/20/2017042000287.html

신세대들의 민족주의. (2005.8.15). 조선일보.

신용하. (1994). 한국민족주의의 형성과 전개. 서울대학교출판부.

신채호. (1925). 조선역사상 일천년래 제일대사건. 동아일보

신철희. (2013). 민(demos) 개념의 이중성과 민주주의(demokratia)의 기원. 한국정치연구, 22(2), 203-225.

싱하이밍 "中 극우세력 단속하라"... 韓정부에 직접 경고. (2025.7.31). 조선일보. https://www.chosun.com/international/international_general/2025/7/31/GUSYXGXHPZEIDLWRYXCZACIOR4/

쓰키아시 다쓰히고. (2014). 조선의 개화사상과 내셔널리즘(최덕수 역). 열린 책들.

아리스토텔레스. (미상/2006). 니코마코스 윤리학(이창우, 김재홍, 강상진 옮김). 이제임북스.

애국주의로 무장한 중국만의 해커조직 홍커. (2016.3.30). 디지털타임스. http://www.dt.co.kr/contents.html?article_no=2016033002109960813005

야 6당 발의한 '윤석열 대통령 탄핵소추안'. (2024.12.4). 조선일보. https://www.chosun.com/politics/2024/12/04/DLQB7R4H7RHS7CNY4E7LGYNKYQ/

어용 인터넷 전사들이 판치는 중국 온라인 세상. (2019.9.8). 서울신문. https://www.seoul.co.kr/news/newsView.php?id=20190908500076

오노 사건 겹쳐 비극 증폭 … 퍼펙트 스톰 같았다. (2012.6.13). 조선일보. https://db.chosun.com/site/data/html_dir/2012/06/13/2012061300826.html

오사와 마사치. (2010). 내셔널리즘론의 명저 50 (김영작, 이이범 역). 일조각.

오성홍기 찢으면 바로 입건…"성조기 찢었다 입건했나". (2025.8.10). 디지털타임스. https://v.daum.net/v/20250810152956940

오타 타카코. (2003). 한국 내셔널리즘에 대한 고찰. 한일민족문제연구, 5, 3-35.

유길준. (1895/2004). 서유견문(허경진 옮김). 서해문집.

유길준. (開國 498年). 西遊見聞, 交詢社.

유명 관광지 곳곳에 한글 낙서…40년 미국 살았는데 부끄러워요. (2024.10.8). 아시아경제. https://www.asiae.co.kr/article/2024100808513066047

유종하. (1999). 민족주의 이론연구: 근대주의적 민족주의 비판을 중심으로. 명지대학교 석사학위논문. 명지대학교.

유희경. (미상). 한국민족문화대백과사전. https://100.daum.net/encyclopedia/view/14XXE0042048(2024/5/7)

尹 탄핵 찬성 78%…보수층 43%도 동의. (2024.2.12). 뉴스1. https://v.daum.net/v/20241212050035811

윤석열 대통령 1차 탄핵소추안. (2024.12.4)

尹지지율 44.6%, 탄핵반대 45.6% 조사 결과 나왔다. (2015.1.13). 파이낸셜뉴스. https://v.daum.net/v/20250113181858801

의병. (미상). 다음백과. https://100.daum.net/encyclopedia/view/b17a2685b(2024/5/12)

이광수. (1926). 신생활론. 박문서관.

이광수. (1948). 나의 고백. 춘추사.

이규보. (1241). 동국이상국집, 권1

이상면. (2006). 개항기 조선 주권론 충돌. 서울대학교 법학, 47(2).

이상우. (1996). 국제관계이론. 박영사.

이선민. (2008). 민족주의 이제는 버려야 하나. 삼성경제연구소.

이선옥. (2023). 미국 국립기록관리청(NARA) 소장 북한 노획 대형 포스터의 기록화 스토리텔링. The Korean Journal of Archival, Information and Cultural Studies, 17, 69-124.

이수범. (1990). 자주적 평화통일론. 통일의 꽃. 도서출판 대동.

이영훈. (1998). 한국사에 있어서 노비제 추이와 성격. 역사학회 편, 노비·농노·노예: 隸屬民의 比較史(pp.304-422). 일조각.

이용희. (1977). 한국 민족주의(노재봉 편). 서문당.

이용희. (2017). 정치사상과 한국민족주의. 연암서가.

이정아. (2019). 한국전쟁 시기의 북한 전시가요 연구. 동아대학교 음악문화학과 박사학위논문. 동아대학교.

이춘복. (2015). 중국 전통시대 中華와 夷狄을 식별하는 구성요소 試論. 중앙사론, 41, 163-208.

인구 절반을 노비 삼은 주자학의 나라 조선. (2023.11.30). 조선일보. https://www.chosun.com/opinion/column/2023/11/11/BLIUSMURBJC23DNLOYZYMOWEEI/

일부 네티즌 "22일 총기난사 추모 촛불집회 하자". (2007.4.18). 프레시안. http://www.pressian.com/news/article.html?no=83873

일연. (1281-1285). 삼국유사, 제1권, 기이 제1.

임종석 "통일, 하지 말자"…文 "기존 통일담론 전면 재검토 필요". (2024.9.19). 프레시안. https://v.daum.net/v/20240919205817527

임지현. (1999). 민족주의는 반역이다: 신화와 허무의 민족주의 담론을 넘어서. 소나무.

자유통일당, 선거조작 의혹 본격 제기… "당원 36명이 찍었는데 선관위 발표는 0표, 이런 투표소 전국 371곳". (2024.7.3). 파이낸스투데이. https://www.fntoday.co.kr/news/articleView.html?idxno=325245

장문석. (2011). 민족주의. 책세상.

장팅옌 초대 주한 中대사 "盧 선견지명…지울 수 없는 큰 공 세워". (2021.10.27). 중앙일보. https://v.daum.net/v/20211027120055589

재외동포청. (2023). 재외동포 현황

前 국립국어원장의 고백 "띄어쓰기, 나도 자신 없다". (2013.5.22). 조선일보. https://www.chosun.com/site/data/html_dir/2013/05/21/2013052103173.html

전상인. (1994). 북한 민족주의 연구. 민족통일연구원.

전현택. (1998). 한국 노비의 존재양태. 역사학회 편, 노비·농노·노예: 隸屬民의 比較史(pp.277-303). 일조각.

정경환. (2009). 민족주의 연구. 도서출판 이경.

정범석. (2006). 북한의 '우리 민족끼리' 담론 연구. 서강대학교 공공정책대학원, 석사학위논문. 서강대학교.

정약용. (1981). 목민심서(이정섭 역). 민족문화추진회.

정영철. (2001). 북한 민족주의의 전개와 그 특징: 1980년대와 1990년대를 중심으로. 현대북한연구, *4*(2).

정영철. (2010). 북한 민족주의 이중구조 연구. 통일문제연구, *22*(1), 1-39.

정재학. (2022.1.16). 전라도여, 왜 너는 반역을 지지하는가. 경기데일리. https://www.ggdaily.kr/102351

제국주의와 민족주의. (1909.5.28). 대한매일신보.

조공. (미상). 한국민족문화대백과사전. https://encykorea.aks.ac.kr/Article/E0051587(2024/5/7)

조동걸. (2014). 한국 독립운동사 총설. 역사공간.

조민. (1994). 한국 민족주의 연구. 민족통일연구원.

조선민주주의인민공화국. (2019.8). 조선민주주의인민공화국 사회주의헌법.

조선민주주의인민공화국. (2023.9). 조선민주주의인민공화국 사회주의헌법.

조선민주주의인민공화국. (2021.1). 조선로동당 규약.

조선민주주의인민공화국. (2021.9). 당의 유일적령도체계확립의 10대원칙.

조선왕조실록, 선조수정실록 26권, 선조 25년 4월 14일 계묘, 28번째.

조선왕조실록, 선조실록 26권, 선조 25년 5월 3일 임술, 6번째.

조선왕조실록, 선조실록 26권, 선조 25년 5월 3일 임술, 11번째.

조선왕조실록, 선조실록 26권, 선조 25년 5월 4일 계해, 2번째.

조선왕조실록, 선조실록 45권, 선조 26년 윤11월 12일 임진.

조선왕조실록, 선조실록 112권, 선조 32년 윤4월 6일 갑신, 1번째.

조선왕조실록, 성종실록 6권, 성종 1년 7월 8일.

조선왕조실록, 세조실록 32권, 세조 10년 1월 2일.

조선왕조실록, 세종실록 4권, 세종 1년 7월 6일.

조선왕조실록, 세종실록 35권, 세종 9년 1월 11일 경자, 4번째.

조선왕조실록, 세종실록 37권, 세종 9년 7월 27일 계축, 4번째.

조선왕조실록, 세종실록 37권, 세종 9년 8월 29일 갑신, 3번째.

조선왕조실록, 세종실록 50권, 세종 12년 10월 19일 병술, 6번째.

조선왕조실록, 세종실록 50권, 세종 12년 11월 21일 무오, 3번째.

조선왕조실록, 세종실록 64권, 세종 16년 4월 1일 무신, 5번째.
조선왕조실록, 세종실록 60권, 세종 15년 6월 23일.
조선왕조실록, 세종실록 80권, 세종 20년 3월 28일 임자, 1번째.
조선왕조실록, 세종실록 105권, 세종 26년 윤7월 24일 신축, 3번째.
조선왕조실록, 연산군일기 27권, 연산군 3년 9월 23일.
조선왕조실록, 영조실록 86권, 영조 31년 12월 22일.
조선왕조실록, 정조실록 16권, 정조 7년 10월 23일.
조선왕조실록, 중종실록 78권, 중종 29년 11월 24일 병술, 4번째.
조선왕조실록, 중종실록 104권, 중종 39년 7월 29일 병인, 7번째.
조선왕조실록, 태조실록 2권, 태조 1년 11월 29일.
조선왕조실록, 태조실록 3권, 태조 2년 1월 29일.
조선왕조실록, 태종실록 12권, 태종 6년 윤7월 8일, 1번째.
조선왕조실록, 태종실록 16권, 태종 8년 11월 11일.
조선왕조실록, 태종실록 18권, 태종 9년 7월 12일 임오.
조선왕조실록, 태종실록 22권, 태종 11년 8월 18일 정미.
조선족 윤동주·김연아? ... 김치 이어 역사 왜곡 나선 中 바이두. (2021.2.16). 아시아경제. https://www.asiae.co.kr/article/2021021611194874233
조영정. (2016a). 국인주의 이론. 박영사.
조영정. (2016b). 무역정책. 박영사.
조영정. (2018). 미국의 내셔널리즘. 사회사상연구원.
조영정. (2019). 일본의 내셔널리즘. 사회사상연구원.
조영정. (2020). 중국의 내셔널리즘. 사회사상연구원.
조영정. (2021a). 민족주의와 내셔널리즘. 사회사상연구원.
조영정. (2021b). 내셔널리즘 이론. 사회사상연구원.
조영정. (2022). 스포츠 내셔널리즘. 사회사상연구원.
조영정. (2023). 경제 셔널리즘. 사회사상연구원.
족. (미상). 다음한국어사전. https://dic.daum.net/search.do?q=%EC%A1%B1&dic =kor&search_first=Y(2021/2/25)
族. (미상). 한자박사. http://hanjadoc.com/dic/dic_first2.asp(2025/6/25)

종. (미상). 다음한국어사전. https://dic.daum.net/search.do?q=%EC%A2%85& dic=kor(2024/5/7)

좌경화된 나라와 천주교 구하는 데 이 몸 바치리⋯ 24일 단식 끝에 순교한 강남수 씨. (2020.4.24). *Newdaily*. https://www.newdaily.co.kr/site/ data/html/ 2020/04/24/2020042400217.html

주사파. (미상). 한국민족문화대백과. https://encykorea.aks.ac.kr/Article/E0066776(2023/10/5)

주원장. (1373). 황명조훈(皇明祖訓).

주진오. (1989). 교과서의 독립협회 서술은 잘못되었다. 역사비평사, *9*, 154-161.

주한중국대사관 "한국 정치집회에 참여 말라" 자국민 당부. (2025.1.5). 문화일보. https://v.daum.net/v/20250105230906792

中, 외교 결례 거듭⋯"계산된 압박 전술". (2017.1.6). KBS 뉴스. https://news.kbs.co.kr/news/pc/view/view.do?ncd=3406579&ref=A

중, 트럼프 딸 상표권 48건 전격승인⋯눈치보기 특혜? (2017.4.18). 연합뉴스. https://v.daum.net/v/20170418185303964

중국 경호원들, 방중취재 靑 사진기자 집단폭행 전말. (2017.12.14). 연합뉴스. https://www.yna.co.kr/view/AKR20171214167500001

중국 총선개입 의혹 사실로 결론⋯캐나다 조사보고서. (2024.4.10). *The Epoch Times*. https://www.epochtimes.kr/2024/04/679125.html

중국경호원 기자폭행, 피해 당시 보니 '처참'. (2017.12.14). 헤럴드경제. https://v.daum.net/v/20171214193008733

中동포 90%가 "나는 중국인"이라는데 ⋯ 손 내미는 與. (2021.3.31). 스카이데일리. https://www.skyedaily.com/news/news_view.html?ID=127423

중화질서. (미상). 다음백과 역사용어사전. http://100. daum. net/encyclopedia/view/177XX61301087(2019/5/15)

지역주의. (미상). 한국민족문화대백과사전. https://encykorea.aks.ac.kr/Article/E0054197(2025/8/3)

차기벽. (1984). 민족주의. 종로서적.

차기벽. (1991). 민족주의원론. 한길사.

최덕수. (2005). 대한제국과 국제환경. 선인.

최형식. (2007). 중국의 현대화와 민족주의. 시대와 철학, *18*(4), 105-137.

추노. (미상). 위키백과. https://ko.wikipedia.org/wiki/%EC%B6%94%EB%85%B8(2024/5/7)

칼 마르크스. (1989). 마르크스-레닌주의 민족이론: 민족해방이론의 주체적 정립을 위하여 (나라사랑 편집부 편역). 나라사랑.

탁민정. (2012). 북한 국가 건설시 농촌 민주선전실의 조직과 활동. 성신여자대학교 사학과 석사학위논문, 성신여자대학교.

탈북 국군포로 가족 9명 내서 북송. (2007.1.18). 경향신문. https://www.khan.co.kr/national/national-general/article/200701180753291

통일교육원(편). (2000). 북한이해. 통일교육원.

坪井睦子. (2015). "nation"の 飜譯. 通訳翻訳研究, 15.

하멜, 헨드릭. (2023). 하멜 표류기(유동익 번역). 미르북컴퍼니. (원작 출간 1668)

한겨레. (미상). 다음백과. https://100.daum.net/encyclopedia/view/b24h256 3n2 (2023/10/5)

한겨레. (미상). 다음백과. https://100.daum.net/encyclopedia/view/b24h2563n2

한국 순수혈통주의 인종차별 소지 있다, 유엔 보고서 지적. (2007.8.13). 경향신문. https://www.khan.co.kr/article/200708121851551?utm_source=urlCopy&utm_medium=social&utm_campaign=sharing

한국인을 알아야 정치가 보인다. (2005.12.13). 한겨레21. https://v.daum.net/v/20051213091216483?f=o

허균. (미상/1993). 홍길동전. 김우규(편저), 우리시대의 명작(pp.29-44), 시대문학.

해리스, 비속어 논란 개의치 않아…깊은 신뢰. (2022.9.29). KBS뉴스. https://news.kbs.co.kr/news/pc/view/view.do?ncd=5567698

호구총수 양주. (미상). 향토문화전자대전. http://www.grandculture.net/dobong/toc/GC04901746(2024/12/5)

홍승현. (2011). 한대 화이관의 전개와 성격. 동북아역사논총, 31, 191-238.

홍준표 "윤석열의 적폐 수사, 대국민 사과라도 해야". (2021.8.25). 경향신문. https://v.daum.net/v/20210825090705517

황수환 외. (2024). 북한의 두 국가론, 한민족 부정론 대응 논리 개발. 통일연구원.

훈요십조(訓要十條). (미상). 민국민족문화대백과사전. https://encykorea.aks.ac.Kr/Article/E0065813(2025/8/3)

## II. 서양문헌

Acton, J. E. E. D. (1862/2001). Nationality. In V. P. Pecora (Ed.), *Nations and identities* (pp.142-148). Blackwell Publishers.

Alexander, R. D. (1977). Natural selection and the analysis of human sociality. *Changing Scenes in the Natural Sciences, 12*, 283-337.

Alexander, R. D. (1979). *Darwinism and human affairs*. University of Washington Press.

Alexander, R. D. (1987). *The biology of moral systems*. Aldine.

Allen, R. B. (2022). Slavery, slave trading, and bonded labor studies. In R. B. Allen (Ed.), *Slavery and bonded labor in Asia, 1250-1900* (pp.1-29). Brill.

Anderson, B. (1991). *Imagined communities: Reflections on the origin and spread of nationalism* (Rev. ed.). Verso.

Anderson, B. (2006). *Imagined communities: Reflections on the origin and spread of nationalism* (2nd ed.). Verso.

Aristotle. (2006). 니코마코스 윤리학 (이창우, 김재홍, 강상진 역). 이제이북스.

Armstrong, J. (1976). Mobilised and proletarian diasporas. *American Political Science Review, 70*(2), 393-408.

Armstrong, J. (1982). *Nations before nationalism*. University of North Carolina Press.

Armstrong, J. (1992). The autonomy of ethnic identity: Historic cleavages and nationality relations in the USSR. In A. Motyl (Ed.), *Thinking theoretically about Soviet nationalities* (pp.23-44). Columbia University Press.

Armstrong, J. (1995). Towards a theory of nationalism: Consensus and dissensus. In S. Periwal (Ed.), *Notions of nationalism* (pp.34-43). Central European University Press.

Armstrong, J. (1997). Religious nationalism and collective violence. *Nations and Nationalism, 3*(4), 597-606.

Armstrong, J. A. (2001). Myth and symbolism theory of nationalism. In A. S. Leoussi (Ed.), *Encyclopedia of nationalism* (pp.197-202). Transaction Publishers.

Arnason, J. P. (1990). Nationalism, globalization and modernity. In M. Featherstone (Eds.), *Global culture* (pp.207-250). SAGE Publications.

Avineri, S. (1991). Marxism and nationalism. *Journal of Contemporary History, 26*(3-4), 637-657.

Baker, D. (2007). James B. Palais (1934-2006). *The journal of Asian Studies, 66*(4), 1229-1232.

Baker, K. M. (1990). *Inventing the French Revolution: Essays on French political culture in the eighteenth century*. Cambridge University Press.

Balakrishnan, G. (Ed.). (1996). *Mapping the nation*. Verso.

Balibar, E., & Wallerstein, I. (1991). *Race, nation, class*. Verso.

Barnard, F. M. (1959). The Hebrews and Herder's political creed. *Modern Language Review, 54*(4), 533-546.

Barnard, F. M. (1983). National culture and political legitimacy: Herder and Rousseau. *Journal of the History of Ideas, 44*(2), 231-253.

Barnard, F. M. (1984). Patriotism and citizenship in Rousseau: A dual theory of public willing? *The Review of Politics, 46*(2), 244-265.

Barnard, F. M. (2003). *Herder on nationality, humanity, and history*. McGill-Queen's University Press.

Barreto, A. A. (2009). *Nationalism and logical foundations*. Palgrave Macmillan.

Bauer, O. (1996). The nation. In S. Woolf (Ed.), *Nationalism in Europe, 1815 to the present* (pp.61-84). Routledge. (Original work published 1906)

Beiner, R. (Ed.). (1999). *Theorizing nationalism*. State University of New York Press.

Billig, M. (1995). *Banal nationalism*. SAGE Publications.

Bloom, A. (Ed.). (1991). *The Republic of Plato*. Basic Books.

Bluntschili, J. K. (2000). *The theory of the state* (English translation). Batoche Books. (Original work published 1875)

Booth, K. (1979). *Strategy and ethnocentrism*. Holmes & Meier.

Brass, P. R. (1985). *Ethnic groups and the state*. Croom Helm.

Brass, P. R. (1991). *Ethnicity and nationalism: Theory and comparison*. SAGE.

Brass, P. R. (1994). Elite competition and nation-formation. In J. Hutchinson & A. D. Smith (Eds.), *Nationalism* (pp.83-84). Oxford University Press.

Brass, P. R. (1996). *Riots and pogroms*. Macmillan & New York University Press.

Bratter, J. L., & King, R. B. (2008). "But will it last?": Marital instability among interracial and same-race couples. *Family Relations, 57*(2), 160-171. https://doi.org/10.1111/j.1741-372 9.2008.00491.x.S2CID146490809.

Breuilly, J. (1993). *Nationalism and the state* (2nd ed.). Manchester University Press. (Original work published 1982)

Breuilly, J. (1985). Reflections on nationalism. *Philosophy of the Social Sciences, 15*(1), 65-75.

Breuilly, J. (1993a). *Nationalism and the state* (2nd ed.). Manchester University Press.

Breuilly, J. (1993b). Nationalism and the state. In R. Michener (Ed.), *Nationality, patriotism and nationalism in liberal democratic societies* (pp.19-48). Professors World Peace Academy.

Breuilly, J. (1996). Approaches to nationalism. In G. Balakrishnan (Ed.), *Mapping the nation* (pp.146-174). Verso.

Breuilly, J. (2001). The state and nationalism. In M. Guibernau & J. Hutchinson (Eds.), *Understanding nationalism* (pp.32-52). Polity.

Breuilly, J. (2005). Dating the nation: How old is an old nation? In A. Ichijo & G. Uzelac (Eds.), *When is the nation?* (pp.15-39). Routledge.

Breuilly, J. (2006). Introduction. In E. Gellner, *Nations and nationalism* (2nd ed., pp.xiii-liii). Blackwell.

Brewer, M. B. (1999). The psychology of prejudice: Ingroup love or outgroup hate? *Journal of Social Issues, 55*, 429-444.

Brown, D. (1999). Are there good and bad nationalisms? *Nations and Nationalism, 5*(2), 281-302.

Brown, D. (2000). *Contemporary nationalism*. Routledge.

Brubaker, R. (1992). *Citizenship and nationhood in France and Germany*. Cambridge, MA: Harvard University Press.

Brubaker, R. (1996). *Nationalism reframed: Nationhood and the national question in the new Europe*. Cambridge University Press.

Brubaker, R. (1998). Myths and misconceptions in the study of nationalism. In J. A. Hall (Ed.), *The state of the nation: Ernest Gellner and the theory of nationalism* (pp.272-306). Cambridge University Press.

Brubaker, R., & Cooper, F. (2000). Beyond "identity." *Theory and Society, 29*(1), 1-47.

Burke, C. (1975). *Aggression in man*. Syracuse, Lyle Stuart.

Burr, V. (1995). *An introduction to social constructionism*. Routledge.

Buss, D. M. (2008). *Evolutionary psychology* (3rd ed.). Pearson.

Cáceres-Delpiano, J., De Moragas A., Facchini, G., & González, I. (2020). *Intergroup contact and nation building: Evidence from military service in Spain*. (Working paper). Universidad Carlos III de Madrid, Department of Economics.

Calhoun, C. (1993). Nationalism and ethnicity. *Annual Review of Sociology, 19*, 211-239.

Calhoun, C. (1997). *Nationalism*. Open University Press.

Calhoun, C. (2003a). Nationalism and cosmopolitanism. In U. Özkırımlı (Ed.), *Nationalism and its futures* (pp.93-126). Palgrave Macmillan.

Calhoun, C. (2003b). "Belonging" in the cosmopolitan imaginary. *Ethnicities, 3*(4), 531-553.

Calhoun, C. (2008). Cosmopolitanism and nationalism. *Nations and Nationalism, 14*(3), 427-448.

Carlton, H. J. (1941). *A generation of materialism, 1871-1900*. Harper & Row.

Carr, E. H. (1945). *Nationalism and after*. Macmillan.

Chatterjee, P. (1993). *The nation and its fragments: Colonial and postcolonial histories*. Princeton University Press.

Chatterjee, P. (1996). Whose imagined community? In G. Balakrishnan (Ed.), *Mapping the nation* (pp.214-225). Verso.

Chatterjee, P. (1998). Beyond the nation? Or within? *Social Text, 56*, 57-69.

Chua, A. (2018). *Political tribes: Group instinct and the fate of nations*. Bloomsbury.

Cialdini, R. B. (1993). *Influence: The psychology of persuasion*. Quill William Morrow.

Citizenship. (n.d.). In *Enciclopedia Britanica*. Retrieved January 3, 2017, from https://www.britannica.com/topic/citizenship

Citizenship. (n.d.). In *Wikipedia*. Retrieved December 17, 2015, from https://en.wikipedia.org/?title=Citizenship

Cocks, J. (2005). Fetishized nationalism? In T. Nairn & P. James (Eds.), *Global matrix: Nationalism, globalism and state-terrorism* (pp.73-88). Pluto Press.

Connor, W. (1990). When is a nation? *Ethnic and Racial Studies, 13*(1), 92-103.

Connor, W. (1994). *Ethnonationalism: The quest for understanding*. Princeton University Press.

Connor, W. (2005). The dawning of nations. In A. Ichijo & G. Uzelac (Eds.), *When is the nation?* (pp.40-46). Routledge.

Conversi, D. (Ed.). (2002). *Ethnonationalism in the contemporary world: Walker Connor and the study of nationalism*. Routledge.

Dahbour, O., & Ishay, M. R. (Eds.). (1999). *The Nationalism reader*. Humanity Books.

Davis, H. (1965). Nations, colonies and social classes: The position of Marx and Engels. *Science & Society, 29*(1), 26-43.

Dawkins, R. (1976). *The selfish gene*. Oxford University Press.

Dawkins, R. (1986). *The blind watchmaker*. Longmans.

Delanty, G., & Kumar, K. (2006). Introduction. In G. Delanty & K. Kumar (Eds.), *The SAGE handbook of nations and nationalism* (pp.1-4). SAGE.

Delanty, G., & Kumar, K. (Eds.). (2006). *The SAGE handbook of nations and nationalism*. SAGE.

Delanty, G., & O'Mahony, P. (2002). *Nationalism and social theory*. SAGE Publication.

Deutsch, K. (1942). International affairs: The trend of European nationalism-the language aspect. *American Political Science Review, 36*(3), 533-541.

Deutsch, K. (1956). *An interdisciplinary bibliography on nationalism, 1935-1953*. MIT Press.

Deutsch, K. W. (1966). *Nationalism and social communication: An inquiry into the foundations of nationality* (2nd ed.). MIT Press. (Original work published 1953)

Druckman, D. (1994). Nationalism, patriotism, and group loyalty: A social psychological perspective. *Mershon International Studies Review, 38*, 45-46.

Eatwell, R. & Goodwin, M. (2018). *National populism: The revolt against liberal democracy*. Penguin Random House.

Edensor, T. (2002). *National identity, popular culture and everyday life*. Berg.

Edwards, J. (1985). *Language, society, and identity*. Blackwell.

Eley, G., & Suny, R. G. (1996a). Introduction: From the moment of social history to the work of cultural representation. In G. Eley & R. G. Suny (Eds.), *Becoming national: A reader* (pp.3-38). Oxford University Press.

Eley, G., & Suny, R. G. (Eds.). (1996b). *Becoming national*. Oxford University Press.

Eller, J. D., & Coughlan, R. M. (1993). The poverty of primordialism: The demystification of ethnic attachments. *Ethnic and Racial Studies, 16*(2), 183-201.

Evera, S. (1994). Hypotheses on nationalism and war. *International Security, 18*(4), 5-39.

Fichte, J. G. (1922). *Addresses to the German Nation*. Chicago: Open Court. (Original work published 1808)

Fichte, J. G. (2012). *The closed commercial state* (A. C. Adler, Trans.). State University of New York Press. (Original work published 1800)

Fichte, Johann Gottlieb. (n.d.). *Wikipedia*. https://en.wikipedia.org/wiki/Johann_Gottlieb_Fichte.

Fishman, J. (1972). *Language and nationalism: Two integrative essays*. Newbury House.

Gagnon, V. P. (1994-1995). Ethnic nationalism and international conflict. *International Security*, *19*(3), 130-166.

Gat, A. & Yakobson, A. (2013). *Nations: The long history and deep roots of political ethnicity and nationalism*. New York: Cambridge University Press.

Geary, P. J. (2002). *The myth of nations: The medieval origins of Europe*. Princeton University Press.

Geertz, C. (1973). *The interpretation of cultures: Selected essays*. Basic Books, Inc., Publishers.

Geertz, C. (Ed.). (1963). *Old societies and new states*. Free Press.

Gellner, E. (1964). *Thought and change*. Weidenfeld & Nicolson.

Gellner, E. (1987). *Culture, identity and politics*. Cambridge University Press.

Gellner, E. (1994). *Encounters with nationalism*. Blackwell.

Gellner, E. (1996a). The coming of nationalism and its interpretation: The myths of nation and class. In G. Balakrishnan (Ed.), *Mapping the nation* (pp.98-145). Verso.

Gellner, E. (1996b). Reply: Do Nations have navels? *Nations and Nationalism*, *2*(3), 366-371.

Gellner, E. (1997). *Nationalism*. Weidenfeld & Nicolson.

Gellner, E. (2006). *Nations and nationalism* (2nd ed.). Blackwell.

Gellner, E., & Smith, A. D. (1996). The nation: Real or imagined? The Warwick debates on nationalism. *Nations and Nationalism*, *2*(3), 357-370.

Gerard, H. B. (1979). Funktion und Entwicklung von Vorurteilen. In A. Heigl-Evers (Ed.), *Die Psychologie des 20. Jahrhunderts* (Vol. 8). Kindler.

Giddens, A. (1971). *Capitalism and modern social theory*. Cambridge University Press.

Giddens, A. (1985). *The nation-state and violence*. Polity Press.

Giddens, A. (1987). *Social theory and modern sociology*. Stanford University Press.

Giddens, A. (1991). *The consequences of modernity*. Polity Press.

Girardet, R. (1965). Autour de l'idéologie nationaliste: perspectives de recherches. *Revue française de science politique, 15*(3), 423-445.

Greenfeld, L. (1992). *Nationalism: Five roads to modernity*. Harvard University Press.

Greenfeld, L. (1993). Transcending the nation's worth. *Daedalus, 122*(3), 47-62.

Greenfeld, L. (2003). *The spirit of capitalism: Nationalism and economic growth*. Harvard University Press.

Greenfeld, L. (2005). Nationalism and the mind. *Nations and Nationalism, 11*(3), 325-341.

Greenfeld, L. (2006). Modernity and nationalism. In G. Delanty & K. Kumar (Eds.), *The SAGE handbook of nations and nationalism* (pp.157-168). SAGE.

Grosby, S. (1994). The verdict of history: The inexpungeable tie of primordiality-A reply to Eller and Coughlan. *Ethnic and Racial Studies, 17*(1), 164-171.

Grosby, S. (1995). Territoriality: The transcendental, primordial feature of modern societies. *Nations and Nationalism, 1*(2), 143-162.

Grosby, S. (2001). Primordiality. In A. S. Leoussi (Ed.), *Encyclopedia of nationalism* (pp.252-255). New Brunswick: Transaction Publishers.

Grosby, S. (2005a). *Nationalism: A very short introduction*. Oxford University Press.

Grosby, S. (2005b). The primordial, kinship and nationality. In A. Ichijo & G. Uzelac (Eds.), *When is the nation?* (pp.56-78). Routledge.

Guibernau, M. (1996). *Nationalisms: The nation-state and nationalism in the twentieth century*. Polity Press.

Guibernau, M., & Hutchinson, J. (Eds.). (2001). *Understanding nationalism*. Polity.

Hall, E. (1992). *Inventing the barbarian: Greek self-definition through tragedy*. Clarendon Press.

Hall, J. A. (1998). Introduction. In J. A. Hall (Ed.), *The state of the nation: Ernest Gellner and the theory of nationalism* (pp.1-20). Cambridge University Press.

Hall, J. A. (2006). Structural approaches to nations and nationalism. In G. Delanty & K. Kumar (Eds.), *The SAGE handbook of nations and nationalism* (pp.33-43). SAGE.

Hamilton, W. D. (1964). The genetical evolution of social behaviour. *Journal of Theoretical Biology, 7*(1), 1-52.

Hastings, A. (1997). *The construction of nationhood: Ethnicity, religion and national-*

*ism*. Cambridge University Press.

Hayes, C. J. H. (1972). *Essays on nationalism*. John Wiley. (Original work published 1926)

Hayes, C. J. H. (1955). *The historical evolution of modern nationalism* (5th ed.). Macmillan.

Hearn, J. (2006). *Rethinking nationalism*. Palgrave Macmillan.

Hechter, M. (1975). *Internal colonialism: The Celtic fringe in British national development, 1536-1966*. Routledge & Kegan Paul.

Hechter, M. (1985). Internal colonialism, revisited. In E. A. Tiryakian & R. Rogowski (Eds.), *New nationalisms of the developed West* (pp.17-26). Allen & Unwin.

Hechter, M. (1988). Rational choice theory and the study of ethnic and race relations. In J. Rex & D. Mason (Eds.), *Theories of ethnic and race relations* (pp.264-279). Cambridge University Press.

Hechter, M. (1995). Explaining nationalist violence. *Nations and Nationalism, 1*(1), 53-68.

Hechter, M. (2000a). Nationalism and rationality. *Studies in Comparative International Development, 35*(1), 3-19.

Hechter, M. (2000b). *Containing nationalism*. Oxford University Press.

Hegel, G. W. F. (1975). *Lectures on the philosophy of world history* (H. B. Nisbet, Trans.). Cambridge University Press. (Original work published 1830)

Herodotus. (n.d.). *The histories* (book 8, chapter 144, section 2).

Heywood, A. (2012). *Political ideologies* (5th ed.). Palgrave Macmillan.

Hobsbawm, E. J. (1990). *Nations and nationalism since 1780: Programme, myth, reality*. Cambridge University Press.

Hobsbawm, E. J. (1994). *The age of extremes: The short twentieth century, 1914-1991*. Michael Joseph.

Hobsbawm, E. J. (1996). Ethnicity and nationalism in Europe today. In G. Balakrishnan (Ed.), *Mapping the nation* (pp.255-266). Verso.

Hobsbawm, E. J. (2005). Comment on Steven Grosby: The primordial, kinship and nationality. In A. Ichijo & G. Uzelac (Eds.), *When is the nation?* (pp.79-84). Routledge.

Hobsbawm, E. J. (2021). *On nationalism*. Little, Brown.

Horowitz, D. L. (1985). *Ethnic groups in conflict*. Berkeley: University of California Press.

Horowitz, D. L. (2002). The primordialists. In D. Conversi (Ed.), *Ethnonationalism in the contemporary world: Walker Connor and the study of nationalism* (pp.72-82).

Routledge.

Hroch, M. (1985). *Social preconditions of national revival in Europe: A comparative analysis of the social composition of patriotic groups among the smaller European nations*. Cambridge University Press.

Hroch, M. (1996). Nationalism and national movements: Comparing the past and the present of Central and Eastern Europe. *Nations and Nationalism, 2*(1), 35-44.

Hroch, M. (2006). Modernization and communication as factors of nation formation. In G. Delanty & K. Kumar (Eds.), *The SAGE handbook of nations and nationalism* (pp.21-32). SAGE.

Huang, Y. (2014). Perceptions of the barbarian in early Greece and China. *CHS Research Bulletin, 2*(1). Retrieved May 11, 2018, from http://www.chs-fellows.org/2014/03/14/perceptions-of-the-barbarian-in-early-greece-and-china

Hutchinson, J. (1987). *The dynamics of cultural nationalism*. Unwin Hyman.

Hutchinson, J. (1994). *Modern nationalism*. Fontana.

Hutchinson, J. (2001). Nations and culture. In M. Guibernau & J. Hutchinson (Eds.), *Understanding nationalism* (pp.74-96). Polity.

Hutchinson, J., & Smith, A. D. (Eds.). (1994). *Nationalism*. Oxford University Press.

Ichijo, A., & Uzelac, G. (Eds.). (2005). *When is the nation? Towards an understanding of theories of nationalism*. Routledge.

Ignatieff, M. (1994). *Blood and belonging: Journeys into the new nationalism*. Farrar, Straus & Giroux.

Irwin, C. J. (1987). A study in the evolution of ethnocentrism. In V. Reynolds, V. S. E. Falger & I. Vine (Eds.), *The sociobiology of ethnocentrism: Evolutionary dimensions of xenophobia, discrimination, racism and nationalism* (pp.131-156). Croom Helm.

Isaacs, H. L. (1975). *Idols of the tribe: Group identity and political change*. Harper & Row.

Ishay, R. M. (2004). *The history of human rights: From ancient times to the globalization Era*. University of California Press.

Jaffrelot, C. (2003). *For a theory of nationalism*. Centre d'etudes et de recherche internationales, Sciences Po.

Jalata, A. (2001). Ethno-nationalism and the global 'modernizing' project. *Nations and*

*Nationalism*, 7(3), 385-405.

James, P. (2006). Theorizing nation formation in the context of imperialism and globalism. In G. Delanty & K. Kumar (Eds.), *The SAGE handbook of nations and nationalism* (pp.369-381). SAGE.

Jones, S. (2008). 민족주의와 고고학 (이준정 & 한건수 역). 사회평론.

Judis, J. B. (2018). *The nationalist revival: Trade, immigration, and the revolt against globalization.* Columbia Global Reports.

Kaldor, M. (2004). Nationalism and globalization. *Nations and Nationalism*, 10(1/2), 161-177.

Kamusella, T. (2017). Civic and ethnic nationalism: A dichotomy. In: Zuzana Poláčková, (ed.), *Minority Policies in Central and Eastern Europe in Comparative Perspective.* (pp.15-33). Veda..

Kant, I. (1983). *Perpetual peace and other essays on politics, history, and morals* (T. Humphrey, Trans.). Hackett Publishing.

Kedoulie, E. (1961). *Nationalism* (Rev. ed.). Hutchinson.

Kedourie, E. (Ed.). (1971). *Nationalism in Asia and Africa.* Weidenfeld and Nicolson.

Kellas, J. G. (1991). *The politics of nationalism and ethnicity.* Macmillan.

Kelly, W., & Brownell, S. (2011). *The Olympics in East Asia: Nationalism, regionalism, and globalism on the center stage of world sports.* Council on East Asian Studies, Yale University.

Khong, Y. F. (2013). The American tributary system. *The Chinese Journal of International Politics, 6*(1), 1-47. https://doi.org/10.1093/cjip/pot002

Kim Bok-rae. (2018). A microhistorical analysis of Korean Nobis through the prism of the lawsuit of Damulsari. In N. Lenski & C. Catherine (Eds.), *What is a slave society? The practice of slavery in global perspective*(pp.383-409). Cambridge University Press.

Kim, B. R. (2004). Nobi: A Korean system of slavery. In G. Campbell (Ed.), *The structure of slavery in Indian Ocean Africa and Asia*(pp.153-165). Frank Cass.

Kim, M. (2014, March 4). The everyday psychology of nationalism. *The Atlantic.* https://www.theatlantic.com/world/

King, A. (2006). Nationalism and sport. In G. Delanty & K. Kumar (Eds.), *The SAGE handbook of nations and nationalism* (pp.249-259). SAGE.

Kitching, G. (1985). Nationalism: The instrumental passion. *Capital & Class*, *9*(1), 98-116.

Kohn, H. (1950). Romanticism and the rise of German nationalism. *The Review of Politics*, *12*(4), 443-472.

Kohn, H. (1955). *Nationalism, its meaning and history*. Van Nostrand.

Kohn, H. (1961). *Prophets and peoples*. Collier.

Kohn, H. (1965). *Nationalism, its meaning and history* (Rev. ed.). Robert E. Krieger Publishing Company.

Kohn, H. (1994). Western and eastern nationalism. In J. Hutchinson & A. D. Smith (Eds.), *Nationalism* (pp.162-165). Oxford University Press.

Kohn, H. (2005). *The idea of nationalism: A study in its origins and background* (60th anniversary ed., with an introduction by C. Calhoun). Transaction Publishers. (Original work published 1944)

Krebs, R. (2004). A school for the nation? How military service does not build nations, and how it might. *International Security. 28*(4). 85-124.

Kumar, K. (2006). Nationalism and the historians. In G. Delanty & K. Kumar (Eds.), *The SAGE handbook of nations and nationalism* (pp.7-20). SAGE.

Kurelic, Z. (2006). What can we learn from Lord Acton's criticism of Mill's concept of nationality? *Politička Misao*, *43*(5), 19-27.

Kuzio, T. (2002). The myth of the civic state: A critical survey of Hans Kohn's framework for understanding nationalism. *Ethnic and Racial Studies*, *25*(1), 20-39.

Laitin, D. D. (2007). *Nations, state, and violence*. Oxford University Press.

Langman, L. (2006). The social psychology of nationalism: To die for the sake of strangers. In G. Delanty & K. Kumar (Eds.), *The SAGE handbook of nations and nationalism* (pp.66-83). SAGE.

Lawrence, P. (2004). *Nationalism: History and theory*. Routledge.

Lenin, V. I. (2001). The right of nations to self-determination. In V. P. Pecora (Ed.), *Nations and identities* (pp.220-228). Blackwell. (Original work published 1914)

Lenski, N. (2018). Framing the question: What is a slave society? In N. Lenski & C. Catherine (Eds.), *What is a slave society? The practice of slavery in global perspective* (pp.15-57). Cambridge University Press.

Lerner, D. (2000). The passing of traditional society. In J. T. Roberts & A. Hite (Eds.), *From* modernization to globalization: Perspectives on development and social change (pp.119-133). Blackwell.

Lieven, A. (2005). *America right or wrong: An anatomy of American nationalism.* Oxford University Press.

Llobera, J. R. (1999). *Recent theories of nationalism.* Institut de Ciencies Politiques i Socials.

Lovins, C. (2022). Korea: A slave society. In R. B. Allen (Ed.), *Slavery and bonded labor in Asia 1250–1900* (pp.178-200). Brill.

Lowry, R. (2019). *The case for nationalism: How it made us powerful, united, and free.* HarperCollins.

Luxemburg, R. (1909). *The national question–the right of nations to self-determination.* Retrieved July 16, 2021, from https://www.marxists.org/archive/luxemburg/1909/national-question/ch01.htm

Mann, M. (1986). *The sources of social power (Vol. I).* Cambridge University Press.

Mann, M. (1993). *The sources of social power (Vol. II): The rise of classes and nation-states, 1760-1914.* Cambridge University Press.

Mann, M. (1995). A political theory of nationalism and its excesses. In S. Periwal (Ed.), *Notions of nationalism* (pp.44-64). Central European University Press.

Maor, Z. (2017). Hans Kohn: The idea of secularized nationalism. *Nations and Nationalism, 23*(4), 1-21.

Maza, C. (2018, December 12). China involved in 90 percent of espionage and industrial secrets theft, Department of Justice reveals. *Newsweek.* Retrieved June 23, 2019, from https://www.newsweek.com/china-involved-90-percent-economic-espionage-and-industrial-secrets-theft-1255908

Mazzini, G. (1995). The duties of man. In O. Dahbour & M. R. Ishay (Eds.), *The nationalism reader* (pp.87-97). NY: Humanity Books. (Original work published 1860)

Mazzini, G. (2001). To the Italians. In V. P. Pecora (Ed.), *Nations and identities* (pp.156-157). Blackwell Publishers. (Original work published 1871)

McCrone, D. (1998). *The sociology of nationalism.* Routledge.

McCrone, D., & Kiely R. (2000). Nationalism and citizenship. *Sociology, 34*(1), 19-34.

McKay, J. (1982). An exploratory synthesis of primordial and mobilisationist approaches to ethnic phenomena. *Ethnic and Racial Studies, 5*(4), 395-420.

McKim, R., & McMahan, J. (Eds.). (1997). *The morality of nationalism*. Oxford University Press.

Meyer, P. (1987). Ethnocentrism in human social behaviour: Some biosociological considerations. In V. Reynolds, V. S. E. Falger, & I. Vine (Eds.), *The sociobiology of ethnocentrism: Evolutionary dimensions of xenophobia, discrimination, racism and nationalism* (pp.81-93). Croom Helm.

Migration policy group. (2020). *Migrant integration policy index 2020*.

Mill, J. S. (2001). Considerations on representative government. In V. P. Pecora (Ed.), *Nation and identities* (pp.142-148). Blackwell. (Original work published 1861)

Miller, D. (1993). In defence of nationality. *Journal of Applied Philosophy*, *10*(1), 3-16.

Minogue, K. (1996). Ernest Gellner and the dangers of theorising nationalism. In J. A. Hall & I. Jarvie (Eds.), *The social philosophy of Ernest Gellner* (pp.113-128). Rodopi.

Montalvo, J. G., & Renynal-Querol, M. (2005). Ethnic polarization, potential conflict, and civil wars. *The American economic review*. *95*(3), 796-816.

Moore, M. (2001). *The ethics of nationalism*. Oxford University Press.

Mosse, G. (1995). Racism and nationalism. *Nations and Nationalism*, *1*(2), 163-173.

Motyl, A. J. (Ed.). (2001). *Encyclopedia of nationalism* (Vols. 1-2). Academic Press.

Muller, J. (2007). *Constitutional patriotism*. Princeton University Press.

Myers, D. G. (2008). 심리학 개론 (신현정 & 김비아, 역, 제8판). 시그마프레스.

Nairn, T. (1977). *The break-up of Britain: Crisis and neo-nationalism*. Verso.

Nairn, T., & James, P. (2005). *Global matrix: Nationalism, globalism and state terrorism*. Pluto Press.

Nation [Def. 1]. (n. d.2). In *Dictionary.com Unabridged*. Random House, Inc. Retrieved December 16, 2015, from http://dictionary.reference.com/browse/nation

Nation. (n. d.1). In *Merriam-Webster.com Dictionary*. Retrieved December 16, 2015, from http://www.merriam-webster.com/dictionary/nation

Nation. (n. d.3). In *Online Etymology Dictionary*. Retrieved December 16, 2015, from http://www.etymonline.com/index

Nationalism. (n. d.1). In *Dictionary.com Unabridged*. Retrieved December 20, 2015, from http://dictionary.reference.com/browse/ nationalism

Nationalism. (n. d.2). In *Online Etymology Dictionary*. Retrieved May 30, 2023, from https://www.etymonline.com/word/nationalism

Nelson, L. C. (2000). *Measured excess*. Columbia University Press.

Newman, J. I., & Giardina, M. D. (2011). *Sport, spectacle, and NASCAR naion: Consumption and the cultural politics of neoliberalism*. Palgrave Macmillan.

Norbu, D. (1992). *Culture and the politics of Third World nationalism*. Routledge.

O'Leary, B. (2001). Instrumentalist theories of nationalism. In A. S. Leoussi (Ed.), *Encyclopedia of nationalism* (pp.148-153). Transaction Publishers.

Orridge, A. (1981). Uneven development and nationalism: I. *Political Studies, 29*(1), 1-15.

Özkırımlı, U. (2005). *Contemporary debates on nationalism: A critical engagement*. Palgrave Macmillan.

Özkırımlı, U. (2010). *Theories of nationalism* (2nd ed.). Palgrave Macmillan.

Özkırımlı, U., & Grosby, S. (2007). Nationalism theory debate: The antiquity of nations? *Nations and Nationalism, 13*(3), 523-537.

Palais, J. B. (1996). *Confucian statecraft and Korean institutions: Yu Hyongwon and the late Choson dynasty*. University of Washington Press.

Palais, J. B. (1998). *Views on Korean social history*. Institute for Modern Korean Studies, Yonsei University.

Patten, A. (2010). The most natural state: Herder and nationalism, *History of Political Thought, 31*(4), 657-689.

Patterson, O. (1982). *Slavery and social death: A comparative study*. Harvard University Press.

Pearson, R. (2014). *The Longman companion to European nationalism 1789-1920*. Routledge.

Poggi, G. (1978). *The development of the modern state*. Hutchinson.

Poo, M. (2005). *Enemies of civilization*. State University of New York Press.

Puri, J. (2004). *Encountering nationalism*. Blackwell Publishing.

Recchia, S., & Urbinati, N. (Eds.). (2009). *A cosmopolitanism of nations: Giuseppe Mazzini's writings on democracy, nation building, and international relations* (S. Recchia, Trans.). Princeton University Press.

Reicher, S., & Hopkins, N. (2001). *Self and nation*. SAGE Publications.

Reidenbach, C. (1918). *A critical analysis of patriotism as an ethical concept*. Doctoral Dissertation of Yale University. Leopold Classic Library.

Renan, E. (1990). What is a nation? In H. Bhabha (Ed.), *Nation and narration* (pp.8-22). Routledge. (Original work published 1882)

Renner, K. (2005). Staat und nation. In E. Nimni (Ed.), *National Cultural Autonomy and Its Contemporary Critics* (pp.64-82). Routledge. (Original work published 1899)

Reynolds, V. (1980). Sociobiology and the idea of primordial discrimination. *Ethnic and Racial Studies, 3*(3), 303-315.

Reynolds, V., Falger, V. S. E., & Vine, I. (Eds.). (1987). *The sociobiology of ethnocentrism: Evolutionary dimensions of xenophobia, discrimination, racism and nationalism*. Croom Helm.

Rocker, R. (2015). *Nationalism and culture* (R. Chase Trans.) [Kindle Paperwhite version]. Retrieved from Amazon.com.

Rogers, H. K. (1992). *Before the revisionist controversy*. Routledge.

Rosenberg, S. (2014, February 6). Putin's hopes to burnish Russia's image with Sochi 2014. *BBC News*. https://www.bbc.com/news/world-europe-26062757

Roshwald, A. (2006). *The endurance of nationalism: Ancient roots and modern dilemmas*. Cambridge University Press.

Royal Institute of International Affairs. (1939). *Nationalism: A report by a study group of members of the Royal Institute of International Affairs*. Oxford University Press.

Rushton, J. P. (2005). Ethnic nationalism, evolutionary psychology and genetic similarity theory. *Nations and Nationalism, 11*(4), 489-507.

Saideman, S., & Ayres, W. (2015). *For kin or country*. Columbia University Press.

Searle-White, J. (2001). *Psychology of nationalism*. Palgrave Publishers.

Segal, D. A., & Handler, R. (2006). Cultural approaches to nationalism. In G. Delanty & K. Kumar (Eds.), *The SAGE handbook of nations and nationalism* (pp.57-65). SAGE.

Seton-Watson, H. (1977). *Nations and states: An enquiry into the origins of nations and the politics of nationalism*. Methuen & Co.

Seton-Watson, H. (1965). *Nationalism, old and new*. Sydney University Press.

Shahzad, F. (2012). Forging the nation as an imagined community. *Nations and Nationalism, 18*(1), 21-38.

Shils, E. (1957). Primordial, personal, sacred and civil ties. *The British Journal of Sociology, 8*(2), 130-145.

Shils, E. (1960). The intellectuals in the political development of the new states. *World Politics, 12*(3), 329-368.

Shils, E. (1995). Nation, nationality, nationalism and civil society. *Nations and Nationalism, 1*(1), 93-118.

Shin, G. (2006). *Ethnic nationalism in Korea: genealogy, politics, and legacy*. Stanford University Press.

Shin, G., Freda, J., & Yi, G. (1999). The politics of ethnic nationalism in divided Korea. *Nations and Nationalism, 5*(4), 465-484.

Slave. (n.d.). In *Online Etymology Dictionary*. Retrieved June 10, 2024, from https://www.etymonline.com/word/slave

Smith, A. D. (1983). *Theories of nationalism* (2nd ed.). Duckworth.

Smith, A. D. (1991). *National identity*. Penguin.

Smith, A. D. (1995). *Nations and nationalism in a global era*. Polity Press.

Smith, A. D. (1998). *Nationalism and modernism: A critical survey of recent theories of nations and nationalism*. Routledge.

Smith, A. D. (1999). *Myths and memories of the nation*. Oxford University Press.

Smith, A. D. (2000). *The nation in history: Historiographical debates about ethnicity and nationalism*. Blackwell Publishers.

Smith, A. D. (2001a). *Nationalism: Theory, ideology, history*. Polity.

Smith, A. D. (2001b). Perennialism and modernism. In A. S. Leoussi (Ed.), *Encyclopedia of nationalism* (pp.242-244). Transaction Publishers.

Smith, A. D. (2001c). Ethno-symbolism. In A. S. Leoussi (Ed.), *Encyclopedia of nationalism* (pp.84-87). Transaction Publishers.

Smith, A. D. (2002). When is a nation? *Geopolitics, 7*(2), 5-32.

Smith, A. D. (2004). History and national destiny: Responses and clarifications. *Nations and Nationalism, 10*(1/2), 200.

Smith, A. D. (2005). The genealogy of nations: An ethno-symbolic approach. In A. Ichijo & G. Uzelac (Eds.), *When is the nation?* (pp.94-112). Routledge.

Smith, A. D. (2008). *The cultural foundations of nations*. Blackwell Publishing.

Smith, A. D. (2009). *Ethno-symbolism and nationalism*. Routledge.

Smith, A. D. (2010). *Nationalism* (2nd ed.). Polity Press.

Snyder, J. (1991). *Myths of empire: Domestic politics and international ambition*. Cornell University Press.

Snyder, T. (2017). *Nationalism, marxism, and modern Central Europe: A biography of Kazimierz Kelles-Krauz, 1872-1905*. Oxford University Press.

Spencer, H. (1960). *The man versus the state*. The Caxton Printers. (Original work published 1884)

Spencer, P., & Wollman, H. (2002). *Nationalism: A critical introduction*. SAGE.

Spencer, P., & Wollman, H. (2005). *Nations and nationalism: A reader*. Edinburgh University Press.

Stalin, J. (2015). *Marxism and the national question*. CreateSpace Independent Publishing Platform. (Original work published 1913)

Stone, J. (Ed.). (1979). Internal colonialism. *Ethnic and Racial Studies, 2*(3), 255-259.

Stone, J., Dennis, R. M., Rizova, P., & Hou, X. (Eds.). (2020). *The Wiley Blackwell companion to race, ethnicity, and nationalism*. John Wiley & Sons.

Suny, R. G. (2001). History. In A. J. Motyl (Ed.), *Encyclopedia of nationalism* (Vol. 1, pp.335-358). Academic Press.

Suter, K. (2003). *Global order and global disorder: Globalization and the nation-state*. Praeger.

Sweden summons Chinese envoy over lightweight boxer remark. (2020, January 19). *Al Arabiya*. https://english.alarabiya.net/en/variety/2020/01/19/Sweden-summons-Chinese-envoy-over-lightweight-boxer-remark.html

Tamir, Y. (1993). *Liberal nationalism*. Princeton University Press.

Tamir, Y. (2020). *Why nationalism*. Princeton University Press.

Thayer, B. A. (2004). *Darwin and international relations: On the evolutionary origins of war and ethnic conflict*. University Press of Kentucky.

Thompson, A., & Fevre, R. (2001). The national question: Sociological reflections on nation and nationalism. *Nations and Nationalism, 7*(3), 297-315.

Turley, S. R. (2018). *The new nationalism: How the populist right is defeating globalism and awakening a new political order*. Scotts Valley, CA: CreateSpace Independent Publishing Platform.

Turner, A. H. (1975). *Reappraisals of fascism*. New Viewpoints.

U. S. Const. amend XIV, § 1.

U. S. Const. pmbl.

8 U.S. Code § 1408. (2020). *nationals but not citizens of the United States at birth.*

U.S. Government. (n. d.). *Nationalism: The media, state, and public in the Senkaku/Dia oyudispute.* Progressive Management Publication.

United States presidential election, 2000. (n. d.). In *Wikipedia*. Retrieved October 4, 2021, from https://en.wikipedia.org/wiki/United_States_presidential_election_2000

van den Berghe, P. (1978). Race and ethnicity: A sociobiological perspective. *Ethnic and Racial Studies, 1*(4), 401-411.

van den Berghe, P. (1979). *The ethnic phenomenon*. Elsevier.

van den Berghe, P. (1994). A socio-biological perspective. In J. Hutchinson & A. D. Smith (Eds.), *Nationalism* (pp.96-103). Oxford, Oxford University Press.

van den Berghe, P. (1995). Does race matter? *Nations and Nationalism, 1*(3), 357-368.

van den Berghe, P. (2001a). Kin selection. In A. S. Leoussi (Ed.), *Encyclopedia of nationalism* (pp.167-168). Transaction Publishers.

van den Berghe, P. (2001b). Sociobiological theory of nationalism. In A. S. Leoussi (Ed.), *Encyclopedia of nationalism* (pp.273-279). Transaction Publishers.

van den Berghe, P. (2005). Ethnies and nations: Genealogy indeed. In A. Ichijo & G. Uzelac (Eds.), *When is the nation?* (pp.113-118). Routledge.

Viroli, M. (1995). *For love of country: An essay on nationalism and patriotism.* Clarendon Press.

Wallerstein, I. (1987). The construction of peoplehood: Racism, nationalism, ethnicity. *Sociological Forum, 2*(2), 373-388.

Waltz, K. N. (2001). *Man, the state and war*. Columbia University Press.

Watson, A. (1992). *The evolution of international society*. Routledge.

Weber, E. (1976). *Peasants into Frenchmen: The modernization of rural France. 1870-1914.* Stanford University Press.

What is the causes for excessive nationalism in South Korea? (n.d.). *Quora*. Retrieved October 2, 2024, from https://www.quora.com/What-is-the-causes-for-excessive-nationalism-in-South-Korea

Wike, R., Poushter, J., Silver, L., & Fetterolf, J. (2025, June 11). Views of the United States. *Pew*

Research Center. Retrieved July 29, 2025, from https://www.pewresearch.org/global/2025/06/11/views-of-the-united-states/

Williams, P. (2020, July 8). FBI director: Nearly half of all counterintelligence cases relate to China. *NBC News*. Retrieved August 4, 2020, from https://www.nbcnews.com/politics/national-security/fbi-director-nearly-half-all-counterintelligence-cases-relate-china-n1233079

Woolf, C. (2017, April 20). Trump outraged South Koreans by saying Korea used to be part of China. Is he right? *The World*. https://theworld.org/stories/2017-04-20/trump-outraged-south-koreans-saying-korea-used-be-part-china-he-right

Would you be willing to fight for your country? (n.d.). *Reddit* Retrieved October 2, 2024, from Rhttps://www.reddit.com/r/europe/comments/39dqfw/would-you_be_willing_to_fight_f or_your_country/

Xu, G. (2012). Chinese anti-western nationalism, 2000-2010. *Asian and African Studies, 16*(2), 109-34.

Yahuda, M. (2000). The changing faces of Chinese nationalism: The dimensions of statehood. In M. Leifer (Ed.), *Asian nationalism* (pp.21-37). Routledge.

Young, M., Zuelow, E., & Sturm, A. (Eds.). (2007). *Nationalism in a global era*. Routledge.

# 색인

## 1
12.3 비상계엄사태, 37
19세기 세계정치, 82

## 2
2.8독립선언서, 382
2002한일월드컵축구, 33

## 3
3.1운동, 178, 182, 492

## 4
4.19혁명, 44, 454, 492, 516

## 5
5.16혁명, 392, 398, 454

## 6
6.10만세사건, 528
6.15남북공동선언, 459
6.25사변, 391, 403, 406

## 7
7.4공동성명, 404

## A
Abbe Augustin de Barrurel, 73
Acton, 42
Adam Smith, 65
Adam Watson, 268
Age of Nationalism, 97
aggressive nationalism, 507
Alexander, 61
Amendment XIV, 109
America First, 118
anomie, 569
Anthony A. Cooper, 111
Anthony D. Smith, 67, 100, 173
Arabs, 61
Aristotle, 573
Association of World Election Bodies, 43

## B
Benedict Anderson, 105, 172, 180, 187
Bill Clinton, 459
bonded labour, 333
Britons, 61
Burgundians, 96
by the people, of the people, for the people, 108

## C

Charles C. Campbell, 586
chauvinism, 359
chicken game, 540
Chinese nationalism, 69
Chinese patriotism, 69
Christopher Lovins, 311
citizen, 107, 132
citizenship, 106
city, 107
civic, 107
civic nationalism, 145
civil, 107
Clifford Geertz, 168
cognitive warfare, 626
Comintern, 381
Committee on the Elimination of Racial Discrimination, 128
communication, 171
confederacy, 111
Constantinus, 75
constitution, 109
continuous perennialism, 168
cosmopolitanism, 68
country, 64, 73
Creole peoples, 106
Cristiano Ronaldo, 318
Cyrus, 61

## D

defensive nationalism, 507
dependency theory, 396
dependent state, 277
diaspora, 419
dominion, 269
Donald Trump, 38, 150, 227, 271

## E

Edward W. Wagner, 307
egoism, 144
El Chemulpo, 23
Elie Kedourie, 66
empire, 269
Ernest Gellner, 66, 180
Ernest Renan, 418, 644
esclave, 317
etatism, 69
ethnic, 129
ethnic community, 102
ethnic group, 63, 100, 132
ethnic nationalism, 128, 145, 167
ethnicity, 99
ethnosymbolism, 172, 174
Etruscans, 61

## F

feudal system, 267
Friedrich List, 609

## G

GATT, 398

Gauls, 61
genom, 476
George Washington, 79
Greeks, 61
greenhouse, 107

## H

Hans Kohn, 65
Hegel, 190
hegemony, 269
hegemony system, 269, 619
henequén, 23
Homo sapiens, 475
hybrid warfare, 626

## I

Ilford, 23
imagined communities, 172
IMF사태, 398, 539
IMF외환위기, 518
Immanuel Wallerstein, 100
independence, 268
Intercontinental Ballistic Missile, 461
International Atomic Energy Agency, 460
Inuit, 63
invincible, 157

## J

J. C. Bluntschli, 81

James B. Palais, 300, 351
Jewish diaspora, 420
Jimmy Carter, 527
Joe Biden, 562
John Bull, 78
John K. Fairbank, 267
John Locke, 112
John Wickham Jr., 495
John. W. Burgess, 82
Joseph Stalin, 60, 92, 444

## K

Karl Marx, 301
koinonike, 573
Korea, 407
Korean, 407
Korean ethnic community, 158
Korean ethnic nationalism, 158
Korean ethnicism, 129, 158
Kosciuszko, 78
K-Pop, 489

## L

league, 111
Lehre vom modernen Staat, 83
lemming, 495
Liah Greenfeld, 371
Luxembourgers, 96

## M

Mahatma Gandhi, 151
Manchester United Football Club, 318
Migrant Integration Policy Index, 429
Miocene epoch, 475
modernism, 169, 174
mother country, 112
musical nationalism, 115

## N

nacion, 72
Napoleon, 79
natio, 72
nation, 59, 61, 64, 71, 81, 84, 100, 101, 132, 198, 366
nation state, 224
national, 113
national economy, 78, 630
national imperialism, 82
National Liberation, 404
nationalism, 59, 73, 198
nationalisme, 73
nationality, 112
Nuclear Ponproliferation Treaty, 460

## O

one nation, 387
Oriental Despotism, 191
Orlando Patterson, 309, 354

## P

patriotism, 68
Paul Samuel Reinsch, 82
people, 64, 84, 108, 109
People's Democracy, 405
perennialism, 168
Pew Research Center, 553
polity, 99
Primordialism, 165
principle of national self-determination, 182, 633
Prometheus, 187

## R

race, 99, 100
racial, 129
Real Madrid Club de Fútbol, 318
recurrent perennialism, 169
Richard B. Allen, 311
Robert W. Shufeldt, 259
Romans, 60, 61
Rule Britania, 78

## S

Sahrawi, 100
sclavus, 316
serf, 357
servant, 349
slave, 316, 349
slave society, 301, 349

slave system, 309
Slavery and social death: A comparative study, 309, 354
social identity theory, 544
South Korea-United States Free Trade Agreement, 415
sovereign people, 139
state, 64, 73, 132
statism, 69
Steven Grosby, 173
suzerain state, 267
syngenike, 573

## T

Teutons, 61
THAAD, 397
The Democratic People's Republic of Korea, 407
The Republic of Korea, 407
The Wealth of Nations, 65
Thomas Smith, 138
tribalism, 95
tribe, 95, 99
tributary system, 247, 267
Two Treatises of Government, 112

## U

U.N. Department of Economic and Social Affairs, 416
ultra-chauvinism, 447
ultra-nationalism, 117

United Kingdom, 105
United Nations, 65, 391

## V

vassal state, 267, 277
volk, 81, 82

## W

Walker Connor, 68
white list, 586
wig, 514
win-win, 247

## Z

Zionism, 103

## ㄱ

가노, 329
가발, 514
가토 히로유키, 81
가혹성, 320, 343
간디, 151
감정적 내셔널리즘, 504
감정적 성향, 489
갑오개혁, 261, 353
강제징용, 395
강제징용위안부 문제, 586
강화도조약, 258
강희맹, 201
개벽, 380

개성공단사업, 460
개인, 142
개천절, 200
갤럽, 593
거란, 253, 280, 373
거란족, 634
건국대 통일인문연구단, 604
겉치레 내셔널리즘, 504
게놈, 476
게닌, 622
게르만족, 95
겔너, 66, 180
격쟁, 330
경복궁, 628
경쟁, 475, 538, 543, 598
경제생활의 통합성, 218
경제적 통일성, 174
경제협력사업, 460
계급적 모순, 456
계백, 205
계집종, 323
고구려, 367
고대국가, 74
고려대장경, 374
고려민주련방공화국, 455
고려시대, 373
고려연방제, 455
고려인, 627
고엽제후유증, 599
고조, 233
고조선, 200, 365, 478

고향 땅, 100
골족, 95
공격적 내셔널리즘, 507
공동선, 646
공동체 의식, 204, 211, 646
공물, 266, 275
공민 내셔널리즘, 145
공민권, 319, 337
공법, 266
공산주의, 110, 442
공양왕, 326
공자, 239
공통 문화, 217
공통 조상, 100
과거, 342
과학적 자료분석, 313
곽재우, 376
관세와 무역에 관한 일반협정, 398
관습, 217
관제 내셔널리즘, 503
관창, 205
광무제, 253
광복군, 529
광주학생운동, 528
괴테, 291
교민, 419
교양개조, 442
교양계급을 위한 독일 국가학, 81
교육, 488
교육칙어, 388
교조주의, 444

교포, 419
교황, 75
구로다 기요타카(黑田淸隆), 258
구운몽, 292
구주, 88
국가, 64
국가공동체, 53, 564, 646
국가윤리의식, 607
국가이기주의, 118
국가주의, 117
국가주의 내셔널리즘, 388
국군포로, 581
국군포로업무처리 등에 관한 규정, 584
국권회복, 546, 638
국기에 대한 맹세, 389
국난극복, 517
국민, 56, 82, 90, 97, 107, 108
국민교육헌장, 388, 404
국민국가, 224
국민의힘당, 40
국민주의, 115, 116, 411, 467
국민학교, 114
국법범론, 81
국수주의, 117
국인, 94, 133, 134, 135, 160, 165, 169, 198, 366, 616
국인 정체성, 210
국인경제, 630
국인의식, 627
국인자결원칙, 182, 633

국인주의, 133, 141, 160, 169, 285, 467, 616, 646
국제공법관계, 264
국제연합, 65, 391
국제원자력기구, 460
국제통화기금, 271
국족(國族), 159
국풍파, 531
군국주의, 388
권지국사, 136
권채, 326
권혁범, 300
귀화자, 425
그로스비, 173
그리스, 74
그린펠드, 371
근골, 90
근대주의, 197, 223
근대주의 이론, 616
근대주의자, 223
금, 373
금강산관광사업, 460
금나라, 250
금모으기운동, 518, 540
금성곷이, 370
기독교, 377
기미독립선언문, 137, 382
기미부절, 235
김건태, 342
김경현, 350
김구, 123, 155

색인 687

김기수, 400
김대중, 414, 459, 554
김대중정권, 414
김동리, 609
김동인, 25
김민환, 286
김성집, 400
김연아, 123, 155
김윤식, 260
김일, 401
김일성, 393, 441
김일성민족, 441
김정은, 578, 632
김정일, 191, 459
김정일민족, 442

## ㄴ

나라(奈良)시대, 189
나라사람, 113
나의 고백, 383
나치온, 81
나폴레옹, 79
난중일기, 377
남만, 230
남방계, 476
남북공동연락사무소, 464
남북기본합의서, 458
남북분단, 91
남북정상회담, 459
남북한7.4공동성명, 464
남월국, 234

남조선, 407
남한, 407
남한사람, 630
남해, 202
내란혐의, 39
내셔널리즘, 59, 198, 613
내셔널리즘시대, 97
내셔널아이덴티티, 224
네덜란드어사전, 85
네이션, 59, 60, 101, 613
노(奴), 323
노기 마레스케, 192
노무현, 147, 414, 460, 559
노비, 323
노사신, 201
노예, 317, 620
노예무역, 322
노예시장, 342
노예제 사회, 301, 349, 620
노예제와 사회적 죽음, 309, 354
노예체제, 309
노태우, 126
녹족부인 설화, 368
논민족경쟁지대세, 83
농경인, 233
농노, 357
농민, 47
눌지왕, 369

## ㄷ

다문화정책, 433

다수설, 60
다카다 사나에, 82
단군, 200, 448
단군신화, 102, 478
단군왕검, 365
단성현, 314
단일민족, 430, 485
단일민족문화, 429
달러, 271
당나라, 250
대가정, 440
대동강 유역, 449
대륙간탄도미사일, 461
대륙세력, 480
대립, 496
대마도, 249
대무신왕, 203, 253
대완국, 234
대응관계, 140
대중무역적자, 271
대학, 240
대한국인, 137
대한매일신보, 88, 89, 154
대한민국, 365, 407, 548
대한민국 임시정부, 379
대한민국 헌법, 421
대한사람, 137
대한인국민회, 24
대한제국, 365
대한항공 007편, 393
더부살이, 419

더불어민주당, 40
도광양회, 50
도덕적 감화, 247
도척, 287
독립, 268
독립 내셔널리즘, 67
독립경회, 261
독립당, 531
독립문, 262
독립투사, 561
독립협회, 262
독일, 577
독재, 193
동국여지승람, 201
동명왕릉, 449
동방민족, 87
동북아공정, 589
동산, 317
동서양고매월통기전, 81, 83
동성연애자, 47
동아시아, 229, 283
동아일보일장기말살사건, 528
동양 전제정치, 191
동양문화, 193
동이, 230
동적월단, 83
동조성, 492
동조적 성향, 490
동족상잔, 91
동포, 185, 485
동포애, 646

색인 689

동프랑크, 75
동학혁명, 178
동해물, 29
들쥐, 495

## ㄸ

딱새둥지, 615

## ㄹ

라인쉬, 82
랑치차오, 83
러시아, 393, 437
러시아혁명, 381
레알 마드리드, 318
로마, 74, 95
로빈스, 311
룩셈부르크민족, 96
류(類), 160, 176
류구국, 252
르낭, 418, 644
리스트, 609
링컨, 108

## ㅁ

마라라고, 227
마르크스, 301
마르크스-레닌주의, 444, 464
마한, 201
마한왕, 275
만이, 235

만인소, 516
맑시즘, 60
맑시즘과 네이션 문제, 60
매국노, 531
매국행위, 572
맨유, 318
맹자, 239
머슴제도, 333
메이지유신, 189
멕시코, 23
면천속량, 331
명나라, 254
모국, 112
모지, 338
몽골, 250, 254, 373, 546
몽골족, 634
몽골풍, 374
묘청, 531
무녀도, 609
무리, 93
무사적 기풍, 635
무제, 234
문왕, 239
문재인, 44, 51, 262, 537, 564, 578, 596
물산장려운동, 381
미국, 548
미국독립, 78
미국문화, 551
미국문화원, 584
미국산 쇠고기수입 반대시위, 585

미국인, 341
미사흔, 369
미얀마, 252
민(民), 93, 614
민족, 63, 82, 90, 93, 132, 366, 576, 613
民族, 80
민족 공동체, 100
민족 국인주의, 167
민족 내셔널리즘, 145, 501
민족 제국주의, 82
민족공동체, 166
민족상징주의, 172
민족성, 217
민족소멸론, 457
민족영원론, 457
민족주의, 82, 93, 97, 104, 411, 466, 573, 613
민족주의자, 383
民族主義, 80
민족해방과업, 456
민족해방파, 404
민주기지론, 454
민주노총조합, 47
민주화, 516
민주화운동, 567
민중, 108
민중민주파, 404
민중왕, 203

## ㅂ

바뤼엘, 73
바빌론 유수, 420
바이든, 562
바이칼 호수, 601
박근혜, 51, 415
박은식, 379
박정희, 554, 569
박제상, 369
박지원, 278
박혁거세, 275
박희무, 338
반고, 234
반공 내셔널리즘, 391
반공법, 581
반공포로, 582
반국가행위법, 383
반국인행위법, 383
반도정체성론, 589
반동회의, 444
반문명적, 628
반미 내셔널리즘, 396
반민족주의기, 464
반민족행위처벌법, 383
반석평, 334
반외세 내셔널리즘, 501
반원정책, 374
반인륜적, 628
반일 내셔널리즘, 33, 389, 395
발루아·부르고뉴가, 76
발해, 373

발해고, 208
방어적 내셔널리즘, 506
배외(排外) 내셔널리즘, 390
백년전쟁, 76
백두산, 29
백두혈통, 448
백색국가명단, 586
백성, 108
백인민족, 87
백제, 205, 367, 370, 644
백제인, 205
백조, 380
백호관회의, 235
버건디민족, 96
버지스, 82
번국, 274
번방, 251, 274
벌휴, 203
법가사상, 238
법인, 142
법적 표준화, 174
베를린올림픽, 380
베스트팔렌조약, 78, 255
베트남, 252
변한, 201, 275
병인양요, 377
보국, 515
보편성, 70
복호, 369
본선거, 41
봉건제도, 267

부국강병, 238
부르고뉴, 76
부정선거, 44
북방계, 476
북적, 230
북조선, 407
북조선임시인민위원회, 442
북한, 407, 575
북한군포로, 596
북한사람, 630
분단, 91
분열, 496
붉은 산, 25
브라질, 596
블룬칠리, 81
비(婢), 323
비상계엄사태, 37
비자유 노동자, 332
비전향장기수, 581

## ㅃ

빨치산, 416
뻐꾸기, 615

## ㅅ

사고공화국, 597
사군이충, 487
사내종, 323
사대당, 531
사대자소, 242
사대주의, 531

사드, 397
사모아인, 113
사상전향제도, 581
사신, 253
사씨남정기, 292
사업보국, 515
사이귀복, 250, 277
사이버부대, 591
사전선거, 41
사토 마사루, 192
사학, 377
사회신분제, 618
사회안전법, 581
사회적 단절, 339
사회정체성이론, 544
사회주의적 애국주의, 452, 464
산업역군, 515
산업전사, 515
삶, 26
삼국, 366
삼국시대, 206, 627
삼국유사, 449
삼국지위지동이전, 489
삼별초의 난, 546
삼한, 201, 367
상국, 278
상상공동체, 172
상소, 330
상언, 330
새마을운동, 404
샌프란시스코 강화조약, 529

서거정, 201
서구우월주의, 187
서구학자, 267
서기, 334
서남이, 234
서로마제국, 75
서세동점의 기인, 87
서양국가, 256
서양사정, 81
서울올림픽, 401
서유견문, 264
서윤복, 400
서융, 230
서정주, 30
서프랑크, 75
서하, 250
선비의 기풍, 635
선조, 56, 276, 282, 303
설문해자, 93
섬라국, 236
성덕, 338
성리학, 377
성소수자, 47
성왕(聖王), 235
성임, 201
성절사, 255
성조기, 38
성종, 137, 280
성춘향, 346
세계노씨원류연구회창립대회, 126
세계무역기구, 271, 272

색인 693

세계선거기관협의회, 43
세계은행, 271
세계화 시대, 416
세종, 326
세종대왕, 123, 603
소군정통치, 442
소련, 548
소수설, 60
소인, 279
소자, 279
소통, 171
속(屬), 276
속국, 260, 265, 274, 278, 621
속대전, 328
속방, 274
속오군, 328, 352
속희가무, 399, 489
손기정, 380
손문(孫文), 159
송나라, 250
송익필, 334
송재윤, 308
쇼뱅, 359
수명천자, 250
수직적 문화, 543
수출규제, 395
수출규제조치, 586
수출주도 경제발전, 514
수학, 120
수호국, 264
수호조약, 264

슈펠트, 259
스미스, 67, 100, 173
스카이데일리신문, 38
스코틀랜드, 285
스탈린, 60, 444, 455
스페인, 34
스포츠, 635
슬픈 중국: 변방의 중국몽, 308
시, 107
시민, 107
시암, 252
시오니즘, 103
시장경제체제, 567
시진핑, 227, 271
시카타 히로시, 307, 342
식민지근대화론, 589
신기욱, 286
신라, 367
신라방, 372, 627
신라소, 372, 627
신라원, 372
신라인, 627
신례, 250
신문고, 330
신미양요, 258, 377
신분제 사회, 299
신생 독립국 내셔널리즘, 387
신성로마제국, 76
신영어사전, 72
신조, 66, 71
신채호, 88, 530

신헌(申櫶), 258
실성왕, 369
실지회복 내셔널리즘, 506
심리적 기질, 213
싱가포르, 102

## ㅅㅅ

싸이러스, 61
쓰키아시 다쓰히고, 224, 260

## ㅇ

아노미, 569
아담 스미스, 65
아라곤, 76
아랍, 627
아랍국가, 160
아르헨티나, 596
아리스토텔레스, 573
아베, 271, 537, 587
아스카(飛鳥)시대, 188
안남국, 236
안창남, 380
안창호, 642
알렉산더, 61
알렌, 311
애국심, 68
애국지사, 91, 528
액턴, 42
앤더선, 172, 180, 187
앤서니 쿠퍼, 111
약자근성, 641

양극선, 334
양무재용기소장, 81
양성지, 201
양역, 341
양정모, 400
양천교혼, 324
양천제, 323
어린이대공원, 33
언어, 213
엄복동, 380
에네켄, 23
여유당전서, 294
여진, 249, 373
여진족, 634
역도산, 401
역사, 215
역사바로세우기, 558
역사왜곡, 590
역사적 기억, 100
역사적 특성, 481
역사전쟁, 590
역사철학강의, 190
역성혁명, 375
연고주의, 492, 497
연대의식, 101
연속 영속주의, 168
열하일기, 278
영국연합왕국, 105
영빈문, 262
영속주의, 168
영원불굴, 157

영주권, 421
영토, 215
영화예술론, 452
예루살렘, 76
예술, 635
예식진, 537, 572, 638
예일대학, 353
예치질서, 242
오키나와, 189
옥루몽, 292
온실, 107
와그너, 307
왓슨, 268
왕건, 373
왕도, 81
왕도정치사상, 239
왕원지, 326
왜구, 373
왜란, 375
외국국적동포, 422
외국인, 425
외국인 자녀, 425
외세, 54, 523, 637
외세개입, 91
외세지배, 526
외왕내제, 254
요나라, 250
요시다 케노스케, 82
요시와라 유곽, 622
우리민족끼리, 464, 631
우리민족제일주의, 457

우마오당, 591
우왕, 281
우크라이나, 437
우후(虞詡), 235
운명공동체, 298, 627
운양호사건, 258
워싱턴, 79
워싱턴포스트, 271
원세개, 257
월남전, 599
웹스터영어사전, 72
위대한 주체사상총서, 445
위만조선, 234
위안위, 296
위정척사, 377
위컴, 495
유가, 239
유교문명, 237
유교사상, 487
유구국, 236
유극량, 334
유길준, 264
유대인 디아스포라, 420
유득공, 208
유럽, 617
유목인, 232
유엔 경제사회국, 416
유엔 인종차별철폐위원회, 128
유왕산, 370
유진 웨버, 122
유희경, 334

윤동주, 123
윤두수, 303
윤석열, 37, 562
율령반포, 371
율포, 370
을미사변, 378
의무복무제, 484
의병, 376
의병연합부대, 607
의자왕, 370
이광수, 292, 382
이누이트, 63
이등박문, 263
이라크전쟁, 585
이명박, 415, 564
이민유입, 430
이민유출대국, 629
이민자통합정책평가, 429
이산가족, 520
이생망, 595
이성계, 281
이수범, 92
이순신, 56, 377
이스라엘 민족, 81, 83
이승만, 569
이영훈, 311
이이제이, 237
이인영, 608
이자겸, 304
이재명, 44, 537, 564
이적, 234

이주민, 416
이지원, 330
이천상, 276
이탈리아반도, 74
이홍장, 259
인간개조사업, 442
인권유린, 622
인디아, 360, 596
인민, 64, 108
인종, 88, 100, 327
인지전, 590, 626
일민주의, 387
일본, 87, 284, 546
일본강점기, 378
일본국, 236
일본국가의 신수(神髓), 192
일본유학생, 91
일본인, 575, 593
일본학자, 621
일억총참회, 192
일제 징용피해자 문제, 586
일제잔재청산작업, 557
일천즉양, 325
일천즉천, 325
일포드, 23
임오군란, 257
임전무퇴, 487
임종석, 578
임지현, 300
임진왜란, 276, 281, 302, 352, 376
입조, 253

색인 697

잉글랜드, 75

## ㅈ

자국우선주의, 118
자국제일주의, 118
자국주의, 616
자긍심, 624
자기주의, 144
자본주의 원칙, 270
자유, 339
자유민주주의, 47, 270, 567
자유민주주의체제, 552
장례원, 303
장무환, 581
장영실, 334
장제, 235
재발 영속주의, 169
재외국민, 422
재외동포, 421, 422
재외동포의 출입국과 법적 지위에
　관한 법률, 421
적대적 2개 국가론, 462, 578, 632
적화통일, 443
전라도, 554, 644
전시작전권, 273
전한, 233
전환기, 464
정명가도, 282
정번, 334
정보요원, 600
정신, 90

정약용, 294
정율성거리, 555
정의, 641
정재학, 555
정조사, 255
정직, 642
정체성, 351
정치경제학교본, 81
정치사전, 455
정치적 독립성, 218
정치적 자율성, 174
정치학과 비교헌법론, 82
정치학대가백륜지리지학설, 83
정학, 377
정한론자, 263
제3인터내셔널, 381
제국, 269
제국주의와 민족주의, 88
제물포, 23
제임스 6세, 75
제주, 296
제후국, 274
조강부, 288
조공, 251
조공국, 247
조공책봉관계, 228
조공책봉제도, 244, 247
조공책봉체제, 244, 276, 619
조공체제, 267
조공품, 255
조국통일 3대 원칙, 455

조미수호통상조약, 257
조빙사대, 245
조선, 137, 407
조선공산당, 381
조선국, 236
조선로동당규약, 439
조선말대사전, 450
조선말사전, 453
조선물산장려회, 381
조선민족, 123, 159
조선민주주의인민공화국, 407
조선민주주의인민공화국
　사회주의헌법, 438
조선시대, 375
조선어신철자법, 449
조선어학회, 380
조선어학회사건, 528
조선역사상 일천년래 제일대사건, 531
조선왕조실록, 276
조선의 개화사상과 내셔널리즘, 224
조선인, 137, 366
조선인민민주주의공화국, 110, 365, 548
조승희, 147
조용조, 323
조창호, 582
조청상민수륙무역장정, 257
조폭집단, 641
조화의 미, 646

족(族), 93, 130, 160, 176, 614
족민, 82
족벌문화, 479
족속, 95, 614
존 로크, 112
종교, 214
종모법, 325
종부법, 325
종속국, 267, 274
종속이론, 396
종자론, 451
종족, 65, 71
종족주의, 95
종주국, 267, 274
죤 불, 78
주권, 223, 283, 285, 618
주권국, 264
주나라, 231
주사파, 405
주인의식, 606
주체문예이론, 451
주체사상, 444
주체사상총서, 456, 464
주체사상파, 405
주체성, 469
중국, 49, 229
중국동포, 604
중국인, 634
중국조선족애국시인, 156
중신세기, 475
중앙선거관리위원회, 41

중앙일보, 124
중앙통제, 218
중용강의, 294
중프랑크, 75
중화문명, 298
중화문명권, 619
중화문명인, 619
중화사상, 230
증공국, 264
지나, 87, 292
지도자, 54, 537
지방선거 참정권, 429
지배, 269
지적재산권, 271
지정학적 특성, 474
진랍국, 236
진수당, 257
진한, 201, 275
진합태산, 290
집단주의 내셔널리즘, 502

척준경, 304
천자, 231, 245, 277
천자를 이긴 아이, 295
천조, 276
천추사, 255
천하, 230
천하관, 231
천하질서, 277
철학사전, 453, 455
청일전쟁, 257, 621
초강력 쇼비니즘, 447
초국인주의, 359
초등학교, 114
초목, 93
총리각국사무아문, 256
최남선, 380, 382
최동식, 88
최제우, 377
추노, 308
추우강남, 290
추자도, 296
추종성향, 639
추종적 성향, 494
춘추시대, 239
춘추전국시대, 231
춘향전, 288
출생, 71
충열왕, 309
충주성전투, 360
치술령, 370
치킨게임, 540

## 大

차차웅, 202
창경궁, 628
창선감의록, 292
창왕, 281
창조, 380
창칭진(長淸鎭), 126
책봉, 251
책봉국, 268
척양척왜, 378

친미국가, 547
친민족주의기, 456, 464
친일인명사전, 558
친일청산작업, 32
친일행위, 382
친족, 100
친족사회, 375
칠우생, 87

## ㅋ

카를 5세, 76
카스티야, 76
카쓰라-태프트 밀약, 395
카이로회담, 513
카터, 527
캠벨, 586
케두리, 66
코너, 68
코시치우스코, 78
콘스탄티누스, 75
쿠바, 24
크레올인, 106
클린턴, 459

## ㅌ

탄핵반대집회, 47
탄핵소추안, 39
탄핵시위, 47
탄핵집회, 47
탈북자, 578
탈아입구(脫亞入歐), 189

탐미주의자, 31
탕왕, 239
태극기, 38
태안, 297
태조왕건왕릉, 449
태평양전쟁, 382
토마스 스미스, 138
통상조약, 264
통일, 577, 588, 633
통일 내셔널리즘, 505
통일된 법제, 217
통일신라, 627
통일신라시대, 211, 372
통치론, 112
통합 내셔널리즘, 67
통합진보당, 411
트라스타마라, 76
트럼프, 38, 150, 227, 271, 537

## ㅍ

파당적 성향, 638
파벌분쟁, 263
파우스트, 291
팔레, 300, 351
팔로군행진곡, 554
패권, 269
패권국, 270
패권체제, 269, 619
패도, 238
패터슨, 309, 339, 354
페르디난트 1세, 76

페르시아, 627
페미니스트, 47
페어뱅크, 267
편제호, 314
평량, 326
평창동계올림픽, 462
폐쇄정책, 470
폐허, 380
포르투갈, 35
폴란드, 78
폴크, 81
풍속, 646
프랑크 왕국, 75
프로메테우스, 187
프롤레타리아 국제주의, 453
필라델피아 인콰이어러, 148
핑퐁외교, 272

## ㅎ

하늘, 231
하멜표류기, 642
하버드대학, 353
하위지, 332
하이브리드전쟁, 590, 626
학대받는 사람, 320
한(恨), 154
한겨레신문, 580
한국, 87, 252, 407
한국갤럽, 36
한국독립운동지혈사, 379
한국인, 207, 365, 366

한국인의 정체성, 124
한글, 603
한류문화, 640
한미 자유무역협정, 415
한미동맹, 555
한미자유무역협정, 585
한민족, 129, 158, 159, 423
한서, 234
한수만, 400
한스 콘, 65
한일국교정상화, 556
한일기본조약, 454
한일월드컵, 636
한일월드컵축구, 33
한일초계기갈등, 586
한일통화스왑, 586
한일합방, 613
한학파, 531
한한령, 397
합스부르크왕가, 76
항해조약, 264
해양세력, 480
해외동포, 425
핵확산금지조약, 460
향촌수호투쟁, 305
허후이, 24
헤겔, 190
헤르더, 73
헨리6세, 75
헬레네, 291
헬조선, 595

혁명공약, 392
현대국가이론, 83
혈연중시사상, 433
혈통, 71, 100, 216
협호, 314
형식주의, 444
형제애, 184
형조, 303
호공, 275
호날두, 318
호남학회월보, 88
호란, 375
호모 사피엔스, 475
혼, 625
홋카이도, 189
홍건적, 373
홍길동, 345
홍무제, 236
홍산문명, 481
홍수환, 401
화곡2동성당, 52

화랑도, 486
화이사상, 230
환웅, 478
환율조작, 271
황국신민서사, 389
황명조훈, 236, 280
황민주의, 388
황성신문, 87
황제, 238
황하문명, 481
회유, 247
효순 미선 사건, 585
후백제, 205
후쿠자와 유키치, 81
후한, 253
훈련도감, 328
훈요십조, 373
흉노, 233, 234, 250
흥부가, 290
히라타 도스케, 81

## 한국 내셔널리즘
## : 한국 국인주의, 민족주의

인쇄: 2025년 11월 1일
발행: 2025년 11월 1일

지은이: 조영정
펴낸이: 조영정

펴낸 곳: 사회사상연구원
서울시 서초구 사평대로 154
출판등록: 제2018-000060호(2018. 3. 14)
전화: 070-4300-7997
팩스: 02-6020-9779
홈페이지: www.sir.re.kr
E-mail: zjoyz@naver.com

ISBN 979-11-963520-7-3 93300
copyright©조영정
Printed in Korea

본서의 무단 복제를 금합니다.

잘못된 책은 교환해 드립니다.

정가 25,000원